机动车安全技术检验标准汇编

（上）

中国标准出版社　编

中国标准出版社

北　京

图书在版编目(CIP)数据

机动车安全技术检验标准汇编. 上/中国标准出版社编. —北京:中国标准出版社,2016. 6
ISBN 978-7-5066-8190-2

Ⅰ. ①机… Ⅱ. ①中… Ⅲ. ①机动车-安全检查-标准-汇编-中国 Ⅳ. ①U467. 1-65

中国版本图书馆 CIP 数据核字(2015)第 318816 号

中国标准出版社出版发行
北京市朝阳区和平里西街甲 2 号(100029)
北京市西城区三里河北街 16 号(100045)
网址 www. spc. net. cn
总编室:(010)68533533 发行中心:(010)51780238
读者服务部:(010)68523946
中国标准出版社秦皇岛印刷厂印刷
各地新华书店经销
*
开本 880×1230 1/16 印张 39. 25 字数 1 188 千字
2016 年 6 月第一版 2016 年 6 月第一次印刷
*
定价 200. 00 元

出版说明

机动车安全技术检验是指机动车安全技术检验机构依照法律、行政法规的规定，根据车辆用途、载客载货数量、使用年限等不同情况，按照国家机动车安全技术检验标准，定期检验机动车是否符合国家机动车安全技术标准。因此，机动车安全技术检验是机动车安全管理的重要环节，同时也是预防和减少道路交通事故的重要手段，对提高道路运行机动车的安全技术状况，减少伤亡人数具有十分重要的意义。

随着我国经济社会的持续快速发展和机动化步伐的不断加快，广大人民群众对安全出行的期待越来越高，机动车运行安全管理不断遇到新情况、新问题。近年来，公安部、国家质检总局等有关部委充分考虑到我国汽车工业的发展，特别是私家小汽车迅猛增长的特点，不断调整机动车管理理念和做法，积极响应人民群众对于改革机动车安全技术检验的新期待、新要求，出台了一系列加强和改进机动车安全技术检验工作的新举措。例如，国家质检总局和国家标准化管理委员会修订和发布了一系列机动车安全技术检验的重要技术标准，GB 7258—2012《机动车运行安全技术条件》、GB 21861—2014《机动车安全技术检验项目和方法》，以及 GB 24407—2012《专用校车运行安全技术要求》等，规范和加强了机动车的运行安全技术要求。

为使机动车安全技术检验人员准确、迅速地判断机动车安全技术状况，我们编纂了本汇编，本汇编分(上)、(下)两册，共收录了截至 2015 年 12 月底批准发布的有关机动车安全技术检验的国家标准 51 项和公共安全行业标准 4 项。

本汇编适用于机动车安全技术检验机构等单位从事机动车安全技术检验和机动车安全技术管理的人员，也适用于公安交通管理、质量技术监督等部门从事机动车安全技术检验监督的人员，机动车制造厂家也可参考使用。

编　者

2015 年 12 月

品质高于一切
professional

目　录

（上）

（下）

ICS 43.020
T 04

中华人民共和国国家标准

GB 1589—2004
代替 GB 1589—1989

道路车辆外廓尺寸、轴荷及质量限值

Limits of dimensions, axle load and masses for road vehicles

2004-04-01 发布　　　　2004-10-01 实施

中华人民共和国国家质量监督检验检疫总局
中国国家标准化管理委员会　发布

前　言

本标准为全文强制。

本标准是对 GB 1589—1989《汽车外廓尺寸限界》的第一次修订。

本标准与 GB 1589—1989《汽车外廓尺寸限界》相比主要区别如下：

——增加三轮汽车、三轴客车、挂车的外廓尺寸限值要求(4.1.1)；

——增加车辆通道圆和外摆值的测量方法及要求(4.1.2.4、附录 A)；

——增加汽车、挂车和汽车列车的轴荷及总质量的限值要求(4.2、4.3)；

——增加对汽车、挂车和汽车列车的"其他要求"(4.4)；

——修改客车、货车等车辆的外廓尺寸限值要求(原标准 4.1、4.2、4.3，现标准 4.1.1、表 1)。

本标准的附录 A 为规范性附录。

本标准代替 GB 1589—1989《汽车外廓尺寸限界》。

本标准对新定型产品自实施之日起执行，对在生产产品自发布之日起 12 个月后执行。

本标准由中华人民共和国国家发展和改革委员会、交通部、公安部共同提出。

本标准由全国汽车标准化技术委员会归口。

本标准起草单位：中国汽车技术研究中心、交通部公路科学研究所、公安部交通管理科学研究所、第一汽车集团公司、东风汽车公司。

本标准所代替标准的历次版本发布情况为：GB 1589—1989、GB 1589—1979。

道路车辆外廓尺寸、轴荷及质量限值

1 范围

本标准规定了汽车、挂车及汽车列车的外廓尺寸、轴荷及质量的限值。

本标准适用于在道路上使用的汽车(最大设计总质量超过 26 000 kg 的汽车起重机除外)、挂车及汽车列车。本标准不适用于军队装备的专用车辆。

2 规范性引用文件

下列文件中的条款通过本标准的引用而成为本标准的条款。凡是注日期的引用文件,其随后所有的修改单(不包括勘误的内容)或修订版均不适用于本标准,然而,鼓励根据本标准达成协议的各方研究是否可使用这些文件的最新版本。凡是不注日期的引用文件,其最新版本适用于本标准。

GB/T 3730.1 汽车和挂车类型的术语和定义

GB/T 3730.2 道路车辆 质量 词汇和代码(GB/T 3730.2—1996,idt ISO 1176:1990)

GB/T 3730.3 汽车和挂车的术语及其定义 车辆尺寸(GB/T 3730.3—1992,neq ISO 612:1978)

3 术语和定义

GB/T 3730.1,GB/T 3730.2,GB/T 3730.3 中确立的术语和定义适用于本标准。

4 要求

本标准规定的车辆应满足 4.1、4.2、4.3、4.4 的相应要求。

4.1 车辆外廓尺寸要求

4.1.1 车辆外廓尺寸限值

汽车、挂车及汽车列车的外廓尺寸应不超过表 1 规定最大限值。

4.1.2 车辆外廓尺寸的其他要求

4.1.2.1 当汽车或汽车列车处于满载状态、外后视镜底边离地高度小于 1 800 mm 时,其单侧外伸量不得超出汽车或汽车列车最大宽度处 200 mm。外后视镜底边离地高度大于或等于 1 800 mm 时,其单侧外伸量不得超出汽车或汽车列车最大宽度处 250 mm。

4.1.2.2 汽车的顶窗、换气装置等处于开启状态时不得超出车高 300 mm。

4.1.2.3 汽车的后轴与挂车的前轴之间的距离不得小于 3.00 m(牵引中置轴挂车除外)。

4.1.2.4 汽车和汽车列车(不计具有作业功能的专用装置的突出部分)必须能在同一个车辆通道圆内通过,车辆通道圆的外圆直径 D_1 为 25.00 m,车辆通道圆的内圆直径 D_2 为 10.60 m。汽车和汽车列车由直线行驶过渡到上述圆周运动时,任何部分超出直线行驶时的车辆外侧面垂直面的值(车辆外摆值) T 不得大于 0.80 m(单铰接客车的车辆外摆值 T 不得大于 1.20 m),测量方法见附录 A。

表 1　汽车、挂车及汽车列车外廓尺寸的最大限值　　单位为毫米

<table>
<tr><th colspan="4">车辆类型</th><th>车长[a]</th><th>车宽</th><th>车高</th></tr>
<tr><td rowspan="12">汽车</td><td colspan="3">三轮汽车[b,c]</td><td>4 600</td><td>1 600</td><td>2 000</td></tr>
<tr><td rowspan="8">货车[e,f]及半挂牵引车</td><td colspan="2">最高设计车速小于 70 km/h 的四轮货车[d]</td><td>6 000</td><td>2 000</td><td>2 500</td></tr>
<tr><td rowspan="4">二轴</td><td>最大设计总质量≤3 500 kg</td><td>6 000</td><td rowspan="6">2 500[h]</td><td rowspan="6">4 000</td></tr>
<tr><td>最大设计总质量>3 500 kg,且≤8 000 kg</td><td>7 000[g]</td></tr>
<tr><td>最大设计总质量>8 000 kg,且≤12 000 kg</td><td>8 000[g]</td></tr>
<tr><td>最大设计总质量>12 000 kg</td><td>9 000[g]</td></tr>
<tr><td rowspan="2">三轴</td><td>最大设计总质量≤20 000 kg</td><td>11 000</td></tr>
<tr><td>最大设计总质量>20 000 kg</td><td>12 000</td></tr>
<tr><td colspan="2">四轴</td><td>12 000</td><td rowspan="4">2 500[h]</td><td rowspan="4">4 000[i]</td></tr>
<tr><td rowspan="3">乘用车及客车</td><td colspan="2">乘用车及二轴客车</td><td>12 000</td></tr>
<tr><td colspan="2">三轴客车</td><td>13 700</td></tr>
<tr><td colspan="2">单铰接客车</td><td>18 000</td></tr>
<tr><td rowspan="6">挂车</td><td rowspan="3">半挂车[j]</td><td colspan="2">一轴</td><td>8 600</td><td rowspan="6">2 500[h]</td><td rowspan="6">4 000</td></tr>
<tr><td colspan="2">二轴</td><td>10 000[k]</td></tr>
<tr><td colspan="2">三轴</td><td>13 000[l]</td></tr>
<tr><td colspan="3">中置轴(旅居)挂车</td><td>8 000</td></tr>
<tr><td rowspan="2">其他挂车</td><td colspan="2">最大设计总质量≤10 000 kg</td><td>7 000</td></tr>
<tr><td colspan="2">最大设计总质量>10 000 kg</td><td>8 000</td></tr>
<tr><td rowspan="2">汽车列车</td><td colspan="3">铰接列车</td><td>16 500[m]</td><td rowspan="2">2 500[h,n]</td><td rowspan="2">4 000[o]</td></tr>
<tr><td colspan="3">货车列车</td><td>20 000</td></tr>
</table>

a　挂车车长为挂车最前端至最后端的距离;

b　即原三轮农用运输车,下同;

c　当采用方向盘转向、由传动轴传递动力、具有驾驶室且驾驶员座椅后设计有物品放置空间时,车长、车宽、车高的限值分别为 5 200 mm、1 800 mm、2 200 mm;

d　指低速载货汽车,即原四轮农用运输车,下同;

e　车长限值不适用于不以运输为目的的专用作业车;

f　最大设计总质量不超过 26 000 kg 的汽车起重机的车长限值为 13 000 mm;

g　当货厢与驾驶室分离且货厢为整体封闭式时,车长限值增加 1 000 mm;

h　对于货厢为整体封闭式的厢式货车(且货厢与驾驶室分离)、整体封闭式厢式半挂车及整体封闭式厢式汽车列车,以及车长大于 11 000 mm 的客车,车宽最大限值为 2 550 mm;

i　定线行驶的双层客车车高最大限值为 4 200 mm;

j　运送不可拆解物体的低平板专用半挂车车宽限值 3 000 mm;车长限值不适用于运送不可拆解物体的低平板专用半挂车、运送车辆的专用半挂车(但与牵引车组成的列车长度需符合本标准规定)和运送单箱长度大于 12.2 m(40 ft)集装箱的框架式集装箱半挂车;

k　对于整体封闭式厢式半挂车、集装箱半挂车,以及组成五轴汽车列车的罐式半挂车,车长最大限值为 13 000 mm;

l　自 2008 年 1 月 1 日起,在高等级公路上使用的整体封闭式厢式半挂车,车长最大限值为 14 600 mm;

m　运送不可拆解物体的低平板列车和运送单箱长度大于 12.2 m(40 ft)集装箱的框架式集装箱列车除外;自 2008 年 1 月 1 日起,与整体封闭式厢式半挂车组成的铰接列车在高等级公路上使用时,车长最大限值为 18 100 mm;

n　运送不可拆解物体的低平板挂车列车车宽限值 3 000 mm;

o　对于集装箱挂车列车指装备空集装箱时的高度。2007 年 1 月 1 日以前,集装箱挂车列车的车高最大限值为4 200 mm。

4.2 车辆的最大允许轴荷限值

4.2.1 单轴

汽车及挂车单轴的最大允许轴荷不得超过表2规定的最大限值。

表2 汽车及挂车单轴的最大允许轴荷的最大限值

单位为千克

车辆类型			最大允许轴荷最大限值
挂车及二轴货车	每侧单轮胎		6 000[a]
	每侧双轮胎		10 000[b]
客车、半挂牵引车及三轴以上(含三轴)货车	每侧单轮胎		7 000[a]
	每侧双轮胎	非驱动轴	10 000[b]
		驱动轴	11 500

a 安装名义断面宽度超过400(公制系列)或13.00(英制系列)轮胎的车轴，其最大允许轴荷不得超过规定的各轮胎负荷之和，且最大限值为10 000 kg；

b 装备空气悬架时最大允许轴荷的最大限值为11 500 kg。

4.2.2 并装轴

汽车及挂车并装轴的最大允许轴荷不得超过表3规定的最大限值。

表3 汽车及挂车并装轴的最大允许轴荷的最大限值

单位为千克

车辆类型			最大允许轴荷最大限值
汽车	并装双轴	并装双轴的轴距<1 000 mm	11 500
		并装双轴的轴距≥1 000 mm，且<1 300 mm	16 000
		并装双轴的轴距≥1 300 mm，且<1 800 mm	18 000[a]
挂车	并装双轴	并装双轴的轴距<1 000 mm	11 000
		并装双轴的轴距≥1 000 mm，且<1 300 mm	16 000
		并装双轴的轴距≥1 300 mm，且<1 800 mm	18 000
		并装双轴的轴距≥1 800 mm	20 000
	并装三轴	相邻两轴之间距离≤1 300 mm	21 000
		相邻两轴之间距离>1 300 mm，且≤1 400 mm	24 000

a 驱动轴为每轴每侧双轮胎且装备空气悬架时，最大允许轴荷的最大限值为19 000 kg。

4.2.3 其他类型的车轴

对于其他类型的车轴，其最大允许轴荷不得超过该轴轮胎数×3 000 kg。

4.3 车辆总质量限值

4.3.1 最大允许总质量

汽车、挂车及汽车列车的最大允许总质量不得超过各车轴最大允许轴荷之和，且不得超过表4规定的最大限值。

4.3.2 最大设计总质量

货车、挂车的最大设计总质量不得小于表4规定的最小限值。

表 4　汽车、挂车及汽车列车最大允许总质量的最大限值及最大设计总质量的最小限值

单位为千克

车辆类型			最大允许总质量最大限值	最大设计总质量最小限值
汽车	三轮汽车		2 000[a]	—
	乘用车		4 500	
	客车	二轴客车	18 000	
		三轴客车	25 000[b]	
		单铰接客车	28 000	
	半挂牵引车	二轴半挂牵引车	18 000	
		三轴半挂牵引车	25 000[b]	
	货车	二轴货车	16 000[c,d]	—
		三轴货车	25 000[b]	16 000
		具有双转向轴的四轴汽车	31 000[e]	24 000
挂车	半挂车	一轴半挂车	18 000	10 000
		二轴半挂车	35 000	19 000[f]
		三轴半挂车	40 000	28 000[f]
	其他挂车	二轴挂车，每轴每侧为单轮胎	12 000	8 000
		二轴挂车，一轴每侧为单轮胎、另一轴每侧为双轮胎	16 000	11 000
		二轴挂车，每轴每侧为双轮胎	20 000	14 000
汽车列车		二轴汽车和一轴挂车组成的汽车列车	27 000	—
		二轴汽车和二轴挂车组成的汽车列车	35 000[g]	
		具有五轴的汽车列车	43 000	
		具有六轴的汽车列车	49 000	

a　当采用方向盘转向、由传动轴传递动力、具有驾驶室且驾驶员座椅后设计有物品放置空间时，最大允许总质量最大限值为 3 000 kg；

b　当驱动轴为每轴每侧双轮胎且装备空气悬架时，最大允许总质量的最大限值为 26 000 kg；

c　当驱动轴为每轴每侧双轮胎且装备空气悬架时，最大允许总质量的最大限值为 17 000 kg；

d　对于最高设计车速小于 70 km/h 的四轮货车，最大允许总质量的最大限值为 4 500 kg；

e　当驱动轴为每轴每侧双轮胎且装备空气悬架时，最大允许总质量的最大限值为 32 000 kg；

f　不适用于运送车辆的专用半挂车；

g　驱动轴为每轴每侧双轮胎并装备空气悬架、且半挂车的两轴之间的距离 $d \geqslant 1\ 800$ mm 的铰接列车，最大允许总质量的最大限值为 37 000 kg。

4.4　其他要求

4.4.1　汽车或汽车列车驱动轴的轴荷不得小于汽车或汽车列车最大总质量的 25%。

4.4.2　四轴汽车(自卸车除外)的最大允许总质量的数值(单位：t)不能超过其最前轴至最后轴的距离的数值(单位：m)的 5 倍。

4.4.3　挂车及二轴货车的货箱栏板高度不得超过 600 mm，二轴自卸车、三轴及三轴以上货车的货箱栏板高度不得超过 800 mm，三轴及三轴以上自卸车的货箱栏板高度不得超过 1 500 mm。

附 录 A
（规范性附录）
车辆通道圆与外摆值测量方法（如图 A.1 和图 A.2 所示）

A.1 车辆通道圆

A.1.1 汽车或汽车列车以直线行驶状态停于平整地面上。

A.1.2 汽车或汽车列车起步，由直线行驶过渡到直径 D_1（按照车辆最外侧部位计算，但是不计具有作业功能的专用装置的突出部分）为 25 m 的圆周内行驶，至少在圆周内行驶 1/2 圈（半个圆周），在此过程中车速控制在 5 km/h 至 10 km/h 之间。

A.1.3 在此圆周内运动的车辆，最外侧部位在地面上的投影所形成的圆周轨迹即为车辆通道圆的外圆。

A.1.4 在此圆周内运动的车辆，最内侧部位在地面上的投影所形成的圆周轨迹即为车辆通道圆的内圆。

A.1.5 上述过程左右各进行一次。

A.2 车辆外摆值

A.2.1 汽车或汽车列车以直线行驶状态停于平整地面上。

A.2.2 沿车辆最外侧部位向地面做投影，并做与车辆纵向中心线平行的投影线。

A.2.3 汽车或汽车列车起步，由直线行驶过渡到直径 D_1（按照车辆最外侧部位计算，但是不计具有作业功能的专用装置的突出部分）为 25 m 的圆周内行驶，至少在圆周内行驶 1/2 圈（半个圆周），在此过程中车速控制在 5 km/h 至 10 km/h 之间。

A.2.4 上述过程中车辆外侧任何部位在地面上的投影形成外摆轨迹，该轨迹与车辆静止时车辆最外侧部位形成的投影线的最大距离即为车辆外摆值 T。

A.2.5 上述过程左右各进行一次。

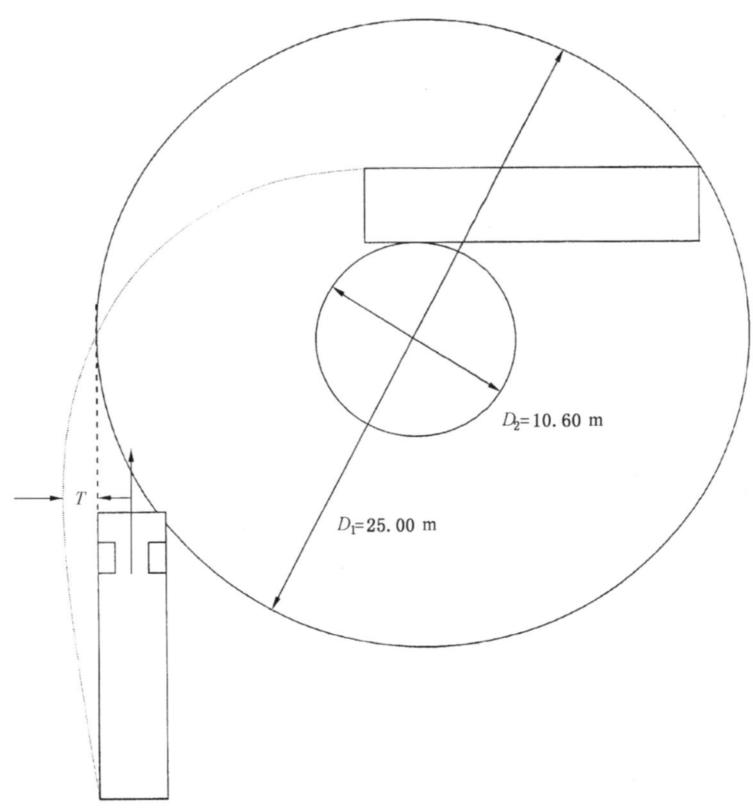

图 A.1 车辆通道圆与外摆值示意图（汽车）

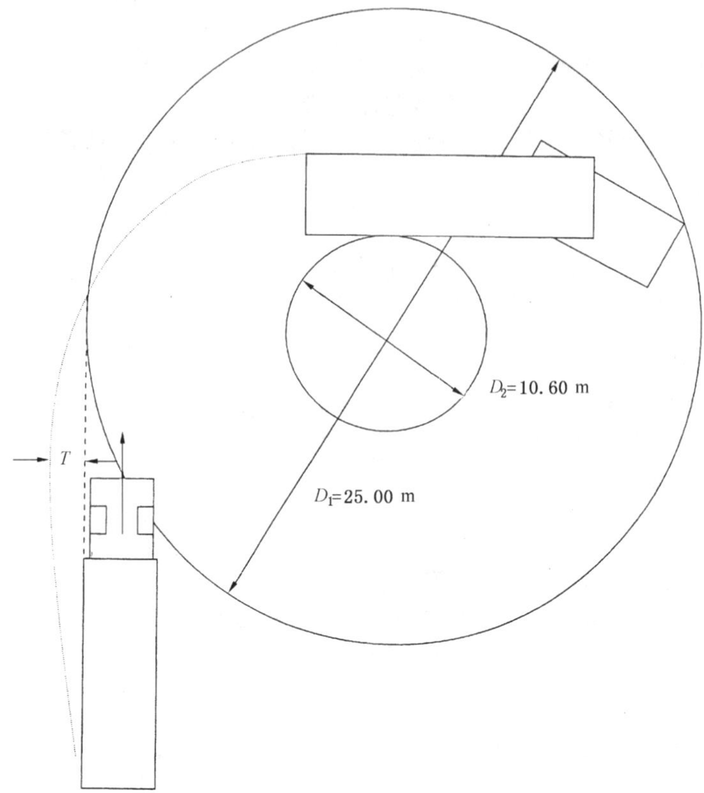

图 A.2　车辆通道圆与外摆值示意图(汽车列车)

GB 1589—2004《道路车辆外廓尺寸、轴荷及质量限值》国家标准第 1 号修改单

本修改单经国家标准化管理委员会于 2005 年 11 月 14 日批准,自发布之日起实施。

标准名称:GB 1589—2004《道路车辆外廓尺寸、轴荷及质量限值》

一、第 1 章第二段中的"(最大设计总质量超过 26 000 kg 的汽车起重机除外)"改为"(最大设计总质量超过 26 000 kg 的汽车起重机、混凝土泵车及消防车除外)"。

二、在第 1 章的最后增加注解

"注:汽车起重机、混凝土泵车及消防车的最大允许总质量的最大限值为 55 000 kg。"

三、第 4 章表 1 中的注解 k

将"集装箱半挂车"改为"框架式集装箱半挂车"。

GB 1589—2004《道路车辆外廓尺寸、轴荷及质量限值》国家标准第2号修改单

本修改单经国家标准化管理委员会于2008年2月18日批准，自发布之日起实施。

标准名称：GB 1589—2004《道路车辆外廓尺寸、轴荷及质量限值》

一、将第1章第三段中的“注：汽车起重机、混凝土泵车及消防车的最大允许总质量的最大限值为55 000 kg。”改为“注：汽车起重机、混凝土泵车及消防车的最大允许总质量的最大限值为55 000 kg，当最大设计总质量超过55 000 kg时应符合相关法律法规的规定。”

ICS 83.160.10
G 41

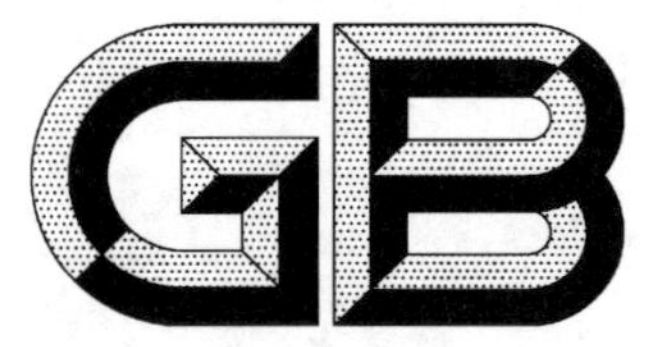

中华人民共和国国家标准

GB/T 2977—2008
代替 GB/T 2977—1997,GB/T 19047—2003

载重汽车轮胎规格、尺寸、气压与负荷

Size designation, dimensions, inflation pressure and load capacity for truck tyres

2008-06-04 发布 2008-12-01 实施

中华人民共和国国家质量监督检验检疫总局
中国国家标准化管理委员会 发布

前　言

本标准与《美国轮胎轮辋协会标准年鉴-2007(TRA-2007)》(英文版)的一致性程度为非等效。

本标准代替 GB/T 2977—1997《载重汽车轮胎系列》和 GB/T 19047—2003《增强型载重汽车轮胎》。

本标准与 GB/T 19047—2003 主要技术内容无差异，与前版标准 GB/T 2977—1997 的主要差异如下：

——增加了负荷指数(本版的表 1～表 21)；

——部分轮胎规格在 GB/T 2977—1997 基础上增加了一个层级(本版的表 1～表 4、表 6、表 12、表 15、表 16 中的部分规格)；

——增加了部分轮胎规格(本版的表 1～表 21)；

——删除了公制斜交轮胎规格(1997 年版的表 9 和表 20)及部分普通断面斜交轮胎规格(1997 年版的表 3、表 5、表 12、表 14 中的部分规格)，增加了轻型载重汽车高通过性子午线轮胎规格(本版的表 10)、公路型挂车特种专用 ST 公制轮胎规格(本版的表 11)、载重汽车宽基斜交轮胎规格(本版的表 14)和房屋汽车轮胎规格(本版的表 21)；

——取消了气压与负荷对应表(1997 年版的表 2、表 4、表 6、表 8、表 11、表 13、表 15、表 17、表 19、表 22、表 24、表 26、表 28)；

——"测量轮辋"代替了"标准轮辋"(1997 年版的表 1、表 3、表 5、表 7、表 9、表 10、表 12、表 14、表 16、表 18、表 20、表 21、表 23、表 25、表 27；本版的表 1～表 21)；

——调整了轮胎新胎充气后断面宽度和外直径的公差(1997 年版的表 1、表 5；本版的表 1～表 21)；

——调整了轮胎在不同速度下的负荷变化率值(1997 年版的表 31；本版的表 22)。

本标准的附录 A 和附录 B 均为规范性附录。

本标准由中国石油和化学工业协会提出。

本标准由全国轮胎轮辋标准化技术委员会归口。

本标准负责起草单位：风神轮胎股份有限公司、贵州轮胎股份有限公司、双钱集团有限公司、杭州中策橡胶有限公司、北京橡胶工业研究设计院、山东玲珑橡胶有限公司、三角轮胎股份有限公司、安徽佳通轮胎有限公司、厦门正新橡胶工业有限公司、北京首创轮胎有限责任公司、上海米其林回力轮胎股份公司、赛轮有限公司。

本标准主要起草人：尚永宁、申玉德、黄舸舸、苏红斌、陈国华、王克先、刘连波、乔玲玲、施珉、孙全喜、赵冬梅、陆奕、张晓军、安登峰。

本标准所代替标准的历次版本发布情况为：

——GB/T 2977—1982、GB/T 2977—1989、GB/T 2977—1997；

——GB/T 19047—2003。

载重汽车轮胎规格、尺寸、气压与负荷

1 范围

本标准规定了载重汽车轮胎用术语和定义，轮胎规格的表示方法，轮胎规格、尺寸、气压与负荷。

本标准适用于载重汽车、客车和挂车用新的充气轮胎。

2 规范性引用文件

下列文件中的条款通过本标准的引用而成为本标准的条款。凡是注日期的引用文件，其随后所有的修改单（不包括勘误的内容）或修订版均不适用于本标准，然而，鼓励根据本标准达成协议的各方研究是否可使用这些文件的最新版本。凡是不注日期的引用文件，其最新版本适用于本标准。

GB/T 6326　轮胎术语及其定义（GB/T 6326—2005，ISO 4223-1：2002，Definitions of some terms used in tyre industry—Part 1：Pneumatic tyres，NEQ）

3 术语和定义

GB/T 6326 确立的术语和定义适用于本标准。

4 轮胎规格的表示方法

4.1 微型、轻型载重汽车轮胎

示例 1：

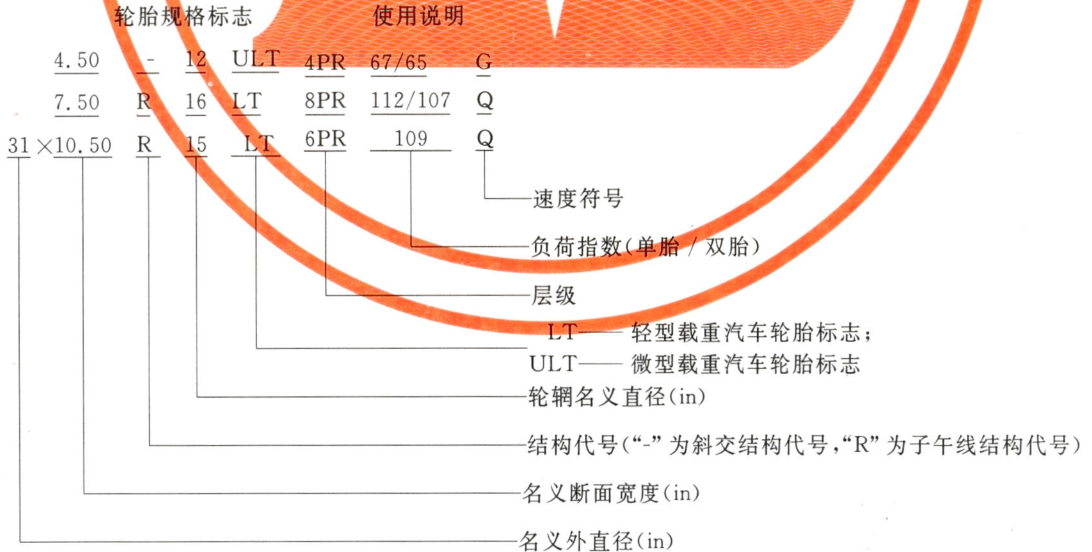

示例 2：

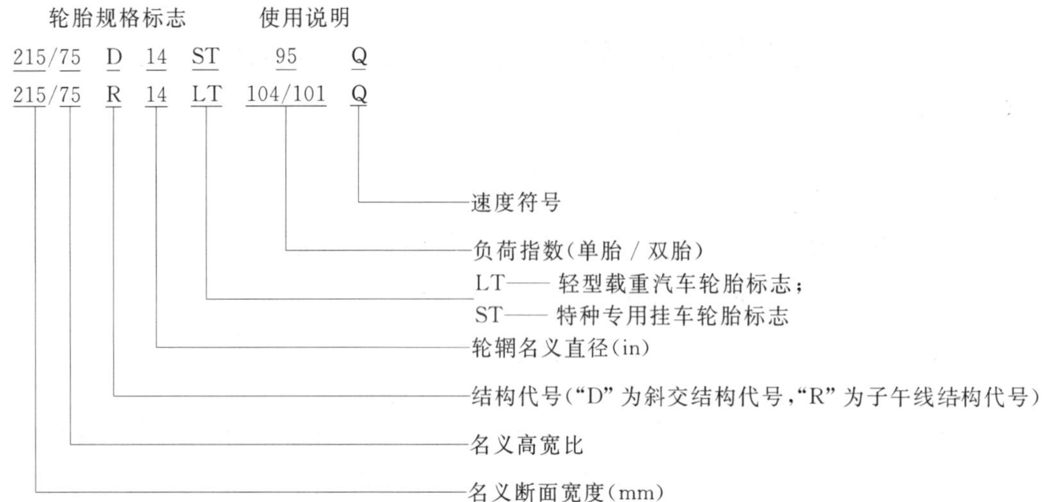

4.2 载重汽车轮胎

示例 1：

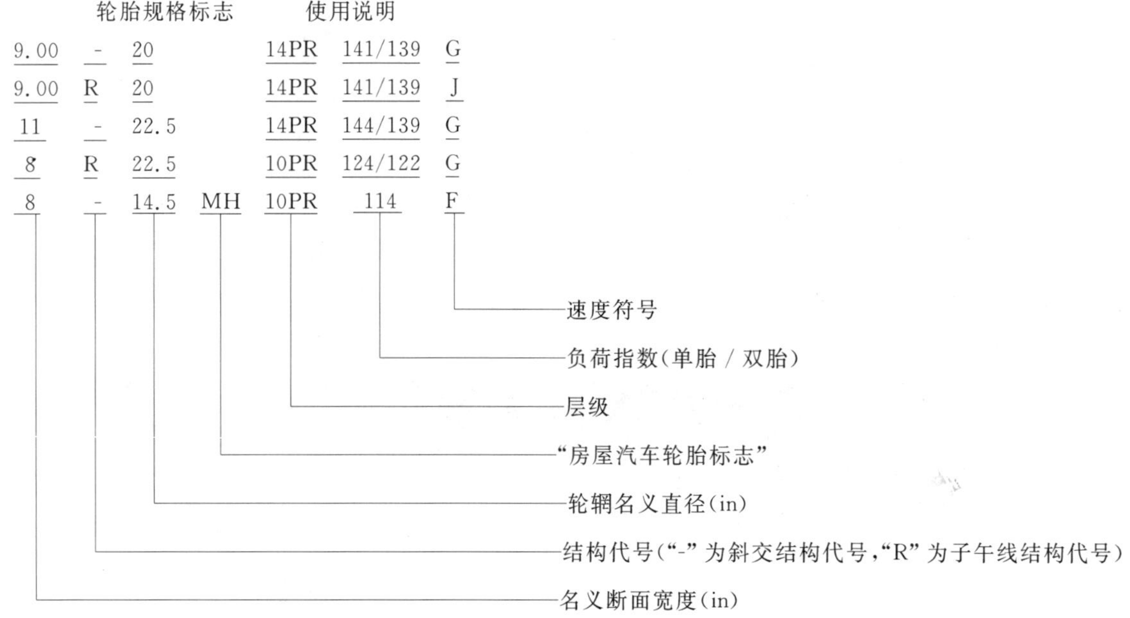

示例 2：

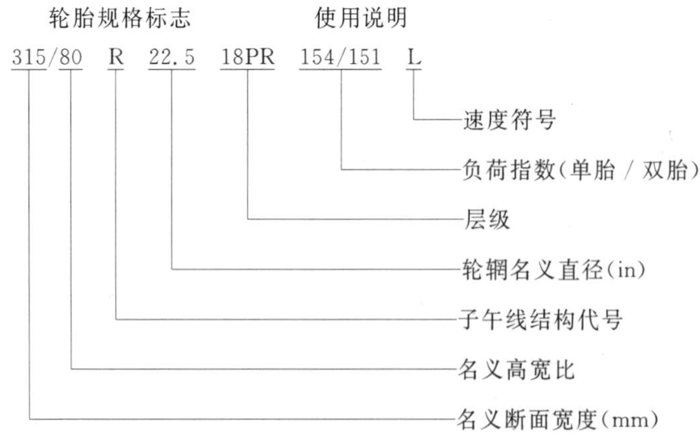

5 轮胎规格、尺寸、气压与负荷

5.1 轮胎规格、层级、负荷指数、测量轮辋、新胎充气后的断面宽度和外直径、轮胎最大使用尺寸、静负荷半径、负荷能力、充气压力、最小双胎间距、允许使用轮辋、气门嘴型号应符合表1～表22的规定。

5.2 轮胎行驶速度与负荷变化的对应关系应符合表23的规定，当负荷增加时应适当增加气压，增加比例与制造方协商解决。

5.3 负荷指数与负荷能力的对应关系应符合附录A的规定。

5.4 速度符号与最高行驶速度的对应关系应符合附录B的规定。

表 1 微型载重汽车普通断面斜交轮胎(5°轮辋)

轮胎规格	层级	负荷指数		测量轮辋	新胎设计尺寸/mm		轮胎最大使用尺寸/mm		静负荷半径/mm	负荷能力/kg		充气压力/kPa	最小双胎间距/mm	允许使用轮辋	气门嘴型号
		单胎	双胎		断面宽度	外直径	总宽度	外直径		单胎	双胎				
						公路型		公路型							
4.50-12ULT	4	67	65	3.00B	127	545	137	558	254	307	290	240	146	3.00D,3.50B	CF01
4.50-12ULT	6	72	70	3.00B	127	545	137	558	254	355	335	300	146	3.00D,3.50B	CF01
4.50-12ULT	8	77	76	3.00B	127	545	137	558	254	412	400	400	146	3.00D,3.50B	CF01
5.00-10ULT	4	69	67	3.50B	143	517	154	530	240	325	307	240	164	3.00B	CF01
5.00-10ULT	6	73	71	3.50B	143	517	154	530	240	365	345	300	164	3.00B	CF01
5.00-10ULT	8	79	77	3.50B	143	517	154	530	240	437	412	400	164	3.00B	CF01
5.00-12ULT	4	73	71	3.50B	143	568	154	582	265	365	345	240	164	3.00D,3.00B,4.00B	CF01
5.00-12ULT	6	78	76	3.50B	143	568	154	582	265	425	400	300	164	3.00D,3.00B,4.00B	CF01
5.00-12ULT	8	83	81	3.50B	143	568	154	582	265	487	462	400	164	3.00D,3.00B,4.00B	CF01
5.00-12ULT	10	88	86	3.50B	143	568	154	582	265	560	530	500	164	3.00D,3.00B,4.00B	CF01

新胎最大断面宽度＝新胎设计断面宽度×1.07；

新胎最小断面宽度＝新胎设计断面宽度×0.96。

新胎最大外直径＝2×新胎设计断面高度×1.07＋轮辋名义直径；

新胎最小外直径＝2×新胎设计断面高度×0.97＋轮辋名义直径。

注 1：静负荷半径和轮胎最大使用尺寸为使用参考数据。本表中的静负荷半径为轮胎单胎负荷下的静负荷半径，双胎负荷下的静负荷半径为表中数值＋1 mm。

注 2：若要求采用其他型号气门嘴，使用方应与制造方协商解决。

注 3：上述说明和要求及注 1、注 2 亦适用于表 2。

表 2 轻型载重汽车普通断面斜交轮胎(5°轮辋)

轮胎规格	层级	负荷指数		测量轮辋	新胎设计尺寸/mm			轮胎最大使用尺寸/mm			静负荷半径/mm	负荷能力/kg		充气压力/kPa	最小双胎间距/mm	允许使用轮辋	气门嘴型号
		单胎	双胎		断面宽度	外直径		总宽度	外直径			单胎	双胎				
						公路型	牵引型		公路型	牵引型							
5.50-13LT	6	82	78	4.00B	160	620	—	173	645	—	295	475	425	320	186	4.50B,4J,4½J	CF01
5.50-13LT	8	88	84	4.00B	160	620	—	173	645	—	295	560	500	420	186	4.00B,4.50B,4J,4½J	CF01
5.50-14LT	6	84	79	4J	160	645	—	173	671	—	307	500	437	320	186	4½J,5J	CF01
5.50-14LT	8	90	85	4J	160	645	—	173	671	—	307	600	515	420	186	4½J,5J	CF01
6.00-13LT	6	88	83	4.50B	170	655	—	184	681	—	312	560	487	320	197	4.00B,5.00B 4J,4½J,5J	CF01
6.00-13LT	8	93	89	4.50B	170	655	—	184	681	—	312	650	580	420	197	4.00B,5.00B 4J,4½J,5J	CF01
6.00-14LT	6	89	85	4½J	170	680	691	184	707	718	324	580	515	320	197	4J,5J	CF01
6.00-14LT	8	95	90	4½J	170	680	691	184	707	718	324	690	600	420	197	4J,5J	CF01
6.00-14LT	10	100	96	4½J	170	680	691	184	707	718	324	800	710	530	197	4J,5J	CF01
6.00-15LT	6	91	87	4.50E	170	705	717	184	733	744	336	615	545	320	197	4½J	CJ01
6.00-15LT	8	97	92	4.50E	170	705	717	184	733	744	336	730	630	420	197	4½J	CJ01
6.00-15LT	10	101	97	4.50E	170	705	717	184	733	744	336	825	730	530	197	4½J	CJ01
6.00-16LT	6	92	88	4.50E	170	730	743	184	759	771	348	630	560	320	197	4.00E	CJ01
6.00-16LT	8	98	94	4.50E	170	730	743	184	759	771	348	750	670	420	197	4.00E	CJ01
6.00-16LT	10	102	98	4.50E	170	730	743	184	759	771	348	850	750	530	197	4.00E	CJ01
6.50-14LT	6	94	89	4½J	180	705	717	194	733	746	336	670	580	320	209	5J	CF01
6.50-14LT	8	99	95	4½J	180	705	717	194	733	746	336	775	690	420	209	5J	CF01
6.50-14LT	10	104	100	4½J	180	705	717	194	733	746	336	900	800	530	209	5J	CF01
6.50-15LT	6	95	91	4.50E	180	730	742	194	759	771	348	690	615	320	209	4½J,5J,5.00E	CJ01
6.50-15LT	8	101	97	4.50E	180	730	742	194	759	771	348	825	730	420	209	4½J,5J,5.00E	CJ01

表 2（续）

轮胎规格	层级	负荷指数		测量轮辋	新胎设计尺寸/mm			轮胎最大使用尺寸/mm			静负荷半径/mm	负荷能力/kg		充气压力/kPa	最小双胎间距/mm	允许使用轮辋	气门嘴型号
		单胎	双胎		断面宽度	外直径		总宽度	外直径			单胎	双胎				
						公路型	牵引型		公路型	牵引型							
6.50-15LT	10	106	101	4.50E	180	730	742	194	759	771	348	950	825	530	209	4½J,5J,5.00E	CJ01
6.50-16LT	6	97	92	5.50F	185	750	761	200	780	791	357	730	630	320	215	5.00E	CJ01
6.50-16LT	8	102	98	5.50F	185	750	761	200	780	791	357	850	750	420	215	5.00E	CJ01
6.50-16LT	10	107	103	5.50F	185	750	761	200	780	791	357	975	875	530	215	5.00E	CJ01
6.50-16LT	12	110	105	5.50F	185	750	761	200	780	791	357	1 060	925	630	215	5.00E	CJ01
7.00-14LT	6	95	90	5J	185	715	726	200	744	756	340	690	600	320	215	5½J	CF01
7.00-14LT	8	101	96	5J	185	715	726	200	744	756	340	825	710	420	215	5½J	CF01
7.00-14LT	10	105	101	5J	185	715	726	200	744	756	340	925	825	530	215	5½J	CF01
7.00-15LT	6	99	95	5.50F	200	750	760	216	780	790	357	775	690	320	232	6.00G	DG04C
7.00-15LT	8	104	100	5.50F	200	750	760	216	780	790	357	900	800	420	232	6.00G	DG04C
7.00-15LT	10	109	105	5.50F	200	750	760	216	780	790	357	1 030	925	530	232	6.00G	DG04C
7.00-15LT	12	113	109	5.50F	200	750	760	216	780	790	357	1 150	1 030	630	232	6.00G	DG04C
7.00-16LT	6	101	96	5.50F	200	775	785	216	806	816	369	825	710	320	232	6.00G	DG04C
7.00-16LT	8	107	102	5.50F	200	775	785	216	806	816	369	975	850	420	232	6.00G	DG04C
7.00-16LT	10	111	106	5.50F	200	775	785	216	806	816	369	1 090	950	530	232	6.00G	DG04C
7.00-16LT	12	115	110	5.50F	200	775	785	216	806	816	369	1 215	1 060	630	232	6.00G	DG04C
7.00-16LT	14	118	114	5.50F	200	775	785	216	806	816	369	1 320	1 180	730	232	6.00G	DG04C
7.50-15LT	8	110	105	6.00G	215	780	791	232	811	822	371	1 060	925	420	249	5.50F	DG04C
7.50-15LT	10	115	110	6.00G	215	780	791	232	811	822	371	1 215	1 060	530	249	5.50F	DG04C
7.50-15LT	12	119	115	6.00G	215	780	791	232	811	822	371	1 360	1 215	630	249	5.50F	DG04C
7.50-15LT	14	121	117	6.00G	215	780	791	232	811	822	371	1 450	1 285	730	249	5.50F	DG04C

表 2（续）

轮胎规格	层级	负荷指数		测量轮辋	新胎设计尺寸/mm			轮胎最大使用尺寸/mm			静负荷半径/mm	负荷能力/kg		充气压力/kPa	最小双胎间距/mm	允许使用轮辋	气门嘴型　号
		单胎	双胎		断面宽度	外直径		总宽度	外直径			单胎	双胎				
						公路型	牵引型		公路型	牵引型							
7.50-16LT	6	106	101	6.00G	215	805	816	232	837	848	383	950	825	320	249	5.50F	DG04C
7.50-16LT	8	112	107	6.00G	215	805	816	232	837	848	383	1 120	975	420	249	5.50F	DG04C
7.50-16LT	10	116	112	6.00G	215	805	816	232	837	848	383	1 250	1 120	530	249	5.50F	DG04C
7.50-16LT	12	120	116	6.00G	215	805	816	232	837	848	383	1 400	1 250	630	249	5.50F	DG04C
7.50-16LT	14	122	118	6.00G	215	805	816	232	837	848	383	1 500	1 320	730	249	5.50F	DG04C
8.25-16LT	6	110	105	6.50H	235	855	867	253	889	901	407	1 060	925	280	273	6.00G,6.5	DG05C
8.25-16LT	8	115	110	6.50H	235	855	867	253	889	901	407	1 215	1 060	350	273	6.00G,6.5	DG05C
8.25-16LT	10	119	114	6.50H	235	855	867	253	889	901	407	1 360	1 180	420	273	6.00G,6.5	DG05C
8.25-16LT	12	123	119	6.50H	235	855	867	253	889	901	407	1 550	1 360	530	273	6.00G,6.5	DG05C
8.25-16LT	14	126	122	6.50H	235	855	867	253	889	901	407	1 700	1 500	630	273	6.00G,6.5	DG05C
8.25-16LT	16	128	124	6.50H	235	855	867	253	889	901	407	1 800	1 600	730	273	6.00G,6.5	DG05C
9.00-16LT	6	115	110	6.50H	255	890	902	275	926	938	424	1 215	1 060	280	296	6.00G,6.5	DG05C
9.00-16LT	8	120	115	6.50H	255	890	902	275	926	938	424	1 400	1 215	350	296	6.00G,6.5	DG05C
9.00-16LT	10	123	119	6.50H	255	890	902	275	926	938	424	1 550	1 360	420	296	6.00G,6.5	DG05C
9.00-16LT	12	127	123	6.50H	255	890	902	275	926	938	424	1 750	1 550	530	296	6.00G,6.5	DG05C
9.00-16LT	14	131	126	6.50H	255	890	902	275	926	938	424	1 950	1 700	630	296	6.00G,6.5	DG05C
9.00-16LT	16	134	129	6.50H	255	890	902	275	926	938	424	2 120	1 850	730	296	6.00G,6.5	DG05C

表 3 轻型载重汽车普通断面子午线轮胎(5°轮辋)

轮胎规格	层级	负荷指数		测量轮辋	新胎设计尺寸/mm			轮胎最大使用尺寸/mm			静负荷半径/mm	负荷能力/kg		充气压力/kPa	最小双胎间距/mm	允许使用轮辋	气门嘴型号
		单胎	双胎		断面宽度	外直径		总宽度	外直径			单胎	双胎				
						公路型	牵引型		公路型	牵引型							
6.00R15LT	6	91	86	4.50E	170	705	715	180	718	728	329	615	530	350	200	4½J	CJ01
6.00R15LT	8	97	92	4.50E	170	705	715	180	718	728	329	730	630	460	200	4½J	CJ01
6.50R15LT	6	95	91	5.50F	185	730	740	200	744	754	340	690	615	350	220	6.00G	CJ01
6.50R15LT	8	101	97	5.50F	185	730	740	200	744	754	340	825	730	460	220	6.00G	CJ01
6.50R15LT	10	106	101	5.50F	185	730	740	200	744	754	340	950	825	560	220	6.00G	CJ01
6.50R16LT	6	97	92	5.50F	185	750	760	200	770	780	350	730	630	350	220	5.00E,5.00F	CJ01
6.50R16LT	8	102	98	5.50F	185	750	760	200	770	780	350	850	750	460	220	5.00E,5.00F	CJ01
6.50R16LT	10	107	102	5.50F	185	750	760	200	770	780	350	975	850	560	220	5.00E,5.00F	CJ01
6.50R16LT	12	110	105	5.50F	185	750	760	200	770	780	350	1 060	925	670	220	5.00E,5.00F	CJ01
7.00R15LT	6	99	95	5.50F	200	750	760	214	769	779	350	775	690	350	236	6.00G	CJ01
7.00R15LT	8	104	100	5.50F	200	750	760	214	769	779	350	900	800	460	236	6.00G	CJ01
7.00R15LT	10	109	105	5.50F	200	750	760	214	769	779	350	1 030	925	560	236	6.00G	CJ01
7.00R15LT	12	113	109	5.50F	200	750	760	214	769	779	350	1 150	1 030	670	236	6.00G	CJ01
7.00R16LT	6	101	96	5.50F	200	775	785	214	800	810	362	825	710	350	236	6.00G	DG04C
7.00R16LT	8	107	102	5.50F	200	775	785	214	800	810	362	975	850	460	236	6.00G	DG04C
7.00R16LT	10	111	107	5.50F	200	775	785	214	800	810	362	1 090	975	560	236	6.00G	DG04C
7.00R16LT	12	115	110	5.50F	200	775	783	214	800	810	362	1 215	1 060	670	236	6.00G	DG04C
7.00R16LT	14	118	114	5.50F	200	775	783	214	800	810	362	1 320	1 180	770	236	6.00G	DG04C
7.50R15LT	8	110	105	6.00G	215	780	790	230	800	810	362	1 060	925	460	255	5.50F,6.50H	CJ01
7.50R15LT	10	115	110	6.00G	215	780	790	230	800	810	362	1 215	1 060	560	255	5.50F,6.50H	CJ01
7.50R16LT	6	105	101	6.00G	215	805	815	230	825	835	375	925	825	350	255	5.50F,6.50H	DG04C
7.50R16LT	8	112	107	6.00G	215	805	815	230	825	835	375	1 120	975	460	255	5.50F,6.50H	DG04C
7.50R16LT	10	116	111	6.00G	215	805	815	230	825	835	375	1 250	1 090	560	255	5.50F,6.50H	DG04C

表 3（续）

轮胎规格	层级	负荷指数		测量轮辋	新胎设计尺寸/mm			轮胎最大使用尺寸/mm			静负荷半径/mm	负荷能力/kg		充气压力/kPa	最小双胎间距/mm	允许使用轮辋	气门嘴型号
		单胎	双胎		断面宽度	外直径		总宽度	外直径			单胎	双胎				
						公路型	牵引型		公路型	牵引型							
7.50R16LT	12	120	116	6.00G	215	805	815	230	825	835	375	1 400	1 250	670	255	5.50F,6.50H	DG04C
7.50R16LT	14	122	118	6.00G	215	805	815	230	825	835	375	1 500	1 320	770	255	5.50F,6.50H	DG04C
8.25R16LT	6	110	105	6.50H	235	855	865	252	876	886	397	1 060	925	320	278	6.00G,6.5	DG05C
8.25R16LT	8	115	110	6.50H	235	855	865	252	876	886	397	1 215	1 060	390	278	6.00G,6.5	DG05C
8.25R16LT	10	119	114	6.50H	235	855	865	252	876	886	397	1 360	1 180	460	278	6.00G,6.5	DG05C
8.25R16LT	12	123	119	6.50H	235	855	865	252	876	886	397	1 550	1 360	560	278	6.00G,6.5	DG05C
8.25R16LT	14	126	122	6.50H	235	855	865	252	876	886	397	1 700	1 500	670	278	6.00G,6.5	DG05C
8.25R16LT	16	128	124	6.50H	235	855	865	252	876	886	397	1 800	1 600	770	278	6.00G,6.5	DG05C
9.00R16LT	6	115	110	6.50H	255	890	900	273	912	922	416	1 215	1 060	320	301	6.00G,6.5	DG05C
9.00R16LT	8	120	115	6.50H	255	890	900	273	912	922	416	1 400	1 215	390	301	6.00G,6.5	DG05C
9.00R16LT	10	123	119	6.50H	255	890	900	273	912	922	416	1 550	1 360	460	301	6.00G,6.5	DG05C
9.00R16LT	12	127	123	6.50H	255	890	900	273	912	922	416	1 750	1 550	560	301	6.00G,6.5	DG05C
9.00R16LT	14	131	126	6.50H	255	890	900	273	912	922	416	1 950	1 700	670	301	6.00G,6.5	DG05C
9.00R16LT	16	134	129	6.50H	255	890	900	273	912	922	416	2 120	1 850	770	301	6.00G,6.5	DG05C

新胎最大断面宽度＝新胎设计断面宽度×1.05；

新胎最小断面宽度＝新胎设计断面宽度×0.96。

新胎最大外直径＝2×新胎设计断面高度×1.03＋轮辋名义直径；

新胎最小外直径＝2×新胎设计断面高度×0.97＋轮辋名义直径。

注 1：静负荷半径和轮胎最大使用尺寸为使用参考数据。本表中的静负荷半径为轮胎单胎负荷下的静负荷半径，双胎负荷下的静负荷半径为表中数值＋1 mm。

注 2：若要求采用其他型号气门嘴，使用方应与制造方协商解决。

注 3：上述说明和要求及注 1、注 2 亦适用于表 4～表 9。

表 4　轻型载重汽车公制子午线轮胎(85 系列,5°轮辋)

轮胎规格	层级	负荷指数		测量轮辋	新胎设计尺寸/mm			轮胎最大使用尺寸/mm			静负荷半径/mm	负荷能力/kg		充气压力/kPa	最小双胎间距/mm	允许使用轮辋	气门嘴型号
		单胎	双胎		断面宽度	外直径		总宽度	外直径			单胎	双胎				
						公路型	牵引型		公路型	牵引型							
215/85R16LT	6	103	100	6J	216	772	778	229	786	793	359	875	800	350	251	5½J,6½J	DG04C
215/85R16LT	8	110	107	6J	216	772	778	229	786	793	359	1 060	975	450	251	5½J,6½J	DG04C
215/85R16LT	10	115	112	6J	216	772	778	229	786	793	359	1 215	1 120	550	251	5½J,6½J	DG04C
235/85R16LT	6	108	104	6½J	235	806	812	249	822	828	373	1 000	900	350	273	6J,7J	DG04C
235/85R16LT	8	114	111	6½J	235	806	812	249	822	828	373	1 180	1 090	450	273	6J,7J	DG04C
235/85R16LT	10	120	116	6½J	235	806	812	249	822	828	373	1 400	1 250	550	273	6J,7J	DG04C
235/85R16LT	12	123	120	6½J	235	806	812	249	822	828	373	1 550	1 400	650	273	6J,7J	DG04C
255/85R16LT	6	112	109	7J	255	840	846	270	858	864	387	1 120	1 030	350	296	6½J,7½J	DG04C
255/85R16LT	8	119	116	7J	255	840	846	270	858	864	387	1 360	1 250	450	296	6½J,7½J	DG04C
255/85R16LT	10	123	120	7J	255	840	846	270	858	864	387	1 550	1 400	550	296	6½J,7½J	DG04C

表 5　轻型载重汽车公制子午线轮胎(5°轮辋)

轮胎规格	层级	负荷指数		测量轮辋	新胎设计尺寸/mm			轮胎最大使用尺寸/mm			静负荷半径/mm	负荷能力/kg		充气压力/kPa	最小双胎间距/mm	允许使用轮辋	气门嘴型号
		单胎	双胎		断面宽度	外直径		总宽度	外直径			单胎	双胎				
						公路型	牵引型		公路型	牵引型							
145R12LT	6	80	78	4.00B	145	537	543	154	546	552	251	450	425	350	168	3.50B,4J	CF01
145R12LT	8	86	84	4.00B	145	537	543	154	546	552	251	530	500	450	168	3.50B,4J	CF01
155R12LT	6	83	81	4.50B	157	553	559	166	563	569	258	487	462	350	182	4.00B,4½J	CF01
155R12LT	8	88	86	4.50B	157	553	559	166	563	569	258	560	530	450	182	4.00B,4½J	CF01
155R13LT	6	85	83	4.50B	157	578	584	166	588	594	270	515	487	350	182	4½J,5.00B,5J	CF01
155R13LT	8	90	88	4.50B	157	578	584	166	588	594	270	600	560	450	182	4½J,5.00B,5J	CF01
165R13LT	6	89	88	4.50B	165	594	600	175	605	611	281	580	560	350	191	4.00B,5.00B	CF01
165R13LT	8	94	93	4.50B	165	594	600	175	605	611	281	670	650	450	191	4.00B,5.00B	CF01
165R14LT	6	91	90	4½J	165	620	626	175	631	637	281	615	600	350	191	4J,5J	CF01
165R14LT	8	96	96	4½J	165	620	626	175	631	637	281	710	690	450	191	4J,5J	CF01
175R13LT	6	92	90	5.00B	177	610	616	188	621	627	297	630	600	350	205	4.50B,4½J,5J,5½J	CF01
175R13LT	8	97	95	5.00B	177	610	616	188	621	627	297	730	690	450	205	4.50B,4½J,5J,5½J	CF01
175R14LT	6	94	92	5J	177	636	642	188	647	653	297	670	630	350	205	4½J,5½J	CF01
175R14LT	8	99	97	5J	177	636	642	188	647	653	297	775	730	450	205	4½J,5½J	CF01
185R13LT	6	94	92	5.50B	189	626	632	200	638	644	291	670	630	350	219	5.00B,5½J	CF01
185R13LT	8	99	97	5.50B	189	626	632	200	638	644	291	775	730	450	219	5.00B,5½J	CF01

表 5（续）

轮胎规格	层级	负荷指数		测量轮辋	新胎设计尺寸/mm			轮胎最大使用尺寸/mm			静负荷半径/mm	负荷能力/kg		充气压力/kPa	最小双胎间距/mm	允许使用轮辋	气门嘴型号
		单胎	双胎		断面宽度	外直径		总宽度	外直径			单胎	双胎				
						公路型	牵引型		公路型	牵引型							
185R14LT	6	97	95	5½J	189	652	658	200	664	670	304	730	690	350	219	6J	CF01
185R14LT	8	102	100	5½J	189	652	658	200	664	670	304	850	800	450	219	6J	CF01
185R15LT	6	98	97	5½J	189	677	683	200	686	695	316	750	730	350	219	6J	CF01
185R15LT	8	103	102	5½J	189	677	683	200	686	695	316	875	850	450	219	6J	CF01
195R14LT	6	100	99	5½J	196	668	674	208	680	687	311	800	775	350	227	6J	CF01
195R14LT	8	105	103	5½J	196	668	674	208	680	687	311	925	875	450	227	6J	CF01
195R15LT	6	101	99	5½J	196	693	699	208	705	712	323	825	775	350	227	6J	CF01
195R15LT	8	106	104	5½J	196	693	699	208	705	712	323	950	900	450	227	6J	CF01
205R14LT	6	102	100	6J	208	684	690	220	697	703	317	850	800	350	241	6½J	CF01
205R14LT	8	107	105	6J	208	684	690	220	697	703	317	975	925	450	241	6½J	CF01
205R16LT	6	106	104	6J	208	734	740	220	747	753	342	950	900	350	241	6½J	DG04C
205R16LT	8	110	108	6J	208	734	740	220	747	753	342	1 060	1 000	450	241	6½J	DG04C
215R14LT	6	104	102	6J	216	700	706	229	714	720	324	900	850	350	251	6½J	CF01
215R14LT	8	110	108	6J	216	700	706	229	714	720	324	1 060	1 000	450	251	6½J	CF01
215R16LT	6	109	107	6J	216	750	756	229	764	770	349	1 030	975	350	251	5½J,6½J	DG04C
215R16LT	8	113	111	6J	216	750	756	229	764	770	349	1 150	1 090	450	251	5½J,6½J	DG04C

表 6 轻型载重汽车公制子午线轮胎(75 系列,5°轮辋)

轮胎规格	层级	负荷指数		测量轮辋	新胎设计尺寸/mm			轮胎最大使用尺寸/mm			静负荷半径/mm	负荷能力/kg		充气压力/kPa	最小双胎间距/mm	允许使用轮辋	气门嘴型号
		单胎	双胎		断面宽度	外直径		总宽度	外直径			单胎	双胎				
						公路型	牵引型		公路型	牵引型							
175/75R16LT	6	91	88	5J	177	668	674	184	678	684	314	615	560	350	205	4½J,5½J	CF01
175/75R16LT	8	100	97	5J	177	668	674	184	678	684	314	730	670	450	205	4½J,5½J	CF01
185/75R16LT	8	100	97	5J	184	684	690	191	695	701	321	800	730	450	213	4½J,5½J	CF01
195/75R14LT	6	93	90	5½J	196	648	654	208	660	666	302	650	600	350	227	5J,6J	CF01
195/75R14LT	8	99	96	5½J	196	648	654	208	660	666	302	775	710	450	227	5J,6J	CF01
195/75R15LT	6	95	92	5½J	196	673	679	208	685	691	315	690	630	350	227	6J	CF01
195/75R15LT	8	101	98	5½J	196	673	679	208	685	691	315	825	750	450	227	6J	CF01
195/75R16LT	6	96	93	5½J	196	698	704	204	710	716	327	710	650	350	227	5J,6J	CF01
195/75R16LT	8	102	99	5½J	196	698	704	204	710	716	327	850	775	450	227	5J,6J	CF01
205/75R14LT	6	96	93	5½J	203	664	670	215	676	683	309	710	650	350	235	5J,6J	CF01
205/75R14LT	8	102	99	5½J	203	664	670	215	676	683	309	850	775	450	235	5J,6J	CF01
205/75R15LT	6	98	95	5½J	203	664	695	215	701	707	321	750	690	350	235	6J,6½J	CF01
205/75R15LT	8	103	100	5½J	203	689	695	215	701	707	321	875	800	450	235	6J,6½J	CF01
205/75R16LT	6	99	96	5½J	203	714	720	215	722	728	334	775	710	350	235	5J,6J	—
215/75R14LT	6	98	95	6J	216	678	684	229	690	696	315	750	690	350	251	5½J,6½J	CF01
215/75R14LT	8	104	101	6J	216	678	684	229	690	696	315	900	825	450	251	5½J,6½J	CF01
215/75R15LT	6	100	97	6J	216	703	709	229	715	723	328	800	730	350	251	5½J,6½J	CF01
215/75R15LT	8	106	103	6J	216	703	709	229	715	723	328	950	875	450	251	5½J,6½J	CF01
215/75R16LT	6	101	98	6J	216	728	734	229	741	747	340	825	750	350	251	5½J,6½J,7J	CF01
215/75R16LT	8	107	104	6J	216	728	734	229	741	747	340	975	900	450	251	5½J,6½J,7J	CF01
215/75R16LT	10	112	109	6J	216	728	734	229	741	747	340	1 120	1 030	550	251	5½J,6½J,7J	CF01
225/75R15LT	6	102	99	6J	223	719	725	236	733	739	335	850	775	350	259	6½J	CF01
225/75R15LT	8	108	104	6J	223	719	725	236	733	739	335	1 000	900	450	259	6½J	CF01

表 6（续）

轮胎规格	层级	负荷指数		测量轮辋	新胎设计尺寸/mm			轮胎最大使用尺寸/mm			静负荷半径/mm	负荷能力/kg		充气压力/kPa	最小双胎间距/mm	允许使用轮辋	气门嘴型号
		单胎	双胎		断面宽度	外直径		总宽度	外直径			单胎	双胎				
						公路型	牵引型		公路型	牵引型							
225/75R16LT	6	103	100	6J	223	744	750	236	758	764	347	875	800	350	259	6½J	CJ07
225/75R16LT	8	110	107	6J	223	744	750	236	758	764	347	1 060	975	450	259	6½J	CJ07
225/75R16LT	10	115	112	6J	223	744	750	236	758	764	347	1 215	1 120	550	259	6½J	CJ07
225/75R16LT	12	120	116	6J	223	744	750	236	758	764	347	1 360	1 250	650	259	6½J	CJ07
235/75R15LT	6	104	101	6½J	235	733	739	249	745	753	341	900	825	350	273	6J,7J	CF03
235/75R15LT	8	110	107	6½J	235	733	739	249	745	753	341	1 060	975	450	273	6J,7J	CF03
235/75R15LT	10	116	113	6½J	235	733	739	249	745	753	341	1 250	1 150	550	273	6J,7J	CF03
245/75R16LT	6	108	104	7J	248	774	780	263	788	795	359	1 000	900	350	288	6½J,7½J	CJ07
245/75R16LT	8	114	111	7J	248	774	780	263	788	795	359	1 180	1 090	450	288	6½J,7½J	CJ07
245/75R16LT	10	120	116	7J	248	774	780	263	788	795	359	1 400	1 250	550	288	6½J,7½J	CJ07
245/75R16LT	12	123	120	7J	248	774	780	263	788	795	359	1 550	1 400	650	288	6½J,7½J	CJ07
255/75R15LT	6	109	105	7J	255	763	769	270	779	785	353	1 030	925	350	296	6½J,7½J	CF01
255/75R15LT	8	115	111	7J	255	763	769	270	779	785	353	1 215	1 090	450	296	6½J,7½J	CF01
255/75R15LT	10	120	117	7J	255	763	769	270	779	785	353	1 400	1 285	550	296	6½J,7½J	CF01
265/75R16LT	6	112	109	7½J	267	804	810	283	820	827	372	1 120	1 030	350	310	7J,8J	CJ07
265/75R16LT	8	119	116	7½J	267	804	810	283	820	827	372	1 360	1 250	450	310	7J,8J	CJ07
265/75R16LT	10	123	120	7½J	267	804	810	283	820	827	372	1 550	1 400	550	310	7J,8J	CJ07
265/75R16LT	12	127	124	7½J	267	804	810	283	820	827	372	1 750	1 600	650	310	7J,8J	CJ07
285/75R16LT	8	122	119	8J	286	834	840	303	852	857	385	1 500	1 360	450	332	7½J,8½J	CJ07
295/75R16LT	6	118	115	8J	294	848	854	312	866	872	391	1 320	1 215	350	341	7½J,8½J,9J	CF01
295/75R16LT	8	123	120	8J	294	848	854	312	866	872	391	1 550	1 400	450	341	7½J,8½J,9J	CF01
315/75R16LT	8	121	—	8½J	313	878	884	332	896	904	404	1 450	—	350	—	8J,9J	CF01

表 7 轻型载重汽车公制子午线轮胎(70 系列,5°轮辋)

轮胎规格	层级	负荷指数		测量轮辋	新胎设计尺寸/mm			轮胎最大使用尺寸/mm			静负荷半径/mm	负荷能力/kg		充气压力/kPa	最小双胎间距/mm	允许使用轮辋	气门嘴型号
		单胎	双胎		断面宽度	外直径		总宽度	外直径			单胎	双胎				
						公路型	牵引型		公路型	牵引型							
165/70R14LT	6	84	80	5J	170	588	594	180	597	603	277	500	450	350	197	$4\frac{1}{2}$J,$5\frac{1}{2}$J	CF01
195/70R15LT	6	93	90	6J	201	655	661	213	666	672	305	650	600	350	233	$5\frac{1}{2}$J,$6\frac{1}{2}$J	CF01
195/70R15LT	8	99	96	6J	201	655	661	213	666	672	305	775	710	450	233	$5\frac{1}{2}$J,$6\frac{1}{2}$J	CF01
195/70R15LT	10	104	101	6J	201	655	661	213	666	672	305	900	825	550	233	$5\frac{1}{2}$J,$6\frac{1}{2}$J	CF01
195/70R15LT	12	108	105	6J	201	655	661	213	666	672	305	1 000	925	650	233	$5\frac{1}{2}$J,$6\frac{1}{2}$J	CF01
205/70R14LT	6	94	91	6J	209	644	650	222	656	662	298	670	615	350	242	$5\frac{1}{2}$J,$6\frac{1}{2}$J	CF03
205/70R14LT	8	100	97	6J	209	644	650	222	656	662	298	800	730	450	242	$5\frac{1}{2}$J,$6\frac{1}{2}$J	CF03
205/70R14LT	10	105	102	6J	209	644	650	222	656	662	298	925	850	550	242	$5\frac{1}{2}$J,$6\frac{1}{2}$J	CF03
215/70R15LT	6	98	95	$6\frac{1}{2}$J	221	683	689	230	695	701	319	750	690	350	256	6J,7J	CF01
215/70R15LT	8	104	101	$6\frac{1}{2}$J	221	683	689	230	695	701	319	900	825	450	256	6J,7J	CF01
215/70R16LT	6	100	97	$6\frac{1}{2}$J	221	708	714	234	720	726	328	800	730	350	256	6J,7J	CF01
215/70R16LT	8	106	102	$6\frac{1}{2}$J	221	708	714	234	720	726	328	950	850	450	256	6J,7J	CF01
225/70R15LT	6	100	97	$6\frac{1}{2}$J	228	697	703	242	710	716	322	800	730	350	264	6J,7J	CF01
225/70R15LT	8	106	103	$6\frac{1}{2}$J	228	697	703	242	710	716	322	950	875	450	264	6J,7J	CF01
225/70R16LT	6	102	99	$6\frac{1}{2}$J	228	722	728	242	734	740	337	850	775	350	264	6J,7J	CF01
235/70R16LT	6	104	101	7J	240	736	742	254	749	755	340	900	825	350	278	$6\frac{1}{2}$J,$7\frac{1}{2}$J	CF01
235/70R16LT	8	110	107	7J	240	736	742	254	749	755	340	1 060	975	450	278	$6\frac{1}{2}$J,$7\frac{1}{2}$J	CF01
245/70R17LT	8	114	110	7J	248	776	782	263	790	796	362	1 180	1 060	450	288	$6\frac{1}{2}$J,$7\frac{1}{2}$J,8J	CF01
245/70R17LT	10	119	116	7J	248	776	782	263	790	796	362	1 360	1 250	550	288	$6\frac{1}{2}$J,$7\frac{1}{2}$J,8J	CF01

表 7（续）

轮胎规格	层级	负荷指数		测量轮辋	新胎设计尺寸/mm			轮胎最大使用尺寸/mm			静负荷半径/mm	负荷能力/kg		充气压力/kPa	最小双胎间距/mm	允许使用轮辋	气门嘴型号
		单胎	双胎		断面宽度	外直径		总宽度	外直径			单胎	双胎				
						公路型	牵引型		公路型	牵引型							
255/70R15LT	6	107	103	7½J	260	739	745	276	753	760	340	975	875	350	302	7J,8J	CF01
255/70R15LT	8	113	110	7½J	260	739	745	276	753	760	340	1 150	1 060	450	302	7J,8J	CF01
255/70R16LT	6	109	105	7½J	260	764	770	276	778	785	352	1 030	925	350	302	8J	CJ07
255/70R16LT	8	115	112	7½J	260	764	770	276	778	785	352	1 215	1 120	450	302	8J	CJ07
265/70R16LT	6	110	107	8J	272	778	784	288	792	800	361	1 060	975	350	316	7½J,8½J	CF01
265/70R16LT	8	117	114	8J	272	778	784	288	792	800	361	1 285	1 180	450	316	7½J,8½J	CF01
265/70R17LT	6	112	109	8J	272	804	810	288	818	826	374	1 120	1 030	350	316	7½J,8½J	CF01
265/70R17LT	8	118	115	8J	272	804	810	288	818	826	374	1 320	1 215	450	316	7½J,8½J	CF01
265/70R17LT	10	121	118	8J	272	804	810	288	818	826	374	1 450	1 320	550	316	7½J,8½J	CF01
275/70R16LT	6	112	109	8J	279	792	798	296	807	814	363	1 120	1 030	350	324	7½J,8½J	CJ07
275/70R16LT	8	119	116	8J	279	792	798	296	807	814	363	1 360	1 250	450	324	7½J,8½J	CJ07
285/70R17LT	6	116	113	8½J	292	832	838	310	848	854	386	1 250	1 150	350	339	7½J,8J,9J	CF01
285/70R17LT	8	121	118	8½J	292	832	838	310	848	854	386	1 450	1 320	450	339	7½J,8J,9J	CF01
305/70R16LT	8	118	115	9J	311	834	840	330	852	858	385	1 320	1 215	350	361	8½J,9½J	CF01
305/70R16LT	10	124	121	9J	311	834	840	330	852	858	385	1 600	1 450	450	361	8J,8½J,9½J	CF01
305/70R16LT	12	128	125	9J	311	834	840	330	852	858	385	1 800	1 650	550	361	8J,8½J,9½J	CF01
305/70R17LT	8	119	116	9J	311	860	866	330	878	884	398	1 360	1 250	350	361	8½J,9½J	CF01
315/70R16LT	8	120	117	9½J	323	848	854	342	866	872	391	1 400	1 285	350	375	9J,10J	CF01
315/70R17LT	8	121	118	9½J	323	874	880	342	892	898	404	1 450	1 320	350	375	8½J,9J,10J	CF01

表 8 轻型载重汽车公制子午线轮胎(65 系列,5°轮辋)

轮胎规格	层级	负荷指数		测量轮辋	新胎设计尺寸/mm			轮胎最大使用尺寸/mm			静负荷半径/mm	负荷能力/kg		充气压力/kPa	最小双胎间距/mm	允许使用轮辋	气门嘴型号
		单胎	双胎		断面宽度	外直径		总宽度	外直径			单胎	双胎				
						公路型	牵引型		公路型	牵引型							
185/65R15LT	6	89	85	5½J	189	621	627	200	631	637	291	580	515	350	219	5J,6J	CF01
185/65R15LT	8	95	91	5½J	189	621	627	200	631	637	291	690	615	450	219	5J,6J	CF01
185/65R15LT	10	99	96	5½J	189	621	627	200	631	637	291	775	710	550	219	5J,6J	CF01
185/65R15LT	12	103	100	5½J	189	621	627	200	631	637	291	875	800	650	219	5J,6J	CF01
195/65R16LT	6	93	89	6J	201	660	666	213	670	676	308	650	580	350	233	5½J	CF01
195/65R16LT	8	99	96	6J	201	660	666	213	670	676	308	775	710	450	233	5½J	CF01
195/65R16LT	10	103	100	6J	201	660	666	213	670	676	308	875	800	550	233	5½J	CF01
205/65R15LT	6	94	90	6J	209	647	653	222	658	663	301	670	600	350	242	5½J,6½J	CF01
205/65R15LT	8	100	97	6J	209	647	653	222	658	663	301	800	730	450	242	5½J,6½J	CF01
205/65R16LT	6	95	92	6J	209	672	678	222	683	689	313	690	630	350	242	5½J,6½J	CF01
205/65R16LT	8	101	98	6J	209	672	678	222	683	689	313	825	750	450	242	5½J,6½J	CF01
275/65R18LT	10	123	120	8J	279	815	821	296	829	835	381	1 550	1 400	550	324	7½J,8½J,9J	CF01

表 9 轻型载重汽车公制子午线轮胎(60 系列,5°轮辋)

轮胎规格	层级	负荷指数		测量轮辋	新胎设计尺寸/mm			轮胎最大使用尺寸/mm			静负荷半径/mm	负荷能力/kg		充气压力/kPa	最小双胎间距/mm	允许使用轮辋	气门嘴型号
		单胎	双胎		断面宽度	外直径		总宽度	外直径			单胎	双胎				
						公路型	牵引型		公路型	牵引型							
195/60R15LT	6	89	85	6J	201	615	621	213	624	631	288	580	515	350	233	5½J,6½J	CF01
195/60R15LT	8	95	91	6J	201	615	621	213	624	631	288	690	615	450	233	5½J,6½J	CF01
225/60R15LT	6	96	92	6½J	228	676	682	242	687	693	315	710	630	350	264	7J,7½J	CF01
225/60R15LT	8	101	98	6½J	228	676	682	242	687	693	315	825	750	450	264	7J,7½J	CF01

表 10 轻型载重汽车高通过性子午线轮胎

轮胎规格	层级	负荷指数	测量轮辋	新胎设计尺寸/mm			轮胎最大使用尺寸/mm			静负荷半径/mm	负荷能力/kg	充气压力/kPa	允许使用轮辋	气门嘴型号	
				断面宽度	外直径		总宽度	外直径						有内胎	无内胎
					公路型	牵引型		公路型	牵引型						
30×9.50R15LT	4	96	7½J	240	750	756	260	765	771	346	710	250	7J,8J	CF01	CQ01
30×9.50R15LT	6	104	7½J	240	750	756	260	765	771	346	900	350	7J,8J	CF01	CQ01
31×10.50R15LT	4	100	8½J	268	775	781	289	791	797	358	800	250	8J,9J	CF01	CQ01
31×10.50R15LT	6	109	8½J	268	775	781	289	791	797	358	1 030	350	8J,9J	CF01	CQ01
32×11.50R15LT	4	104	9J	290	801	807	313	817	824	369	900	250	8J,8½J,10J	CF01	CQ01
32×11.50R15LT	6	113	9J	290	801	807	313	817	824	369	1150	350	8J,8½J,10J	CF01	CQ01
33×12.50R15LT	4	100	10J	318	826	832	343	844	850	380	800	170	8½J, 9J,11J	CF01	CQ01
33×12.50R15LT	6	108	10J	318	826	832	343	844	850	380	1 000	250	8½J, 9J,11J	CF01	CQ01
35×12.50R15LT	6	113	10J	318	877	883	343	897	903	401	1 150	250	8½J, 9J,11J	CF01	CQ01
35×12.50R17LT	6	111	10J	318	877	883	343	895	901	—	1 090	250	8½J, 9J,11J	CF01	CQ01
35×12.50R17LT	8	119	10J	318	877	883	343	895	901	—	1 360	350	8½J, 9J,11J	CF01	CQ01

新胎最大断面宽度＝新胎设计断面宽度×1.05；

新胎最小断面宽度＝新胎设计断面宽度×0.96。

新胎最大外直径＝2×新胎设计断面高度×1.03＋轮辋名义直径；

新胎最小外直径＝2×新胎设计断面高度×0.97＋轮辋名义直径。

注 1：静负荷半径和轮胎最大使用尺寸为使用参考数据。

注 2：若要求采用其他型号气门嘴，使用方应与制造方协商解决。

表 11 公路型挂车特种专用 ST 公制轮胎(5°轮辋)

轮胎规格	层级	负荷指数	测量轮辋	新胎设计尺寸/mm		轮胎最大使用尺寸/mm		静负荷半径/mm	负荷能力/kg	充气压力/kPa	允许使用轮辋	气门嘴型号
				断面宽度	外直径	总宽度	外直径					
235/85 * 16ST	6	116	6½J	235	806	249	822	—	1 250	350	6J,7J,7½J	CF01
235/85 * 16ST	8	121	6½J	235	806	249	822	—	1 450	450	6J,7J,7½J	CF01
235/85 * 16ST	10	125	6½J	235	806	249	822	—	1 650	550	6J,7J,7½J	CF01
235/85 * 16ST	12	128	6½J	235	806	249	822	—	1 800	660	6J,7J,7½J	CF01
155/80 * 13ST	4	76	4½J	157	578	167	588	—	400	250	5JB	CF01
155/80 * 13ST	6	84	4½J	157	578	167	588	—	500	350	5JB	CF01
165/80 * 13ST	4	80	4½J	165	594	175	604	—	450	250	5JB	CF01
165/80 * 13ST	6	88	4½J	165	594	175	604	—	560	350	5JB	CF01
175/80 * 13ST	4	84	5JB	177	610	188	620	—	500	250	4½JB,5½JB	CF01
175/80 * 13ST	6	91	5JB	177	610	188	620	—	615	350	4½JB,5½JB	CF01
185/80 * 13ST	4	87	5JB	184	626	195	638	—	545	250	4½JB,5½JB,6JB	CF01
185/80 * 13ST	6	94	5JB	184	626	195	638	—	670	350	4½JB,5½JB	CF01
215/80 * 16ST	6	108	6J	216	750	230	764	—	1 000	350	5½J,6½J,7J	CF01
215/80 * 16ST	8	114	6J	216	750	230	764	—	1 180	450	5½J,6½J,7J	CF01
215/80 * 16ST	10	118	6J	216	750	230	764	—	1 320	550	5½J,6½J,7J	CF01
235/80 * 16ST	6	114	6½J	235	782	249	798	—	1 180	350	6J,7J, 7½J	CF01
235/80 * 16ST	8	119	6½J	235	782	249	798	—	1 360	450	6J,7J, 7½J	CF01
235/80 * 16ST	10	123	6½J	235	782	249	798	—	1 550	550	6J,7J, 7½J	CF01
195/75 * 14ST	4	90	5½J	196	648	208	660	—	600	250	5J,6J	CF01
195/75 * 14ST	6	97	5½J	196	648	208	660	—	730	350	5J,6J	CF01
205/75 * 14ST	4	93	5½J	203	664	215	678	—	650	250	5J,6J,6½J	CF01
205/75 * 14ST	6	100	5½J	203	664	215	678	—	800	350	5J,6J,6½J	CF01
205/75 * 15ST	4	94	5½J	203	689	215	703	—	670	250	5J,6J,6½J	CF01
205/75 * 15ST	6	101	5½J	203	689	215	703	—	825	350	5J,6J,6½J	CF01
205/75 * 15ST	8	107	5½J	203	689	215	703	—	975	450	5J,6J,6½J	CF01

表 11（续）

轮胎规格	层级	负荷指数	测量轮辋	新胎设计尺寸/mm		轮胎最大使用尺寸/mm		静负荷半径/mm	负荷能力/kg	充气压力/kPa	允许使用轮辋	气门嘴型号
				断面宽度	外直径	总宽度	外直径					
215/75 * 14ST	4	95	6J	216	678	230	692	—	690	250	5½J,6½J,7J	CF01
215/75 * 14ST	6	102	6J	216	678	230	692	—	850	350	5½J,6½J,7J	CF01
225/75 * 15ST	6	107	6J	223	719	237	733	—	975	350	6½J,7J	CF01
225/75 * 15ST	8	113	6J	223	719	237	733	—	1 150	450	6½J,7J	CF01
225/75 * 15ST	10	117	6J	223	719	237	733	—	1 285	550	6½J,7J	CF01
245/75 * 16ST	6	114	7J	248	774	263	788	—	1 180	350	6½J,7½J	CF01
245/75 * 16ST	8	119	7J	248	774	263	788	—	1 360	450	6½J,7½J	CF01
245/75 * 16ST	10	123	7J	248	774	263	788	—	1 550	550	6½J,7½J	CF01
235/60 * 14ST	4	93	7J	240	638	265	662	—	650	250	6½J,7½J,8J,8½J	CF01
235/60 * 14ST	6	100	7J	240	638	265	662	—	800	350	6½J,7½J,8J,8½J	CF01
235/60 * 14ST	8	106	7J	240	638	265	662	—	950	450	6½J,7½J,8J,8½J	CF01
235/60 * 15ST	4	95	7J	240	663	265	687	—	690	250	6½J,7½J,8J,8½J	CF01
235/60 * 15ST	6	102	7J	240	663	265	687	—	850	350	6½J,7½J,8J,8½J	CF01
235/60 * 15ST	8	108	7J	240	663	265	687	—	1 000	450	6½J,7½J,8J,8½J	CF01
235/60 * 16ST	4	96	7J	240	688	265	712	—	710	250	6½J,7½J,8J,8½J	CF01
235/60 * 16ST	6	103	7J	240	688	265	712	—	875	350	6½J,7½J,8J,8½J	CF01
235/60 * 16ST	8	109	7J	240	688	265	712	—	1 030	450	6½J,7½J,8J,8½J	CF01
285/60 * 16ST	4	108	8½J	292	748	321	776	—	1 000	250	8J,9J,9½J,10J	CF01
285/60 * 16ST	6	116	8½J	292	748	321	776	—	1 250	350	8J,9J,9½J,10J	CF01
285/60 * 16ST	8	121	8½J	292	748	321	776	—	1 450	450	8J,9J,9½J,10J	CF01

新胎最大断面宽度＝新胎设计断面宽度×a(斜交轮胎:a＝1.07,子午线轮胎:a＝1.05);
新胎最小断面宽度＝新胎设计断面宽度×0.96。
新胎最大外直径＝2×新胎设计断面高度×b＋轮辋名义直径（斜交轮胎:b＝1.07,子午线轮胎:b＝1.03);
新胎最小外直径＝2×新胎设计断面高度×0.97＋轮辋名义直径。
注 1：轮胎最大使用尺寸为使用参考数据。
注 2：若要求采用其他型号气门嘴,使用方应与制造方协商解决。
* 轮胎规格包括"R"(子午线轮胎)和"-" 或"D"(斜交轮胎)。

表 12 载重汽车普通断面斜交轮胎(5°轮辋)

轮胎规格	层级	负荷指数		测量轮辋	新胎设计尺寸/mm			轮胎最大使用尺寸/mm			静负荷半径/mm	负荷能力/kg		充气压力/kPa		最小双胎间距/mm	允许使用轮辋	气门嘴型号
		单胎	双胎		断面宽度	外直径		总宽度	外直径			单胎	双胎	单胎	双胎			
						公路型	牵引型		公路型	牵引型								
7.00-20	8	117	112	5.5	200	904	920	216	940	956	430	1 285	1 120	530	460	230	6.0,6.00S	DG06C
7.00-20	10	121	117	5.5	200	904	920	216	940	956	430	1 450	1 285	630	560	230	6.0,6.00S	DG06C
7.00-20	12	124	120	5.5	200	904	920	216	940	956	430	1 600	1 400	740	670	230	6.0,6.00S	DG06C
7.00-20	14	127	123	5.5	200	904	920	216	940	956	430	1 750	1 550	840	770	230	6.0,6.00S	DG06C
7.50-20	8	121	116	6.0	215	935	952	232	972	991	445	1 450	1 250	530	460	247	6.5,6.50T	DG06C
7.50-20	10	125	121	6.0	215	935	952	232	972	991	445	1 650	1 450	630	560	247	6.5,6.50T	DG06C
7.50-20	12	128	124	6.0	215	935	952	232	972	991	445	1 800	1 600	740	670	247	6.5,6.50T	DG06C
7.50-20	14	130	126	6.0	215	935	952	232	972	991	445	1 900	1 700	810	740	247	6.5,6.50T	DG06C
8.25-20	10	129	124	6.5	236	974	992	254	1 013	1 032	464	1 850	1 600	600	530	270	6.50T,7.0,7.00T	DG06C
8.25-20	12	133	128	6.5	236	974	992	254	1 013	1 032	464	2 060	1 800	700	630	270	6.50T,7.0,7.00T	DG06C
8.25-20	14	136	131	6.5	236	974	992	254	1 013	1 032	464	2 240	1 950	810	740	270	6.50T,7.0,7.00T	DG06C
8.25-20	16	139	135	6.5	236	974	992	254	1 013	1 032	464	2 430	2 180	910	840	270	6.50T,7.0,7.00T	DG06C
9.00-20	10	134	129	7.0	259	1 018	1 038	280	1 059	1 080	485	2 120	1 850	560	490	298	7.00T,7.5,6.5,7.50V	DG07C
9.00-20	12	138	133	7.0	259	1 018	1 038	280	1 059	1 080	485	2 360	2 060	670	600	298	7.00T,7.5,6.5,7.50V	DG07C
9.00-20	14	141	137	7.0	259	1 018	1 038	280	1 059	1 080	485	2 575	2 300	770	700	298	7.00T,7.5,6.5,7.50V	DG07C

表 12（续）

轮胎规格	层级	负荷指数		测量轮辋	新胎设计尺寸/mm			轮胎最大使用尺寸/mm			静负荷半径/mm	负荷能力/kg		充气压力/kPa		最小双胎间距/mm	允许使用轮辋	气门嘴型号
		单胎	双胎		断面宽度	外直径		总宽度	外直径			单胎	双胎	单胎	双胎			
						公路型	牵引型		公路型	牵引型								
9.00-20	16	145	140	7.0	259	1 018	1 038	280	1 059	1 080	485	2 900	2 500	880	810	298	7.00T,7.5,6.5,7.50V	DG07C
10.00-20	12	140	135	7.5	278	1 055	1 073	300	1 097	1 119	502	2 500	2 180	600	530	320	7.50V,8.0	DG08C
10.00-20	14	144	139	7.5	278	1 055	1 073	300	1 097	1 119	502	2 800	2 430	700	630	320	7.50V,8.0	DG08C
10.00-20	16	146	142	7.5	278	1 055	1 073	300	1 097	1 119	502	3 000	2 650	810	740	320	7.50V,8.0	DG08C
10.00-20	18	150	145	7.5	278	1 055	1 073	300	1 097	1 119	502	3 350	2 900	910	840	320	7.50V,8.0	DG08C
11.00-20	12	143	138	8.0	293	1 085	1 105	316	1 128	1 150	517	2 725	2 360	600	530	337	8.00V,8.5	DG09C
11.00-20	14	146	142	8.0	293	1 085	1 105	316	1 128	1 150	517	3 000	2 650	700	630	337	8.00V,8.5	DG09C
11.00-20	16	150	145	8.0	293	1 085	1 105	316	1 128	1 150	517	3 350	2 900	810	740	337	8.00V,8.5	DG09C
11.00-20	18	153	148	8.0	293	1 085	1 105	316	1 128	1 150	517	3 650	3 150	910	840	337	8.00V,8.5	DG09C
11.00-22	12	145	141	8.0	293	1 135	1 150	316	1 180	1 195	540	2 900	2 575	600	530	337	7.5,8.5,8.5VM	DG09C
11.00-22	14	149	144	8.0	293	1 135	1 150	316	1 180	1 195	540	3 250	2 800	700	630	337	7.5,8.5,8.5VM	DG09C
11.00-22	16	152	147	8.0	293	1 135	1 150	316	1 180	1 195	540	3 550	3 075	810	740	337	7.5,8.5,8.5VM	DG09C
12.00-20	14	149	144	8.5	315	1 125	1 145	340	1 170	1 193	536	3 250	2 800	630	560	362	8.50V,9.0	DG09C
12.00-20	16	152	148	8.5	315	1 125	1 145	340	1 170	1 193	536	3 550	3 150	740	670	362	8.50V,9.0	DG09C
12.00-20	18	154	150	8.5	315	1 125	1 145	340	1 170	1 193	536	3 750	3 350	810	740	362	8.50V,9.0	DG09C
12.00-20	20	156	151	8.5	315	1 125	1 145	340	1 170	1 193	536	4 000	3 450	880	810	362	8.50V,9.0	DG09C

表 12（续）

轮胎规格	层级	负荷指数		测量轮辋	新胎设计尺寸/mm			轮胎最大使用尺寸/mm			静负荷半径/mm	负荷能力/kg		充气压力/kPa		最小双胎间距/mm	允许使用轮辋	气门嘴型号
		单胎	双胎		断面宽度	外直径		总宽度	外直径			单胎	双胎	单胎	双胎			
						公路型	牵引型		公路型	牵引型								
12.00-24	14	153	148	8.5	315	1 225	1 247	340	1 274	1 297	583	3 650	3 150	630	560	362	8.50V,9.0	DG09C
12.00-24	16	156	152	8.5	315	1 225	1 247	340	1 274	1 297	583	4 000	3 550	740	670	362	8.50V,9.0	DG09C
12.00-24	18	158	154	8.5	315	1 225	1 247	340	1 274	1 297	583	4 250	3 750	810	740	362	8.50V,9.0	DG09C
12.00-24	20	160	156	8.5	315	1 225	1 247	340	1 274	1 297	583	4 500	4 000	880	810	362	8.50V,9.0	DG09C
13.00-20	16	156	151	9.0	340	1 177	1 200	367	1 224	1 248	560	3 875	3 450	670	600	391	—	DG09C
13.00-20	18	158	154	9.0	340	1 177	1 200	367	1 224	1 248	560	4 250	3 750	770	700	391	—	DG09C
14.00-20	14	152	147	10.0	375	1 240	1 265	405	1 290	1 315	590	3 550	3 075	460	390	431	—	DG09C
14.00-20	16	157	152	10.0	375	1 240	1 265	405	1 290	1 315	590	4 125	3 550	560	490	431	—	DG09C
14.00-20	18	161	156	10.0	375	1 240	1 265	405	1 290	1 315	590	4 625	4 000	670	600	431	—	DG09C
14.00-20	20	164	159	10.0	375	1 240	1 265	405	1 290	1 315	590	5 000	4 375	770	700	431	—	DG09C

新胎最大断面宽度＝新胎设计断面宽度×1.06；
新胎最小断面宽度＝新胎设计断面宽度×0.97。
新胎最大外直径＝2×新胎设计断面高度×1.06＋轮辋名义直径；
新胎最小外直径＝2×新胎设计断面高度×0.97＋轮辋名义直径。
注 1：静负荷半径和轮胎最大使用尺寸为使用参考数据。本表中的静负荷半径为轮胎单胎负荷下的静负荷半径，双胎负荷下的静负荷半径为表中数值＋1 mm。
注 2：若要求采用其他型号气门嘴，使用方应与制造方协商解决。
注 3：上述说明和要求及注 1、注 2 亦适用于表 13、表 22。

表 13 载重汽车普通断面斜交轮胎(15°轮辋)

轮胎规格	层级	负荷指数		测量轮辋	新胎设计尺寸/mm			轮胎最大使用尺寸/mm			静负荷半径/mm	负荷能力/kg		充气压力/kPa		最小双胎间距/mm	允许使用轮辋	气门嘴型号
		单胎	双胎		断面宽度	外直径		总宽度	外直径			单胎	双胎	单胎	双胎			
						公路型	牵引型		公路型	牵引型								
11-22.5	12	140	135	8.25	279	1 054	1 073	305	1 097	1 118	503	2 500	2 180	590	520	318	7.50	DR07
11-22.5	14	144	139	8.25	279	1 054	1 073	305	1 097	1 118	503	2 800	2430	690	620	318	7.50	DR07
11-22.5	16	146	142	8.25	279	1 054	1 073	305	1 097	1 118	503	3 000	2 500	790	720	318	7.50	DR07

表 14 载重汽车宽基斜交轮胎(15°轮辋)

轮胎规格	层级	负荷指数	测量轮辋	新胎设计尺寸/mm			轮胎最大使用尺寸/mm			静负荷半径/mm	负荷能力/kg	充气压力/kPa	允许使用轮辋	气门嘴型号
				断面宽度	外直径		总宽度	外直径						
					公路型	牵引型		公路型	牵引型					
18-22.5	14	156	14.00	457	1 156	1 172	494	1 197	1 214	549	4 000	480	13.00	CJ04,CJ06
18-22.5	16	160	14.00	457	1 156	1 172	494	1 197	1 214	549	4 500	590	13.00	CJ04,CJ06
18-22.5	18	164	14.00	457	1 156	1 172	494	1 197	1 214	549	5 000	690	13.00	CJ04,CJ06
18-22.5	20	167	14.00	457	1 156	1 172	494	1 197	1 214	549	5 450	790	13.00	CJ04,CJ06

新胎最大断面宽度＝新胎设计断面宽度×1.06；

新胎最小断面宽度＝新胎设计断面宽度×0.97。

新胎最大外直径＝2×新胎设计断面高度×1.06＋轮辋名义直径；

新胎最小外直径＝2×新胎设计断面高度×0.97＋轮辋名义直径。

注 1：静负荷半径和轮胎最大使用尺寸为使用参考数据。

注 2：若要求采用其他型号气门嘴，使用方应与制造方协商解决。

表 15　载重汽车普通断面子午线轮胎(5°轮辋)

轮胎规格	层级	负荷指数		测量轮辋	新胎设计尺寸/mm			轮胎最大使用尺寸/mm			静负荷半径/mm	负荷能力/kg		充气压力/kPa	最小双胎间距/mm	允许使用轮辋	气门嘴型　号
		单胎	双胎		断面宽度	外直径		总宽度	外直径			单胎	双胎				
						公路型	牵引型		公路型	牵引型							
7.00R20	8	117	115	5.5	200	904	915	216	920	931	422	1 285	1 215	550	236	6.0,6.00S	DG06C
7.00R20	10	121	119	5.5	200	904	915	216	920	931	422	1 450	1 360	660	236	6.0,6.00S	DG06C
7.00R20	12	124	122	5.5	200	904	915	216	920	931	422	1 600	1 500	760	236	6.0,6.00S	DG06C
7.00R20	14	126	124	5.5	200	904	915	216	920	931	422	1 700	1 600	830	236	6.0,6.00S	DG06C
7.50R20	8	121	119	6.0	215	935	947	232	952	964	435	1 450	1 360	550	254	6.5,6.50T	DG06C
7.50R20	10	124	122	6.0	215	935	947	232	952	964	435	1 600	1 500	660	254	6.5,6.50T	DG06C
7.50R20	12	128	126	6.0	215	935	947	232	952	964	435	1 800	1 700	760	254	6.5,6.50T	DG06C
7.50R20	14	130	128	6.0	215	935	947	232	952	964	435	1 900	1 800	830	254	6.5,6.50T	DG06C
8.25R20	10	129	127	6.5	236	974	986	255	993	1 005	452	1 850	1 750	620	278	6.50T,7.0,7.00T	DG06C
8.25R20	12	133	131	6.5	236	974	986	255	993	1 005	452	2 060	1 950	720	278	6.50T,7.0,7.00T	DG06C
8.25R20	14	136	134	6.5	236	974	986	255	993	1 005	452	2 240	2 120	830	278	6.50T,7.0,7.00T	DG06C
8.25R20	16	139	137	6.5	236	974	986	255	993	1 005	452	2 430	2 300	930	278	6.50T,7.0,7.00T	DG06C
9.00R20	10	134	132	7.0	259	1 019	1 030	280	1 039	1 051	471	2 120	2 000	590	306	7.00T,7.5	DG07C
9.00R20	12	138	136	7.0	259	1 019	1 030	280	1 039	1 051	471	2 360	2 240	690	306	7.00T,7.5	DG07C
9.00R20	14	141	139	7.0	259	1 019	1 030	280	1 039	1 051	471	2 575	2 430	790	306	7.00T,7.5	DG07C
9.00R20	16	144	142	7.0	259	1 019	1 030	280	1 039	1 051	471	2 800	2 650	900	306	7.00T,7.5	DG07C
10.00R20	12	140	138	7.5	278	1 054	1 065	300	1 075	1 088	486	2 500	2 360	620	328	7.50V,8.0	DG08C
10.00R20	14	144	142	7.5	278	1 054	1 065	300	1 075	1 088	486	2 800	2 650	720	328	7.50V,8.0	DG08C
10.00R20	16	146	143	7.5	278	1 054	1 065	300	1 075	1 088	486	3 000	2 725	830	328	7.50V,8.0	DG08C
10.00R20	18	149	146	7.5	278	1 054	1 065	300	1 075	1 088	486	3 250	3 000	930	328	7.50V,8.0	DG08C
11.00R20	12	143	141	8.0	293	1 085	1 096	317	1 108	1 120	499	2 725	2 575	620	346	8.00V,8.5	DG09C
11.00R20	14	146	143	8.0	293	1 085	1 096	317	1 108	1 120	499	3 000	2 725	720	346	8.00V,8.5	DG09C
11.00R20	16	150	147	8.0	293	1 085	1 096	317	1 108	1 120	499	3 350	3 075	830	346	8.00V,8.5	DG09C
11.00R20	18	152	149	8.0	293	1 085	1 096	317	1 108	1 120	499	3 550	3 250	930	346	8.00V,8.5	DG09C
11.00R22	12	145	142	8.0	293	1 135	1 147	317	1 158	1 171	525	2 900	2 650	620	346	8.00V,8.5	DG09C

表 15（续）

轮胎规格	层级	负荷指数		测量轮辋	新胎设计尺寸/mm			轮胎最大使用尺寸/mm			静负荷半径/mm	负荷能力/kg		充气压力/kPa	最小双胎间距/mm	允许使用轮辋	气门嘴型号
		单胎	双胎		断面宽度	外直径		总宽度	外直径			单胎	双胎				
						公路型	牵引型		公路型	牵引型							
11.00R22	14	149	146	8.0	293	1 135	1 147	317	1 158	1 171	525	3 250	3 000	720	346	8.00V,8.5	DG09C
11.00R22	16	152	149	8.0	293	1 135	1 147	317	1 158	1 171	525	3 550	3 250	830	346	8.00V,8.5	DG09C
11.00R22	18	154	151	8.0	293	1 135	1 147	317	1 158	1 171	525	3 750	3 450	930	346	8.00V,8.5	DG09C
12.00R20	14	149	146	8.5	315	1 125	1 136	340	1 149	1 162	516	3 250	3 000	660	372	8.50V,9.0	DG09C
12.00R20	16	152	149	8.5	315	1 125	1 136	340	1 149	1 162	516	3 550	3 250	760	372	8.50V,9.0	DG09C
12.00R20	18	154	151	8.5	315	1 125	1 136	340	1 149	1 162	516	3 750	3 450	830	372	8.50V,9.0	DG09C
12.00R20	20	156	153	8.5	315	1 125	1 136	340	1 149	1 162	516	4 000	3 650	900	372	8.50V,9.0	DG09C
12.00R24	14	153	150	8.5	315	1 226	1 238	340	1 251	1 263	572	3 650	3 350	660	372	8.50V,9.0	DG09C
12.00R24	16	156	153	8.5	315	1 226	1 238	340	1 251	1 263	572	4 000	3 650	760	372	8.50V,9.0	DG09C
12.00R24	18	158	155	8.5	315	1 226	1 238	340	1 251	1 263	572	4250	3 875	830	372	8.50V,9.0	DG09C
12.00R24	20	160	157	8.5	315	1 226	1 238	340	1 251	1 263	572	4 500	4 125	900	372	8.50V,9.0	DG09C
13.00R20	16	155	152	9.0	340	1 177	1 189	368	1 204	1 216	538	3 875	3 550	690	401	—	DG09C
13.00R20	18	158	155	9.0	340	1 177	1 189	368	1 204	1 216	538	4 250	3 875	790	401	—	DG09C
14.00R20	14	152	149	10.0	375	1 240	1 253	405	1 271	1 283	565	3 550	3 250	480	443	—	DG09C
14.00R20	16	157	154	10.0	375	1 240	1 253	405	1 271	1 283	565	4 125	3 750	590	443	—	DG09C
14.00R20	18	161	158	10.0	375	1 240	1 253	405	1 271	1 283	565	4 625	4 250	690	443	—	DG09C
14.00R20	20	164	161	10.0	375	1 240	1 253	405	1 271	1 283	565	5 000	4 625	790	443	—	DG09C

新胎最大断面宽度＝新胎设计断面宽度×1.04；

新胎最小断面宽度＝新胎设计断面宽度×0.96。

新胎最大外直径＝2×新胎设计断面高度×1.03＋轮辋名义直径；

新胎最小外直径＝2×新胎设计断面高度×0.97＋轮辋名义直径。

注 1：静负荷半径和轮胎最大使用尺寸为使用参考数据。本表中的静负荷半径为轮胎单胎负荷下的静负荷半径，双胎负荷下的静负荷半径为表中数值＋1 mm。

注 2：若要求采用其他型号气门嘴，使用方应与制造方协商解决。

注 3：上述说明和要求及注 1、注 2 亦适用于表 16～表 19。

表 16 载重汽车普通断面子午线轮胎(15°轮辋)

轮胎规格	层级	负荷指数		测量轮辋	新胎设计尺寸/mm			轮胎最大使用尺寸/mm			静负荷半径/mm	负荷能力/kg		充气压力/kPa	最小双胎间距/mm	允许使用轮辋	气门嘴型号
		单胎	双胎		断面宽度	外直径		总宽度	外直径			单胎	双胎				
						公路型	牵引型		公路型	牵引型							
8R17.5	10	118	116	6.00	203	808	—	219	825	—	378	1 320	1 250	660	231	—	CJ05
8R17.5	12	122	120	6.00	203	808	—	219	825	—	378	1 500	1 400	760	231	—	CJ05
8R19.5	8	117	115	6.00	203	859	871	219	876	888	402	1 285	1 215	550	231	5.25,6.75	CJ05
8R19.5	10	121	119	6.00	203	859	871	219	876	888	402	1 450	1 360	660	231	5.25,6.75	CJ05
8R19.5	12	124	122	6.00	203	859	871	219	876	888	402	1 600	1 500	760	231	5.25,6.75	CJ05
8R22.5	10	124	122	6.00	203	935	947	219	952	964	440	1 600	1 500	660	231	5.25,6.75	—
8R22.5	12	128	126	6.00	203	935	947	219	952	964	440	1 800	1 700	760	231	5.25,6.75	—
8R22.5	14	130	128	6.00	203	935	947	219	952	964	440	1 900	1 800	830	231	5.25,6.75	—
9R17.5	12	126	124	6.75	229	847	—	247	866	—	394	1 700	1 600	720	261	6.00	CJ05
9R17.5	14	129	127	6.75	229	847	—	247	866	—	394	1 850	1 750	830	261	6.00	CJ05
9R17.5	16	132	130	6.75	229	847	—	247	866	—	394	2 000	1 900	930	261	6.00	CJ05
9R19.5	10	124	122	6.75	229	898	909	247	914	926	419	1 600	1 500	550	261	6.00,7.50	CJ05
9R19.5	12	128	126	6.75	229	898	909	247	914	926	419	1 800	1 700	660	261	6.00,7.50	CJ05
9R19.5	14	132	130	6.75	229	898	909	247	914	926	419	2 000	1 900	760	261	6.00,7.50	CJ05
9R22.5	10	129	127	6.75	229	974	986	247	993	1 005	457	1 850	1 750	620	261	6.00,7.50	DR06
9R22.5	12	133	131	6.75	229	974	986	247	993	1 005	457	2 060	1 950	720	261	6.00,7.50	DR06
9R22.5	14	136	134	6.75	229	974	986	247	993	1 005	457	2 240	2 120	830	261	6.00,7.50	DR06
10R17.5	10	127	125	7.50	254	892	—	274	912	—	394	1 750	1 650	590	290	6.75	CJ05
10R17.5	12	131	129	7.50	254	892	—	274	912	—	394	1 950	1 850	690	290	6.75	CJ05
10R17.5	14	135	133	7.50	254	892	—	274	912	—	394	2 180	2 060	790	290	6.75	CJ05

表 16（续）

轮胎规格	层级	负荷指数		测量轮辋	新胎设计尺寸/mm			轮胎最大使用尺寸/mm			静负荷半径/mm	负荷能力/kg		充气压力/kPa	最小双胎间距/mm	允许使用轮辋	气门嘴型号
		单胎	双胎		断面宽度	外直径		总宽度	外直径			单胎	双胎				
						公路型	牵引型		公路型	牵引型							
10R22.5	10	134	132	7.50	254	1 019	1 030	274	1 039	1 051	476	2 120	2 000	590	290	6.75	DR06
10R22.5	12	138	136	7.50	254	1 019	1 030	274	1 039	1 051	476	2 360	2 240	690	290	6.75	DR06
10R22.5	14	141	139	7.50	254	1 019	1 030	274	1 039	1 051	476	2 575	2 430	790	290	6.75	DR06
10R22.5	16	144	142	7.50	254	1 019	1 030	274	1 039	1 051	476	2 800	2 650	900	290	6.75	DR06
11R22.5	12	140	138	8.25	279	1 054	1 065	302	1 075	1 088	491	2 500	2 360	620	318	7.50	DR07
11R22.5	14	144	142	8.25	279	1 054	1 065	302	1 075	1 088	491	2 800	2 650	720	318	7.50	DR07
11R22.5	16	146	143	8.25	279	1 054	1 065	302	1 075	1 088	491	3 000	2 725	830	318	7.50	DR07
11R24.5	12	142	140	8.25	279	1 104	1 116	302	1 126	1 138	516	2 650	2 500	620	318	7.50	DR08
11R24.5	14	146	143	8.25	279	1 104	1 116	302	1 126	1 138	516	3 000	2 725	720	318	7.50	DR08
11R24.5	16	149	146	8.25	279	1 104	1 116	302	1 126	1 138	516	3 250	3 000	830	318	7.50	DR08
12R22.5	12	143	141	9.00	300	1 085	1 096	324	1 108	1 120	504	2 725	2 575	620	342	8.25	DR08
12R22.5	14	146	143	9.00	300	1 085	1 096	324	1 108	1 120	504	3 000	2 725	720	342	8.25	DR08
12R22.5	16	150	147	9.00	300	1 085	1 096	324	1 108	1 120	504	3 350	3 075	830	342	8.25	DR08
12R22.5	18	152	149	9.00	300	1 085	1 096	324	1 108	1 120	504	3 550	3 250	930	342	8.25	DR08
12R24.5	12	145	142	9.00	300	1 135	1 147	324	1 158	1 171	530	2 900	2 650	620	342	8.25	DR08
12R24.5	14	149	146	9.00	300	1 135	1 147	324	1 158	1 171	530	3 250	3 000	720	342	8.25	DR08
12R24.5	16	152	149	9.00	300	1 135	1 147	324	1 158	1 171	530	3 550	3 250	830	342	8.25	DR08
12R24.5	18	154	151	9.00	300	1 135	1 147	324	1 158	1 171	530	3 750	3 450	930	342	8.25	DR08
13R22.5	14	149	146	9.75	320	1 124	1 136	326	1 146	1 158	521	3 250	3 000	660	350	9.00	DR08
13R22.5	16	152	149	9.75	320	1 124	1 136	326	1 146	1 158	521	3 550	3 250	760	350	9.00	DR08
13R22.5	18	154	151	9.75	320	1 124	1 136	326	1 146	1 158	521	3 750	3 450	830	350	9.00	DR08

表 17　载重汽车公制子午线轮胎(80 系列,15°轮辋)

轮胎规格	层级	负荷指数		测量轮辋	新胎设计尺寸/mm			轮胎最大使用尺寸/mm			静负荷半径/mm	负荷能力/kg		充气压力/kPa	最小双胎间距/mm	允许使用轮辋	气门嘴型号
		单胎	双胎		断面宽度	外直径		总宽度	外直径			单胎	双胎				
						公路型	牵引型		公路型	牵引型							
275/80R22.5	16	147	144	8.25	276	1 012	1 018	290	1 030	1 036	473	3 075	2 800	830	311	7.50	DR07
295/80R22.5	16	150	147	9.00	298	1 044	1 050	313	1 062	1 068	487	3 350	3 075	830	335	8.25	DR08
295/80R22.5	18	152	149	9.00	298	1 044	1 050	313	1 062	1 068	487	3 550	3 250	900	335	8.25	DR08
315/80R22.5	14	148	145	9.00	312	1 076	1 082	328	1 096	1 101	500	3 150	2 900	660	351	9.75	DR08
315/80R22.5	16	151	148	9.00	312	1 076	1 082	328	1 096	1 101	500	3 450	3 150	760	351	9.75	DR08
315/80R22.5	18	154	151	9.00	312	1 076	1 082	328	1 096	1 101	500	3 750	3 450	830	351	9.75	DR08

表 18　载重汽车公制子午线轮胎(75 系列,15°轮辋)

轮胎规格	层级	负荷指数		测量轮辋	新胎设计尺寸/mm			轮胎最大使用尺寸/mm			静负荷半径/mm	负荷能力/kg		充气压力/kPa	最小双胎间距/mm	允许使用轮辋	气门嘴型号
		单胎	双胎		断面宽度	外直径		总宽度	外直径			单胎	双胎				
						公路型	牵引型		公路型	牵引型							
215/75R17.5	14	125	122	6.00	211	767	773	222	779	785	360	1 650	1 500	760	237	6.75	DR04
215/75R17.5	16	127	124	6.00	211	767	773	222	779	785	360	1 750	1 600	830	237	6.75	DR04
235/75R17.5	12	124	121	6.75	233	797	803	245	811	817	373	1 600	1 450	660	262	7.50	DR05
235/75R17.5	14	129	126	6.75	233	797	803	245	811	817	373	1 850	1 700	760	262	7.50	DR05
235/75R17.5	16	132	129	6.75	233	797	803	245	811	817	373	2 000	1 850	830	262	7.50	DR05
285/75R24.5	12	141	138	8.25	283	1 050	1 056	297	1 067	1 073	493	2 575	2 360	660	318	—	DR07
285/75R24.5	14	144	141	8.25	283	1 050	1 056	297	1 067	1 073	493	2 800	2 575	760	318	—	DR07
285/75R24.5	16	147	144	8.25	283	1 050	1 056	297	1 067	1073	493	3 075	2 800	830	318	—	DR07
295/75R22.5	12	140	137	9.00	298	1 014	1 020	313	1 032	1 038	474	2 500	2 300	660	335	8.25	DR08
295/75R22.5	14	144	141	9.00	298	1 014	1 020	313	1 032	1 038	474	2 800	2 575	760	335	8.25	DR08
295/75R22.5	16	146	143	9.00	298	1 014	1 020	313	1 032	1 038	474	3 000	2 725	830	335	8.25	DR08
315/75R22.5	16	150	147	9.00	312	1 044	1 050	328	1 062	1 068	487	3 350	3 075	760	351	9.75	DR08
315/75R22.5	18	152	149	9.00	312	1 044	1 050	328	1 062	1 068	487	3 550	3 250	830	351	9.75	DR08
315/75R24.5	16	152	149	9.00	312	1 094	1 110	328	1 113	1 119	512	3 550	3 250	760	351	9.75	DR08
315/75R24.5	18	154	151	9.00	312	1 094	1 110	328	1 113	1 119	512	3 750	3 450	830	351	9.75	DR08

表 19 载重汽车公制子午线轮胎(70 系列,15°轮辋)

轮胎规格	层级	负荷指数		测量轮辋	新胎设计尺寸/mm			轮胎最大使用尺寸/mm			静负荷半径/mm	负荷能力/kg		充气压力/kPa	最小双胎间距/mm	允许使用轮辋	气门嘴型号
		单胎	双胎		断面宽度	外直径		总宽度	外直径			单胎	双胎				
						公路型	牵引型		公路型	牵引型							
225/70R19.5	12	125	123	6.75	226	811	817	237	823	830	382	1 650	1 550	660	254	6.00	DR06
225/70R19.5	14	128	126	6.75	226	811	817	237	823	830	382	1 800	1 700	760	254	6.00	DR06
245/70R19.5	12	129	127	7.50	248	839	845	260	853	859	391	1 850	1 750	660	279	6.75	DR06
245/70R19.5	14	133	131	7.50	248	839	845	260	853	859	391	2 060	1 950	760	279	6.75	DR06
245/70R19.5	16	135	133	7.50	248	839	845	260	853	859	391	2 180	2 060	830	279	6.75	DR06
255/70R22.5.	14	138	134	7.50	255	930	936	268	944	951	435	2 360	2 120	760	287	8.25	DR06
255/70R22.5	16	140	137	7.50	255	930	936	268	944	951	435	2 500	2 300	830	287	8.25	DR06
265/70R19.5	12	133	131	7.50	262	867	873	275	882	888	402	2 060	1 950	660	295	8.25	DR06
265/70R19.5	14	137	134	7.50	262	867	873	275	882	888	402	2 300	2 120	760	295	8.25	DR06
275/70R22.5	14	142	139	8.25	276	958	964	290	974	980	446	2 650	2 430	760	311	9.00	DR07
275/70R22.5	16	144	141	8.25	276	958	964	290	974	980	446	2 800	2 575	830	311	9.00	DR07
305/70R19.5	16	144	141	9.00	305	923	929	320	940	946	425	2 800	2 575	760	343	8.25	DR08
305/70R19.5	18	146	143	9.00	305	923	929	320	940	946	425	3 000	2 725	830	343	8.25	DR08
315/70R22.5	16	149	146	9.00	312	1014	1020	328	1 032	1 038	469	3 250	3 000	760	351	9.75	DR08
315/70R22.5	18	151	148	9.00	312	1014	1020	328	1 032	1 038	469	3 450	3 150	830	351	9.75	DR08

表 20　载重汽车公制宽基子午线轮胎(65 系列,15°轮辋)

轮胎规格	层级	负荷指数	测量轮辋	新胎设计尺寸/mm			轮胎最大使用尺寸/mm			静负荷半径/mm	负荷能力/kg	充气压力/kPa	允许使用轮辋	气门嘴型号
				断面宽度	外直径		总宽度	外直径						
					公路型	牵引型		公路型	牵引型					
385/65R22.5	18	158	11.75	389	1 072	1 078	420	1 091	1 098	494	4 250	830	12.25	—
385/65R22.5	20	160	11.75	389	1 072	1 078	420	1 091	1 098	494	4 500	900	12.25	—
425/65R22.5	18	162	12.25	422	1 124	1 130	456	1 147	1 152	515	4 750	760	11.75,13.00	—
425/65R22.5	20	164	12.25,	422	1 124	1 130	456	1 147	1 152	515	5 000	830	11.75,13.00	—
445/65R22.5	20	168	13.00	444	1 150	1 156	480	1 173	1 179	526	5 600	830	12.25,14.00	—

新胎最大断面宽度=新胎设计断面宽度×1.04;

新胎最小断面宽度=新胎设计断面宽度×0.96。

新胎最大外直径=2×新胎设计断面高度×1.03+轮辋名义直径;

新胎最小外直径=2×新胎设计断面高度×0.97+轮辋名义直径。

注 1:静负荷半径和轮胎最大使用尺寸为使用参考数据。

注 2:若要求采用其他型号气门嘴,使用方应与制造方协商解决。

表 21 房屋汽车轮胎(15°轮辋)

轮胎规格	层级	负荷指数	测量轮辋	新胎设计尺寸/mm		轮胎最大使用尺寸/mm		静负荷半径/mm	负荷能力/kg	充气压力/kPa	允许使用轮辋	气门嘴型号
				断面宽度	外直径	总宽度	外直径					
7-14.5MH	8	102	6.00MH	185	677	206	707	—	850	480	—	CJ05
7-14.5MH	10	106	6.00MH	185	677	206	707	—	950	590	—	CJ05
7-14.5MH	12	110	6.00MH	185	677	206	707	—	1 060	690	—	CJ05
8-14.5MH	6	104	6.00MH	203	707	226	740	—	900	380	—	CJ05
8-14.5MH	8	109	6.00MH	203	707	226	740	—	1 030	480	—	CJ05
8-14.5MH	10	114	6.00MH	203	707	226	740	—	1 180	590	—	CJ05
8-14.5MH	12	117	6.00MH	203	707	226	740	—	1 285	690	—	CJ05
9-14.5MH	12	122	7.00MH	241	711	268	745	—	1 500	690	—	CJ05

新胎最大断面宽度＝新胎设计断面宽度×1.06；

新胎最小断面宽度＝新胎设计断面宽度×0.97。

新胎最大外直径＝2×新胎设计断面高度×1.06＋轮辋名义直径；

新胎最小外直径＝2×新胎设计断面高度×0.97＋轮辋名义直径。

注 1：轮胎最大使用尺寸为使用参考数据。

注 2：若要求采用其他型号气门嘴，使用方应与制造方协商解决。

表 22 保留生产的轮胎

轮胎规格	层级	测量轮辋	新胎设计尺寸/mm			静负荷半径/mm	负荷下断面宽度/mm	负荷能力/kg	充气压力/kPa	允许使用轮辋	气门嘴型号
			断面宽度	外直径							
				公路型	牵引型						
7.50-17	10	5.00F	208	838	—	—	—	1 100	450	—	CG05C
7.50-17	12	5.00F	208	838	—	—	—	1 200	530	—	CJ01
9.75-18	12	6.00T	—	—	975	458	270	1 700	500	—	CG07C
12.00-18	10	9.00V	327	—	1 090	500	343	1 800	350	9.00T	CG10C
12.00-22	16	8.00V	310	1 170	—	550	325	3 100	600	7.33V,8.37V	CG10C

表 23　轮胎行驶速度与负荷变化对应表

速度/(km/h)	负荷变化率/%			
	微型、轻型载重汽车轮胎		载重汽车轮胎	
	斜交轮胎	子午线轮胎	斜交轮胎	子午线轮胎
40	+15.0	+25.0	+12.5	+15.0
50	+12.5	+20.0	+10.0	+12.0
60	+10.0	+15.0	+7.5	+10.0
70	+7.5	+12.5	+5.0	+7.0
80	+5.0	+10.0	+2.5	+4.0
90	+2.5	+7.5	0	+2.0
100	0	+5.0	0	0
110	0	+2.5	0	0
≥120	0	0	0	0
注：表中的负荷变化是相对于轮胎规格、尺寸、气压与负荷表中规定的负荷能力增加的。				

附　录　A
（规范性附录）
负荷指数与负荷能力的对应关系

负荷指数与负荷能力的对应关系应符合表 A.1 的规定。

表 A.1　负荷指数与负荷能力对应表

负荷指数	负荷能力/kg	负荷指数	负荷能力/kg	负荷指数	负荷能力/kg	负荷指数	负荷能力/kg	负荷指数	负荷能力/kg	负荷指数	负荷能力/kg	负荷指数	负荷能力/kg
60	250	80	450	100	800	120	1 400	140	2 500	160	4 500	180	8 000
61	257	81	462	101	825	121	1 450	141	2 575	161	4 625	181	8 250
62	265	82	475	102	850	122	1 500	142	2 650	162	4 750	182	8 500
63	272	83	487	103	875	123	1 550	143	2 725	163	4 875	183	8 750
64	280	84	500	104	900	124	1 600	144	2 800	164	5 000	184	9 000
65	290	85	515	105	925	125	1 650	145	2 900	165	5 150	185	9 250
66	300	86	530	106	950	126	1 700	146	3 000	166	5 300	186	9 500
67	307	87	545	107	975	127	1 750	147	3 075	167	5 450	187	9 750
68	315	88	560	108	1 000	128	1 800	148	3 150	168	5 600	188	10 000
69	325	89	580	109	1 030	129	1 850	149	3 250	169	5 800	189	10 300
70	335	90	600	110	1 060	130	1 900	150	3 350	170	6 000	190	10 600
71	345	91	615	111	1 090	131	1 950	151	3 450	171	6 150	191	10 900
72	355	92	630	112	1 120	132	2 000	152	3 550	172	6 300	192	11 200
73	365	93	650	113	1 150	133	2 060	153	3 650	173	6 500	193	11 500
74	375	94	670	114	1 180	134	2 120	154	3 750	174	6 700	194	11 800
75	387	95	690	115	1 215	135	2 180	155	3 875	175	6 900	195	12 150
76	400	96	710	116	1 250	136	2 240	156	4 000	176	7 100	196	12 500
77	412	97	730	117	1 285	137	2 300	157	4 125	177	7 300	197	12 850
78	425	98	750	118	1 320	138	2 360	158	4 250	178	7 500	198	13 200
79	437	99	775	119	1 360	139	2 430	159	4 375	179	7 750	199	13 600

附 录 B
（规范性附录）
速度符号与最高行驶速度的对应关系

速度符号与最高行驶速度的对应关系应符合表 B.1 的规定。

表 B.1 速度符号与最高行驶速度对应表

速度符号	最高行驶速度/(km/h)
B	50
C	60
D	65
E	70
F	80
G	90
J	100
K	110
L	120
M	130
N	140
P	150
Q	160
R	170
S	180
T	190
U	200
H	210

ICS 83.160.10
G 41

中华人民共和国国家标准

GB/T 2978—2014
代替 GB/T 2978—2008

轿车轮胎规格、尺寸、气压与负荷

Size designation, dimensions, inflation pressure and load capacity for passenger car tyres

2014-12-05 发布　　2015-10-01 实施

中华人民共和国国家质量监督检验检疫总局
中国国家标准化管理委员会　发布

前 言

本标准按照 GB/T 1.1—2009 给出的规则起草。

本标准代替 GB/T 2978—2008《轿车轮胎规格、尺寸、气压与负荷》，与 GB/T 2978—2008 相比，主要技术差异如下：

——增加了速度超过 300 km/h 的轿车子午线轮胎“ZR”识别标识、速度符号的规定（见第 4 章）；

——增加了缺气保用轮胎的表示方法（见第 4 章）；

——调整了轿车子午线轮胎新胎最大总宽度（见表 1，2008 年版的表 1）；

——调整了带有轮辋保护线的新胎最大总宽度（见表 1，2008 年版的表 1）；

——增加了雪地轮胎的新胎最大外直径和轮胎最大使用外直径的要求（见表 1）；

——增加了保留生产的轿车斜交轮胎外缘测量尺寸的气压要求（见表 1）；

——调整了部分规格标准型负荷指数（见表 1 和表 8，2008 年版的表 1 和表 8）；

——增加了轿车子午线轮胎 70、65、60、55、50、45、40、35、30、25 系列和 T 型临时使用的备用轿车轮胎（见表 3～表 13）；

——调整了临时使用的 T 型备用轮胎子午线轮胎和斜交轮胎的新胎最大总宽度和新胎最大外直径要求（见表 13，2008 年版的表 13）；

——调整了临时使用的 T 型备用轮胎测量轮胎尺寸的充气压力（见表 13，2008 年版的表 13）；

——删除了部分保留生产的轿车子午线轮胎（见表 14，2008 年版的表 14）；

——删除了部分保留生产的轿车斜交轮胎（见表 15，2008 年版的表 15）；

——调整了部分增强型轿车子午线轮胎负荷能力（见表 17，2008 年版的表 17）。

本标准由中国石油和化学工业联合会提出。

本标准由全国轮胎轮辋标准化技术委员会（SAC/TC 19）归口。

本标准起草单位：三角轮胎股份有限公司、广州市华南橡胶轮胎有限公司、中策橡胶集团有限公司、山东玲珑轮胎股份有限公司、厦门正新橡胶工业有限公司、赛轮集团股份有限公司、风神轮胎股份有限公司、双星集团有限责任公司、北京橡胶工业研究设计院、米其林（中国）投资有限公司、普利司通（中国）投资有限公司、大连固特异轮胎有限公司、东洋轮胎张家港有限公司、锦湖轮胎（中国）研发中心。

本标准主要起草人：张涛、姜晓辉、丘西宁、何毫明、陈少梅、陈健明、肖圣龙、张爱平、戚顺青、王克先、陆奕、傅广平、尹庆叶、朱帮能、杨晓春、徐丽红、牟守勇、谢丽波。

本标准所代替标准的历次版本发布情况为：

—— GB/T 2978—1982、GB/T 2978—1989、GB/T 2978—1997、GB/T 2978—2008。

轿车轮胎规格、尺寸、气压与负荷

1 范围

本标准规定了轿车轮胎用术语和定义、轮胎规格的表示方法、轮胎规格对应的尺寸、气压与负荷等。

本标准适用于新的轿车充气轮胎。

2 规范性引用文件

下列文件对于本文件的应用是必不可少的。凡是注日期的引用文件，仅注日期的版本适用于本文件。凡是不注日期的引用文件，其最新版本(包括所有的修改单)适用于本文件。

GB/T 6326 轮胎术语及其定义

3 术语和定义

GB/T 6326 界定的术语和定义适用于本文件。

4 轮胎规格的表示方法

轿车轮胎是用轮胎规格标志、使用说明进行定义和表述的。

示例 1：

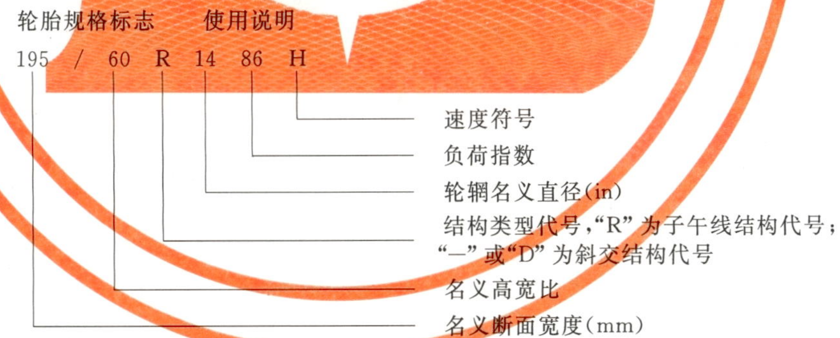

增强型轮胎应增加负荷识别标志“EXTRALOAD(或 XL)”或“REINFORCED(或 REINF)”。

T 型临时使用的备用轮胎应增加规格附加标志“T”，如 T135/90D16 。

最高速度超过 240 km/h 的轮胎，结构类型代号可用“ZR”代替“R”。

对于速度超过 300 km/h 的轮胎，结构类型代号应用“ZR”来替换“R”，在括号内由速度符号“Y”和相应的负荷指数组成使用说明，如 245/45ZR17 (95 Y)。

轮胎实际最大负荷能力和速度能力应在轮胎制造商的技术文件说明书上予以声明。

符合缺气保用轮胎要求的可在结构代号后面标记“F”来识别，如“RF”或“ZRF”

示例 2：

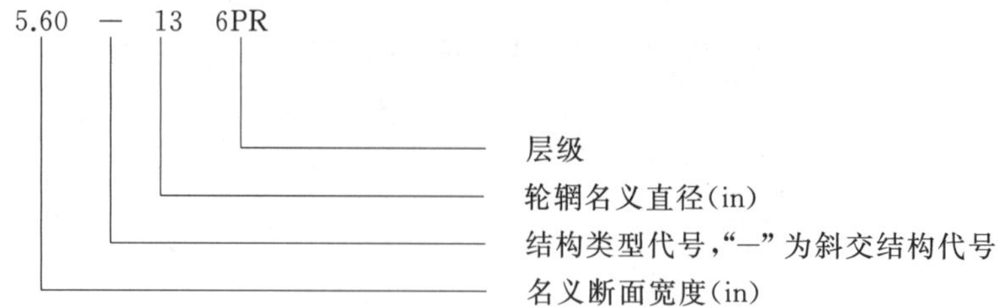

5 轮胎规格、尺寸、气压与负荷

5.1 轿车轮胎的规格、负荷指数(或层级)及其对应的负荷能力和充气压力、测量轮辋、新胎尺寸、最大使用尺寸、静负荷半径、滚动半径、允许使用轮辋应符合表 1～表 15 的规定。

5.2 行驶速度 160 km/h 或以下时,标准型和增强型轿车子午线轮胎在不同充气压力下的负荷能力对应关系应分别符合表 16 和表 17 的规定。

5.3 负荷指数与负荷能力的对应关系应符合附录 A 的规定。

5.4 速度符号与最高速度的对应关系应符合附录 B 的规定。

5.5 本标准提及的气压均指轮胎在常温冷态下的充气压力,不包括行驶过程由于温度上升而导致增加的气压;任何情况下,为安全起见轿车轮胎实际使用的最高充气气压不应大于 350 kPa。

6 气门嘴

气门嘴型号宜符合表 20 的规定,若使用其他型号的气门嘴,使用方应与制造方协商。

表 1 80 系列轿车子午线轮胎

轮胎规格	负荷指数		测量轮辋	新胎尺寸 mm		轮胎最大使用尺寸 mm		静负荷半径 mm	滚动半径 mm	负荷能力 kg		充气压力 kPa		允许使用轮辋
	标准	增强		断面宽度	外直径	总宽度	外直径			标准	增强	标准	增强	
115/80 R17	66	—	3J	113	616	118	624	288	299	300	—	240	—	3½J
125/80 R17	71	—	3½J	126	632	131	640	294	307	345	—	240	—	4J
135/80 R12	68	—	3.50B	133	521	138	529	237	253	315	—	240	—	4.00B、4.50B
R13	70	74	3.50B	133	546	138	555	249	265	335	375	240	280	4.00B、4.50B
R14	72	—	3½J	133	572	138	580	262	278	355	—	240	—	4J
R15	73	—	3½J	133	597	138	605	275	290	365	—	240	—	4J
145/80 R10	69	—	4.00B	145	486	151	496	217	236	325	—	240	—	3.50B、4.50B
R12	74	—	4.00B	145	537	151	547	243	261	375	—	240	—	3.50B、4.50B
R13	75	79	4.00B	145	562	151	572	255	273	387	437	240	280	3.50B、4.50B
R14	76	—	4J	145	588	151	598	268	286	400	—	240	—	3½J、4½J
R15	77	—	4J	145	613	151	623	281	298	412	—	240	—	3½J、4½J
155/80 R10	73	77	4.50B	157	502	163	512	224	244	365	412	240	280	4.00B、5.00B
R12	77	—	4.50B	157	553	163	563	249	269	412	—	240	—	4.00B、5.00B
R13	79	83	4.50B	157	578	163	588	262	281	437	487	240	280	4.00B、5.00B

表 1（续）

轮胎规格	负荷指数		测量轮辋	新胎尺寸 mm		轮胎最大使用尺寸 mm		静负荷半径 mm	滚动半径 mm	负荷能力 kg		充气压力 kPa		允许使用轮辋
	标准	增强		断面宽度	外直径	总宽度	外直径			标准	增强	标准	增强	
R14	81	—	4½J	157	604	163	614	275	293	462	—	240	—	4J、5J
R15	83	—	4½J	157	629	163	639	287	305	487	—	240	—	4J、5J
165/80 R13	83	87	4.50B	165	594	172	604	268	288	487	545	240	280	4.00B、5.00B
R14	85	—	4½J	165	620	172	630	281	301	515	—	240	—	4J、5J
R15	87	—	4½J	165	645	172	655	293	313	545	—	240	—	4J、5J
R16	88	—	4½J	165	670	172	680	306	325	560	—	240	—	4J、5J
175/80 R13	86	—	5.00B	177	610	184	622	274	296	530	—	240	—	4.50B、5.50B
R14	88	92	5J	177	636	184	648	287	309	560	630	240	280	4½J、5½J
R15	89	—	5J	177	661	184	673	300	321	580	—	240	—	4½J、5½J
185/80 R13	90	—	5.00B	184	626	191	638	280	304	600	—	240	—	4.50B、5.50B
R14	91	95	5J	184	652	191	664	293	317	615	690	240	280	4½J、5½J
R15	93	97	5J	184	677	191	689	306	329	650	730	240	280	4½J、5½J
R17	95	—	5J	184	728	191	740	331	354	690	—	240	—	4½J、5½J
195/80 R14	95	99	5½J	196	668	204	680	300	324	690	775	240	280	5J、6J
R15	96	100	5½J	196	693	204	705	312	337	710	800	240	280	5J、6J
R16	97	—	5½J	196	718	204	728	325	349	730	—	240	—	5J、6J
R17	99	—	5½J	196	744	204	756	338	361	775	—	240	—	5J、6J
205/80 R14	98	—	5½J	203	684	211	698	306	332	750	—	240	—	5J、6J
R15	99	—	5½J	203	709	211	723	318	344	775	—	240	—	5J、6J
R16	100	104	5½J	203	734	211	748	331	356	800	900	240	280	5J、6J
215/80 R14	101	—	6J	216	700	225	714	312	340	825	—	240	—	5½J、6½J
R15	102	—	6J	216	725	225	739	325	352	850	—	240	—	5½J、6½J
R16	103	107	6J	216	750	225	764	337	364	875	975	240	280	5½J、6½J
235/80 R16	109	—	6½J	235	782	244	798	350	380	1 030	—	240	—	6J、7J

新胎外缘尺寸偏差规定如下：

新胎最大总宽度＝新胎断面宽度×1.04，有轮辋保护线设计时，总宽度不大于新胎断面宽度的 104％＋8mm；

新胎最小总宽度＝新胎断面宽度×0.96；

新胎最大外直径＝2×断面高度×1.03＋轮辋名义直径；

新胎最小外直径＝2×断面高度×0.97＋轮辋名义直径。

表中规定的新胎外直径和轮胎最大使用外直径是普通轮胎的尺寸，雪地轮胎、雪泥轮胎和特殊轮胎的新胎最大外直径和轮胎最大使用外直径可增加 1％。

表中规定的充气压力是轮胎行驶速度在 160 km/h 或以下时为达到负荷指数对应的负荷能力（即最大负荷）而应具备的最低气压（即基本气压）；当行驶速度超过 160 km/h 时，该基本气压宜根据速度符号按表 18 的规定增加。

表中规定的对应于负荷指数的负荷能力是行驶速度在 210 km/h 或以下时轮胎所承受的最大负荷，当行驶速度超过 210 km/h 时，实际负荷能力应根据使用说明降低至表 19 规定的百分率。

注 1：测量轮胎外缘尺寸用气压：标准型轮胎测量气压为 180 kPa，增强型轮胎测量气压为 220 kPa，保留生产的轿车斜交轮胎测量气压为规格尺寸表规定的充气压力。

注 2：静负荷半径、滚动半径和轮胎最大使用尺寸为使用参考数据；静负荷半径和滚动半径是在表中规定的最大负荷和基本气压下的理论计算值，其中滚动半径以 60 km/h 为基准速度。

注 3：表中所列的轮辋规格代号均省略了轮辋直径代号，其中测量轮辋为推荐使用的轮辋，表中规定的 B 型轮辋可用相同规格的 J 型轮辋替代。

注 4：表中未包含的新开发生产的轮胎规格参见相关技术文件。

注 5：上述说明和要求及注 1～注 4 亦适用于表 2～表 12、表 14 和表 15。

表 2 75 系列轿车子午线轮胎

轮胎规格	负荷指数		测量轮辋	新胎尺寸 mm		轮胎最大使用尺寸 mm		静负荷半径 mm	滚动半径 mm	负荷能力 kg		充气压力 kPa		允许使用轮辋
	标准	增强		断面宽度	外直径	总宽度	外直径			标准	增强	标准	增强	
165/75 R13	81	—	4.50B	165	578	172	588	262	281	462	—	250	—	4.00B、5.00B
175/75 R14	86	—	5J	177	618	184	628	280	300	530	—	250	—	4½J、5½J
R15	88	—	5J	177	643	184	653	293	312	560	—	250	—	4½J、5½J
185/75 R14	89	—	5J	184	634	191	646	286	308	580	—	250	—	4½J、5½J
195/75 R14	92	95	5½J	196	648	204	660	292	315	630	690	250	290	5J、6J
R15	94	—	5½J	196	673	204	685	304	327	670	—	250	—	5J、6J
205/75 R14	95	98	5½J	203	664	211	676	298	322	690	750	250	290	5J、6J
R15	97	—	5½J	203	689	211	701	311	335	730	—	250	—	5J、6J
215/75 R14	100	—	6J	216	678	225	690	304	329	800	—	250	—	5½J、6½J
R15	100	—	6J	216	703	225	715	316	341	800	—	250	—	5½J、6½J
R16	103	107	6J	216	728	225	740	329	354	875	975	250	290	5½J、6½J
225/75 R14	101	—	6J	223	694	232	708	310	337	825	—	250	—	6½J
R15	102	106	6J	223	719	232	733	322	349	850	950	250	290	6½J
R16	104	108	6J	223	744	232	758	335	361	900	1 000	250	290	6½J
235/75 R15	105	109	6½J	235	733	244	747	328	356	925	1 030	250	290	6J、7J
R16	108	112	6½J	235	758	244	772	340	368	1 000	1 120	250	290	6J、7J
R17	109	—	6½J	235	784	244	798	353	381	1 030	—	250	—	6J、7J
245/75 R16	111	—	7J	248	774	258	788	347	376	1 090	—	250	—	6½J、7½J
R17	112	—	7J	248	800	258	814	360	389	1 120	—	250	—	6½J、7½J
255/75 R15	110	—	7J	255	763	265	779	339	371	1 060	—	250	—	6½J、7½J
R17	115	—	7J	255	814	265	830	365	395	1 215	—	250	—	6½J、7½J
265/75 R15	112	—	7½J	267	779	278	795	346	378	1 120	—	250	—	7J、8J
R16	116	—	7½J	267	804	278	820	358	390	1 250	—	250	—	7J、8J

表 3 70 系列轿车子午线轮胎

轮胎规格	负荷指数		测量轮辋	新胎设计尺寸 mm		轮胎最大使用尺寸 mm		静负荷半径 mm	滚动半径 mm	负荷能力 kg		充气压力 kPa		允许使用轮辋
	标准	增强		断面宽度	外直径	总宽度	外直径			标准	增强	标准	增强	
135/70 R12	65	—	4.00B	138	495	144	503	227	240	290	—	250	—	3.50B、4.50B
R13	68	—	4.00B	138	520	144	528	239	253	315	—	250	—	3.50B、4.50B

表 3（续）

轮胎规格	负荷指数		测量轮辋	新胎设计尺寸 mm		轮胎最大使用尺寸 mm		静负荷半径 mm	滚动半径 mm	负荷能力 kg		充气压力 kPa		允许使用轮辋
	标准	增强		断面宽度	外直径	总宽度	外直径			标准	增强	标准	增强	
R14	69	—	4J	138	546	144	554	252	265	325	—	250	—	3½J、4½J
145/70 R10	63	—	4.50B	150	458	156	466	207	222	272	—	250	—	4.00B、5.00B
R12	69	—	4.50B	150	509	156	517	232	247	325	—	250	—	4.00B、5.00B
R13	71	—	4.50B	150	534	156	542	245	259	345	—	250	—	4.00B、5.00B
R14	73	—	4½J	150	560	156	568	258	272	365	—	250	—	4J、5J
R15	75	—	4½J	150	585	156	593	270	284	387	—	250	—	4J、5J
155/70 R10	67	—	4.50B	157	472	163	480	212	229	307	—	250	—	4.00B、5.00B
R12	73	—	4.50B	157	523	163	531	238	254	365	—	250	—	4.00B、5.00B
R13	75	—	4.50B	157	548	163	556	250	266	387	—	250	—	4.00B、5.00B
R14	77	—	4½J	157	574	163	582	263	279	412	—	250	—	4J、5J
R15	78	—	4½J	157	599	163	607	276	291	425	—	250	—	4J、5J
165/70 R10	72	—	5.00B	170	486	177	496	217	236	355	—	250	—	4.50B、5.50B
R12	77	—	5.00B	170	537	177	547	243	261	412	—	250	—	4.50B、5.50B
R13	79	83	5.00B	170	562	177	572	255	273	437	487	250	290	4.50B、5.50B
R14	81	85	5J	170	588	177	598	268	286	462	515	250	290	4½J、5½J
R15	82	—	5J	170	613	177	623	281	298	475	—	250	—	4½J、5½J
175/70 R12	80	—	5.00B	177	551	184	561	248	268	450	—	250	—	4.50B、5.50B
R13	82	86	5.00B	177	576	184	586	261	280	475	530	250	290	4.50B、5.50B
R14	84	88	5J	177	602	184	612	274	292	500	560	250	290	4½J、5½J
R15	86	—	5J	177	627	184	637	286	305	530	—	250	—	4½J、5½J
185/70 R13	86	—	5.50B	189	590	197	600	266	287	530	—	250	—	5.00B、6.00B
R14	88	92	5½J	189	616	197	626	279	299	560	630	250	290	5J、6J
R15	89	—	5½J	189	641	197	651	292	311	580	—	250	—	5J、6J
R17	92	96	5½J	189	692	197	702	317	336	630	710	250	290	5J、6J
195/70 R13	89	—	6.00B	201	604	209	614	272	293	580	—	250	—	5.00B、5.50B
R14	91	95	6J	201	630	209	640	285	306	615	690	250	290	5½J、6½J
195/70 R15	92	97	6J	201	655	209	665	297	318	630	730	250	290	5½J、6½J
R16	94	—	6J	201	680	209	690	310	330	670	—	250	—	5½J、6½J
205/70 R13	91	—	6.00B	209	618	217	630	277	300	615	—	250	—	5.00B、5.50B
R14	95	98	6J	209	644	217	656	290	313	690	750	250	290	5½J、6½J
R15	96	100	6J	209	669	217	681	303	325	710	800	250	290	5½J、6½J

表 3（续）

轮胎规格	负荷指数		测量轮辋	新胎设计尺寸 mm		轮胎最大使用尺寸 mm		静负荷半径 mm	滚动半径 mm	负荷能力 kg		充气压力 kPa		允许使用轮辋
	标准	增强		断面宽度	外直径	总宽度	外直径			标准	增强	标准	增强	
R16	97	—	6J	209	694	217	706	315	337	730	—	250	—	5½J、6½J
215/70 R14	96	—	6½J	221	658	230	670	296	320	710	—	250	—	6J、7J
R15	98	—	6½J	221	683	230	695	308	332	750	—	250	—	6J、7J
R16	100	104	6½J	221	708	230	720	321	344	800	900	250	290	6J、7J
R17	101	—	6½J	221	734	230	746	334	356	825	—	250	—	6J、7J
225/70 R14	99	—	6½J	228	672	237	684	301	326	775	—	250	—	6J、7J
R15	100	104	6½J	228	697	237	709	314	339	800	900	250	290	6J、7J
R16	103	107	6½J	228	722	237	734	326	351	875	975	250	290	6J、7J
R17	—	108	6½J	228	748	237	761	339	363	—	1 000	—	290	6J、7J
235/70 R14	101	—	7J	240	686	250	700	307	333	825	—	250	—	6½J、7½J
R15	103	107	7J	240	711	250	725	319	345	875	975	250	290	6½J、7½J
R16	106	109	7J	240	736	250	750	332	357	950	1 030	250	290	6½J、7½J
R17	107	111	7J	240	762	250	776	345	370	975	1 090	250	290	6½J、7½J
245/70 R15	106	—	7J	248	725	258	739	325	352	950	—	250	—	6½J、7½J
R16	107	111	7J	248	750	258	764	337	364	975	1 090	250	290	6½J、7½J
R17	110	—	7J	248	776	258	790	350	377	1 060	—	250	—	6½J、7½J
255/70 R15	108	—	7½J	260	739	270	753	330	359	1 000	—	250	—	7J、8J
R16	111	—	7½J	260	764	270	778	343	371	1 090	—	250	—	7J、8J
R17	112	—	7½J	260	790	270	804	356	384	1 120	—	250	—	7J、8J
R18	113	—	7½J	260	815	270	829	368	396	1 150	—	250	—	7J、8
265/70 R15	112	—	8J	272	753	283	767	336	366	1 120	—	250	—	7½J、8½J
R16	112	—	8J	272	778	283	792	348	378	1 120	—	250	—	7½J、8½J
R17	115	—	8J	272	804	283	818	361	390	1 215	—	250	—	7½J、8½J
R18	116	—	8J	272	829	283	843	374	403	1 250	—	250	—	7½J、8½J
275/70 R16	114	—	8J	279	792	290	808	354	385	1 180	—	250	—	7½J、8½J
315/70 R17	125	—	9½J	323	874	336	892	388	424	1 650	—	250	—	9J、10J

表 4　65 系列轿车子午线轮胎

轮胎规格	负荷指数		测量轮辋	新胎设计尺寸 mm		轮胎最大使用尺寸 mm		静负荷半径 mm	滚动半径 mm	负荷能力 kg		充气压力 kPa		允许使用轮辋
	标准	增强		断面宽度	外直径	总宽度	外直径			标准	增强	标准	增强	
145/65 R12	67	—	4.50B	150	493	156	501	226	239	307	—	250	—	4.00B、5.00B
R13	69	—	4.50B	150	518	156	526	238	252	325	—	250	—	4.00B、5.00B
R14	70	—	4½J	150	544	156	552	251	264	335	—	250	—	4J、5J
R15	72	—	4½J	150	569	156	577	264	276	355	—	250	—	4J、5J
155/65 R12	71	—	4.50B	157	507	163	515	231	246	345	—	250	—	5.00B
R13	73	—	4.50B	157	532	163	540	244	258	365	—	250	—	5.00B
R14	75	79	4½J	157	558	163	566	257	271	387	437	250	290	5J
R15	77	—	4½J	157	583	163	591	269	283	412	—	250	—	4J、5J
165/65 R13	77	—	5.00B	170	544	177	552	248	264	412	—	250	—	4.50B、5.50B
R14	79	83	5J	170	570	177	578	261	277	437	487	250	290	4½J、5½J
R15	81	—	5J	170	595	177	603	274	289	462	—	250	—	4½J、5 ½J
175/65 R12	78	—	5.00B	177	533	184	543	241	259	425	—	250	—	5.50B
R13	80	—	5.00B	177	558	184	568	254	271	450	—	250	—	5.50B
R14	82	86	5J	177	584	184	594	267	284	475	530	250	290	5½J
R15	84	88	5J	177	609	184	619	279	296	500	560	250	290	5½J
185/65 R13	84	—	5.50B	189	570	197	580	259	277	500	—	250	—	5.00B、6.00B
R14	86	90	5½J	189	596	197	606	272	289	530	600	250	290	5J、6J
R15	88	92	5½J	189	621	197	631	284	302	560	630	250	290	5J、6J
R16	89	93	5½J	189	646	197	656	297	314	580	650	250	290	5J、6J
R17	90	—	5½J	189	672	197	682	310	326	600	—	250	—	5J、6J
195/65 R13	87	—	6.00B	201	584	209	594	264	284	545	—	250	—	5.50B
R14	89	93	6J	201	610	209	620	277	296	580	650	250	290	5½J、6½J
R15	91	95	6J	201	635	209	645	290	308	615	690	250	290	5½J、6½J
R16	92	—	6J	201	660	209	670	302	321	630	—	250	—	5½J、6½J
205/65 R14	91	—	6J	209	622	217	632	282	302	615	—	250	—	5½J、6½J
R15	94	99	6J	209	647	217	657	294	314	670	775	250	290	5½J、6½J
R16	95	—	6J	209	672	217	682	307	326	690	—	250	—	5½J、6½J
215/65 R14	94	—	6½J	221	636	230	648	287	309	670	—	250	—	6J、7J
R15	96	100	6½J	221	661	230	673	300	321	710	800	250	290	6J、7J
R16	98	102	6½J	221	686	230	698	312	333	750	850	250	290	6J、7J
215/65 R17	99	—	6½J	221	712	230	723	325	346	775	—	250	—	6J、7J

表 4（续）

轮胎规格	负荷指数		测量轮辋	新胎设计尺寸 mm		轮胎最大使用尺寸 mm		静负荷半径 mm	滚动半径 mm	负荷能力 kg		充气压力 kPa		允许使用轮辋
	标准	增强		断面宽度	外直径	总宽度	外直径			标准	增强	标准	增强	
225/65 R15	99	103	6½J	228	673	237	685	304	327	775	875	250	290	6J、7J
R16	100	—	6½J	228	698	237	710	317	339	800	—	250	—	6J、7J
R17	102	106	6½J	228	724	237	736	330	352	850	950	250	290	6J、7J
R18	103	—	6½J	228	749	237	761	342	364	875	—	250	—	6J、7J
235/65 R16	103	107	7J	240	712	250	724	322	346	875	975	250	290	6½J、7½J
R17	104	108	7J	240	738	250	750	335	358	900	1 000	250	290	6½J、7½J
R18	106	110	7J	240	763	250	775	348	371	950	1 060	250	290	6½J、7½J
R19	—	109	7J	240	789	250	801	361	383	—	1 030	—	290	6½J、7½J
245/65 R17	107	111	7J	248	750	258	762	340	364	975	1 090	250	290	6½J、7½J
255/65 R15	106	—	7½J	260	713	270	727	320	346	950	—	250	—	7J、8J
R16	109	—	7½J	260	738	270	752	332	358	1 030	—	250	—	7J、8J
R17	110	114	7½J	260	764	270	778	345	371	1 060	1 180	250	290	7J、8J
R18	111	—	7½J	260	789	270	803	358	383	1 090	—	250	—	7J、8J
265/65 R17	112	116	8J	272	776	283	790	350	377	1 120	1 250	250	290	7½J、8½J
R18	114	—	8J	272	801	283	815	363	389	1 180	—	250	—	7½J、8½J
275/65 R17	115	119	8J	279	790	290	804	356	384	1 215	1 360	250	290	7½J、8½J
R18	116	—	8J	279	815	290	829	368	396	1 250	—	250	—	7½J、8½J
285/65 R16	113	—	8½J	292	776	304	790	347	377	1 150	—	250	—	8J、9J
R17	116	—	8½J	292	802	304	816	360	390	1 250	—	250	—	8J、9J

表 5　60 系列轿车子午线轮胎

轮胎规格	负荷指数		测量轮辋	新胎设计尺寸 mm		轮胎最大使用尺寸 mm		静负荷半径 mm	滚动半径 mm	负荷能力 kg		充气压力 kPa		允许使用轮辋
	标准	增强		断面宽度	外直径	总宽度	外直径			标准	增强	标准	增强	
145/60 R13	66	—	4.50B	150	504	156	510	233	245	300	—	250	—	5.00B
155/60 R12	67	—	4.50B	157	491	163	499	225	238	307	—	250	—	5.00B
R13	70	—	4.50B	157	516	163	524	238	251	335	—	250	—	5.00B
R15	74	—	4½J	157	567	163	575	263	275	375	—	250	—	4J、5J
165/60 R12	71	—	5.00B	170	503	177	511	230	244	345	—	250	—	4.50B、5.50B
R13	73	—	5.00B	170	528	177	536	242	256	365	—	250	—	4.50B、5.50B

表 5（续）

轮胎规格	负荷指数		测量轮辋	新胎设计尺寸 mm		轮胎最大使用尺寸 mm		静负荷半径 mm	滚动半径 mm	负荷能力 kg		充气压力 kPa		允许使用轮辋
	标准	增强		断面宽度	外直径	总宽度	外直径			标准	增强	标准	增强	
R14	75	79	5J	170	554	177	562	255	269	387	437	250	290	4½J、5½J
R15	77	81	5J	170	579	177	587	268	281	412	462	250	290	4½J、5½J
175/60 R13	77	—	5.00B	177	540	184	548	247	262	412	—	250	—	5.50B
R14	79	83	5J	177	566	184	574	260	275	437	487	250	290	5½J
R15	81	—	5J	177	591	184	599	272	287	462	—	250	—	5½J
R16	82	86	5J	177	616	184	624	285	299	475	530	250	290	4½J、5½J
185/60 R13	80	—	5.50B	189	552	197	560	252	268	450	—	250	—	5.00B、6.00B
R14	82	86	5½J	189	578	197	586	265	281	475	530	250	290	5J、6J
R15	84	88	5½J	189	603	197	611	277	293	500	560	250	290	5J、6J
R16	86	—	5½J	189	628	197	636	290	305	530	—	250	—	5J、6J
195/60 R13	83	—	6.00B	201	564	209	574	256	274	487	—	250	—	5.50B
R14	86	—	6J	201	590	209	600	269	287	530	—	250	—	5½J、6½J
R15	88	92	6J	201	615	209	625	282	299	560	630	250	290	5½J、6½J
R16	89	93	6J	201	640	209	650	294	311	580	650	250	290	5½J、6½J
205/60 R13	86	—	6.00B	209	576	217	586	261	280	530	—	250	—	5.50B
R14	88	—	6J	209	602	217	612	274	292	560	—	250	—	5½J、6½J
R15	91	95	6J	209	627	217	637	286	305	615	690	250	290	5½J、6½J
R16	92	96	6J	209	652	217	662	299	317	630	710	250	290	5½J、6½J
215/60 R14	91	—	6½J	221	614	230	624	279	298	615	—	250	—	6J、7J
R15	94	98	6½J	221	639	230	649	291	310	670	750	250	290	6J、7J
R16	95	99	6½J	221	664	230	674	304	322	690	775	250	290	6J、7J
R17	96	100	6½J	221	690	230	700	317	335	710	800	250	290	6J、7J
R18	98	—	6½J	221	715	230	725	329	347	750	—	250	—	6J、7J
225/60 R14	94	—	6½J	228	626	237	636	283	304	670	—	250	—	6J、7J
R15	96	—	6½J	228	651	237	661	296	316	710	—	250	—	6J、7J
R16	98	102	6½J	228	676	237	686	308	328	750	850	250	290	6J、7J
R17	99	103	6½J	228	702	237	712	321	341	775	875	250	290	6J、7J
R18	100	104	6½J	228	727	237	737	334	353	800	900	250	290	6J、7J
235/60 R14	96	—	7J	240	638	250	650	288	310	710	—	250	—	6½J、7½J
R15	98	—	7J	240	663	250	675	300	322	750	—	250	—	6½J、7½J
R16	100	104	7J	240	688	250	700	313	334	800	900	250	290	6½J、7½J

表 5（续）

轮胎规格	负荷指数		测量轮辋	新胎设计尺寸 mm		轮胎最大使用尺寸 mm		静负荷半径 mm	滚动半径 mm	负荷能力 kg		充气压力 kPa		允许使用轮辋
	标准	增强		断面宽度	外直径	总宽度	外直径			标准	增强	标准	增强	
R17	102	106	7J	240	714	250	726	326	347	850	950	250	290	6½J、7½J
R18	103	107	7J	240	739	250	751	338	359	875	975	250	290	6½J、7½J
245/60 R14	99	—	7J	248	650	258	662	293	316	775	—	250	—	7½J、8½J
R15	101	—	7J	248	675	258	687	305	328	825	—	250	—	7½J、8½J
R16	102	—	7J	248	700	258	712	318	340	850	—	250	—	7½J、8½J
R17	—	108	7J	248	726	258	738	331	353	—	1 000	—	290	7½J、8½J
R18	105	—	7J	248	751	258	763	343	365	925	—	250	—	7½J、8½J
255/60 R15	102	—	7½J	260	687	270	699	310	334	850	—	250	—	7J、8J
R16	103	—	7½J	260	712	270	724	322	346	875	—	250	—	7J、8J
R17	106	110	7½J	260	738	270	750	335	358	950	1 060	250	290	7J、8J
R18	108	112	7½J	260	763	270	775	348	371	1 000	1 120	250	290	7J、8J
R19	109	113	7½J	260	789	270	801	361	383	1 030	1 150	250	290	7J、8J
265/60 R14	103	—	8J	272	674	283	687	302	327	875	—	250	—	7½J、8½J
R17	108	—	8J	272	750	283	762	340	364	1 000	—	250	—	7½J、8½J
R18	110	114	8J	272	775	283	787	353	376	1 060	1 180	250	290	7½J、8½J
275/60 R15	107	—	8J	279	711	290	725	319	345	975	—	250	—	7½J、8½J
R16	109	—	8J	279	736	260	750	332	357	1 030	—	250	—	7½J、8½J
R17	110	—	8J	279	762	290	776	345	370	1 060	—	250	—	7½J、8½J
R18	113	117	8J	279	787	290	801	357	382	1 150	1 285	250	290	7½J,8 ½J
R20	115	119	8J	279	838	290	852	383	407	1 215	1 360	250	290	7½J、8½J
285/60 R17	114	—	8½J	292	774	304	788	349	376	1 180	—	250	—	8J、9J
R18	116	120	8½J	292	799	304	813	362	388	1 250	1 400	250	290	8J、9J

表 6　55 系列轿车子午线轮胎

轮胎规格	负荷指数		测量轮辋	新胎设计尺寸 mm		轮胎最大使用尺寸 mm		静负荷半径 mm	滚动半径 mm	负荷能力 kg		充气压力 kPa		允许使用轮辋
	标准	增强		断面宽度	外直径	总宽度	外直径			标准	增强	标准	增强	
155/55 R14	69	—	5J	162	526	168	532	244	255	325	—	250	—	4½J、5½J
165/55 R12	68	—	5.00B	170	487	177	494	223	237	315	—	250	—	4.50B、5.50B
R13	70	—	5.00B	170	512	177	519	236	249	335	—	250	—	4.50B、5.50B

表 6（续）

轮胎规格	负荷指数		测量轮辋	新胎设计尺寸 mm		轮胎最大使用尺寸 mm		静负荷半径 mm	滚动半径 mm	负荷能力 kg		充气压力 kPa		允许使用轮辋
	标准	增强		断面宽度	外直径	总宽度	外直径			标准	增强	标准	增强	
R14	72	—	5J	170	538	177	545	249	261	355	—	250	—	4½J、5½J
R15	75	—	5J	170	563	177	571	261	273	387	—	250	—	4½J、5 ½J
175/55 R13	75	—	5.50B	182	522	189	530	240	254	387	—	250	—	5J、6J
R15	77	—	5½J	182	573	189	581	265	278	412	—	250	—	5J、6J
R16	80	—	5½J	182	598	189	606	278	290	450	—	250	—	5J、6J
R17	81	—	5½J	182	624	189	632	291	303	462	—	250	—	5J、6J
185/55 R13	79	—	6.00B	194	534	202	542	245	259	437	—	250	—	5.50B
R14	80	—	6J	194	560	202	568	258	272	450	—	250	—	5½J、6½J
R15	82	86	6J	194	585	202	593	270	284	475	530	250	290	5½J、6½J
R16	83	87	6J	194	610	202	618	283	296	487	545	250	290	5½J、6½J
195/55 R13	80	—	6.00B	201	544	209	552	248	264	450	—	250	—	6J、6½J
R14	82	—	6J	201	570	209	578	261	277	475	—	250	—	5½J、6½J
R15	85	89	6J	201	595	209	603	274	289	515	580	250	290	5½J、6½J
R16	87	91	6J	201	620	209	628	286	301	545	615	250	290	5½J、6½J
R21	93	—	6J	201	747	209	755	350	363	650	—	250	—	5½J、6½J
205/55 R14	85	—	6½J	214	582	223	592	266	283	515	—	250	—	6J、7J
R15	88	—	6½J	214	607	223	617	279	295	560	—	250	—	6J、7J
R16	91	94	6½J	214	632	223	642	291	307	600	670	250	290	6J、7J
R17	91	95	6½J	214	658	223	668	304	320	615	690	250	290	6J、7J
R18	91	95	6½J	214	683	223	693	317	332	615	690	250	290	6J、7J
215/55 R13	88	—	7.00B	226	566	235	576	257	275	560	—	250	—	6.50B
R15	89	—	7J	226	617	235	627	283	300	580	—	250	—	6½J、7½J
R16	93	97	7J	226	642	235	652	295	312	650	730	250	290	6½J、7½J
R17	94	98	7J	226	668	235	678	308	324	670	750	250	290	6½J、7½J
R18	95	99	7J	226	693	235	703	321	337	690	775	250	290	6½J、7½J
225/55 R14	91	—	7J	233	604	242	614	275	293	615	—	250	—	6½J、7½J
R15	92	—	7J	233	629	242	639	287	305	630	—	250	—	6½J、7½J
225/55 R16	95	99	7J	233	654	242	664	300	318	690	775	250	290	6½J、7½J
R17	97	101	7J	233	680	242	690	313	330	730	825	250	290	6½J、7½J
R18	98	102	7J	233	705	242	715	325	342	750	850	250	290	6½J、7½J
R19	99	—	7J	233	731	242	741	338	355	775	—	250	—	6½J、7½J

表 6（续）

轮胎规格	负荷指数		测量轮辋	新胎设计尺寸 mm		轮胎最大使用尺寸 mm		静负荷半径 mm	滚动半径 mm	负荷能力 kg		充气压力 kPa		允许使用轮辋
	标准	增强		断面宽度	外直径	总宽度	外直径			标准	增强	标准	增强	
235/55 R15	95	—	7½J	245	639	255	649	291	310	690	—	250	—	7J、8J
R16	98	—	7½J	245	664	255	674	304	322	750	—	250	—	7J、8J
R17	99	103	7½J	245	690	255	700	317	335	775	875	250	290	7J、8J
R18	100	104	7½J	245	715	255	725	329	347	800	900	250	290	7J、8J
R19	101	105	7½J	245	741	255	751	342	360	825	925	250	290	7J、8J
R20	102	105	7½J	245	766	255	776	355	372	850	925	250	290	7J、8J
245/55 R16	100	104	7½J	253	676	263	686	308	328	800	900	250	290	7J、8J
R17	102	106	7½J	253	702	263	712	321	341	850	950	250	290	7J、8J
R18	103	—	7½J	253	727	263	737	334	353	875	—	250	—	7J、8J
R19	103	—	7½J	253	753	263	763	347	366	875	—	250	—	7J、8J
255/55 R16	103	—	8J	265	686	276	698	312	333	875	—	250	—	7½J、8½J
R17	104	108	8J	265	712	276	724	325	346	900	1 000	250	290	7½J、8½J
R18	105	109	8J	265	737	276	749	338	358	925	1 030	250	290	7½J、8½J
R19	107	111	8J	265	763	276	775	351	371	975	1 090	250	290	7½J、8½J
R20	—	110	8J	265	788	276	800	363	383	—	1 060	—	290	7½J、8½J
265/55 R18	108	—	8½J	277	749	288	761	342	364	1 000		250	—	8J、9J
R19	109	—	8½J	277	775	288	787	355	376	1 030	—	250	—	8J、9J
275/55 R15	104	—	8½J	284	683	295	695	308	332	900	—	250	—	8J、9J
R16	106	109	8½J	284	708	295	720	321	344	950	1 030	250	290	8J、9J
R17	109	—	8½J	284	734	295	746	334	356	1 030	—	250	—	8J、9J
R19	111	—	8½J	284	785	295	797	359	381	1 090	—	250	—	8J、9J
R20	113	117	8½J	284	810	295	822	372	393	1 150	1 285	250	290	8J、9J
285/55 R18	113	—	9J	297	771	309	783	351	374	1 150	—	250	—	8½J、9½J
R19	114	—	9J	297	797	309	809	364	387	1 180	—	250	—	8½J、9½J
R20	115	119	9J	297	822	309	834	376	399	1 215	1 360	250	290	8½J、9½J

表 7　50 系列轿车子午线轮胎

轮胎规格	负荷指数		测量轮辋	新胎设计尺寸 mm		轮胎最大使用尺寸 mm		静负荷半径 mm	滚动半径 mm	负荷能力 kg		充气压力 kPa		允许使用轮辋
	标准	增强		断面宽度	外直径	总宽度	外直径			标准	增强	标准	增强	
165/50 R15	72	76	5J	170	547	177	553	255	266	355	400	250	290	4½J、5½J
175/50 R13	72	76	5.50B	182	506	189	514	234	246	355	400	250	290	5 ½J、6.00B
R15	75	—	5½J	182	557	189	565	259	271	387	—	250	—	5J、6J
185/50 R14	77	—	6J	194	542	202	550	251	263	412	—	250	—	5½J、6½J
R16	81	—	6J	194	592	202	600	276	288	462	—	250	—	5½J、6½J
R17	—	86	6J	194	618	202	626	289	300	—	530	—	290	5½J、6½J
195/50 R13	78	—	6.00B	201	526	209	534	241	255	425	—	250	—	6J、6½J
R14	80	—	6J	201	552	209	560	254	268	450	—	250	—	5½J、6½J
R15	82	86	6J	201	577	209	585	267	280	475	530	250	290	5½J、6½J
R16	84	88	6J	201	602	209	610	279	292	500	560	250	290	5½J、6½J
205/50 R13	81	—	6.00B	214	536	223	544	245	260	462	—	250	—	6½J
R14	84	—	6½J	214	562	223	570	258	273	500	—	250	—	6J、7J
R15	86	89	6½J	214	587	223	595	271	285	530	580	250	290	6J、7J
R16	87	91	6½J	214	612	223	620	283	297	545	615	250	290	6J、7J
R17	89	93	6½J	214	638	223	646	296	310	580	650	250	290	6J、7J
215/50 R13	85	89	7.00B	226	545	235	554	249	265	515	580	250	290	7J
R15	88	—	7J	226	597	235	605	275	290	560	—	250	—	6½J、7½J
R16	90	94	7J	226	622	235	630	287	302	600	670	250	290	6½J、7½J
R17	91	95	7J	226	648	235	656	300	315	615	690	250	290	6½J、7½J
R18	92	—	7J	226	673	235	681	313	327	630	—	250	—	6½J、7½J
225/50 R15	91	95	7J	233	607	242	617	279	295	615	690	250	290	6½J、7½J
R16	92	96	7J	233	632	242	642	291	307	630	710	250	290	6½J、7½J
R17	94	98	7J	233	658	242	668	304	320	670	750	250	290	6½J、7½J
R18	95	99	7J	233	683	242	693	317	332	690	775	250	290	6½J、7½J
235/50 R16	95	99	7½J	245	642	255	652	295	312	690	775	250	290	7J、8J
R17	96	100	7½J	245	668	255	678	308	324	710	800	250	290	7J、8J
R18	97	101	7½J	245	693	255	703	321	337	730	825	250	290	7J、8J
R19	99	103	7½J	245	719	255	729	334	349	775	875	250	290	7J、8J
245/50 R15	96	100	7½J	253	627	263	637	286	305	710	800	250	290	7J、8J
R16	97	—	7½J	253	652	263	662	299	317	730	—	250	—	7J、8J
245/50 R17	99	—	7½J	253	678	263	688	312	329	775	—	250	—	7J、8J

表 7（续）

轮胎规格	负荷指数		测量轮辋	新胎设计尺寸 mm		轮胎最大使用尺寸 mm		静负荷半径 mm	滚动半径 mm	负荷能力 kg		充气压力 kPa		允许使用轮辋
	标准	增强		断面宽度	外直径	总宽度	外直径			标准	增强	标准	增强	
R18	100	104	7½J	253	703	263	713	324	341	800	900	250	290	7J、8J
R19	101	105	7½J	253	729	263	739	337	354	825	925	250	290	7J、8J
R20	102	—	7½J	253	754	263	764	350	366	850	—	250	—	7J、8J
255/50 R16	99	—	8J	265	662	276	672	303	322	775	—	250	—	7½J、8½J
R17	101	—	8J	265	688	276	698	316	334	825	—	250	—	7½J、8½J
R18	102	106	8J	265	713	276	723	328	346	850	950	250	290	7½J、8½J
R19	103	107	8J	265	739	276	749	341	359	875	975	250	290	7½J、8½J
R20	—	109	8J	265	764	276	774	354	371	—	1 030	—	290	7½J、8½J
R21	106	—	8J	265	789	276	799	366	383	950	—	250	—	7½J、8½J
265/50 R16	101	—	8½J	277	672	288	682	307	326	825	—	250	—	8J、9J
R19	106	110	8½J	277	749	288	759	345	364	950	1 060	250	290	8J、9J
R20	107	111	8½J	277	774	288	784	358	376	975	1 090	250	290	8J、9J
275/50 R17	106	—	8½J	284	708	295	720	324	344	950	—	250	—	8J、9J
R18	107	—	8½J	284	733	295	745	336	356	975	—	250	—	8J、9J
R19	108	112	8½J	284	759	295	771	349	369	1 000	1 120	250	290	8J、9J
R20	109	113	8½J	284	784	295	796	362	381	1 030	1 150	250	290	8J、9J
R22	111	—	8½J	284	835	295	847	387	406	1 090	—	250	—	8½J、9½J
285/50 R15	104	—	9J	297	667	309	679	302	324	900	—	250	—	8½J、9½J
R18	109	—	9J	297	743	309	755	340	361	1 030	—	250	—	8½J、9½J
R20	112	116	9J	297	794	309	806	366	386	1 120	1 250	250	290	8½J、9½J
295/50 R15	108	—	9½J	309	677	321	689	306	329	1 000	—	250	—	9J、10J
R16	109	—	9½J	309	702	321	714	318	341	1 030	—	250	—	9J、10J
R20	—	118	9½J	309	804	321	816	369	390	—	1 320	—	290	9J、10J
305/50 R20	116	120	9½J	316	814	329	826	373	395	1 250	1 400	250	290	9J、10J
325/50 R22	—	116	10J	336	885	349	899	407	430	—	1 250	—	290	9½J、10½J

表 8 45 系列轿车子午线轮胎

轮胎规格	负荷指数		测量轮辋	新胎设计尺寸 mm		轮胎最大使用尺寸 mm		静负荷半径 mm	滚动半径 mm	负荷能力 kg		充气压力 kPa		允许使用轮辋
	标准	增强		断面宽度	外直径	总宽度	外直径			标准	增强	标准	增强	
195/45 R14	77	—	6½J	195	532	203	540	247	258	412	—	250	—	6J、7J
R15	78	—	6½J	195	557	203	565	259	271	425	—	250	—	6J、7J
R16	80	84	6½J	195	582	203	590	272	283	450	500	250	290	6J、7J
R17	81	85	6½J	195	608	203	616	285	295	462	515	250	290	6J、7J
205/45 R15	81	—	7J	206	565	214	573	262	274	462	—	250	—	6½J、7½J
R16	83	87	7J	206	590	214	598	275	287	487	545	250	290	6½J、7½J
R17	84	88	7J	206	616	214	624	288	299	500	560	250	290	6½J、7½J
R18	86	90	7J	206	641	214	649	300	311	530	600	250	290	6½J、7½J
215/45 R15	84	—	7J	213	575	222	583	266	279	500	—	250	—	7½J
R16	86	90	7J	213	600	222	608	279	291	530	600	250	290	7½J
R17	87	91	7J	213	626	222	634	292	304	545	615	250	290	7½J
R18	89	93	7J	213	651	222	659	304	316	580	650	250	290	7½J
225/45 R15	87	—	7½J	225	583	234	591	269	283	545	—	250	—	7J、8J
R16	89	93	7½J	225	608	234	616	282	295	580	650	250	290	7J、8J
R17	91	94	7½J	225	634	234	642	295	308	600	670	250	290	7J、8J
R18	91	95	7½J	225	659	234	667	307	320	615	690	250	290	7J、8J
R19	92	96	7½J	225	685	234	693	320	333	630	710	250	290	7J、8J
235/45 R15	88	—	8J	236	593	245	601	273	288	560	—	250	—	7½J、8½J
R17	94	97	8J	236	644	245	652	299	313	670	730	250	290	7½J、8½J
R18	94	98	8J	236	669	245	677	311	325	670	750	250	290	7½J、8½J
R19	95	99	8J	236	695	245	703	324	338	690	775	250	290	7½J、8½J
R20	96	100	8J	236	720	245	728	337	350	710	800	250	290	7½J、8½J
245/45 R16	94	98	8J	243	626	253	634	289	304	670	750	250	290	7½J、8½J
R17	95	99	8J	243	652	253	660	302	317	690	775	250	290	7½J、8½J
R18	96	100	8J	243	677	253	685	314	329	710	800	250	290	7½J、8½J
R19	98	102	8J	243	703	253	711	327	341	750	850	250	290	7½J、8½J
R20	99	103	8J	243	728	253	736	340	354	775	875	250	290	7½J、8½J
255/45 R15	93	—	8½J	255	611	265	621	280	297	650	—	250	—	8J、9J
R17	98	102	8½J	255	662	265	672	306	322	750	850	250	290	8J、9J

表 8（续）

轮胎规格	负荷指数		测量轮辋	新胎设计尺寸 mm		轮胎最大使用尺寸 mm		静负荷半径 mm	滚动半径 mm	负荷能力 kg		充气压力 kPa		允许使用轮辋
	标准	增强		断面宽度	外直径	总宽度	外直径			标准	增强	标准	增强	
R18	99	103	8½J	255	687	265	697	318	334	775	875	250	290	8J、9J
255/45 R19	100	104	8½J	255	713	265	723	331	346	800	900	250	290	8J、9J
R20	101	105	8½J	255	738	265	748	344	358	825	925	250	290	8J、9J
265/45 R18	101	104	9J	266	695	277	705	321	338	825	900	250	290	8½J、9½J
R20	104	108	9J	266	746	277	756	347	362	900	1 000	250	290	8½J、9½J
R21	104	—	9J	266	771	277	781	359	374	900	—	250	—	8½J、9½J
275/45 R17	102	—	9J	273	680	284	690	313	330	850	—	250	—	8½J、9½J
R18	103	107	9J	273	705	284	715	325	342	875	975	250	290	8½J、9½J
R19	104	108	9J	273	731	284	741	338	355	900	1 000	250	290	8½J、9½J
R20	106	110	9J	273	756	284	766	351	367	950	1 060	250	290	8½J、9½J
R21	107	110	9J	273	781	284	791	363	379	975	1 060	250	290	8½J、9½J
R22	108	112	9J	273	807	284	817	376	392	1 000	1 120	250	290	8½J、9½J
285/45 R18	103	107	9½J	285	713	296	723	328	346	875	975	250	290	9J、10J
R19	107	111	9½J	285	739	296	749	341	359	975	1 090	250	290	9J、10J
R20	—	112	9½J	285	764	296	774	354	371	—	1 120	—	290	9J、10J
R21	109	—	9½J	285	789	296	799	366	383	1 030	—	250	—	9J、10J
R22	110	114	9½J	285	815	296	825	379	396	1 060	1 180	250	290	9J、10J
295/45 R18	108	112	10J	296	723	308	733	332	351	1 000	1 120	250	290	9½J、10 ½J
R19	109	113	10J	296	749	308	759	345	364	1 030	1 150	250	290	9½J、10 ½J
R20	110	114	10J	296	774	308	784	358	376	1 060	1 180	250	290	9½J、10 ½J
R22	—	116	10J	296	825	308	835	383	401	—	1 250	—	290	9½J、10½J
305/45 R20	112	116	10J	303	782	315	792	361	380	1 120	1 250	250	290	9½J、10½J
R22	—	118	10J	303	833	315	845	386	404	—	1 320	—	290	9½J、10½J
R24	—	120	10J	303	884	315	894	412	429	—	1 400	—	290	9½J、10½J
315/45 R17	111	—	10½J	315	716	328	728	327	348	1 090	—	250	—	10J、11J
325/45 R24	—	116	11J	326	902	339	914	419	438	—	1 250	—	290	10½J、11½J

表 9 40 系列轿车子午线轮胎

轮胎规格	负荷指数		测量轮辋	新胎设计尺寸 mm		轮胎最大使用尺寸 mm		静负荷半径 mm	滚动半径 mm	负荷能力 kg		充气压力 kPa		允许使用轮辋
	标准	增强		断面宽度	外直径	总宽度	外直径			标准	增强	标准	增强	
165/40 R16	—	70	6J	170	538	177	544	254	261	—	335	—	290	5½J、6½J
R17	—	72	6J	170	564	177	570	267	274	—	355	—	290	5½J、6½J
195/40 R14	73	—	7J	200	512	208	518	239	249	365	—	250	—	6½J、7½J
R16	—	80	7J	200	562	208	568	264	273	—	450	—	290	6½J、7½J
R17	—	81	7J	200	588	208	594	277	286	—	462	—	290	6½J、7½J
205/40 R16	79	83	7½J	212	570	220	576	267	277	437	487	250	290	7J、8J
R17	80	84	7½J	212	596	220	602	280	289	450	500	250	290	7J、8J
R18	82	86	7½J	212	621	220	627	292	302	475	530	250	290	7J、8J
215/40 R14	79	—	7½J	218	528	227	534	245	256	437	—	250	—	7J、8J
R15	80	—	7½J	218	553	227	559	258	269	450	—	250	—	7J、8J
R16	82	86	7½J	218	578	227	584	270	281	475	530	250	290	7J、8J
R17	83	87	7½J	218	604	227	610	283	293	487	545	250	290	7J、8J
R18	85	89	7½J	218	629	227	635	296	305	515	580	250	290	7J、8J
225/40 R14	82	—	8J	230	536	239	544	248	260	475	—	250	—	7½J、8½J
R16	85	—	8J	230	586	239	594	273	285	515	—	250	—	7½J、8½J
R17	86	90	8J	230	612	239	620	286	297	530	600	250	290	7½J、8½J
R18	88	92	8J	230	637	239	645	299	309	560	630	250	290	7½J、8½J
R19	89	93	8J	230	663	239	671	312	322	580	650	250	290	7½J、8½J
235/40 R17	90	94	8½J	241	620	251	628	289	301	600	670	250	290	8J、9J
R18	91	95	8½J	241	645	251	653	302	313	615	690	250	290	8J、9J
R19	92	96	8½J	241	671	251	679	315	326	630	710	250	290	8J，9J
245/40 R17	91	95	8½J	248	628	258	636	292	305	615	690	250	290	8J、9J
R18	93	97	8½J	248	653	258	661	305	317	650	730	250	290	8J、9J
R19	94	98	8½J	248	679	258	687	318	330	670	750	250	290	8J、9J
R20	95	99	8½J	248	704	258	712	330	342	690	775	250	290	8J、9J
R21	—	100	8½J	248	729	258	737	343	354	—	800	—	290	8J、9J
255/40 R16	92	—	9J	260	610	270	618	283	296	630	—	250	—	8½J、9½J
R17	94	98	9J	260	636	270	644	296	309	670	750	250	290	8½J、9½J
R18	95	99	9J	260	661	270	669	308	321	690	775	250	290	8½J、9½J
R19	96	100	9J	260	687	270	695	321	334	710	800	250	290	8½J、9½J
R20	97	101	9J	260	712	270	720	334	346	730	825	250	290	8½J、9½J
R21	—	102	9J	260	737	270	745	346	358	—	850	—	290	8½J、9½J
265/40 R17	96	100	9½J	271	644	282	652	299	313	710	800	250	290	9J、10J

表 9（续）

轮胎规格	负荷指数		测量轮辋	新胎设计尺寸 mm		轮胎最大使用尺寸 mm		静负荷半径 mm	滚动半径 mm	负荷能力 kg		充气压力 kPa		允许使用轮辋
	标准	增强		断面宽度	外直径	总宽度	外直径			标准	增强	标准	增强	
R18	97	101	9½J	271	669	282	677	311	325	730	825	250	290	9J、10J
R19	98	102	9½J	271	695	282	703	324	338	750	850	250	290	9J、10J
R20	100	104	9½J	271	720	282	728	337	350	800	900	250	290	9J、10J
R21	101	105	9½J	271	745	282	753	349	362	825	925	250	290	9J、10J
R22	—	106	9½J	271	771	282	779	362	374	—	950	—	290	9J、10J
275/40 R17	98	—	9½J	278	652	289	660	302	317	750	—	250	—	9J、10J
R18	99	103	9½J	278	677	289	685	314	329	775	875	250	290	9J、10J
R19	101	105	9½J	278	703	289	711	327	341	825	925	250	290	9J、10J
R20	102	106	9½J	278	728	289	736	340	354	850	950	250	290	9J、10J
R21	—	107	9½J	278	753	289	761	352	366	—	975	—	290	9J、10J
R22	—	107	9½J	278	779	289	787	365	378	—	975	—	290	9J、10J
285/40 R15	92	—	10J	290	609	302	619	279	296	630	—	250	—	9½J、10½J
R17	100	104	10J	290	660	302	670	305	321	800	900	250	290	9½J、10½J
R18	101	—	10J	290	685	302	695	317	333	825	—	250	—	9½J、10½J
R19	103	107	10J	290	711	302	721	330	345	875	975	250	290	9½J、10½J
R20	104	—	10J	290	736	302	746	343	357	900	—	250	—	9½J、10½J
R22	—	110	10J	290	787	302	797	368	382	—	1 060	—	290	9½J、10½J
R23	—	111	10J	290	812	302	822	381	394	—	1 090	—	290	9½J、10½J
R24	—	112	10J	290	838	302	848	394	407	—	1 120	—	290	9½J、10½J
295/40 R17	102	—	10½J	301	668	313	678	308	324	850	—	250	—	10J、11J
R18	103	—	10½J	301	693	313	703	321	337	875	—	250	—	10J、11J
R19	105	—	10½J	301	719	313	729	334	349	925	—	250	—	10J、11J
R20	106	110	10½J	301	744	313	754	346	361	950	1 060	250	290	10J、11J
R21	107	111	10½J	301	769	313	779	359	373	975	1 090	250	290	10J,11J
R22	—	112	10½J	301	795	313	805	372	386	—	1 120	—	290	10J、11J
R24	—	114	10½J	301	846	313	856	397	411	—	1 180	—	290	10J、11J
305/40 R22	110	114	11J	313	803	326	813	375	390	1 060	1 180	250	290	10½J、11½J
R23	—	115	11J	313	828	326	838	387	402	—	1 215	—	290	10½J、11½J
R24	—	117	11J	313	854	326	864	400	415	—	1 285	—	290	10½J、11½J
315/40 R23	—	118	11J	320	836	333	846	390	406	—	1 320	—	290	10½J、11½J
R25	—	120	11J	320	887	333	897	416	431	—	1 400	—	290	10½J、11½J
R26	116	120	11J	320	912	333	922	428	443	1 250	1 400	250	290	10½J、11½J
325/40 R22	114	118	11½J	331	819	344	829	381	398	1 180	1 320	250	290	11J、12J

表 10　35 系列轿车子午线轮胎

轮胎规格	负荷指数		测量轮辋	新胎设计尺寸 mm		轮胎最大使用尺寸 mm		静负荷半径 mm	滚动半径 mm	负荷能力 kg		充气压力 kPa		允许使用轮辋
	标准	增强		断面宽度	外直径	总宽度	外直径			标准	增强	标准	增强	
205/35 R18	77	81	7½J	212	601	220	607	285	292	412	462	250	290	7J、8J
215/35 R16	—	81	7½J	218	556	227	562	262	270	—	462	—	290	7J、8J
R17	79	83	7½J	218	582	227	588	275	283	437	487	250	290	7J、8J
R18	80	84	7½J	218	607	227	613	287	295	450	500	250	290	7J、8J
R19	—	85	7½J	218	633	227	639	300	307	—	515	—	290	7J、8J
225/35 R17	82	86	8J	230	590	239	596	278	287	475	530	250	290	7½J、8½J
R18	83	87	8J	230	615	239	621	290	299	487	545	250	290	7½J、8½J
R19	84	88	8J	230	641	239	647	303	311	500	560	250	290	7½J、8½J
R20	—	90	8J	230	666	239	672	316	323	—	600	—	290	8½J、9½J
235/35 R15	81	—	8½J	241	545	251	551	254	265	462	—	250	—	8J、9J
R18	86	90	8½J	241	621	251	627	292	302	530	600	250	290	8J、9J
R19	87	91	8½J	241	647	251	653	305	314	545	615	250	290	8J、9J
R20	88	92	8½J	241	672	251	678	318	326	560	630	250	290	8J、9J
245/35 R15	84	—	8½J	248	553	258	559	258	269	500	—	250	—	8J、9J
R16	86	—	8½J	248	578	258	584	270	281	530	—	250	—	8J、9J
R17	87	—	8½J	248	604	258	610	283	293	545	—	250	—	8J、9J
R18	88	92	8½J	248	629	258	635	296	305	560	630	250	290	8J、9J
R19	89	93	8½J	248	655	258	661	309	318	580	650	250	290	8J、9J
R20	91	95	8½J	248	680	258	686	321	330	615	690	250	290	8J、9J
R21	—	96	8½J	248	705	258	711	334	342	—	710	—	290	8J、9J
R22	—	97	8½J	248	731	258	737	347	355	—	730	—	290	8J、9J
255/35 R14	85	—	9J	260	534	270	542	247	259	515	—	250	—	8½J、9½J
R16	88	—	9J	260	584	270	592	272	284	560	—	250	—	8½J、9½J
R18	90	94	9J	260	635	270	643	298	308	600	670	250	290	8½J、9½J
R19	92	96	9J	260	661	270	669	311	321	630	710	250	290	8½J、9½J
R20	93	97	9J	260	686	270	694	323	333	650	730	250	290	8½J、9½J
R21	—	98	9J	260	711	270	719	336	345	—	750	—	290	8½J、9½J
R22	—	99	9J	260	737	270	745	349	358	—	775	—	290	8½J、9½J
265/35 R17	92	—	9½J	271	618	282	626	289	300	630	—	250	—	9J、10J
R18	93	97	9½J	271	643	282	651	301	312	650	730	250	290	9J、10J
R19	94	98	9½J	271	669	282	677	314	325	670	750	250	290	9J、10J

表 10（续）

轮胎规格	负荷指数		测量轮辋	新胎设计尺寸 mm		轮胎最大使用尺寸 mm		静负荷半径 mm	滚动半径 mm	负荷能力 kg		充气压力 kPa		允许使用轮辋
	标准	增强		断面宽度	外直径	总宽度	外直径			标准	增强	标准	增强	
R20	95	99	9½J	271	694	282	702	327	337	690	775	250	290	9J、10J
R21	—	101	9½J	271	719	282	727	339	349	—	825	—	290	9J、10J
R22	98	102	9½J	271	745	282	753	352	362	750	850	250	290	9J、10J
275/35 R17	94	—	9½J	278	624	289	632	291	303	670	—	250	—	9J、10J
R18	95	99	9½J	278	649	289	657	303	315	690	775	250	290	9J、10J
R19	96	100	9½J	278	675	289	683	316	328	710	800	250	290	9J、10J
R20	98	102	9½J	278	700	289	708	329	340	750	850	250	290	9J、10J
R21	99	103	9½J	278	725	289	733	341	352	775	875	250	290	9J、10J
R22	—	104	9½J	278	751	289	759	354	365	—	900	—	290	9J、10J
285/35 R18	97	101	10J	290	657	302	665	307	319	730	825	250	290	9½J、10½J
R19	99	103	10J	290	683	302	691	320	332	775	875	250	290	9½J、10½J
R20	100	104	10J	290	708	302	716	332	344	800	900	250	290	9½J、10½J
R21	101	105	10J	290	733	302	741	345	356	825	925	250	290	9½J、10½J
R22	102	106	10J	290	759	302	767	358	368	850	950	250	290	9½J、10½J
R23	—	107	10J	290	784	302	792	370	381	—	975	—	290	9½J、10½J
R24	—	108	10J	290	810	302	818	383	393	—	1 000	—	290	9½J、10½J
295/35 R18	99	103	10½J	301	663	313	671	309	322	775	875	250	290	10J、11J
R19	100	104	10½J	301	689	313	697	322	335	800	900	250	290	10J、11J
R20	101	105	10½J	301	714	313	722	334	347	825	925	250	290	10J、11J
R21	103	107	10½J	301	739	313	747	347	359	875	975	250	290	10J、11J
R22	—	108	10½J	301	765	313	773	360	372	—	1 000	—	290	10J、11J
R24	—	110	10½J	301	816	313	824	385	396	—	1 060	—	290	10J、11J
305/35 R19	102	—	11J	313	697	326	705	325	339	850	—	250	—	10½J、11½J
R20	104	107	11J	313	722	326	730	337	351	900	975	250	290	10½J、11½J
R21	—	109	11J	313	747	326	755	350	363	—	1 030	—	290	10½J、11½J
R22	—	110	11J	313	773	326	781	363	375	—	1 060	—	290	10½J、11½J
R23	107	111	11J	313	798	326	806	375	388	975	1 090	250	290	10½J、11½J
R24	—	112	11J	313	824	326	832	388	400	—	1 120	—	290	10½J、11½J
315/35 R17	102	—	11J	320	652	333	660	302	317	850	—	250	—	10½J、11½J
R20	106	110	11J	320	728	333	736	340	354	950	1 060	250	290	10½J、11½J
R21	—	111	11J	320	753	333	761	352	366	—	1 090	—	290	10½J、11½J
R24	—	114	11J	320	830	333	838	391	403	—	1 180	—	290	10½J、11½J
325/35 R19	106	—	11½J	331	711	344	721	330	345	950	—	250	—	11、12J

表 10（续）

轮胎规格	负荷指数		测量轮辋	新胎设计尺寸 mm		轮胎最大使用尺寸 mm		静负荷半径 mm	滚动半径 mm	负荷能力 kg		充气压力 kPa		允许使用轮辋
	标准	增强		断面宽度	外直径	总宽度	外直径			标准	增强	标准	增强	
R28	—	120	11½J	331	939	344	949	444	456	—	1 400	—	290	11、12J
335/35 R17	106	—	12J	343	666	357	676	307	323	950	—	250	—	11½J、12½J
345/35 R15	95	—	12J	350	623	364	633	285	303	690	—	250	—	11½J、12½J
R18	109	—	12J	350	699	364	709	323	339	1 030	—	250	—	11½J、12½J
R19	110	—	12J	350	725	364	735	336	352	1 060	—	250	—	11½J、12½J

表 11　30 系列轿车子午线轮胎

轮胎规格	负荷指数		测量轮辋	新胎设计尺寸 mm		轮胎最大使用尺寸 mm		静负荷半径 mm	滚动半径 mm	负荷能力 kg		充气压力 kPa		允许使用轮辋
	标准	增强		断面宽度	外直径	总宽度	外直径			标准	增强	标准	增强	
225/30 R18	—	82	8J	230	593	239	599	282	288	—	475	—	290	7½J、8½J
R19	—	84	8J	230	619	239	625	295	301	—	500	—	290	7½J、8½J
R20	—	85	8J	230	644	239	650	307	313	—	515	—	290	7½J、8½J
235/30 R19	—	86	8½J	242	625	252	631	297	304	—	530	—	290	8J、9J
R20	—	88	8½J	242	650	252	656	309	316	—	560	—	290	8J、9J
R22	—	90	8½J	242	701	252	707	335	340	—	600	—	290	8J、9J
245/30 R18	—	88	8½J	248	605	258	611	286	294	—	560	—	290	8J、9J
R19	—	89	8½J	248	631	258	637	299	306	—	580	—	290	8J、9J
R20	86	90	8½J	248	656	258	662	312	319	530	600	250	290	8J、9J
R21	87	91	8½J	248	681	258	687	324	331	545	615	250	290	8J、9J
R22	—	92	8½J	248	707	258	713	337	343	—	630	—	290	8J、9J
255/30 R18	—	90	9J	260	611	270	617	289	297	—	600	—	290	8½J、9½J
R19	—	91	9J	260	637	270	643	302	309	—	615	—	290	8½J、9½J
R20	88	92	9J	260	662	270	668	314	322	560	630	250	290	8½J、9½J
R21	—	93	9J	260	687	270	693	327	334	—	650	—	290	8½J、9½J
R22	—	95	9J	260	713	270	719	340	346	—	690	—	290	8½J、9½J
R24	93	97	9J	260	764	270	770	365	371	650	730	250	290	8½J、9½J
265/30 R18	88	—	9½J	271	617	282	623	291	300	560	—	250	—	9J、10J
R19	89	93	9½J	271	643	282	649	304	312	580	650	250	290	9J、10J
R20	—	94	9½J	271	668	282	674	316	324	—	670	—	290	9J、10J
R21	—	96	9½J	271	693	282	699	329	337	—	710	—	290	9J、10J

表 11（续）

轮胎规格	负荷指数		测量轮辋	新胎设计尺寸 mm		轮胎最大使用尺寸 mm		静负荷半径 mm	滚动半径 mm	负荷能力 kg		充气压力 kPa		允许使用轮辋
	标准	增强		断面宽度	外直径	总宽度	外直径			标准	增强	标准	增强	
R22	93	97	9½J	271	719	282	725	342	349	650	730	250	290	9J、10J
R30	101	105	9½J	271	922	282	928	443	448	825	925	250	290	9J、10J
275/30 R19	92	96	9½J	278	649	289	655	306	315	630	710	250	290	9J、10J
R20	93	97	9½J	278	674	289	680	319	327	650	730	250	290	9J、10J
R21	—	98	9½J	278	699	289	705	331	339	—	750	—	290	9J、10J
R22	—	99	9½J	278	725	289	731	344	352	—	775	—	290	9J、10J
R23	—	100	9½J	278	750	289	756	357	364	—	800	—	290	9J、10J
R24	—	101	9½J	278	776	289	782	370	377	—	825	—	290	9J、10J
285/30 R18	93	97	10J	290	629	302	635	296	305	650	730	250	290	9½J、10½J
R19	94	98	10J	290	655	302	661	309	318	670	750	250	290	9½J、10½J
R20	95	99	10J	290	680	302	686	321	330	690	775	250	290	9½J、10½J
285/30 R21	—	100	10J	290	705	302	711	334	342	—	800	—	290	9½J、10½J
R22	—	101	10J	290	731	302	737	347	355	—	825	—	290	9½J、10½J
R24	—	103	10J	290	782	302	788	372	380	—	875	—	290	9½J、10½J
295/30 R18	94	98	10½J	301	635	313	643	298	308	670	750	250	290	10J、11J
R19	96	100	10½J	301	661	313	669	311	321	710	800	250	290	10J、11J
R20	97	101	10½J	301	686	313	694	323	333	730	825	250	290	10J、11J
R21	98	102	10½J	301	711	313	719	336	345	750	850	250	290	10J、11J
R22	99	103	10½J	301	737	313	745	349	358	775	875	250	290	10J、11J
R23	—	104	10½J	301	762	313	770	361	370	—	900	—	290	10J、11J
R26	—	107	10½J	301	838	313	846	399	407	—	975	—	290	10J、11J
305/30 R19	98	102	11J	313	667	326	675	313	324	750	850	250	290	10½J、11½J
R20	99	—	11J	313	692	326	700	326	336	775	—	250	—	10½J、11½J
R21	—	104	11J	313	717	326	725	338	348	—	900	—	290	10½J、11½J
R22	101	105	11J	313	743	326	751	351	361	825	925	250	290	10½J、11½J
R23	102	105	11J	313	768	326	776	364	373	850	925	250	290	10½J、11½J
R24	—	107	11J	313	794	326	802	377	386	—	975	—	290	10½J、11½J
R26	—	109	11J	313	844	326	852	402	410	—	1 030	—	290	10½J、11½J
315/30 R18	98	—	11J	320	647	333	655	303	314	750	—	250	—	10½J、11½J
R19	100	—	11J	320	673	333	681	316	327	800	—	250	—	10½J、11½J
R22	—	107	11J	320	749	333	757	354	364	—	975	—	290	10½J、11½J

表 11(续)

轮胎规格	负荷指数		测量轮辋	新胎设计尺寸 mm		轮胎最大使用尺寸 mm		静负荷半径 mm	滚动半径 mm	负荷能力 kg		充气压力 kPa		允许使用轮辋
	标准	增强		断面宽度	外直径	总宽度	外直径			标准	增强	标准	增强	
R24	—	109	11J	320	800	333	808	379	389	—	1 030	—	290	10½J、11½J
325/30 R18	100	—	11½J	331	653	344	661	305	317	800	—	250	—	11J、12J
R19	101	105	11½J	331	679	344	687	318	330	825	925	250	290	11J、12J
R20	102	—	11½J	331	704	344	712	330	342	850	—	250	—	11J、12J
R21	104	108	11½J	331	729	344	737	343	354	900	1 000	250	290	11J、12J
335/30 R18	102	—	12J	343	659	357	667	307	320	850	—	250	—	11½J、12½J
R20	104	108	12J	343	710	357	718	333	345	900	1 000	250	290	11½J、12½J
345/30 R19	105	109	12J	350	691	364	699	323	336	925	1 030	250	290	11½J、12½J
R20	106	—	12J	350	716	364	724	335	348	950	—	250	—	11½J、12½J

表 12　25 系列轿车子午线轮胎

轮胎规格	负荷指数		测量轮辋	新胎设计尺寸 mm		轮胎最大使用尺寸 mm		静负荷半径 mm	滚动半径 mm	负荷能力 kg		充气压力 kPa		允许使用轮辋
	标准	增强		断面宽度	外直径	总宽度	外直径			标准	增强	标准	增强	
255/25 R22	—	89	9J	260	687	270	693	329	333	—	580	—	290	—
275/25 R20	87	91	10J	283	646	294	652	308	314	545	615	250	290	—
R21	—	92	10J	283	671	294	677	320	326	—	630	—	290	—
R22	—	93	10J	283	697	294	703	333	339	—	650	—	290	—
R24	92	96	10J	283	748	294	754	359	363	630	710	250	290	—
R26	94	98	10J	283	798	294	803	384	388	670	750	250	290	—
R30	97	101	10J	283	900	294	906	435	437	730	825	250	290	—
285/25 R20	—	93	10½J	295	650	307	656	309	316	—	650	—	290	—
R22	—	95	10½J	295	701	307	707	335	340	—	690	—	290	—
R24	—	97	10½J	295	752	307	758	360	365	—	730	—	290	—
295/25 R20	—	95	10½J	301	656	313	662	312	319	—	690	—	290	10J、11J
R21	—	96	10½J	301	681	313	687	324	331	—	710	—	290	10J、11J
R22	—	97	10½J	301	707	313	713	337	343	—	730	—	290	10J、11J
R26	—	102	10½J	301	808	313	814	388	392	—	850	—	290	10J、11J
R28	—	103	10½J	301	859	313	865	413	417	—	875	—	290	10J、11J
305/25 R19	92	—	11J	313	635	326	641	301	308	630	—	250	—	10½J、11½J

表 12（续）

轮胎规格	负荷指数		测量轮辋	新胎设计尺寸 mm		轮胎最大使用尺寸 mm		静负荷半径 mm	滚动半径 mm	负荷能力 kg		充气压力 kPa		允许使用轮辋
	标准	增强		断面宽度	外直径	总宽度	外直径			标准	增强	标准	增强	
R20	93	97	11J	313	660	326	666	313	321	650	730	250	290	10½J、11½J
R22	—	99	11J	313	711	326	717	339	345	—	775	—	290	10½J、11½J
R23	—	100	11J	313	736	326	742	351	357	—	800	—	290	10½J、11½J
R26	—	103	11J	313	812	326	818	389	394	—	875	—	290	10½J、11½J
315/25 R19	94	98	11½J	325	641	338	647	303	311	670	750	250	290	11J、12J
R22	—	101	11½J	325	717	338	723	341	348	—	825	—	290	11J、12J
R23	—	102	11½J	325	742	338	748	354	360	—	850	—	290	11J、12J
325/25 R20	97	101	12J	336	670	349	676	317	325	730	825	250	290	11½J、12½J
335/25 R19	98	—	12J	343	651	357	657	307	316	750	—	250	—	11½J、12½J
R22	—	105	12J	343	727	357	733	345	353	—	925	—	290	11½J、12½J
345/25 R20	100	—	12½J	355	680	369	686	321	330	800	—	250	—	12J、13J
355/25 R19	101	—	13J	366	661	381	669	311	321	825	—	250	—	12½J、13½J

表 13　T 型临时使用的备用轮胎

轮胎规格	负荷指数	测量轮辋	新胎设计尺寸 mm		最大使用尺寸 mm		负荷能力 kg	充气压力 kPa	允许使用轮辋
			断面宽度	外直径	总宽度	外直径			
T125/90*16	98	4T	131	632	145	650	750	420	—
T125/90*17	99	4T	131	658	145	676	775	420	—
T135/90*15	100	4T	138	625	152	645	800	420	—
T135/90*16	102	4T	138	650	152	670	850	420	—
T155/90*16	110	4T	152	686	168	710	1060	420	—
T155/90*17	112	4T	152	712	168	736	1120	420	—
T125/85*16	99	4T	131	618	145	636	775	420	—
T155/85*18	115	4T	152	721	167	742	1215	420	—
T125/80*15	95	4T	131	581	145	599	690	420	—
T125/80*16	97	4T	131	606	145	624	730	420	—
T125/80*17	99	4T	131	632	145	650	775	420	—
T125/80*18	100	4T	131	657	145	675	800	420	—
T135/80*15	100	4T	138	597	152	615	800	420	—
T135/80*17	103	4T	138	648	152	666	875	420	—

表 13（续）

轮胎规格	负荷指数	测量轮辋	新胎设计尺寸 mm		最大使用尺寸 mm		负荷能力 kg	充气压力 kPa	允许使用轮辋
			断面宽度	外直径	总宽度	外直径			
T135/80* 18	104	4T	138	673	152	691	900	420	—
T145/80* 18	109	4T	146	689	160	707	1 030	420	—
T155/80* 16	110	4T	152	654	168	674	1 060	420	—
T155/80* 17	111	4T	152	680	168	700	1 090	420	—
T165/80* 17	115	4T	159	696	175	716	1 215	420	4½T
T105/70* 14	84	4T	116	504	130	522	500	420	—
T115/70* 14	88	4T	123	518	137	536	560	420	—
T115/70* 15	90	4T	123	543	137	561	600	420	—
T115/70* 16	92	4T	123	568	137	586	630	420	—
T125/70* 15	95	4T	131	557	145	575	690	420	—
T125/70* 16	96	4T	131	582	145	600	710	420	—
T125/70* 17	98	4T	131	608	145	626	750	420	—
T125/70* 18	100	4T	131	633	145	651	800	420	—
T135/70* 15	99	4T	138	571	152	589	775	420	—
T135/70* 16	100	4T	138	596	152	614	800	420	—
T135/70* 18	104	4T	138	647	152	665	900	420	—
T145/70* 17	106	4T	145	636	160	654	950	420	4.50B
T145/70* 18	107	4T	145	661	160	679	975	420	—
T155/70* 17	110	4T	152	650	168	668	1 060	420	—
T165/70* 17	114	4T	159	664	175	682	1 180	420	4½T

* 轮胎规格包括“R”(子午线轮胎)和“—”或“D”(斜交轮胎)。

新胎外缘尺寸偏差规定如下：

a) 子午线轮胎：

——新胎最大、最小总宽度同表 1。

——新胎最大、最小外直径同表 1。

b) 斜交轮胎：

——新胎最大总宽度＝新胎设计断面宽度×1.07，或新胎最大总宽度＝新胎设计断面宽度＋10 mm、取较大值；

——新胎最大外直径－2×设计断面高度×1.07＋轮辋名义直径，或新胎最大外直径＝2×(设计断面高度＋8 mm)＋轮辋名义直径，取较大值。

注：测量轮胎外缘尺寸用气压为 420 kPa。

表 14 保留生产的轿车子午线轮胎[a]

轮胎规格	负荷指数		测量轮辋	新胎设计尺寸 mm		轮胎最大使用尺寸 mm		静负荷半径 mm	滚动半径 mm	负荷能力 kg		充气压力 kPa		允许使用轮辋
	标准	增强		断面宽度	外直径	总宽度	外直径			标准	增强	标准	增强	
155R12	76	80	4.50B	157	550	163	560	248	267	400	450	220	270	4.00B、5.00B
155R13	78	82	4.50B	157	578	163	588	262	281	425	475	220	270	4.00B、5.00B
155R14	80	84	4½J	157	604	163	614	275	293	450	500	220	270	4J、5J
155R15	82	86	4½J	157	630	163	640	288	306	475	530	220	270	4J、5J
165R13	82	86	4½J	167	596	174	607	269	289	475	530	230	290	4J、5J
165R14	84	88	4½J	167	622	174	633	282	302	500	560	230	290	4J、5J
165R15	86	90	4½J	167	646	174	657	294	314	530	600	230	290	4J、5J
175R13	86	89	5J	178	608	185	619	273	295	530	580	230	290	4½J、5½J
175R14	88	91	5J	178	634	185	645	286	308	560	615	230	290	4½J、5½J
185R14	90	94	5J	188	650	196	662	293	316	600	670	230	300	5J、6J
[a] 新设计的车辆不推荐使用这些规格的轮胎。														

表 15 保留生产的轿车斜交轮胎[a]

轮胎规格	层级	测量轮辋	新胎设计尺寸 mm		轮胎最大使用尺寸/mm		静负荷半径 mm	滚动半径 mm	负荷能力 kg	充气压力 kPa	允许使用轮辋
			断面宽度	外直径	总宽度	外直径					
5.60-13	4	4J	145	600	154	618	278	286	330	170	4½J
5.60-13	6	4J	145	600	154	618	278	286	370	210	4½J
5.60-13	8	4J	145	600	154	618	278	286	410	250	4½J
5.90-13	4	4J	150	616	159	634	283	293	370	170	4½J
5.90-13	6	4J	150	616	159	634	283	293	415	210	4½J
6.00-12	6	4.50B	156	574	165	591	266	273	360	210	4½J、5J
6.00-12	8	4.50B	156	574	165	591	266	273	400	250	4½J、5J
6.15-13	4	4½J	157	582	166	599	271	277	340	170	5J
6.15-13	6	4½J	157	582	166	599	271	277	385	210	5J
6.40-14	4	4½J	163	667	173	687	308	317	435	170	5J
6.40-14	6	4½J	163	667	173	687	308	317	470	210	5J
6.70-13	6	4½J	170	658	180	678	303	313	515	210	5J
6.95-14	4	5J	178	643	189	662	299	306	450	170	5½JJ
6.95-14	6	5J	178	643	189	662	299	306	515	210	5½JJ
7.00-13	6	5J	178	644	189	663	297	307	510	210	5½J
7.00-14	6	5J	178	669	189	689	309	318	545	210	5½J
7.35-14	6	5½JJ	185	659	196	679	305	314	530	210	6JJ
[a] 新设计车辆不推荐使用这些规格的轮胎。											

表 16 标准型轿车子午线轮胎负荷与气压对应表

负荷指数	不同气压[a](kPa)下标准型轮胎的负荷能力 kg										
	150	160	170	180	190	200	210	220	230	240	250
62	175	185	195	205	215	220	230	240	250	255	265
63	180	190	200	210	220	230	235	245	255	265	272
64	185	195	205	215	225	235	245	255	260	270	280
65	195	205	210	225	235	245	250	260	270	280	290
66	200	210	220	230	240	250	260	270	280	290	300
67	205	215	225	235	245	255	265	275	285	295	307
68	210	220	230	240	255	265	275	285	295	305	315
69	215	225	240	250	260	270	285	295	305	315	325
70	225	235	245	260	270	280	290	300	315	325	335
71	230	240	255	265	275	290	300	310	325	335	345
72	235	250	260	275	285	295	310	320	330	345	355
73	245	255	270	280	295	305	315	330	340	355	365
74	250	260	275	290	300	315	325	340	350	365	375
75	255	270	285	300	310	325	335	350	360	375	387
76	265	280	295	310	320	335	350	360	375	385	400
77	275	290	305	315	330	345	360	370	385	400	412
78	280	295	310	325	340	355	370	385	400	410	425
79	290	305	320	335	350	365	380	395	410	425	437
80	300	315	330	345	360	375	390	405	420	435	450
81	305	325	340	355	370	385	400	415	430	445	462
82	315	330	350	365	380	395	415	430	445	460	475
83	325	340	360	375	390	405	425	440	455	470	487
84	330	350	365	385	400	420	435	450	470	485	500
85	340	360	380	395	415	430	450	465	480	500	515
86	350	370	390	410	425	445	460	480	495	515	530
87	360	380	400	420	440	455	475	490	510	525	545
88	370	390	410	430	450	470	485	505	525	540	560
89	385	405	425	445	465	485	505	525	545	560	580
90	400	420	440	460	480	500	520	540	560	580	600
91	410	430	450	475	495	515	535	555	575	595	615
92	420	440	465	485	505	525	550	570	590	610	630
93	430	455	475	500	520	545	565	585	610	630	650

表 16（续）

负荷指数	不同气压[a](kPa)下标准型轮胎的负荷能力 kg										
	150	160	170	180	190	200	210	220	230	240	250
94	445	470	490	515	540	560	585	605	625	650	670
95	460	485	505	530	555	575	600	625	645	670	690
96	470	495	520	545	570	595	620	640	665	685	710
97	485	510	535	560	585	610	635	660	685	705	730
98	500	525	550	575	600	625	650	675	700	725	750
99	515	540	570	595	620	650	675	700	725	750	775
100	530	560	590	615	640	670	695	720	750	775	800
101	550	575	605	635	660	690	720	745	770	800	825
102	565	595	625	655	680	710	740	765	795	825	850
103	580	610	645	675	705	730	760	790	820	845	875
104	600	630	660	690	725	755	785	815	840	870	900
105	615	645	680	710	745	775	805	835	865	895	925
106	630	665	700	730	765	795	825	860	890	920	950
107	650	680	715	750	785	815	850	880	910	945	975
108	665	700	735	770	805	835	870	905	935	970	1 000
109	685	720	755	790	825	860	895	930	965	995	1 030
110	705	740	780	815	850	885	920	955	990	1 025	1 060
111	725	765	800	840	875	910	950	985	1 020	1 055	1 090
112	745	785	825	860	900	935	975	1 010	1 050	1 085	1 120
113	765	805	845	885	925	960	1 000	1 040	1 075	1 115	1 150
114	785	825	865	905	945	985	1 025	1 065	1 105	1 140	1 180
115	805	850	890	935	975	1 015	1 055	1 095	1 135	1 175	1 215
116	830	875	920	960	1 005	1 045	1 085	1 130	1 170	1 210	1 250
117	855	900	945	990	1 030	1 075	1 120	1 160	1 200	1 245	1 285
118	875	925	970	1 015	1 060	1 105	1 150	1 190	1 235	1 280	1 320
119	905	950	1 000	1 045	1 090	1 140	1 185	1 230	1 270	1 315	1 360
120	930	980	1 030	1 075	1 125	1 170	1 220	1 265	1 310	1 355	1 400
121	965	1 015	1 065	1 115	1 165	1 215	1 260	1 310	1 355	1 405	1 450
122	995	1 050	1 100	1 155	1 205	1 255	1 305	1 355	1 405	1 450	1 500
123	1 030	1 085	1 140	1 190	1 245	1 295	1 350	1 400	1 450	1 500	1 550
124	1 065	1 120	1 175	1 230	1 285	1 340	1 390	1 445	1 495	1 550	1 600
125	1 095	1 155	1 210	1 270	1 325	1 380	1 435	1 490	1 545	1 595	1 650

[a] 指轮胎的行驶速度为 160 km/h 或以下、车轮外倾角不大于 2°时，为达到相应负荷能力而应备的最低气压。

表 17　增强型轿车子午线轮胎负荷与气压对应表

负荷指数	不同气压[a](kPa)下增强型轮胎的负荷能力 kg														
	150	160	170	180	190	200	210	220	230	240	250	260	270	280	290
66	175	185	195	205	215	225	230	240	250	260	265	275	285	290	300
67	180	190	200	210	220	230	235	245	255	265	275	280	290	300	307
68	185	195	205	215	225	235	245	255	260	270	280	290	295	305	315
69	190	200	210	220	230	240	250	260	270	280	290	300	305	315	325
70	200	210	220	230	240	250	260	270	280	290	295	305	315	325	335
71	205	215	225	235	245	255	265	275	285	295	305	315	325	335	345
72	210	220	230	240	255	265	275	285	295	305	315	325	335	345	355
73	215	225	240	250	260	270	280	295	305	315	325	335	345	355	365
74	220	235	245	255	265	280	290	300	310	320	335	345	355	365	375
75	230	240	250	265	275	285	300	310	320	335	345	355	365	375	387
76	235	250	260	275	285	295	310	320	330	345	355	365	380	390	400
77	245	255	270	280	295	305	320	330	340	355	365	380	390	400	412
78	250	260	275	290	305	315	330	340	355	365	375	390	400	415	425
79	260	270	285	300	310	325	340	350	365	375	390	400	415	425	437
80	265	280	295	305	320	335	350	360	375	385	400	410	425	440	450
81	275	285	300	315	330	345	355	370	385	395	410	425	435	450	482
82	280	295	310	325	340	355	365	380	395	410	420	435	450	460	475
83	285	305	320	335	345	360	375	390	405	420	430	445	460	475	487
84	295	310	325	340	355	370	385	400	415	430	445	460	470	485	500
85	305	320	335	350	365	385	400	415	430	445	455	470	485	500	515
86	315	330	345	360	380	395	410	425	440	455	470	485	500	515	530
87	320	340	355	370	390	405	420	435	455	470	485	500	515	530	545
88	330	350	365	380	400	415	435	450	465	480	495	515	530	545	560
89	340	360	380	395	415	430	450	465	480	500	515	530	550	565	580
90	355	375	390	410	430	445	465	480	500	515	535	550	565	585	600
91	365	380	400	420	440	455	475	495	510	530	545	565	580	600	615
92	370	390	410	430	450	470	485	505	525	540	560	575	595	615	630
93	385	405	425	445	465	485	500	520	540	560	575	595	615	630	650
94	395	415	435	455	480	500	520	535	555	575	595	615	635	650	670
95	405	430	450	470	490	515	535	555	575	595	615	630	650	670	690
96	420	440	465	485	505	525	550	570	590	610	630	650	670	690	710
97	430	455	475	500	520	540	565	585	605	625	650	670	690	710	730

表 17（续）

负荷指数	不同气压[a]（kPa）下增强型轮胎的负荷能力 kg														
	150	160	170	180	190	200	210	220	230	240	250	260	270	280	290
98	445	465	490	510	535	555	580	600	625	645	665	685	710	730	750
99	455	480	505	530	555	575	600	620	645	665	690	710	730	755	775
100	470	495	520	545	570	595	620	640	665	690	710	735	755	780	800
101	485	515	540	565	590	615	635	660	685	710	735	755	780	800	825
102	500	530	555	580	605	630	655	680	705	730	755	780	805	825	850
103	515	545	570	595	625	650	675	700	725	750	775	800	825	850	875
104	530	560	585	615	640	670	695	720	750	775	800	825	850	875	900
105	545	575	605	630	660	685	715	740	770	795	820	850	875	900	925
106	560	590	620	650	675	705	735	760	790	815	845	870	895	925	950
107	575	605	635	665	695	725	755	780	810	840	865	895	920	950	975
108	590	620	650	685	715	745	770	800	830	860	890	915	945	970	1 000
109	610	640	670	705	735	765	795	825	855	885	915	945	975	1 000	1 030
110	625	660	690	725	755	785	820	850	880	910	940	970	1 000	1 030	1 060
111	645	675	710	745	775	810	840	875	905	935	970	1 000	1 030	1 060	1 090
112	660	695	730	765	800	830	865	900	930	965	995	1 025	1 060	1 090	1 120
113	680	715	750	785	820	855	890	920	955	990	1 020	1 055	1 085	1 120	1 150
114	695	735	770	805	840	875	910	945	980	1 015	1 050	1 080	1 115	1 145	1 180
115	715	755	795	830	865	905	940	975	1 010	1 045	1 080	1 115	1 145	1 180	1 215
116	740	775	815	855	890	930	965	1 000	1 040	1 075	1 110	1 145	1 180	1 215	1 250
117	760	800	840	875	915	955	995	1 030	1 065	1 105	1 140	1 180	1 215	1 250	1 285
118	780	820	860	900	940	980	1 020	1 060	1 095	1 135	1 170	1 210	1 245	1 285	1 320
119	805	845	885	930	970	1 010	1 050	1 090	1 130	1 170	1 210	1 245	1 285	1 320	1 360
120	825	870	915	955	1 000	1 040	1 080	1 120	1 165	1 205	1 245	1 285	1 320	1 360	1 400
121	855	900	945	990	1 035	1 075	1 120	1 160	1 205	1 245	1 290	1 330	1 370	1 410	1 450
122	885	930	980	1 025	1 070	1 115	1 160	1 205	1 245	1 290	1 330	1 375	1 415	1 460	1 500
123	915	965	1 010	1 060	1 105	1 150	1 195	1 245	1 290	1 330	1 375	1 420	1 465	1 505	1 550
124	945	995	1 045	1 090	1 140	1 190	1 235	1 285	1 330	1 375	1 420	1 465	1 510	1 555	1 600
125	975	1 025	1 075	1 125	1 175	1 225	1 275	1 325	1 370	1 420	1 465	1 510	1 560	1 605	1 650
126	1 005	1 055	1 110	1 160	1 210	1 265	1 315	1 365	1 410	1 460	1 510	1 560	1 605	1 655	1 700
127	1 035	1 085	1 140	1 195	1 250	1 300	1 350	1 405	1 455	1 505	1 555	1 605	1 655	1 700	1 750
128	1 060	1 120	1 175	1 230	1 285	1 335	1 390	1 445	1 495	1 545	1 600	1 650	1 700	1 750	1 800
129	1 090	1 150	1 205	1 265	1 320	1 375	1 430	1 485	1 535	1 590	1 645	1 695	1 745	1 800	1 850
130	1 120	1 180	1 240	1 295	1 355	1 410	1 470	1 525	1 580	1 635	1 685	1 740	1 795	1 845	1 900

[a] 指轮胎的行驶速度为 160 km/h 或以下、车轮外倾角不大于 2°时，为达到相应负荷能力而应备的最低气压。

表 18 行驶速度超过 160 km/h 时轿车子午线轮胎最低气压的调整方法

行驶速度 km/h	最大负荷下的各种速度符号的轿车轮胎基于不同行驶速度的基本气压 kPa								
	Q	R	S	T	U	H	V	W	Y
160	250	250	250	250	250	250	250	250	250
170	—	260	260	260	260	260	260	250	250
180	—	—	260	260	260	260	260	250	250
190	—	—	—	270	270	270	270	250	250
200	—	—	—	—	270	270	270	260	250
210	—	—	—	—	—	280	280	270	250
220	—	—	—	—	—	—	280	280	250
230	—	—	—	—	—	—	280	290	260
240	—	—	—	—	—	—	280	300	270
250	—	—	—	—	—	—	—	300	280
260	—	—	—	—	—	—	—	300	290
270	—	—	—	—	—	—	—	300	300
280	—	—	—	—	—	—	—	—	300
290	—	—	—	—	—	—	—	—	300
300	—	—	—	—	—	—	—	—	300
可使用线性插值法，求得在上列的各速度之间的速度所对应的基本气压值。 对于增强型轮胎，应在上述数值基础上相应增加 40 kPa。 基本气压低于 250 kPa 时可参照调整。									

表 19 行驶速度超过 210 km/h 时轿车轮胎的负荷能力变化百分率

行驶速度 km/h	不同速度符号的轿车轮胎基于不同行驶速度的负荷能力变化百分率 %			
	H	V	W	Y
210	100	100	100	100
220	—	97	100	100
230	—	94	100	100
240	—	91	100	100
250	—	—	95	100
260	—	—	90	100
270	—	—	85	100
280	—	—	—	95
290	—	—	—	90
300	—	—	—	85
可使用线性插值法，求得在上列各速度之间的速度下对应的负荷能力变化百分率。				

表 20　轿车轮胎用气门嘴型号

轮胎类型		气门嘴型号
有内胎	轮辋名义直径 12～17	CF01
	轮辋名义直径 10	CF01、DG01、DG13C 或 DG12C
无内胎	所有	CQ02、CQ03、CQ05 、CQ09C （气门嘴孔直径 11.5 mm）

附 录 A
（规范性附录）
负荷指数和负荷能力的对应关系

行驶速度在 210 km/h 或以下时，负荷指数与负荷能力的对应关系应符合表 A.1 的规定。

表 A.1 负荷指数与负荷能力对应表

负荷指数	负荷能力 kg	负荷指数	负荷能力 kg	负荷指数	负荷能力 kg	负荷指数	负荷能力 kg	负荷指数	负荷能力 kg	负荷指数	负荷能力 kg	负荷指数	负荷能力 kg
60	250	70	335	80	450	90	600	100	800	110	1 060	120	1 400
61	257	71	345	81	462	91	615	101	825	111	1 090	121	1 450
62	265	72	355	82	475	92	630	102	850	112	1 120	122	1 500
63	272	73	365	83	487	93	650	103	875	113	1 150	123	1 550
64	280	74	375	84	500	94	670	104	900	114	1 180	124	1 600
65	290	75	387	85	515	95	690	105	925	115	1 215	125	1 650
66	300	76	400	86	530	96	710	106	950	116	1 250	126	1 700
67	307	77	412	87	545	97	730	107	975	117	1 285	127	1 750
68	315	78	425	88	560	98	750	108	1 000	118	1 320	128	1 800
69	325	79	437	89	580	99	775	109	1 030	119	1 360	129	1 850
												130	1 900

附　录　B
（规范性附录）
速度符号和最高速度的对应关系

速度符号与最高速度的对应关系应符合表 B.1 的规定。

表 B.1　速度符号与最高速度对应表

速度符号	最高速度 km/h	速度符号	最高速度 km/h
C	60	P	150
D	65	Q	160
E	70	R	170
F	80	S	180
G	90	T	190
J	100	H	210
K	110	V	240
L	120	W	270
M	130	Y	300
N	140	—	—

前　言

本标准修改采用ISO/WD 3833:1999《道路车辆　类型　术语和定义》，是对GB/T 3730.1—1988《汽车和半挂车的术语和定义　车辆类型》的修订。本标准与ISO/WD 3833不同点：因我国已有摩托车和轻便摩托车术语标准，因此在本标准中删除了ISO/WD 3833中摩托车和轻便摩托车的术语和定义部分，其他技术内容则等同采用ISO/WD 3833的内容；并按GB/T 1.1的要求，在ISO/WD 3833内容基础上增加了索引部分。

本标准与上一版本在标准内容上有较大差别，不再对车辆进行分类和分级，而是给出各种车型的具体术语和定义，并给出了相应的示意图。

本标准自实施之日起，代替GB/T 3730.1—1988。

本标准的附录A、附录B都是提示的附录。

本标准由国家机械工业局提出。

本标准由全国汽车标准化技术委员会归口。

本标准起草单位：中国汽车技术研究中心。

本标准主要起草人：刘彦戎、吴卫、赵静炜、刘翔海。

本标准于1983年6月首次发布，1988年6月第一次修订。

中华人民共和国国家标准

GB/T 3730.1—2001

代替 GB/T 3730.1—1988

汽车和挂车类型的术语和定义

Motor vehicles and trailers—Types —Terms and definitions

1 范围

本标准对汽车、挂车和汽车列车的类型给出术语和定义。

本标准适用于为在道路上运行而设计的汽车、挂车和汽车列车。

2 术语和定义

2.1 汽车 motor vehicle

由动力驱动，具有四个[1)]或四个以上车轮的非轨道承载的车辆，主要用于：

——载运人员和/或货物；

——牵引载运人员和/或货物的车辆；

——特殊用途。

本术语还包括：

a) 与电力线相联的车辆，如无轨电车；

b) 整车整备质量超过 400 kg 的三轮车辆。[1)]

2.1.1 乘用车 passenger car(见表 1)

在其设计和技术特性上主要用于载运乘客及其随身行李和/或临时物品的汽车，包括驾驶员座位在内最多不超过 9 个座位。它也可以牵引一辆挂车。

注：表 1 中 2.1.1.1～2.1.1.6 给出的乘用车也可俗称轿车。

表 1

序号	术语	定义	示意图
2.1.1.1	普通乘用车 saloon(sedan)	车身： 封闭式，侧窗中柱有或无。 车顶(顶盖)： 固定式，硬顶。有的顶盖一部分可以开启。 座位： 4 个或 4 个以上座位，至少两排。后座椅可折叠或移动，以形成装载空间。 车门： 2 个或 4 个侧门，可有一后开启门	

1) b) 中规定的三轮车亦可作为汽车处理。

中华人民共和国国家质量监督检验检疫总局 2001-07-03 批准　　2002-03-01 实施

表 1(续)

序 号	术 语	定 义	示 意 图
2.1.1.2	活顶乘用车 convertible saloon	车身： 具有固定侧围框架的可开启式车身。 车顶(顶盖)： 车顶为硬顶或软顶，至少有两个位置： 1. 封闭；2. 开启或拆除。 可开启式车身可以通过使用一个或数个硬顶部件和/或合拢软顶将开启的车身关闭。 座位： 4 个或 4 个以上座位，至少两排。 车门： 2 个或 4 个侧门。 车窗： 4 个或 4 个以上侧窗	
2.1.1.3	高级乘用车 pullman saloon (pullman sedan) (executive limousine)	车身： 封闭式。前后座之间可以设有隔板。 车顶(顶盖)： 固定式，硬顶。有的顶盖一部分可以开启。 座位： 4 个或 4 个以上座位，至少两排。后排座椅前可安装折叠式座椅。 车门： 4 个或 6 个侧门，也可有一个后开启门。 车窗： 6 个或 6 个以上侧窗	
2.1.1.4	小型乘用车 coupé	车身： 封闭式，通常后部空间较小。 车顶(顶盖)： 固定式，硬顶。有的顶盖一部分可以开启。 座位： 2 个或 2 个以上的座位，至少一排。 车门： 2 个侧门，也可有一个后开启门。 车窗： 2 个或 2 个以上侧窗	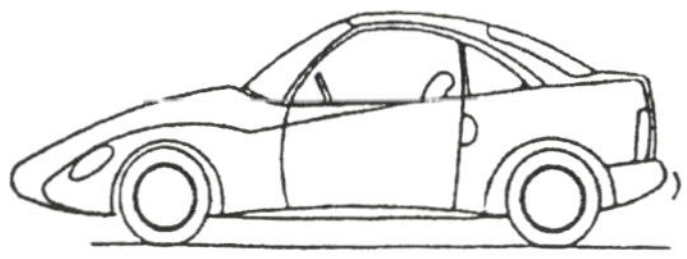

表 1(续)

序 号	术 语	定 义	示 意 图
2.1.1.5	敞篷车 convertible (open tourer)(roadster)(spider)	车身: 可开启式。 车顶(顶盖): 车顶可为软顶或硬顶,至少有两个位置:第一个位置遮覆车身;第二个位置车顶卷收或可拆除。 座位: 2 个或 2 个以上的座位,至少一排。 车门: 2 个或 4 个侧门。 车窗: 2 个或 2 个以上侧窗	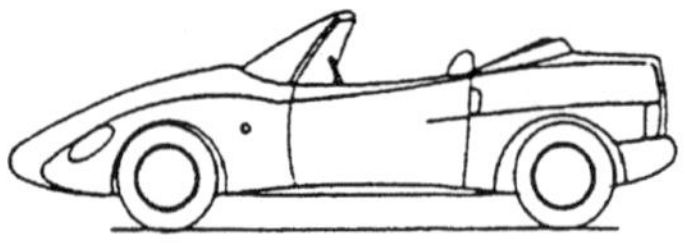
2.1.1.6	仓背乘用车 hatchback	车身: 封闭式,侧窗中柱可有可无。 车顶(顶盖): 固定式,硬顶。有的顶盖一部分可以开启。 座位: 4 个或 4 个以上座位,至少两排。后座椅可折叠或可移动,以形成一个装载空间。 车门: 2 个或 4 个侧门,车身后部有一仓门。	
2.1.1.7	旅行车 station wagon	车身: 封闭式。车尾外形按可提供较大的内部空间。 车顶(顶盖): 固定式,硬顶。有的顶盖一部分可以开启。 座位: 4 个或 4 个以上座位,至少两排。座椅的一排或多排可拆除,或装有向前翻倒的座椅靠背,以提供装载平台。 车门: 2 个或 4 个侧门,并有一后开启门。 车窗: 4 个或 4 个以上侧窗	

表 1(续)

序号	术语	定义	示意图
2.1.1.8	多用途乘用车 multipurpose passenger car	上述 2.1.1.1～2.1.1.7 车辆以外的，只有单一车室载运乘客及其行李或物品的乘用车。但是，如果这种车辆同时具有下列两个条件，则不属于乘用车而属于货车： 1. 除驾驶员以外的座位数不超过 6 个； 只要车辆具有可使用的座椅安装点，就应算"座位"存在。 2. $P-(M+N\times 68)>N\times 68$ 式中：P——最大设计总质量； M——整车整备质量与 1 位驾驶员质量之和； N——除驾驶员以外的座位数	
2.1.1.9	短头乘用车 forward control passenger car	一种乘用车，它一半以上的发动机长度位于车辆前风窗玻璃最前点以后，并且方向盘的中心位于车辆总长的前四分之一部分内	
2.1.1.10	越野乘用车 off-road passenger car	在其设计上所有车轮同时驱动(包括一个驱动轴可以脱开的车辆)，或其几何特性(接近角、离去角、纵向通过角，最小离地间隙)、技术特性(驱动轴数、差速锁止机构或其他型式机构)和它的性能(爬坡度)允许在非道路上行驶的一种乘用车	
2.1.1.11	专用乘用车 special purpose passenger car	运载乘员或物品并完成特定功能的乘用车，它具备完成特定功能所需的特殊车身和/或装备。 例如：旅居车、防弹车、救护车、殡仪车等	
2.1.1.11.1	旅居车 motor caravan	旅居车是一种至少具有下列生活设施结构的乘用车： —座椅和桌子； —睡具，可由座椅转换而来； —炊事设施； —储藏设施	

表 1(完)

序号	术语	定义	示意图
2.1.1.11.2	防弹车 armoured passenger car	用于保护所运送的乘员和/或物品并符合装甲防弹要求的乘用车	
2.1.1.11.3	救护车 ambulance	用于运送病人或伤员并为此目的配有专用设备的乘用车	
2.1.1.11.4	殡仪车 hearse	用于运送死者并为此目的而配有专用设备的乘用车	
注：定义中的车窗指一个玻璃窗口，它可由一块或几块玻璃组成(例如通风窗为车窗的一个组成部分)。			

2.1.2 商用车辆 commercial vehicle(见表 2)

在设计和技术特性上用于运送人员和货物的汽车，并且可以牵引挂车。

乘用车不包括在内。

表 2

序号	术语	定义	示意图
2.1.2.1	客车 bus	在设计和技术特性上用于载运乘客及其随身行李的商用车辆，包括驾驶员座位在内座位数超过 9 座。 客车有单层的或双层的，也可牵引一挂车	
2.1.2.1.1	小型客车 minibus	用于载运乘客，除驾驶员座位外，座位数不超过 16 座的客车	
2.1.2.1.2	城市客车 city-bus	一种为城市内运输而设计和装备的客车。这种车辆设有座椅及站立乘客的位置，并有足够的空间供频繁停站时乘客上下车走动用	
2.1.2.1.3	长途客车 interurban coach	一种为城间运输而设计和装备的客车。这种车辆没有专供乘客站立的位置，但在其通道内可载运短途站立的乘客	
2.1.2.1.4	旅游客车 touring coach	一种为旅游而设计和装备的客车。这种车辆的布置要确保乘客的舒适性，不载运站立的乘客	

表 2(续)

序号	术语	定义	示意图
2.1.2.1.5	铰接客车 articulated bus	一种由两节刚性车厢铰接组成的客车。在这种车辆上，两节车厢是相通的，乘客可通过铰接部分在两节车厢之间自由走动。 这种车辆可以按 2.1.2.1.2～2.1.2.1.4进行装备。 两节刚性车厢永久联结，只有在工厂车间使用专用的设施才能将其拆开	
2.1.2.1.6	无轨电车 trolley bus	一种经架线由电力驱动的客车。 这种电车可指定用作多种用途，并按 2.1.2.1.2、2.1.2.1.3 和2.1.2.1.5进行装备	
2.1.2.1.7	越野客车 off-road bus	在其设计上所有车轮同时驱动(包括一个驱动轴可以脱开的车辆)或其几何特性(接近角、离去角、纵向通过角，最小离地间隙)、技术特性(驱动轴数、差速锁止机构或其他型式机构)和它的性能(爬坡度)允许在非道路上行驶的一种车辆	
2.1.2.1.8	专用客车 special bus	在其设计和技术特性上只适用于需经特殊布置安排后才能载运人员的车辆	
2.1.2.2	半挂牵引车 semi-trailer towing vehicle	装备有特殊装置用于牵引半挂车的商用车辆	
2.1.2.3	货车 goods vehicle	一种主要为载运货物而设计和装备的商用车辆，它能否牵引一挂车均可	
2.1.2.3.1	普通货车 general purpose goods vehicle	一种在敞开(平板式)或封闭(厢式)载货空间内载运货物的货车	
2.1.2.3.2	多用途货车 multipurpose goods vehicle	在其设计和结构上主要用于载运货物，但在驾驶员座椅后带有固定或折叠式座椅，可运载 3 个以上的乘客的货车	

表 2(完)

序　号	术　　语	定　　义	示 意 图
2.1.2.3.3	全挂牵引车 trailer towing vehicle	一种牵引牵引杆式挂车的货车。 它本身可在附属的载运平台上运载货物	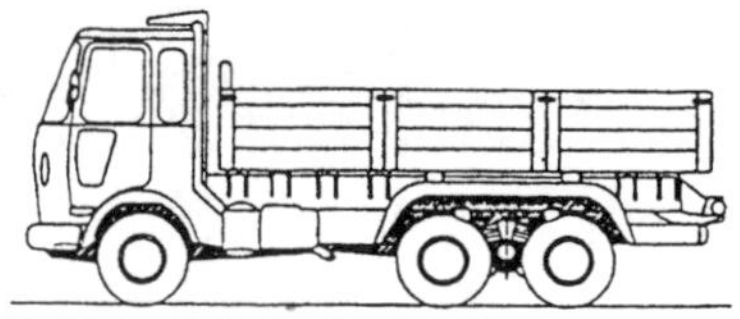
2.1.2.3.4	越野货车 off-road goods vehicle	在其设计上所有车轮同时驱动(包括一个驱动轴可以脱开的车辆)或其几何特性(接近角、离去角、纵向通过角,最小离地间隙)、技术特性(驱动轴数、差速锁止机构或其他型式的机构)和它的性能(爬坡度)允许在非道路上行驶的一种车辆	
2.1.2.3.5	专用作业车 special goods vehicle	在其设计和技术特性上用于特殊工作的货车。例如:消防车、救险车,垃圾车、应急车、街道清洗车、扫雪车、清洁车等	
2.1.2.3.6	专用货车 specialized goods vehicle	在其设计和技术特性上用于运输特殊物品的货车。例如:罐式车、乘用车运输车、集装箱运输车等	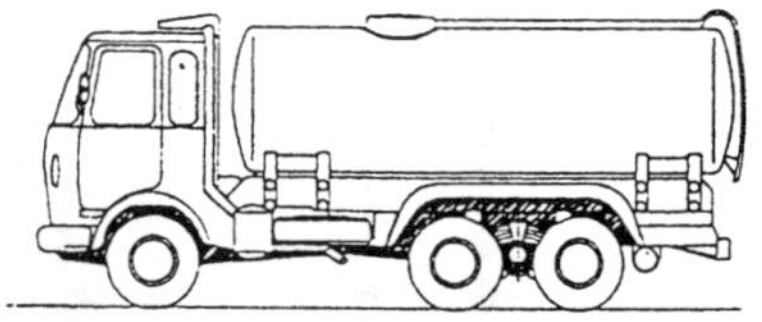

2.2　挂车　trailer

就其设计和技术特性需由汽车牵引,才能正常使用的一种无动力的道路车辆,用于:

——载运人员和/或货物;

——特殊用途。

2.2.1　牵引杆挂车　draw-bar trailer(见表 3)

至少有两根轴的挂车,具有:

——一轴可转向;

——通过角向移动的牵引杆与牵引车联结;

——牵引杆可垂直移动,联结到底盘上,因此不能承受任何垂直力。

具有隐藏支地架的半挂车也作为牵引杆挂车。

表 3

序　号	术　　语	定　　义	示 意 图
2.2.1.1	客车挂车 bus trailer	在其设计和技术特性上,用于载运人员及其随身行李的牵引杆挂车。它可按 2.1.2.2 和 2.1.2.3 装备	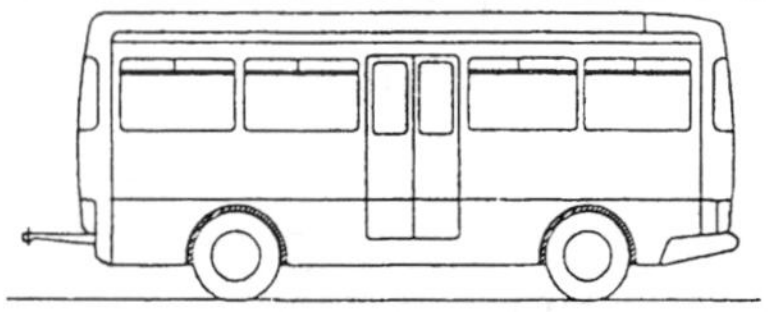
2.2.1.2	牵引杆货车挂车 goods draw-bar trailer	在其设计和技术特性上用于载运货物的牵引杆挂车	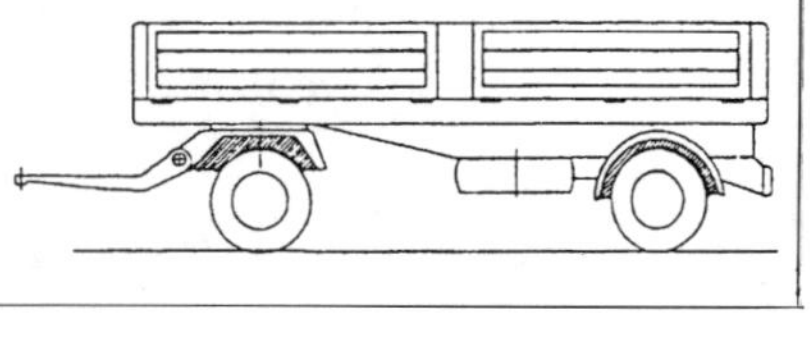

表 3(完)

序号	术语	定义	示意图
2.2.1.3	通用牵引杆挂车 general purpose draw-bar trailer	一种在敞开(平板式)或封闭(厢式)载货空间内载运货物的牵引杆挂车	
2.2.1.4	专用牵引杆挂车 special draw-bar trailer	一种牵引杆挂车,按其设计和技术特性用作: ——需经特殊布置后才能载运人员和/(或)货物; ——只执行某种规定的运输任务。 (例如:乘用车运输挂车、消防挂车、低地板挂车、空气压缩机挂车等,不限于本表所列)	

2.2.2 半挂车 semi-trailer(见表 4)

车轴置于车辆重心(当车辆均匀受载时)后面,并且装有可将水平或垂直力传递到牵引车的联结装置的挂车。

表 4

序号	术语	定义	示意图
2.2.2.1	客车半挂车 bus semi-trailer	在其设计和技术特性上用于载运乘客及其随身行李的半挂车。这种半挂车可按 2.1.2.1 至 2.1.2.3 加以装备	
2.2.2.2	通用货车 半挂车 general purpose goods semi-trailer	一种在敞开(平板式)或封闭(厢式)载货空间内载运货物的半挂车	
2.2.2.3	专用半挂车 special semi-trailer	一种半挂车,按其设计和技术特性用作: ——需经特殊布置后才能载运人员和(或)货物; ——只执行某种规定的运输任务。 (例如:原木半挂车、消防半挂车、低地板半挂车、空气压缩机半挂车等,不限于本表所列)	
2.2.2.4	旅居半挂车 caravan semi-trailer	能够提供活动睡具的半挂车	

2.2.3 中置轴挂车 centre axle trailer(见表 4)

牵引装置不能垂直移动(相对于挂车),车轴位于紧靠挂车的重心(当均匀载荷时)的挂车,这种车辆只有较小的垂直静载荷作用于牵引车,不超过相当于挂车最大质量的 10%或 1 000 N 的载荷(两者取较小者)。其中一轴或多轴可由牵引车来驱动。

表 4

序　号	术　　语	定　　义	示 意 图
2.2.3.1	旅居挂车 caravan	能够提供活动睡具的中置轴挂车	

2.3　汽车列车　combination vehicles(见表 5)

一辆汽车与一辆或多辆挂车的组合。

表 5

序　号	术　　语	定　　义	示 意 图
2.3.1	乘用车列车 passenger/car trailer combination	乘用车和中置轴挂车的组合	
2.3.2	客车列车 bus road train	一辆客车与一辆或多辆挂车的组合。 各节乘客车厢不相通,有时可设服务走廊	
2.3.3	货车列车 goods road train	一辆货车与一辆或多辆挂车的组合	
2.3.4	牵引杆挂车列车 draw-bar tractor combination	一辆全挂牵引车与一辆或多辆挂车的组合	
2.3.5	铰接列车 articulated vehicle	一辆半挂牵引车与具有角向移动联结的半挂车组成的车辆	
2.3.6	双挂列车 double road train	一辆铰接式列车与一辆牵引杆挂车的组合	
2.3.7	双半挂列车 double semi-trailer road train	一辆铰接式列车与一辆半挂车的组合。两辆车的联结是通过第二个半挂车的联结装置来实现	

表 5(完)

序　号	术　　语	定　　　义	示　意　图
2.3.8	平板列车 platform road train	一辆货车和一辆牵引杆货车挂车的组合;在可角向移动的货物承载平板的整个长度上载荷都是不可分地置于牵引车和挂车上。为了支撑这个载荷可以使用辅助装置。这个载荷和/或它的支撑装置构成了这两个车辆的联接装置,因此不允许挂车再有转向联结	

附 录 A
（提示的附录）
中 文 索 引

附 录 B
（提示的附录）
英 文 索 引

GB/T 3730.1—2001《汽车和挂车类型的术语和定义》第1号修改单

本修改单经国家标准化管理委员会于2002年9月24日以国标委工交函[2002]56号文批准，自2002年12月1日起实施。

标准原文：

2.2.3　中置轴挂车 center trailer(见表4)

牵引装置不能垂直移动(相对于挂车)，车轴位于紧靠挂车的重心(当均匀载荷时)的挂车，这种车辆只有较小的垂直静载荷作用于牵引车，不超过相当于挂车最大质量的10%或1 000 N的载荷(两者取较小者)。其中一轴或多轴可由牵引车来驱动。

更改为：

2.2.3　中置轴挂车 center trailer(见表4)

牵引装置不能垂直移动(相对于挂车)，车轴位于紧靠挂车的重心(当均匀载荷时)的挂车，这种车辆只有较小的垂直静载荷作用于牵引车，不超过相当于挂车最大质量的10%或10 000 N的载荷(两者取较小者)。其中一轴或多轴可由牵引车来驱动。

前　　言

本标准等同采用 ISO 1176:1990《道路车辆——质量——词汇和代码》。

等同采用 ISO 1176:1990 后，使我国的道路车辆质量术语与国际接轨，特别是引进了质量代码后，使各个质量术语有明确的定义和代码，便于管理，便于科学技术交流。

本标准发布实施后，将代替 GB 3730.2—92《汽车和挂车的术语和定义　车辆质量》。

本标准按 ISO 1176:1990，恢复了有关轴荷的术语和"半挂车作用在牵引车上的最大静载荷"术语，增加了作用在挂接装置上的最大允许静载荷术语，取消了"比功率"和"比扭矩"术语。

本标准由中华人民共和国机械工业部提出。

本标准由全国汽车标准化技术委员会归口。

本标准起草单位：中国汽车技术研究中心。

本标准主要承办人：姜璧琪。

ISO 前言

ISO(国际标准化组织)是由各国国家标准学会(ISO 会员团体)组成的一个世界性学会。国际标准的制定工作通常由 ISO 技术委员会负责进行。每一会员团体对已经设有技术委员会的某一专题感兴趣时,有权派代表参加该技术委员会。各个与 ISO 有联系的官方或非官方的国际组织,也参与此项工作。ISO 在所有电工标准化方面与国际电工委员会(IEC)密切合作。

被技术委员会采纳的国际标准草案,须分发给各会员团体进行投票表决。至少有 75%的会员团体投票赞成的国际标准,才能被批准公布。

国际标准 ISO 1176 是由 ISO/TC22 道路车辆技术委员会制定的。

重新定义了某些基本质量的基本要素并创建了"ISO-M"代码系统的第 2 版,取消并代替了第 1 版(ISO 1176:1974)

本国际标准的附录 A 是提示的附录。

中华人民共和国国家标准

GB/T 3730.2—1996
idt ISO 1176:1990

道路车辆 质量 词汇和代码

代替 GB 3730.2—92

Road vehicle—Masses—Vocabulary and codes

1 范围

本标准对ISO 3833定义的道路车辆(不包括首次制造的道路车辆)的质量规定了术语和代码。道路车辆可以是完整的车辆,也可以不是。代码用于车辆数据资料交流和电子化处理。

本标准不包括下列车辆:

——不作客运和(或)货运之用而专门设计的车辆;

——ISO 6726所包容的摩托车和轻便摩托车;

——ISO 7237所包容的旅居挂车。

本标准对测量方法、采用的计量单位及误差等未做规定。

2 引用标准

下列标准所包含的条文,通过在本标准中引用而构成为本标准的条文。本标准出版时,所示版本均为有效。所有标准都会被修订,使用本标准的各方应探讨使用下列标准最新版本的可能性。

[1] ISO 6726:1988 轻便摩托车和二轮摩托车——质量——词汇

[2] ISO 7237:1981 道路车辆——旅居挂车的质量和尺寸——术语和定义

3 通则

3.1 这些定义便于有效的比较相同载荷条件下的质量;考虑到它们对行政主管部门、制造厂和用户具有实用价值,规定了这些定义。

3.2 "载荷"是指在静止状态下由车辆或由车辆的确定部分传递到水平接触平面上的力。

"质量"是指使车辆或车辆零部件产生重力和惯性现象的固有的量,也就是表示对加速的阻力的量。

"质量"和"载荷"是在车辆静止不动、着地车轮位于直线前行方向的状态下测量的。

3.3 在某些定义中,有些要素带有星号(*)。带星号(*)的要素质量,不需计入所定义的质量中。反之,有些没有列入的要素,比如第五轮(鞍座)、附加防滑装置等,可以计入质量。

在上述两种情况下,制造厂在给出相应术语定义的车辆质量时,应标示出"ISO-M…"字样,并随后列出不计入的或增添的各种要素。

如果包括驾驶员的质量,应予以说明。

3.4 每根轴(或每只轮胎)上分配的质量,要增加相应轴的代码号,最前轴的代码是1。

例如:

ISO-M06 整车整备质量

ISO-M061 整车整备质量分配在第1轴上的质量

ISO-M062 整车整备质量分配在第2轴上的质量

ISO-M15 轮胎最大允许载荷

ISO-M151 最前轴每只轮胎上的最大允许载荷

国家技术监督局1996-12-23批准 1997-07-01实施

ISO-M152 第2轴每只轮胎上的最大允许载荷

4 术语、定义和代码

4.1 净底盘干质量 bare chassis dry mass

只包括制造厂规定的车辆行驶必不可少零部件的机械整体的质量。因此，对于一辆机动车辆净底盘，如果加注燃油、润滑剂和冷却液（如果需要的话），该车辆靠自身的机械就能运行。

下列零部件或要素由制造厂提供选装：

——发动机罩或盖、车轮罩、挂车牵引装置、辅助变速器、动力输出装置(PTO)、缓速装置（发动机上的除外）、封闭冷却回路中的冷却液、备用车轮（一只或多只）、机械或液力举升装置。

——道路交通法规要求的零件，例如：灯光和信号装置、喇叭等。

这些选装零部件或要素，如果已装在干的净底盘上，应予以注明。

代码：ISO-M01

4.2 净底盘整备质量 bare chassis kerb mass

净底盘干质量(4.1条)加上下列要素的质量：

——冷却液（如果需要的话）

——润滑剂

——清洗液＊

——燃油（油箱至少要加注至制造厂设计容量的90%）

——备用车轮＊

——灭火器＊

——标准备件＊

——三角垫木＊

——标准工具箱＊

代码：ISO-M02

4.3 底盘和驾驶室干质量 chassis and cab dry mass

净底盘干质量(4.1条)加上按正常运行装备完整的驾驶室质量，再加上制造厂作为标准装置或选装装备提供的以及清单中规定的要素的质量。

代码：ISO-M03

4.4 底盘和驾驶室整备质量 chassis and cab kerb mass

底盘和驾驶室干质量(4.3条)加上下列要素的质量：

——冷却液（如果需要的话）

——润滑剂

——清洗液＊

——燃油（油箱至少要加注至制造厂设计容量的90%）

——备用车轮＊

——灭火器＊

——标准备件＊

——三角垫木＊

——标准工具箱＊

代码：ISO-M04

4.5 整车装运质量 complete vehicle shipping mass

4.3条的带车身、装有车辆正常运行所需的全部电气装备和辅助装置的车辆质量，加上制造厂作为标准装备或选装装备提供的以及清单中规定的要素的质量。

代码:ISO-M05

4.6 整车整备质量 complete vehicle kerb mass

整车装运质量(4.5条)加上下列要素的质量:

——冷却液(如果需要时)

——润滑剂

——清洗液*

——燃油(油箱至少要加注至制造厂设计容量的90%)

——备用车轮*

——灭火器*

——标准备件*

——三角垫木*

——标准工具箱*

代码:ISO-M06

4.7 最大设计总质量 maximum design total mass

车辆制造厂规定的最大车辆质量。

这个质量可能比行政主管部门允许的最大总质量稍大(参看4.8条的注)。

代码:ISO-M07

4.8 最大允许总质量 maximum authorized total mass

行政主管部门根据运行条件规定的允许运行的最大车辆质量。

注

1 对于连接挂车或半挂车的车辆,在连接装置或鞍座上有很大的垂直载荷作用,该载荷除以标准重力加速度后的数值,包括在最大设计总质量(4.7条)或最大允许总质量(4.8条)中。

2 对于半挂车,其最大允许总质量包括作用在鞍座上构成垂直载荷的质量,行政主管部门还要考虑牵引车的特性确定。

代码:ISO-M08

4.9 最大设计装载质量 maximum design pay mass

4.7条定义的包括驾驶员质量在内的质量,减去4.6条定义的质量所得到的数值。

代码:ISO-M09

4.10 最大允许装载质量 maximum authorized pay mass

4.8条定义的包括驾驶员在内的质量,减去4.6条定义的质量所得到的数值。

代码:ISO-M10

4.11 最大设计轴荷 maximum design axle load

车辆制造厂规定的最大轴荷。

代码:ISO-M11

4.12 最小设计轴荷 minimum design axle load

车辆制造厂规定的最小轴荷。

代码:ISO-M12

4.13 最大允许轴荷 maximum authorized axle load

行政主管部门规定的最大轴荷。

代码:ISO-M13

4.14 轮胎最大设计载荷 maximum design tyre load

对应于最大设计总质量时一只轮胎所承受的载荷。

代码:ISO-M14

4.15 轮胎最大允许载荷 maximum authorized tyre load
对应于最大允许总质量时一只轮胎所承受的载荷。
代码:ISO-M15

4.16 最大设计牵引质量 maximum design towed mass
车辆制造厂规定的车辆能牵引的最大质量。
代码:ISO-M16

4.17 最大允许牵引质量 maximum authorized towed mass
行政主管部门规定的车辆能牵引的最大质量。
代码:ISO-M17

4.18 汽车列车最大设计质量 maximum design mass of vehicle combination
牵引车制造厂规定的牵引车和挂车最大设计总质量之和。
代码:ISO-M18

4.19 汽车列车最大允许质量 maximum authorized mass of vehicle combination
行政主管部门规定的牵引车和挂车最大总质量之和。
代码:ISO-M19

4.20 铰接式车辆最大设计质量 maximum design mass of articilated vehicle
牵引车制造厂规定的铰接车辆最大质量。
代码:ISO-M20

4.21 铰接车辆最大允许质量 maximum authorized mass of articilated vehicle
行政主管部门规定的铰接式车辆最大允许质量。
代码:ISO-M21

4.22 半挂牵引车承受的最大设计静载荷 maximum design static load borne by semi-trailer towing vehicle
车辆制造厂规定的作用在牵引车鞍座上的最大垂直静载荷(见图1)。
代码:ISO-M22

4.23 半挂车作用在牵引车上的最大设计静载荷 maximum design static load imposed by semi-trailer on towing vehicle

半挂车制造厂规定的半挂车作用在牵引车上的最大垂直静载荷(见图2)。

代码:ISO-M23

4.24 作用在连接装置上的最大设计静载荷 maximum design static load on coupling device

车辆制造厂规定的、作用在牵引车连接装置上的最大垂直静载荷。

代码:ISO-M24

4.25 作用在连接装置上的最大允许静载荷 maximum authorized static load on coupling device

行政主管部门规定的、作用在牵引车连接装置上的最大垂直静载荷。

代码:ISO-M25

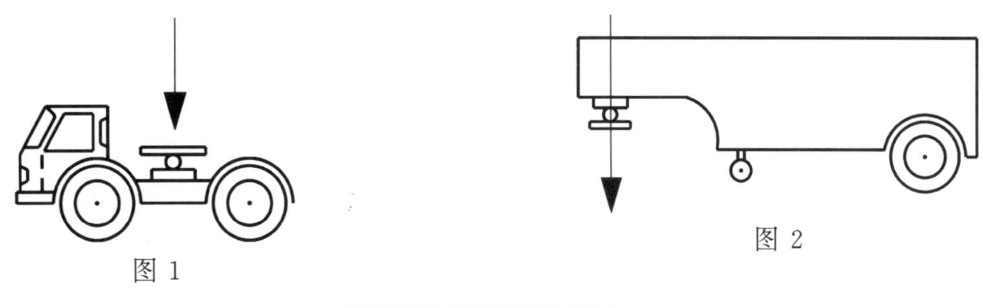

图 1

图 2

中华人民共和国国家标准

汽车和挂车的术语及其定义 车辆尺寸

GB/T 3730.3—92

代替 GB 3730.3—83

Motor vehicles and towed vehicles —Dimensions of vehicles —Terms and definitions

本标准参照采用国际标准ISO 612—1978《汽车和挂车的术语及其定义　车辆尺寸》。

1 主题内容与适用范围

本标准规定了汽车和挂车有关尺寸的术语及其定义。本标准不规定测量方法、计量单位、精度和尺寸的数量级。

本标准适用于国家标准GB 3730.1《汽车和半挂车的术语和定义　车辆类型》所规定的汽车和挂车。

2 一般规定

2.1 车辆支承平面（简称X平面）

测量车辆尺寸参数时，用于支承车轮的平坦、坚实的水平面。

2.2 车轮中心平面

对于单式车轮，车轮中心平面为与车轮轮辋的两侧内边缘等距的平面。

对于双式车轮，车轮中心平面为与外车轮轮辋内缘和内车轮轮辋外缘等距的平面。

2.3 车轮中心

车轮中心平面与车轮回转中心线的交点。

2.4 车辆纵向对称平面（简称Y平面）

线段AB的垂直平分平面。A和B两点为通过同一轴上两端车轮轴线的X平面的垂面同车轮中心平面的交线Δ与X平面的交点（见图）。

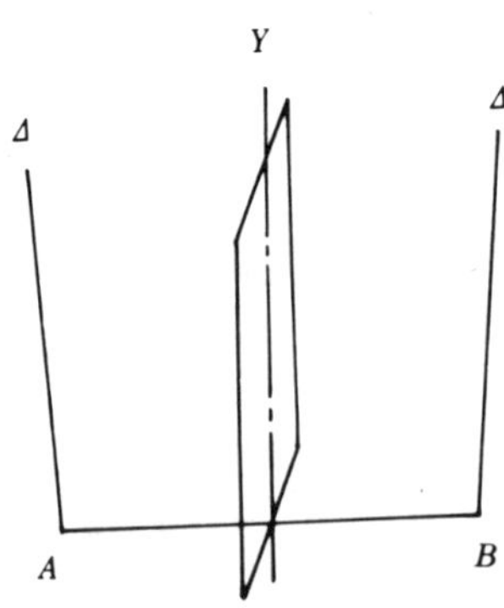

国家技术监督局1992-08-15批准　　　　1993-04-01实施

3 术语

序 号	术 语	定 义	图 示
3.1	车长 vehicle length		
3.1.1	汽车长 motor vehicle length	分别过汽车前后最外端点且垂直于Y和X平面的两平面间的距离	
3.1.2	全挂车长 full trailer length	全挂车有包括和不包括牵引杆的两种长度，即分别过挂车牵引杆最前端点或挂车车身最前端点和挂车车身最后端点且垂直于Y和X平面的两平面之间的距离	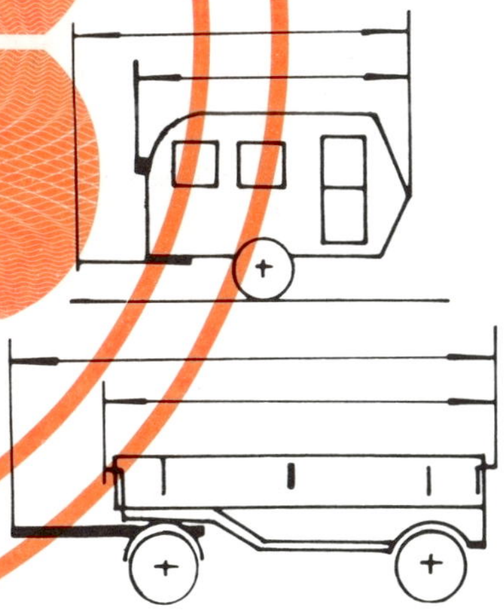

序　号	术　语	定　义	图　示
3.1.3	半挂车长 scmi-trailer length	分别过半挂车车身最前端点或牵引销轴心线和半挂车车身最后端点且垂直于Y和X平面的两平面之间的距离	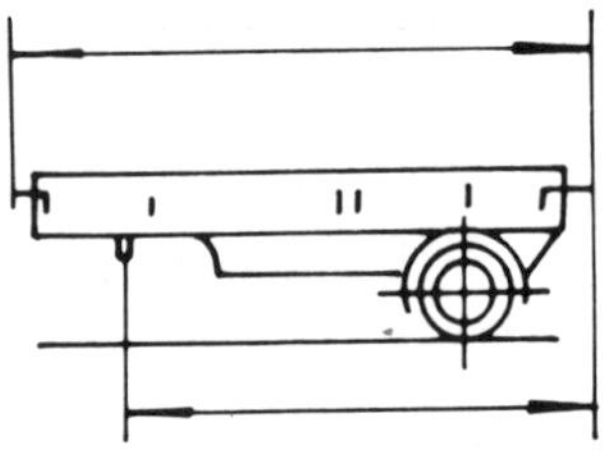
3.2	车宽 vehicle width	分别过车辆两侧固定突出部位（不包括后视镜、侧面标志灯、示位灯、转向指示灯、挠性挡泥板、折叠式踏板、防滑链以及轮胎与地面接触变形部分）最外侧点且平行于Y平面的两平面之间的距离	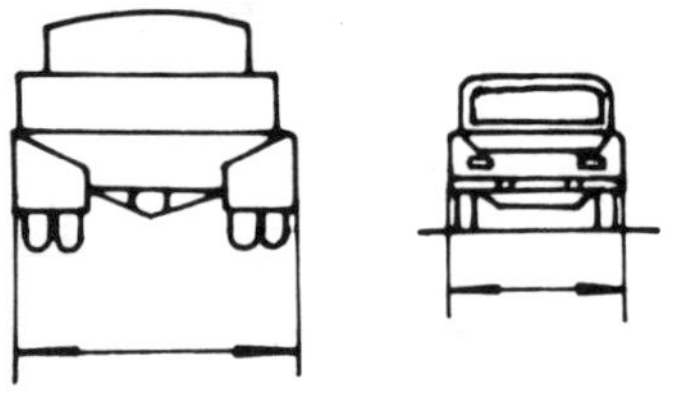
3.3	车高（无装载质量） vehicle height (unladen)	车辆最高点至X平面的距离	
3.4	轴距 wheel space		

序号	术语	定义	图示
3.4.1	汽车及全挂车轴距 motor vehicle or full trailer wheel space	分别过车辆同一侧相邻两车轮的 A 或（B）点见（2.4）并垂直于 Y 和 X 平面的两平面之间的距离[1]	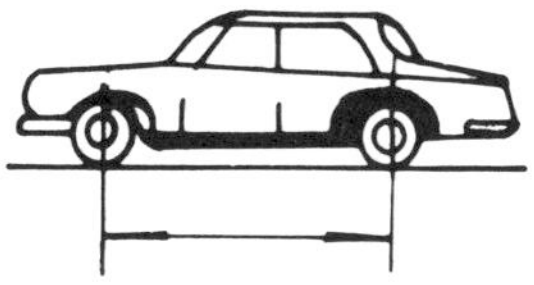 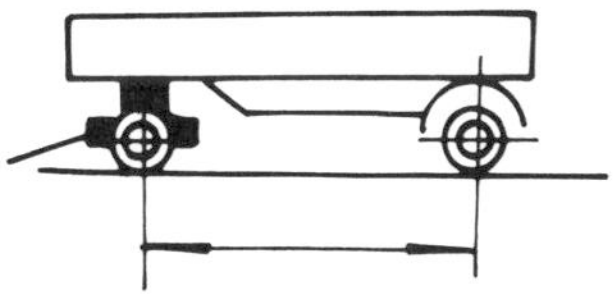 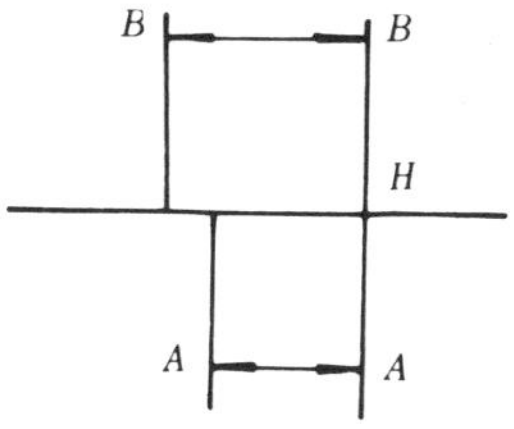 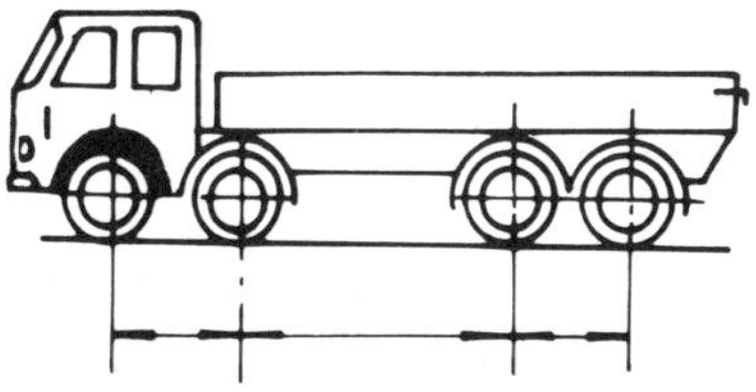 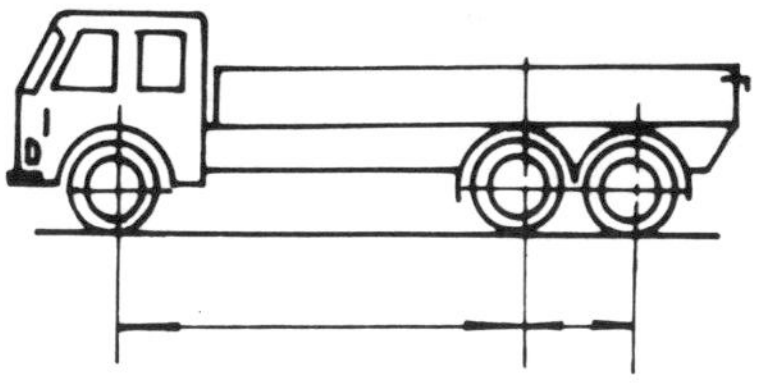 B B H A A
3.4.2	半挂车轴距 semi-trailer wheel space	分别过半挂车牵引销轴线和半挂车车轮中心且又垂直于 Y 和 X 平面的两平面之间的距离	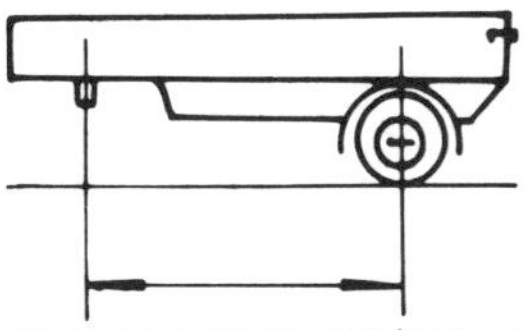 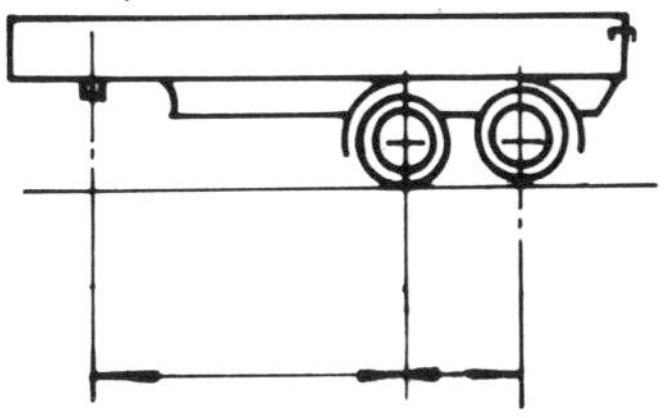

序号	术语	定义	图示
3.5	轮距 track	同一轴上两端车轮 A 和 B（见2.4）两点之间的距离	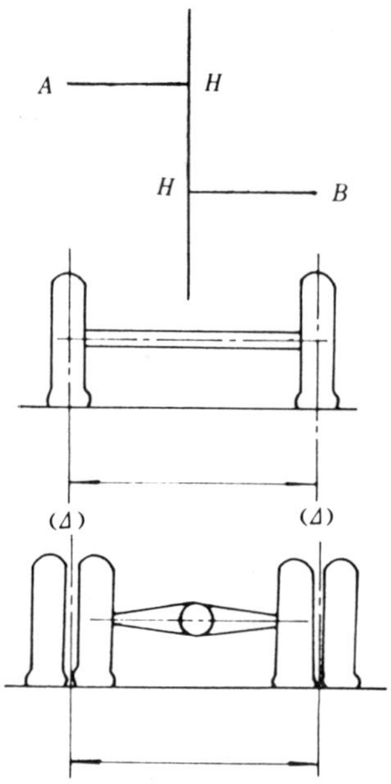 A H H B (Δ) (Δ)
3.6	前悬 front overhang	分别过车辆最前端点（包括前拖钩、车牌及任何固定在车辆前部的刚性部件）和前轮中心且垂直于 Y 和 X 平面的两平面之间的距离	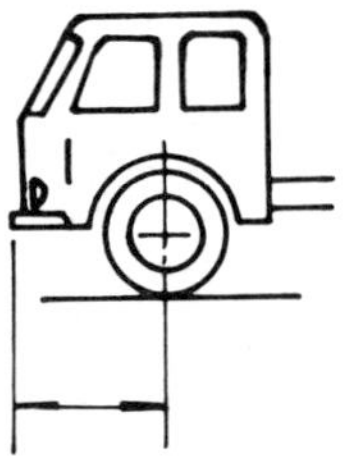
3.7	后悬 rear overhang	分别过车辆后轴两轮中心和车辆最后端点（包括牵引装置、车牌及固定在车辆后部的任何刚性部件）且垂直于 Y 和 X 平面的两平面之间的距离	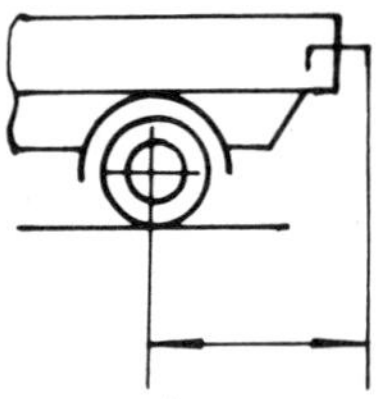

序号	术语	定义	图示
3.8	最小离地间隙 ground clearance	车辆中间区域内的最低点到X平面的距离，中间区域为平行于Y平面且与其等距离的两平面之间所包含的部分，两平面之间的距离为同一轴上两端车轮内缘最小距离的80%	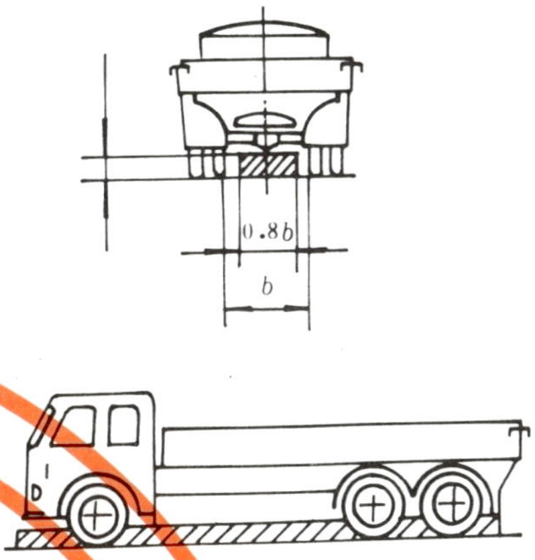
3.9	纵向通过角 ramp angle	当分别切于静载车轮前后轮胎外缘且垂直于Y平面的两平面交于车体下部较低部位时，车轮外缘两切面之间所夹的最小锐角。该角为车辆可以超越的最大角度	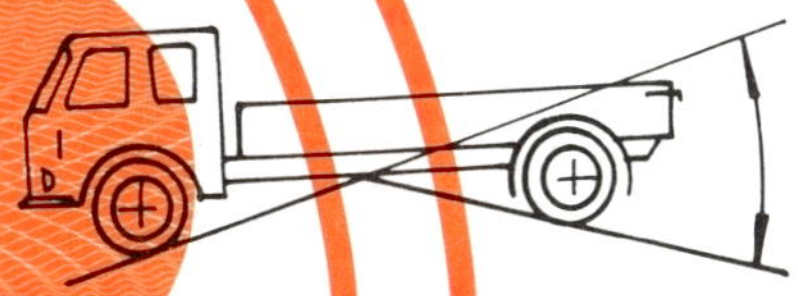
3.10	接近角 approach angle	切于静载前轮轮胎外缘且垂直于Y平面的平面与X平面之间所夹的最大锐角，前轴前方任何固定在车辆上的刚性部件均在此平面的上方	
3.11	离去角 departure angle	X平面与切于静载车辆最后车轮轮胎外缘的平面之间所夹的最大锐角。位于最后车轴后方的任何固定在车辆上的刚性部件均在此平面上方	
3.12	车架高度 height of chassis above ground	车辆在厂定最大总质量和整车整备质量条件下，过车辆最后轴两车轮中心且垂直于X平面的平面同车架上表面的交线与X平面间的距离	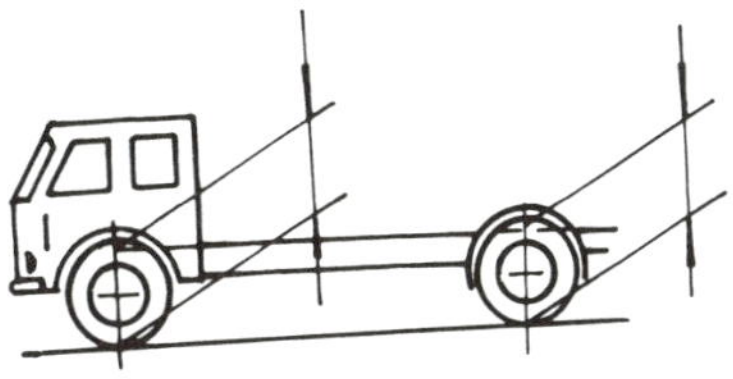

序　号	术　语	定　义	图　示
3.13	驾驶室后车架最大可用长度（带驾驶室的车辆） maximum usable length of chassis behind cab (vehicle with cab)	过可用来安装货箱的车架最前端点和车架最后端点且垂直于Y和X平面的两平面间的距离	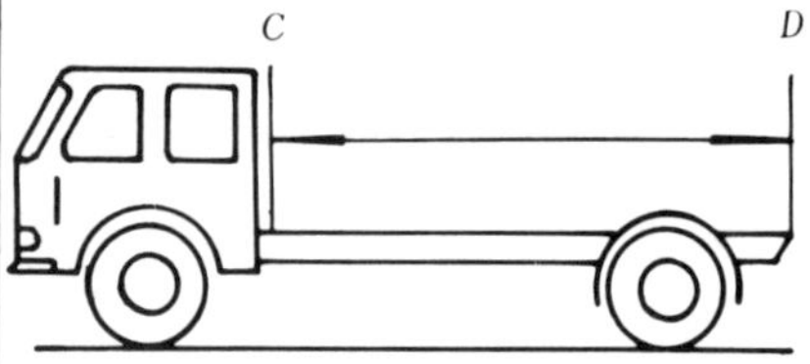 C　D
3.14	车身长度 bodywork length	同时垂直于Y和X平面的E和F两平面之间的距离[2)]。 E、F两垂面的位置定义见3.14.1和3.14.2	
3.14.1	轿车和客车车身长 body work length of passenger car and bus	E平面过车身的最前端点，F平面过车身最后端点	  E　F E　F
3.14.2	带有驾驶室的底盘上的车身长度 bodywork length of chassis with driver's cab	E平面过驾驶室后面的车箱最前端点，F平面过车身最后端点	 E　F
3.15	车箱（厢）内部最大尺寸 maximum internal dimensions of body	系指车箱（厢）内部（可忽略其中的轮罩、局部加强筋、挂钩等内部突起）的长、宽、和高[3)]	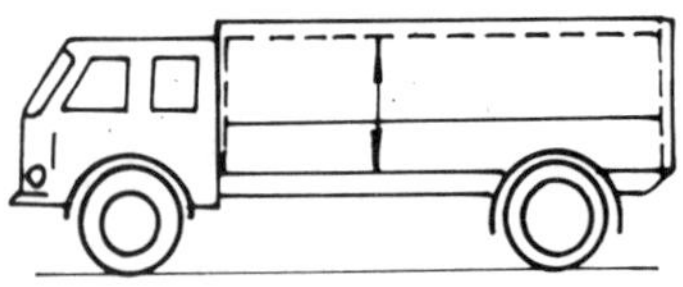 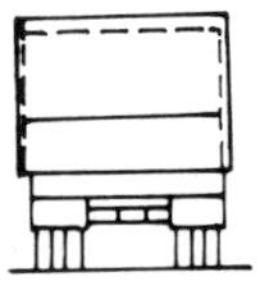

序号	术语	定义	图示
3.16	牵引架长 drawgear length	牵引杆处于正前方位置时，垂直于X平面的牵引杆销孔中心线至过全挂车前轮中心且垂直于X平面的平面的距离	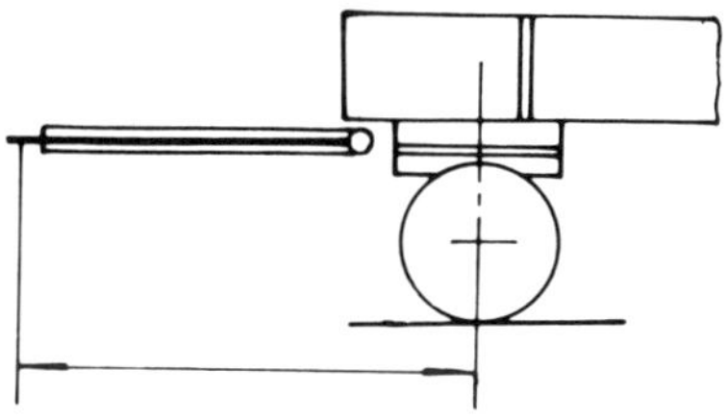
3.17	牵引杆长 drawbar length	牵引杆处于正前方位置时，垂直于X平面的牵引杆销孔中心线至过牵引杆固定在全挂车上的连接销轴线并垂直于X平面的平面的距离	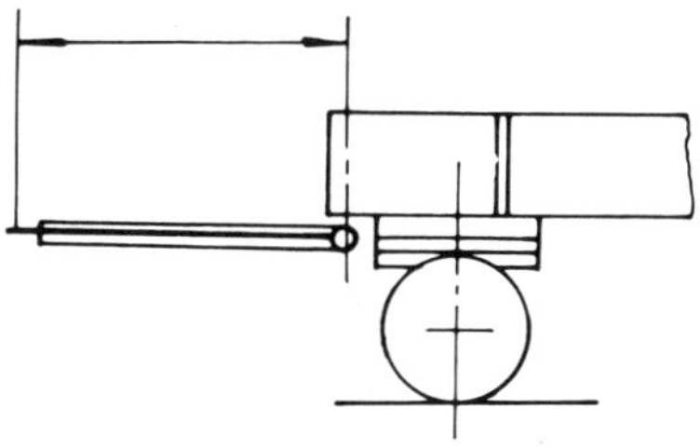
3.18	牵引装置的位置 position of towing attachment		
3.18.1	牵引装置悬伸 overhang of towing attachment	下列各种牵引装置的点或面至过车辆最后轴轴线且垂直于X平面的V平面的距离： a．球头式牵引装置——球的中心； b．叉销式U型牵引装置——通过叉销孔轴线且平行于V平面的平面； c．拖钩式牵引装置——环型拖钩子午线断面（断面的中心线垂直于X平面）的中心	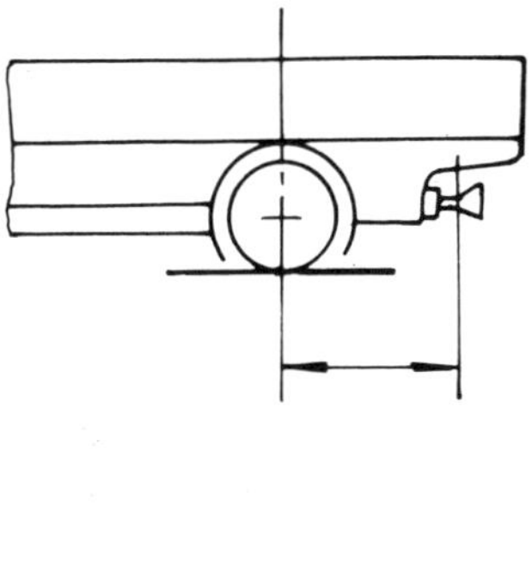

序号	术语	定义	图示
3.18.2	牵引装置高度 height of towing attachment	下列各种牵引装置的点或面至X平面的距离： a. 球头式牵引装置——球头中心； b. 叉销式U型牵引装置——距叉销式U型装置的两内表面等距离的水平面； c. 拖钩式牵引装置——环型拖钩子午线断面（断面的中心线垂直于X平面）的中心	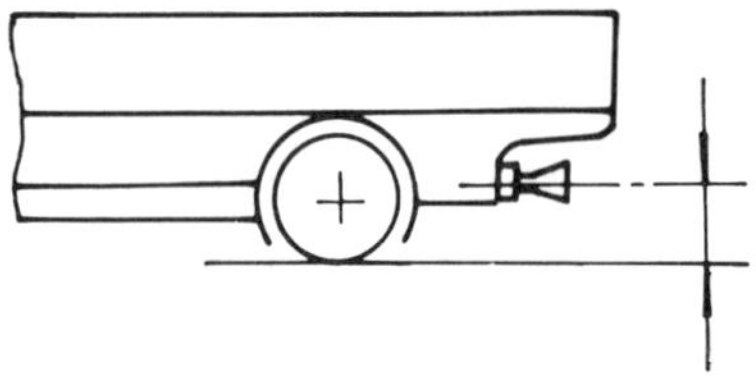
3.18.3	牵引装置前置距 distance of towing attachment in front of rear of vehicle	3.18.1中规定的a、b、c 三种牵引装置的点或面至过车身后端点（不考虑后栏板铰链、销闩等）。且垂直于Y 和X平面的平面的距离	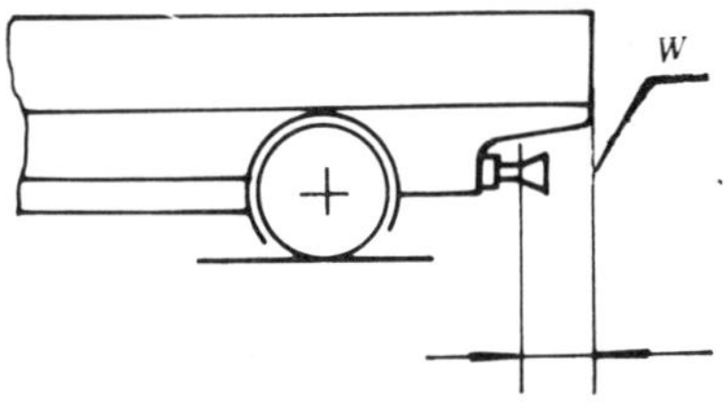 W
3.19	牵引座前置距 fifth-wheel lead		
3.19.1	长度计算用牵引座前置距 fifth-wheel lead for calculation of length	从过半挂牵引车牵引座的牵引销孔中心的铅垂线至过半挂牵引车最后轮轴线且垂直于X平面的平面的距离	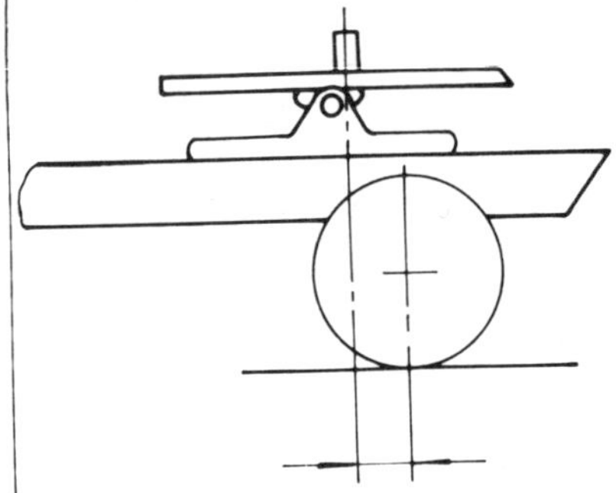
3.19.2	质量分配计算用牵引座前置距 fifth-wheel lead for calculation of mass distribution	分别过半挂牵引车牵引座的纵向摆动轴线和半挂牵引车后轮轴线且垂直于X平面的两平面之间的距离	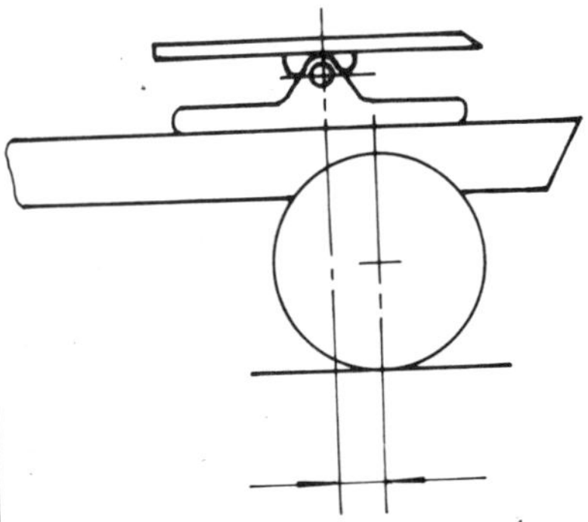

序号	术　　语	定　　　义	图　　示
3.20	牵引座结合面高度 height of coupling face	从处于水平位置的牵引鞍座结合面至 *X* 平面的距离	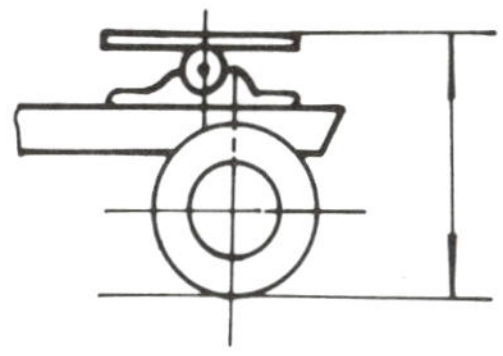
3.21	牵引装置至车辆前端的距离 distance between towing device and front end of towing vehicle		
3.21.1	牵引装置至车辆前端的距离 distance between jaw and front end of towing vehicle	过各种牵引装置的点或面（见3.18.1的a、b、c）和过车辆最前端点且垂直于 *Y* 和 *X* 平面的两平面的距离	
3.21.2	牵引座牵引销孔至车辆前端的距离 distance between fifth-wheel coupling pin and front end of towing vehicle	从通过牵引座牵引销孔中心的垂线至过车辆最前端点且垂直于 *Y* 和 *X* 平面的两平面的距离	
3.22	半挂牵引车后回转半径 rear fitting radius of semi-trailer towing vehicle	半挂牵引车牵引座销孔中心至牵引车后端最远点在 *X* 平面上的投影点间的距离	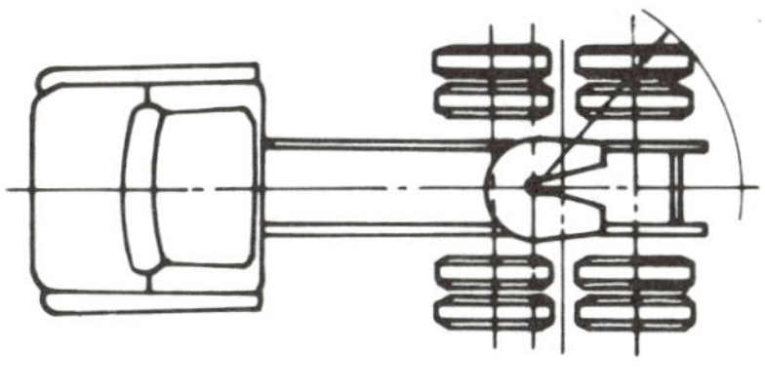
3.23	半挂车间隙半径 rear tractor clearance radius of semi-trailer	牵引销轴线至半挂车鹅颈部分圆柱面或其他向下突出部分表面的最近点在 *Y* 平面上的水平距离	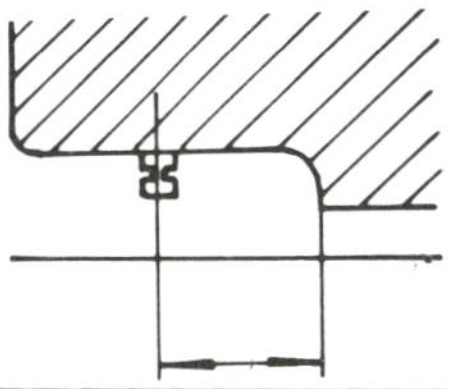

序号	术语	定义	图示
3.24	半挂车前回转半径 front fitting radius of semi-trailer	半挂车牵引销轴线至半挂车前端距牵引销轴线最远点在X平面上的距离	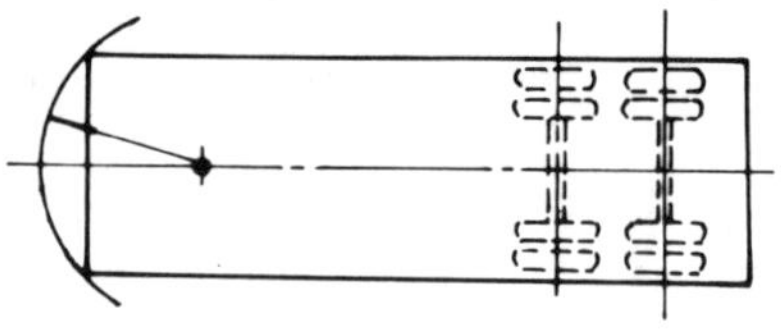
3.25	车轮外倾 camber angle	在过车轮轴线且垂直于X平面的平面内，车轮轴线与水平线之间所夹锐角	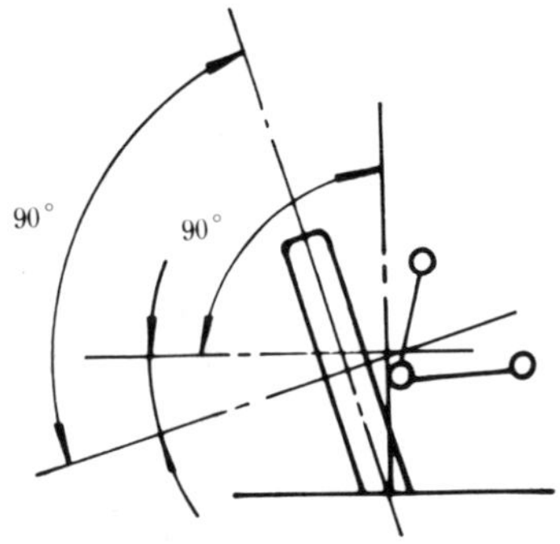 90° 90°
3.26	主销内倾 kingpin inclination	在同时垂直于Y和X平面的平面内，由真实的或假想的转向主销的轴线在该平面上的投影与X平面的垂线所构成的锐角	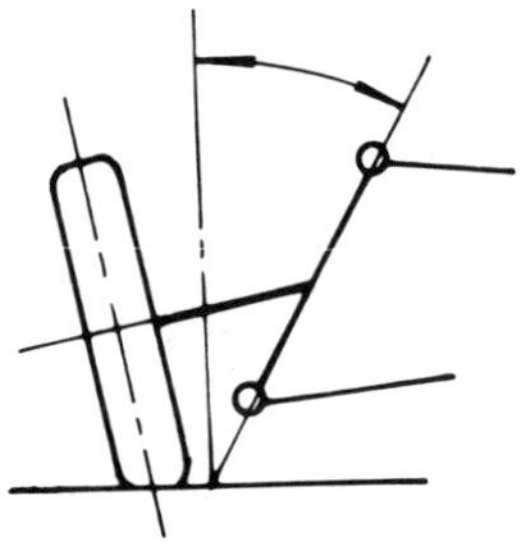
3.27	主销偏移距 kingpin offset	主销轴线与X平面的交点C至车轮中心平面与X平面的交线在Y平面的投影距离CA。图示CA值为正	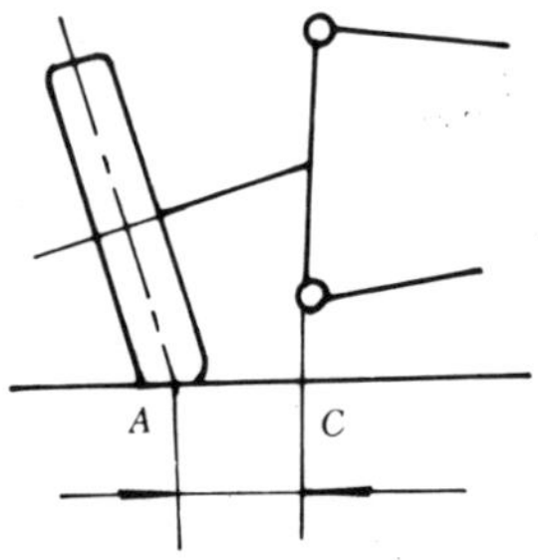 A C

序号	术语	定义	图示
3.28	前束 toe-in	同一轴两端车轮轮辋内侧轮廓线的水平直径的端点为等腰梯形的顶点，等腰梯形前后底边长度之差为前束。当梯形前底边小于后底边时，前束为正，反之则为负。车轮的水平直径与Y平面之间的夹角为前束角	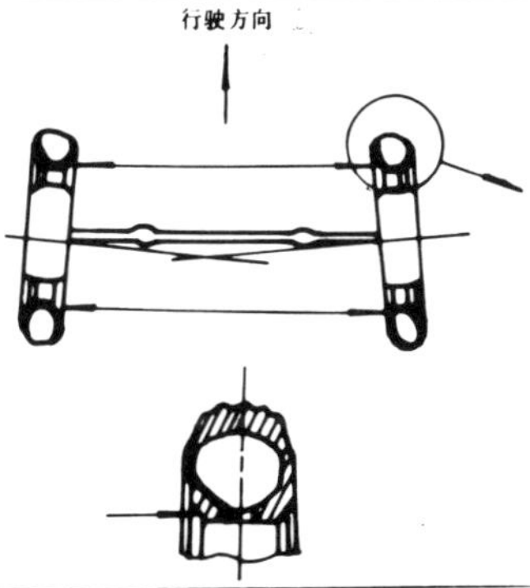 行驶方向
3.29	主销后倾距 castor	过车轮中心的铅垂线和真实（或假想）的转向主销轴线在Y平面的投影线与X平面的两交点间的距离为主销后倾距。两投影线所夹锐角为主销后倾角	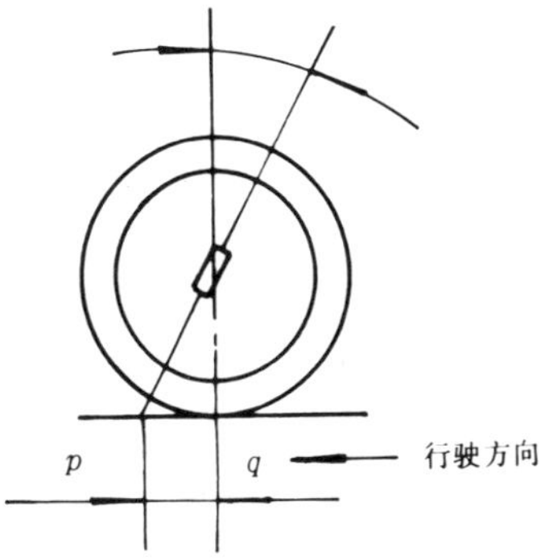 p q 行驶方向
3.30	车轮铅垂动行程 vertical clearance of wheel	车轮从车辆厂定最大总质量时的位置起，可能相对于车架（或车身）上移的极限铅垂距离	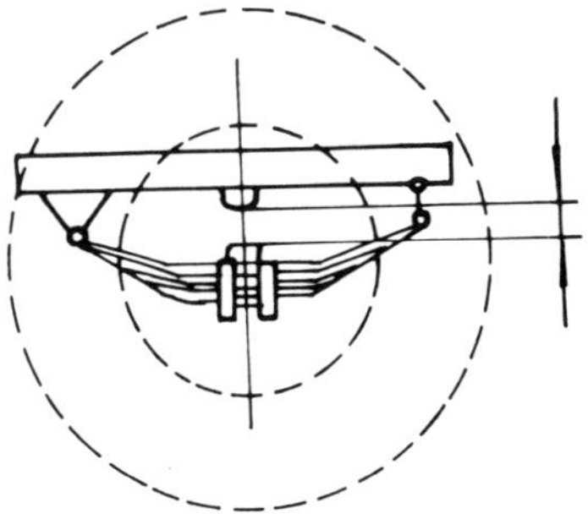
3.31	车轮提升高度 lift of wheel	在其他车轮都不离开X面的情况下，车轴一端车轮在可能提升的高度上，该车轮最低点至X平面的距离	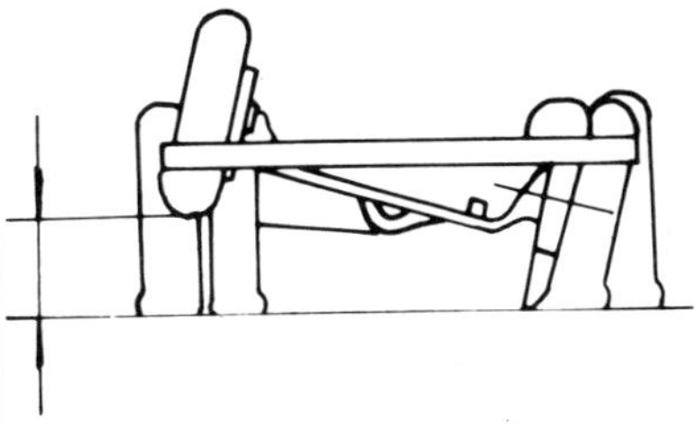

序号	术语	定义	图示
3.32	转弯直径 turning circles diameters	转向盘转到极限位置时，车辆内外转向轮上*A*点（定义见2.4）在*X*平面上的轨迹圆直径。车辆外转向轮上*A*点（定义见2.4）在*X*平面上的轨迹圆直径为车辆最小转弯直径	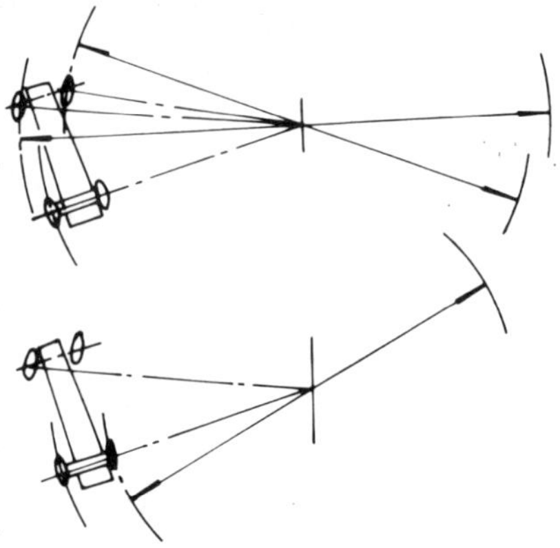
3.33	转弯通道圆 turning clearance circles	转向盘转到极限位置时，下述两圆为车辆转弯通道圆： a．车辆所有点在*X*平面上的投影均位于圆外的最大内圆； b．包含车辆所有点在*X*平面上的投影的最小外圆。 车辆有左和右转弯通道圆	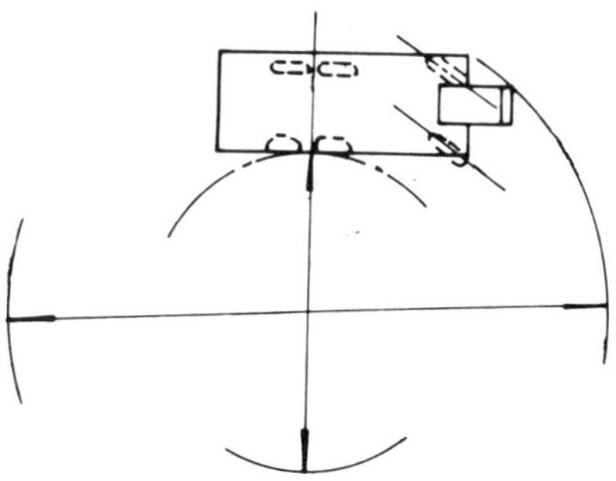

注：① 车辆最大总质量为厂定最大总质量（见GB 3730.2《汽车和挂车的术语及其定义　车辆质量》），轴载质量应符合车辆制造厂说明书的规定。

② 轮胎气压应符合车辆制造厂说明书的规定。

③ 车辆静止，门窗关闭，车轮和铰接元件处于车辆直线行驶的位置。

注：1）对于三轴以上的车辆，从最前面至最后面的相邻两车轮之间的轴距均应注明，总轴距为各轴距之和。

2）车身长度不包括挂钩、牵引装置、车牌、保险杠等，如果它们是车身的组成部分则应包括在内。

3）如果车厢内壁和底板为瓦棱形时，系指瓦棱凸面上的尺寸；如果内壁、车顶为曲面时系指切于曲面的最高点的两平行平面之间的距离；开式车箱的高度，系指车箱栏板的高度；内部有凸出物时应加注说明。

附加说明：

本标准由中国汽车工业总公司提出。
本标准由中国汽车技术研究中心归口。
本标准由中国汽车技术研究中心负责起草。
本标准主要起草人姜璧琪。

前　　言

本标准在技术内容上等效采用欧洲经济共同体机动车指令 93/91/EEC(78/316/EEC)《汽车操纵件、指示器及信号装置的标志》,是对 GB 4094—1994 的修订。本标准编写格式与 93/91/EEC 略有不同;同时,在 93/91/EEC 基础上参照国际标准 ISO 2575:1995《道路车辆　操纵件、指示器及信号装置的标志》,增加了制动防抱系统故障信号装置和电喷发动机故障信号装置的标志。

本版本与前一版本的主要区别:

1. 增加第 2 章:引用标准;标志种类及信号装置显示颜色列为一章。所以本版本序号与前一版本不同;

2. 采用了 93/91/EEC 指令中的全部标志,并完全依照 93/91/EEC 把标志分为强制标示和非强制标示两部分;

3. 对前一版本中一些语句做了修改和补充,如:

1) 3.2.2 条改为"标志必须位于操纵件上或其工作位置;对于指示器及信号装置标志必须位于其上。"

2) 在原标准 3.2.3"标志相对于底色,应清楚、醒目"后,增加了"且为永久保持"等等。

编写规则按照 GB/T 1.1—1993《标准化工作导则　第一单元:标准的起草与表述规则　第 1 部分:标准编写的基本规定》的规定。

本标准自实施之日起同时替代 GB 4094—1994。

本标准附录 A 为提示的附录。

本标准由国家机械工业局提出。

本标准由全国汽车标准化技术委员会归口。

本标准起草单位:中国汽车技术研究中心。

本标准主要起草人:刘鑫、李功清、谷杰、赵静炜、陆宇红。

中华人民共和国国家标准

GB 4094—1999

代替 GB 4094—1994

汽车操纵件、指示器及信号装置的标志

Motor vehicles—Symbols for controls, indicators and tell-tales

1 范围

本标准规定了汽车操纵件、指示器及信号装置的标志及其位置和信号装置显示颜色的基本要求。

本标准适用于M、N类汽车。

2 引用标准

下列标准所包含的条文，通过在本标准中引用而构成为本标准的条文。本标准出版时，所示版本均为有效。所有标准都会被修订，使用本标准的各方应探讨使用下列标准最新版本的可能性。

GB/T 4782—1984 道路车辆——操纵件、指示器及信号装置——词汇

3 定义

本标准采用GB/T 4782标准的定义和下列定义。

3.1 标志

用以识别操纵件、指示器及信号装置的图形。

3.2 相似标志

与3.1规定的标志成比例的图形。

4 要求

4.1 基本要求

4.1.1 汽车上装备了5.1所列汽车操纵件、指示器及信号装置，其相应标志必须标示，且必须符合5.1的各项规定。

4.1.2 汽车上装备了5.2所列汽车操纵件、指示器及信号装置，其相应标志是非强制标示。如果标示，则必须符合5.2的各项规定。

4.1.3 使用相似标志时，亦应符合第5章规定。

4.1.4 标志的基本图形按附录A(提示的附录)规定。

4.1.5 标志相对于底色，应清楚、醒目，且永久保持。

4.1.6 多功能操纵件上必须具有其各功能的相应标志。

4.1.7 同一功能的组合式指示器和信号装置，可以用一个标志。

4.1.8 汽车上用于其他目的的标志不得与本标准规定的标志相混淆。

4.1.9 信号装置的显示颜色必须符合第5章的规定。

4.2 标志的位置要求

4.2.1 本标准规定的标志，应保证驾驶员在其座位上能够识别。

国家质量技术监督局1999-09-17批准　　2000-07-01实施

4.2.2 标志必须位于操纵件或其工作位置上；对于指示器及信号装置，标志必须位于其上。

5 标志种类及信号装置的显示颜色

5.1 汽车操纵件、指示器及信号装置中必须标示的标志及信号装置的显示颜色应符合下列规定：

5.1.1 灯光总开关及信号装置标志，见图1所示。信号装置显示颜色应为绿色。

图 1

5.1.2 前照灯远光操纵件及信号装置标志，见图2所示。信号装置显示颜色应为蓝色。标志的图形轮廓线内可涂实，线条数可以是四条。

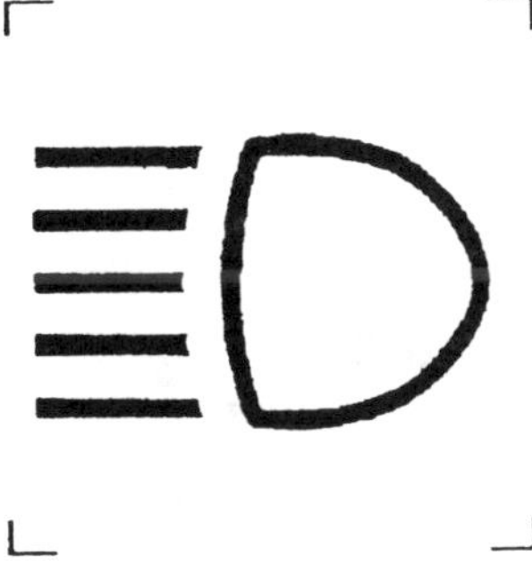

图 2

5.1.3 前照灯近光操纵件及信号装置标志，见图3所示。信号装置显示颜色应为绿色。标志的图形轮廓线内可涂实，线条数可以是四条。当前照灯近光由灯光总开关控制时，其标志可只用5.1.1灯光总开关标志。

图 3

5.1.4 位置(侧)灯操纵件及信号装置标志，见图4所示。信号装置显示颜色应为绿色。标志的图形轮廓线内可涂实。当位置(侧)灯由灯光总开关控制时，其标志可只用5.1.1灯光总开关标志。

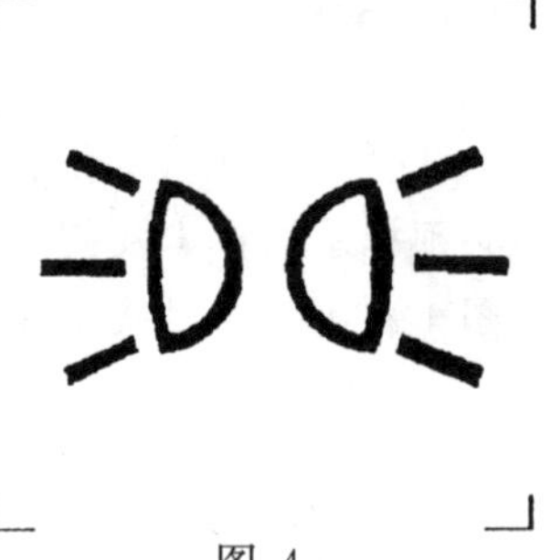

图 4

5.1.5 前雾灯操纵件及信号装置标志，见图 5 所示。信号装置显示颜色应为绿色。标志的图形轮廓线内可涂实。

图 5

5.1.6 后雾灯操纵件及信号装置标志，见图 6 所示。信号装置显示颜色应为黄色。标志的图形轮廓线内可涂实。

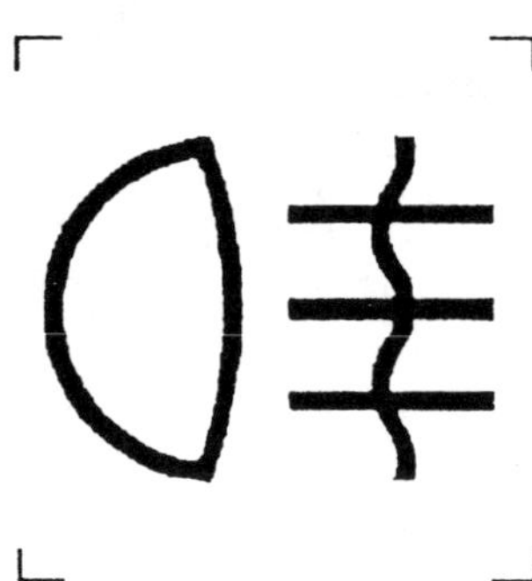

图 6

5.1.7 前照灯水平手调机构操纵件标志，见图 7 所示。标志的图形轮廓线内可涂实，线条数可以是五条。

图 7

5.1.8 驻车灯操纵件及信号装置标志，见图 8 所示。信号装置显示颜色应为绿色。

图 8

5.1.9 转向指示灯操纵件及信号装置标志，见图 9 所示。信号装置显示颜色应为闪烁绿色。如果转向指示灯信号装置向左、向右信号是分开的，其标志的两个箭头也可分开使用。标志的图形轮廓线内可涂实。

图 9

5.1.10 危险报警灯操纵件及信号装置标志，见图 10 所示。信号装置显示颜色应为红色。标志的图形轮廓线之间可涂实。信号装置也可采用左右转向指示信号装置同时闪烁来代替。

图 10

5.1.11 前风窗玻璃刮水器操纵件标志，见图 11 所示。

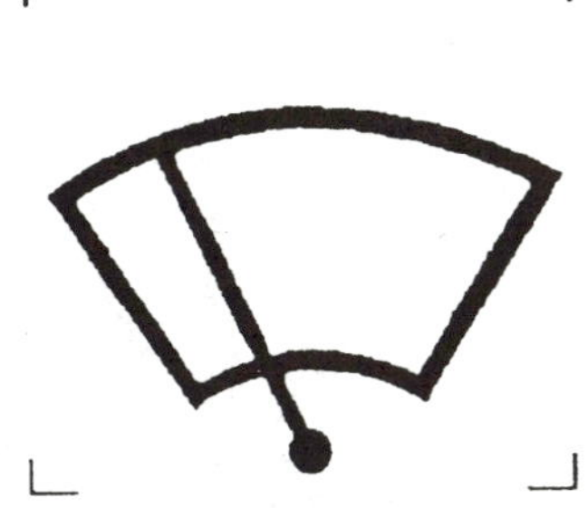

图 11

5.1.12 前风窗玻璃洗涤器操纵件标志，见图 12 所示。

图 12

5.1.13 前风窗玻璃刮水器及洗涤器组合操纵件标志，见图 13 所示。此操纵件的含义为洗涤器工作时，刮水器同步工作。

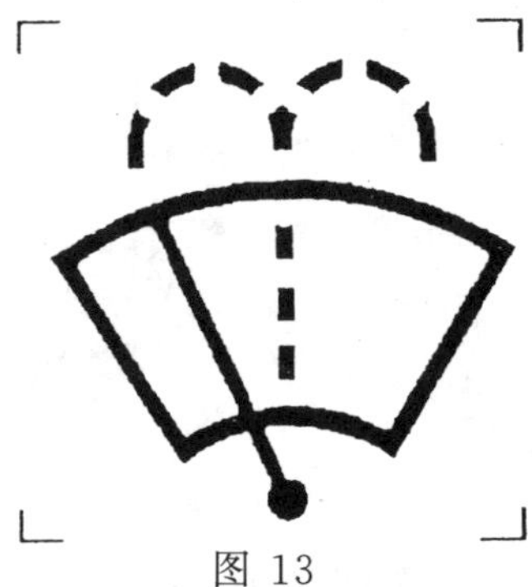

图 13

5.1.14 前照灯清洗器操纵件标志，见图 14 所示。

图 14

5.1.15 前风窗玻璃除霜和除雾操纵件及信号装置标志，见图 15 所示。信号装置显示颜色应为黄色。

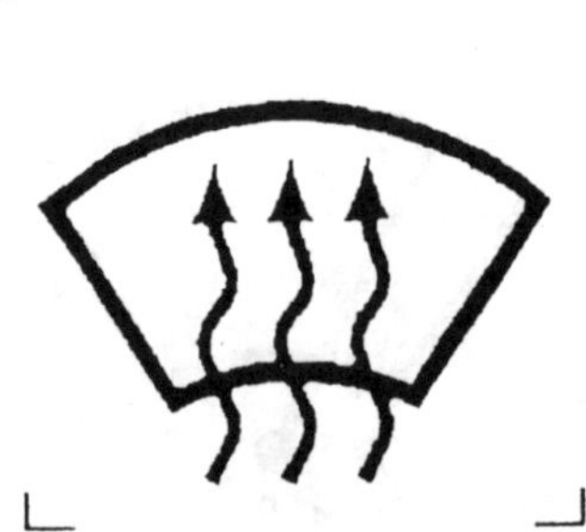

图 15

5.1.16 后风窗玻璃除霜和除雾操纵件及信号装置标志，见图 16 所示。信号装置显示颜色应为黄色。

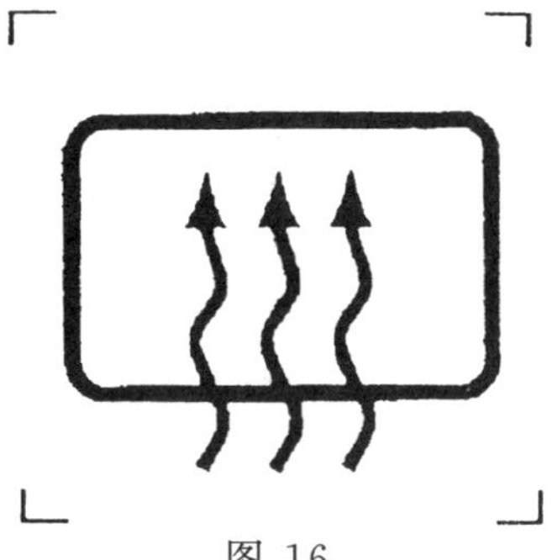

图 16

5.1.17 风扇(暖风/冷气)操纵件标志,见图17所示。暖风档应用红色,冷气档应用蓝色。标志可用图形轮廓线表示。

图 17

5.1.18 发动机预热信号装置标志,见图18所示。信号装置显示颜色应为黄色。

图 18

5.1.19 阻风门(冷起动装置)操纵件及信号装置标志,见图19所示。信号装置显示颜色应为黄色。

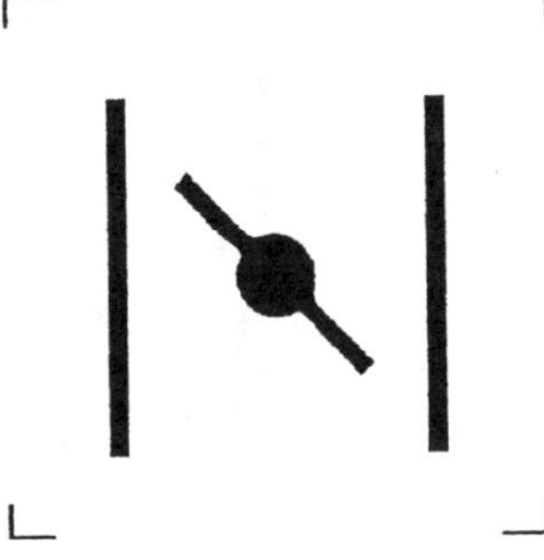

图 19

5.1.20 制动系统故障(制动防抱系统故障除外)信号装置标志,见图20所示。信号装置显示颜色应为红色。

图 20

5.1.21 燃油液面高度指示器和警报信号装置标志，见图 21 所示。信号装置显示颜色应为黄色。标志可用图形轮廓表示。

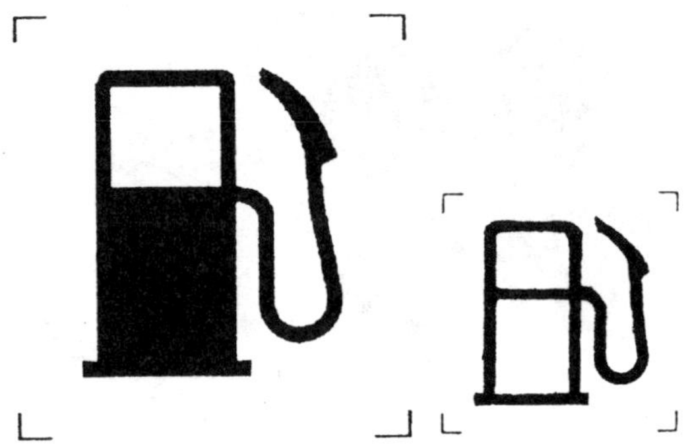

图 21

5.1.22 蓄电池充电指示器和警报信号装置标志，见图 22 所示。信号装置显示颜色应为红色。

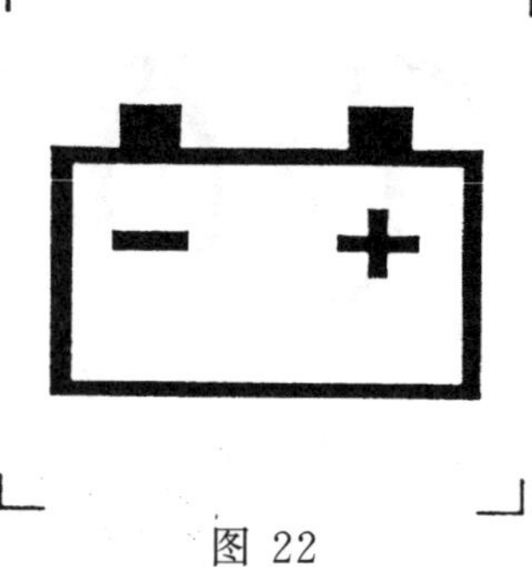

图 22

5.1.23 发动机冷却液温度指示器和警报信号装置标志，见图 23 所示。信号装置显示颜色应为红色。

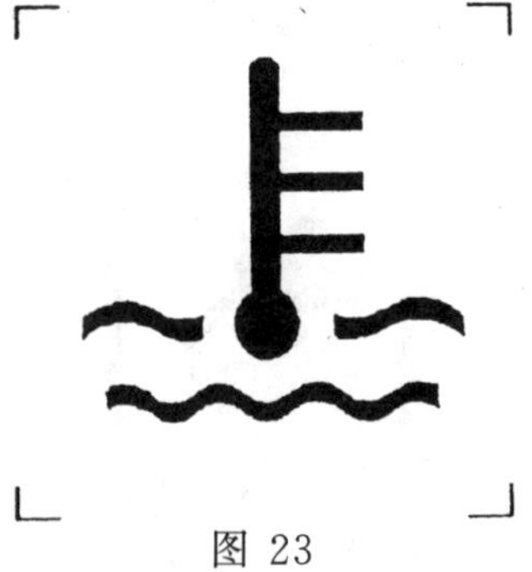

图 23

5.2 汽车操纵件、指示器及信号装置中非强制标示的标志及信号装置的显示颜色应符合下列规定：

5.2.1 驻车制动器处于制动状态信号装置标志，见图 24 所示。信号装置显示颜色为红色。如果用一个信号装置表示 5.1.20 和 5.2.1 两个制动系统状态，则必须使用 5.1.20 制动系统故障信号装置标志。

图 24

5.2.2　后风窗玻璃刮水器操纵件标志，见图 25 所示。

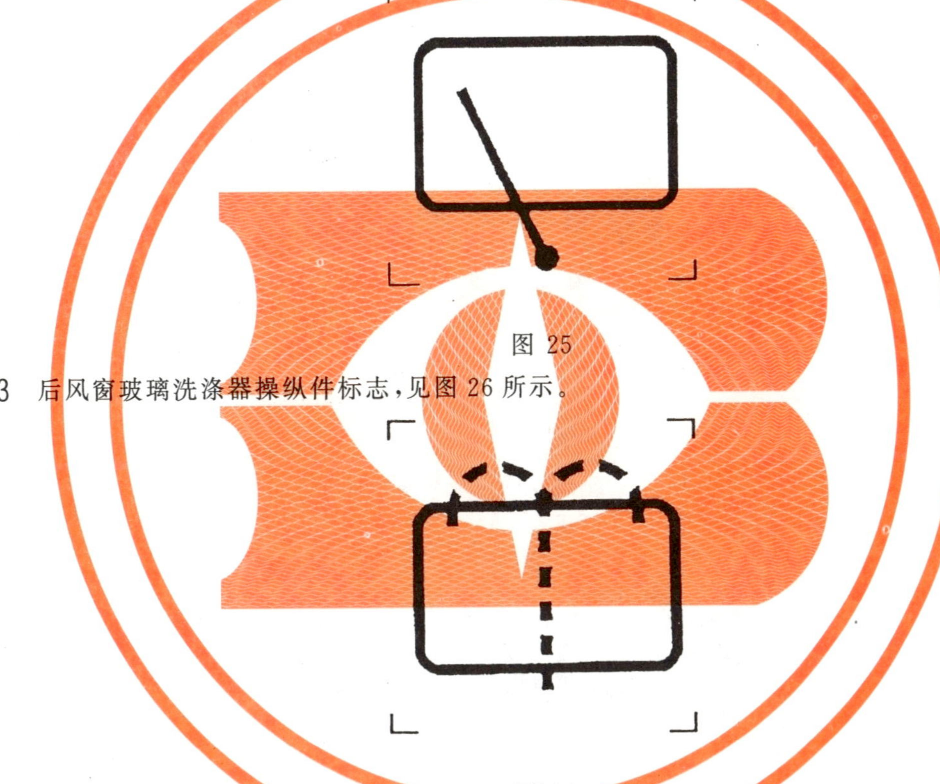

图 25

5.2.3　后风窗玻璃洗涤器操纵件标志，见图 26 所示。

图 26

5.2.4　后风窗玻璃刮水器和洗涤器组合操纵件标志，见图 27 所示。此操纵件的含义为洗涤器工作时，刮水器同步工作。

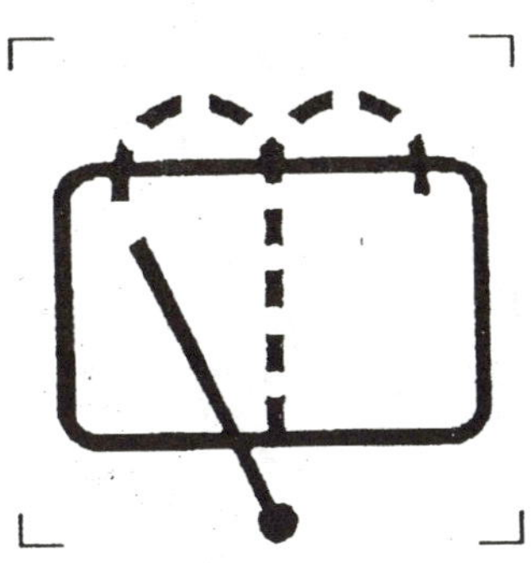

图 27

5.2.5　间歇性风窗玻璃刮水器操纵件标志，见图 28 所示。

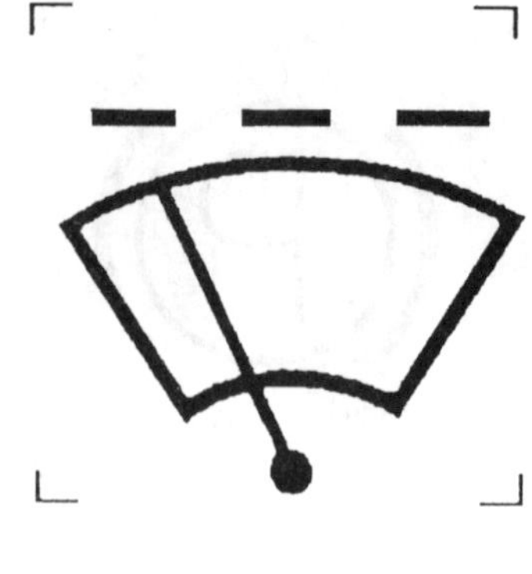

图 28

5.2.6 喇叭操纵件标志，见图 29 所示。

图 29

5.2.7 发动机盖操纵件标志，见图 30 所示。标志可用图形轮廓线表示。

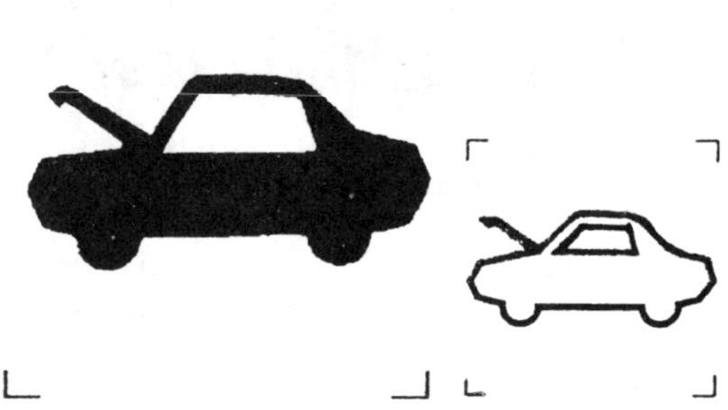

图 30

5.2.8 后行李厢盖操纵件标志，见图 31 所示。标志可用图形轮廓线表示。

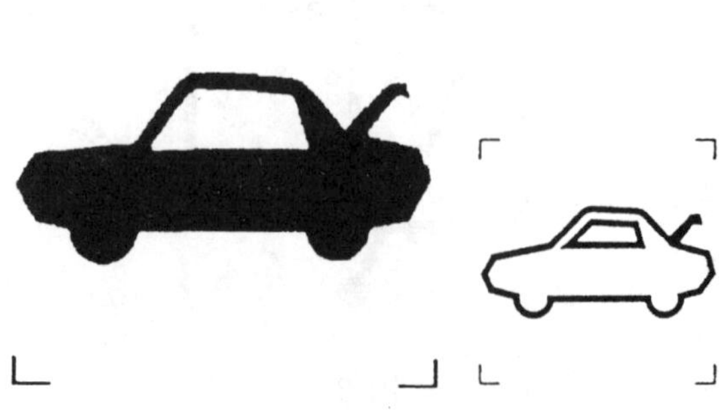

图 31

5.2.9 安全带操纵件及警报信号装置标志，见图32所示。信号装置显示颜色应为红色。标志可用图形轮廓线表示。

图 32

5.2.10 机油压力指示器及警报信号装置标志，见图33所示。信号装置显示颜色应为红色。

图 33

5.2.11 无铅燃油标志，见图34所示。

图 34

5.2.12 制动防抱系统故障信号装置标志，见图35所示。信号装置显示颜色应为黄色。

图 35

5.2.13 电喷发动机故障信号装置标志，见图 36 所示。信号装置显示颜色应为黄色。

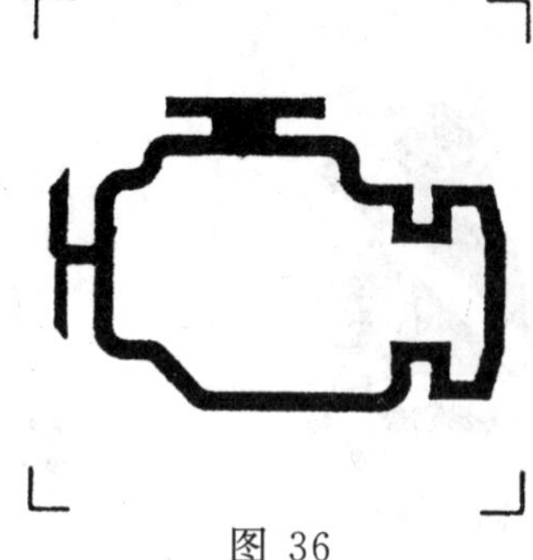

图 36

附 录 A

（提示的附录）

汽车操纵件、指示器及信号装置的标志基本图型构成

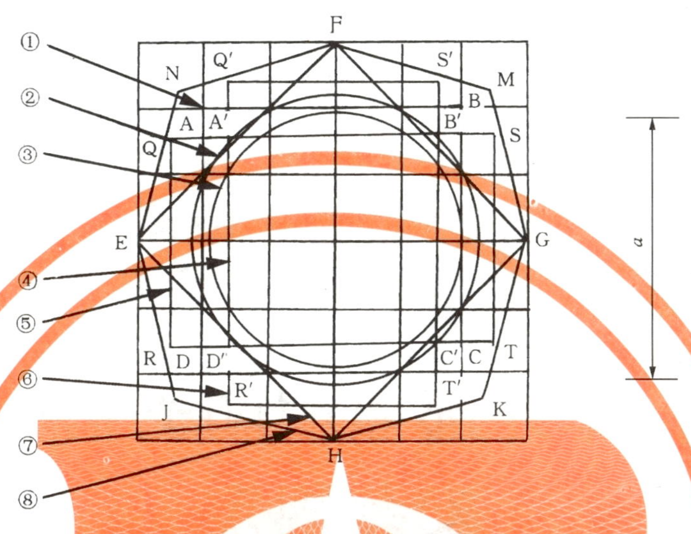

图中：

①—ABCD 边长为 50 mm（这一尺寸等于基本图型的名义尺寸“*a*”）的基准正方形；

②—直径为 56 mm 的基准圆，其面积和基准正方形 ABCD 近似相等；

③—直径为 50 mm 的第二个圆，是基准正方形 ABCD 的内切圆；

④—第二个正方形 A′B′C′D′，其四角和基准圆相接，四边和基准正方形 ABCD 的四边平行；

⑤、⑥—两个和基准正方形 ABCD 有相同面积的长方形 QRTS 及 Q′R′T′S′，彼此互相垂直，每个长方形由基准正方形 ABCD 的对边对称地画成十字形。

⑦—第三个正方形 EFGH，其四边通过基准正方形 ABCD 和基准圆的交点，并呈 45°角，画出基本图型的最大水平和最大垂直尺寸线；

⑧—不规则的八角形 ENFMGKHJ，通过第三个正方形 EFGH 的四边，由呈 30°角的八条直线画成。这个基本图形重叠在 12.5 mm 的方格纸上，其方格线应和基准正方形 ABCD 的边线相重合。

图 A1

ICS 43.040.20
T 38

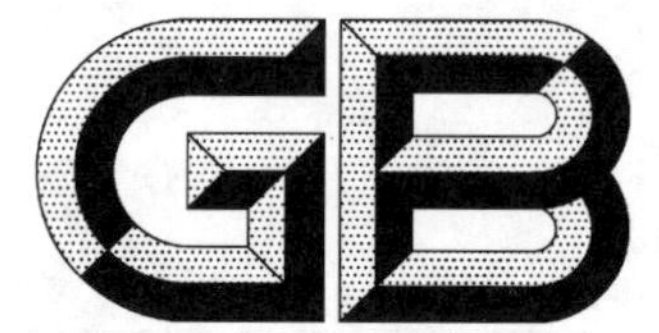

中华人民共和国国家标准

GB 4785—2007
代替 GB 4785—1998

汽车及挂车外部照明和光信号装置的安装规定

Prescription for installation of the external lighting and light-signalling devices for motor vehicles and their trailers

2007-11-01 发布　　　　2008-06-01 实施

中华人民共和国国家质量监督检验检疫总局
中国国家标准化管理委员会　发布

前言

本标准的全部技术内容为强制性。

本标准对应于联合国欧洲经济委员会 ECE R48—2001《关于在照明和光信号装置安装方面对机动车辆进行认证的统一规定》。本标准与 ECE R48 的一致性程度为非等效，主要差异如下：

——修改了“1 范围”。

——增加了规范性引用文件。

——删除了 ECE R.48 中有关管理方面的下列章节和附录：

.3. 认证申请；

.4. 认证；

.7. 车辆型式及照明和光信号装置安装的改型和扩展认证；

.8. 生产一致性；

.9. 生产不一致性的处理；

.10. 正式停产；

.11. 负责认证试验的技术部门和管理部门的名称和地址；

.12. 过渡规定；

.附录 1 关于按照第 48 号法规一种车型在照明和光信号装置安装方面的批准认证、或拒绝认证、或扩展认证、或撤消认证、或正式停产通知书；

.附录 2 认证标志的布局。

——增加了灯具光色的色度特性。

——增加了各种灯具几何可见度的示图。

——增加了昼间行驶灯内容。

——考虑到快速发展的交通运输对汽车照明的要求，本标准参照 ECE R48 的 2003 版，修改了有关倒车灯的相关内容；参照 ECE R48 的 2004 版，增加汽车用气体放电光源前照灯，弯道照明等内容。

本标准的主要技术要求如：一般规定，特殊规定，灯具表面、基准轴线、基准中心和几何可见度角，前视红光和后视白光的不可见度，确定近光光束在垂直方向上变化的各种装载状况，近光光束倾斜度随装载变化的测量，初始调整的指示，前照灯调光装置控制器和生产一致性控制则与 ECE R.48 一致。

本标准代替 GB 4785—1998《汽车及挂车外部照明和信号装置的安装规定》。本标准与前版相比较主要变化如下：

——修改增加了前版第 2 章引用标准内容；

——修改了前版第 3 章的“定义”的内容，改为本版第 3 章的“术语和定义”；

——修改了前版第 4 章技术要求中的有关条款（如：一般规定、灯具光色和特殊规定）；

——修改了前版第 5 章“试验方法”和第 6 章“检验规则”；

——增加了前照灯调光装置的有关条款；

——增加了汽车用气体放电光源前照灯，弯道照明，昼间行驶灯等内容。

本标准附录 A、附录 B、附录 C、附录 D、附录 E 和附录 F 都是规范性附录。

本标准实施之日起，GB 4785—1998 废止。新申请型式检验的汽车产品必须符合本标准。

本标准实施的过渡要求：

对于新申请型式检验的汽车产品，本标准 4.3.2.6.2 中涉及手动前照灯调光装置的技术内容和规定，自本标准实施之日起 24 个月后实施。

对于现生产车型或通过现生产车型上改型而形成的新车型（不涉及照明和光信号装置安装规定的改变），给予 60 个月的过渡期；有关前照灯手动或自动调光装置的安装给予直至停产的过渡期。

本标准由全国汽车标准化技术委员会归口。

本标准由上海汽车灯具研究所负责起草。

本标准主要起草人：许谋和、周涛、卜伟理。

本标准所代替标准的历次版本发布情况为：

——GB 4785—1984、GB 4785—1998。

汽车及挂车外部照明和光信号装置的安装规定

1 范围

本标准规定了汽车及挂车的外部照明和光信号装置安装的技术要求、试验方法和检验规则等。

本标准适用于M、N和O类汽车及挂车等。

2 规范性引用文件

下列文件中的条款通过本标准的引用而成为本标准的条款，凡是注日期的引用文件，其随后所有的修改单(不包括勘误的内容)或修订版均不适用于本标准，然而，鼓励根据本标准达成协议的各方研究是否可以使用这些文件的最新版本。凡是不注日期的引用文件，其最新版本同样适用于本标准。

GB/T 3977 颜色的表示方法

GB/T 3978 标准照明体及照明观测条件

GB 4599 汽车用灯丝灯泡前照灯

GB/T 7922 照明光源颜色的测量方法

GB 21259 汽车用气体放电光源前照灯

GB 21260 汽车用前照灯清洗器

3 术语和定义

下列术语和定义适用于本标准。

3.1

一种车辆的型式试验 type test of a vehicle

就外部照明和光信号装置的安装数量和方式对某一车型进行型式试验。

3.2

横截面 transverse plane

与车辆纵向对称平面正交的垂直面。

3.3

空载车辆 unladen vehicle

无驾驶员、乘务员、乘客和载荷，但带有充足的燃料、备用车轮和常用工具的车辆。

3.4

装载车辆 laden vehicle

装载着制造商确定的技术上允许的最大质量的车辆，并按附录A中的装载状况分布在车轴上。

3.5

灯具 lamp

设计用于照明道路或向其他使用道路者发出光信号的装置。牌照灯和回复反射器也属于灯具。

3.5.1

等效灯 equivalent lamps

具有相同的功能，并得到主管部门认可的灯具。在满足本标准要求的条件下，等效灯可以具有与车辆通过型式检验所安装灯具不同的特性。

3.5.2

独立灯　independent lamps

具有分开的发光面(对于牌照灯和第5、6类转向信号灯,发光面不存在时,用透光面取代)、分开的光源和分开的灯体的装置。

3.5.3

组合灯　grouped lamps

具有分开的发光面(对于牌照灯和第5、6类转向信号灯,发光面不存在时,用透光面取代)、分开的光源和共同的灯体的装置。

3.5.4

复合灯　combined lamps

具有分开的发光面(对于牌照灯和第5、6类转向信号灯,发光面不存在时,用透光面取代)、共同的光源和共同的灯体的装置。

3.5.5

混合灯　reciprocally incorporated lamps

具有分开的光源或在不同情况下工作的单一光源(如光学的、机械的、电气的差异),全部或部分共有发光面(对于牌照灯和第5、6类转向信号灯,发光面不存在时,用透光面取代)和共同的灯体的装置。

3.5.6

可藏灯　concealable lamp

不使用时,可以通过移动罩盖,或灯,或采用其他适当的方法,能部分或全部隐藏起来的灯具。术语可隐(retractable)专指那些通过自身移动藏入车身内的可藏灯。

3.5.7

远光灯　driving beam(main-beam)headlamp

照明车辆前方远距离道路的灯具。

3.5.8

近光灯　passing beam(dipped-beam)headlamp

照明车辆前方道路,对来车驾驶员和其他使用道路者不造成眩目,或产生不舒适感的灯具。

3.5.9

转向信号灯　direction-indicator lamp

用于向其他使用道路者表明车辆将向右或向左转向的灯具。

3.5.10

制动灯　stop lamp

向车辆后方其他使用道路者,表明车辆正在制动的灯具。制动灯可以通过缓速器或一种类似装置点亮。

3.5.11

后牌照板照明装置(以下简称牌照灯)　rear-registration plate illuminating device

用于照明后牌照板空间的装置,该装置可由几个光学元件组成。

3.5.12

前位灯　front position lamp

从车辆前方观察,表明车辆存在和宽度的灯。

3.5.13

后位灯　rear position lamp

从车辆后方观察,表明车辆存在和宽度的灯

3.5.14

回复反射器　retro-reflector

通过外来光源照射后的反射光，向位于光源附近的观察者表明车辆存在的装置。本标准规定：回复反射牌照板，有关危险物品运输中的各种回复反射信号和按国家规定必须用于某些类型车辆或操纵方法上的其他回复反射板和信号均不属于回复反射器。

3.5.15

危险警告信号　hazard warning signal

同时打开车辆上所有的转向信号灯，以向其他使用道路者表明，车辆暂时具有某种特殊危险。

3.5.16

前雾灯　front fog lamp

用于改善在雾、雪、雨或尘埃情况下道路照明的灯具。

3.5.17

后雾灯　rear fog lamp

在大雾情况下，从车辆后方观察，使得车辆更为易见的灯具。

3.5.18

倒车灯　reversing lamp

照明车辆后方道路和警告其他使用道路者，车辆正在或即将倒车的灯。

3.5.19

驻车灯　parking lamp

用于引起人们注意，在某区域内有一静止车辆存在的灯具。在此情况下，驻车灯代替前位灯和后位灯。

3.5.20

示廓灯　end-outline marker lamp

安装在车辆最外缘和尽可能靠近车顶，用来表明车宽的灯具；对于某些车辆和挂车，用来补充前、后位灯，以引起对其整体的特别关注。

3.5.21

侧标志灯　side marker lamp

从车辆侧面观察时，表明车辆存在的灯具。

3.5.22

昼间行驶灯　daytime running lamp

昼间行驶时，使得车辆更为易见的一种面向前方的灯具。

3.6

发光面　illuminating surface(见附录 B)

3.6.1

照明装置的发光面　illuminating surface of a lighting device(3.5.7、3.5.8、3.5.16 和 3.5.18)

反射镜整个口径在一横截面上的垂直投影。或者，对于椭球面反射镜的前照灯，投影透镜在一横截面上的垂直投影。若照明装置不带反射镜，则适用 3.6.2 定义。若灯具的透光面只占据反射镜口径的一部分，则只考虑该部分的投影。

对于近光灯，发光面受到明暗截止在配光镜上视在图样的限制。若反射镜和配光镜可以调节，则应处在平均调节位置上。

3.6.2

除回复反射器外的光信号装置的发光面　illuminating surface of a light-signalling device other than a retro-reflector(3.5.9～3.5.13、3.5.15，3.5.17，3.5.19～3.5.22)

光信号装置在垂直于基准轴线，且与透光面(外表面)相切的平面上的垂直投影。该投影的周边由位于投影平面上的诸屏蔽框边缘确定，在基准轴线方向上每次仅能发射出98%的发光强度。为了确定发光面的上、下以及横向各边缘、屏蔽框边缘必须是水平的或垂直的。

3.6.3

回复反射器的发光面　illuminating surface of a retro-reflector(3.5.14)

回复反射器上由一组平面所围成的面在垂直于其基准轴线平面上的投影。该组平面平行于回复反射器基准轴线，且通过它的光学组件的最外边缘，为了确定回复反射器的上、下和横向边缘，只考虑水平面和垂直面。

3.7

视表面　apparent surface(见附录B)

某一特定观察方向上的视表面，按制造商要求，或是投影在配光镜外表面上的发光面边界在一平面上的垂直投影(a-b)，或是透光面在一平面上的垂直投影(c-d)，该平面垂直于观察方向，且与配光镜最外面的点相切。

3.8

基准轴线　axis of reference(reference axis)

由制造商规定的，在配光测量和灯具安装时，作为角视场的基准方向(H=0°,V=0°)。

3.9

基准中心　center of reference

由制造商确定的基准轴线与外部透光面的交点。

3.10

几何可见度　angles of geometric visibility

灯具视表面可见的最小立体角，该立体角由球的一部分确定，球心位于灯具的基准中心，赤道与地面平行。以基准轴线为基准，水平方向角β表示经度，垂直方向角α表示纬度。当从远处观察时，在几何可见度范围内，不应有阻碍视表面所发光线传播的障碍物。若在灯具近处测量，则沿观察方向平行移动，以得到相同的准确度。若灯具在以往的型式检验时已存在障碍物，则在几何可见度内的这些障碍物可不予考虑。若安装灯具时，其视表面受到车辆部件的部分遮蔽，则应提供证明，表明灯具未受遮蔽的部分仍满足型式检验所需的配光值。然而，当水平面以下的垂直方向几何可见度角可减至5°(灯的离地高度小于750 mm)时，安装后的灯具，其配光测量范围可减至水平以下5°。

3.11

外缘端面　extreme outer edge

车辆两侧的外缘端面是指：平行于车辆纵向对称平面，且与车辆横向外缘接触的平面。本标准规定下列突出物除外：

a) 轮胎与地面接触(变形)部分以及轮胎压力传感器的连接件。

b) 轮胎上的各种防滑装置。

c) 后视镜。

d) 侧转向信号灯，示廓灯，前、后位灯，驻车灯，回复反射器和侧标志灯。

e) 固定在车辆上的海关封印，以及为了保护和固定这些封印的装置。

3.12

车宽　overall width

上述3.11中定义的两个垂直平面间的距离。

3.13

单灯　a single lamp

指有一种装置或装置的部件，具有一个功能、一个在其基准轴线上的视表面、一个或多个光源。

对于车辆安装，单灯也指由两个独立灯或组合灯组成的组合件，这些灯无论相同与否，具有相同的功能且安装后其基准轴线上的视表面投影，不小于上述基准方向上视表面所围成的最小矩形面积的60%。

在上述情况下，这种单灯中的每个灯要求型式检验时，则应按“D”型灯进行型式检验。

但上述组合不适用于远光灯、近光灯和前雾灯。

3.14

双灯或偶数灯　two lamps or an even number of lamps

具有一带(条)状透光面的装置。且透光面对称于车辆纵向对称平面，其两端至车辆外缘端面的距离不大于400 mm，透光面长度不小于800 mm，光源不少于两个，并尽量靠近透光面的两端；透光面也可以由数个并列的发光单元构成，此时，几个并列的透光面在一横截面上的投影不小于上述各单个透光面投影的最小矩形面积的60%。

3.15

两灯间距　distance between two lamps

在基准轴线方向上两视表面之间的最短距离。若该间距明显满足本标准要求，则不需要确定视表面的精确边缘。

3.16

“工作”指示器　operating tell-tale

用于指示某一装置已被接通，并表明其工作是否正常的指示灯或蜂鸣器(或任何等效信号)。

3.17

“接通”指示器　closed-circuit tell-tale

用于指示某一装置已被接通，但并不表明其工作是否正常的指示灯(或任何等效信号)。

3.18

选装灯　optional lamp

一种由制造商决定是否安装的灯具。

3.19

透光面(见附录B)　light emitting surface

透明材料的全部或部分外表面，该表面由装置制造商在提交型式检验申请书所附的图纸中标出。

3.20

地面　ground

基本上是水平的车辆停放面。

3.21

车辆的可移动部件　movable components of the vehicle

不使用工具，可以通过倾斜，转动或滑动改变位置的车身面板或其他车辆部件。但不包括载货车的可倾斜驾驶室。

3.22

移动部件的正常使用位置　normal position of use of a movable component

由制造商规定的，在车辆正常使用和驻车状态下的可移动部件位置。

3.23

车辆正常使用状态　normal condition of use of a vehicle

a) 对于机动车，指车辆已准备行驶，发动机已起动，可移动部件已处于上述3.22中规定的正常位置。

b) 对于挂车，指已与牵引的机动车连接，后者已处于上述3.23.1的状态，其可移动部件也处于上述3.22中的正常位置。

3.24

车辆驻车状态　park condition of a vehicle

a) 对于机动车，指车辆静止，其发动机停止工作，可移动部件处于上述3.22中的正常位置。

b) 对于挂车，指已与处于上述3.24.1状态的牵引机动车连接，可移动部件处于上述3.22中的正常位置。

3.25

装置　device

用来执行一种或多种功能的部件或组合件。

3.26

光源　light source

“光源”指一个或几个发光体，其可由一个或几个灯罩以及一用于机械和电路连接的灯座组成。

光源还可以是光导元件的出光口，它可以是一个分布式照明装置的一部分或是不带内嵌式外配光镜的光信号系统的一部分。

3.26.1

可更换光源　replaceable light source

不用工具就能插入灯座和从灯座上取出的光源。

3.26.2

不可更换光源　non-replaceable light source

只能进行整体更换的光源。

3.26.3

光源模块　light source module

一个装置的专用光学部件，包含一个或几个不可更换光源，且只有使用工具才能从装置上卸掉。

3.26.4

灯丝光源(灯丝灯泡)　filament light source(filament lamp)

通过灯丝本身发热发光的光源。

3.26.5

气体放电光源　gas-discharge light source

通过电弧放电发光的光源。

3.26.6

发光二极管　light-emitting diode(LED)

一种由半导体材料制成的固体光源。

3.27

电光源控制器　electronic light source control gear

在电源和光源之间控制光源电压和/或电流的一个或几个部件。

3.27.1

镇流器　ballast

在电源和光源之间稳定气体放电光源电流的一种电子光源控制装置。

3.27.2

点火装置　ignitor

用于点燃气体放电光源电弧的一种电子光源控制装置。

3.28

单功能灯　single-function lamp

装置中执行单个照明或光信号功能的那部分。

3.29

弯道照明 bend lighting

一种在弯道提供增强照明的照明设备。

4 技术要求

4.1 一般规定

4.1.1 照明和光信号装置必须符合相应的标准,并通过产品型式检验。它们必须如此安装,即在上述3.23中3.23.1和3.23.2定义的正常使用状态下,即使受到振动,仍应保持本标准所要求的特性,特别是不能改变初始调整,车辆也符合本标准要求。

4.1.2 3.5.7、3.5.8和3.5.16所述的照明装置安装,必须便于将其调整至正确方向。

4.1.3 所有光信号装置包括安装在车侧的,安装时其基准轴线应平行于车辆在道路上的停放面。此外,对于侧回复反射器和侧标志灯,其基准轴线必须垂直于车辆纵向对称平面,而所有其他光信号装置的基准轴线则与之平行。每个方向上允差为±3°。如果制造商另有特殊安装说明,则必须遵循。

4.1.4 如无专门说明,检验灯具安装高度和方向时,被测车辆必须空载并置于水平地面上,车辆应处于上述3.23中3.23.1和3.23.2规定的状态中。

4.1.5 如无专门说明,成对配置的灯具必须:

4.1.5.1 相对于纵向对称平面,对称地安装在车辆上(以灯具外形来判断,而不是3.6中的发光面边缘);

4.1.5.2 相对于纵向对称平面,相互对称,本要求不适用于灯具内部结构;

4.1.5.3 满足相同的色度要求;

4.1.5.4 具有相同的配光性能。

4.1.6 对于外形不对称的车辆,也应尽可能满足上述要求。

4.1.7 只要每个灯满足各自的光色、安装位置、方向、几何可见度、电路连接和其他要求,则彼此可以组合、复合或混合。

4.1.8 离地最大和最小高度应分别从基准轴线方向上视表面的最高和最低点开始测量。

对于近光灯,离地最小高度应从光学系统(诸如:反射镜、配光镜、投射透镜)有效口径的最低点开始测量,若(最大和最小)离地高度明显满足本标准要求,则不需要确定任何表面的精确边缘。

横向安装位置,对于全宽度:由离车辆纵向对称平面最远的基准轴线方向上的视表面边缘确定。对于灯具间的间距,由基准轴线方向上视表面的诸内边缘确定。

若横向安装位置明显满足本标准要求,则不需要确定任何表面的精确边缘。

4.1.9 如无专门说明,只有转向信号灯,危险警告信号和符合下述4.3.18.7规定的侧标志灯是闪烁的。

4.1.10 对于3.5中的诸灯,从车前应观察不到红光,从车后应观察不到白光(倒车灯除外),车辆内部灯除外。如有异议,应按下述方法检验:

4.1.10.1 前视红灯的不可见度:当观察者在车前25 m处横截面的Ⅰ区(见附录C)内移动观察时,不应直接看到红色灯具的透光面。

4.1.10.2 后视白光的不可见度:当观察者在车后25 m处横截面的Ⅱ区(见附录C)内移动观察时,不应直接看到白色灯具的透光面。

4.1.10.3 在上述两个横截面内,观察者进行目视探测的Ⅰ区和Ⅱ区范围如下:

4.1.10.3.1 高度:由两个离地高度各为1 m和2.2 m的水平面限定;

4.1.10.3.2 横向:在车前和车后,分别由两个垂直平面限定。该两垂直平面与车辆纵向对称平面成向外15°角,且通过与限定车宽的,平行于车辆纵向对称平面的垂直平面的接触点。若有多个接触点,则车前相交于最前面的接触点,车后的相交于最后面的接触点。

4.1.11　电路连接应保证前位灯、后位灯、示廓灯(若安装)、侧标志灯(若安装)和牌照灯只能同时打开或关闭。但当前位灯、后位灯、侧标志灯作为驻车灯使用(复合或混合)以及允许侧标志灯闪烁时,则上述情况不适用。

4.1.12　电路连接应保证,即只有当上述4.1.11中的诸灯打开时,远光灯、近光灯和前雾灯才能打开。然而,当远光灯和近光灯发警告信号时,则上述情况不适用(即间歇地打开远光灯或近光灯,或间歇地交替打开远光灯和近光灯)。

4.1.13　指示器

本标准中的"接通"指示器可用"工作"指示器替代。

4.1.14　可藏照明灯

4.1.14.1　除了远光灯、近光灯和前雾灯在不使用时可隐藏外,其他灯具禁止隐藏。

4.1.14.2　若使用中的可藏照明灯的控制装置出现故障时,灯具必须仍处于使用位置,或者不使用工具即可移动到使用位置上。

4.1.14.3　利用一个控制开关,即可将可藏照明灯移至使用位置并打开,也可以不打开,然而当远光灯和近光灯组合时,上述控制开关只要求打开近光灯。

4.1.14.4　在到达使用位置之前,驾驶座旁的控制开关应不可能停止已打开灯的移动。若在移动过程中会引起对其他使用道路者的眩目,则应在达到使用位置时才打开灯。

4.1.14.5　可藏装置在－30℃～＋50℃的范围内,一旦开启控制开关,前照灯应在3 s内达到使用位置。

4.1.15　除了下述4.1.16、4.1.17和4.1.18规定外,灯具可以安装在可移动部件上。

4.1.16　除非在可移部件所有的固定位置上均各自满足安装位置、几何可见度和配光性能要求,否则,后位灯、后转向信号灯、三角形和非三角形回复反射器不应安装在可移动部件上。

若上述的诸功能由标有"D"标记的两灯组合件完成(见3.13),则只要其中的一个灯满足上述要求即可。

4.1.17　当从基准轴线方向观察时,任何可移动部件(不管是否装有光信号装置),在其任何固定位置上,遮蔽前、后位灯,前、后转向信号灯和前、后回复反射器不应超过其视表面的50%。

若上述要求不适用,则:

4.1.17.1　在型式检验通知书的备注栏目中加以说明,注明在基准轴线方向上,可移动部件可以遮蔽50%以上的视表面;

4.1.17.2　在上述情况下,车辆上应有注意事项明示用户,在可移动部件的某些位置上,应使用一种警告三角牌或国家规定的其他装置,以警告其他道路使用者车辆的存在。

4.1.18　当可移动部件不处于上述3.22的正常使用位置上时,安装在该部件上的装置,不应引起其他道路使用者过分的不舒适感。

4.1.19　当一种灯安装在可移动部件上,后者又处于上述3.22的正常使用位置上时,则按本标准要求,灯应始终能返回到制造商规定位置上。对于近光灯和前雾灯,若可移动部件从正常使用位置上移开并返回10次,每次所测量的相对于其支撑件的倾斜角与10次平均值之间的偏差不大于0.15%,即满足了上述要求。

若偏差大于0.15%,当按附录D检验车辆时,为了减小倾斜度的允许范围,应根据超差情况修改下述4.3.2.6.1.2中规定的每种极限。

4.1.20　除回复反射器外,所有的灯具(包括已有通过型式检验的灯具),在装有本身的灯泡之后,均应能正常工作。

4.1.21　车辆上灯具的安装数量,应符合4.3.1～4.3.19中相应规定。

4.1.22　当后位灯发生暂时故障时,允许使用光色,发光强度和位置与其相近的灯代替,同时替代灯保持原有的功能。此时,面板上的指示器(见3.16)应表明,发生暂时替代,需要检修。

4.2 光色和色度特性

4.2.1 光色采用 GB/T 3977 中 1931XYZ 色度系统。

4.2.2 标准照明体及照明观测条件按 GB/T 3978 相应规定。

4.2.3 灯具光色按表 1 规定。

表 1 光色

灯具名称	光色
远光灯	白色
近光灯	白色
转向信号灯	琥珀色
制动灯	红色
牌照灯	白色
前位灯	白色
后位灯	红色
非三角形后回复反射器	红色
三角形后回复反射器	红色
非三角形前回复反射器（即白色或无色回复反射器）	与入射光相同
非三角形侧回复反射器	琥珀色。若与后位灯、后示廓灯、后雾灯、制动灯或最后面的红色侧标志灯组合、或共有透光面则可以为红色
危险警告信号	琥珀色
前雾灯	白色或黄色
后雾灯	红色
倒车灯	白色
驻车灯	前面白色，后面红色。若与侧转向信号灯、侧标志灯混合则为琥珀色
示廓灯	前面白色、后面红色
侧标志灯	琥珀色。若与后位灯、后示廓灯、后雾灯、制动灯组合，或复合，或混合，或与后回复反射器组合或共有透光面，则最后面的侧标志灯可以为红色
昼间行驶灯	白色

4.2.4 色度特性按表 2 规定，采用 GB/T 7922 的测量方法，色品坐标应在表 2 的边界范围内。

表 2 色度特性

光色	色度特性	
红色	趋黄极限	$y \leqslant 0.335$
	趋紫极限	$y \geqslant 0.980-x$
白色	趋蓝极限	$x \geqslant 0.310$
	趋黄极限	$x \leqslant 0.500$
	趋绿极限	$y \leqslant 0.150+0.640x$
	趋绿极限	$y \leqslant 0.440$
	趋紫极限	$y \geqslant 0.050+0.750x$
	趋红极限	$y \geqslant 0.382$

表 2（续）

光色	色度特性	
琥珀色	趋绿极限	$y \leqslant x-0.120$
	趋红极限	$y \geqslant 0.390$
	趋白极限	$y \geqslant 0.790-0.670x$
黄色	趋红极限	$y \geqslant 0.138+0.580x$
	趋绿极限	$y \leqslant 1.29x-0.100$
	趋白极限	$y \geqslant x+0.940$
		$y \geqslant 0.440$
	趋光谱轨迹极限	$y \leqslant -x+0.992$

4.3 特殊规定

4.3.1 远光灯

4.3.1.1 配备：汽车必须配备，挂车禁止使用。

4.3.1.2 数量：2 只或 4 只，对于 N_3 类车辆可以多安装 2 只远光灯。当车辆安装 4 只可藏式前照灯时，其中 2 只附加前照灯，只对其昼间发出间歇闪烁警告信号认可。

4.3.1.3 布局：无特殊要求。

4.3.1.4 位置

4.3.1.4.1 横向：无特殊要求。

4.3.1.4.2 高度：无特殊要求。

4.3.1.4.3 纵向：安装在车辆前面，要求发射光不直接或间接地通过后视镜或车辆其他反射面而引起驾驶员的不舒适感。

4.3.1.5 几何可见度：发光面的可见度(包括从观察方向看来似乎不发光的区域的可见度)，必须保证在其周长上的众母线形成的扩散区域内。该区域与前照灯基准轴线间的夹角不小于 5°。发光面在配光镜最前部分横切面内的投影边界是几何可见度角的始端，见图 1。

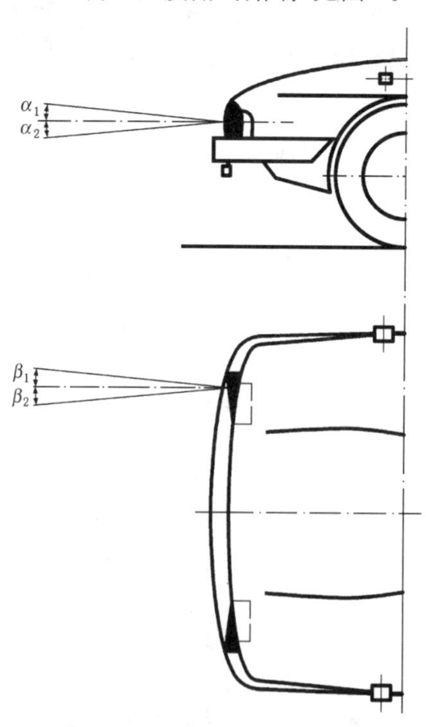

图 1 远光灯几何可见度

4.3.1.6 方向：朝前。车辆单侧不得安装超过一只具有弯道照明功能而转动的远光灯。

4.3.1.7 电路连接

4.3.1.7.1 远光灯可以同时或成对打开，当按照4.3.1.2多安装2只远光灯时，N_3类车辆最多只能同时打开两对。从近光变远光时，至少要打开一对远光灯。从远光变为近光时，所有的远光灯必须同时关闭。

4.3.1.7.2 远光灯打开时，允许近光灯也开着。

4.3.1.7.3 当安装4只可藏式前照灯时，其上升位置应防止任何附加前照灯同时工作，后者只是用于在昼间发出间歇光信号。

4.3.1.8 指示器：必须配备接通指示器。

4.3.1.9 其他要求：同时打开各前照灯，其总的最大远光发光强度应不超过225 000 cd。

4.3.2 近光灯

4.3.2.1 配备：汽车必须配备，挂车禁止使用。

4.3.2.2 数量：2只。

4.3.2.3 布局：无特殊要求。

4.3.2.4 位置

4.3.2.4.1 横向：离车辆纵向对称平面最远的基准轴线方向上的视表面外缘到车辆外缘端面的距离应不大于400 mm。

在基准轴线方向上，两视表面相邻边缘间的距离应不小于600 mm。然而，该规定不适用于M_1类和N_1类车辆。对于其他类车辆，若车辆宽度小于1 300 mm，则上述间距可减至400 mm。

4.3.2.4.2 高度：离地高度不小于500 mm，不大于1 200 mm。对于N_3G类（越野）车辆，最大高度可增加到1 500 mm。

4.3.2.4.3 纵向：装在车前。若发射光不直接或间接地由于后视镜，或车辆其他反射面而引起驾驶员的不舒适感，即满足要求。

4.3.2.5 几何可见度：有3.10定义的α和β角来确定。

α：向上15°，向下10°；

β：向外45°，向内10°。

由于近光灯所要求的配光值并不覆盖整个几何视场，所以对于型式检验，剩余空间中的最小发光强度要求为1 cd。前照灯邻近其他部件的存在，不应引起其他道路使用者的不舒适感。见图2。

4.3.2.6 方向：朝前。

4.3.2.6.1 垂直方向

4.3.2.6.1.1 制造商应按0.1%的准确度规定，在驾驶座上1名人员的空载车条件下，近光明暗截止线的初始下倾度，并以规定的符号（见附录E），将此数值标明在每辆车的制造商铭牌或前照灯附近。此标记应清晰持久。

4.3.2.6.1.2 下倾度值的确定，取决于空载车条件下测量的近光灯在基准轴线方向上视表面下边缘的安装高度h（单位：m），对处于附录A各装载状况下的静止车辆，其近光明暗截止线的垂直向倾斜度应保持在以下极限内，同时初始照准也在以下范围内：

$h<0.8$	极限：−0.5%～−2.5%
	初始照准：−1.0%～−1.5%
$0.8\leq h\leq 1.0$	极限：−0.5%～−2.5%
	初始照准：−1.0%～−1.5%

或根据制造商规定：

	极限：−1.0%～−3.0%

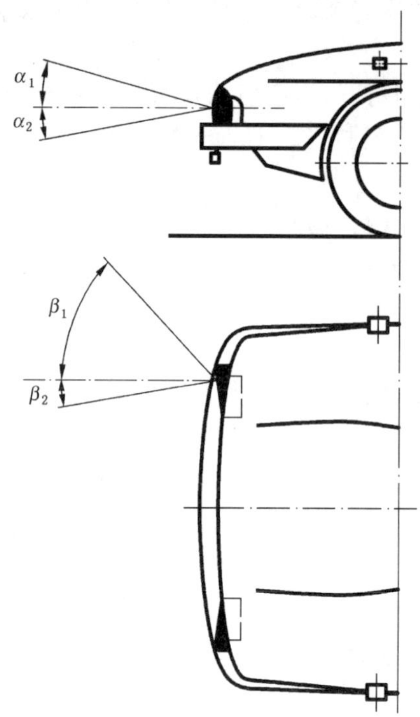

图 2 近光灯几何可见度

初始照准：－1.5%～－2.0%

在这种情况下，使用哪一种数值，提交车型认可时应予以说明。

$h>1.0$ 极限：－1.0%～－3.0%

初始照准：－1.5%～－2.0%

有关极限和初始照准值的上述要求见图 3。

对于前照灯高度大于 1 200 mm 的 N_3G 类(越野)车辆为：

极限：－1.5%～－3.5%

初始照准：－2.0%～－2.5%

4.3.2.6.2 前照灯调光装置

4.3.2.6.2.1 如果前照灯调光装置是自动的，则必须满足 4.3.2.6.1.1 和 4.3.2.6.1.2 要求。

4.3.2.6.2.2 如果手动前照灯调光装置有一个停止位置，可以通过调节螺丝或者类似的方法使灯具回到 4.3.2.6.1.1 定义的初始倾斜位置，那么不管是连续或者不连续调节的，都是被允许的。

手动前照灯调光装置必须坐在驾驶座上就能被操作。

连续调节的装置必须要有标志来指示近光需要调节的装载情况。

不是自动调节的装置上的调节位置数，在附录 A 定义的全部装载情况下，必须符合 4.3.2.6.1.2 中要求的范围。

对于这种装置，近光要求调节的附录 A 中的各类装载情况应该明确地标志在该装置的控制器附近(见附录 F)。

4.3.2.6.2.3 如果 4.3.2.6.2.1 和 4.3.2.6.2.2 所述的装置调节失效时，近光的下倾位置不应该高于发生故障时的位置。

4.3.2.6.3 测量方法：经初始倾斜度调节后，以百分数表示的近光垂直向倾斜度，应在附录 A 确定的所有装载状况的静态条件下测量，测量方法应按附录 D 规定。

4.3.2.7 水平方向

为了形成弯道照明，可以改变一只或两只近光灯的水平方向，但是当移动整个光束或明暗截止线弯曲肘部时，明暗截止线弯曲肘部不得与离车辆前面的距离为相应近光灯安装高度100倍的车辆重心轨迹相交。

4.3.2.8 电路连接

变换近光时，必须同时关闭所有的远光灯。

远光灯开着时，近光灯允许开着。

气体放电光源近光灯在远光开时，气体放电光源应保持开着。

为了形成弯道照明，可以再打开一个位于近光灯中的或者与相应近光灯组合或混合的灯具(除远光灯外)中的光源，但是车辆重心轨迹曲率水平半径应不大于500 m。制造商可以通过计算或型式检验主管部门认可的其他方式予以证实。

近光灯的开关可以是自动的。然而，近光灯的开关应能随时手动操作。

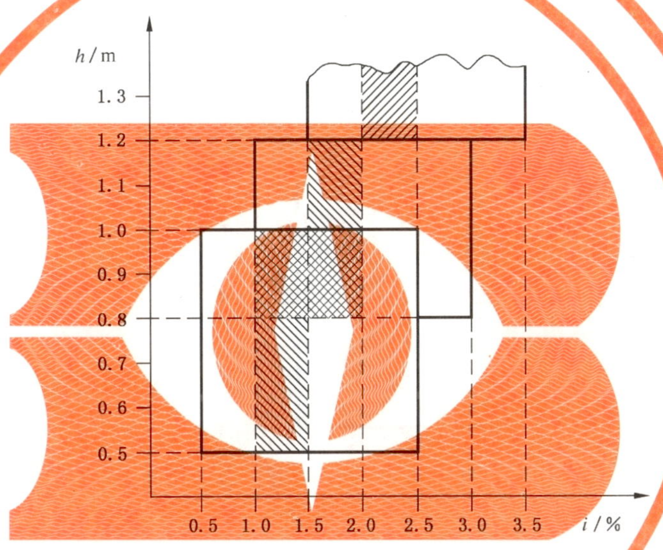

图3 近光灯下倾斜度值的确定

4.3.2.9 指示器

选用。

然而，为了形成弯道照明，移动整个光束或明暗截止线弯曲肘部时，必须配备一个能使用的指示器。指示器应为一只闪烁警告灯，当明暗截止线弯曲肘部的位移发生故障时，发出闪烁警告光线。

4.3.2.10 其他要求

上述4.1.5.2的要求不适用于近光灯。

如果近光灯使用光通量超过2 000 lm的光源，必须配备符合GB 21260要求的前照灯清洗器，并且上述4.3.2.6.2.2的要求将不适用。

只有符合GB 21259和GB 4599的近光灯才能用于实现弯道照明。

如果弯道照明是通过水平移动整个光束或明暗截止线弯曲肘部来实现，那么只有在车辆前行时才能被开启；对于右行交通右转弯时，本条要求不适用。

4.3.3 转向信号灯

4.3.3.1 配备：汽车和挂车必须配备。布局A适用于各种汽车，布局B只适用于挂车。

4.3.3.2 数量：根据布局而定。

4.3.3.3 布局：见图 4a)和图 4b)。

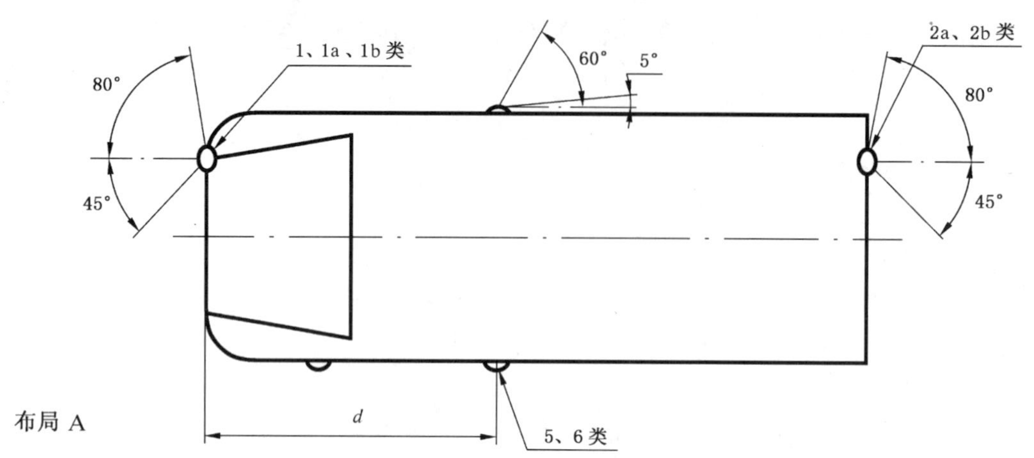

布局 A

侧转向信号灯向后的可见度死角上限为 5°，$d \leqslant 1.80$m。
（对于M_1和N_1类车辆 $d \leqslant 2.50$m）

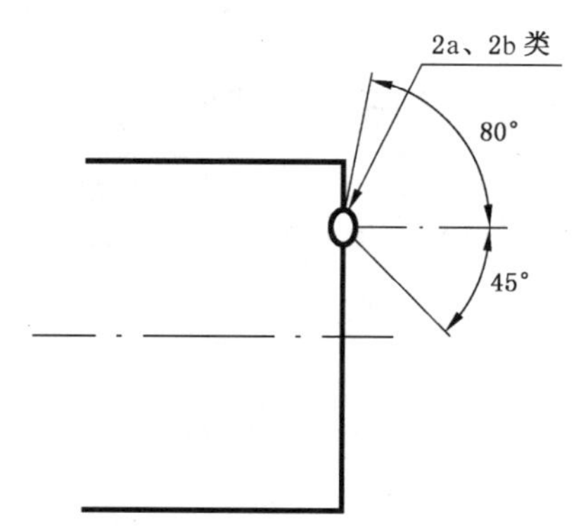

布局 B

a） 布局

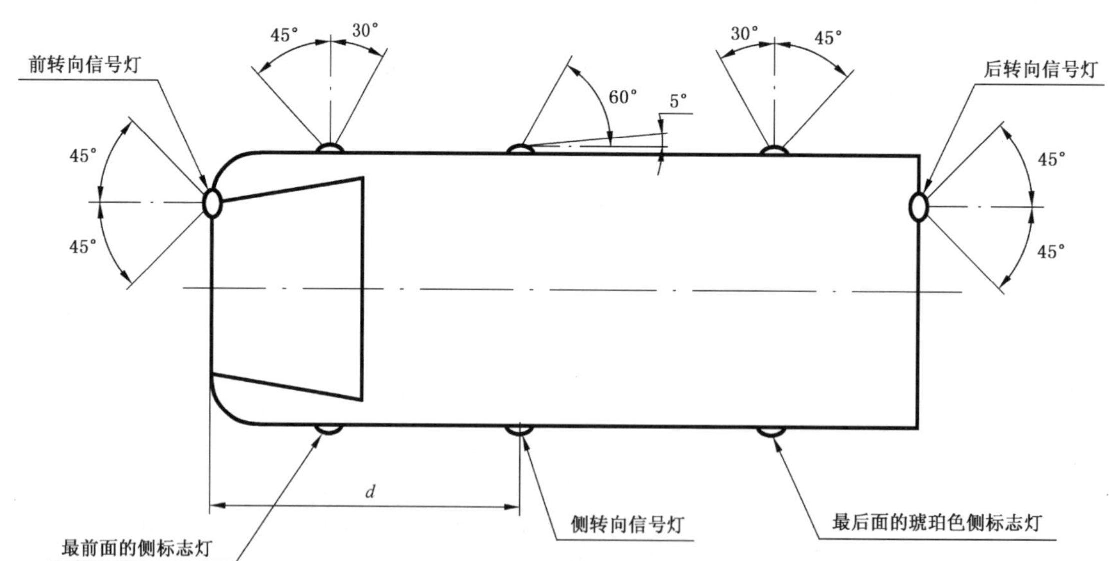

侧转向信号向后的可见度死角上限为 5°，$d \leqslant 2.50$m。

b） 对于 M_1 类和 N_1 类车辆，转向信号灯按制造商决定的布局

图 4 转向信号灯布局

4.3.3.3.1 布局 A 适用于各种汽车。

4.3.3.3.1.1 2 只前转向信号灯：若在基准轴线方向上，该转向信号灯的视表面边缘与相邻近光灯或前雾灯的视表面边缘间距离不小于 40 mm，则配备 2 只 1 类、或 1a 类、或 1b 类前转向信号灯。

若上述间距为大于 20 mm，小于 40 mm，则配备 2 只 1a 类、或 1b 类前转向信号灯。

若上述间距不大于 20 mm，则配备 2 只 1b 类前转向信号灯。

4.3.3.3.1.2 2 只(2a 类或 2b 类)后转向信号灯。对于 M_2、M_3、N_2 和 N_3 类车辆，2 只选装的 2a 类或 2b 类后转向信号灯。

4.3.3.3.1.3 2 只第 5 类或第 6 类侧转向信号灯(最低要求)：

第 5 类适用于 M_1 类车辆，以及长度不大于 6 m 的 N_1、M_2 和 M_3 类车辆。

第 6 类适用于 N_2 和 N_3 类车辆，以及长度大于 6 m 的 N_1、M_2 和 M_3 类车辆。

在所有情况下，允许使用第 6 类侧转向信号灯代替第 5 类。

当配备的转向信号灯兼有前转向信号灯(1、1a、1b 类)和侧转向信号灯(5 类或 6 类)功能时，为满足 4.3.3.5 几何可见度要求可以再配备 2 只附加的侧转向信号灯(5 类或 6 类)。

4.3.3.3.2 布局 B：只适用于挂车。2 只(2a 类或 2b 类)后转向信号灯。对于 O_2、O_3 和 O_4 类车辆，2 只选装的(2a 类或 2b 类)后转向信号灯。

4.3.3.4 安装位置

4.3.3.4.1 横向：在基准轴线方向上，离车辆纵向对称平面最远的视表面边缘，到车辆外缘端面之间的距离应不大于 400 mm。本条件不适用于选装的后转向信号灯。

在基准线方向上，两相邻视表面内边缘之间的距离应不小于 600 mm。

若车辆宽度小于 1 300 mm，上述间距离可减至 400 mm。

4.3.3.4.2 离地高度

4.3.3.4.2.1 第 5 或第 6 类转向信号灯透光面的离地高度，从最低点测量，对于 M_1 类和 N_1 类车辆应不小于 350 mm，对于其他类车辆，应不小于 500 mm，从最高点测量应不大于 1 500 mm。

4.3.3.4.2.2 第 1、1a、1b、2a 和 2b 类转向信号灯的离地高度，按 4.1.8 规定测量时应不小于 350 mm，不大于 1 500 mm。

4.3.3.4.2.3 若车型结构不能保证上述的诸离地高度上限，则第 5 和第 6 类侧转向信号灯为不大于 2 300 mm，第 1、1a、1b、2a 和 2b 类转向信号灯为不大于 2 100 mm。

4.3.3.4.2.4 选装灯的安装，在兼顾横向安装位置(4.3.3.4.1)、灯具对称性和车身形状的情况下，应位于尽可能高处，与必须配备灯具间的垂直距离应不小于 600 mm。

4.3.3.4.3 纵向

侧转向信号灯(第 5 和第 6 类)透光面到标志车辆全长前边界的横向平面的距离应不大于 1 800 mm。然而，对于 M_1 类和 N_1 类车辆以及其他类车辆，当车型结构不能保证最小几何可见度角时，该距离可增至为不大于 2 500 mm(见图 4a)和图 4b))。

4.3.3.5 几何可见度

水平方向角：见图 4a)。

垂直方向角：对于第 1、1a、1b、2a、2b 和 5 类转向信号灯为水平面上、下各 15°，若离地高度小于 750 mm，则水平面以下的垂直方向角可减至 5°。对于第 6 类转向信号灯为水平面上 30°，水平面下 5°。若选装灯的离地高度不小于 2 100 mm，则水平面以上的垂直方向角可减至 5°。

或者，根据制造商决定，对于 M_1 类和 N_1 类车辆，前、后转向信号灯和侧标志灯的几何可见度如下：

水平方向角：见图 4b)。

垂直方向角：水平面上、下各 15°。若离地高度小于 750 mm，则水平面以下的垂直方向角可减至5°。

除了第5和第6类侧转向信号灯外，其他灯的无碍观察的视表面必须不小于12.5 cm^2(不包括任何不透光的回复反射器发光面)。

4.3.3.6 方向：根据制造商规定安装。

4.3.3.7 电路连接：转向信号灯的开关应独立于其他的灯。在车辆同一侧的所有转向信号灯，应由一个开关控制同时打开或关闭，并同步闪烁。对于布局符合图4b)规定，长度小于6 m的M_1类和N_1车辆，琥珀色的侧标志灯也应以与转向信号灯相同的频率同相闪烁。

4.3.3.8 指示器：前、后转向信号灯必须配备工作指示器，可以是指示灯(视觉的)或发声器(听觉的)，或者两者兼有。若是指示灯应是闪烁的，当前或后转向信号灯任一发生故障时，该指示灯或熄灭，或不再闪烁，或以另一种明显不同的频率闪烁。若为发生器必须响声清晰，发生故障时声频应明显变化。

对于牵有挂车的汽车，除非汽车上的指示器能够显示出车辆组合上每个转向信号灯的故障，否则应配备一种专用于显示挂车上转向信号灯工作状况的指示灯。

4.3.3.9 其他要求

闪光频率为$(90\pm30)min^{-1}$。

起动光信号开关后，在不大于1 s时间内发光，在1 s～1.5 s时间内首次熄灭。

对于牵有挂车的汽车，牵引车上的转向信号灯控制开关，应能控制挂车上的转向信号灯。

若某一转向信号灯发生故障(短路除外)时，其他转向信号灯必须继续工作，但闪光频率可以不同于上述规定的频率。

4.3.4 **制动灯**

4.3.4.1 配备：S1或S2类装置，各类车辆必须配备；S3类装置，M_1类车辆必须配备，其他类车辆选装。

4.3.4.2 数量：对于各类车辆，S1或S2类制动灯2只、S3类制动灯1只。

4.3.4.2.1 安装S3类制动灯的情况除外，M_2、M_3、N_2、N_3、O_2、O_3和O_4类车辆可以安装2只选装的S1或S2类制动灯。

4.3.4.2.2 当车辆的纵向对称平面不位于固定的车身板而位于可移动部件上，车身板由一或两个可移动部件(如车门)组成，而且在纵向对称平面上又无足够的空间安装1只S3类制动灯，则可以安装2只“D”型S3类制动灯，或在向左、向右偏离车辆纵向对称平面位置上，安装1只S3类制动灯。

4.3.4.3 布局：无特殊要求。

4.3.4.4 安装位置

4.3.4.4.1 横向：对于S1或S2类制动灯：对于M_1和N_1类车辆，在基准轴线方向上离车辆纵向对称平面最远的视表面上的点，到车辆外缘端面之间的距离应不大于400 mm。在基准轴线方向上，视表面内边缘间的距离无特殊要求；对于所有其他类车辆，在基准轴线方向上视表面内边缘间的距离应不小于600 mm。若车宽小于1 300 mm，可减至400 mm。

对于S3类制动灯，其基准中心应位于车辆纵向对称平面上。然而，若按上述4.3.4.2规定，安装2只S3类制动灯时，则应尽量靠近车辆纵向对称平面，并分别位于该平面的两侧。

当按4.3.4.2规定，允许1只S3类制动灯偏离车辆纵向对称平面时，则灯具基准中心偏离前者应不大于150 mm。

4.3.4.4.2 高度

4.3.4.4.2.1 对于S1或S2类制动灯：离地高度应不小于350 mm，不大于1 500 mm。若未安装选装灯具，车型结构不能保证在1 500 mm内；若安装了选装灯具，并按灯具宽度和对称性要求，以及车身结构尽可能高的垂直距离定位高度，使其位于必须配备的灯具以上，且距离不小于600 mm，则可增至

2 100 mm。

4.3.4.4.2.2　对于S3类制动灯：与其视表面下边缘相切的水平面，应不低于与后窗玻璃下边缘相切的水平面150 mm，或其离地高度不小于850 mm。然而，与S3类制动灯视表面下边缘相切的水平面，应高出于与S1或S2类制动灯视表面上边缘相切的水平面。

4.3.4.4.3　纵向：S1或S2类制动灯装在车后，S3类制动灯无特殊要求。

4.3.4.5　几何可见度：见图5。

水平方向角：S1或S2类制动灯：车辆纵向轴线左、右各45°。

S3类制动灯：车辆纵向轴线左、右各10°。

垂直方向角：S1或S2类制动灯：水平面上、下各15°，若安装高度小于750 mm，则水平面以下的垂直方向角可减至5°。对于离地高度不小于2 100 mm的选装灯具，水平面以上的垂直方向角可减至5°。

S3类制动灯：水平面上10°，水平面下5°。

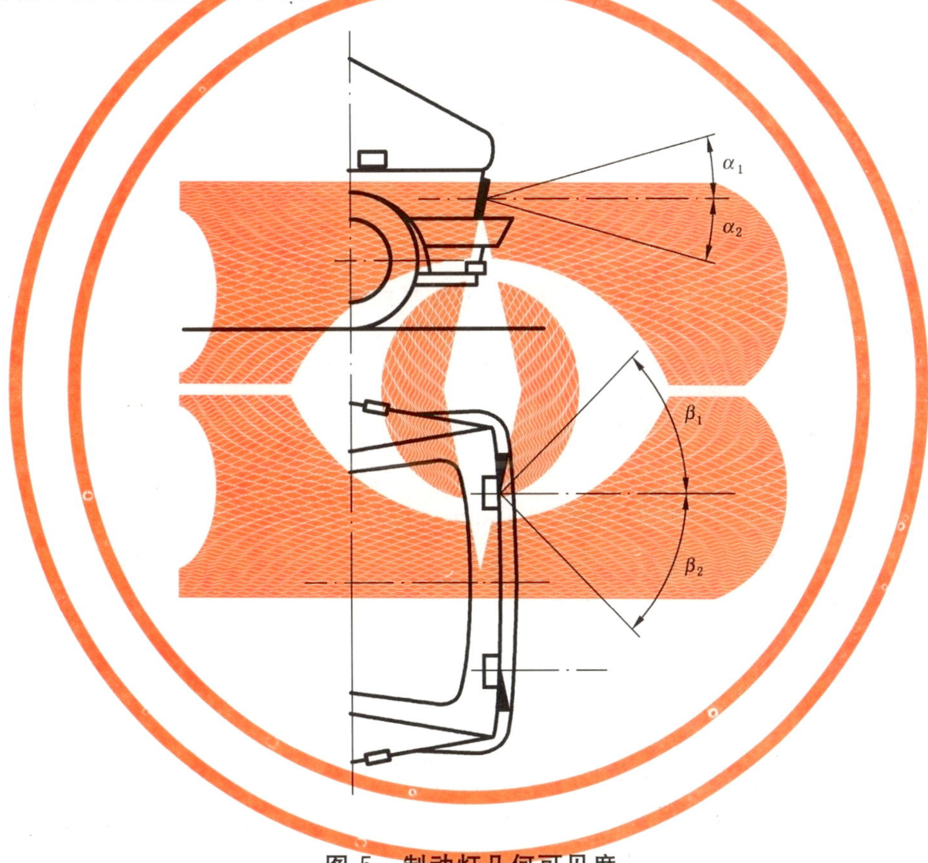

图5　制动灯几何可见度

4.3.4.6　方向：朝后。

4.3.4.7　电路连接：当使用行车制动装置时，制动灯应点亮。

制动灯可以使用缓速器或类似装置点亮。

4.3.4.8　指示器：选用。若配备，则应是一种非闪烁的报警工作指示灯，当制动灯发生故障时，该指示灯亮。

4.3.4.9　其他要求

4.3.4.9.1　S3类制动灯不应与其他任何灯混合。

4.3.4.9.2　S3类制动灯可以安装在车辆外部或内部。若安装在车内，要求其发射光不应通过后视镜或车辆的其他表面（如后窗玻璃），而引起的驾驶员的不舒适感。

4.3.5 **后牌照板照明装置(牌照灯)**

4.3.5.1 配备:必须配备。

4.3.5.2 数量:根据牌照板的照明要求而定。

4.3.5.3 布局:根据牌照板的照明要求而定。

4.3.5.4 安装位置:横向、高度、纵向均根据牌照板的照明要求而定。

4.3.5.5 几何可见度:根据牌照板的照明要求而定。

4.3.5.6 方向:根据牌照板的照明要求而定。

4.3.5.7 电路连接:按 4.1.11 规定。

4.3.5.8 指示器:选用。若配备,其功能应由前、后位置灯指示器完成。

4.3.5.9 其他要求

当牌照灯与后位灯复合,与制动灯或后雾灯混合时,则在制动灯或后雾灯点亮期间,牌照灯的光度特性可以予以修正。

4.3.6 **前位灯**

4.3.6.1 配备:汽车和宽度大于 1 600 mm 的挂车必须配备。宽度不大于 1 600 mm 的挂车允许选装。

4.3.6.2 数量:2 只。

4.3.6.3 布局:无特殊要求。

4.3.6.4 安装位置

4.3.6.4.1 横向:在基准轴线方向上,离车辆纵向对称平面最远的视表面上的点,到车辆外缘端面的距离,应不大于 400 mm。

对于挂车,上述间距应不大于 150 mm。

在基准轴线方向上,两视表面内边缘间的距离,对于 M_1 和 N_1 类车辆无特殊要求;对于其他车辆应不小于 600 mm。

若车宽小于 1 300 mm,上述间距可减至 400 mm。

4.3.6.4.2 高度:离地高度不小于 350 mm,不大于 1 500 mm。对于 O_1 和 O_2 类车辆,或者,若车型结构不能保证在 1 500 mm 内的其他类车辆,可增至 2 100 mm。

4.3.6.4.3 纵向:无特殊要求。

4.3.6.4.4 当前位灯与其他灯混合时,必须使用其他灯在基准轴线方向上的视表面来验证是否满足 4.3.6.4.1 至 4.3.6.4.3 的位置要求。

4.3.6.5 几何可见度:2 只位置灯的水平方向角为向内 45°,向外 80°。对于挂车向内的水平方向角可减至 5°。垂直方向角为水平面上、下各 15°。当灯的离地高度小于 750 mm 时,水平面以下的垂直方向角可减至 5°,见图 6。

对于 M_1 和 N_1 类车辆,按制造商决定,若用前侧标志灯替代前位灯时,则为:

水平方向角:向外、向内各 45°。

垂直方向角:水平面上、下各 15°。若灯离地高度小于 750 mm。则水平面以下的垂直方向角可减至 5°。

为了可见,灯的无碍观察的视表面必须不小于 12.5 cm^2(不包括任何不透光的回复反射器的发光面)。

4.3.6.6 方向:朝前。

4.3.6.7 电路连接:按 4.1.11 规定。

4.3.6.8 指示器:必须配备接通指示器。该指示器应是非闪烁的,若仪表灯只能与前位灯同时打开,则可省去。

4.3.6.9 其他要求：无。

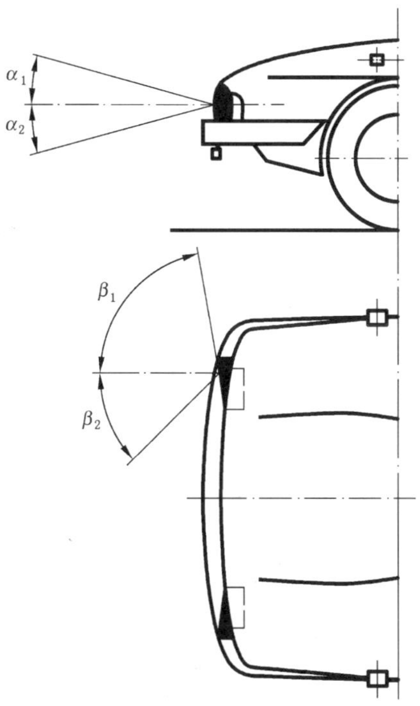

图 6 前位灯几何可见度

4.3.7 后位灯

4.3.7.1 配备：必须配备。

4.3.7.2 数量：2 只。安装示廓灯的情况除外，M_2、M_3、N_2、N_3、O_2、O_3 和 O_4 类车辆可以安装 2 只选装的后位灯。

4.3.7.3 布局：无特殊要求。

4.3.7.4 安装位置

4.3.7.4.1 横向：在基准轴线方向上，离车辆纵向对称平面最远的视表面上的点到车辆外缘端面的距离应不大于 400 mm。此规定不适用选装的后位灯。在基准轴线方向上，两视表面内缘间的距离，对于 M_1 和 N_1 类车辆，无特殊要求；对于其他类车辆，应不小于 600 mm，若车宽小于 1 300 mm，则该距离可减至为不小于 400 mm。

4.3.7.4.2 高度：离地高度不小于 350 mm，不大于 1 500 mm，若未安装选装灯具，车型结构不能保证在 1 500 mm 内，则可增至 2 100 mm；若安装了选装灯具，其高度应与上述 4.3.7.4.1 横向位置相适应，并按灯具对称性要求，以及车身结构尽可能高的垂直距离定位高度，使其位于必须配备的灯具以上，且距离不小于 600 mm。

4.3.7.4.3 纵向：装在车后。

4.3.7.5 几何可见度：见图 7。

水平方向角：向内 45°，向外 80°。

垂直方向角：水平面上、下各 15°，若灯的离地高度小于 750 mm，则水平面以下的垂直方向角可减至 5°。对于选装灯，若离地高度不小于 2 100 mm，则水平面以上的垂直方向角可减至 5°。

对于 M_1 和 N_1 类车辆，按制造商决定，用后侧标志灯替代后位灯时，则为：

水平方向角：向内、向外各 45°。

垂直方向角：水平面上、下各 15°。若灯的离地高度小于 750 mm。则水平面以下的垂直方向角可减至 5°。

为了可见，灯的无碍观察的视表面必须不小于 12.5 cm^2（不包括任何不透光的回复反射器发光面）。

4.3.7.6 方向：朝后。

4.3.7.7 电路连接：按 4.1.11 规定。

4.3.7.8 指示器：必须配备接通指示器，并应由前位灯的指示器完成。

4.3.7.9 其他要求：无。

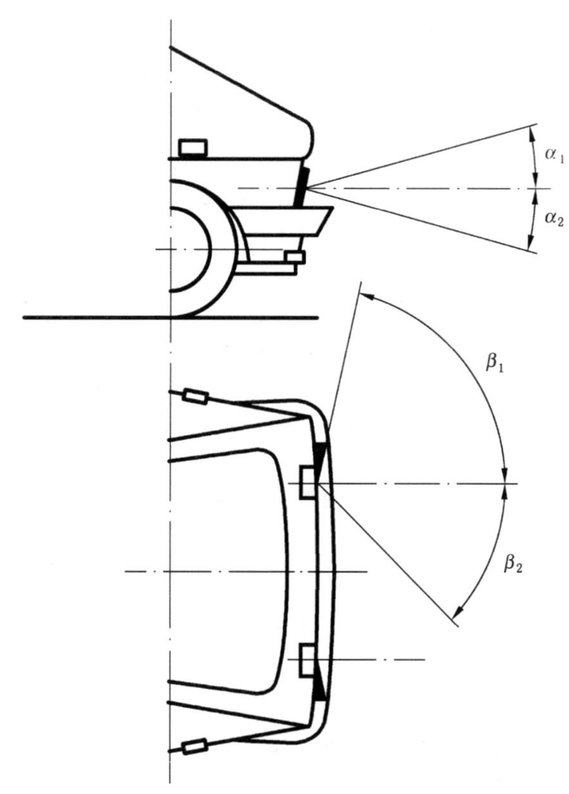

图 7 后位灯几何可见度

4.3.8 非三角形后回复反射器

4.3.8.1 配备：汽车必须配备。挂车可以选装与其他后信号装置组合的非三角形后回复反射器。

4.3.8.2 数量：2 只。其性能应符合ⅠA 类或ⅠB 类回复反射器的要求。只要不损害必须配备的照明和光信号装置的有效性，允许安装和使用附加的回复反射器和回复反射材料。

4.3.8.3 布局：无特殊要求。

4.3.8.4 安装位置

4.3.8.4.1 横向：离车辆纵向对称平面最远的发光面上的点到车辆外缘端面间的距离应不大于 400 mm；在基准轴线方向上，回复反射器两视表面内边缘间的距离：对于 M_1 和 N_1 类车辆，无特殊要求；对于其他类车辆，应不小于 600 mm，若车宽小于 1 300 mm，则该间距可为不小于 400 mm。

4.3.8.4.2 高度：离地高度不小于 250 mm，不大于 900 mm。若车型结构不能保证在 900 mm 内，可增至 1 500 mm。

4.3.8.4.3 纵向：装在车后。

4.3.8.5 几何可见度：见图 8。

水平方向角：向内、向外各 30°。

垂直方向角:水平面上、下各10°,若回复反射器的离地高度小于750 mm,则水平面以下的垂直方向角可减至5°。

4.3.8.6 方向:朝后。

4.3.8.7 其他要求:回复反射器的发光面可与装在车后其他灯的视表面部分共有。

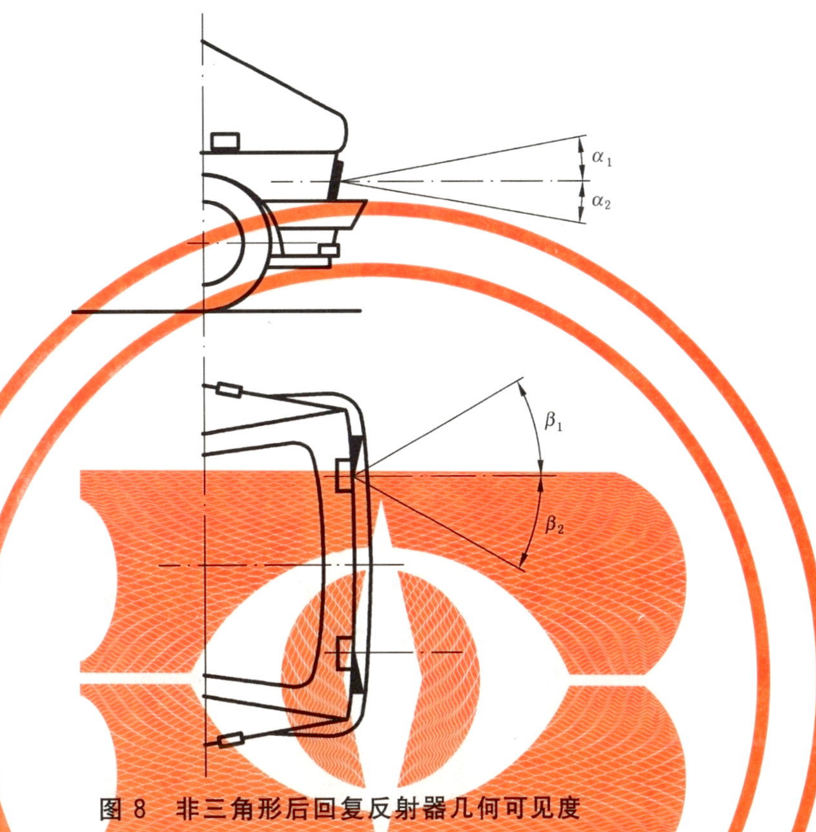

图8 非三角形后回复反射器几何可见度

4.3.9 三角形后回复反射器

4.3.9.1 配备:挂车必须配备。汽车禁止使用。

4.3.9.2 数量:2只。其性能应符合ⅢA类回复反射器的要求。只要不损害必须配备的照明和光信号装置的有效性,允许安装和使用附加的回复反射器和回复反射材料。

4.3.9.3 布局:三角形顶端必须朝上。

4.3.9.4 安装位置

4.3.9.4.1 横向:离车辆纵向对称平面最远的发光面上的点到车辆外缘端面间的距离应不大于400 mm,回复反射器内边缘的距离应不小于600 mm,若车宽小于1 300 mm,则该距离可减至为不小于400 mm。

4.3.9.4.2 高度:离地高度不小于250 mm,不大于900 mm。若车型结构不能保证在900 mm内,可增至1 500 mm。

4.3.9.4.3 纵向:装在车后。

4.3.9.5 几何可见度:见图9。

水平方向角:向内、向外各30°。

垂直方向角:水平面上、下各15°,若回复反射器的离地高度小于750 mm,则水平面以下的垂直方向角可减至5°。

4.3.9.6 方向:朝后。

4.3.9.7 其他要求:在三角形内不能装灯。

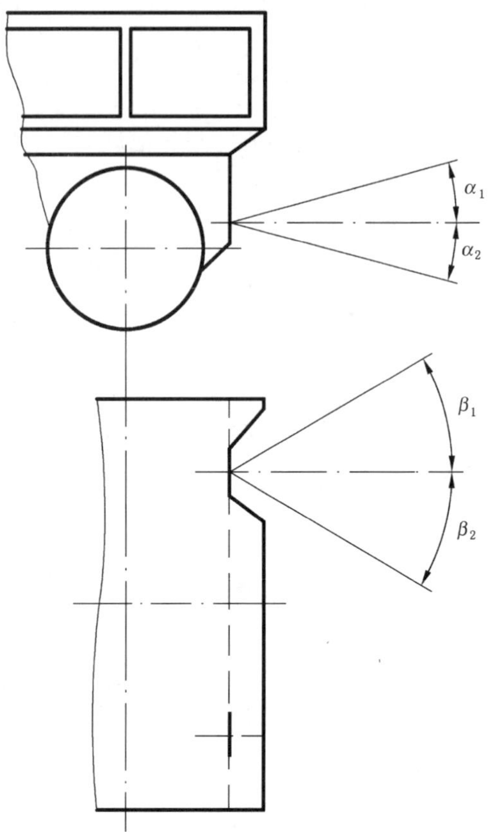

图9 三角形后回复反射器几何可见度

4.3.10 非三角形前回复反射器

4.3.10.1 配备:挂车和装有可藏反射镜所有前部灯的车辆必须配备;其他车辆选装。

4.3.10.2 数量:2只。其性能应符合ⅠA类或ⅠB类回复反射器的要求,只要不损害必须配备的照明和光信号装置的有效性,允许安装和使用附加的回复反射器和回复反射材料。

4.3.10.3 布局:无特殊要求。

4.3.10.4 安装位置

4.3.10.4.1 横向:离车辆纵向对称平面最远的发光面上的点到车辆外缘端面间的距离应不大于400 mm,对于挂车,该距离应不大于150 mm。在基准轴线方向上,回复反射器两视表面内边缘间的距离:对于M_1和N_1类车辆,无特殊要求;对于其他类车辆,应不小于600 mm,若车宽小于1 300 mm,则该距离可减至为不小于400 mm。

4.3.10.4.2 高度:离地高度不小于250 mm,不大于900 mm。若车型结构不能保证在900 mm内,可增至1 500 mm。

4.3.10.4.3 纵向:装在车前。

4.3.10.5 几何可见度:见图10。

水平方向角:向内、向外各为30°;对于挂车向内的水平方向角可减至10°。若由于挂车的结构,必须配备的回复反射器不能满足上述角度要求,则应安装横向安装位置不受限制的附加(补充)回复反射器,它们与必须配备的回复反射器一起,应满足必需的可见度角要求。

垂直方向角:水平面上、下各10°,若回复反射器的离地高度小于750 mm,则水平面以下的垂直方向角,可减至5°。

4.3.10.6 方向:朝前。

4.3.10.7 其他要求:回复反射器的发光面可与装在车前其他灯的视表面部分共有。

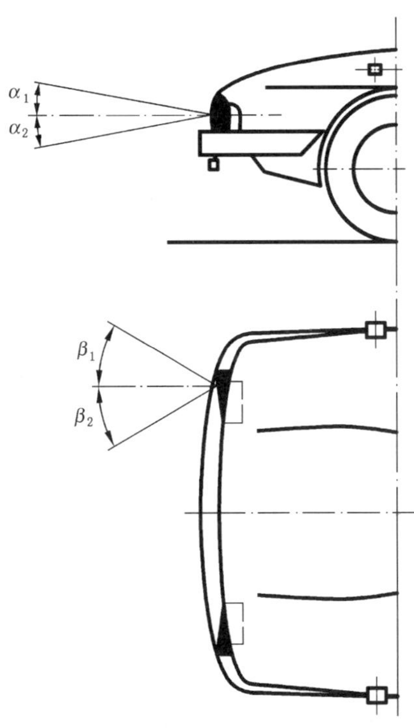

图 10　非三角形前回复反射器几何可见度

4.3.11　非三角侧回复反射器。

4.3.11.1　配备:长度大于 6 m 的汽车和所有挂车必须配备。长度不大于 6 m 的汽车和所有挂车可以选装。

4.3.11.2　数量:满足纵向定位要求。其性能应符合ⅠA 类或ⅠB 类回复反射器要求。只要不损害必须配备的照明和光信号装置的有效性,允许安装和使用附加的回复反射器和回复反射材料。

4.3.11.3　布局:无特殊要求。

4.3.11.4　安装位置

4.3.11.4.1　横向:无特殊要求。

4.3.11.4.2　高度:离地高度不小于 250 mm,不大于 900 mm。若车型结构不能保证在 900 mm 内,可增至 1 500 mm。

4.3.11.4.3　纵向:在车辆的中间 1/3 范围内至少安装一只侧回复反射器,最前面的侧回复反射器离车辆前端不大于 3 m。然而,本规定不适用 M_1 和 N_1 类车辆;对于挂车,车长应包括牵引杆长度。相邻两侧回复反射器间的距离应不大于 3 m。

若车型结构不能满足上述要求,则该间距可增至 4 m。最后面的侧回复反射器离车辆后端应不大于 1 m。

然而,对于车长不大于 6 m 的汽车,在车辆总长的前或后 1/3 范围内,配备一只侧回复反射器即满足要求。

4.3.11.5　几何可见度:见图 11。

水平方向角:向前和向后各 45°。

垂直方向角:水平面上、下各 10°。若离地高度小于 750 mm,则水平面以下的垂直方向角可减至 5°。

4.3.11.6　方向:朝向侧面。

4.3.11.7　其他要求:侧回复反射器的发光面可与装在车侧其他灯的视表面部分共有。

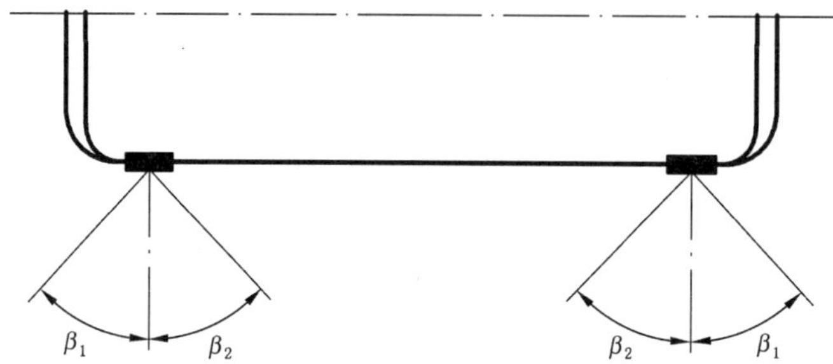

图 11 非三角形侧回复反射器几何可见度

4.3.12 **危险警告信号**

4.3.12.1 配备:必须配备。危险警告信号应由诸转向信号灯同时工作发出。

4.3.12.2 数量:按 4.3.3.2 规定。

4.3.12.3 布局:按 4.3.3.3 规定。

4.3.12.4 安装位置:

4.3.12.4.1 横向:按 4.3.3.4.1 规定。

4.3.12.4.2 高度:按 4.3.3.4.2 规定。

4.3.12.4.3 纵向:按 4.3.3.4.3 规定。

4.3.12.5 几何可见度:按 4.3.3.5 规定。

4.3.12.6 方向:按 4.3.3.6 规定。

4.3.12.7 电路连接:由单独配置的开关打开各转向信号灯,并同步闪烁。对于长度小于 6 m 的 M_1 和 N_1 类车辆,其布局符合图 4b)规定,琥珀色侧标志灯也应以与转向信号灯相同的频率同相位闪烁。

4.3.12.8 指示器:必须配备接通指示器。闪光警告指示灯可与 4.3.3.8 规定的指示器一起工作。

4.3.12.9 其他要求:按 4.3.3.9 规定,对于牵有挂车的汽车,危险警告信号控制开关也应能打开挂车上的所有转向信号灯,即使在发动机控制装置处于不能再行启动的情况下,应仍能发出危险警告信号。

4.3.13 **前雾灯**

4.3.13.1 配备:汽车选装。挂车禁止使用。

4.3.13.2 数量:2 只。

4.3.13.3 布局:无特殊要求。

4.3.13.4 安装位置

4.3.13.4.1 横向:在基准轴线方向上,离车辆纵向对称平面最远的视表面上的点到车辆外缘端面的距离应不大于 400 mm。

4.3.13.4.2 高度:离地高度不小于 250 mm,对于 M_1 类车辆,不大于 800 mm;对于其他车辆,无最大离地高度规定。在基准轴线方向上,整个视表面应在近光灯视表面最高点以下。

4.3.13.4.3 纵向:装在车前。要求该灯的发射光不直接或间接地通过后视镜或车辆其他反射面,而引起驾驶员的不舒适感。

4.3.13.5 几何可见度：由3.10定义的α和β来度量。见图12。

α角：向上、向下均为5°，β角：向外45°、向内10°。

4.3.13.6 方向：朝前。其方向不随转向角变化，发射光不应对迎面驾驶员和其他使用道路者造成眩目或不舒适感。

4.3.13.7 电路连接：前雾灯的控制开关必须独立于远光灯、近光灯或任何远近光灯。

4.3.13.8 指示器：必须配备接通指示器，一种独立的非闪烁型指示灯。

4.3.13.9 其他要求：无。

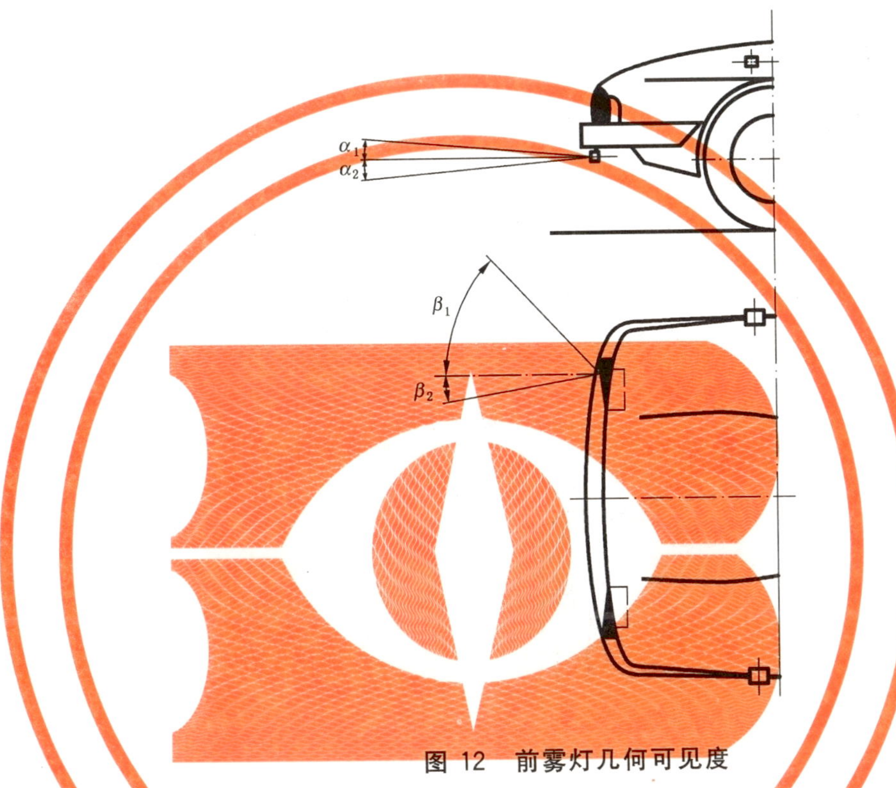

图12 前雾灯几何可见度

4.3.14 **后雾灯**

4.3.14.1 配备：必须配备。

4.3.14.2 数量：1只或2只。

4.3.14.3 布局：无特殊要求。

4.3.14.4 安装位置

4.3.14.4.1 横向：若只配备1只后雾灯，则应安装在车辆前进方向的左侧，其基准中心也可位于车辆纵向对称平面上。

4.3.14.4.2 高度：离地高度不小于250 mm，不大于1 000 mm。对于N_3G类(越野)车辆，最大离地高度可增至1 200 mm。

4.3.14.4.3 纵向：装在车后。

4.3.14.5 几何可见度：由3.10定义的α和β角来度量。见图13。

α角：向上、向下均为5°，β角：向左、向右均为25°。

4.3.14.6 方向：朝后。

4.3.14.7 电路连接：必须满足下述要求：

4.3.14.7.1 只有当远光灯、近光灯或前雾灯打开时，后雾灯才能打开。

4.3.14.7.2 后雾灯可以独立于任何其他灯而关闭。

4.3.14.7.3 应满足以下两个要求之一：

4.3.14.7.3.1 后雾灯可以连续工作，直至位置灯关闭时为止。之后，一直处于关闭状态，直至再次打开。

4.3.14.7.3.2 除了必须配备的指示器外(4.3.14.8)，应至少配备一种音响报警装置，无论远光灯、近光灯或前雾灯开着与否，当点火开关关闭、或点火钥匙取出、驾驶员门未关的同时，后雾灯开着时，给出报警信号。

4.3.14.7.4 除了上述4.3.14.7.1和4.3.14.7.3要求外，后雾灯的工作应不受其他任何灯开、关的影响。

4.3.14.8 指示器：必须配备接通指示器，该指示器是一种独立的非闪烁警告指示灯。

4.3.14.9 其他要求：在所有情况下，后雾灯与每个制动灯的间距应大于100 mm。

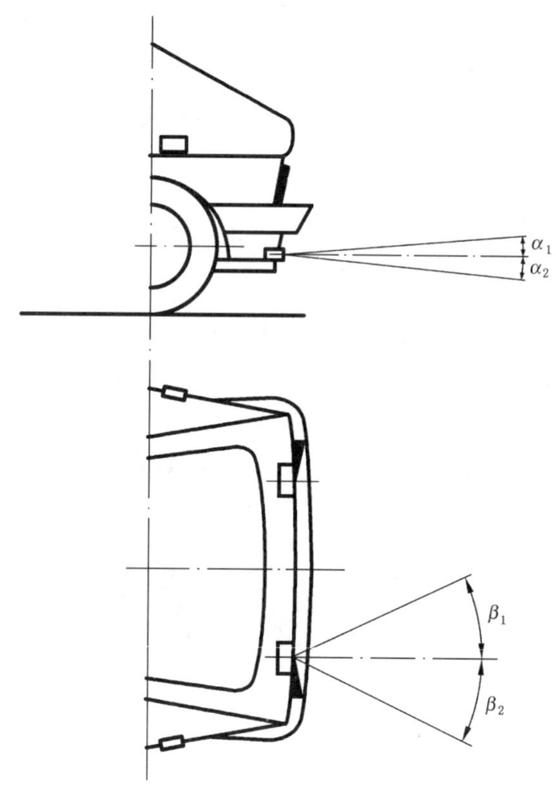

图 13 后雾灯几何可见度

4.3.15 倒车灯

4.3.15.1 配备：汽车和O_2、O_3和O_4类挂车必须配备。O_1类挂车选装。

4.3.15.2 数量

4.3.15.2.1 对于M_1类和长度不大于6 m的所有其他车辆，必须配备1只，选装1只。

4.3.15.2.2 除了M_1类车辆外，对于长度大于6 m的所有车辆必须配备2只，选装2只。

4.3.15.3 布局：无特殊要求。

4.3.15.4 安装位置

4.3.15.4.1 横向：无特殊要求。

4.3.15.4.2 高度：离地高度不小于250 mm，不大于1 200 mm。

4.3.15.4.3 纵向：装在车后。如果根据4.3.15.2.2在车后或车侧面安装了2只选装倒车灯，那么该选装灯应符合4.3.15.5和4.3.15.6的要求。

4.3.15.5 几何可见度：由3.10定义的α和β角来度量。见图14。

α 角:向上 15°,向下 5°。

β 角:向左、向右均为 45°(1 只倒车灯),向外 45°,向内 30°(2 只倒车灯)。

对于根据 4.3.15.2.2 在车侧面安装的选装倒车灯,它的基准轴线必须在水平面上,且与车辆纵向对称面成 10°±5°角

4.3.15.6 方向:朝后或侧面。

4.3.15.7 电路连接:只有当倒车齿轮处于啮合状态,而且发动机的点、熄火控制装置处于使发动机能工作的状态时,倒车灯才能打开,否则就打不开。

4.3.15.8 指示器:选用。

4.3.15.9 其他要求:无。

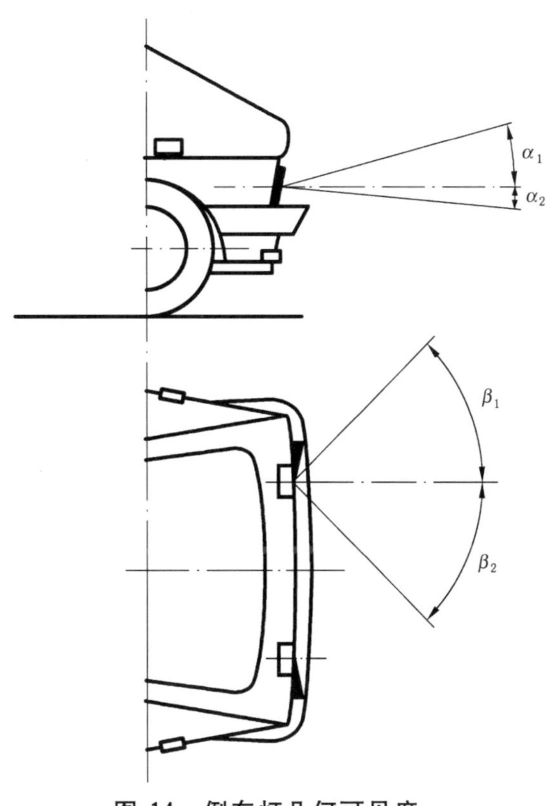

图 14 倒车灯几何可见度

4.3.16 驻车灯

4.3.16.1 配备:长度不大于 6 m 和宽度不大于 2 m 的汽车选装,其他车辆禁用。

4.3.16.2 数量:根据布局而定。

4.3.16.3 布局:车前和车后各 2 只,或车辆两侧各 1 只。

4.3.16.4 安装位置

4.3.16.4.1 横向:在基准轴线方向上,离车辆纵向对称平面最远的视表面上的点,到车辆外缘端面的距离应不大于 400 mm,而且两只驻车灯必须安装在车辆两侧。

4.3.16.4.2 高度:对于 M_1 和 N_1 类车辆,无特殊要求;对于其他车辆,离地高度不小于 350 mm,不大于 1 500 mm。若车型结构不能保证在 1 500 mm 内,则可增至为 2 100 mm。

4.3.16.4.3 纵向:无特殊要求。

4.3.16.5 几何可见度:见图 15。

水平方向角;向外、向前和向后均为 45°。

垂直方向角:水平面上、下各为 15°,若灯的离地高度小于 750 mm,则水平面以下的垂直方向角可减至 5°。

4.3.16.6 方向:应满足向前和向后的可见度要求。

4.3.16.7 电路连接:与其他任何灯无关,应能单独打开车辆同一侧的驻车灯,甚至当发动机的点、熄火控制装置处于使发动机不能工作的状态时,也应能打开驻车灯。

4.3.16.8 指示器:接通指示器选用。若选用,不应与前、后位灯的指示器混淆。

4.3.16.9 其他要求:驻车灯的功能可由同时打开车辆同一侧的前、后位灯来实现。

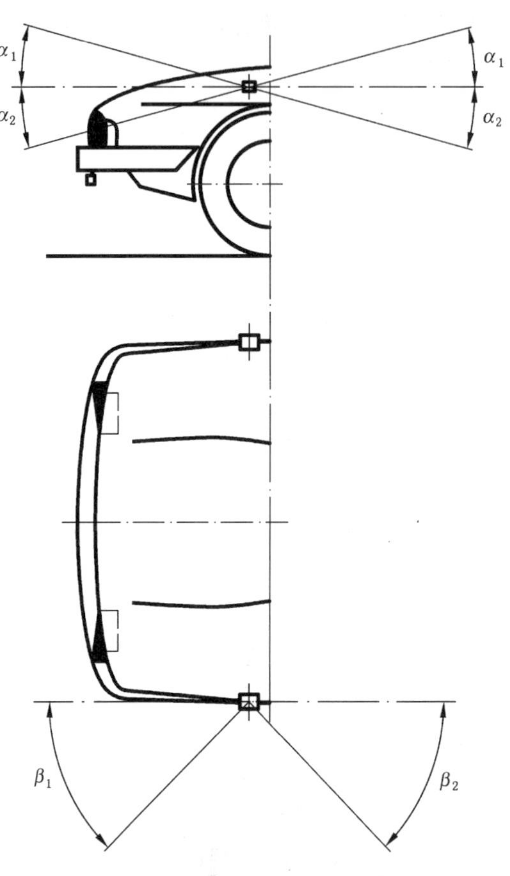

图 15 驻车灯几何可见度

4.3.17 示廓灯

4.3.17.1 配备:宽度大于 2.10 m 的车辆必须配备。宽度介于 1.80 m~2.10 m 的车辆选装。带驾驶室的底盘选装后示廓灯。

4.3.17.2 数量:车前 2 只,车后 2 只。

4.3.17.3 布局:无特殊要求。

4.3.17.4 安装位置

4.3.17.4.1 横向

前和后:尽量靠近车辆的外缘端面。当在基准轴线方向上,离车辆纵向对称平面最远的视表面上的点到车辆外缘端面间的距离不大于 400 mm 时,就满足该要求。

4.3.17.4.2 高度

前:对于汽车,在基准轴线方向上,与视表面上边缘相切的水平面,应不低于与挡风玻璃上边缘相切的水平面。

对于挂车和半挂车,在考虑车宽,设计和操作要求,以及灯的对称性的情况下,尽可能达到最大高度。

后:在考虑车宽,设计和操作要求,以及灯的对称性的情况下,尽可能达到最大高度。

4.3.17.4.3 纵向:无特殊要求。

4.3.17.5 几何可见度：见图16。

水平方向角：向外80°。

垂直方向角：水平向上5°，向下20°。

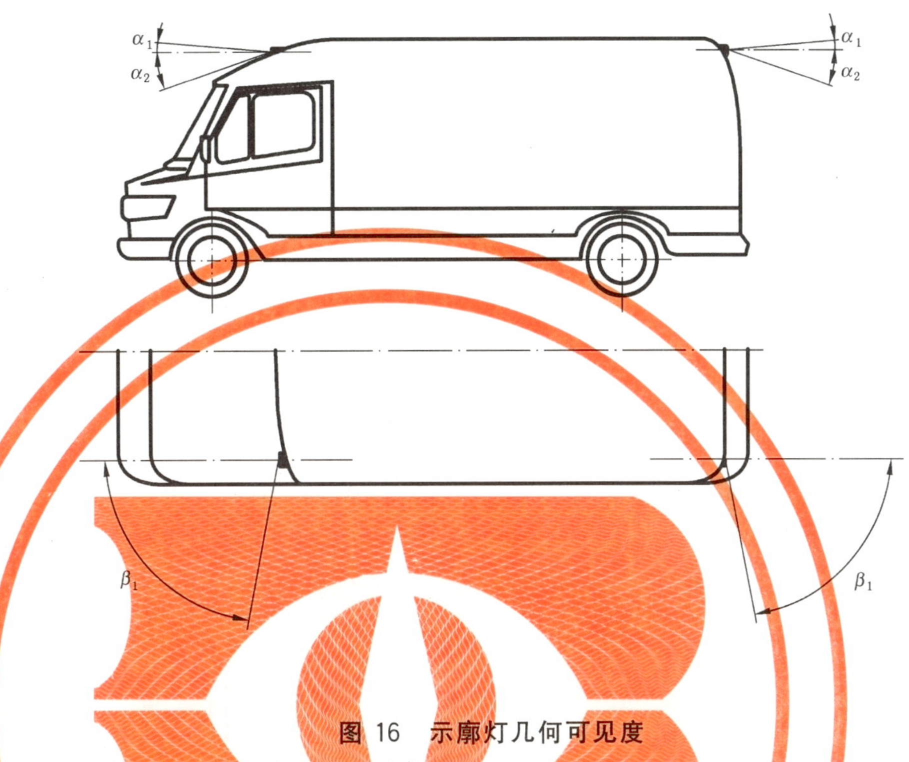

图16 示廓灯几何可见度

4.3.17.6 方向：满足朝前或朝后可见度要求。

4.3.17.7 电路连接：按4.1.11规定。

4.3.17.8 指示器：选用。若选用，其功能应由前、后位灯指示器完成。

4.3.17.9 其他要求

只要满足所有其他要求，则位于车辆同侧的车前可见的示廓灯和车后可见的示廓灯，可以复合成一种装置。

示廓灯与相应位置灯的相对位置要求如下，即在两灯各自的基准轴线方向上，视表面上最相邻的点在一横向垂直平面内的投影间距应不小于200 mm。

4.3.18 侧标志灯

4.3.18.1 配备：除了带驾驶室底盘外，长度大于6 m的车辆必须配备。挂车长度的计算应包括牵引杆。SM1类侧标志灯适用于各类车辆。SM2侧标志灯可适用于M_1类车辆。此外，在长度小于6 m的M_1和N_1类车辆上，可使用侧标志灯来补充前位灯和后位灯减小的几何可见度，使之符合各自的规定(4.3.6.5和4.3.7.5)。其他类车辆可以选装SM1或SM2侧标志灯。

4.3.18.2 每侧的最少数量：满足纵向定位要求。

4.3.18.3 布局：无特殊要求。

4.3.18.4 安装位置

4.3.18.4.1 横向：无特殊要求。

4.3.18.4.2 高度：离地高度不小于250 mm，不大于1 500 mm。若车型结构不能保证1 500 mm内，则可增加至2 100 mm。

4.3.18.4.3 纵向：至少有1只侧标志灯必须安装在车辆的中间1/3范围内，最前面的侧标志灯离车辆前端不大于3 m；对于挂车，距离测量应计入牵引杆的长度。

两相邻侧标志灯的间距应不大于 3 m，若车型结构不能保证在 3 m 内，则可增至 4 m。

最后面的侧标志灯离车辆后端应不大于 1 m。

然而对于车长不大于 6 m 的车辆和带驾驶室底盘，在车辆长度的前或后 1/3 范围内，安装 1 只侧标志灯即满足要求。

4.3.18.5　几何可见度：见图 17。

水平方向角：向前和向后各为 45°。对于选装侧标志灯的车辆，该角度可减至 30°。若车辆上安装了用来补充前、后转向信号灯和/或前、后位灯减小的几何可见度的侧标志灯，使之符合各自的规定(4.3.3.5，4.3.6.5 和 4.3.7.5)，则指向车辆前、后端的角度为 45°，指向车辆中间部分的角度为 30°[见图 4b)]。

垂直方向角：水平面上、下各 10°。若侧标志灯离地高度小于 750 mm，则水平面以下的垂直方向角可减至 5°。

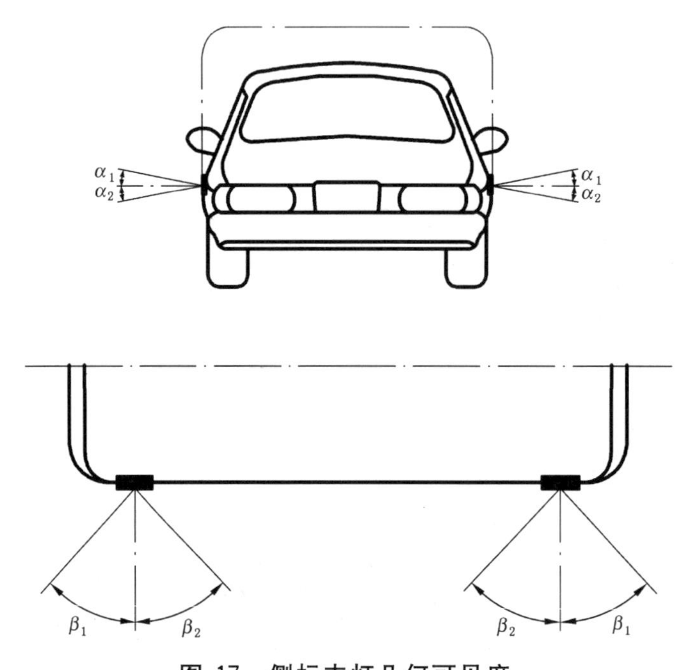

图 17　侧标志灯几何可见度

4.3.18.6　方向：朝向侧面。

4.3.18.7　电路连接：在长度小于 6 m 的 M_1 和 N_1 类车辆上，琥珀色侧标志灯可以与车辆同一侧的转向信号灯相同的频率，同相位闪烁。对于其他类车辆，无特殊规定。

4.3.18.8　指示器：选用。若选用，其功能应由前、后位灯指示器完成。

4.3.18.9　其他要求：当最后面的侧标志灯，与后位灯复合，与后雾灯或制动灯混合时，则在打开后雾灯或制动灯期间，侧标志灯的配光性能可予以修正。

4.3.19　**昼间行驶灯**

4.3.19.1　配备：汽车选装。挂车禁止使用。

4.3.19.2　数量：2 只。

4.3.19.3　布局：无特殊要求。

4.3.19.4　安装位置

4.3.19.4.1　横向：在基准轴线方向上，离车辆纵向对称平面最远的视表面上的点到车辆外缘端面的距离应不大于 400 mm。

在基准轴线方向上，两视表面内缘间的距离应不小于 600 mm，若车宽小于 1 300 mm，则该距离可减至为不小于 400 mm。

4.3.19.4.2 高度：离地高度不小于 250 mm，不大于 1 500 mm。

4.3.19.4.3 纵向：装在车前。若发射光不直接或间接地通过后视镜和/或车辆其他反射表面，引起驾驶员的不舒适感，即满足要求。

4.3.19.5 几何可见度：见图 18

水平方向角：向外、向内各 20°。

垂直方向角：向上、向下各 10°。

4.3.19.6 方向：朝前。

4.3.19.7 电路连接：除了前照灯发出间歇的警告信号外，前照灯打开时，昼间行驶灯应自动关闭。

4.3.19.8 指示器：选用。

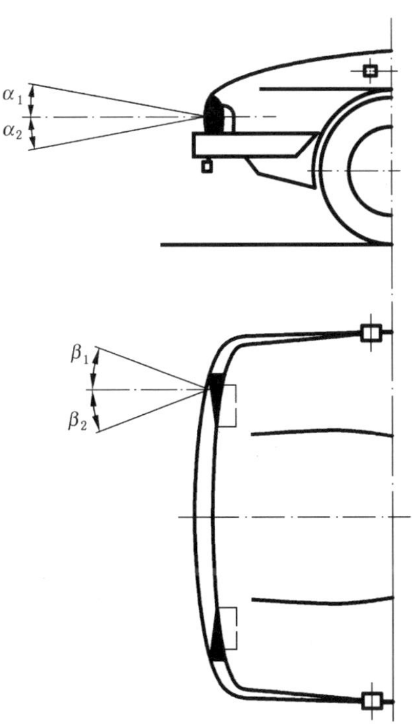

图 18 昼间行驶灯几何可见度

5 试验方法

5.1 灯的位置

本标准 3.5 定义的诸灯具的位置（横向、高度和纵向）应按 3.6、3.7、3.11、3.19 和 4.1.4 规定的通用要求进行检验。

距离的测量值应满足每种灯的各自规定。

5.2 灯的几何可见度

5.2.1 几何可见度应按本标准 3.10 的规定检验。

角度的测量值应满足每种灯的各自规定，但 4.1.3 中规定的±3°安装角度允差除外。

5.2.2 前视红光的不可见度和后视白光的不可见度应按本标准 4.1.10 规定检验。

5.3 近光前照灯的照准

5.3.1 初始向下倾斜度

近光明暗截止线的初始向下倾斜度应设定在相应铭牌数字上。

另一方面，制造商也可将初始照准装定在与铭牌数字不同的数值上，后者可以表示是按附录 D、特别是 D.5 规定的试验方法，进行型式检验的数字。

5.3.2 倾斜度随装载的变化

本条规定，近光光束向下的倾斜度随装载状况的变化应保持在下述范围内：

前照灯安装高度 $h<0.8$：0.2%～2.8%。

前照灯安装高度 $0.8\leqslant h\leqslant 1.0$：

a) 0.2%～2.8%或；

b) 0.7%～3.3%（按制造商在提交检验时选择的照准范围》。

前照灯安装高度 $1.0<h\leqslant 1.2$：0.7%～3.3%。

前照灯安装高度 $h>1.2$：1.2%～3.8%。

对于每种系统调整，应依此使用本标准附录 A 中下述的装载状况：

5.3.2.1 M_1 类车辆：

——A.2.1.1a)；

——A.2.1.1f)；

——A.2.1.2。

5.3.2.2 M_2 和 M_3 类车辆：

——A.2.2a)；

——A.2.2b)。

5.3.2.3 具有承载面的 N 类车辆：

——A.2.3a)；

——A.2.3b)。

5.3.2.4 无承载面的 N 类车辆：

5.3.2.4.1 半挂牵引车：

——A.2.4.1a)；

——A.2.4.1b)。

5.3.2.4.2 全挂牵引车：

——A.2.4.2a)；

——A.2.4.2b)。

5.4 电路连接和指示器

打开由车辆电气系统供电的所有灯具，检查其灯和指示器的功能应符合本标准 4.1.11 至 4.1.13 要求，以及每种灯的特殊规定。

5.5 发光强度

5.5.1 远光前照灯

远光前照灯总的最大发光强度应按本标准 4.3.1.9 规定的方法进行检验，其值应符合 4.3.1.9 要求。

5.6 灯具的配备、数量、光色、布局以及类别应使用目视方法进行检验，包括相应的标记，以及每种灯的特殊规定，应符合本标准第 4 章要求。光色有异议时按 4.2 进行检验。

6 检验规则

6.1 在照明和光信号装置的安装方面所指的同一型式的规定。

在下述基本方面相同的车辆，即认为是同一车辆型式：

a) 车辆的尺寸和外形；

b) 各种装置的安装数量和位置；

c) 前照灯调光系统；

d) 悬挂系统；

e) 以下情况也视作同一型式：

某些车辆虽与上述 a)～d)的含义有所不同，但其差异并不改变对所讨论车型规定的安装灯具的种类、数量、位置和几何可见度，以及近光光束的倾斜度，有无安装、选装灯具。

6.2 型式检验

6.2.1 某种车型照明和光信号装置的型式检验申请，应有该车型制造商提交并附下述文件资料一式三份：

a) 一份有关车型的外形和尺寸、各种装置安装数量和位置、前照灯调光系统和悬挂系统的说明书，并说明限定装载量，特别是行李箱的最大装载量。

b) 一份由制造商规定的照明和光信号装置表格。在该表格内，对每种功能可以列出几种型式的装置；每种型式应给出适当标记(如已经通过型式检验的，则标明国家或国际认证标志，制造商名称等)。此外，对于每种功能可另有备注，注明其等效装置。

c) 一份照明和光信号装置的整体安装图，标明各装置的车辆上的安装位置。

d) 一套能显示每种灯具发光面、透光面、基准轴线和基准中心的外形图，以及一份有关视表面确定方法的说明，但牌照灯除外。

6.2.2 应提交被型式检验车型的空载车辆一辆，其上装有整套照明和光信号装置。按第 5 章进行检验，并符合相应要求。

6.3 生产一致性检验

6.3.1 每辆通过型式检验的车辆，其照明和光信号装置的安装及其特性，按第 5 章进行检验必须符合型式检验的车型。

6.3.2 对连续生产的具有通过本标准型式检验的车辆，必须进行随机抽查。

6.4 符合以上 6.2 或 6.3 相应规定的，则认为通过就外部照明和光信号装置的安装数量和方式对某一种车型的型式检验或一致性检验。

6.5 经型式检验后，车辆型式或照明和光信号装置的变动和扩充，必须通过型式检验的管理部门，由该部门决定是否确认。

附　录　A
（规范性附录）
确定近光光束在垂直方向上变化的各种装载状况

A.1　在以下试验中，每个乘员的计算重量为 75 kg。

A.2　不同车型的装载状况：

A.2.1　M_1 类车辆

A.2.1.1　应在以下装载状况下，确定近光光束的角度：

a)　1 个驾驶员。

b)　1 个驾驶员，离驾驶员最远的前排座位上 1 个乘员。

c)　1 个驾驶员，离驾驶员最远的前排座位上 1 个乘员，最后排的所有座位均坐满乘员。

d)　全部座位均坐满乘员。

e)　全部座位均坐满乘员，加上行李箱内均匀分布的装载，由此达到后轴或前轴（若行李箱设置在前面）的允许轴荷。若车辆前、后各有 1 个行李箱，则行李箱内的装载必须恰当分布，以便达到各车轴的允许轴荷。若在达到车轴之一的允许轴荷之前，就超出最大允许装载质量，则必须限制行李箱的装载量，以保证不超出最大允许装载质量。

f)　1 个驾驶员，加上行李箱内均匀分布的装载，由此达到相应车轴的允许轴荷。

若在达到车轴之一的允许轴荷之前，就超出最大允许装载质量，则必须限制行李箱的装载量，以保证不超出最大允许装载质量。

A.2.1.2　在确定上述装载状况时，必须考虑制造商对装载状况的限制说明。

A.2.2　M_2 类和 M_3 类车辆

应在以下承载状况下，确定近光光束的角度：

a)　车辆空载，1 名人员坐在驾驶座上；

b)　车辆装载，使每根车轴都达到其最大技术允许轴荷；或者对前、后轴按其最大技术允许轴荷之比例进行加载，直至达到最大允许装载质量，以先达到者为准。

A.2.3　具有装载面的 N 类车辆

应在以下装载状况下，确定近光光束的角度。

a)　车辆空载，1 名人员坐在驾驶座上。

b)　1 个驾驶员，其装载量的分布应使后轴（或数根后轴）达到最大技术允许轴荷，或最大允许装载质量，以先达到者为准，条件是不超出前轴的轴荷。该轴荷是按照空载车辆的前轴轴荷，加上前轴上最大允许有效轴荷的 25%；当装载面位于车前面时，前轴的承载状况如此考虑。

A.2.4　无承载面的 N 类车辆

A.2.4.1　半挂牵引车

应在以下承载状况下，确定近光光束的角度：

a)　挂车上没有装载的空载车辆，驾驶座上有 1 名人员；

b)　驾驶座上有 1 名人员，在牵引车连接件上施加技术允许载荷，其加载位置使后轴达到最大轴荷。

A.2.4.2　全挂牵引车

a)　车辆空载，1 名人员坐在驾驶座上；

b)　驾驶座上有 1 名人员，驾驶室内的其余座位上均有乘员。

附 录 B
（规范性附录）
几种定义的图示

B.1 灯具表面、基准轴线、基准中心、几何可见度（见图 B.1）

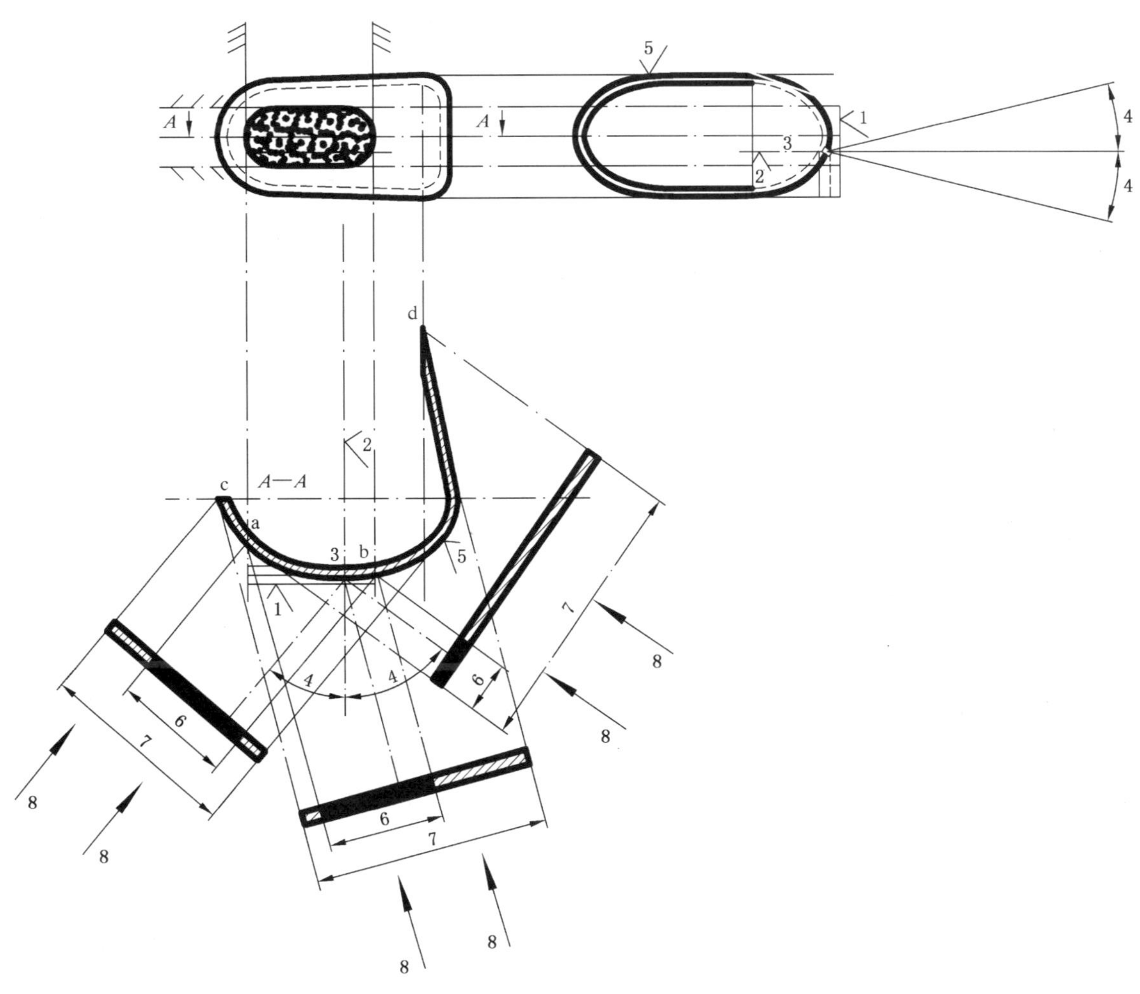

符号说明：

1——发光面；
2——基准轴线；
3——基准中心；
4——几何可见度；
5——透光面；
6——以发光面为基准的视表面；
7——以透光面为基准的视表面；
8——可见度方向。

注：视表面应与透光面相切，此图仅为示意图。

图 B.1 灯具表面、基准轴线、基准中心、几何可见度

B.2 发光面与透光面之间的比较(见图 B.2)

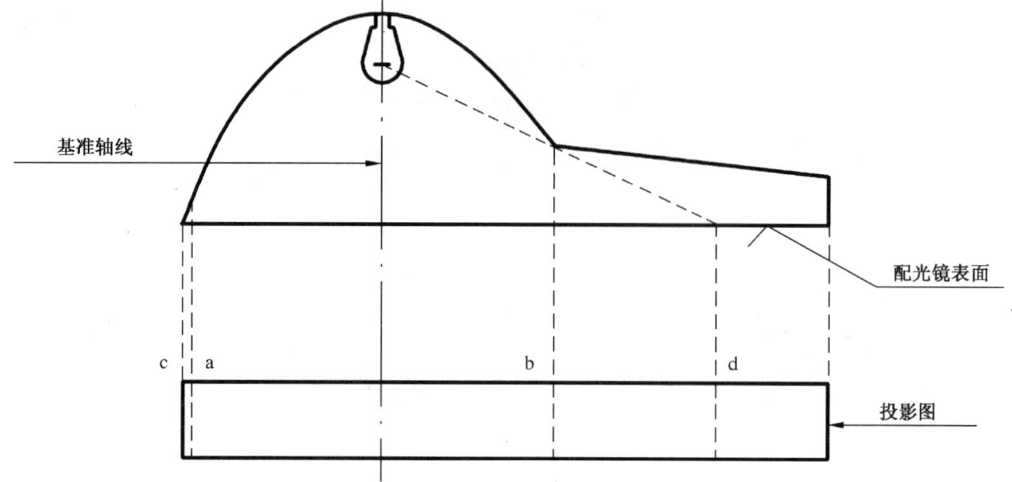

发光面边缘是 a 和 b，透光面边缘是 c 和 d。

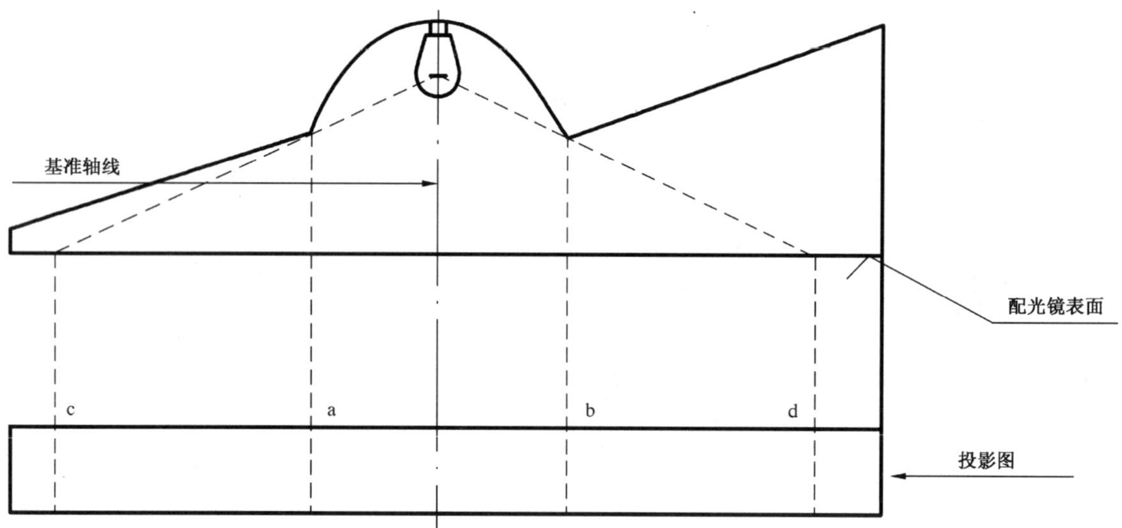

发光面边缘是 a 和 b，透光面边缘是 c 和 d。

图 B.2　发光面与透光面之间的比较

附　录　C
（规范性附录）
前视红光和后视白光的不可见度

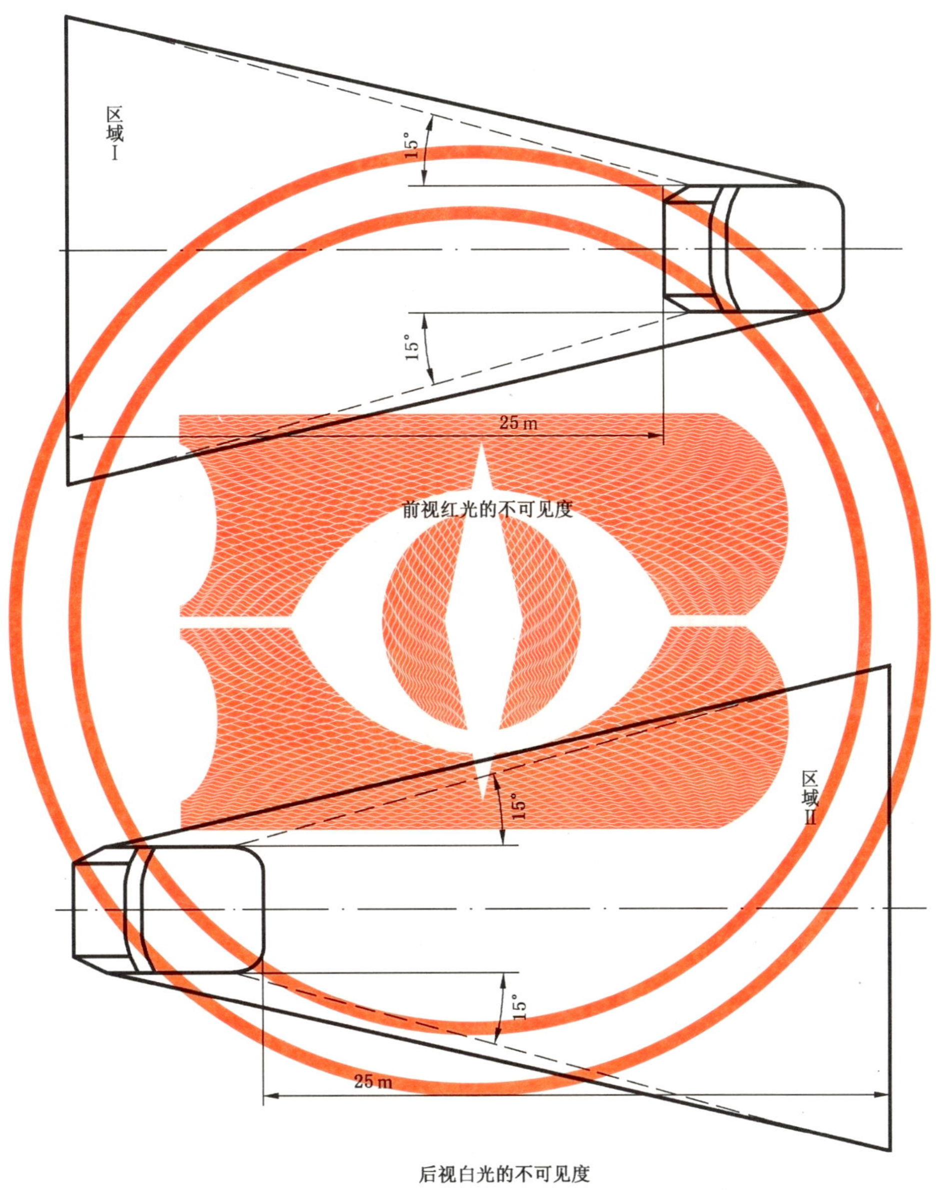

图 C.1　前视红光和后视白光的不可见度

附 录 D
（规范性附录）
近光光束倾斜度随装载变化的测量

D.1 范围

本附录规定了车辆近光光束倾斜度(相对于初始倾斜度)随装载变化的测量方法。

D.2 定义

D.2.1 初始倾斜度

D.2.1.1 标出的初始倾斜度

由车辆制造商规定的近光光束初始倾斜度值，作为计算允许变化的基准值。

D.2.1.2 测量的初始倾斜度

近光光束或车辆倾斜度的测量平均值，测量时各类车辆处于附录A第一种状况下：即一个驾驶员(M_1类)，一个驾驶员的空载车(其他类)，该平均值作为光束倾斜度随装载变化评定的基准值。

D.2.2 近光光束倾斜度

以毫弧度(mrad)表示的角度，该角度由射向前照灯配光明暗截止线水平部分上一个特性点的光束方向和水平面所构成；或者，是以百分数倾斜度表示的上述角度的正切。由于角度小，所以，1%等于10 mrad。

若倾斜度以百分数表示，则可用下式计算：

$$\frac{(h_1 - h_2)}{L} \times 100$$

式中：

h_1——是在垂直屏幕上测量的上述特性点的离地高度，单位为毫米(mm)，该垂直屏幕与车辆纵向对称平面垂直，且位于车前 L 距离处；

h_2——是基准中心的离地高度，单位为毫米(mm)，该基准中心是 h_1 特性点的标称原点；

L——是屏幕到基准中心间的距离，单位为毫米(mm)。

如图D.1所示，负值表示向下的倾斜度，正值表示向上的倾斜度。

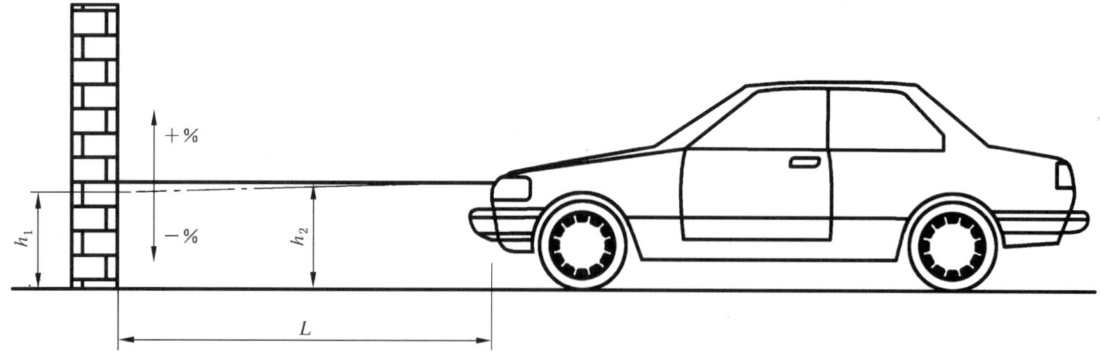

注1：图中给出的是M_1类车辆，但其原理同样适用于其他类车辆。

注2：当车辆未配置前照灯调光系统时，则近光光束倾斜度的变化与车辆本身倾斜度的变化一致。

图D.1 M_1类车辆，近光光束向下的倾斜度

D.3 测量条件

D.3.1 若用目视或光度方法检验近光光束在屏幕上的配光性能，则测量应在暗环境（如暗室）中进行，该暗室应足够大，可以允许车辆驶入，并放置图 D.1 所示的屏幕，前照灯基准中心与屏幕至少相距 10 m。

D.3.2 测量用地面尽可能水平和平整，以确保近光光束倾斜度测量复现性的准确度为±0.5 mrad（±0.05%倾斜度）。

D.3.3 若使用屏幕，则其相对于地面和车辆纵向对称平面的位置、取向和标记，应保证近光光束倾斜度测量的再现性准确度为±0.5 mrad（±0.05%倾斜度）。

D.3.4 测量期间，环境温度应介于 10℃～30℃之间。

D.4 车辆准备

D.4.1 应对已经行驶 1 000 km 至 10 000 km 的车辆进行测量，最好是已行驶 5 000 km 的车辆。

D.4.2 轮胎按车辆制造商规定的满承载压力充气。车辆补足燃油、水、润滑油，并按制造商规定备齐所有的附件和工具。补足燃油是指油箱所注燃油不少于其容积的 90%。

D.4.3 车辆驻车制动器已松开，齿轮变速箱处于空档位置。

D.4.4 车辆在上述 D.3.4 规定的环境温度下，停放的时间不少于 8 h。

D.4.5 若使用光度或目视检测方法，为了便于测量，试验车辆应最好安装近光明暗截止线清晰的前照灯。也可以使用读数更精确的其他方法（如卸去前照灯的配光镜）。

D.5 试验方法

D.5.1 总则

近光光束或车辆倾斜的变化与所选择的测量方法有关，并应对车辆两侧分别进行测量。在按附录 A 规定的所有装载状况下，测得的左、右前照灯的结果应位于下述 D.5.5 规定的极限范围内。为了使车辆不遭受过大的冲击，应逐渐施加载荷。

D.5.2 测量的初始倾斜度的确定

车辆应按上述 D.4 规定准备，并按附录 A 规定加载（对应于各类车辆的第一种装载状况）。

在每次测量前，车辆应按下述 D.5.4 规定晃动。

测量应进行 3 次。

D.5.2.1 若每次测量结果与算术平均值之间的偏差不大于 2 mrad（0.2%倾斜度），则该平均值即为最终结果。

D.5.2.2 若任何一次测量结果与算术平均值之间的偏差大于 2 mrad（0.2%倾斜度），则再应进行 10 次测量，该测量系列的算术平均值即为最终结果。

D.5.3 测量方法

只要读数准确到±0.2 mrad（±0.02%倾斜度）的任何方法，均可用来测量倾斜度的变化。

D.5.4 在每种装载状况下车辆的处理方法

影响近光光束倾斜度的悬挂或任何其他部件，应按下述方法驱动。

然而，技术管理部门和制造商可以联合推荐其他方法（或是试验方法，或是计算方法），特别是当试验遇到特殊问题时，只要这类计算方法明显有效。

D.5.4.1 安装常规悬挂系统的 M_1 类车辆

车辆停放在测量场地，如需要车轮停在活动平台上（当无活动平台会限制可能影响测量结果的悬挂机构的移动时，必须使用），车辆至少连续晃动 3 次，每次分别先向下推压车辆的后端部，之后是前端部，晃动结束，在测量之前，车辆应处于自然静止状态，替代活动平台，车辆先向后行驶至少一个车轮圆周距离，然后向前行驶同样距离，可以取得同样的效果。

D.5.4.2 安装常规悬挂系统的 M_2、M_3 和 N 类车辆

D.5.4.2.1 若不能使用上述 D.5.4.1 中 M_1 类车辆的处理方法，则可以使用以下 D.5.4.2.2 或 D.5.4.2.3中的方法。

D.5.4.2.2 车辆停放在测量场地上，车轮位于地面，通过改变装载晃动车辆。

D.5.4.2.3 车辆停放在测量场地上，车轮位于地面，利用一种振动装置驱动可能影响近光光束倾斜度的车辆悬挂系统和所有其他部件。这种振动装置可以是振动平台，此时车轮位于该平台上。

D.5.4.3 非常规悬挂系统的车辆，必须启动发动机，待车辆达到稳定状态后开始进行测量。

D.5.5 测量

对于不同装载状况下的每种装载状况，应评定近光光束倾斜度相对于测量的初始倾斜度的变化，后者按上述 D.5.2 规定确定。

若车辆配备前照灯手动调光系统，则应按制造商规定，调节到相应装载状况的位置上。

D.5.5.1 开始时，对应每种装载状况，进行一次测量。若对于所有的装载状况，倾斜度的变化位于一种安全界限为 4 mrad(0.4%倾斜度)的计算极限内(如，位于标出的初始倾斜度与型式检验规定上、下限之间的偏差内)，则就满足要求。

D.5.5.2 若任一测量结果不在上述 D.5.5.1 的安全界限内，或超过极限值，则应在相应的装载状况下进行 3 次测量，其结果应符合下述 D.5.5.3 规定。

D.5.5.3 对于以上每种装载状况

D.5.5.3.1 若 3 次测量结果与其算术平均值的偏差均不大于 2 mrad(0.2%倾斜度)，则以算术平均值作为最终结果。

D.5.5.3.2 若任何一次测量结果与其算术平均值的偏差大于 2 mrad(0.2%倾斜度)，则再应进行 10 次测量，并以该测量系列的算术平均值作为最终结果。

所有的测量应按上述 D.5.5.3.1 和 D.5.5.3.2 规定进行。

D.5.5.4 若在所有装载状况下，按上述 D.5.2 确定的测量的初始倾斜度，与在每一种装载状况下测量的倾斜度之间的变化，小于上述 D.5.5.1 中的计算值(如果无安全界限)则就满足要求。

D.5.5.5 若只是超出计算的变化上限或下限(两者之一)，则应允许制造商在型式检验规定的极限内，为标出的初始倾斜度选择一个不同的数值。

附　录　E
（规范性附录）
初始调整指示的示例

示例：

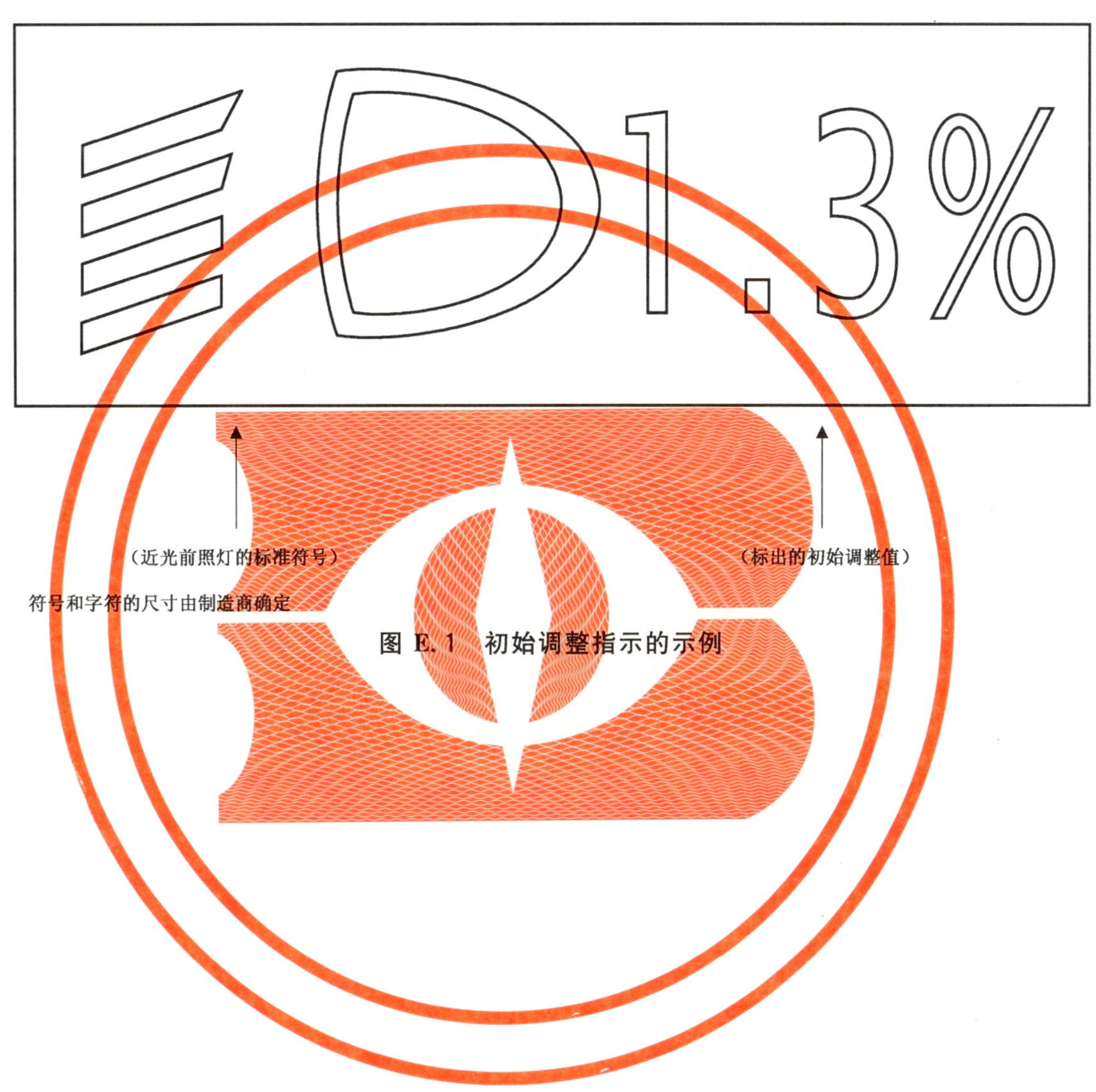

符号和字符的尺寸由制造商确定

图 E.1　初始调整指示的示例

附　录　F
（规范性附录）
本标准 4.3.2.6.2.2 中的前照灯调光装置控制器

F.1　技术要求

F.1.1　在所有情况下必须通过下面三种方法中一种来使近光向下倾斜：

a）　向下或向左移动控制器；

b）　逆时针旋转控制器；

c）　按下一个按钮。

如果是用多个按钮调节，那么向下降量最大的按钮必须放于其他按钮最下方或最左边。

对于安装后或者只是边缘可见的旋转类控制器，宜依照 a)或 b)类的操作原则。

F.1.1.1　控制器上必须具有明确表明近光向上和是向下的倾斜的符合。

F.1.2　“0”位表示 4.3.2.6.1.1 中的初始倾斜位置。

F.1.3　如果是 4.3.2.6.2.2 中所提的手动调节装置，其必须要求的“停止位”就标为“0”位，并且不需要一定是极限位置。

F.1.4　说明书上必须要有控制器上标志的含义。

F.1.5　必须用下列符号来识别控制器：

符号中的 4 条线也可以用 5 条来代替

例图 1：

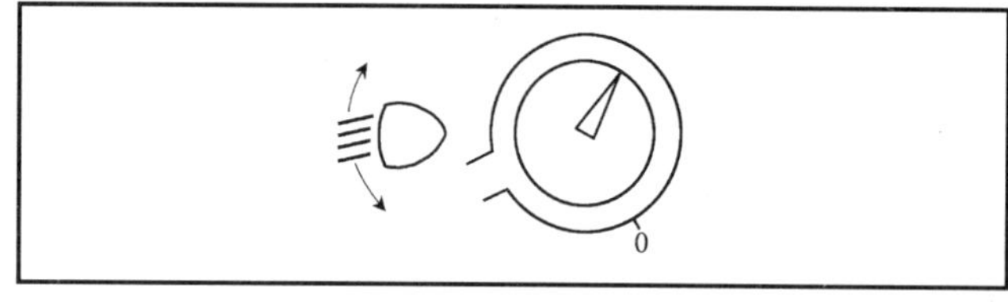

例图 2：

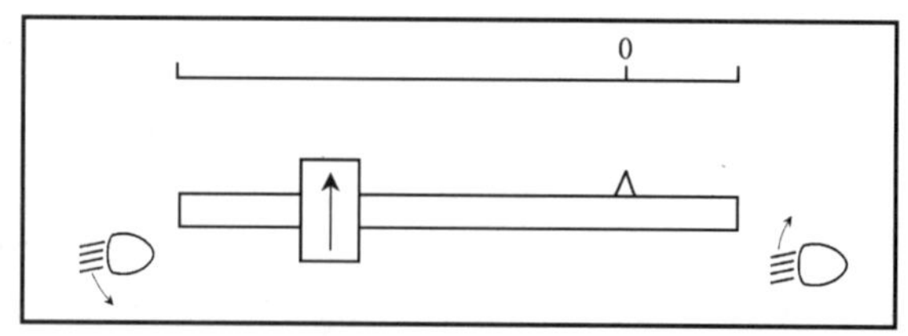

例图 3：

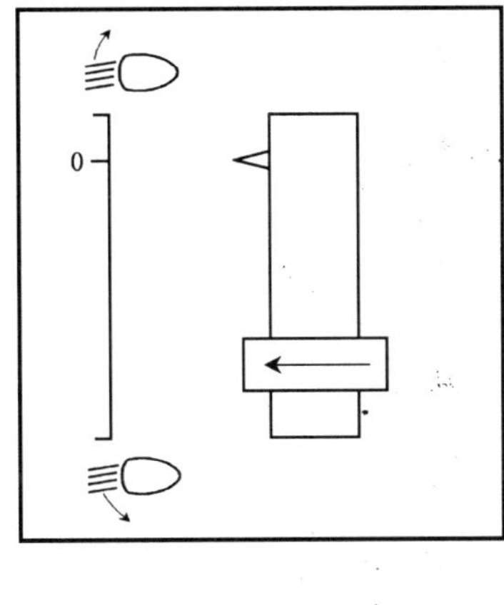

GB 4785—2007《汽车及挂车外部照明和光信号装置的安装规定》国家标准第1号修改单

本修改单经国家标准化管理委员会于2009年10月9日批准,自2009年11月1日起实施。

1.第2章规范性引用文件最后增加“ECE R13关于就制动方面批准M类,N类和O类车辆的统一规定”和“ECE R13h关于就制动方面批准M类,N类和O类车辆的统一规定(欧美日协调版)”。

2.增加3.30条:

“紧急制动信号　emergency stop signal

向车后的道路其他使用者发出的车辆正在实施高减速度的紧急制动减速的警示信号。”

3.第4.1.9条改为:“如无专门说明,在灯具工作期间,光学系统特性(例如发光强度、颜色、视表面等)不应改变。”

4.增加第4.1.9.1条:“如无专门说明,只有转向信号灯,危险警告信号,紧急制动信号和符合下述4.3.18.7规定的侧标志灯是闪烁的。”

5.增加4.1.9.2条:

“任何灯具的配光特性因下列条件而出现变化,是允许的,只要这些变化符合相关灯具的技术要求:

a)　相对环境光;

b)　因启动其他灯具而造成的;

c)　正在被用于提供其他照明功能。”

6.在表1“昼间行驶灯　白色”后增加一行:“紧急制动信号　琥珀色或红色”

7. 4.3.12.7条增加:“在车辆发生碰撞或4.3.20中规定的紧急制动信号解除后,危险警告信号可以被自动启动。只有这些情况下,才允许手动关闭。”

8.增加4.3.20条:“紧急制动信号”

9.增加4.3.20.1条:

“配备:选装

紧急制动信号应由按4.3.20.7电路连接的所有制动灯或转向灯的同时启动来实现。”

10.增加4.3.20.2条:

“数量:

按照4.3.4.2或4.3.3.2中的规定。”

11.增加4.3.20.3条:

“布局:

按照4.3.4.3或4.3.3.3中的规定。”

12.增加4.3.20.4条:

“安装位置:

按照4.3.4.4或4.3.3.4中的规定。”

13.增加4.3.20.5条:

“几何可见度:

按照4.3.4.5或4.3.3.5中的规定。”

14.增加4.3.20.6条:

“方向:

按照 4.3.4.6 或 4.3.3.6 中的规定”

15. 增加 4.3.20.7 条：“电路连接。”

16. 增加 4.3.20.7.1 条：“发出紧急制动信号的所有灯具，其闪烁频率应在 $4^{+1.0}_{-1.0}$ Hz 范围内。”

17. 增加 4.3.20.7.1.1 条：“但是，如果车尾发出紧急制动信号的任何灯具使用灯丝灯泡，其闪烁频率应在 $4^{+0.0}_{-1.0}$ Hz 范围内。”

18. 增加 4.3.20.7.2 条：“紧急制动信号应独立于其他灯具工作。”

19. 增加 4.3.20.7.3 条：“紧急制动信号应自动地启动和解除。”

20. 增加 4.3.20.7.3.1 条：“紧急制动信号应仅在车速高于 50 km/h 并且制动系统在发出 ECE R13 或 ECE R13h 规定的紧急制动逻辑信号时启动。”

21. 增加 4.3.20.7.3.2 条：“紧急制动信号应在 ECE R13 或 ECE R13h 规定的紧急制动逻辑信号不再发出或危险警告信号被启动时自动解除。”

22. 增加 4.3.20.8 条：“指示器：选用”

23. 增加 4.3.20.9 条：“其他要求。”

24. 增加 4.3.20.9.1 条：

“除去 4.3.20.9.2 中描述的情况，如果车辆搭载有拖车装备时，车辆上的紧急制动信号的控制器也应能够操作拖车上的紧急制动信号。

当车辆与拖车电力连接时，组合的紧急制动信号的工作频率应被限制在 4.3.20.7.1.1 中规定的范围内。但是，如果车辆可以探测到拖车上的紧急制动信号不在使用灯丝灯泡，则频率可以按 4.3.20.7.1 规定的范围。”

25. 增加 4.3.20.9.2 条：

“如果车辆附带有装载了符合 ECE R13 中定义的连续或半连续行车制动系统的拖车时，应保证在实施行车制动时，通过电力连接供给拖车制动灯持续稳定的电源。

任何此类拖车的紧急制动信号可以独立于实施拖拽的车辆单独工作，且不要求与实施拖拽车辆的紧急制动信号同频率或同相运作。”

ICS 43.140
T 80

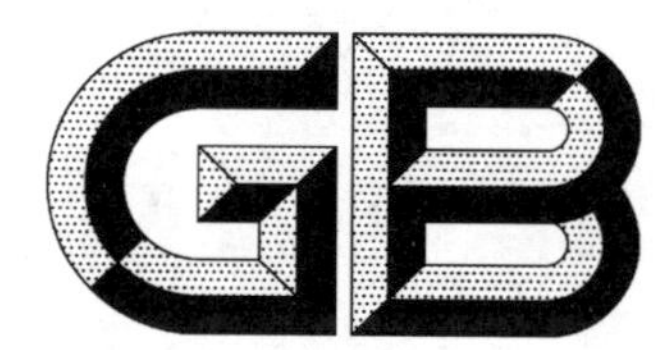

中华人民共和国国家标准

GB/T 5359.3—2008
代替 GB/T 5359.3—1996,GB/T 5359.7—1996

摩托车和轻便摩托车术语
第3部分:两轮车和三轮车尺寸

Term for motorcycles and mopeds—
Part 3:Dimensions of vehicle with two and three wheels

2008-11-28 发布　　2009-06-01 实施

中华人民共和国国家质量监督检验检疫总局
中国国家标准化管理委员会　发布

前　言

GB/T 5359《摩托车和轻便摩托车术语》分为4个部分：

——第1部分：车辆类型；

——第2部分：车辆性能；

——第3部分：两轮车和三轮车尺寸；

——第4部分：两轮车和三轮车质量。

本部分为GB/T 5359的第3部分。

本部分代替GB/T 5359.3—1996《摩托车和轻便摩托车术语　两轮车尺寸》与GB/T 5359.7—1996《摩托车和轻便摩托车术语　三轮车尺寸》。

本部分与GB/T 5359.3—1996、GB/T 5359.7—1996相比，主要修订内容如下：

——第3章b)款“厂定最大总质量”改为“整车干质量”；

——第3章c)款“轮胎充气充到与厂定最大总质量相对应的压力”改为“轮胎充气应达到与车辆制造厂技术文件规定的气压一致”；

——第3章g)款“轮辋轮缘内侧等距离的平面”改为“指轮辋两轮缘内侧的对称平面”；

——第5.9术语由“通过角 ramp angle”改为“纵向通过角 lognitudinal ramp angle”；

——第5.14术语 banking angle 由“倾侧面斜角”改译“侧面斜角”；

——第5.15术语“车架离地高度”改为“底盘高度”；

——第5.16术语“驾驶室后车架最大可用长度”改为“驾驶室后底盘最大有用长度”；

——第6.1术语“剩余垂直轮隙”改为“缓冲垂直余量”；

——第6.2转弯圆直径定义中“在支承面上与前轮中心平面相切的圆直径”改为“前轮(两轮车)、外侧轮(三轮车)与支承面接触点的轨迹圆的直径”，以覆盖三轮车。

本部分由国家发展和改革委员会提出。

本部分由全国汽车标准化技术委员会归口。

本部分起草单位：金城集团有限公司、上海机动车检测中心。

本部分主要起草人：姜君旺、李文军、胡文浩、徐峻。

本部分所代替标准的历次版本发布情况为：

——GB/T 5359.3—1996、GB/T 5359.7—1996；

——GB 4731—1984、GB 5359.2—1985。

摩托车和轻便摩托车术语 第3部分:两轮车和三轮车尺寸

1 范围

GB/T 5359的本部分规定了与摩托车和轻便摩托车尺寸有关的一般原则和术语。

本部分准适用于GB/T 5359.1所定义的摩托车和轻便摩托车(以下简称“车辆”)。

2 规范性引用文件

下列文件中的条款通过GB/T 5359的本部分的引用而成为本部分的条款。凡是注日期的引用文件,其随后所有的修改单(不包括勘误的内容)或修订版均不适用于本部分,然而,鼓励根据本部分达成协议的各方研究是否可使用这些文件的最新版本。凡是不注日期的引用文件,其最新版本适用于本部分。

GB/T 5359.1 摩托车和轻便摩托车术语 车辆类型

3 一般原则

除有特别说明外,默认:

a) 车辆的支承面是水平的,长度和宽度在水平面内,高度在铅垂平面内;

b) 车辆质量指整车干质量;

c) 轮胎充气应达到与车辆制造厂技术文件规定的气压一致;

d) 车辆处于静止、直立状态。发动机不运转。车轮处车辆直线行驶位置。正三轮车门窗关闭;

注:此款不适用于4.3.2、4.3.3。

e) “车辆”指制造厂按标准装配的新车;

f) 车辆的车轮置于支承面上;

g) “车轮中心平面”指轮辋两轮缘内侧的对称平面;

h) “车轮中心”指车轮中心平面与车轮旋转轴中心线的交点。

4 术语和定义

GB/T 5359.1确立的以及下列术语和定义适用于本部分。

4.1 与基准平面有关的术语

4.1.1

坐标平面 coordinate plane

坐标平面为三维正交坐标系中的 X、Y、Z 平面(见图1)。

其中:Z——水平面(支承面);

Y——铅垂平面;

X——同时垂直于 Y 和 Z 的平面。

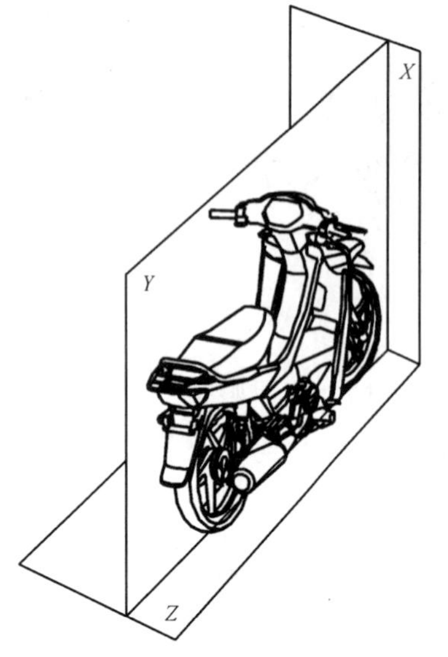

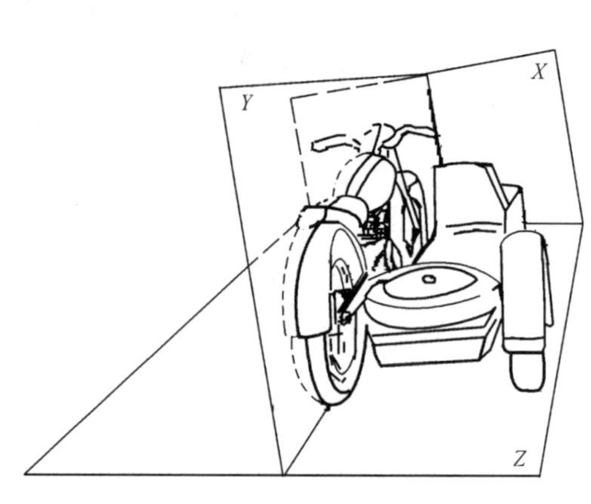

图 1

4.1.2

纵向中心平面　portrait center plane

两轮车(L_1、L_3)的纵向中心平面指与车辆后轮中心平面重合的 Y 平面。

正三轮车(L_2、L_5)纵向中心平面为通过线段 AB 的中点的 Y 平面。两端车轮的中心轴线的铅垂面与两轮中心平面的相交线与车轮支承平面的交点即为 A、B 两点(见图 2)。

注：正三轮车纵向中心平面也称作正三轮车纵向对称平面或基准 Y 平面。

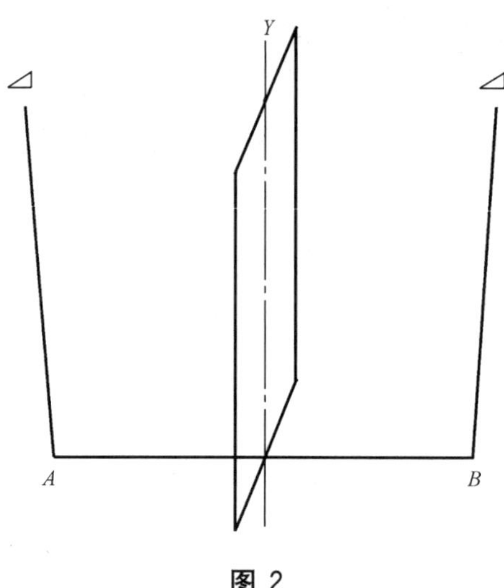

图 2

边三轮车(L_4)的纵向中心平面指不装边车时两轮车纵向中心平面。

4.2　与外型尺寸有关的术语

4.2.1

车长　vehicle length

垂直于纵向中心平面，分别与车辆前、后端相接触且平行于 X 面的二个平面之间的距离(见图 3)。

注：车辆所有固定部件及前、后突出物(如保险杠、挡泥板等)均在这两个平面之间，边三轮车的备用轮除外。

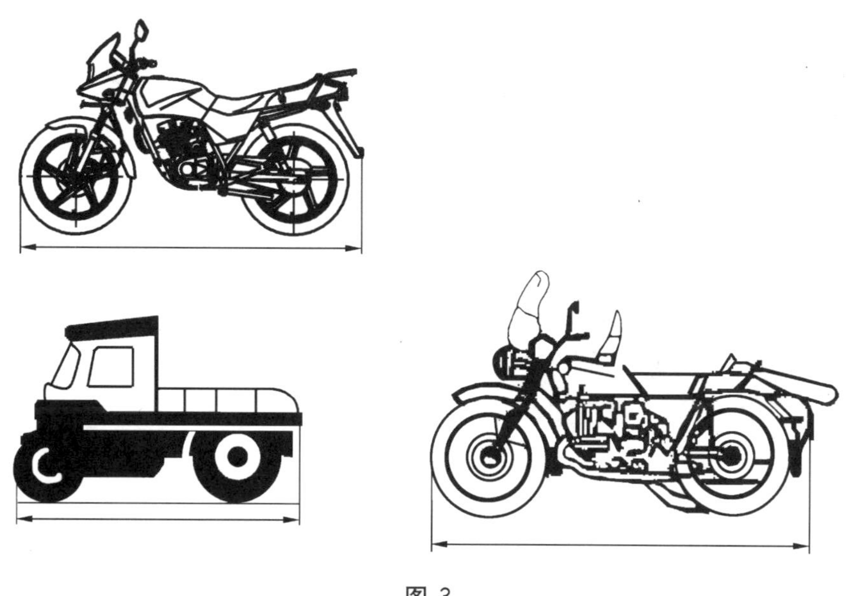

图 3

4.2.2

车宽　vehicle width

平行于纵向中心平面，分别与车辆两侧相接触的两个平面之间的距离(见图 4)。

注：除后视镜外，车辆所有固定部件及横向突出物均在这两个平面之间。

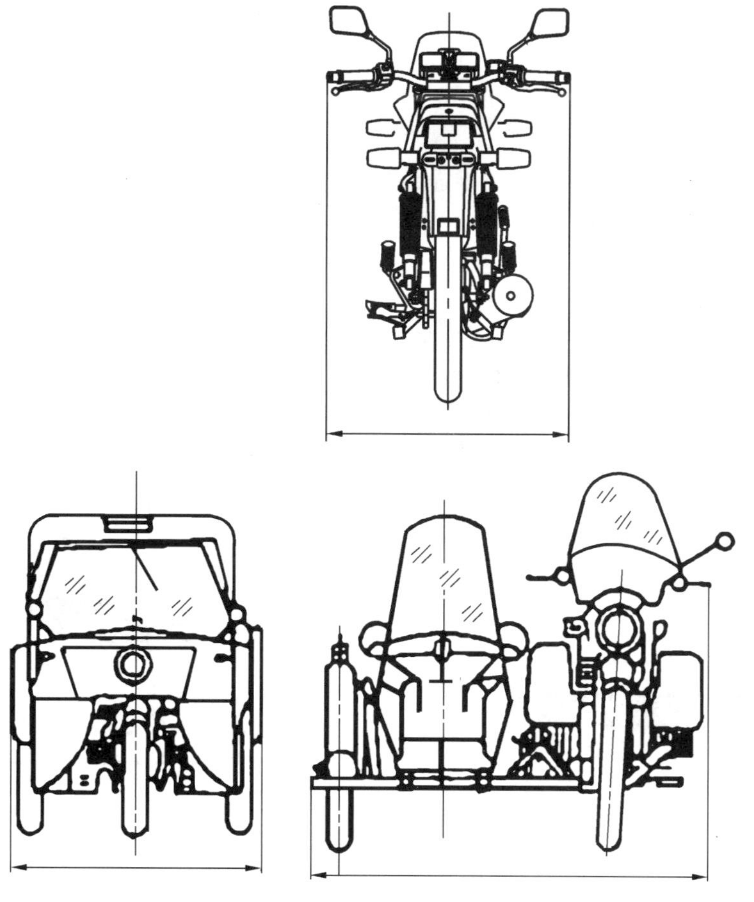

图 4

4.2.3

车高　vehicle height

与车辆顶端相接触的水平面和支承平面之间的距离(见图 5)。

注：除后视镜外，车辆所有固定部件(如整流罩等)均在这两个平面之间。

图 5

4.2.4

轴距　wheel base

通过车轮中心(正三轮车指同轴两轮中心连线的中点)，且平行于 X 面的两个平面之间的距离(见图 6)。

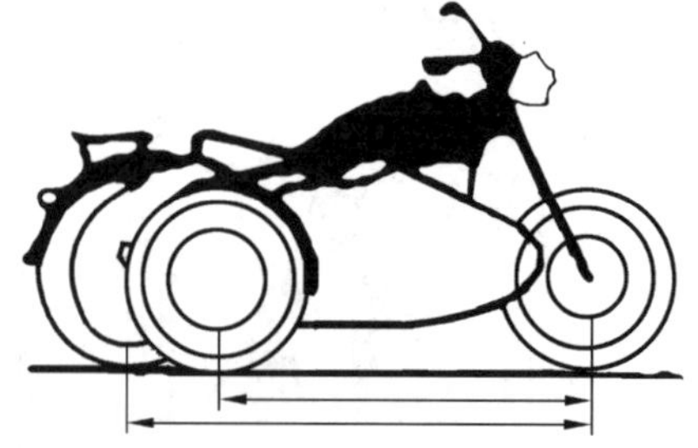

图 6

4.2.5

轮距　track

正三轮车的轮距为两端车轮中心的距离，边三轮车轮距为边轮中心与两轮车纵向中心平面之间的距离(见图 7)。

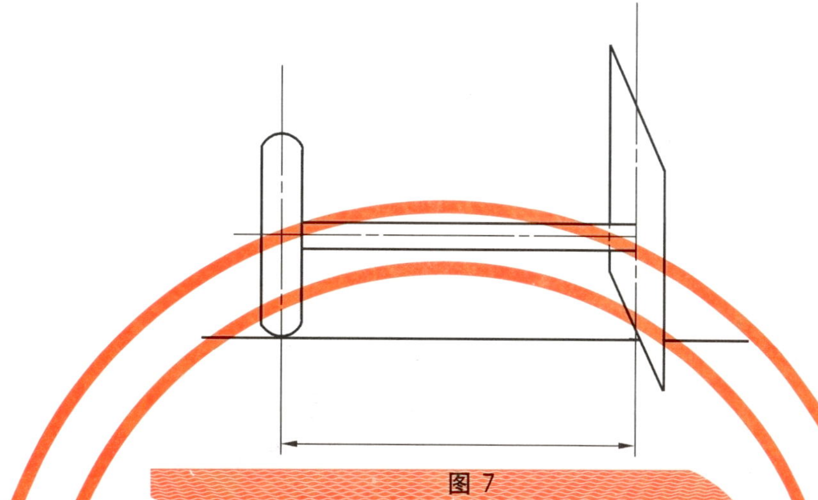

图 7

4.2.6

前悬　front overhang

通过前轮中心且平行于 X 面的平面与车辆最前端(包括附加的刚性零件)之间的距离(见图 8)。

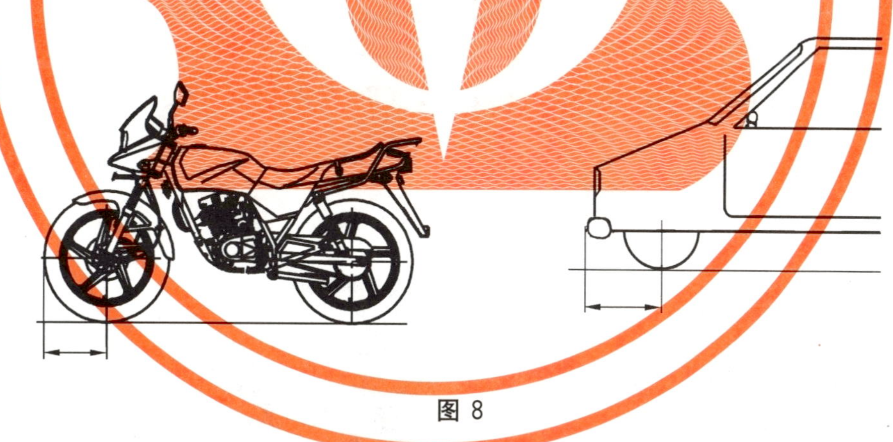

图 8

4.2.7

后悬　rear overhang

通过后轮中心且平行于 X 面的平面与车辆最后端(包括附加的刚性零件)之间的距离(见图 9)。

图 9

4.2.8

离地间隙　ground clearance

除车轮和挡泥板外，车辆轴距范围内的最低点与支承面之间的距离(见图 10)。

注：装有脚蹬的轻便摩托车，脚蹬处于使用时的最低位置。

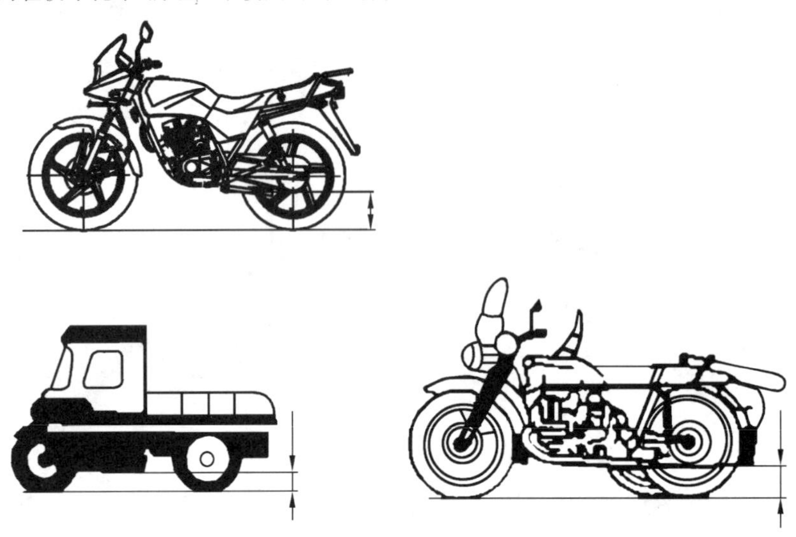

图 10

4.2.9

纵向通过角　lognitudinal ramp angle

当垂直于车辆纵向中心平面，并通过车辆轴距范围内的最低点，与车辆前、后轮相切的两个平面的交线与车辆轴距内下部相接触时，两平面间的最小所夹锐角即为通过角。如果车辆有多个最低点，指其中处在最中间的一个。该角度是车辆能够通过的最大坡度角(见图 11)。通过角小的车辆只能在比较平整的道路上行驶。

注 1：装有脚蹬的轻便摩托车，不予考虑脚蹬位置。

注 2：本定义不适用于边三轮车。

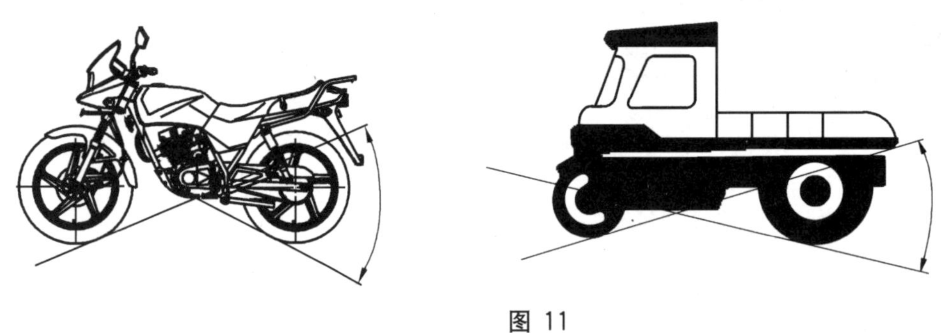

图 11

4.2.10

接近角　approach angle

垂直于纵向中心平面，从外部尽可能靠近车辆直至与前轮相切的平面与支承面正前方之间的最大夹角。在此夹角内没有任何车辆零件或刚性附件(见图 12)。如果车辆最靠前的一点在车轮上，此夹角为钝角，接近角定为 90°。

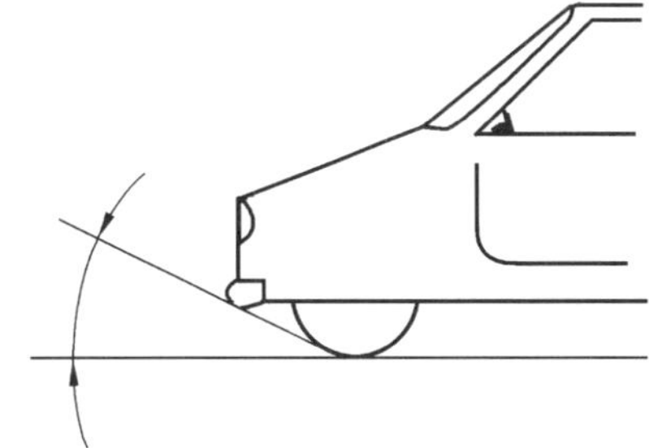

图 12

4.2.11

离去角 departure angle

垂直于纵向中心平面，从外部尽可能靠近车辆直至与后轮相切的平面与支承面正后方之间的最大夹角。在此夹角内没有任何车辆零件或刚性附件（见图 13）。如果车辆最靠后的一点在车轮上，此夹角为钝角，离去角定为 90°。

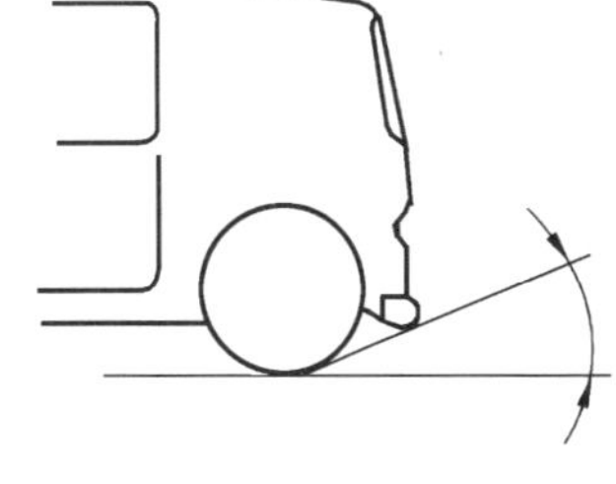

图 13

4.2.12

前伸距 castor

通过方向柱轴线且垂直于 Y 面的平面、与通过前轮中心且平行于 X 面的平面分别在与 Y 平面与 Z 平面的交线上相交，所得到的 p 和 q 二点之间的距离（见图 14）。

注：在行驶方向上，当 p 点在 q 点之前时为正值。当 p 点在 q 点之后时为负值。

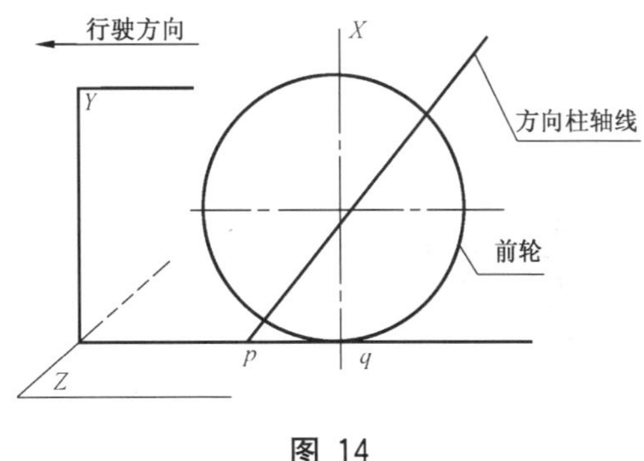

图 14

4.2.13

前伸角 castor angle

通过方向柱轴线且垂直于 Y 面的平面与通过前轮中心且平行于 X 面的平面之间所夹的锐角（见图 15）。

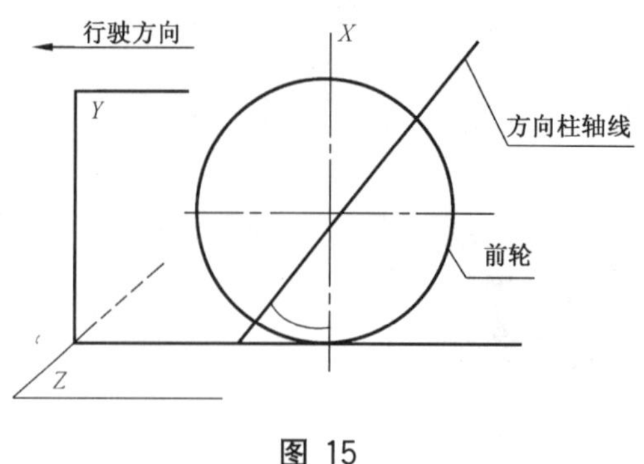

图 15

4.2.14

侧面斜角 banking angle

两轮车左右两侧，垂直于 X 面的外接(不考虑轻便摩托车的脚蹬)平面与支承平面朝外方向之间的夹角。在侧面斜角角内没有车辆零件或刚性附件(见图 16)。

注：一辆车有左、右两个侧面斜角。

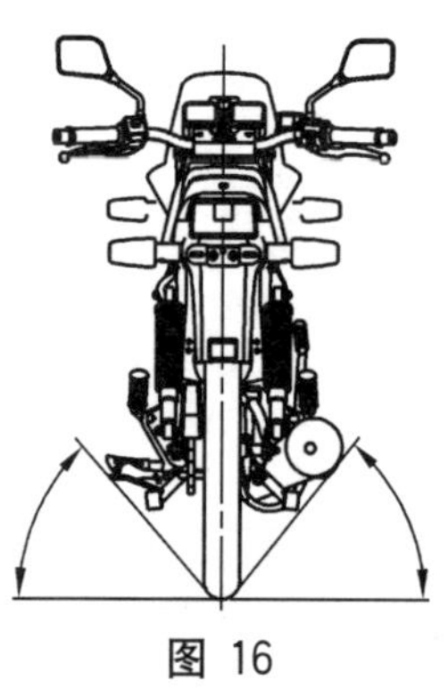

图 16

4.2.15

底盘高度 height of chassis above ground

平行于 Z 面，外接车架上平面的平面与支承平面之间的距离。此高度可以近似地在通过相应轮轴垂直于车辆纵向中心平面的平面上测量(见图 17)。

注：厂定最大总质量、全装备质量状态下的底盘离地高度不同。

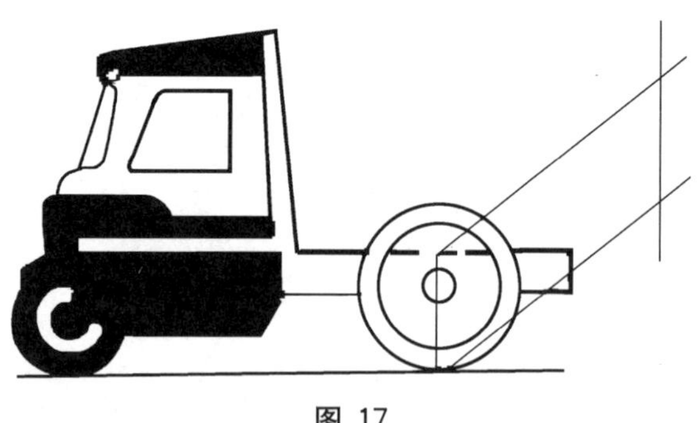

图 17

4.2.16

驾驶室后底盘最大有用长度(带驾驶室的车辆) maximum usable length of chassis behind cab (vehicle with cab)

垂直于车辆纵向中心平面的 C、D 平面之间的距离。其中，C 面外接驾驶室后侧面，D 面外接车架后端(见图 18)。

图 18

4.2.17

车厢内部最大尺寸 maximum internal dimensions of body

正三轮车车厢内部有效空间(允许忽略局部突起,如轮罩、加强筋、挂钩等)的长、宽、高(见图 19)。

注:如果侧壁、车顶为略为内凹的曲面,允许取随遇尺寸(local sizes)中的较大值。

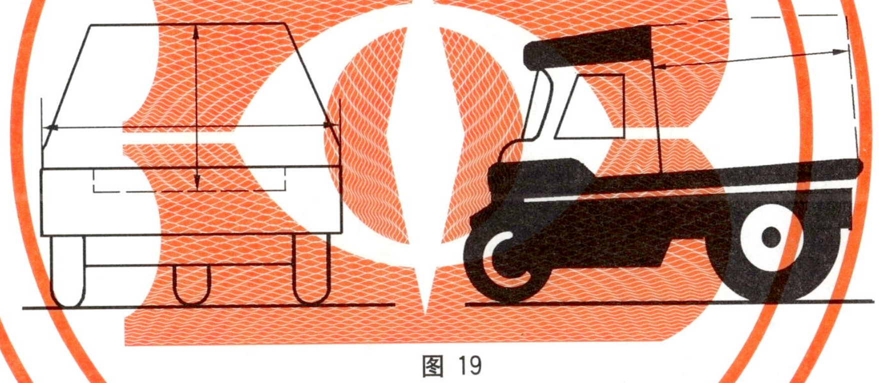

图 19

4.3 与车辆结构有关的术语

4.3.1

缓冲垂直余量 residual vertical wheel clearance

从厂定最大总质量状态加载到车辆悬挂件不再移动,车辆悬挂件相对于车轮的位移在铅垂方向上的投影(见图 20)。

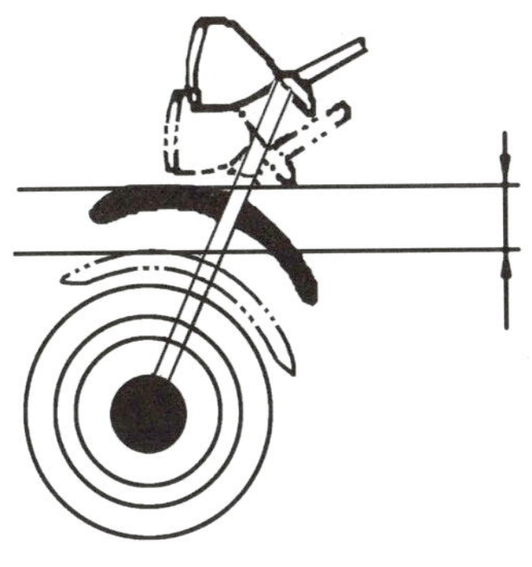

图 20

4.3.2

转弯圆直径　turning circle diameter

车辆行驶时将转向轮保持在极限位置，前轮（两轮车）、外侧轮（三轮车）与支承面接触点的轨迹圆的直径。转弯圆与车轮中心平面相切（见图21）。

注：一辆车左转弯、右转弯有两个转弯圆直径。

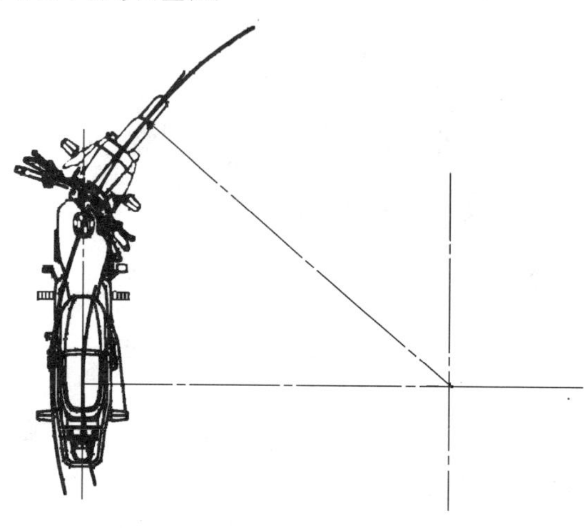

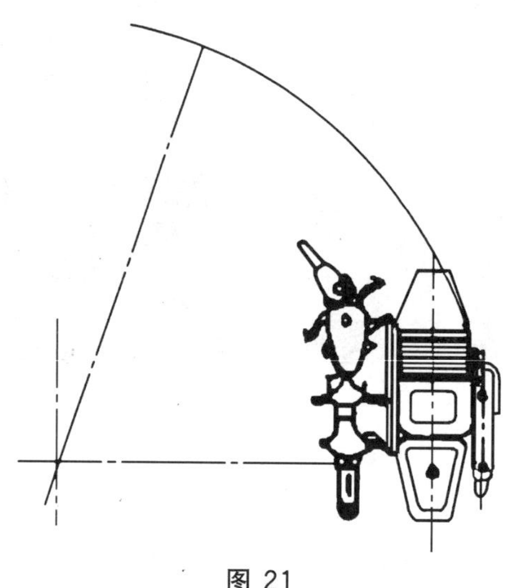

图 21

4.3.3

转弯通道圆直径　turning clearance circle diameters

车辆行驶时将转向轮保持在极限位置，车辆在支承面上的投影的外接圆和内接圆被称作转弯通道圆（见图22）。外接圆与内接圆必然同心。

注：一辆车左转弯、右转弯有2组4个转弯通道圆直径。

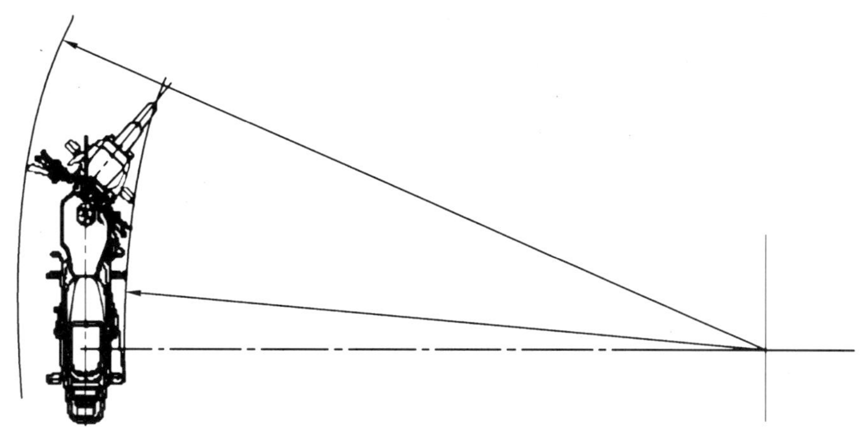

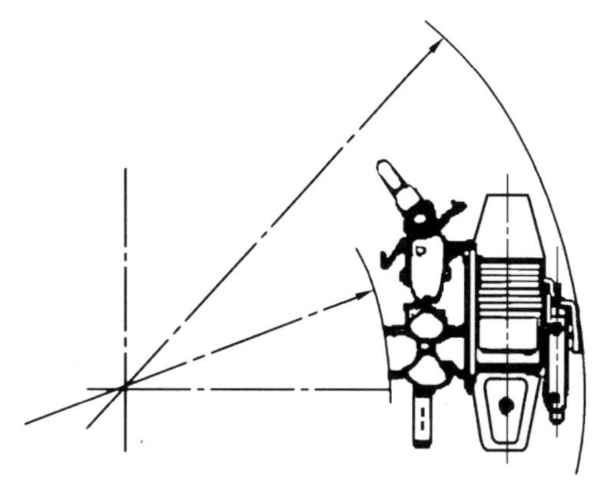

图 22

4.3.4

车轮外倾　camber angle

正三轮车的两个侧轮或边三轮车的边轮和主轮，在通过轮轴中心线的铅垂面内，车轮轴中心线与水平线之间所夹的锐角(见图 23)。

注：该角也等于铅垂线与车轮中心平面所夹的锐角。

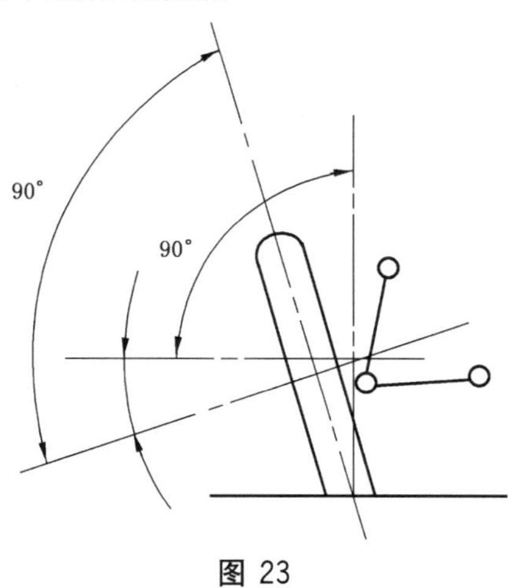

图 23

4.3.5

主销内倾　kingpin inclination

正三轮车两侧轮或边三轮车的边轮，真实(或假想)的转向节主销轴中心线在同时垂直于车辆纵向中心平面和水平支承面的平面上投影，所得到的投影线与铅垂线之间所夹的锐角(见图 24)。

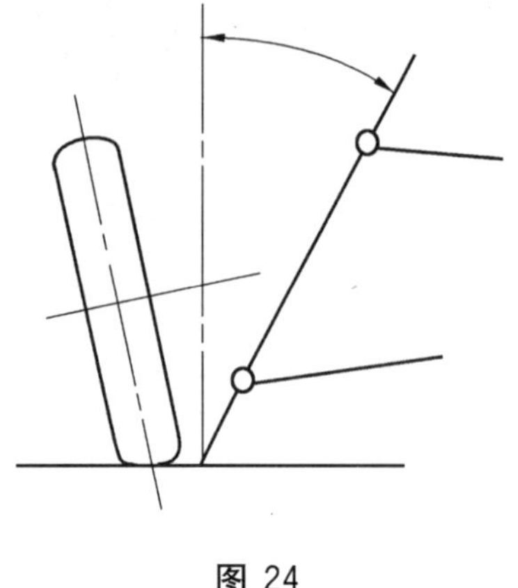

图 24

4.3.6

主销横偏距　kingpin offset

正三轮车两侧轮或边三轮车的边轮，转向节主销轴中心线的延长线与水平支承面相交，所得到的交点与车轮中心平面、水平支承面的交线之间的距离(见图 25)。

注：图中示例的主销横偏距为正值。

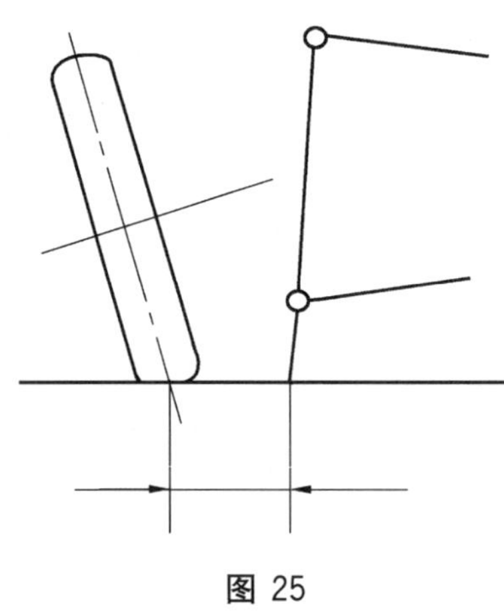

图 25

4.3.7

前束　toe-in

同一轴两端车轮轮辋内侧轮廓线的水平直径的端点为等腰梯形的顶点，等腰梯形前后底边长度之差。

4.3.7.1

前束(长度)　toe-in (length)

按下列规定取值：

a) 正三轮车，两侧轮轮辋轮缘内侧圆与通过车轮中心的水平面相交，两侧轮后面 2 个交点之间的距离 b_2 与前面 2 个交点之间的距离 b_1 的差。图 26 示例 b_1 小于 b_2，前束取正值，反之为负值；

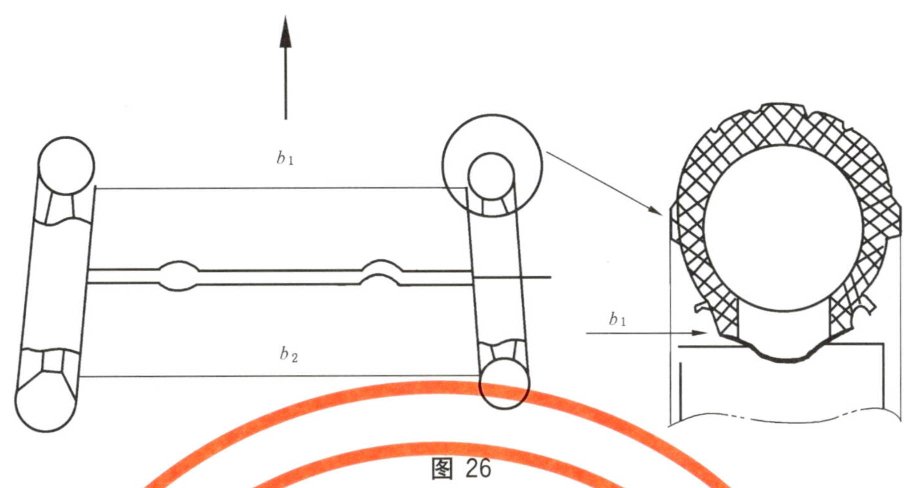

图 26

b) 边三轮车，边轮轮辋轮缘内侧圆与通过车轮中心的水平面相交，后面的交点与两轮车纵向中心平面之间的距离 b_2 与前面的交点与两轮车纵向中心平面之间的距离 b_1 的差被称作前束(长度)。图 27 示例 b_1 小于 b_2，前束取正值，反之为负值。

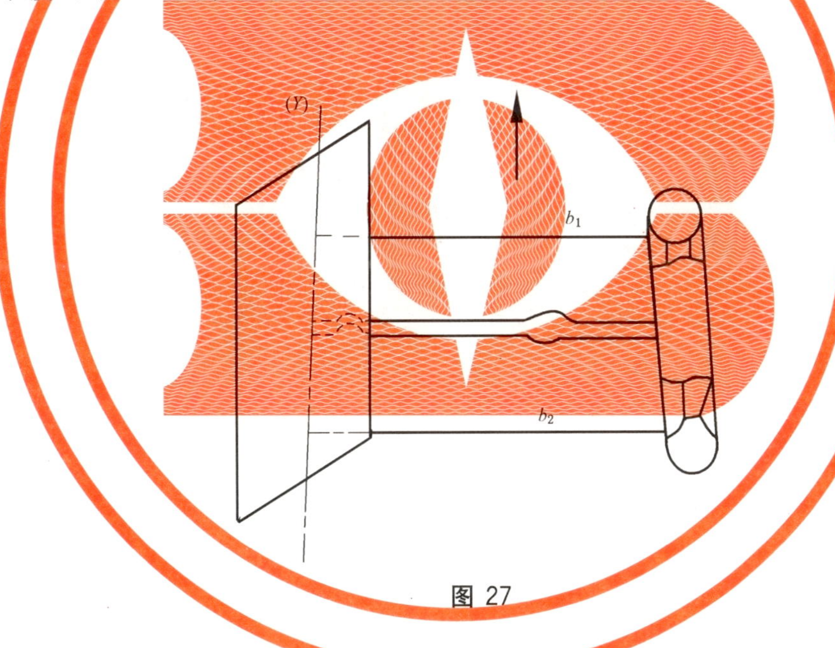

图 27

4.3.7.2

前束(角度)　toe-in(angle)

车轮轮辋上的旋转圆与通过车轮中心的水平面的交点的连线与车辆纵向中心平面之间的夹角 α。前束(角度)等于通过车轮轴中心线的铅垂面 G 与垂直于车辆纵向中心平面的铅垂面 H 之间的夹角(见图 28)。

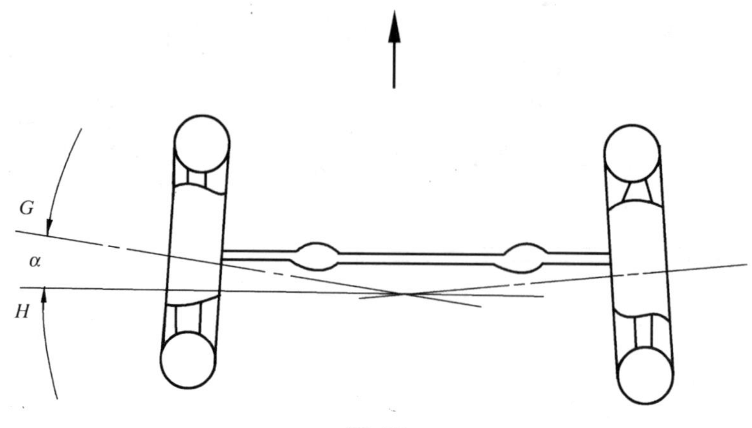

图 28

中 文 索 引

英 文 索 引

V

W

ICS 43.040.60
T 26

中华人民共和国国家标准

GB 7063—2011
代替 GB 7063—1994

汽 车 护 轮 板

The wheel guards of motor vehicles

2011-05-12 发布 2012-01-01 实施

中华人民共和国国家质量监督检验检疫总局
中国国家标准化管理委员会 发布

前　言

本标准第4章、第5章、第6章为强制性的，其余为推荐性的。

本标准修改采用78/549/EEC《成员国关于汽车护轮板的法规》(94/78/EC修订版)。

本标准根据78/549/EEC重新起草，在附录A中列出本标准章条编号与78/549/EEC法规章条编号的对照一览表。

考虑到我国国情，在采用78/549/EEC法规时，本标准做了一些修改，本标准与78/549/EEC主要技术性差异及其原因如下：

——删除78/549/EEC中认证申请(附录Ⅰ第4章)、认证批准(附录Ⅰ第5章)、认证修改(附录Ⅰ第6章)、产品一致性(附录Ⅰ第7章)、资料文件(附录Ⅱ)、认证标识(附录Ⅲ)等内容，其原因是标准体系与法规体系的形式差异所致；

——"当车辆在运转状态，前排坐一名乘员(78/549/EEC附录Ⅰ中2.1)"改为"当车辆在整备质量状态，前排坐2名65 kg的乘员(本标准中5.1)"。其原因是考虑到我国人体体重的因素，乘员质量按平均计算质量65 kg计算。

为便于使用，本标准还做了下列编辑性修改：

——"本法规"改为"本标准"；

——增加资料性附录A。

本标准代替GB 7063—1994《汽车护轮板》。

本标准与GB 7063—1994的差异：

——本标准在本版"5.1"修改了测量时的试验条件；

——本标准在本版"6"增加了防滑链的使用要求。

本标准的实施过渡期：对于新产品，自标准实施之日起实施；对于新生产车(已上公告车)，自标准实施之日起24个月后实施。

本标准由国家发展和改革委员会提出。

本标准由全国汽车标准化技术委员会归口。

本标准起草单位：中国汽车技术研究中心。

本标准主要起草人：杨运生、任山。

本标准所代替标准的历次版本发布情况为：

——GB 7063—1986、GB 7063—1994。

汽 车 护 轮 板

1 范围

本标准规定了汽车护轮板的技术条件。

本标准适用于 M_1 类汽车。

2 规范性引用文件

下列文件中的条款通过本标准的引用而成为本标准的条款。凡是注日期的引用文件，其随后所有的修改单(不包括勘误的内容)或修订版均不适用于本标准，然而，鼓励根据本标准达成协议的各方研究是否可使用这些文件的最新版本。凡是不注日期的引用文件，其最新版本适用于本标准。

GB/T 15089—2001 机动车辆及挂车分类

3 术语

下列术语和定义适用于本标准。

3.1

护轮板 wheel guards

位于车轮上方，具有阻挡车轮运转时所产生的溅污及飞石等功能的零部件。它可以是独立部件，也可以是车身的一部分。

4 一般要求

4.1 护轮板(车体一部分，挡泥板等)应牢固安装在汽车上。

4.2 护轮板应设计成能够保护其他道路使用者尽可能地不受到汽车车轮甩出的石子、泥沙、冰雪及水等的袭击，并减少其他道路使用者由于接触运动的车轮而产生的危险。

5 特殊要求

5.1 在水平路面上，当车辆处于整备状态，前排坐 2 名乘员[1]，车轮在直线行驶位置时，护轮板应满足下列要求。

5.1.1 在车轮中心向前 30°和向后 50°的两个辐射平面所形成的区域内(见图 1)，护轮板的宽度 q 应足以遮盖整个轮胎的宽度 b(b 为制造厂规定的轮胎或车轮组件的最大宽度)，如属双胎，则轮胎宽度 t 应为两个轮胎的安装总宽度。

轮胎的宽度：不包括胎壁上的牌号(记号)、装饰和保护带及筋条等。

5.1.2 护轮板的后缘应位于车轮中心上方 150 mm 的水平面以下的水平面上，而且护轮板的边缘与这个平面的交点(如图 1 中 A 点)应位于轮胎纵向中间平面的外侧。如属双胎，则应位于外侧轮胎的纵向中间平面的外侧。

5.1.3 护轮板的轮廓和位置应保证其尽可能地接近轮胎，特别是在 5.1.1 所述的辐射区域内应满足下列要求。

5.1.3.1 护轮板外边缘的深度 p(位于车轮轴垂直平面内)，在通过车轮中心的横向垂直平面内测量时(见图 1)应不小于 30 mm，在 5.1.1 所述的辐射区域内 p 值可以逐渐减少至零。

---

1) 乘员质量按 65 kg 计。

5.1.3.2　护轮板的下边缘与车轮中心的距离 c 应不超过 $2r'$，r' 为轮胎的静力半径。

5.1.4　如果汽车的悬架高度是可调节的，则在汽车制造厂规定的正常行驶状态下，护轮板应满足上述所有的规定。

5.2　护轮板可以有几部分组成，但装配后各独立零部件之间不允许有间隙。

5.3　无论护轮板是独立可拆卸式还是部分可拆卸式，护轮板应安装牢靠。

6　防滑链的使用

6.1　如果汽车是两轮驱动，汽车制造厂应把汽车设计成至少有一种型式的防滑链适用于该车驱动轮的一种型式的车轮和轮胎。汽车制造厂应详细说明适合该车的防滑链、轮胎和驱动轮组合。

6.2　如果汽车是四轮驱动，包括那些一个驱动轴可以手动或自动分离的汽车，汽车制造厂应在至少一个不能分离的驱动轴上，把汽车设计成至少有一种型式的防滑链适用于该车驱动轮的一种型式的车轮和轮胎。汽车制造厂应详细说明适合该车的防滑链、轮胎和驱动轮组合和安装防滑链的驱动轮。

6.3　每车应有关于可能用到的防滑链的使用说明。

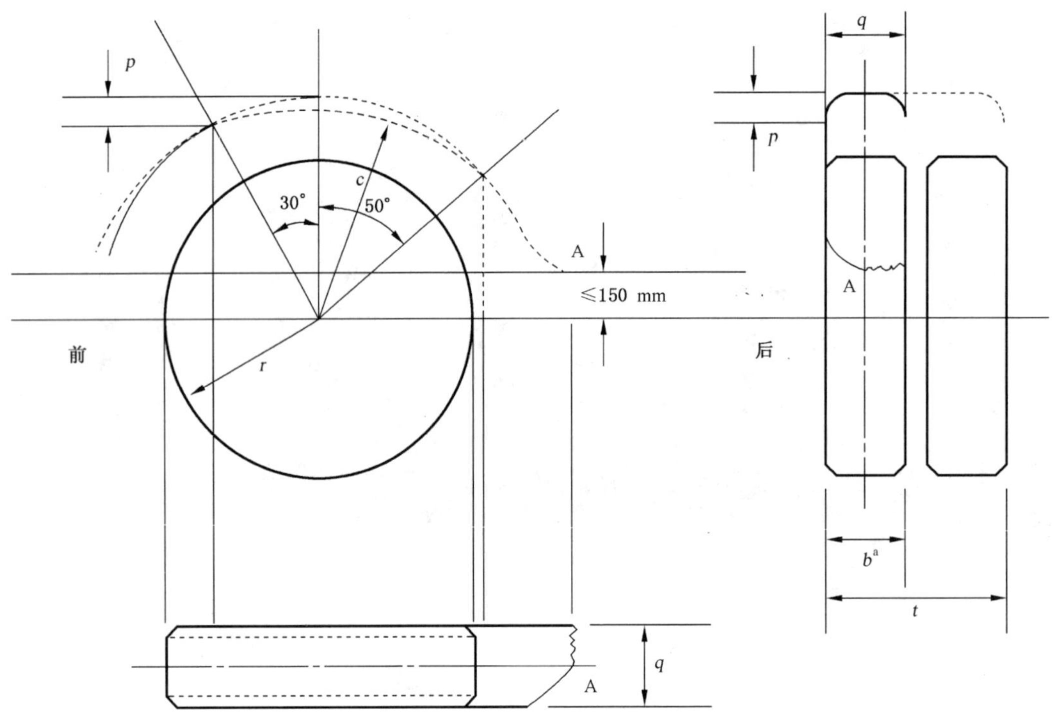

[a] b 值在轮胎顶部测量。

图 1　护轮板要求示意图

附 录 A
（资料性附录）
本标准章条编号与78/549/EEC章条编号对照

表 A.1 本标准章条编号与78/549/EEC章条编号对照表

本标准章条编号	78/549/EEC 章条编号
1	Article 1
2	—
3	—
4	(附录Ⅰ的)1
4.1	(附录Ⅰ的)1.1
4.2	(附录Ⅰ的)1.2
5	(附录Ⅰ的)2
5.1	(附录Ⅰ的)2.1
5.1.1	(附录Ⅰ的)2.1.1
—	(附录Ⅰ的)2.1.1.1
5.1.2	(附录Ⅰ的)2.1.2
5.1.3	(附录Ⅰ的)2.1.3
5.1.3.1	(附录Ⅰ的)2.1.3.1
5.1.3.2	(附录Ⅰ的)2.1.3.2
5.1.4	(附录Ⅰ的)2.1.4
5.2	(附录Ⅰ的)2.2
5.3	(附录Ⅰ的)2.3
6	(附录Ⅰ的)3
6.1	(附录Ⅰ的)3.1
6.2	(附录Ⅰ的)3.2
6.3	(附录Ⅰ的)3.3
—	(附录Ⅰ的)4
—	(附录Ⅰ的)5
—	(附录Ⅰ的)6
—	(附录Ⅰ的)7
—	附录Ⅱ
—	附录Ⅲ
附录 A	—

ICS 43.020
T 09

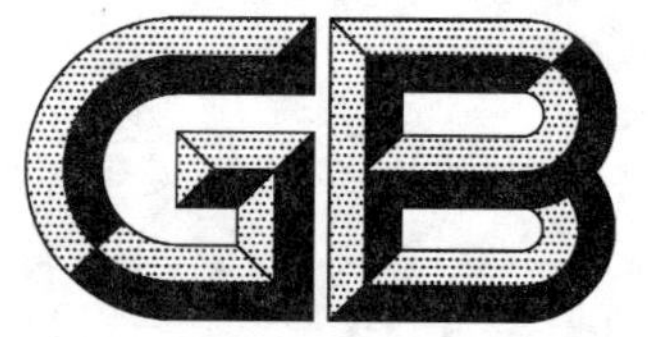

中华人民共和国国家标准

GB 7258—2012
代替 GB 7258—2004

机动车运行安全技术条件

Safety specifications for power-driven vehicles operating on roads

2012-05-11 发布　　　　2012-09-01 实施

中华人民共和国国家质量监督检验检疫总局
中国国家标准化管理委员会　发布

前　言

本标准的附录A和附录B为推荐性的，其余为强制性的。

本标准按照GB/T 1.1—2009给出的规则起草。

本标准代替GB 7258—2004《机动车运行安全技术条件》。与GB 7258—2004相比，除编辑性修改外主要技术变化如下：

——修改了第1章的适用范围(见第1章)；

——修改了第3章的机动车、汽车、乘用车、客车、公共汽车(城市客车)、货车、半挂牵引车、专项作业车、两用燃料汽车、双燃料汽车、挂车、牵引杆挂车、中置轴挂车、半挂车、汽车列车、铰接列车、摩托车、轻便摩托车、轮式专用机械车的定义，增加了载客汽车、公路客车(长途客车)、旅游客车、校车、幼儿校车、小学生校车、中小学生校车、专用校车、低速汽车、危险货物运输车、纯电动汽车、插电式混合动力汽车、燃料电池汽车、教练车、残疾人专用汽车、普通摩托车、两轮普通摩托车、边三轮摩托车、正三轮摩托车、两轮轻便摩托车、正三轮轻便摩托车、特型机动车的定义，删除了卧铺客车(2004年版的3.2.2.1)、电动汽车(2004年版的3.2.9)的定义；将汽车分为载客汽车、载货汽车和专项作业车三大类，将2004年版中的摩托车(2004年版的3.5)及轻便摩托车(2004年版的3.6)合称为摩托车(见3.5)，将2004年版中的摩托车(2004年版的3.5)改称为普通摩托车(见3.5.1)；

——修改了第4章的部分机动车产品标牌需标识的内容(见4.1.2)和车辆识别代号的打刻要求(见4.1.3)，增加了纯电动汽车、插电式混合动力汽车、燃料电池汽车和电动摩托车应打刻电动机型号、编号的要求及标识的视认性和永久保持性的要求(见4.1.4)；

——增加了乘用车和总质量小于等于3 500 kg的货车(低速汽车除外)应在靠近风窗立柱的位置设置能永久保持的车辆识别代号标识的要求，以及乘用车应具有能读取车辆识别代号的电子数据接口、在后备箱(或行李区)的合适位置标示车辆识别代号，且应在至少5个主要部件上标示车辆识别代号或零部件编号的要求(见4.1.5和4.1.6)，修改了危险货物运输车的标志要求(见4.1.7)，增加了对机动车进行改装或修理时不得对车辆识别代号等整车标志进行遮盖(遮挡)、打磨、挖补、垫片等处理及凿孔、钻孔等破坏性操作的要求(见4.1.8)；

——修改了车长小于16 m的发动机后置的铰接客车的后悬要求(见4.3)，增加了铰接列车的半挂车的总质量不得大于半挂牵引车的最大允许牵引质量的要求(见4.5.1.5)，修改了载客汽车乘员数的核定要求(见4.5.2和4.5.3)，增加了乘员数核定的特殊规定(见4.5.6)；

——修改了客车、罐式汽车和罐式挂车的侧倾稳定角要求(见4.7.1和4.7.2)，增加了旅居车和旅居挂车旅居室内的专用装备设施应明示安全使用规定(见4.8.4)、所有货车和专项作业车应喷涂总质量、栏板货车和自卸车应喷涂栏板高度、罐式车辆应喷涂灌体容积及允许装运货物的种类、部分货车及所有挂车应标识放大号、部分客车应喷涂座位数、专用校车车身外观标识和校车标牌(见4.8.6～4.8.9)及教练车应喷涂“教练车”字样和机动车外部喷涂标志图案和安装灯具的原则规定(见4.8.11和4.8.12)，删除了专门用于运输易燃和易爆物品的危险货物运输车应在车身两侧喷涂“禁止烟火”的要求(2004年版的4.8.5)；

——增加了机动车环保要求的原则规定(见4.15)和机动车产品使用说明书的相关规定(见4.16)；

——增加了轮式专用机械车的外廓尺寸、轴荷及质量参数、转向系、制动系、外部照明和信号装置等要求按土方机械相关强制性标准实施的规定(见4.17.2)；

——增加了有驾驶室的正三轮摩托车使用方向盘转向时的相关规定(见6.1)，修改了机动车方向盘的最大自由转动量要求(见 6.4)和转向力测试的要求(见 6.8),增加了专用校车应采用转向助力装置(见 6.9)及前轴采用双转向轴时转向轮的横向侧滑量不作要求的规定(见 6.11);

——修改了三轴及三轴以上汽车的制动完全释放时间要求(见 7.1.6)和应安装防抱死制动装置的机动车类型(见 7.2.11),增加了部分汽车的前轮应装备盘式制动器(见 7.2.6)、教练车(三轮汽车除外)应装备有副制动踏板(见 7.2.12)、部分汽车应装备辅助制动装置(见 7.5)及气压制动系应安装保持压缩空气干燥、油水分离的装置的要求(见 7.7.4);

——修改了路试检验时的列车的行车制动距离要求(见 7.10.2.1)和充分发出的平均减速度要求(见 7.10.2.2)、驻车制动性能检验要求(见 7.10.4)及台试检验时的制动力要求和制动力平衡要求(见 7.11.1.1 和 7.11.1.2),增加了台试检验汽车、汽车列车行车制动性能的合格判定要求(见 7.11.1.5),修改了检验结果的复核要求(见 7.11.3);

——增加了机动车不得安装遮挡外部照明和信号装置透光面的装置、用户不得对外部照明和信号装置进行改装或加装强制性标准以外的外部照明和信号装置的要求(见 8.1.2 和 8.1.3),修改了外部灯具闪烁的相关规定(见 8.1.2),增加了部分货车、专项作业车和挂车后部照明和信号装置的透光面面积要求(见 8.2.1)、校车应配备统一的校车标志灯和停车指示标志的要求(见 8.2.7)、某一转向灯发生故障(短路除外)时的要求(见 8.3.8)和部分货车和挂车、低速车辆应设置车辆尾部标志板的要求(见 8.4.1),修改了车身反光标识设置及车身反光标识材料的相关规定(见 8.4.1～8.4.5),增加了柔性车身反光标识的相关规定(见 8.4.6),删除了附加的灯具、反射器或附属装置不允许影响本标准规定安装的灯具和信号装置的性能且不应对其他的道路使用者造成不利影响的要求(2004 年版的 8.2.10);

——增加了打开所有前照灯(远光)时总的远光发光强度要求及两灯制轻便摩托车的远光光束发光强度最小值要求(见 8.5.2),修改了前照灯远光照射位置的检验要求(见 8.5.3.3),删除了前照灯远、近光布置的要求(2004 年版的 8.4.3);

——增加了教练车(三轮汽车除外)应设置辅助喇叭开关的要求(见 8.6.1)、客车电器导线的阻燃要求和乘员舱外部接插件的防水要求(见 8.6.2),修改了机动车应装备仪表或显示信息的相关规定(见 8.6.3),增加了专用校车应设置电源总开关和车长大于等于 6 m 的客车应设置电磁式电源总开关的相关规定(见 8.6.4),修改了应安装行驶记录仪的汽车车型要求,增加了显示、数据接口布置的规定、行驶记录功能符合要求的卫星定位装置视同行驶记录仪的规定及专用校车和卧铺客车还应安装车内外录像监控系统的规定(见 8.6.5)及汽车装备、加装电气设备的原则性要求(见 8.6.6),修改了无轨电车的特殊要求(见 8.6.7);

——修改了不得装用翻新的轮胎的车轮范围(见 9.1.2),增加了机动车使用的翻新胎应符合相关标准的规定(见 9.1.2)、专用校车和卧铺客车应装用无内胎子午线轮胎、危险货物运输车和车长大于 9 m 的其他客车应装用子午线轮胎(见 9.1.5)、空气弹簧应无裂损、变形及漏气、控制系统应齐全有效(见 9.3.3)和三轴公路客车的随动轴应具有随动转向或主动转向功能的要求(见 9.4.4);

——增加了自动变速器的相关规定(见 10.2.1)及部分车型应具有超速报警和限速功能(或装备限速装置)的要求(见 10.5);

——增加了车身外部不应产生明显的镜面反光(见 11.1.1)、客车上部结构强度要求的相关规定、专用校车车身结构的特殊要求及车长大于 11 m 的公路客车和旅游客车和所有卧铺客车应采用全承载整体式框架结构车身的要求(见 11.2.1)、幼儿专用校车乘客区应采用平地板结构的要求(见 11.2.3)、专用校车的踏步高要求(见 11.2.4)和行李架(舱)设置要求(见 11.2.5)、专用校车前部应设置碰撞安全结构的要求(见 11.2.6)及校车侧窗下边缘的高度要求(见 11.2.7);

——增加了集装箱运输车和集装箱运输半挂车的构造应保证集装箱运输过程中始终安全、稳妥地固定在车辆上的要求(见 11.3.2)、货车和挂车的载货部分不得设置乘客座椅且不得设计成可伸缩的结构(见 11.3.3 和 11.3.4)及货车驾驶区座椅布置的相关规定(见 11.3.5),增加了摩托车外部凸出物和扶手的相关规定(见 11.4.2 和 11.4.3);

——增加了乘用车车门的相关规定(见 11.5.2),修改了客车乘客门的相关规定(见 11.5.3～11.5.5),增加了击碎玻璃式应急窗的安全玻璃类型和厚度要求(见 11.5.6),公路客车、旅游客车、校车所有车窗玻璃的可见光透射比均应大于等于 50%的要求(见 11.5.7)及厢式货车和封闭式货车的货箱部位不得设置车窗的要求(见 11.5.8);

——修改了载客汽车座椅布置的规定(见 11.6.2～11.6.6)和卧铺布置的规定(见 11.6.7),增加了校车照管人员座位的设置及专用校车座椅及其固定件的强度要求(见 11.6.8)、专用校车靠近通道的学生座椅的扶手要求(见 11.6.9)及正三轮摩托车乘客座椅的布置要求(见 11.6.10);

——修改了客车内饰材料的阻燃要求,增加了发动机舱隔热防火的相关规定(见 11.7.1 和 11.7.2),增加了号牌板(架)应有号牌安装孔的要求(见 11.8.2)、乘用车(三厢车除外)行李区的纵向长度要求(见 11.9.2)及自卸车液压举升装置的相关规定(见 11.9.6);

——修改了应装备汽车安全带的座椅范围(见 12.1.1),增加了安全带的型式要求(见 12.1.2 和 12.1.3)、乘用车驾驶人座位应装备汽车安全带佩戴提示装置(见 12.1.5)及乘用车儿童座椅固定的要求(见 12.1.6);

——增加了总质量大于 7 500 kg 的货车和货车底盘改装的专项作业车应在右侧设置广角后视镜和补盲后视镜的要求(见 12.2.1),修改了外后视镜的视野要求(见 12.2.2),增加了专用校车驾驶人视野、汽车列车必要时应加装后视镜加长架(见 12.2.2)及教练车应加装辅助后视镜的要求(见 12.2.7);

——增加了应设置应急门的情形(见 12.4.1.2),修改了应急门的尺寸和开启要求、应急门引道要求(见 12.4.2.1、12.4.2.3、12.4.2.5)及应急锤的相关规定(见 12.4.3.2),增加了设有乘客站立区的公共汽车的应急窗均应为推拉式应急窗或外推式应急窗的要求(见 12.4.3.2);

——增加了不准许用户改动燃料管路(见 12.5.1)、发动机后置的公路客车和旅游客车燃料箱的前端面应位于前轴之后(见 12.5.5)、每一个钢瓶阀出口端都应安装高压过流保护装置(见 12.6.1)、不准许用户改动或加装钢瓶(见 12.6.3)、钢瓶安装在车上后钢瓶编号应易见(见 12.6.4)及气体燃料车辆应安装泄露报警装置的要求(见 12.6.15),修改了气体燃料专用装置通气接口的相关规定(见 12.6.9);

——修改了客车灭火器布置的相关规定(见 12.9.2),增加了所有专用校车和发动机后置的其他客车应装备发动机舱自动灭火装置(见 12.9.3)和危险货物运输车的特殊安全防护要求(见 12.11),删除了专门用于运送易燃和易爆物品的危险货物运输车应在驾驶室上方安装红色标志灯的要求(2004 年版的 12.10);

——修改了应装备三角警告牌、保险杠和前风窗玻璃除雾除霜装置的汽车范围(见 12.13.2、12.13.3、12.13.4)和机动车发动机的排气管口布置要求(见 12.13.7),增加了校车应配备急救箱的要求及汽车安全气囊系统的原则性规定(见 12.13.5 和 12.13.6);

——增加了残疾人专用汽车的附加要求(见第 14 章);

——删除了车速表指示误差检验方法、转向轮横向侧滑量检验方法、制动性能检验方法、前照灯光束照射位置检验方法、气密性检验方法(2004 年版的附录 A～附录 E)及四种类型机动车技术条件要求对应一览表(2004 年版的附录 G),增加了典型车型车身反光标识粘贴示例及要求的相关说明(见附录 B)。

本标准由公安部道路交通管理标准化技术委员会归口。

本标准负责起草单位:公安部交通管理科学研究所、交通运输部公路科学研究院、中国汽车技术研究中心。

本标准参加起草单位：成都市公安局交通管理局车辆管理所、上海浦江出入境检验检疫局、中国公路学会客车分会、天津摩托车技术中心、中国农业机械化科学研究院、洛阳拖拉机研究所。

本标准主要起草人：应朝阳、周天佑、耿磊、罗跃、王凡、刘雪梅、孟秋、龚标、何勇、王学平、王冬梅、吴云强、刘欣、张炳荣、张咸胜、尚项绳、秦煜麟、孙巍、裴志浩。

GB 7258—2004 的历次版本发布情况为：

——GB 7258—1987、GB 7258—1997。

引　言

国家标准《机动车运行安全技术条件》(以下简称“GB 7258”)是我国机动车运行安全管理最基本的技术标准,是进行注册登记检验和在用机动车检验、机动车查验、事故车检验的主要技术依据,同时也是我国机动车新车定型强制性检验、新车出厂检验及进口机动车检验的重要技术依据之一。

GB 7258—2004 自 2004 年 10 月 1 日起实施以来,在加强机动车运行安全管理、提高机动车运行安全水平等方面起到了积极的作用。但是,随着我国经济社会的持续快速发展和机动化步伐的不断加快,广大人民群众对安全出行的期待越来越高,机动车运行安全管理不断遇到新情况、新问题。特别是当前我国大型客货车辆的安全技术要求仍较低,与车辆安全性能相关的重特大道路交通事故比例较高。为此,根据我国道路交通实际情况修订 GB 7258—2004,提高机动车(特别是大型客货车辆)运行安全技术要求,严密机动车运行安全管理技术依据,已十分必要。

本次 GB 7258 修订工作的原则主要有:

a) 从 GB 7258 是我国机动车运行安全管理最基本的技术标准这一属性出发,根据道路交通发展实际情况,进一步明确 GB 7258 的适用范围,提出特型机动车、教练车、残疾人专用汽车等各类机动车的定义和运行安全管理的技术依据,严密机动车运行安全管理主要环节。

b) 根据 GB 7258—2004 执行过程中暴露出来的问题,采用与管理要求相适应的机动车分类标准,提高标准的可操作性。

c) 提高重点车辆的安全装置配备要求和结构安全要求,加严卧铺客车的安全技术要求,提高道路运行机动车的整体安全技术性能。

d) 进一步明确公共汽车运行安全技术要求,为加强公共汽车运行安全管理提供技术依据。

需要说明的是:

a) 鉴于轮式专用机械车的种类繁多、功能各异,本标准未对其外廓尺寸、轴荷及质量参数、转向性能、制动性能、外部照明和信号装置及电气设备、车身、安全防护装置等参数和要求作出具体规定。

b) 叉车不属于道路车辆,鉴于其外型和结构的特殊性,不适于在道路上行驶和使用。

机动车运行安全技术条件

1 范围

本标准规定了机动车的整车及主要总成、安全防护装置等有关运行安全的基本技术要求，以及消防车、救护车、工程救险车和警车及残疾人专用汽车的附加要求。

本标准适用于在我国道路上行驶的所有机动车，但不适用于有轨电车及并非为在道路上行驶和使用而设计和制造、主要用于封闭道路和场所作业施工的轮式专用机械车。

注：有轨电车是指以电动机驱动，架线供电，有轨道承载的道路车辆。

2 规范性引用文件

下列文件对于本文件的应用是必不可少的。凡是注日期的引用文件，仅注日期的版本适用于本文件。凡是不注日期的引用文件，其最新版本(包括所有的修改单)适用于本文件。

GB 1589 道路车辆外廓尺寸、轴荷及质量限值

GB/T 2408—2008 塑料 燃烧性能的测定 水平法和垂直法

GB/T 3181 漆膜颜色标准

GB 4094 汽车操纵件、指示器及信号装置的标志

GB 4599 汽车用灯丝灯泡前照灯

GB 4785 汽车及挂车外部照明和光信号装置的安装规定

GB 5948 摩托车白炽丝光源前照灯配光性能

GB 8108 车用电子警报器

GB/T 8196 机械安全 固定式和活动式防护装置设计与制造一般要求

GB 8410—2006 汽车内饰材料的燃烧特性

GB 9656 汽车安全玻璃

GB 10396 农林拖拉机和机械、草坪和园艺动力机械 安全标志和危险图形 总则

GB 11567.1 汽车和挂车侧面防护要求

GB 11567.2 汽车和挂车后下部防护要求

GB/T 12428 客车装载质量计算方法

GB 12268 危险货物品名表

GB 12676 汽车制动系统 结构、性能和试验方法

GB 13057 客车座椅及其车辆固定件的强度

GB 13365 机动车排气火花熄灭器

GB 13392 道路运输危险货物车辆标志

GB/T 13594 机动车和挂车防抱制动性能和试验方法

GB 13954 警车、消防车、救护车、工程救险车标志灯具

GB/T 14172 汽车静侧翻稳定性台架试验方法

GB 15084 机动车辆后视镜的性能和安装要求

GB 15365 摩托车和轻便摩托车操纵件、指示器及信号装置的图形符号

GB 16735 道路车辆 车辆识别代号(VIN)

GB 17352　摩托车和轻便摩托车后视镜的性能和安装要求
GB/T 17578　客车上部结构强度的规定
GB/T 17676　天然气汽车和液化石油气汽车　标志
GB 18100.1　摩托车照明和光信号装置的安装规定　第1部分:两轮摩托车
GB 18100.2　摩托车照明和光信号装置的安装规定　第2部分:两轮轻便摩托车
GB 18100.3　摩托车照明和光信号装置的安装规定　第3部分:三轮摩托车
GB/T 18411　道路车辆　产品标牌
GB 18447.1　拖拉机　安全要求　第1部分:轮式拖拉机
GB 18564.1　道路运输液体危险货物罐式车辆　第1部分:金属常压罐体技术要求
GB 18564.2　道路运输液体危险货物罐式车辆　第2部分:非金属常压罐体技术要求
GB 18565　营运车辆综合性能要求和检验方法
GB/T 18697—2002　声学　汽车车内噪声测量方法
GB/T 19056　汽车行驶记录仪
GB 19151　机动车用三角警告牌
GB 19152　轻便摩托车前照灯配光性能
GB 20074　摩托车和轻便摩托车外部凸出物
GB 20075　摩托车乘员扶手
GB 20300　道路运输爆炸品和剧毒化学品车辆安全技术条件
GB 21259　汽车用气体放电光源前照灯
GB 23254　货车及挂车　车身反光标识
GB 24315　校车标识
GB 24406　专用校车学生座椅系统及其车辆固定件的强度
GB 24407　专用校车安全技术条件
GB/T 24545　车辆车速限制系统技术要求
GB/T 25978　道路车辆　标牌和标签
GB 25990　车辆尾部标志板
GB 25991　汽车用LED前照灯
GA 524　2004式警车汽车类外观制式涂装规范
GA 525　2004式警车摩托车类外观制式涂装规范

3　术语和定义

下列术语和定义适用于本文件。

3.1

机动车　power-driven vehicle

由动力装置驱动或牵引,上道路行驶的供人员乘用或用于运送物品以及进行工程专项作业的轮式车辆,包括汽车及汽车列车、摩托车、拖拉机运输机组、轮式专用机械车、挂车。

3.2

汽车　motor vehicle

由动力驱动,具有四个或四个以上车轮的非轨道承载的车辆,主要用于:

——载运人员和/或货物(物品);

——牵引载运货物(物品)的车辆或特殊用途的车辆;

——专项作业。

本术语还包括：

a) 与电力线相联的车辆，如无轨电车；

b) 整车整备质量超过 400 kg 的不带驾驶室的三轮车辆；

c) 整车整备质量超过 600 kg 的带驾驶室的三轮车辆。

3.2.1

载客汽车 passenger vehicle

设计和制造上主要用于载运人员的汽车，包括装置有专用设备或器具但以载运人员为主要目的的汽车。

3.2.1.1

乘用车 passenger car

设计和制造上主要用于载运乘客及其随身行李和/或临时物品的汽车，包括驾驶人座位在内最多不超过 9 个座位。它也可以牵引一辆中置轴挂车。

3.2.1.2

客车 bus

设计和制造上主要用于载运乘客及其随身行李的汽车，包括驾驶人座位在内座位数超过 9 个。

3.2.1.2.1

公路客车 interurban bus

长途客车 interurban bus

为城间(城乡)运输乘客设计和制造、专门从事旅客运输的客车，包括卧铺客车，即设计和制造供全体乘客卧睡的客车。

3.2.1.2.2

旅游客车 touring bus

为旅游设计和制造、专门用于运载游客的客车。

3.2.1.2.3

公共汽车 public bus

城市客车 public bus

为城市内运输乘客设计和制造的客车，根据是否设有乘客站立区可分为：

a) 设有乘客站立区的公共汽车，即最大设计车速小于 70 km/h、设有座椅及乘客站立区，并有足够的空间供频繁停站时乘客上下车走动，有固定的线路和车站，主要在城市建成区运营的客车；也包括无轨电车，即以电动机驱动，与电力线相连的客车。

b) 未设置乘客站立区的公共汽车，即未设置乘客站立区，有固定的线路和车站，主要在城市道路运营的客车。

3.2.1.3

校车 school bus

用于有组织地接送 3 周岁以上学龄前幼儿或接受义务教育的学生上下学的 7 座以上的载客汽车。

3.2.1.3.1

幼儿校车 school bus for infants

接送 3 周岁以上学龄前幼儿上下学的校车。

3.2.1.3.2

小学生校车 school bus for primary student

接送小学生上下学的校车。

3.2.1.3.3

中小学生校车 school bus for junior middle school student

接送九年制义务教育阶段学生(小学生和初中生)上下学的校车。

3.2.1.3.4

专用校车 special school bus

设计和制造上专门用于运送3周岁以上学龄前幼儿或义务教育阶段学生的校车。

3.2.2

载货汽车 goods vehicle

货车 goods vehicle

设计和制造上主要用于载运货物或牵引挂车的汽车,包括装置有专用设备或器具但以载运货物为主要目的的汽车。

3.2.2.1

半挂牵引车 semi-trailer towing vehicle

装备有特殊装置用于牵引半挂车的汽车。

3.2.2.2

低速汽车 low-speed vehicle

三轮汽车和低速货车的总称。

3.2.2.2.1

三轮汽车 tri-wheel vehicle

最大设计车速小于等于50 km/h的,具有三个车轮的货车。

3.2.2.2.2

低速货车 low-speed goods vehicle

低速载货汽车 low-speed goods vehicle

最大设计车速小于70 km/h的,具有四个车轮的货车。

3.2.2.3

危险货物运输车 road transportation vehicle of dangerous goods

专门用于运输符合GB 12268等相关标准规定的危险货物的货车。

3.2.3

专项作业车 specical motor vehicle

专用作业车 specical motor vehicle

装置有专用设备或器具,在设计和制造上用于专项作业的汽车,如汽车起重机、消防车、混凝土泵车、清障车、高空作业车、扫路车、吸污车、钻机车、仪器车、检测车、监测车、电源车、通信车、电视车、采血车、医疗车、体检医疗车等,但不包括以载运人员或货物为主要目的的汽车。

3.2.4

气体燃料汽车 gaseous fuel vehicle

装备以石油气、天然气或煤气等气体为燃料的发动机的汽车。

3.2.5

两用燃料汽车 bi-fuel vehicle

具有两套相互独立的燃料供给系统,一套供给天然气或液化石油气,另一套供给其他燃料,两套燃料供给系统可分别但不可同时向燃烧室供给燃料的汽车,如汽油/压缩天然气两用燃料汽车、汽油/液化石油气两用燃料汽车等。

3.2.6

双燃料汽车 dual-fuel vehicle

具有两套燃料供给系统,一套供给天然气或液化石油气,另一套供给其他燃料,两套燃料供给系统按预定的配比向燃烧室供给燃料，在缸内混合燃烧的汽车，如柴油-压缩天然气双燃料汽车，柴油-液化石油气双燃料汽车等。

3.2.7

纯电动汽车　batery electric vehicle

由电动机驱动，且驱动电能来源于车载可充电蓄电池或其他能量储存装置的汽车。

[GB/T 19596—2004 的 3.1.1.1.1]

3.2.8

插电式混合动力汽车　plug-in hybrid electric vehicle

具有一定的纯电驱动行驶里程，且在正常使用情况下可从非车载装置中获取电能量的混合动力汽车。

3.2.9

燃料电池汽车　fuel cell electric vehicle

以燃料电池作为动力电源的汽车。

[GB/T 19596—2004 的 3.1.1.1.3]

3.2.10

教练车　driving school training vehicle

专门从事驾驶技能培训的汽车。

3.2.11

残疾人专用汽车　vehicle for handicapped driving

在采用自动变速器的乘用车上加装符合标准和规定的驾驶辅助装置，专门供特定类型的肢体残疾人驾驶的汽车。

3.3

挂车　trailer

设计和制造上需由汽车或拖拉机牵引，才能在道路上正常使用的无动力道路车辆，包括牵引杆挂车、中置轴挂车和半挂车，用于：

——载运货物；

——专项作业。

3.3.1

牵引杆挂车　draw-bar-trailer

全挂车　draw-bar-trailer

至少有两根轴的挂车，具有：

——一轴可转向；

——通过角向移动的牵引杆与牵引车联结；

——牵引杆可垂直移动，联结到底盘上，因此不能承受任何垂直力。

3.3.2

中置轴挂车　centre axle trailer

均匀受载时挂车质心紧靠车轴位置，牵引装置相对于挂车不能垂直移动、与牵引车连接时只有较小的垂直载荷作用于牵引车的挂车。

3.3.3

半挂车　semi-trailer

均匀受载时挂车质心位于车轴前面，装有可将垂直力和/或水平力传递到牵引车的联结装置的挂车。

3.4

汽车列车　combination vehicles

由汽车(低速汽车除外)牵引挂车组成的机动车,包括乘用车列车、货车列车和铰接列车。

3.4.1

乘用车列车　passenger/car trailer combination

乘用车和中置轴挂车的组合。

3.4.2

货车列车　goods road train

货车和牵引杆挂车或中置轴挂车的组合。

3.4.2.1

牵引杆挂车列车　draw-bar trailer combination

全挂拖斗车　draw-bar trailer combination

全挂汽车列车　draw-bar trailer combination

货车和牵引杆挂车的组合。

3.4.2.2

中置轴挂车列车　centre axle trailer combination

货车和中置轴挂车的组合。

3.4.3

铰接列车　articulated vehicle

半挂汽车列车　articulated vehicle

半挂牵引车和半挂车的组合。

3.5

摩托车　motorcycle and moped

由动力装置驱动的,具有两个或三个车轮的道路车辆,但不包括:

a) 整车整备质量超过 400 kg 的不带驾驶室的三轮车辆;

b) 整车整备质量超过 600 kg 的带驾驶室的三轮车辆;

c) 最大设计车速、整车整备质量、外廓尺寸等指标符合相关国家标准和规定的,专供残疾人驾驶的机动轮椅车;

d) 电驱动的,最大设计车速不大于 20 km/h,具有人力骑行功能,且整车整备质量、外廓尺寸、电动机额定功率等指标符合相关国家标准规定的两轮车辆。

3.5.1

普通摩托车　motorcycle

无论采用何种驱动方式,其最大设计车速大于 50 km/h,或如使用内燃机,其排量大于 50 mL,或如使用电驱动,其电动机最大输出功率总和大于 4 kW 的摩托车,包括两轮普通摩托车、边三轮摩托车和正三轮摩托车。

3.5.1.1

两轮普通摩托车　motorcycle with two wheels

装有一个从动轮和一个驱动轮的普通摩托车。

3.5.1.2

边三轮摩托车　motorcycle with sidecar

在两轮普通摩托车的右侧装有边车的摩托车。

3.5.1.3

正三轮摩托车　right three-wheeled motorcycle

装有与前轮对称分布的两个后轮的普通摩托车，且如设计和制造上允许装载货物或载运乘员，其最大设计车速小于 70 km/h。

3.5.2

轻便摩托车　moped

无论采用何种驱动方式，其最大设计车速不大于 50 km/h 的摩托车，且：

——如使用内燃机，其排量不大于 50 mL；

——如使用电驱动，其电动机最大输出功率总和不大于 4 kW。

3.5.2.1

两轮轻便摩托车　moped with two wheels

装有一个从动轮和一个驱动轮的轻便摩托车。

3.5.2.2

正三轮轻便摩托车　right three-wheeled moped

装有与前轮对称分布的两个后轮的轻便摩托车。

3.6

拖拉机运输机组　tractor towing trailer for transportation

由拖拉机牵引一辆挂车组成的用于载运货物的机动车，包括轮式拖拉机运输机组和手扶拖拉机运输机组。

注 1：本标准所指的拖拉机是指最高设计车速不大于 20 km/h、牵引挂车方可从事道路货物运输作业的手扶拖拉机，和最高设计车速不大于 40 km/h、牵引挂车方可从事道路货物运输作业的轮式拖拉机。

注 2：手扶拖拉机运输机组还包含手扶变型运输机，即发动机 12 h 标定功率不大于 14.7 kW，采用手扶拖拉机底盘，将扶手把改成方向盘，与挂车连在一起组成的折腰转向式运输机组。

3.7

轮式专用机械车　wheeled mobile machinery for special purpose

有特殊结构和专门功能，装有橡胶车轮可以自行行驶，最大设计车速大于 20 km/h 的轮式机械，如装载机、平地机、挖掘机、推土机等，但不包括叉车。

3.8

特型机动车　special size vehicle

质量参数和/或尺寸参数超出 GB 1589 规定的汽车、挂车、汽车列车。

4　整车

4.1　整车标志

4.1.1　机动车在车身前部外表面的易见部位上应至少装置一个能永久保持的商标或厂标。

4.1.2　机动车应至少装置一个能永久保持的产品标牌，该标牌的固定、位置及型式应符合 GB/T 18411 的规定；如采用标签标示，则标签应符合 GB/T 25978 规定的标签一般性能、防篡改性能及防伪性能要求。改装车应同时具有改装后的整车产品标牌及改装前的整车(或底盘)产品标牌。

机动车均应在产品标牌上标明品牌、整车型号、制造年月、生产厂名及制造国，各类机动车产品标牌应标明的其他项目见表 1。产品标牌上标明的内容应规范、清晰耐久且易于识别，项目名称均应有中文名称。

表 1 各类机动车产品标牌应补充标明的项目

<table>
<tr><th colspan="2">机动车类型</th><th>应补充标明的项目</th></tr>
<tr><td rowspan="3">汽车[a]</td><td>载客汽车[b]</td><td>车辆识别代号、发动机型号、发动机最大净功率、最大允许总质量(以下简称为“总质量”)、乘坐人数(乘员数)</td></tr>
<tr><td>载货汽车[c]</td><td>车辆识别代号、发动机型号、发动机最大净功率、总质量(半挂牵引车除外)、整车整备质量(以下简称为“整备质量”)、最大允许牵引质量(无牵引功能的货车除外)</td></tr>
<tr><td>专项作业车</td><td>车辆识别代号、发动机型号、发动机最大净功率、总质量、专用功能主要技术参数</td></tr>
<tr><td colspan="2">挂车</td><td>车辆识别代号[d]、总质量、整备质量</td></tr>
<tr><td colspan="2">摩托车[e]</td><td>车辆识别代号、发动机型号、发动机实际排量或最大净功率、整备质量</td></tr>
<tr><td colspan="2">轮式专用机械车</td><td>车架号(或产品识别代码、车辆识别代号)、发动机型号、发动机标定功率、整备质量、最大设计车速</td></tr>
<tr><td colspan="2">组成拖拉机运输机组的拖拉机</td><td>出厂编号、发动机标定功率、使用质量</td></tr>
<tr><td colspan="2">特型机动车</td><td>车辆识别代号(或车架号)、发动机型号、发动机最大净功率、总质量、整备质量、外廓尺寸</td></tr>
<tr><td colspan="3">[a] 非插电式混合动力汽车还应标明电动动力系统最大输出功率;纯电动汽车、插电式混合动力汽车、燃料电池汽车还应标明主驱动电机型号和功率,动力电池工作电压和容量(安时数),储氢容器形式、容积、工作压力(燃料电池汽车);纯电动汽车不标发动机相关信息。
[b] 乘用车还应标明发动机排量,具备牵引功能时还应标明最大允许牵引质量。
[c] 半挂牵引车还应标明牵引座最大设计静载荷。
[d] 牵引杆挂车在未采用统一的车辆识别代号之前应标明车架号。
[e] 电动摩托车应标明车辆识别代号、电动机型号、电动机最大输出功率、额定电压、整备质量;正三轮摩托车还应标明装载质量或乘坐人数,两轮普通摩托车及两轮轻便摩托车可不标车辆识别代号。</td></tr>
</table>

4.1.3 汽车、摩托车、半挂车和中置轴挂车应具有唯一的车辆识别代号,其内容和构成应符合 GB 16735 的规定;应至少有一个车辆识别代号打刻在车架(无车架的机动车为车身主要承载且不能拆卸的部件)能防止锈蚀、磨损的部位上。

乘用车的车辆识别代号应打刻在发动机舱内能防止替换的车辆结构件上,或打刻在车门立柱上,如受结构限制没有打刻空间时也可打刻在右侧除后备箱(后行李区)外的车辆其他结构件上;其他汽车、半挂车和中置轴挂车的车辆识别代号应打刻在前部右侧,如受结构限制也可打刻在右侧其他车辆结构件上。其他机动车应在相应的易见位置打刻整车型号和出厂编号,型号在前,出厂编号在后,在出厂编号的两端应打刻起止标记。

打刻车辆识别代号(或整车型号和出厂编号)的部件不得采用打磨、挖补、垫片等方式处理,从上(前)方观察时打刻区域周边足够大面积的表面不应有任何覆盖物;如有覆盖物,该覆盖物的表面应明确标示“车辆识别代号”或“VIN”字样,且覆盖物在不使用任何专用工具的情况下能直接取下(或揭开)及复原,以方便地观察到足够大的包括打刻区域的表面。

打刻的车辆识别代号(或整车型号和出厂编号)从上(前)方应易拓印。打刻的车辆识别代号的字母和数字的字高应大于等于 7.0 mm、深度应大于等于 0.3 mm(乘用车深度应大于等于 0.2 mm),但摩托车字高应大于等于 5.0 mm、深度应大于等于 0.2 mm。打刻的整车型号和出厂编号字高应为 10.0 mm,深度应大于等于 0.3 mm。

车辆识别代号(或整车型号和出厂编号)一经打刻不得更改、变动,并符合 GB 16735 的规定。同一辆机动车的车架(无车架的机动车为车身主要承载且不能拆卸的部件)上,不得既打刻车辆识别代号,又打刻整车型号和出厂编号。同一辆车上标识的所有车辆识别代号内容应相同。

注：打刻区域周边足够大面积的表面(足够大的包括打刻区域的表面)是指打刻车辆识别代号的部件的全部表面；但所暴露表面能满足查看打刻车辆识别代号的部件有无挖补、重新焊接、粘贴等痕迹的需要时，也应视为满足要求。

4.1.4 发动机型号和出厂编号应打刻(或铸出)在气缸体上且应能永久保持，在出厂编号的两端应打刻起止标记(没有打刻起止标记的空间时不打刻)；摩托车应在发动机的易见部位铸出商标或厂标，发动机出厂编号应打刻在曲轴箱易见部位，在出厂编号的两端应打刻起止标记(没有打刻起止标记的空间时不打刻)；如打刻(或铸出)的发动机型号和出厂编号不易见，则应在发动机易见部位增加能永久保持的发动机型号和出厂编号的标识。

纯电动汽车、插电式混合动力汽车、燃料电池汽车和电动摩托车应在主驱动电动机壳体上打刻电动机型号和编号；如打刻的电动机型号和编号被覆盖，应留出观察口，或在覆盖件上增加能永久保持的电动机型号和编号的标识。

增加的标识应易见，且非经破坏性操作不能被完整取下。

4.1.5 乘用车和总质量小于等于 3 500 kg 的货车(低速汽车除外)应在靠近风窗立柱的位置设置能永久保持的车辆识别代号标识；该标识从车外应能清晰地识读，且非经破坏性操作不能被完整取下。对具有发动机电子控制单元(ECU)的乘用车，其 ECU 应记载有车辆识别代号等特征信息，且记载的特征信息应能被读取；但如乘用车至少有一处电子数据接口，且通过读取工具能够获得车辆识别代号等特征信息的，应视为满足要求。

4.1.6 除按照 4.1.2、4.1.3、4.1.5 标示车辆识别代号之外，乘用车还应在后备箱(或行李区)从车外无法观察但打开后能直接观察的合适位置标示车辆识别代号，并至少在 5 个主要部件上标示车辆识别代号；但如制造厂家使用了能从零部件编号溯及车辆识别代号等车辆唯一性信息的生产管理系统，主要部件上可标示零部件编号。

车辆识别代号或零部件编号应直接打刻或采用能永久保持的标签粘贴在制造厂家规定主要部件的目标区域内，其字码高度应保证内容能清晰确认。

4.1.7 危险货物运输车的标志应符合 GB 13392 的规定；其中，罐式危险货物运输车还应按照 GB 18564.1 或 GB 18564.2 在罐体上喷涂装运货物的名称，道路运输爆炸品和剧毒化学品车辆还应符合 GB 20300 的规定。

4.1.8 对机动车进行改装或修理时，不得对车辆识别代号(或整车型号和出厂编号)、发动机型号和出厂编号、零部件编号、产品标牌、发动机标识等整车标志进行遮盖(遮挡)、打磨、挖补、垫片等处理及凿孔、钻孔等破坏性操作。

4.2 外廓尺寸

汽车及汽车列车、挂车的外廓尺寸应符合 GB 1589 的规定，摩托车、拖拉机运输机组的外廓尺寸限值见表 2。

表 2 摩托车、拖拉机运输机组外廓尺寸限值

单位为米

机动车类型		长	宽	高
摩托车	两轮普通摩托车	≤2.50	≤1.00	≤1.40
	边三轮摩托车	≤2.70	≤1.75	≤1.40
	正三轮摩托车	≤3.50	≤1.50	≤2.00
	两轮轻便摩托车	≤2.00	≤0.80	≤1.10
	正三轮轻便摩托车	≤2.00	≤1.00	≤1.10

表 2（续）

单位为米

机动车类型		长	宽	高
拖拉机运输机组	轮式拖拉机运输机组	≤10.00[a]	≤2.50	≤3.00[a]
	手扶拖拉机运输机组	≤5.00	≤1.70	≤2.20
[a] 对标定功率大于 58 kW 的轮式拖拉机运输机组长度限值为 12.00 m，高度限值为 3.50 m。				

4.3 后悬

客车及封闭式车厢（或罐体）的机动车后悬应小于等于轴距的 65%。专项作业车和轮式专用机械车，在保证安全的情况下，后悬可按客车后悬要求核算，其他机动车后悬应小于等于轴距的 55%。车长小于 16 m 的发动机后置的铰接客车，在保证安全的情况下，后悬可不超过轴距的 70%。机动车的后悬均应小于等于 3.5 m。

注：多轴机动车的轴距按第一轴至最后轴的距离计算（对铰接客车按第一轴至第二轴的距离计算），后悬从最后一轴的中心线往后计算。客车的后悬以车身外蒙皮尺寸计算，如后保险杠突出于后背外蒙皮，则以后保险杠尺寸计算，不计后尾梯。

4.4 轴荷和质量参数

4.4.1 汽车及汽车列车、挂车的轴荷和质量参数应符合 GB 1589 的规定。

4.4.2 机动车在空载和满载状态下，整备质量和总质量应在各轴之间合理分配，轴荷应在左右车轮之间均衡分配。

4.4.3 边三轮摩托车处于空载及满载状态时，边车车轮轮荷应分别为整备质量及总质量的 35%以下。

4.5 核载

4.5.1 质量参数核定

4.5.1.1 机动车最大允许总质量依据发动机功率、最大设计轴荷、轮胎的承载能力及正式批准的技术文件进行核算后，从中取最小值核定。

4.5.1.2 机动车在空载和满载状态下，转向轴轴荷（或转向轮轮荷）分别与该车整备质量和总质量的比值应大于等于：

——乘用车：30%；

——三轮汽车、正三轮摩托车：18%；

——其他机动车：20%。

铰接列车应在空载和满载状态下对牵引车部分进行核算，铰接客车和铰接式无轨电车应在空载和满载状态下对前车进行核算。

4.5.1.3 清障车在托举状态下，转向轴轴荷应大于等于总质量的 15%。

4.5.1.4 汽车或汽车列车驱动轴的轴荷应大于等于汽车或汽车列车总质量的 25%。

4.5.1.5 货车列车的挂车的最大允许装载质量应小于等于货车的最大允许装载质量。

4.5.1.6 铰接列车的半挂车的总质量应小于等于半挂牵引车的最大允许牵引质量。

4.5.1.7 轮式拖拉机运输机组的挂拖质量比（挂车最大允许总质量与拖拉机使用质量之比）应小于等于 3。

4.5.2 乘用车乘坐人数核定

4.5.2.1 前排座位按乘客舱内部宽度（系指驾驶人两侧门窗下缘，并在车门后支柱内侧量取）大于等于

1 200 mm 时核定 2 人，大于等于 1 650 mm 时核定 3 人，但每名前排乘员的座垫宽和座垫深均应大于等于 400 mm，且不得作为学生座位核定乘坐人数。

4.5.2.2 除前排座位外的其他排座位，在能保证与前一排座位的间距大于等于 600 mm 且座垫深度大于等于 400 mm(对第二排以后的可折叠座椅座间距大于等于 570 mm 且座垫深度大于等于 350 mm)时，按座垫宽每 400 mm 核定 1 人；但作为学生座位使用时，对幼儿校车按每 280 mm 核定 1 人，对小学生校车按每 350 mm 核定 1 人，对中小学生校车按 380 mm 核定 1 人。单人座椅座垫宽大于等于 400 mm 时核定 1 人。

注 1：学生座位(椅)是指幼儿校车上专门供幼儿乘坐的座位(椅)、小学生校车上专门供小学生乘坐的座位(椅)及中小学生校车上专门供义务教育阶段学生使用的座位(椅)。

注 2：可折叠座椅是指靠背、座垫铰接且折叠在一起后能完全收起的座椅。

注 3：座间距是指座椅座垫和靠背均未被压陷、驾驶人座椅和前排乘员座椅处于滑轨中间位置、靠背角度可调式座椅的靠背角度及座椅其他调整量处于制造厂规定的正常使用位置时，在通过(单人)座椅中心线的垂直平面内，在座垫上表面最高点所处平面与地板上方 620 mm 高度范围内水平测量所得的座椅间距数值。

4.5.2.3 旅居车的核定乘员数应小于等于 9 人。

4.5.2.4 车长大于等于 6 m 的乘用车设置的侧向座椅不核定乘坐人数。

4.5.3 客车乘员数核定

4.5.3.1 按乘员质量核定：按 GB/T 12428 确定。

4.5.3.2 按座垫宽和站立乘客有效面积核定：长条座椅(指座垫靠背均为条形的供两人或多人乘坐的座椅)按座垫宽每 400 mm 核定 1 人，但作为学生座位使用时，对幼儿校车按每 280 mm(对幼儿专用校车按每 330 mm)核定 1 人，对小学生校车按每 350 mm 核定 1 人，对中小学生校车按 380 mm 核定 1 人；单人座椅座垫宽大于等于 400 mm(对学生座椅为 380 mm)时核定 1 人。设有乘客站立区的公共汽车，按 GB/T 12428 确定的站立乘客有效面积计算，每 0.125 m^2 核定站立乘客 1 人；双层客车的上层及其他客车不核定站立人数。

4.5.3.3 按卧铺铺位核定：卧铺客车的每个铺位核定 1 人，驾驶人座椅核定 1 人，乘客座椅(包括车组人员座椅)不核定乘坐人数。

4.5.3.4 可折叠的单人座椅及驾驶人座椅 R 点所处的横向垂直平面之前的座椅不得作为学生座位(椅)核定人数。

4.5.3.5 幼儿校车、小学生校车和中小学生校车按 4.5.3.2 和 4.5.3.4 核定乘员数，其他客车以 4.5.3.1、4.5.3.2 及 4.5.3.3 计算的乘员数取最小值核定乘员数。幼儿校车的核定乘员数应小于等于 45 人，其他校车的核定乘员数应小于等于 56 人。二轴卧铺客车的核定乘员数应小于等于 36 人，三轴卧铺客车的核定乘员数应小于等于 40 人。

4.5.4 有驾驶室机动车的驾驶室乘坐人数核定(摩托车除外)

4.5.4.1 驾驶室的前排座位，按驾驶室内部宽度(系指驾驶室门窗下缘，并在车门后支柱内侧量取)大于等于 1 200 mm 时核定 2 人，大于等于 1 650 mm 时核定 3 人，但每名前排乘员的座垫宽和座垫深均应大于等于 400 mm。

4.5.4.2 双排座位驾驶室的后排座位，按座垫中间位置测量的车身内部宽度，在能保证与前排座位的间距大于等于 650 mm 且座垫深度大于等于 400 mm 时，每 400 mm 核定 1 人。

4.5.4.3 带卧铺的货车，卧铺铺位不核定乘坐人数。

4.5.4.4 有驾驶室的拖拉机运输机组和使用方向盘转向的三轮汽车，除驾驶人外可再核定一名乘员，但其座垫宽应大于等于 350 mm，座椅深应大于等于 300 mm，且座椅不应增加拖拉机运输机组或三轮汽车的外廓尺寸；不具备上述条件时，只准许乘坐驾驶人 1 人。

4.5.4.5 货车核定乘坐人数应小于等于6人。

4.5.5 摩托车乘坐人数核定

4.5.5.1 两轮普通摩托车除驾驶人外，有固定座位的可再核定乘坐1人。

4.5.5.2 边三轮摩托车除驾驶人外，主车和边车有固定座位的各核定乘坐1人。

4.5.5.3 正三轮摩托车驾驶室核定乘坐驾驶人1人；车厢在有纵向布置（与机动车前进方向相同）的固定座椅（该固定座椅的座垫深度大于等于400 mm且与驾驶人座椅的间距大于等于650 mm）时，按座垫宽度每400 mm核定1人，但最多为2人；不具备上述条件时，车厢不核定乘坐人数。

4.5.5.4 轻便摩托车核定乘坐驾驶人1人。

4.5.6 特殊规定

4.5.6.1 装备有残疾人轮椅固定装置的残疾人汽车、装备有担架的救护车等用于载运特定乘客的载客汽车的乘坐人数，以及医疗车、体检医疗车等专项作业车的乘坐人数，参照4.5.2、4.5.3和4.5.4核定。

4.5.6.2 旅居半挂车不核定乘坐人数。

4.5.6.3 货车驾驶室（区）以外部位设置的座椅和卧铺不核定乘坐人数。

4.6 比功率

低速汽车及拖拉机运输机组的比功率应大于等于4.0 kW/t，除无轨电车外的其他机动车的比功率应大于等于5.0 kW/t。

注：比功率为发动机最大净功率（或0.9倍的发动机额定功率，或0.9倍的发动机标定功率）与机动车最大允许总质量之比。

4.7 侧倾稳定角及驻车稳定角

4.7.1 按GB/T 14172规定的方法，客车在乘客区满载、行李舱空载的情况下测试时，向左侧和右侧倾斜最大侧倾稳定角均应大于等于28°（对专用校车均应大于等于32°）；且除定线行驶的双层（公共）汽车外，在空载、静态条件下，向左侧和右侧倾斜最大侧倾稳定角均应大于等于35°。

注：铰接客车和铰接式无轨电车按前车考核。

4.7.2 罐式汽车和罐式挂车在满载、静态状态下，向左侧和右侧倾斜最大侧倾稳定角应大于等于23°。

4.7.3 其他机动车在空载、静态状态下，向左侧和右侧倾斜最大侧倾稳定角应大于等于：

——三轮机动车（包括三轮汽车和三轮摩托车，下同）：25°；

——总质量为整备质量的1.2倍以下的机动车：30°；

——总质量不小于整备质量的1.2倍的专项作业车和轮式专用机械车：32°；

——其他机动车（特型机动车、两轮普通摩托车及轻便摩托车除外）：35°。

4.7.4 两轮普通摩托车和两轮轻便摩托车在用撑杆支撑时，向左、向右、向前的驻车稳定角分别应大于等于9°、5°、6°；在用停车架支撑时，向左、向右、向前的驻车稳定角均应大于等于8°。

4.8 图形和文字标志

4.8.1 汽车（三轮汽车和装用单缸柴油机的低速货车除外）、摩托车应分别按照GB 4094和GB 15365的规定设置操纵件、指示器及信号装置的图形标志。

4.8.2 三轮汽车和装用单缸柴油机的低速货车的变速杆、手柄和开关等操纵机构，除作用非常明确的外，应在操纵机构上或其附近用耐久性标志明确标明其功能、操作方向等。标志用操作符号应与背景有明显的色差。

4.8.3 机动车标注的警告性文字应有中文。

4.8.4 旅居车和旅居挂车旅居室内的专用装备设施应明示相应的安全使用规定。

4.8.5 低速汽车和拖拉机运输机组应对需要提醒人们注意的安全事项设置相应的安全标志。安全标志应符合 GB 10396 的规定。

4.8.6 所有货车和专项作业车均应在驾驶室(区)两侧喷涂总质量(半挂牵引车为最大允许牵引质量);其中,栏板货车和自卸车还应在驾驶室两侧喷涂栏板高度,罐式汽车和罐式挂车还应在罐体上喷涂罐体容积及允许装运货物的种类。栏板挂车应在车厢两侧喷涂栏板高度。喷涂的中文及阿拉伯数字应清晰,高度应大于等于 80 mm。

4.8.7 总质量大于等于 4 500 kg 的货车(半挂牵引车除外)、所有挂车均应在车厢后部喷涂或粘贴放大的号牌号码,放大的号牌号码字样应清晰。

4.8.8 所有客车(专用校车和设有乘客站立区的公共汽车除外)应在乘客门附近车身外部易见位置,用高度大于等于 100 mm 的中文及阿拉伯数字标明该车提供给乘员(包括驾驶人)的座位数。

4.8.9 专用校车车身外观标识应符合 GB 24315 规定。校车运送学生时,应在前风窗玻璃右下角和后风窗玻璃适当位置各放置一块可以从车外清楚识别的校车标牌;但专门用于接送学生上下学的非专用校车,车身外观标识还应符合专用校车相关规定。

注:非专用校车是指除专用校车外的其他校车。

4.8.10 气体燃料汽车、两用燃料汽车和双燃料汽车应按 GB/T 17676 的规定标注其使用的气体燃料类型。

4.8.11 教练车应在车身两侧及后部喷涂高度大于等于 100 mm 的“教练车”等字样。

4.8.12 警车、消防车、救护车和工程救险车以外的机动车,不得喷涂和安装与警车、消防车、救护车和工程救险车相同或相类似的标志图案和灯具。

4.9 外观

4.9.1 机动车外观应整洁,各零部件应完好,联接牢固,无缺损。

4.9.2 车体应周正,车体外缘左右对称部位高度差应小于等于 40 mm。

4.9.3 两轮普通摩托车和轻便摩托车的方向把和导流板等左右对称的零部件离地面高度差应小于等于 10 mm;正三轮摩托车的驾驶室和车厢等左右对称的零部件离地面高度差应小于等于 20 mm。

4.10 漏水检查

在发动机运转及停车时,散热器、水泵、缸体、缸盖、暖风装置及所有连接部位均不得有明显渗漏现象。

4.11 漏油检查

机动车连续行驶距离不小于 10 km,停车 5 min 后观察,不得有明显渗漏现象。

4.12 车速表指示误差(最大设计车速不大于 40 km/h 的机动车除外)

车速表指示车速 v_1(单位:km/h)与实际车速 v_2(单位:km/h)之间应符合下列关系式:

$$0 \leqslant v_1 - v_2 \leqslant (v_2/10) + 4$$

4.13 行驶轨迹

汽车列车和轮式拖拉机运输机组在平坦、干燥的路面上直线行驶时,挂车后轴中心相对于牵引车前轴中心的最大摆动幅度,铰接列车、乘用车列车和中置轴挂车列车应小于等于 110 mm,牵引杆挂车列车和轮式拖拉机运输机组应小于等于 220 mm。

4.14 驾驶人耳旁噪声要求

汽车(低速汽车除外)驾驶人耳旁噪声声级应小于等于 90 dB(A),其检验方法见附录 A。

4.15 环保要求

机动车的排气污染物排放及噪声控制应符合国家环保标准的规定。

4.16 产品使用说明书

4.16.1 机动车的产品使用说明书应用文字标明与车型(整车型号)相一致的以下结构参数和技术特征,必要时还应用图案辅助说明:

——整车产品标牌、按 4.1.3 规定打刻的车辆识别代号(或整车型号和出厂编号)、打刻(或铸出的)发动机型号和出厂编号(或电动机型号和编号)、标有发动机型号和出厂编号(或电动机型号和编号)的标识等标志的具体位置;

——长、宽、高等整车外廓尺寸参数;

——轴荷、整备质量、最大允许总质量等质量参数;

——发动机主要技术参数(如发动机最大净功率、额定功率/转速、额定扭矩/转速);

——罐体容积及允许装运货物的种类;

——燃料种类及标号;

——机动车整车出厂时所达到的排放水平;

——指定试验条件下的整车燃料消耗量;

——最大设计车速、最大爬坡度等动力性能参数;

——起步气压的具体数值;

——可以使用的轮胎规格、备胎规格,以及轮胎气压等使用注意事项;

——钢板弹簧的形式和规格;

——侧面及后下部防护装置的材质、结构、尺寸、连接部位和形式、外形;

——封闭式货车隔离装置的承受能力及装载货物注意事项;

——电动转向助力装置等电气设备的安全使用要求及注意事项;

——最大设计车速大于 100 km/h 的机动车的车轮动平衡要求;

——车轮定位值;

——制动踏板自由行程的合理范围;

——制动摩擦副的合理使用范围;

——涉及安全使用车辆的其他事项。

注:对发动机最大净功率、额定功率/转速等发动机主要技术参数,以及车轮动平衡要求、车轮定位值、制动踏板自由行程的合理范围、制动摩擦副的合理使用范围等主要用于车辆维修的技术参数,在其他随车正式文件上有说明的,也视为满足要求。

4.16.2 汽车的产品使用说明书应对其装备的安全气囊、电子稳定控制系统、防抱死制动装置等安全装置的功能、用法和注意事项等加以说明;装备有安全气囊的汽车,还应在产品使用说明书中明确安全气囊展开的条件和情形。

4.16.3 乘用车的产品使用说明书应对适合安装的儿童座椅的类型及固定方法加以说明。

4.16.4 旅居挂车的产品使用说明书应明示车辆行驶过程中旅居室内不得载人。

4.16.5 三轮汽车和装用单缸柴油机的低速货车的产品使用说明书应明示所有操纵机构的操作说明。

4.16.6 轮式专用机械车、特型机动车的产品使用说明书应明示其制造时所执行的相关国家标准和/或行业标准的标准顺序号和年号。

4.16.7 机动车的产品使用说明书的所有文字性内容均应有中文。

4.17 其他要求

4.17.1 专项作业车和轮式专用机械车的特殊结构和专用装置不得影响机动车的安全运行。

4.17.2 轮式专用机械车的外廓尺寸、轴荷及质量参数、转向系、制动系、外部照明和信号装置及电气设备、车身、安全防护装置等要求按土方机械相关强制性标准实施。

5 发动机

5.1 发动机应动力性能良好，运转平稳，怠速稳定，无异响，机油压力和温度正常。发动机功率应大于等于标牌(或产品使用说明书)标明的发动机功率的75%。

5.2 发动机应有良好的起动性能。汽车(三轮汽车和装用单缸柴油机的低速货车除外)发动机应能由驾驶人在座位上起动。

5.3 柴油机停机装置应灵活有效。

5.4 发动机点火、燃料供给、润滑、冷却和进排气等系统的机件应齐全，性能良好。

6 转向系

6.1 汽车(三轮汽车除外)的方向盘应设置于左侧，其他机动车的方向盘不得设置于右侧；专项作业车、教练车按需要可设置左右两个方向盘。有驾驶室的正三轮摩托车如使用方向盘转向，则方向盘中心立柱距车辆纵向中心平面的水平距离应小于等于200 mm；其他摩托车不得使用方向盘转向。

6.2 机动车的方向盘(或方向把)应转动灵活，操纵方便，无卡滞现象。机动车应设置转向限位装置。转向系统在任何操作位置上，不得与其他部件有干涉现象。

6.3 机动车(摩托车、三轮汽车、手扶拖拉机运输机组除外)正常行驶时，转向轮转向后应有一定的回正能力(允许有残余角)，以使机动车具有稳定的直线行驶能力。

6.4 机动车方向盘的最大自由转动量应小于等于：

a) 最大设计车速大于等于100 km/h的机动车：15°；

b) 三轮汽车：35°；

c) 其他机动车：25°。

6.5 汽车(三轮汽车除外)应具有适度的不足转向特性。

6.6 三轮汽车、摩托车的转向轮向左或向右转角应小于等于：

a) 三轮汽车、三轮摩托车、正三轮轻便摩托车：45°；

b) 两轮普通摩托车、两轮轻便摩托车：48°。

6.7 机动车在平坦、硬实、干燥和清洁的道路上行驶不应跑偏，其方向盘(或方向把)不应有摆振、路感不灵或其他异常现象。

6.8 机动车在平坦、硬实、干燥和清洁的水泥或沥青道路上行驶，以10 km/h的速度在5 s之内沿螺旋线从直线行驶过渡到外圆直径为25 m的车辆通道圆行驶，施加于方向盘外缘的最大切向力应小于等于245 N。

6.9 专用校车应采用转向助力装置；其他机动车转向轴最大设计轴荷大于4 000 kg时，也应采用转向助力装置。装有转向助力装置的机动车，转向时其转向助力功能不得出现时有时无的现象，且转向助力装置失效时仍应具有用方向盘控制机动车的能力。装有电动转向助力装置的汽车，在产品使用说明书规定的正常使用状态下，应保证转向助力装置的电能供应。

6.10 汽车和汽车列车(不计具有作业功能的专用装置的突出部分)、轮式拖拉机运输机组应能在同一个车辆通道圆内通过，车辆通道圆的外圆直径 D_1 为 25.00 m，车辆通道圆的内圆直径 D_2 为 10.60 m。汽车和汽车列车、轮式拖拉机运输机组由直线行驶过渡到上述圆周运动时，任何部分超出直线行驶时的车辆外侧面垂直面的值(外摆值)应小于等于 0.80 m(对铰接客车和铰接式无轨电车外摆值应小于等于 1.20 m)，其试验方法见 GB 1589。

6.11 汽车(三轮汽车除外)的车轮定位应与该车型的技术要求一致。对前轴采用非独立悬架的汽车(前轴采用双转向轴时除外)，其转向轮的横向侧滑量，用侧滑台检验时侧滑量值应在±5 m/km 之间。

6.12 转向节及臂，转向横、直拉杆及球销不得有裂纹和损伤，并且转向球销不应松旷。对机动车进行改装或修理时横、直拉杆不得拼焊。

6.13 三轮汽车、摩托车的前减振器、上下联板和方向把不应有变形和裂损。

7 制动系

7.1 基本要求

7.1.1 机动车应设置足以使其减速、停车和驻车的制动系统或装置，且行车制动的控制装置与驻车制动的控制装置应相互独立。

7.1.2 制动系统的机构和装置应经久耐用，不得因振动或冲击而损坏。

7.1.3 制动踏板(包括教练车的副制动踏板)及其支架、制动主缸及其活塞、制动总阀、制动气室、轮缸及其活塞、制动臂及凸轮轴总成之间的连接杆件等零部件应易于维修。

7.1.4 制动系统的各种杆件不得与其他部件在相对位移中发生干涉、摩擦，以防杆件变形、损坏。

7.1.5 制动管路应为专用的耐腐蚀的高压管路，安装应保证具有良好的连续功能、足够的长度和柔性，以适应与之相连接的零件所需要的正常运动，而不致造成损坏；制动管路应有适当的安全防护，以避免擦伤、缠绕或其他机械损伤，同时应避免安装在可能与机动车排气管或任何高温源接触的地方。制动软管不得与其他部件干涉且不应有老化、开裂、被压扁等现象。其他气动装置在出现故障时不得影响制动系统的正常工作。

7.1.6 汽车制动完全释放时间(从松开制动踏板到制动消除所需要的时间)对两轴汽车应小于等于 0.80 s，对三轴及三轴以上汽车应小于等于 1.2 s。

7.1.7 机动车在运行过程中不得有自行制动现象，但属于设计和制造上为保证车辆安全运行的除外。当挂车(由轮式拖拉机牵引的装载质量 3 000 kg 以下的挂车除外)与牵引车意外脱离后，挂车应能自行制动，牵引车的制动仍应有效。

7.2 行车制动

7.2.1 机动车(总质量小于等于 750 kg 的挂车除外)应具有完好的行车制动系，其中汽车(三轮汽车除外)的行车制动应采用双回路或多回路。

7.2.2 行车制动应保证驾驶人在行车过程中能控制机动车安全、有效地减速和停车。行车制动应是可控制的，且除残疾人专用汽车外，应保证驾驶人在其座位上双手无须离开方向盘(或方向把)就能实现制动。

7.2.3 行车制动应作用在机动车(三轮汽车、拖拉机运输机组及总质量不大于 750 kg 的挂车除外)的所有车轮上。

7.2.4 行车制动的制动力应在各轴之间合理分配。

7.2.5 机动车(边三轮摩托车除外)行车制动的制动力应在同一车轴左右轮之间相对机动车纵向中心平面合理分配。

7.2.6 汽车(三轮汽车除外)、摩托车(边三轮摩托车除外)、挂车(总质量不大于 750 kg 的挂车除外)的所有车轮应装备制动器。其中，所有专用校车和危险货物运输车的前轮及车长大于 9 m 的其他客车的前轮应装备盘式制动器。

7.2.7 制动器应有磨损补偿装置。制动器磨损后，制动间隙应易于通过手动或自动调节装置来补偿。制动控制装置及其部件以及制动器总成应具备一定的储备行程，当制动器发热或制动衬片的磨损达到一定程度时，在不必立即作调整的情况下，仍应保持有效的制动。

7.2.8 制动踏板的自由行程应与该车型的技术要求一致。

7.2.9 行车制动在产生最大制动效能时的踏板力或手握力应小于等于：

——乘用车和正三轮摩托车：500 N；

——摩托车(正三轮摩托车除外)：350 N(踏板力)或 250 N(手握力)；

——其他机动车：700 N。

7.2.10 汽车列车行车制动系的设计和制造应保证挂车最后轴制动动作滞后于牵引车前轴制动动作的时间小于等于 0.2 s。

7.2.11 车长大于 9 m 的公路客车、旅游客车和未设置乘客站立区的公共汽车，所有专用校车、危险货物运输车和半挂牵引车，总质量大于等于 12 000 kg 的货车和专项作业车及总质量大于 10 000 kg 的挂车应安装符合 GB/T 13594 规定的防抱死制动装置。

注：本条中半挂车的总质量是指半挂车在满载并且和牵引车相连的情况下，通过半挂车的所有车轴垂直作用于地面的静载荷，不包括转移到牵引车牵引座的静载荷。

7.2.12 教练车(三轮汽车除外)的行车制动应装备有副制动踏板。副制动踏板应安装牢固、动作可靠，保证教练员在行车过程中能有效地控制机动车减速和停车。

7.3 应急制动

7.3.1 汽车(三轮汽车除外)应具有应急制动功能。

7.3.2 应急制动应保证在行车制动只有一处失效的情况下，在规定的距离内将汽车停住。

7.3.3 应急制动可以是行车制动系统具有应急特性或是与行车制动分开的系统。

7.3.4 应急制动应是可控制的，其布置应使驾驶人容易操作，驾驶人在座位上至少用一只手握住方向盘的情况下(对乘用车为双手不离开方向盘的情况下)，就可以实现制动。它的控制装置可以与行车制动的控制装置结合，也可以与驻车制动的控制装置结合。

7.3.5 采用助力制动系的行车制动系，当助力装置失效后，仍应能保持规定的应急制动性能。

7.4 驻车制动

7.4.1 机动车(两轮普通摩托车、边三轮摩托车和两轮轻便摩托车除外)应具有驻车制动装置。

7.4.2 驻车制动应能使机动车即使在没有驾驶人的情况下，也能停在上、下坡道上。驾驶人应在座位上就可以实现驻车制动。对于汽车列车和轮式拖拉机运输机组，如挂车与牵引车脱离，挂车(由轮式拖拉机牵引的装载质量 3 000 kg 以下的挂车除外)应能产生驻车制动。挂车的驻车制动装置应能由站在地面上的人实施操纵。

7.4.3 驻车制动应通过纯机械装置把工作部件锁止，并且驾驶人施加于操纵装置上的力：

——手操纵时，乘用车应小于等于 400 N，其他机动车应小于等于 600 N；

——脚操纵时，乘用车应小于等于 500 N，其他机动车应小于等于 700 N。

7.4.4 驻车制动控制装置的安装位置应适当，操纵装置应有足够的储备行程(开关类操作装置除外)，一般应在操纵装置全行程的三分之二以内产生规定的制动效能；驻车制动机构装有自动调节装置时允许在全行程的四分之三以内达到规定的制动效能。驻车制动使用电子控制装置时，锁止装置应为纯机械装置，发生断电情况锁止装置仍应保持持续有效。棘轮式制动操纵装置应保证在达到规定的驻车制动效能时，操纵杆往复拉动的次数不得超过三次。

7.4.5 采用弹簧储能制动装置做驻车制动时，应保证在失效状态下能方便地解除驻车状态；如需使用专用工具，应随车配备。

7.5 辅助制动

车长大于 9 m 的客车（对专用校车为车长大于 8 m）、总质量大于等于 12 000 kg 的货车和专项作业车、所有危险货物运输车，应装备缓速器或其他辅助制动装置。辅助制动装置的性能要求应使汽车能通过 GB 12676 规定的Ⅱ型或ⅡA 型试验。

7.6 液压制动的特殊要求

7.6.1 采用液压制动的机动车，制动管路不应存在渗漏（包括外泄和内泄）现象，在保持踏板力为 700 N（摩托车为 350 N）达到 1 min 时，踏板不得有缓慢向前移动的现象。

7.6.2 液压行车制动在达到规定的制动效能时，踏板行程应小于等于踏板全行程的四分之三，制动器装有自动调整间隙装置的机动车踏板行程应小于等于踏板全行程的五分之四，且乘用车应小于等于 120 mm，其他机动车应小于等于 150 mm。

注：踏板全行程是指在无制动液状态下制动踏板从完全释放状态到不能踩动的行程。

7.6.3 液压行车制动系不得因制动液对制动管路的腐蚀或由于发动机及其他热源的作用形成气阻而影响行车制动系的功能。

7.7 气压制动的特殊要求

7.7.1 采用气压制动的机动车，在气压升至 600 kPa 且不使用制动的情况下，停止空气压缩机工作 3 min 后，其气压的降低值应小于等于 10 kPa。在气压为 600 kPa 的情况下，停止空气压缩机工作，将制动踏板踩到底，待气压稳定后观察 3 min，气压降低值对汽车应小于等于 20 kPa，对汽车列车、铰接客车及铰接式无轨电车、轮式拖拉机运输机组应小于等于 30 kPa。

7.7.2 采用气压制动的机动车，发动机在 75％的额定转速下，4 min（汽车列车为 6 min，铰接客车和铰接式无轨电车为 8 min）内气压表的指示气压应从零开始升至起步气压。

注：起步气压是指车辆制造厂家标明的车辆（起步后）能够满足正常（制动）工作要求的贮气筒最小压力。

7.7.3 气压制动系统应装有限压装置，以确保贮气筒内气压不超过允许的最高气压。

7.7.4 气压制动系应安装保持压缩空气干燥、油水分离的装置。

7.8 贮气筒

7.8.1 装备贮气筒或真空罐的机动车应采用单向阀或相应的保护装置，以保证在筒（罐）与压缩空气（真空源）连接失效或漏损的情况下，筒（罐）内的压缩空气（真空度）不致全部丧失。

7.8.2 贮气筒的容量应保证在调压阀调定的最高气压下，且在不继续充气的情况下，机动车在连续五次踩到底的全行程制动后，气压不低于起步气压。

7.8.3 贮气筒应有排污阀。

7.9 制动报警装置

7.9.1 采用液压制动的机动车，其储液器的加注口应易于接近，从结构设计上应保证在不打开容器的条件下就能很容易地检查液面。如不能满足此条件，则应安装制动液面过低报警装置。

7.9.2 采用液压制动的汽车（三轮汽车和装用单缸柴油机的低速货车除外），如液压传能装置任一部件失效，应通过红色报警信号灯警示驾驶人。只要失效继续存在且点火开关处在开（运行）的位置，该信号灯应保持发亮。报警信号灯即使在白天也应很醒目，驾驶人在其座位上应能很容易地观察报警信号灯工作是否正常。报警装置的失效不应导致制动系统完全丧失制动效能。

7.9.3 采用气压制动的机动车，当制动系统的气压低于起步气压时，报警装置应能连续向驾驶人发出容易听到或看到的报警信号。

7.9.4　安装具有防抱死制动装置的汽车，当防抱死制动装置失效时，报警装置应能连续向驾驶人发出容易听到或看到的报警信号。

7.10　路试检验制动性能

7.10.1　基本要求

7.10.1.1　机动车行车制动性能和应急制动性能检验应在平坦、硬实、清洁、干燥且轮胎与地面间的附着系数大于等于 0.7 的混凝土或沥青路面上进行。

7.10.1.2　检验时发动机应与传动系统脱开，但对于采用自动变速器的机动车，其变速器换挡装置应位于驱动挡（“D”挡）。

7.10.2　行车制动性能检验

7.10.2.1　用制动距离检验行车制动性能

机动车在规定的初速度下的制动距离和制动稳定性要求应符合表 3 的规定。对空载检验的制动距离有质疑时，可用表 3 规定的满载检验制动距离要求进行。

制动距离：是指机动车在规定的初速度下急踩制动时，从脚接触制动踏板（或手触动制动手柄）时起至机动车停住时止机动车驶过的距离。

制动稳定性要求：是指制动过程中机动车的任何部位（不计入车宽的部位除外）不超出规定宽度的试验通道的边缘线。

表 3　制动距离和制动稳定性要求

机动车类型	制动初速度 km/h	空载检验制动距离要求 m	满载检验制动距离要求 m	试验通道宽度 m
三轮汽车	20	≤5.0		2.5
乘用车	50	≤19.0	≤20.0	2.5
总质量不大于 3 500 kg 的低速货车	30	≤8.0	≤9.0	2.5
其他总质量不大于 3 500 kg 的汽车	50	≤21.0	≤22.0	2.5
铰接客车、铰接式无轨电车、汽车列车	30	≤9.5	≤10.5	3.0
其他汽车	30	≤9.0	≤10.0	3.0
两轮普通摩托车	30	≤7.0		—
边三轮摩托车	30	≤8.0		2.5
正三轮摩托车	30	≤7.5		2.3
轻便摩托车	20	≤4.0		—
轮式拖拉机运输机组	20	≤6.0	≤6.5	3.0
手扶变型运输机	20	≤6.5		2.3

7.10.2.2 用充分发出的平均减速度检验行车制动性能

汽车、汽车列车在规定的初速度下急踩制动时充分发出的平均减速度及制动稳定性要求应符合表4的规定，且制动协调时间对液压制动的汽车应小于等于0.35 s，对气压制动的汽车应小于等于0.60 s，对汽车列车、铰接客车和铰接式无轨电车应小于等于0.80 s。对空载检验的充分发出的平均减速度有质疑时，可用表4规定的满载检验充分发出的平均减速度进行。

充分发出的平均减速度MFDD：

$$\mathrm{MFDD}=\frac{{v_b}^2-{v_e}^2}{25.92(S_e-S_b)}$$

式中：

MFDD——充分发出的平均减速度，单位为米每二次方秒(m/s^2)；

v_0 ——试验车制动初速度，单位为千米每小时(km/h)；

v_b ——$0.8v_0$，试验车速，单位为千米每小时(km/h)；

v_e ——$0.1v_0$，试验车速，单位为千米每小时(km/h)；

S_b ——试验车速从v_0到v_b之间车辆行驶的距离，单位为米(m)；

S_e ——试验车速从v_0到v_e之间车辆行驶的距离，单位为米(m)。

制动协调时间：是指在急踩制动时，从脚接触制动踏板(或手触动制动手柄)时起至机动车减速度(或制动力)达到表4规定的机动车充分发出的平均减速度(或表6所规定的制动力)的75%时所需的时间。

表4 制动减速度和制动稳定性要求

机动车类型	制动初速度 km/h	空载检验充分发出的平均减速度 m/s^2	满载检验充分发出的平均减速度 m/s^2	试验通道宽度 m
三轮汽车	20	≥3.8		2.5
乘用车	50	≥6.2	≥5.9	2.5
总质量不大于3 500 kg的低速货车	30	≥5.6	≥5.2	2.5
其他总质量不大于3 500 kg的汽车	50	≥5.8	≥5.4	2.5
铰接客车、铰接式无轨电车、汽车列车	30	≥5.0	≥4.5	3.0
其他汽车	30	≥5.4	≥5.0	3.0

7.10.2.3 制动踏板力或制动气压要求

进行制动性能检验时的制动踏板力或制动气压应符合以下要求：

a) 满载检验时

气压制动系：气压表的指示气压 ≤额定工作气压；

液压制动系：踏板力， 乘用车 ≤500 N；

其他机动车 ≤700 N。

b) 空载检验时

气压制动系：气压表的指示气压 ≤600 kPa；

液压制动系:踏板力，　乘用车　≤400 N;
　　　　　　　　　　其他机动车　≤450 N。

摩托车(正三轮摩托车除外)检验时,踏板力应小于等于 350 N,手握力应小于等于 250 N。

正三轮摩托车检验时,踏板力应小于等于 500 N。

三轮汽车和拖拉机运输机组检验时,踏板力应小于等于 600 N。

7.10.2.4　合格判定要求

汽车、汽车列车在符合 7.10.2.3 规定的制动踏板力或制动气压下的路试行车制动性能如符合 7.10.2.1 或 7.10.2.2,即为合格。

7.10.3　应急制动性能检验

汽车(三轮汽车除外)在空载和满载状态下,按表 5 所列初速度进行应急制动性能检验,应急制动性能应符合表 5 的要求。

表 5　应急制动性能要求

机动车类型	制动初速度 km/h	制动距离 m	充分发出的平均减速度 m/s^2	允许操纵力应小于等于 N	
				手操纵	脚操纵
乘用车	50	≤38.0	≥2.9	400	500
客车	30	≤18.0	≥2.5	600	700
其他汽车(三轮汽车除外)	30	≤20.0	≥2.2	600	700

7.10.4　驻车制动性能检验

在空载状态下,驻车制动装置应能保证机动车在坡度为 20%(对总质量为整备质量的 1.2 倍以下的机动车为 15%)、轮胎与路面间的附着系数大于等于 0.7 的坡道上正、反两个方向保持固定不动,时间应大于等于 5 min。检验汽车列车时,应使牵引车和挂车的驻车制动装置均起作用。检验时操纵力按 7.4.3 规定。

注 1:在规定的测试状态下,机动车使用驻车制动装置能停在坡度值更大且附着系数符合要求的试验坡道上时,应视为达到了驻车制动性能检验规定的要求。

注 2:在不具备试验坡道的情况下,在用车可参照相关标准使用符合规定的仪器测试驻车制动性能。

7.11　台试检验制动性能

7.11.1　行车制动性能检验

7.11.1.1　制动力百分比要求

汽车、汽车列车在制动检验台上测出的制动力应符合表 6 的要求。对空载检验制动力有质疑时,可用表 6 规定的满载检验制动力要求进行检验。使用转鼓试验台检测时,可通过测得制动减速度值计算得到最大制动力。

摩托车的前、后轴制动力应符合表 6 的要求,测试时只准许乘坐一名驾驶人。

检验时制动踏板力或制动气压按 7.10.2.3 的规定。

表 6　台试检验制动力要求

机动车类型	制动力总和与整车重量的百分比		轴制动力与轴荷[a]的百分比	
	空载	满载	前轴[b]	后轴[b]
三轮汽车	—		—	≥60[c]
乘用车、其他总质量不大于 3 500 kg 的汽车	≥60	≥50	≥60[c]	≥20[c]
铰接客车、铰接式无轨电车、汽车列车	≥55	≥45	—	—
其他汽车	≥60	≥50	≥60[c]	≥50[d]
普通摩托车	—	—	≥60	≥55
轻便摩托车	—	—	≥60	≥50

[a] 用平板制动检验台检验乘用车时应按左右轮制动力最大时刻所分别对应的左右轮动态轮荷之和计算。

[b] 机动车(单车)纵向中心线中心位置以前的轴为前轴,其他轴为后轴;挂车的所有车轴均按后轴计算;用平板制动试验台测试并装轴制动力时,并装轴可视为一轴。

[c] 空载和满载状态下测试均应满足此要求。

[d] 满载测试时后轴制动力百分比不做要求;空载用平板制动检验台检验时应大于等于 35%;总质量大于 3 500 kg 的客车,空载用反力滚筒式制动试验台测试时应大于等于 40%,用平板制动检验台检验时应大于等于 30%。

7.11.1.2　制动力平衡要求(两轮、边三轮摩托车和轻便摩托车除外)

在制动力增长全过程中同时测得的左右轮制动力差的最大值,与全过程中测得的该轴左右轮最大制动力中大者(当后轴及其他轴,制动力小于该轴轴荷的 60%时为与该轴轴荷)之比,对新注册车和在用车应分别符合表 7 的要求。

表 7　台试检验制动力平衡要求

	前轴	后轴(及其他轴)	
		轴制动力大于等于该轴轴荷 60%时	制动力小于该轴轴荷 60%时
新注册车	≤20%	≤24%	≤8%
在 用 车	≤24%	≤30%	≤10%

7.11.1.3　制动协调时间要求

汽车的制动协调时间,对液压制动的汽车应小于等于 0.35 s,对气压制动的汽车应小于等于 0.60 s;汽车列车和铰接客车、铰接式无轨电车的制动协调时间应小于等于 0.80 s。

7.11.1.4　车轮阻滞率要求

进行制动力检验时,汽车、汽车列车各车轮的阻滞力均应小于等于轮荷的 10%。

7.11.1.5　合格判定要求

台试检验汽车、汽车列车行车制动性能时,检验结果同时满足 7.11.1.1～7.11.1.4 的,方为合格。

7.11.2 驻车制动性能检验

当采用制动检验台检验汽车和正三轮摩托车驻车制动装置的制动力时，机动车空载，乘坐一名驾驶人，使用驻车制动装置，驻车制动力的总和应大于等于该车在测试状态下整车重量的20%，但总质量为整备质量1.2倍以下的机动车应大于等于15%。

7.11.3 检验结果的复核

对机动车台架检验制动性能结果有异议的，在空载状态下按7.10复检。对空载状态复检结果有异议的，以满载路试复检结果为准。

8 照明、信号装置和其他电气设备

8.1 基本要求

8.1.1 机动车的灯具应安装牢靠、完好有效，不得因机动车振动而松脱、损坏、失去作用或改变光照方向；所有灯光的开关应安装牢固、开关自如，不得因机动车振动而自行开关。开关的位置应便于驾驶人操纵。

8.1.2 机动车不得安装遮挡外部照明和信号装置透光面的装置。除转向信号灯、危险警告信号、紧急制动信号、校车标志灯及消防车、救护车、工程救险车和警车安装使用的标志灯具外，其他外部灯具不得闪烁。

8.1.3 用户不得对外部照明和信号装置进行改装，也不得加装强制性标准以外的外部照明和信号装置。

8.2 照明和信号装置的数量、位置、光色和最小几何可见度

8.2.1 汽车(三轮汽车和装用单缸柴油机的低速货车除外)及挂车的外部照明和信号装置的数量、位置、光色、最小几何可见度应符合GB 4785的规定。总质量大于等于4 500 kg的货车、专项作业车和挂车的每一个后位灯、后转向信号灯和制动灯，透光面面积应大于等于一个80 mm直径圆的面积；如属非圆形的，透光面的形状还应能将一个40 mm直径的圆包含在内。

8.2.2 摩托车的照明和信号装置及其安装应分别符合GB 18100.1、GB 18100.2和GB 18100.3的规定。

8.2.3 三轮汽车、装用单缸柴油机的低速货车及拖拉机运输机组应设置前照灯、前位灯(手扶拖拉机运输机组除外)、后位灯、制动灯、后牌照灯、后反射器和前、后转向信号灯，其光色应符合GB 4785相关规定。

8.2.4 机动车应装置后反射器。挂车及车长大于等于6 m的机动车应安装侧反射器和侧标志灯。反射器应与机动车牢固连接，且后反射器应能保证夜间在机动车正后方150 m处，用符合本标准规定的汽车前照灯照射时，在照射位置就能确认其反射光。

8.2.5 宽度大于2 100 mm的机动车均应安装示廓灯。

8.2.6 牵引杆挂车应在挂车前部的左右各装一只前白后红的标志灯，其高度应比牵引杆挂车的前栏板高出300 mm～400 mm，距车厢外侧应小于150 mm。

8.2.7 校车应配备统一的校车标志灯和停车指示标志。

8.3 照明和信号装置的一般要求

8.3.1 机动车(手扶拖拉机运输机组除外)的前位灯、后位灯、示廓灯、侧标志灯、挂车标志灯、牌照灯和仪表灯应能同时启闭，当前照灯关闭和发动机熄火时仍应能点亮。汽车和挂车的电路连接应保证前位

灯、后位灯、示廓灯、侧标志灯和牌照灯只能同时打开或关闭，但前位灯、后位灯、侧标志灯作为驻车灯使用(复合或混合)的除外。

8.3.2 机动车的前、后转向信号灯、危险警告信号及制动灯白天在距其 100 m 处应能观察到其工作状况，侧转向信号灯白天在距 30 m 处应能观察到其工作状况；前、后位置灯、示廓灯、挂车标志灯夜间能见度良好时在距其 300 m 处应能观察到其工作状况；后牌照灯夜间能见度良好时在距其 20 m 处应能看清号牌号码。制动灯的发光强度应明显大于后位灯。

8.3.3 对称设置、功能相同的灯具的光色和亮度不应有明显差异。

8.3.4 机动车照明和信号装置的任一条线路出现故障，不得干扰其他线路的正常工作。

8.3.5 驾驶区的仪表板应采用不反光的面板或护板，车内照明装置及其在风窗玻璃、视镜、仪表盘等处的反射光线不应使驾驶人眩目。

8.3.6 仪表板上应设置仪表灯。仪表灯点亮时，应能照清仪表板上所有的仪表且不应眩目。

8.3.7 汽车(三轮汽车和装用单缸柴油机的低速货车除外)仪表板上应设置蓝色远光指示信号和与行驶方向相适应的转向指示信号。

8.3.8 汽车(三轮汽车除外)和轮式拖拉机运输机组均应具有危险警告信号装置，其操纵装置不应受灯光总开关的控制。对于牵引挂车的汽车，危险警告信号控制开关也应能打开挂车上的所有转向信号灯，即使在发动机不工作的情况下，仍应能发出危险警告信号。危险警告信号和转向信号灯的闪光频率应为 1.5 Hz±0.5 Hz，起动时间应小于等于 1.5 s。如某一转向灯发生故障(短路除外)时，其他转向灯应继续工作，但闪光频率可以不同于上述规定的频率。

8.3.9 客车应设置车厢灯和门灯。车长大于 6 m 的客车应至少有两条车厢照明电路，仅用于进出口处的照明电路可作为其中之一。当一条电路失效时，另一条仍应能正常工作，以保证车内照明。车厢灯和门灯不应影响本车驾驶人的视线和其他机动车的正常行驶。

8.4 车身反光标识和车辆尾部标志板

8.4.1 总质量大于等于 12 000 kg 的货车(半挂牵引车除外)和货车底盘改装的专业作业车、车长大于 8.0 m 的挂车及所有最大设计车速小于等于 40 km/h 的汽车和挂车，应设置符合 GB 25990 规定的车辆尾部标志板；半挂牵引车应在驾驶室后部上方设置能体现驾驶室的宽度和高度的车身反光标识，其他货车、货车底盘改装的专项作业车和挂车(设置有符合规定的车辆尾部标志板的除外)应在后部设置车身反光标识。后部的车身反光标识应能体现机动车后部的高度和宽度，对厢式货车和挂车应能体现货厢轮廓。

8.4.2 所有货车(半挂牵引车除外)、货车底盘改装的专项作业车和挂车应在侧面设置车身反光标识。侧面的车身反光标识长度应大于等于车长的 50%，对三轮汽车应大于等于 1.2 m，对侧面车身结构无连续平面的专项作业车应大于等于车长的 30%，对货厢长度不足车长 50%的货车应为货厢长度。

8.4.3 道路运输爆炸品和剧毒化学品车辆，除应按 8.4.1、8.4.2 设置车身反光标识外，还应在后部和两侧粘贴能标示出车辆轮廓、宽度为 150 mm±20 mm 的橙色反光带。

8.4.4 拖拉机运输机组应按照相关标准的规定在车身上粘贴反光标识。

8.4.5 货车、专项作业车和挂车(组成拖拉机运输机组的挂车除外)的车身反光标识材料应符合 GB 23254 的规定，其中厢式货车和厢式挂车应装备反射器型车身反光标识。典型车型车身反光标识粘贴式样见附录 B，但对使用反射器型车身反光标识材料的，车身反光标识设置符合 GB 23254 相关规定时，应视为满足要求。

8.4.6 货车和挂车(组成拖拉机运输机组的挂车除外)设置的车身反光标识被遮挡的，应在被遮挡的车身后部和侧面至少水平固定一块 2 000 mm×150 mm 的柔性反光标识。

8.5 前照灯

8.5.1 基本要求

8.5.1.1 机动车装备的前照灯应有远、近光变换功能；当远光变为近光时，所有远光应能同时熄灭。同一辆机动车上的前照灯不得左、右的远、近光灯交叉开亮。

8.5.1.2 所有前照灯的近光均不应眩目，汽车(三轮汽车和装用单缸柴油机的低速货车除外)、摩托车装用的前照灯应分别符合 GB 4599、GB 21259、GB 25991、GB 5948 及 GB 19152 的规定。

8.5.1.3 机动车前照灯光束照射位置在正常使用条件下应保持稳定。

8.5.2 远光光束发光强度要求

机动车每只前照灯的远光光束发光强度应达到表 8 的要求；并且，同时打开所有前照灯(远光)时，其总的远光光束发光强度应符合 GB 4785 的规定。测试时，电源系统应处于充电状态。

表 8 前照灯远光光束发光强度最小值要求

单位为坎德拉

机动车类型		检查项目					
		新注册车			在用车		
		一灯制	二灯制	四灯制[a]	一灯制	二灯制	四灯制[a]
三轮汽车		8 000	6 000	—	6 000	5 000	—
最大设计车速小于 70 km/h 的汽车		—	10 000	8 000	—	8 000	6 000
其他汽车		—	18 000	15 000	—	15 000	12 000
普通摩托车		10 000	8 000	—	8 000	6 000	—
轻便摩托车		4 000	3 000	—	3 000	2 500	—
拖拉机运输机组	标定功率>18 kW	—	8 000	—	—	6 000	—
	标定功率≤18 kW	6 000[b]	6 000	—	5 000[b]	5 000	—

[a] 四灯制是指前照灯具有四个远光光束；采用四灯制的机动车其中两只对称的灯达到两灯制的要求时视为合格。

[b] 允许手扶拖拉机运输机组只装用一只前照灯。

8.5.3 光束照射位置要求

8.5.3.1 检验前照灯近光光束照射位置时，前照灯照射在距离 10 m 的屏幕上，乘用车前照灯近光光束明暗截止线转角或中点的高度应为 $0.7H \sim 0.9H$(H 为前照灯基准中心高度，下同)，其他机动车(拖拉机运输机组除外)应为 $0.6H \sim 0.8H$。机动车(装用一只前照灯的机动车除外)前照灯近光光束水平方向位置向左偏应小于等于 170 mm，向右偏应小于等于 350 mm。

8.5.3.2 轮式拖拉机运输机组装用的前照灯近光光束的照射位置，按照上述方法检验时，要求在屏幕上光束中点的离地高度应小于等于 $0.7H$；水平位置要求，向右偏移应小于等于 350 mm，不得向左偏移。

8.5.3.3 检验前照灯远光照射位置时，对于能单独调整远光光束的前照灯，前照灯照射在距离 10 m 的屏幕上时，要求在屏幕光束中心离地高度，对乘用车为 $0.85H \sim 0.95H$(但不得低于前照灯近光光束明暗截止线转角或中点的高度)，对其他机动车为 $0.8H \sim 0.95H$；机动车(装用一只前照灯的机动车除外)前照灯远光光束水平位置要求，左灯向左偏应小于等于 170 mm，向右偏应小于等于 350 mm，右灯向左或向右偏均应小于等于 350 mm。

8.6 其他电气设备和仪表

8.6.1 机动车(手扶拖拉机运输机组除外)应设置具有连续发声功能的喇叭,喇叭声级在距车前 2 m、离地高 1.2 m 处测量时,发动机最大净功率(或电动机最大输出功率总和)为 7 kW 以下的摩托车为 80 dB(A)～112 dB(A),其他机动车为 90 dB(A)～115 dB(A)。教练车(三轮汽车除外)还应设置辅助喇叭开关,其工作应可靠。

8.6.2 发电机技术性能应良好。蓄电池应能保持常态电压。电器导线应具有阻燃性能;客车发动机舱内和其他热源附近的线束应采用耐温不低于 125 ℃的阻燃电线,其他部位的线束应采用耐温不低于 105 ℃的阻燃电线,波纹管应达到 GB/T 2408—2008 的表 1 规定的 V-0 级。所有电器导线均应捆扎成束、布置整齐、固定卡紧、接头牢固并在接头处装设绝缘套,在导线穿越孔洞时应装设阻燃耐磨绝缘套管。电子元件应连接可靠,乘员舱外部的接插件应有防水要求。

8.6.3 摩托车应装有车速里程表。三轮汽车、装用单缸柴油机的低速货车和轮式拖拉机运输机组应装有水温表(蒸发式水冷却系统除外)、机油压力表或机油压力指示器、电流表或充电指示器;其他汽车应装有燃料表[气体燃料汽车为气量显示装置,纯电动汽车、插电式混合动力汽车和燃料电池汽车为可充电储能系统(RESS)低电量显示装置],并能显示水温或水温报警信息、机油压力或油压报警信息、电流或电压或充电指示信息、车速、里程等信息;采用气压制动的机动车,还应能显示气压。机动车装备的仪表应完好,规定信息的显示功能应有效、内容应准确。

8.6.4 专用校车应设置电源总开关,车长大于等于 6 m 的客车应设置电磁式电源总开关;但如在蓄电池端对所有供电线路均设置了保险装置,或车辆用电设备由电子控制单元直接驱动且具有负载监控功能、电子控制单元供电线路和个别直接供电的线路均设置有保险装置时,可不设电磁式电源总开关。车长大于等于 6 m 的客车,还应设置能切断蓄电池和所有电路连接的手动机械断电开关。

8.6.5 所有校车、公路客车和旅游客车、未设置乘客站立区的公共汽车、危险货物运输车、半挂牵引车和总质量大于等于 12 000 kg 的货车应安装具备记录、存储、显示、打印或输出车辆行驶速度、时间、里程等车辆行驶状态信息的行驶记录仪;行驶记录仪的显示部分应易于观察,数据接口应便于移动存储介质的插拔;安装数字式电子记录装置,其技术要求应符合 GB/T 19056 相关规定。安装具有行驶记录功能的卫星定位装置,如行驶记录功能的技术要求符合本标准及 GB/T 19056 相关规定,应视为满足要求。专用校车和卧铺客车还应安装车内外录像监控系统。

8.6.6 汽车装备以及加装的所有电气设备不得影响本标准规定的制动、转向、照明和信号装置等运行安全要求。

8.6.7 无轨电车的特殊要求

8.6.7.1 周围空气相对湿度在 75%～90%时,无轨电车的总绝缘电阻值应大于等于 3 MΩ;相对湿度在 90%以上时应大于等于 1 MΩ。

8.6.7.2 集电头自由升起的最大高度,距地面应小于等于 7 m,且在最高点应有弹性限位。当集电头距地面高度在 4.2 m～6.0 m 范围内时,集电器应能正常工作。

8.6.7.3 线网在标准高度时,集电头对触线网的压力应能在 80 N～130 N 范围内调节,行驶中集电头在触线上滑行不应产生火花;经分、并线器及交叉器等时,不应产生严重火花。

8.6.7.4 车门踏步和车门扶手以及人站在地面上能接触到的车门口周边的扶手,应和车体金属结构绝缘或用绝缘材料制成,使用 1 000 V 兆欧表测量时绝缘电阻应大于等于 0.6 MΩ,或在车门打开操作时实现整车高压电路系统与供电线网的断路互锁。

8.6.7.5 各车门均应设有与车身导电良好的接地链。车门处于开启状态时,接地链应与地面可靠接触。

8.6.7.6 高压电气总成应具备过流保护、短路保护、过压保护、欠压保护等功能。

8.6.7.7 集电头应具备防挂线网防护或挂线后的防护装置。

8.6.7.8 集电杆与集电头之间的电气绝缘应具备面耐水性。自集电头沿集电杆向下至2.5 m处的集电杆表面，应具有绝缘防护层。集电杆与集电头之间应有带绝缘结构的安全绳，安全绳的牵引断裂负荷不低于10 kN。

8.6.7.9 无轨电车在允许的偏线距离内行驶时，当集电杆拉紧弹簧断裂后，集电杆在车辆左右偏线位置自由下降，在其最低高度距地面2.5 m的位置应有限位装置。

8.6.7.10 无轨电车上的电源接通程序，至少应经过两次有意识的不同的连续动作，才能完成从“电源切断”状态到“可行驶”状态。

8.6.7.11 无轨电车应装备漏电检测报警器，车辆一旦到达漏电临界值，报警器能发出明显的光或声的报警信号。

9 行驶系

9.1 轮胎

9.1.1 机动车所装用轮胎的速度级别不应低于该车最大设计车速的要求，但装用雪地轮胎时除外。

9.1.2 公路客车、旅游客车和校车的所有车轮及其他机动车的转向轮不得装用翻新的轮胎；其他车轮如使用翻新的轮胎，应符合相关标准的规定。

9.1.3 同一轴上的轮胎规格和花纹应相同，轮胎规格应符合整车制造厂的出厂规定。

9.1.4 乘用车用轮胎应有胎面磨耗标志。乘用车备胎规格与该车其他轮胎不同时，应在备胎附近明显位置（或其他适当位置）装置能永久保持的标识，以提醒驾驶人正确使用备胎。

9.1.5 专用校车和卧铺客车应装用无内胎子午线轮胎，危险货物运输车及车长大于9 m的其他客车应装用子午线轮胎。

9.1.6 乘用车、摩托车和挂车轮胎胎冠上花纹深度应大于等于1.6 mm，其他机动车转向轮的胎冠花纹深度应大于等于3.2 mm；其余轮胎胎冠花纹深度应大于等于1.6 mm。

9.1.7 轮胎胎面不得因局部磨损而暴露出轮胎帘布层。轮胎不得有影响使用的缺损、异常磨损和变形。

9.1.8 轮胎的胎面和胎壁上不得有长度超过25 mm或深度足以暴露出轮胎帘布层的破裂和割伤。

9.1.9 轮胎负荷不应大于该轮胎的额定负荷，轮胎气压应符合该轮胎承受负荷时规定的压力。具有轮胎气压自动充气装置的汽车，其自动充气装置应能确保轮胎气压符合出厂规定。

9.1.10 双式车轮的轮胎的安装应便于轮胎充气，双式车轮的轮胎之间应无夹杂的异物。

9.2 车轮总成

9.2.1 轮胎螺母和半轴螺母应完整齐全，并应按规定力矩紧固。

9.2.2 车轮总成的横向摆动量和径向跳动量，总质量小于等于3 500 kg的汽车应小于等于5 mm，摩托车应小于等于3 mm，其他机动车应小于等于8 mm。

9.2.3 最大设计车速大于100 km/h的机动车，车轮的动平衡要求应与该车型的技术要求一致。

9.3 悬架系统

9.3.1 悬架系统各球关节的密封件不得有切口或裂纹，稳定杆应连接可靠，结构件不得有变形或残损。

9.3.2 钢板弹簧不得有裂纹和断片现象，同一轴上的弹簧形式和规格应相同，其弹簧形式和规格应符合产品使用说明书中的规定。中心螺栓和U形螺栓应紧固、无裂纹且不得拼焊。钢板弹簧卡箍不得拼焊或残损。

9.3.3 空气弹簧应无裂损、变形及漏气，控制系统应齐全有效。

9.3.4 减振器应齐全有效，减振器不得有明显渗漏油现象。

9.3.5 最大设计车速大于等于 100 km/h 且轴荷小于等于 1 500 kg 的乘用车，悬架特性应符合 GB 18565 相关规定。

9.4 其他要求

9.4.1 车架不应有变形、锈蚀和裂纹，螺栓和铆钉不应缺少或松动。
9.4.2 前、后桥不应有变形和裂纹。
9.4.3 车桥与悬架之间的各种拉杆和导杆不应变形，各接头和衬套不应松旷或移位。
9.4.4 三轴公路客车的随动轴应具有随动转向或主动转向的功能。

10 传动系

10.1 离合器

10.1.1 机动车的离合器应接合平稳，分离彻底，工作时不应有异响、抖动或不正常打滑等现象。
10.1.2 踏板自由行程应与该车型的技术要求一致。
10.1.3 离合器彻底分离时，踏板力应小于等于 300 N(拖拉机运输机组应小于等于 350 N)，手握力应小于等于 200 N。

10.2 变速器和分动器

10.2.1 换挡时齿轮应啮合灵便，互锁、自锁和倒挡锁装置应有效，不得有乱挡和自行跳挡现象；运行中应无异响；换挡杆及其传动杆件不应与其他部件干涉。采用自动变速器的机动车，应通过设计保证只有当变速器换挡装置处于驻车挡（“P”挡）或空挡（“N”挡）时方可起动发动机[具有自动起停功能时在驱动挡（“D”挡）也可起动发动机]；变速器换挡装置换入或经过倒车挡（“R”挡），以及由驻车挡（“P”挡）位置换入其他挡位时，应通过驾驶人的不同方向的两个动作完成。
10.2.2 在换挡装置上应有驾驶人在驾驶座位上即可容易识别变速器和分动器挡位位置的标志。如换挡装置上难以布置，则应布置在换挡杆附近易见部位或仪表板上。
10.2.3 有分动器的机动车，应在挡位位置标牌或产品使用说明书上说明连通分动器的操作步骤。
10.2.4 如果电动汽车是通过改变电机旋转方向来实现倒车行驶，且前进和倒车两个行驶方向的转换仅通过驾驶人的一个操作动作来完成，应通过设计保证只有在车辆静止或低速时才能够实现转换。

10.3 传动轴

传动轴在运转时不得发生振抖和异响，中间轴承和万向节不得有裂纹和/或松旷现象。发动机前置后驱动的客车的传动轴在车厢地板的下面沿纵向布置时，应有防止传动轴滑动连接（花键或其他类似装置）脱落或断裂等故障而引起危险的防护装置。

10.4 驱动桥

驱动桥壳、桥管不得有变形和裂纹，驱动桥工作应正常且不得有异响。

10.5 超速报警和限速功能

车长大于等于 6 m 的客车应具有超速报警功能，当行驶速度超过允许的最大行驶速度（允许的最大行驶速度应小于等于 100 km/h）时，能通过视觉或声觉信号报警。公路客车、旅游客车和危险货物运输车及车长大于 9 m 的未设置乘客站立区的公共汽车应具有限速功能，否则应配备限速装置。限速功能或限速装置应符合 GB/T 24545 的要求，且限速功能或限速装置调定的最大车速对公路客车、旅游客车和未设置乘客站立区的公共汽车不得大于 100 km/h，对危险货物运输车不得大于 80 km/h。专用校车应安装符合 GB/T 24545 要求的限速装置，且调定的最大车速不得大于 80 km/h。

10.6 车速受限车辆的特殊要求

低速汽车、轻便摩托车、正三轮摩托车、拖拉机运输机组等车速受限车辆应在设计及制造上确保其实际最大行驶速度在满载状态下不会超过其最大设计车速，在空载状态下不会超过其最大设计车速的 110%。

注：实际最大行驶速度是指车辆在平坦良好路面行驶时能达到的最大速度。

11 车身

11.1 基本要求

11.1.1 车身的技术状况应能保证驾驶人有正常的工作条件和客货安全，其外部不应产生明显的镜面反光。

11.1.2 机动车驾驶室应保证驾驶人的前方视野和侧方视野。

11.1.3 车身和驾驶室应坚固耐用，覆盖件无开裂和锈蚀。车身和驾驶室在车架上的安装应牢固，不得因机动车振动而引起松动。

11.1.4 车身外部和内部乘员可能触及的任何部件、构件都不应有任何可能使人致伤的尖锐凸起物（如尖角、锐边等）。

11.2 客车的特殊要求

11.2.1 客车的上部结构应具有足够的强度和刚度，专用校车、公路客车、旅游客车和未设置乘客站立区的公共汽车的上部结构强度应符合 GB/T 17578 的规定。车长大于 6 m 的专用校车必须为车身骨架结构，同一横截面上的顶梁、立柱和底架主横梁应形成封闭环（轮罩与顶风窗处除外），从侧窗上纵梁到底横梁之间的车身立柱应采用整体结构，中间不得通过拼焊连接；车长小于等于 6 m 的专用校车未采用上述结构的，应采用覆盖件与加强梁共同承载。车长大于 11 m 的公路客车和旅游客车及所有卧铺客车，车身应为全承载整体式框架结构。

11.2.2 客车车身及地板应密合并有足够强度，座椅及其车辆固定件的强度应符合 GB 13057 的规定。

11.2.3 客车应设置乘客通道或无障碍通路，并保证在不拆卸或手动翻转任何部件的情况下，符合规定的通道测量装置能顺利通过。幼儿专用校车乘客区应采用平地板结构。

11.2.4 车长大于等于 6 m 的公共汽车的乘客门的一级踏步高应小于等于 400 mm；如采用钢板悬架，则后乘客门的一级踏步高应小于等于 430 mm。车长大于等于 6 m 的其他客车乘客门的一级踏步高应小于等于 430 mm。对专用校车，在空载状态下，第一级踏步离地高应小于等于 350 mm（允许使用伸缩踏步达到要求），其他各级踏步的高度应小于等于 250 mm。

11.2.5 车长大于 7.5 m 的客车和所有校车不得设置车外顶行李架。其他客车需设置车外顶行李架时，行李架高度应小于等于 300 mm、长度不得超过车长的三分之一。专用校车如有行李舱体，则行李舱体顶部离地面高度应小于 1 000 mm。

11.2.6 专用校车前部应设置碰撞安全结构。若为前横置发动机，则发动机曲轴中心线应位于前风窗玻璃最前点以前；若为前纵置发动机，则发动机第一缸和第二缸的中心线应位于前风窗玻璃最前点以前；对车长大于 6 m 的专用校车，若其前部碰撞性能不低于前两种结构，可以不限定发动机布置形式。

11.2.7 幼儿校车、小学生校车的侧窗下边缘距其下方座椅上表面的高度应大于等于 250 mm，否则应加装防护装置。

11.3 货运机动车的特殊要求

11.3.1 货箱应安装牢固可靠，货箱的栏板和底板应规整且具有足够的强度。

11.3.2 货箱或其他载货装置，其构造应保证安全、稳妥地装载货物。集装箱运输车和集装箱运输半挂车的构造应保证集装箱运输过程中始终安全、稳妥地固定在车辆上。

11.3.3 货车和挂车的载货部分不得设置乘客座椅。

11.3.4 货车和挂车的载货部分不得设计成可伸缩的结构。

11.3.5 货车驾驶室(区)最后一排座位后平面(前后位置可调座椅应处于滑轨中间位置，靠背角度可调式座椅的靠背角度及座椅其他调整量应处于制造厂规定的正常使用位置)与驾驶室后壁(驾驶区隔板)平面的间距对带卧铺的货车应小于等于 950 mm，对其他货车应小于等于 450 mm。

11.4 摩托车的特殊要求

11.4.1 两轮普通摩托车、两轮轻便摩托车的前后轮和边三轮摩托车的主车前后轮中心平面允许偏差应小于等于 10 mm。

11.4.2 摩托车外部不应有朝外的尖锐零件，车身上其他道路使用者有可能接触到的外部零部件布置应符合 GB 20074 的规定。

11.4.3 两轮普通摩托车和边三轮摩托车主车的客座应设座垫、扶手(或拉带)和脚蹬。两轮普通摩托车扶手应符合 GB 20075 的规定。

11.5 车门和车窗

11.5.1 车门和车窗应启闭轻便，不得有自行开启现象，门锁应牢固可靠。门窗应密封良好，无漏水现象。

11.5.2 除设计上专门用于运送特定类型的人员且使用上有特殊需求的乘用车外，乘用车应保证每个乘员至少能从两个不同的车门上下车；并且，当乘用车静止时，所有供乘员上下车的车门(安装的儿童锁锁止时除外)均应能从车内开启。

11.5.3 客车除驾驶人门和应急门外，不得在车身左侧开设车门。但对只在沿道路中央车道设置的公共汽车专用道上运营使用的公共汽车，由于公交站台位置的原因须在车身左侧上下乘客时，允许在车身左侧开设乘客门；此类公共汽车不得在车身右侧开设乘客门。对既在沿道路中央车道设置的公共汽车专用道上运营，同时又在普通道路上运营使用的公共汽车，允许在车身左右两侧均开设乘客门，但在设计和制造上应保证车身的强度和刚度达到使用要求，并且一侧乘客门开启时，另一侧乘客门应同时可靠锁止。

11.5.4 当客车静止时，乘客门应易于从车内开启。在正常使用情况下，乘客门向车内开启时，其结构应保证开启运动不致伤害乘客，必要时应装有适当的防护装置；紧急情况下，乘客门还应能从车外开启。车外开门装置离地高度应小于等于 1 800 mm。车长大于 9 m 的公路客车、旅游客车和未设置乘客站立区的公共汽车，应设置两个乘客门；但如其车身两侧所有应急窗均为外推式应急窗，也可只设一个乘客门。

11.5.5 客车采用动力开启的乘客门，在有故障或意外的情况下，仍应能通过车门应急控制器简便地从车内打开；车门应急控制器应能让临近车门的乘客容易看见并清楚识别，并应有醒目的标志和使用方法。公共汽车及车长大于等于 6 m 的其他客车，还应在驾驶人座位附近驾驶人易于操作部位设置乘客门应急开关。

11.5.6 机动车的门窗应使用符合 GB 9656 规定的安全玻璃。汽车和有驾驶室的正三轮摩托车的前风窗玻璃应采用夹层玻璃或塑玻复合材料，不以载人为目的的机动车(如货车)可使用区域钢化玻璃，最大设计车速小于 40 km/h 时可使用钢化玻璃；其他车窗可采用夹层玻璃、钢化玻璃、中空安全玻璃或塑玻复合材料，但作为击碎玻璃式应急窗的车窗应使用厚度小于等于 5 mm 的钢化玻璃或每层厚度不超过 5 mm 的中空钢化玻璃。

11.5.7 前风窗玻璃及风窗以外玻璃用于驾驶人视区部位的可见光透射比应大于等于 70%。所有车窗玻璃不得张贴镜面反光遮阳膜。公路客车、旅游客车和校车所有车窗玻璃的可见光透射比均应大于等于 50%，且不得张贴有不透明和带任何镜面反光材料的色纸或隔热纸。

注：风窗以外玻璃驾驶人视区部位是指驾驶人驾驶时用于观察后视镜的部位。

11.5.8 对于厢式货车和封闭式货车，驾驶室(区)两旁应设置车窗，货厢部位不得设置车窗[但驾驶室(区)内用于观察货物状态的观察窗除外]。

11.5.9 装有电动窗的机动车，其控制装置应确保车窗玻璃在上升过程中能在任意位置可靠停住或遇障碍可自动下降。

11.6 座椅(卧铺)

11.6.1 驾驶人座椅应具有足够的强度和刚度，固定可靠，汽车(三轮汽车除外)驾驶人座椅的前后位置应可以调整。驾驶区各操作机件应布置合理，操作方便。

11.6.2 载客汽车的乘员座椅应符合相关规定，布置合理，无特殊要求时应尽量均匀分布，不得因座椅的集中布置而形成与车辆设计功能不相适应的、明显过大的行李区(但行李区与乘客区用隔板或隔栅有效隔离的除外)。

11.6.3 车长小于 6 m 的乘用车不得设置侧向座椅和后向座椅。

11.6.4 除设有乘客站立区的公共汽车及设计和制造上有特殊使用需求的专用客车外，其他客车的座椅均应纵向布置(与车辆前进的方向相同)。

11.6.5 客车的车组人员座椅如为折叠座椅，应固定可靠并用适当方式清晰标示该座椅仅供车组人员使用，且座垫深度和座垫宽均应大于等于 400 mm；如位于踏步区域，车组人员离开座垫时座椅应能自动回到折叠位置，并确保此时座椅毗邻的通道(或引道)宽度符合规定。

11.6.6 幼儿专用校车和小学生专用校车学生座椅的座间距应分别大于等于 500 mm 和 550 mm；其他客车同方向座椅的座间距应大于等于 650 mm，相向座椅的座间距应大于等于 1 200 mm。专用校车的学生座椅在车辆横向上最多采用“2+3”布置。

11.6.7 卧铺客车的卧铺应纵向布置(与机动车前进方向相同)，卧铺宽度应大于等于 450 mm，卧铺纵向间距应大于等于 1 600 mm，相邻卧铺的横向间距应大于等于 350 mm；卧铺不得布置为三层或三层以上，双层布置时上铺高应大于等于 780 mm、铺间高应大于等于 750 mm。

11.6.8 校车应至少设置一个照管人员座位。对小学生校车和中小学生校车，当学生座位数大于等于 40 个时，应设置两个或三个照管人员座位。对幼儿校车，当学生座位数大于等于 20 且小于 40 个时，应设置两个或三个照管人员座位；当学生座位数大于等于 40 个时，应设置三个或四个照管人员座位。对专用校车及专门用于接送学生上下学的非专用校车，照管人员座位应有永久性标识。专用校车座椅及其车辆固定件的强度应符合 GB 24406 的要求。

11.6.9 专用校车靠近通道的学生座椅应在通道一侧设置座椅扶手；扶手和把手应有足够的强度，其扶手应使乘客易于抓紧，每个扶手的表面应防滑。

11.6.10 正三轮摩托车的乘客座椅应纵向布置(与车辆前进的方向相同)，且与前方驾驶人座椅后表面(或客厢前表面)的间距应小于等于 1 000 mm。

11.7 内饰材料和隔音、隔热材料

11.7.1 汽车驾驶室和乘员舱所用的内饰材料应采用阻燃性符合 GB 8410—2006 规定的阻燃材料，其中客车内饰材料的燃烧速度应小于等于 70 mm/min。

11.7.2 发动机舱或其他热源(如缓速器或车内采暖装置，但不包括热水循环装置)与车辆其他部分之

间应安装隔热材料，用于联接隔热材料的固定夹、垫圈等也应防火。对公共汽车和发动机后置的公路客车、旅游客车，其发动机舱使用的隔音、隔热材料应达到 GB 8410—2006 的 4.6 规定的 A 级的要求。

11.8 号牌板(架)

11.8.1 机动车应设置能满足号牌安装要求的号牌板(架)。前号牌板(架)(摩托车除外)应设于前面的中部或右侧(按机动车前进方向)，后号牌板(架)应设于后面的中部或左侧。

11.8.2 每面号牌板(架)上应设有 4 个号牌安装孔[三轮汽车前号牌板(架)、摩托车后号牌板(架)应设有 2 个号牌安装孔]，以保证能用 M6 规格的螺栓将号牌直接牢固可靠地安装在车辆上。

11.9 其他要求

11.9.1 乘用车应装有护轮板，挂车后轮应有挡泥板，其他机动车的所有车轮均应有挡泥板。

11.9.2 乘用车(三厢车除外)行李区的纵向长度应小于等于车长的 30%。

11.9.3 客车车内行李架应能防止物件跌落，其承载能力应大于等于 40 kg/m^2。

11.9.4 客车台阶踏板(包括伸缩踏板)应有防滑功能，前缘应清晰可辨，有效深度(从该台阶前缘到下一个台阶前缘的水平距离)应大于等于 200 mm。

11.9.5 对于可翻转驾驶室，应有驾驶室锁止附加安全装置(如安全钩)，并且在翻转操纵机构附近易见部位应有提醒驾驶人如何正确使用该操纵机构的文字。

11.9.6 自卸车等装有液压举升装置的机动车，应装备有车厢举升的声响报警装置和(车厢举升状态下)防止车厢自降保险装置；并且，在设计和制造上应保证机动车在行驶过程中不会出现车厢自动举升现象。

12 安全防护装置

12.1 汽车安全带

12.1.1 乘用车、公路客车、旅游客车、未设置乘客站立区的公共汽车、专用校车和旅居车的所有座椅、其他汽车(低速汽车除外)的驾驶人座椅和前排乘员座椅均应装置汽车安全带。

12.1.2 所有驾驶人座椅、前排乘员座椅(货车前排乘员座椅的中间位置及设有乘客站立区的公共汽车除外)、客车位于踏步区的车组人员座椅以及乘用车除第二排及第二排以后的中间位置座椅外的所有座椅，装置的汽车安全带均应为三点式(或四点式)汽车安全带。

12.1.3 专用校车和专门用于接送学生上下学的非专用校车的每个学生座位(椅)及卧铺客车的每个铺位均应安装两点式汽车安全带。

12.1.4 汽车安全带应可靠有效，安装位置应合理，固定点应有足够的强度。

12.1.5 乘用车应装备驾驶人汽车安全带佩戴提醒装置。当驾驶人未按规定佩戴汽车安全带时，应能通过视觉或声觉信号报警。

12.1.6 乘用车(单排座的乘用车除外)应至少有一个座椅配置符合规定的 ISOFIX 儿童座椅固定装置，或至少有一个后排座椅能使用汽车安全带有效固定儿童座椅。

12.2 车外后视镜和前下视镜

12.2.1 机动车(挂车除外)应在左右至少各设置一面后视镜，总质量大于 7 500 kg 的货车和货车底盘改装的专项作业车还应在右侧至少设置广角后视镜和补盲后视镜各一面。

12.2.2 机动车(不带驾驶室的摩托车除外)外后视镜的安装位置和角度，应保证驾驶人能在水平路面上看见车身左侧宽度为 2.5 m、车后 10 m 以外区域及车身右侧宽度为 4.0 m、车后 20 m 以外区域的交通情况；专用校车应保证驾驶人能看清乘客门关闭后乘客门车外附近的情况及后窗玻璃后下方地面上长 3.6 m、宽 2.5 m 范围内的情况，并且在正常驾驶状态下能通过内视镜观察到车内所有乘客区。对于汽车列车，当所牵引挂车的宽度超过牵引车宽度时，牵引车应加装后视镜加长架(延长支架)以保证其后视镜的视野仍满足要求。

12.2.3 汽车及车身部分或全部封闭驾驶人的摩托车的后视镜的性能和安装要求应符合 GB 15084 的规定，摩托车(车身部分或全部封闭驾驶人的摩托车除外)后视镜的性能和安装要求应符合 GB 17352 的规定，轮式拖拉机运输机组后视镜的性能和安装要求应符合 GB 18447.1 的规定。

12.2.4 车长大于等于 6 m 的平头汽车车前应至少设置一面前下视镜或相应的监视装置，以保证驾驶人能看清风窗玻璃前下方长 1.5 m、宽 3 m 范围内的情况。

12.2.5 车外后视镜和前下视镜应易于调节，并能有效保持其位置。

12.2.6 安装在外侧距地面 1.8 m 以下的后视镜，当行人等接触该镜时，应具有能缓和冲击的功能。

12.2.7 教练车(三轮汽车除外)应安装有符合规定的辅助后视镜，以使教练员能有效观察到车辆周围的交通状态。

12.3 前风窗玻璃刮水器

12.3.1 机动车的前风窗玻璃应装备刮水器，其刮刷面积应确保驾驶人具有良好的前方视野。

12.3.2 刮水器应能正常工作。

12.3.3 刮水器关闭时，刮片应能自动返回至初始位置。

12.4 应急出口

12.4.1 基本要求

12.4.1.1 车长小于 6 m 的客车，在乘坐区的两侧应具有紧急时乘客易于逃生或救援的侧窗。

12.4.1.2 车长大于等于 6 m 的客车，如车身右侧仅有一个乘客门且在车身左侧未设置驾驶人门，应在车身左侧设置应急门。车长大于 7 m 的客车应设置撤离舱口。卧铺客车的卧铺布置为上、下双层时，侧窗洞口应为上下两层。

12.4.2 应急门

12.4.2.1 应急门的净高应大于等于 1 250 mm，净宽应大于等于 550 mm；但车长小于等于 7 m 的客车，应急门的净高应大于等于 1 100 mm，如自门洞最低处向上 400 mm 以内有轮罩凸出，则在轮罩凸出处应急门净宽可减至 300 mm。

12.4.2.2 车辆侧面的铰接式应急门应铰链于前端，向外开启角度应大于等于 100°，并能在此角度下保持开启。如在应急门打开时能提供大于等于 550 mm 的自由通道，则开度大于等于 100°的要求可不满足。

12.4.2.3 通向应急门的引道宽度应大于等于 300 mm，不足 300 mm 时允许采用迅速翻转座椅的方法加宽引道。专用校车沿引道侧面设有折叠座椅时，在折叠座椅打开的情况下(对在不使用时能自动折叠的座椅，在座椅处于折叠位置时)，引道宽度仍应大于等于 300 mm。

12.4.2.4 应急门应有锁止机构且锁止可靠。应急门关闭时应能锁止，且在车辆正常行驶情况下不会因车辆振动、颠簸、冲撞而自行开启。

12.4.2.5 当车辆停止时，应急门不用工具应能从车内外很方便打开，并设有车门开启声响报警装置。允许从车外将门锁住，但应保证始终能用正常开启装置从车内将其打开，门外手柄应设保护套，且离地面高度(空载时)应小于等于 1 800 mm。

12.4.3 应急窗和撤离舱口

12.4.3.1 应急窗和撤离舱口的面积应大于等于(3×10^{5}) mm^2，且能内接一个 400 mm×600 mm(对

车长小于等于 7 m 的客车为 330 mm×500 mm)的椭圆;如应急窗位于客车后端面,则能内接一个 350 mm×1 550 mm、四角曲率半径小于等于 250 mm 的矩形时也视为满足要求。

12.4.3.2　应急窗应采用易于迅速从车内、外开启的装置;或在钢化玻璃上标明易击碎的位置,并在每个应急窗的邻近处提供一个应急锤以方便地击碎车窗玻璃,且应急锤取下时应能通过声响信号实现报警。设有乘客站立区的公共汽车车身两侧的车窗如面积能达到设置为应急窗的要求,均应设置为推拉式应急窗或外推式应急窗。

12.4.3.3　安全顶窗应易于从车内、外开启或移开或用应急锤击碎。安全顶窗开启后,应保证从车内外进出的畅通。弹射式安全顶窗应能防止误操作。

12.4.4　标志

12.4.4.1　每个应急出口应在其附近设有"应急出口"字样。

12.4.4.2　乘客门和应急出口的应急控制器(包括用于击碎应急窗车窗玻璃的工具)应在其附近标有清晰的符号或字样,并注明其操作方法,字体高度应大于等于 10 mm。

12.5　燃料系统的安全保护

12.5.1　燃料箱及燃料管路应坚固并固定牢靠,不会因振动和冲击而发生损坏和漏油现象。不准许用户改动或加装燃料箱,不准许用户改动燃料管路。

12.5.2　燃料箱的加注口及通气口应保证在机动车晃动时不泄漏。

12.5.3　机动车(摩托车及装用单缸柴油机的汽车除外)的燃料系统不得用重力或虹吸方法直接向化油器或喷油器供油。

12.5.4　燃料箱的加注口和通气口不得对着排气管的开口方向,且应距排气管的出气口端 300 mm 以上,否则应设置有效的隔热装置。燃料箱的加注口和通气口应距裸露的电气接头及外部可能产生火花的电气开关 200 mm 以上。车长大于 6 m 的客车的燃料箱的加注口和通气口应距排气管的任一部位 300 mm 以上。

12.5.5　汽车燃料箱各部分不得前伸至前置汽油发动机的前端面。车长大于 6 m 的客车燃料箱距客车前端面应大于等于 600 mm,距客车后端面应大于等于 300 mm。发动机后置的公路客车和旅游客车,其燃料箱的前端面应位于前轴之后。

12.5.6　机动车燃料箱的通气口和加注口不得设置在有乘员的车厢内。

12.6　气体燃料专用装置的安全防护

12.6.1　气体燃料的供给系统应有有效的安全保护结构措施,以防止气体泄漏,每一个钢瓶阀出口端都应安装高压过流保护装置。

12.6.2　对于两用燃料汽车,应设置燃料转换系统并安装燃料转换开关。在燃料控制上,应具有当发动机突然停止运转时,即使点火开关打开也能自动切断气体燃料供给的功能。燃料转换开关的安装位置应便于驾驶人操作,其档位标记应明显,能分别控制供油、供气两种状态。气体燃料和汽油电磁阀的操作均应由燃料转换开关统一控制;当电流被切断时,电磁阀应处于"关闭"位置。

12.6.3　压缩天然气管路应采用不锈钢管或其他车用高压天然气专用管路,高压液化石油气管路应采用专用管路。不准许用户改动或加装钢瓶。

12.6.4　钢瓶应被可靠地固定在车上,安装钢瓶的固定座应具有阻止钢瓶旋转、移动的能力,固定座应便于拆装工作。钢瓶安装在车上后,钢瓶编号应易见,钢瓶的强度和刚度不得下降,车架(车身)结构强度也不应受影响。

12.6.5　钢瓶安装位置应远离热源,必要时应采取隔热措施。在任何情况下,钢瓶及其所有高压管路和高压接头与发动机排气管和传动轴的任何部位之间的距离应大于等于 100 mm;当钢瓶及其所有高压管路和高压接头与发动机排气管的距离在100 mm～200 mm之间时，应设置固定可靠的隔热装置。

12.6.6　钢瓶应安装在通风位置或采取有效的通风措施，阀门渗漏的气体不应进入驾驶室或载人车厢。

12.6.7　钢瓶与汽车后轮廓边缘的距离应大于等于200 mm。钢瓶安装在汽车车架下时，钢瓶下方和后方应采取有效防护措施且钢瓶及其附件不得布置在汽车前轴之前。

12.6.8　钢瓶不得直接安装在驾驶室、载人车厢和货箱内。当不得不安装在上述位置时，应用密封盒、波纹管及通气接口将瓶口阀及连接的高压接头与驾驶室、载人车厢或货箱安全隔离。密封盒等隔离装置应有很强的防护功能，当车辆受到冲撞时应能有效地防止钢瓶冲入驾驶室、载人车厢或货箱内。

12.6.9　通气接口排气方向应指向车尾方向并与地面成45°圆锥的范围内，能将泄漏气体排出车外，通气接口至排气管和其他热源距离应大于等于250 mm，通气总面积应大于等于450 mm^2。

12.6.10　钢瓶的安装和保护罩的设置，应能保证钢瓶集成阀的正常操作和检查。

12.6.11　手动截止阀应安装在钢瓶到调压器之间易于操作的位置，阀体不得直接安装在驾驶室内。

12.6.12　钢瓶至调压器之间应安装滤清装置，并易于检查、清洗和更换。

12.6.13　高压管路的特殊部位(如相对移动的部件之间)应采用柔性管线，其余部位应采用刚性管线。

12.6.14　刚性高压管路应排列整齐、布置合理、固定有效，不得与相邻部件碰撞和摩擦，所有高压管路和高压管接头应得到有效的保护，高压管接头应安装在能看得见且操作者易于接近的位置。

12.6.15　气体燃料车辆应安装泄漏报警装置，所有管路接头处均不应出现漏气现象。

12.7　牵引车与被牵引车的连接装置

12.7.1　连接装置应坚固耐用。

12.7.2　牵引车和被牵引车连接装置的结构应能确保相互牢固的连接。

12.7.3　牵引车和被牵引车的连接装置上应装有防止机动车在行驶中因振动和撞击而使连接脱开的安全装置。

12.8　货车、专项作业车和挂车侧面及后下部防护装置

12.8.1　总质量大于3 500 kg的货车(半挂牵引车除外)、货车底盘改装的专项作业车和挂车应提供防止人员卷入的侧面防护，其技术条件应符合GB 11567.1的规定。

12.8.2　货车列车的货车和挂车之间应提供防止人员卷入的侧面防护。

12.8.3　总质量大于3 500 kg的货车(半挂牵引车除外)、货车底盘改装的专项作业车和挂车(长货挂车除外)的后下部应装备符合GB 11567.2规定的后下部防护装置，该装置对追尾碰撞的机动车应具有足够的阻挡能力，以防止发生钻入碰撞。

注：长货挂车是指为搬运无法分段的长货物而专门设计和制造的特殊用途车，如运输木材、钢材棒料等货物的车辆。

12.9　客车的特殊要求

12.9.1　客车在设计和制造上应保证发动机排气不会进入客厢。

12.9.2　客车应装备灭火器，灭火器在车上应安装牢靠并便于取用。仅有一个灭火器时，应设置在驾驶人附近；当有多个灭火器时，应在客厢内按前、后，或前、中、后分布，其中一个应靠近驾驶人座椅。

12.9.3　所有专用校车和发动机后置的其他客车应装备发动机舱自动灭火装置，其灭火剂喷射范围应包括发动机舱至少两处具有着火隐患的热源(如增压器、排气管等)，启动工作时应能通过声觉信号向驾驶人报警。

12.10　货车的特殊要求

12.10.1　货车货箱(自卸车、装载质量1 000 kg以下的货车除外)前部应安装比驾驶室高至少70 mm

的安全架。

12.10.2 无驾驶室的三轮汽车货箱前部应安装具有足够强度的安全架，其高度应高出驾驶人座垫平面至少 800 mm。

12.10.3 封闭式货车在最后排座位的后方应安装具有足够强度的隔离装置。

12.11 危险货物运输车的特殊要求

12.11.1 专门用于运送易燃和易爆物品的危险货物运输车，车上应备有消防器材并具有相应的安全措施，排气管应装在罐体/箱体前端面之前、不高于车辆纵梁上平面的区域，并安装符合 GB 13365 规定的机动车排气火花熄灭器，机动车尾部应安装接地装置。

12.11.2 罐式危险货物运输车的罐体顶部应设置具有足够强度的倾覆保护装置，且该装置应装备有能将积聚在其内部的液体排出的排放阀；罐体顶部的管接头、阀门及其他附件的最高点应低于倾覆保护装置的最高点至少 20 mm。

12.11.3 罐式危险货物运输车的罐体及罐体上的管路和管路附件不得超出车辆的侧面及后下部防护装置，罐体后封头及罐体后封头上的管路和管路附件与后下部防护装置的纵向距离应大于等于 150 mm。

12.12 三轮汽车和拖拉机运输机组的特殊要求

12.12.1 三轮汽车正常起动和运行过程中可能触及的，且在环境温度为(23±3)℃下测定温度大于 80 ℃的热表面应有永久性联结或固定(不使用工具无法拆卸)的防护装置或挡板。

12.12.2 三轮汽车和拖拉机运输机组的传动皮带、风扇、起动爪和动力输出轴等外露旋转件应加防护罩，并应符合 GB/T 8196 的规定。

12.12.3 三轮汽车的踏板、脚踏板必要时应采取防滑措施。

12.13 其他要求

12.13.1 汽车驾驶室内应设置防止阳光直射而使驾驶人产生眩目的装置，且该装置在汽车碰撞时，不应对驾驶人造成伤害。

12.13.2 汽车(无驾驶室的三轮汽车除外)应装备符合 GB 19151 规定的三角警告牌，三角警告牌在车上应妥善放置。

12.13.3 乘用车、专用校车和车长小于 6 m 的其他客车前后部应设置保险杠，货车(三轮汽车除外)和货车底盘改装的专项作业车应设置前保险杠。

12.13.4 乘用车、专用校车的前风窗玻璃应装有除雾、除霜装置。

12.13.5 校车应配备急救箱，急救箱应放置在便于取用的位置并确保有效适用。

12.13.6 对装备有辅助正面和/或侧面防撞安全气囊系统的汽车，驾乘人员如已按照制造厂家规定正确使用了安全带等安全装置，在发生正面或侧面碰撞时不应由于安全气囊系统未正常展开而遭受不合理伤害。

12.13.7 机动车发动机的排气管口不得指向车身右侧(如受结构限制排气管口必须偏向右侧时，排气管口中心线与机动车纵向中心线的夹角应小于等于 15°)和正下方；客车的排气尾管如为直式的，排气管口应伸出车身外蒙皮。

13 消防车、救护车、工程救险车和警车的附加要求

13.1 消防车的车身颜色应符合相关标准的规定。

13.2 救护车的车身颜色应为白色，左、右侧及车后正中应喷符合规定的图案。

13.3 工程救险车的车身颜色应为符合 GB/T 3181 规定的 Y07 中黄色，其车身两侧应喷“工程救险”字样。

13.4 警车的外观制式应分别符合 GA 524 和 GA 525 的规定。

13.5 消防车、救护车、工程救险车和警车应装备与其功能相适应的装置，各装置应布局合理、固定可靠、便于使用。

13.6 消防车、救护车、工程救险车和警车安装使用的警报器应符合 GB 8108 的规定，安装使用的标志灯具应符合 GB 13954 的规定，警报器和标志灯具应固定可靠。

14 残疾人专用汽车的附加要求

14.1 应根据驾驶人的残疾类型，在采用自动变速器的乘用车上，加装相应类型的、符合相关规定的驾驶辅助装置。加装的驾驶辅助装置安装应牢固可靠，位置应适宜操纵，且不应与车辆的其他操纵指示系统冲突或妨碍车辆其他操纵指示系统的操作。

14.2 驾驶辅助装置加装后，不应改变原车结构的完整性和安全性及影响原车操纵件的电器功能、机械性能，且不应使驾驶人驾驶时受到视野内产品部件的反光眩目。

14.3 加装的方向盘控制辅助手柄应间隙适当，操纵灵活、方便，无阻滞现象。

14.4 加装的制动和加速辅助装置应具有制动、加速互锁功能并保证制动灵活、方便，不会发生失效现象。制动和加速迁延控制手柄传动到制动踏板表面的正压力达到 500 N 时，控制手柄表面的正压力应小于等于 300 N。

14.5 加装的转向信号迁延开关及驻车制动辅助手柄应刚性固定。转向信号迁延开关应开关自如，功能可靠，不会因振动和其他外力条件而自行开关；驻车制动辅助手柄应操纵轻便、锁止可靠，操纵力应小于等于 200 N。

14.6 加装的驾驶辅助装置的各部件应完好有效，表面不应有影响使用的凹凸、划伤、返锈等，在接触人体的表面部位不得有毛刺、刃口、棱角或其他有害使用者的缺陷。

14.7 残疾人专用汽车应设置符合规定的残疾人机动车专用标志。

15 标准实施的过渡期要求

15.1 8.4.1 关于车辆尾部标志板的要求，自 2014 年 1 月 1 日起对新生产的总质量大于等于 12 000 kg 的货车底盘改装的专项作业车，最大设计车速小于等于 40 km/h 的汽车和车长小于等于 8 m 的挂车实施。

15.2 8.6.5 关于部分汽车应安装行驶记录仪的要求，对于未设置乘客站立区的公共汽车、半挂牵引车、总质量大于等于 12 000 kg 的货车，自本标准实施之日起第 7 个月开始对新注册车实施。

15.3 4.16.7 关于机动车的产品使用说明书的所有文字性内容均应有中文的要求，自本标准实施之日起第 7 个月开始对新进口车实施。

15.4 以下要求自本标准实施之日起第 7 个月开始对新生产车实施：

——4.1.2 关于机动车产品标牌应标明项目的要求对于纯电动汽车、混合动力汽车、燃料电池汽车、电动摩托车、专项作业车和特型机动车；

——4.1.4 关于纯电动汽车、插电式混合动力汽车、燃料电池汽车和电动摩托车应在(主驱动)电动机壳体上打刻电动机型号、编号的要求；

——4.1.5 关于乘用车和总质量小于等于 3 500 kg 的货车(低速汽车除外)应在靠近风窗立柱的位置永久地标识车辆识别代号的要求；

——4.16 关于机动车的产品使用说明书的要求；

——6.1 关于摩托车使用方向盘转向时的特殊要求；
——8.6.4 关于车长大于等于 6 m 的客车应设置手动机械断电开关的要求；
——11.5.5 关于应在驾驶人座位附近设置乘客门应急开关的要求，对于车长大于等于 6 m 的客车（公共汽车除外）；
——11.8.2 关于机动车每面号牌板（架）上应设有至少 2 个号牌安装孔的要求；
——12.9.3 关于发动机后置的客车应装备发动机舱自动灭火装置的要求。

15.5 以下要求自本标准实施之日起第 13 个月开始对新生产车实施：
——4.1.6 关于乘用车还应在后备箱（或行李区）及 5 个主要部件上标示车辆识别代号或零部件编号的要求；
——7.2.6 关于部分汽车的前轮应装备盘式制动器的要求，对于车长大于 9 m 的未设置乘客站立区的公共汽车；
——7.2.11 关于部分汽车应安装防抱制动装置的要求，对于车长大于 9 m 的未设置乘客站立区的公共汽车；
——7.7.4 关于气压制动系应安装保持压缩空气干燥、油水分离的装置的要求；
——9.4.4 关于三轴公路客车的随动轴应具有随动转向或主动转向的功能的要求；
——12.1.5 关于乘用车应装备驾驶人汽车安全带佩戴提醒装置的要求，对于 5 座及 5 座以下乘用车；
——12.4.3.2 关于应急锤取下时应能通过声响信号实现报警的要求及设有乘客站立区的公共汽车设置的应急窗均应为推拉式应急窗或外推式应急窗的要求；
——12.6.15 关于气体燃料车辆应安装泄露报警装置的要求。

15.6 以下要求自本标准实施之日起第 13 个月开始对新定型车实施：
——8.2.1 关于部分货车、专项作业车和挂车的后部照明和信号装置透光面面积的要求。

15.7 以下要求自本标准实施之日起第 19 个月开始对新生产车实施：
——4.1.5 关于应能从乘用车的 ECU 或电子数据接口读取车辆识别代号等特征信息的要求；
——12.1.5 关于乘用车应装备驾驶人汽车安全带佩戴提醒装置的要求，对于 5 座以上乘用车；
——12.5.5 关于发动机后置的公路客车和旅游客车燃料箱的前端面应位于前轴之后的要求。

15.8 以下要求自本标准实施之日起第 25 个月开始对新生产车实施：
——4.1.3 关于车辆识别代号打刻位置及打刻的车辆识别代号可见性的要求；
——7.2.11 关于部分汽车应安装防抱制动装置的要求，对于总质量大于等于 12 000 kg 的货车和专项作业车；
——7.5 关于部分汽车应装备缓速器或其他辅助制动装置的要求，对于总质量大于等于 12 000 kg 的专项作业车；
——8.2.1 关于部分货车、专项作业车和挂车的后部照明和信号装置透光面面积的要求；
——10.5 关于车长大于等于 6 m 的客车应具有超速报警功能的要求，对于除公路客车、旅游客车、未设置乘客站立区的公共汽车外的其他客车；
——11.5.4 关于紧急情况下乘客门开启的要求，对于车长小于 6 m 的客车；
——12.4.1.2 关于部分车长大于等于 6 m 的客车应设置应急门的要求。

15.9 自本标准实施之日起第 43 个月开始，新生产机动车（摩托车除外）的每面号牌板（架）[三轮汽车的前号牌板（架）除外]均应设有 4 个号牌安装孔。

15.10 本标准关于专用校车的技术要求，其实施日期按 GB 24407 的规定执行。

附　录　A
（规范性附录）
驾驶人耳旁噪声检验方法

测量驾驶人耳旁噪声时：

a） 汽车空载，处于静止状态且置变速器于空挡，发动机应处于额定转速状态，门窗紧闭。

b） 测量位置应符合 GB/T 18697—2002 的规定。

c） 环境噪声应低于被测噪声值至少 10 dB(A)。

d） 声级计置于“A”计权、“快”档。

附 录 B
（规范性附录）
典型车型车身反光标识粘贴示例及要求

B.1 粘贴基本要求

B.1.1 粘贴施工要求

车身反光标识均应粘贴在无遮挡、易见、平整、连续，且无灰尘、无水渍、无油渍、无锈迹、无漆层起翘的车身表面。

粘贴前应将待粘贴表面灰尘擦净。有油渍、污渍的部位，应用软布蘸脱脂类溶剂或清洗剂进行清除，干燥后进行粘贴。对于油漆已经松软、粉化、锈蚀或起翘的部位，应除去这部分油漆，用砂纸对该部位进行打磨并做防锈处理，然后再粘贴车身反光标识。

B.1.2 通用粘贴要求

车身后部的车身反光标识应由白色单元开始、白色单元结束。侧面可以由红色单元开始，但靠近车辆尾部的最后一个单元应为白色单元。

粘贴车身反光标识后，不应影响本标准规定的车辆照明和信号装置的性能。

粘贴车身反光标识后，不应在车身反光标识上钻孔、开槽。

车身表面无法直接粘贴车身反光标识时，应先将车身反光标识粘贴在具有一定刚度、强度、抗老化的条形衬板上，再将条形衬板牢固地粘贴或铆接到车身上。

车身反光标识离地面的高度最低为 380 mm。

B.1.3 后部车身反光标识粘贴要求

B.1.3.1 后部车身反光标识应尽可能体现车辆后部宽度和高度，水平粘贴的车身反光标识体现车辆后部宽度，沿后部两侧边缘垂直粘贴的车身反光标识体现车辆后部高度，货厢后部边角相交部分应为白色单元。部分总质量小于等于 4 500 kg 的货车，因后部货厢结构不能满足白色单元相交要求时，可红、白相交，但垂直粘贴的单元上部应为白色单元。厢式货车和厢式挂车后部的车身反光标识应能体现货厢轮廓。

B.1.3.2 不同级别的车身反光标识材料不应同时应用于车辆后部。采用一级车身反光标识材料时，其与后反射器的面积之和应大于等于 0.1 m^2；采用二级车身反光标识材料时，其与后反射器的面积之和应大于等于 0.2 m^2。

B.1.3.3 后部车身反光标识应连续粘贴，无法连续粘贴时可断续粘贴，但每一连续段长度应大于等于 300 mm，且应包含红、白色车身反光标识至少各一个单元，粘贴间隔应小于等于 100 mm。特殊情况下，允许红、白单元分开粘贴，但应保持红、白相间，每一连续段长度应大于等于 150 mm，粘贴间隔应小于等于 100 mm。如果不能沿车厢后部两侧边缘垂直粘贴，应在最接近边缘的宽度达到 50 mm 的可粘贴表面粘贴，车身反光标识的上边缘尽可能接近车厢后部的上边缘。

B.1.4 侧面车身反光标识粘贴要求

侧面车身反光标识的粘贴允许中断，但其总长度（不含间隔部分）应大于等于车长的 50％，每一连续段长度应大于等于 300 mm，且应包含红、白色车身反光标识至少各一个单元，二级车身反光标识材料粘贴间隔应小于等于 150 mm，一级车身反光标识材料粘贴间隔应小于等于 300 mm，粘贴应尽可能纵向均匀分布。特殊情况下，允许红、白单元分开粘贴，但仍应保持红、白相间，每一连续段长度应大于等于 150 mm，二级车身反光标识材料粘贴间隔应小于等于 150 mm，一级车身反光标识材料粘贴间隔应小于等于 300 mm。

侧面车身反光标识的长度对三轮汽车应大于等于 1.2 m；对货厢长度不足车长 50％的货车应为货厢长度；侧面车身结构无连续表面的混凝土搅拌运输车和专项作业车，其粘贴总长度应大于等于车长的 30％。厢式货车和厢式挂车侧面的车身反光标识应能体现货厢轮廓。

侧面车身反光标识材料的级别可不同于后部车身反光标识材料。

B.2 栏板货车、栏板挂车、低速汽车粘贴

对总质量大于 4 500 kg 的栏板货车，应在驾驶室后方围栏上方两侧或驾驶室后部上方两侧边角用白色车身反光标识拼接成“倒 L”，“倒 L”水平方向和垂直方向均由 2 个长度为 150 mm 的白色单元拼接而成。对总质量小于等于 4 500 kg 的栏板货车，后部栏板高度不足以粘贴连续长度为 300 mm 的车身反光标识(含红、白各 1 个单元)时，可只粘贴长 150 mm 的白色单元。

栏板货车、栏板挂车、低速汽车粘贴示例见图 B.1。其中，图 B.1b)为二级车身反光材料粘贴示例，对总质量小于等于 4 500 kg 的货车可粘贴成“▫”形以满足粘贴面积的要求；后部使用一级车身反光标识材料时，可以断续粘贴，但垂直方向最上方和最下方及水平方向最左侧、最右侧和中间部位应粘贴。

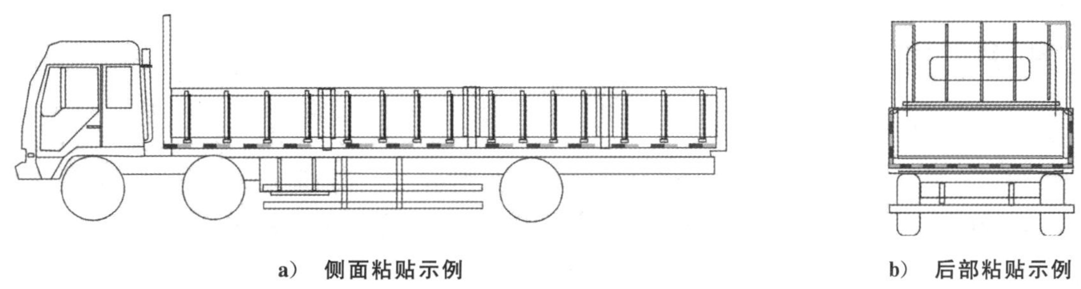

a) 侧面粘贴示例　　b) 后部粘贴示例

图 B.1 栏板货车、栏板挂车、低速汽车粘贴示例

B.3 厢式货车(含厢式低速货车)、厢式挂车粘贴

厢式货车(含厢式低速货车)的侧面车身反光标识应沿车厢下边缘粘贴，在侧面车厢上部两侧边角用白色车身反光标识拼接成“倒 L”，“倒 L”水平方向和垂直方向均由 2 个长度为 150 mm 的白色单元拼接而成。后部车身反光标识应勾勒出车厢后部的轮廓，四个角应为白色单元相接。

厢式货车(含厢式低速货车)、厢式挂车粘贴示例见图 B.2。其中，图 B.2b)是二级车身反光标识材料的粘贴示例；使用一级车身反光标识材料时，货厢后部四角应用白色单元勾勒轮廓，其他部位可断续粘贴。

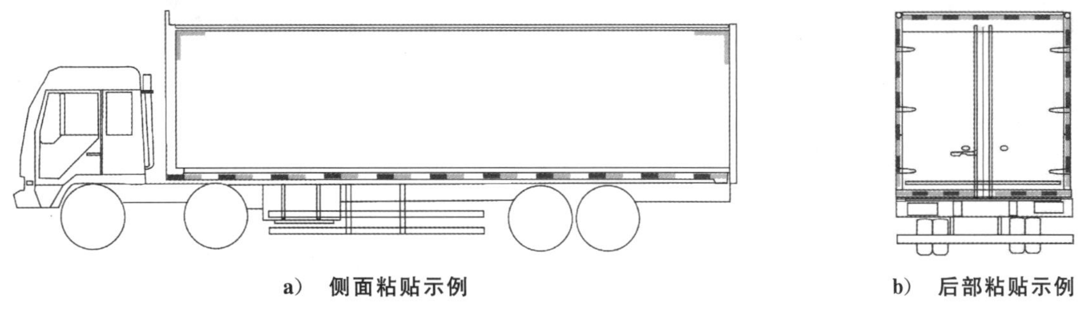

a) 侧面粘贴示例　　b) 后部粘贴示例

图 B.2 厢式货车(含厢式低速货车)、厢式挂车粘贴示例

B.4 封闭式货车粘贴

封闭式货车的后部车身反光标识应勾勒出车辆后部轮廓，四个角应为白色单元相接。因铰链等无法连续粘贴时，允许断续粘贴。

封闭式货车粘贴示例见图 B.3。其中，图 B.3b)是二级车身反光标识材料的粘贴示例；使用一级车身反光标识材料时，货厢后部四角应用白色单元勾勒轮廓，其他部位可断续粘贴。

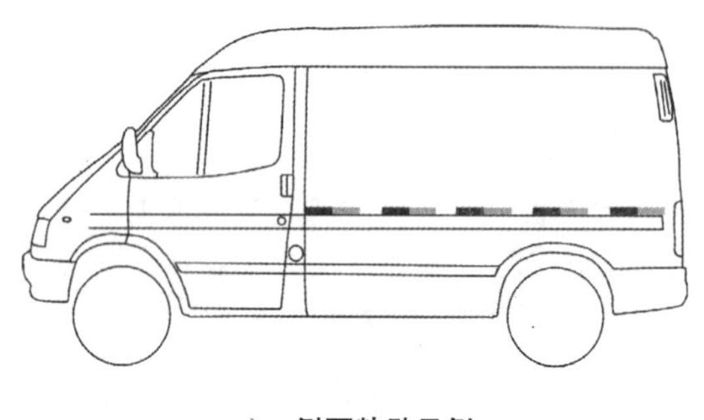

a) 侧面粘贴示例

b) 后部粘贴示例

图 B.3 封闭式货车粘贴示例

B.5 仓栅式货车、仓栅式挂车粘贴

仓栅式货车、仓栅式挂车粘贴示例见图 B.4。其中，图 B.4b)和 B.4c)是二级车身反光标识材料的粘贴示例；使用一级车身反光标识材料时，货厢后部四角应用白色单元勾勒轮廓，其他部位可断续粘贴；侧面车身反光标识可断续粘贴，但垂直方向最上方和最下方及水平方向最左侧、最右侧和中间部位应粘贴。

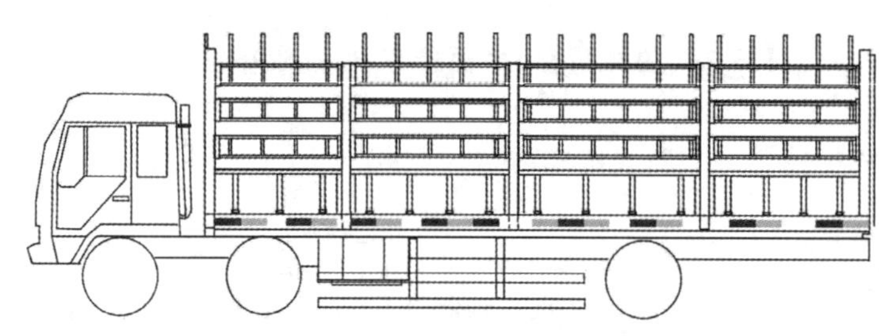

a) 侧面粘贴示例

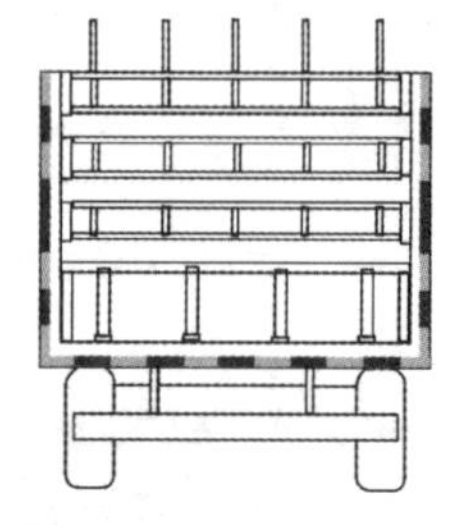

b) 后部装有货厢门的粘贴示例

c) 后部没有货厢门的粘贴示例

图 B.4 仓栅式货车、仓栅式挂车粘贴示例

B.6 自卸车(含自卸式低速货车)粘贴

后部水平方向粘贴除了栏板上部,还可粘贴在栏板下部或后下部防护装置等其他位置。

自卸车(含自卸式低速货车)粘贴示例见图 B.5。其中,图 B.5b)是二级车身反光标识材料的粘贴示例;使用一级车身反光标识材料时,在确保体现车辆后部宽度和高度的前提下,可断续粘贴,但垂直方向最上方和最下方及水平方向最左侧、最右侧和中间部位应粘贴。

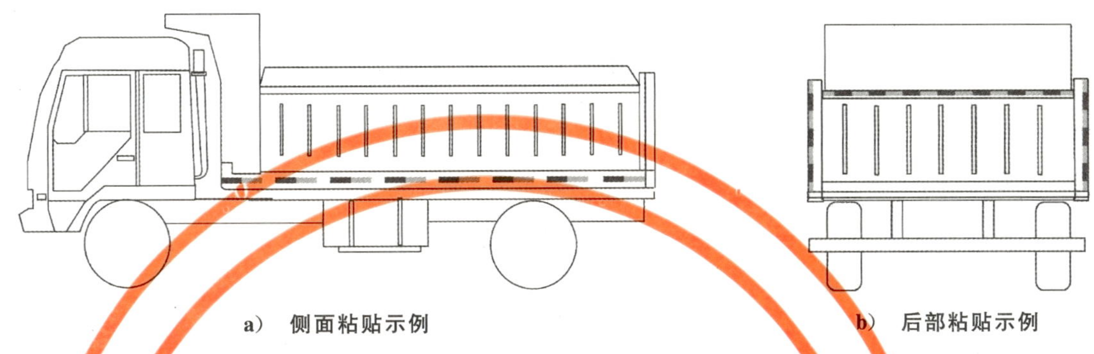

图 B.5 自卸车(含自卸式低速货车)粘贴示例

B.7 平板货车、平板挂车、低平板挂车、集装箱挂车粘贴

B.7.1 平板货车粘贴

平板货车、平板挂车、低平板挂车、集装箱挂车粘贴示例见图 B.6。其中,图 B.6b)是二级车身反光标识材料粘贴示例,如果平板后部无法粘贴,应在后下部防护装置上水平并列连续粘贴两排车身反光标识,粘贴面积应大于等于 0.2 m^2;后部使用一级车身反光标识材料时,可在平板后部或后下部防护装置上水平连续粘贴,粘贴面积应大于等于 0.1 m^2。

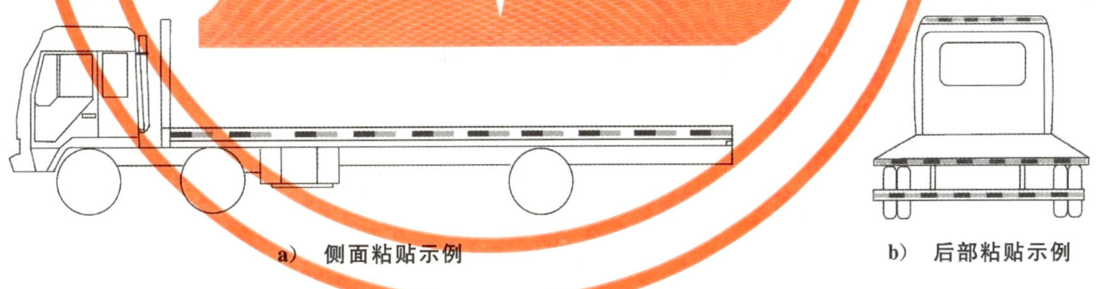

图 B.6 平板货车粘贴示例

B.7.2 平板挂车、低平板挂车、集装箱挂车粘贴

平板挂车、集装箱挂车的侧面车身反光标识应沿车架侧面水平粘贴,其中低平板半挂车应沿车架平整的连续表面粘贴。因车架结构原因,侧面粘贴的车身反光标识可不在同一水平面上。

后部有后下部防护装置时,后下部防护装置上应粘贴车身反光标识。低平板挂车后部如有爬梯,还应在两个爬梯最外侧的爬梯架上(至少应在爬梯架的最上端、中间和最下端)粘贴车身反光标识。

集装箱挂车装载集装箱时,应在集装箱后部和侧面至少水平固定一块 2 000 mm×150 mm 的柔性反光标识,安装部位应尽可能接近集装箱顶部。

平板挂车、集装箱挂车粘贴示例见图 B.7,低平板挂车粘贴示例见图 B.8。其中,图 B.7b)和图 B.8b）为二级车身反光标识粘贴示例，平板后部、后下部防护装置应连续粘贴；使用一级车身反光标识材料时，可断续粘贴。

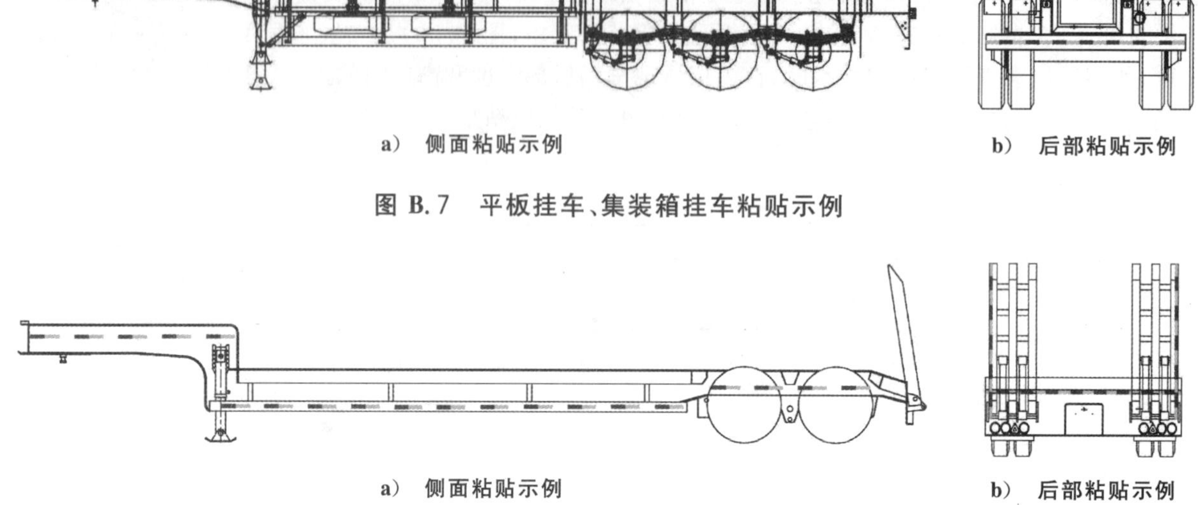

a） 侧面粘贴示例　　b） 后部粘贴示例

图 B.7　平板挂车、集装箱挂车粘贴示例

a） 侧面粘贴示例　　b） 后部粘贴示例

图 B.8　低平板挂车粘贴示例

B.8　罐式货车、罐式挂车粘贴

罐式货车、罐式挂车侧面车身反光标识应在车身侧面车架或罐体中间部位水平粘贴，体现罐体长度。不规则罐式挂车侧面车身反光标识应粘贴在罐体侧面中间位置，体现罐体长度。罐体后部应用车身反光标识勾勒罐体轮廓，二级车身反光标识材料的粘贴间隔应小于等于 50 mm，一级车身反光标识材料的粘贴间隔应小于等于 100 mm。

对运输剧毒化学品或爆炸品的罐式货车，侧面车身反光标识应在车身侧面的车架部位水平粘贴，体现车架长度，并在罐体侧面用边长为 300 mm(2 个 150 mm 长的单元拼接)白色车身反光标识拼接成"L"和"倒 L"，上部车身反光标识最下沿与橙色反光带的距离应在 100 mm 至 300 mm 内，下部车身反光标识最上沿与橙色反光带的距离应在 100 mm 至 300 mm 内，车身反光标识与罐体前、后端的最大距离应小于等于 300 mm。罐体后部应用白色车身反光标识勾勒轮廓，二级车身反光标识材料的粘贴间隔应小于等于 50 mm，一级车身反光标识材料的粘贴间隔应小于等于 100 mm。

罐式货车、罐式挂车粘贴示例见图 B.9，其中运输剧毒化学品或爆炸品的罐式货车粘贴示例见图 B.10。

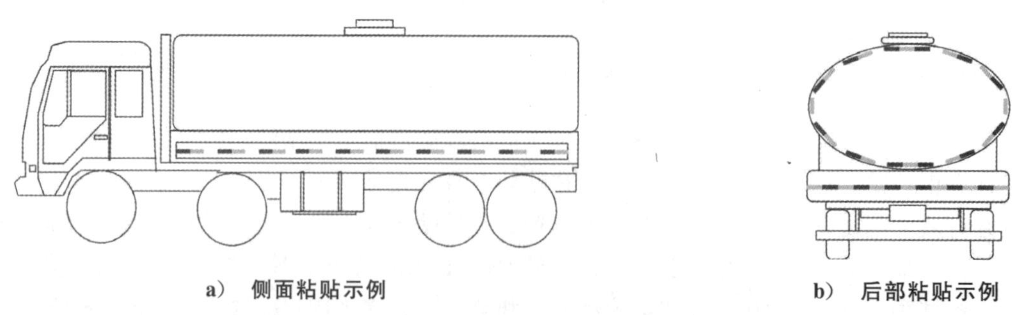

a） 侧面粘贴示例　　b） 后部粘贴示例

图 B.9　罐式货车、罐式挂车粘贴示例

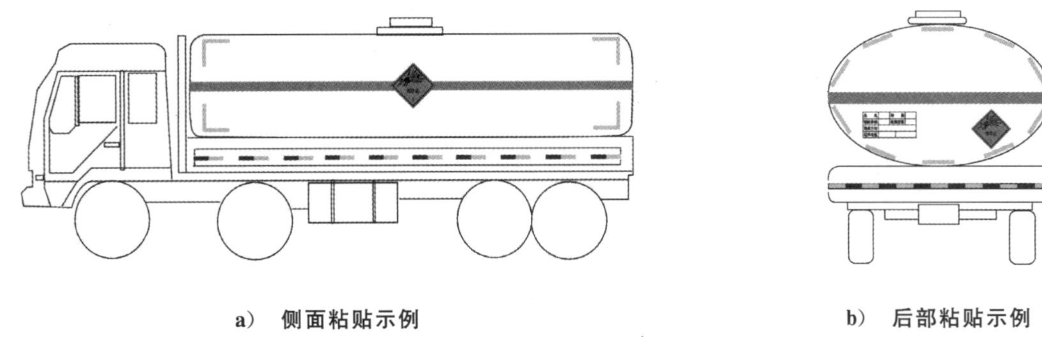

a) 侧面粘贴示例　　　　b) 后部粘贴示例

图 B.10　运输剧毒化学品或爆炸品的罐式货车粘贴示例

B.9　混凝土搅拌运输车粘贴

混凝土搅拌运输车侧面车身反光标识应在可粘贴部位(如侧防护装置)连续粘贴,粘贴总长度可小于车长的50%,但应大于等于车长的30%,此时断开间隔不受限制。车辆后部应尽可能选取能够体现车身后部宽度和高度的连续平面粘贴,如后下部防护装置、金属挡泥板等固定结构件。

混凝土搅拌运输车粘贴示例见图B.11。

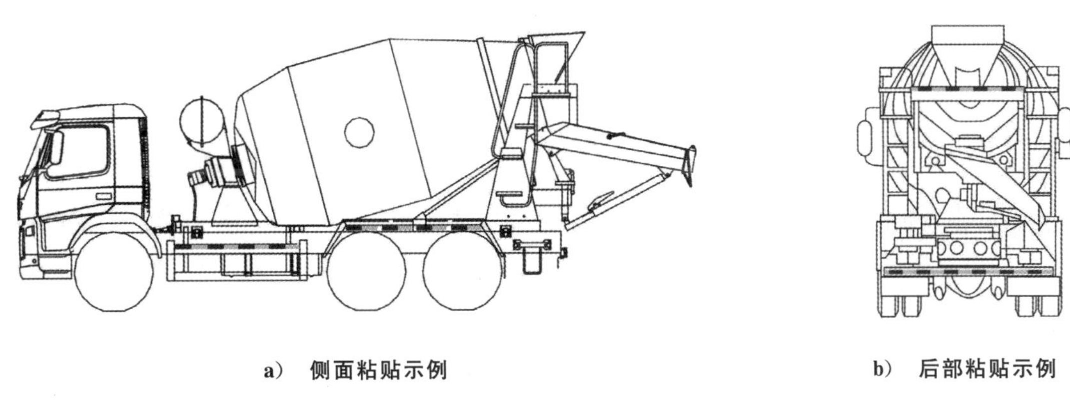

a) 侧面粘贴示例　　　　b) 后部粘贴示例

图 B.11　混凝土搅拌运输车粘贴示例

B.10　专项作业车粘贴

专项作业车上车身反光标识的粘贴应尽可能按前述基本粘贴要求进行粘贴,部分专项作业车除驾驶室外的车身结构无连续平面,不能满足要求时,车辆后部应尽可能选取能够体现车身后部宽度和高度的连续平面粘贴,如后下部防护装置、金属挡泥板等固定结构件;侧面车身反光标识应在可粘贴部位(如侧防护装置)连续粘贴,粘贴总长度可小于车辆长度的50%,但应大于等于车辆长度的30%,此时断开间隔不受限制。

汽车起重机粘贴示例见图B.12,清障车粘贴示例见图B.13。

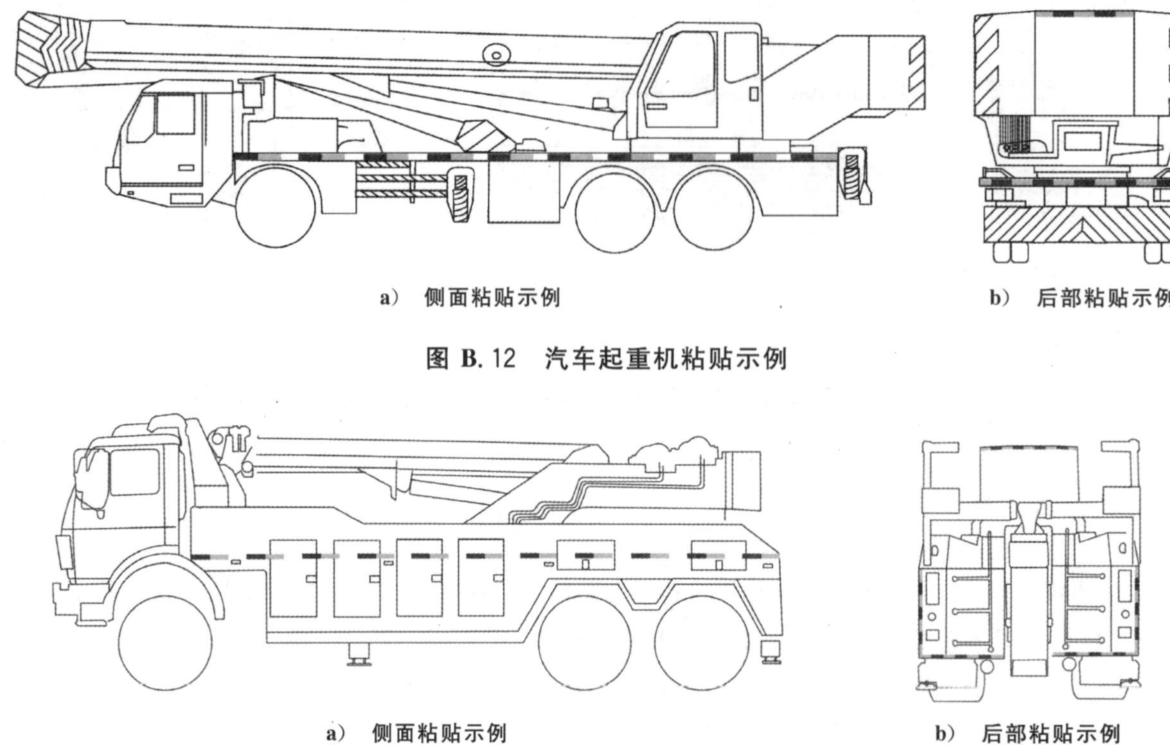

a） 侧面粘贴示例　　b） 后部粘贴示例

图 B.12　汽车起重机粘贴示例

a） 侧面粘贴示例　　b） 后部粘贴示例

图 B.13　清障车粘贴示例

B.11　半挂牵引车粘贴

半挂牵引车的侧面无须粘贴车身反光标识，后部应在驾驶室后部粘贴；使用二级车身反光标识材料时，水平方向应并列连续粘贴 2 排，垂直方向每侧应各粘贴 2 个长 150 mm 的白色单元；使用一级车身反光标识材料时，水平方向应连续粘贴，垂直方向每侧应各粘贴 1 个长 150 mm 的白色单元。

半挂牵引车粘贴示例见图 B.14。

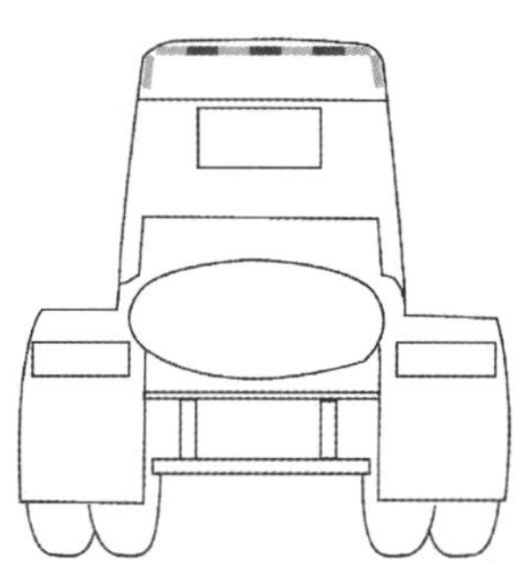

图 B.14　半挂牵引车粘贴示例

参 考 文 献

[1] 《中华人民共和国道路交通安全法》

[2] 《中华人民共和国道路交通安全法实施条例》

[3] 香港《道路交通(车辆构造及保养)规例》

[4] 新加坡《道路交通(机动车,灯光)规则》

[5] GA 802—2008 机动车类型 术语和定义

[6] GB/T 3730.1—2001 汽车和挂车类型的术语和定义

[7] GB/T 5359.1—2008 摩托车和轻便摩托车术语 第1部分:车辆类型

[8] GB/T 19596—2004 电动汽车术语

[9] GB/T 21055—2007 肢体残疾人驾驶汽车的操纵辅助装置

[10] 欧盟指令《on the approximation of the laws of the Member States relating to roadworthiness tests for motor vehicles and their trailers》(96/96/EC)

ICS 81.040
Q 34

中华人民共和国国家标准

GB 9656—2003
代替 GB 9656—1996

汽 车 安 全 玻 璃

Safety glazing materials for road vehicles

2003-04-23 发布　　2004-04-01 实施

中华人民共和国
国家质量监督检验检疫总局 发布

前　言

本标准第 4.1 条、第 5 章为强制性的，其他为推荐性的。

本标准与欧洲经济委员会法规 ECE R43—2000《安全玻璃材料的统一规定》的一致性程度为非等效，主要技术差异为：

——本标准未对塑料安全材料及经过处理类夹层玻璃进行规定；

——ECE R43 规定风窗夹层玻璃应同时满足制品人头模型冲击及试样片人头模型冲击试验要求；本标准规定风窗夹层玻璃只需满足上述两种人头模型冲击试验要求之一即可。

——本标准将塑玻复合材料耐燃烧试验速率降为 100 mm/min。

本标准代替 GB 9656—1996《汽车用安全玻璃》，与 GB 9656—1996 相比主要技术差异为：

——取消了第 3 章中对具体术语的解释，所有术语均采用相关的汽车玻璃术语标准及汽车术语标准；

——取消了 A、B 类夹层玻璃分类，统称为夹层玻璃；

——限制使用风窗用区域钢化玻璃；

——增加了风窗及风窗以外用塑玻复合材料；

——增加了风窗以外用中空安全玻璃；

——允许时速低于 40 km/h 的机动车风窗使用钢化玻璃；

——对生产汽车安全玻璃的原片质量提出了要求；

——增加了塑玻复合材料的耐温度变化性、耐燃烧性、耐化学侵蚀性试验；

——增加了一般技术要求条款。

本标准附录 A 为规范性附录。

本标准由原国家建筑材料工业局提出。

本标准由全国汽车标准化技术委员会安全玻璃分技术委员会归口。

本标准由中国建筑材料科学研究院玻璃科学与特种玻璃纤维研究所负责起草。

本标准主要起草人：杨建军、莫娇、石新勇、韩松、王文彪、张大顺、王睿、周军艳。

本标准所代替标准的历次版本发布情况为：

——GB 9656—1988、GB 9656—1996。

汽 车 安 全 玻 璃

1 范围

本标准规定了汽车安全玻璃的分类、技术要求、试验方法、检验规则及包装、标志、运输和贮存等。

本标准适用于汽车安全玻璃，也适用于农用车及其他道路车辆用安全玻璃。

2 规范性引用标准

下列文件中的条款通过本标准的引用而成为本标准的条款。凡是注日期的引用文件，其随后所有的修改单(不包括勘误的内容)或修订版均不适用于本标准，然而，鼓励根据本标准达成协议的各方研究是否可使用这些文件的最新版本。凡是不注日期的引用文件，其最新版本适用于本标准。

GB/T 1216 外径千分尺(GB/T 1216—1985，neq ISO 3611-78)

GB/T 5137.1 汽车安全玻璃试验方法 第1部分：力学性能试验(GB/T 5137.1—2002，ISO 3537：1999，MOD)

GB/T 5137.2 汽车安全玻璃试验方法 第2部分：光学性能试验(GB/T 5137.2—2002，ISO 3538：1997，MOD)

GB/T 5137.3 汽车安全玻璃试验方法 第3部分：耐辐照、高温、潮湿、燃烧和耐模拟气候试验(GB/T 5137.3—2003，ISO 3917：1999，MOD)

GB 8410 汽车内饰材料的燃烧特性

GB 11614 浮法玻璃

GB/T 17339 汽车安全玻璃耐化学侵蚀性和耐温度变化性试验方法

GB/T 18144 玻璃应力测试方法

GB 18045—2000 铁道车辆用安全玻璃

JC/T 512 汽车安全玻璃包装

3 分类

3.1 按加工工艺分类

a) 夹层玻璃；

b) 区域钢化玻璃；

c) 钢化玻璃；

d) 中空安全玻璃；

e) 塑玻复合材料。

3.2 按应用部位分类

3.2.1 风窗玻璃(前风窗玻璃)

a) 夹层玻璃——适用于所有机动车；

b) 区域钢化玻璃——适用于不以载人为目的的载货汽车(N类汽车)，不适用于以载人为目的的轿车及客车等；

c) 塑玻复合材料——适用于所有机动车；

d) 钢化玻璃——适用于设计时速低于40 km/h的机动车。

3.2.2 **风窗以外玻璃(前风窗以外玻璃)**

a) 夹层玻璃——适用于所有机动车;

b) 钢化玻璃——适用于所有机动车;

c) 中空安全玻璃——适用于所有机动车;

d) 塑玻复合材料——适用于所有机动车。

注:风窗以外玻璃包括车门、角窗、侧窗、后窗及顶窗玻璃等。

4 总则

4.1 用于生产汽车安全玻璃的原片应符合 GB 11614 汽车级玻璃的要求。

4.2 技术要求分主要技术要求和一般技术要求。主要技术要求为安全性能指标,必须符合本标准相关条款的规定;一般技术要求的检验项目可由供需双方商定。

5 主要技术要求

应用于汽车不同部位的不同种类安全玻璃的主要技术要求应符合表1相应条款的规定,中空安全玻璃应由安全玻璃材料构成,构成中空安全玻璃的安全玻璃应符合本标准的要求。

表1 主要技术要求及其试验方法条款

试验	风窗玻璃				风窗以外玻璃				试验方法
	夹层玻璃	区域钢化玻璃	塑玻复合材料	钢化玻璃	夹层玻璃	钢化玻璃	塑玻复合材料	中空安全玻璃	
厚度	5.1	5.1	5.1	5.1	5.1	5.1	5.1	5.1	7.1
可见光透射比	5.2	5.2	5.2	5.2	5.2	5.2	5.2	5.2	7.2
副像偏离	5.3	5.3	5.3	5.3	—	—	—	—	7.3
光畸变	5.4	5.4	5.4	5.4	—	—	—	—	7.4
颜色识别	5.5	5.5	5.5	5.5	—	—	—	—	7.5
抗磨性	5.6	—	5.6	—	5.6	—	5.6	—	7.6
耐热性	5.7	—	5.7	—	5.7	—	5.7	—	7.7
耐辐照性	5.8	—	5.8	—	5.8	—	5.8	—	7.8
耐湿性	5.9	—	5.9	—	5.9	—	5.9	—	7.9
人头模型冲击	5.10	5.10	5.10	—	5.10	—	5.10	5.10	7.10
抗穿透性	5.11	—	5.11	—	—	—	—	—	7.11
抗冲击性	5.12	—	5.12	5.12	5.12	5.12	5.12	—	7.12
碎片状态	—	5.13	—	5.13	—	5.13	—	—	7.13
耐温度变化性	—	—	5.14	—	—	—	5.14	—	7.14
耐燃烧性	—	—	5.15	—	—	—	5.15	—	7.15
耐化学侵蚀性	—	—	5.16	—	—	—	5.16	—	7.16

5.1 **厚度偏差**

按 7.1 进行检验，制品的厚度及其偏差应符合表 2 的规定。

表 2 厚度及厚度偏差

单位为毫米

种　类	公称厚度 t	厚度及偏差
夹层玻璃	原片玻璃与中间层的总厚度	$t \pm 0.2\ n$
塑玻复合材料	原片玻璃、塑料材料及中间层的总厚度	$t \pm 0.2\ n$
区域钢化玻璃钢化玻璃	t	$t \pm 0.2$
中空安全玻璃	构成中空安全玻璃的安全玻璃与间隔层的总厚度	构成中空安全玻璃的安全玻璃的厚度及偏差应符合上述要求
注：n 为构成夹层玻璃或塑玻复合材料的原片玻璃层数。		

5.2 **可见光透射比**

5.2.1 **风窗玻璃的可见光透射比**

按 7.2 进行试验，风窗玻璃的可见光透射比应符合表 3 的规定。

表 3 风窗玻璃的可见光透射比

种　类	汽车种类	试　验　区	可见光透射比
夹层玻璃 区域钢化玻璃 塑玻复合材料 钢化玻璃	M_1	B 或 b	≥70%
	M_1 以外	I 或 a	
注 1：M_1 类汽车是指包括驾驶员座位在内，座位数不超过九座的载客车辆。 注 2：试验区 B、I、a、b 及后面提到的试验区 A 见附录 A。			

5.2.2 **风窗以外玻璃的可见光透射比**

按 7.2 进行试验，风窗以外玻璃用于驾驶员视区部位的可见光透射比应大于 70%，其余风窗以外玻璃的可见光透射比可由供需双方商定。

注：风窗以外玻璃驾驶员视区部位是指驾驶员驾驶时用于观察后视镜的部位。

5.3 **副像偏离**

按 7.3 进行试验，风窗玻璃的副像偏离应符合表 4 的规定。

表 4 风窗玻璃的副像偏离

种　类	汽车种类	试　验　区	副像偏离最大值
夹层玻璃 区域钢化玻璃 塑玻复合材料 钢化玻璃	M_1	A 或 a	15′
		B 或 b	25′
	M_1 以外	I 或 a	15′
注 1：制品边缘 100 mm 范围内包含的试验区 A 及 I 的部分允许为 25′。 注 2：制品边缘有装饰边时，装饰边不得进入试验区。后视镜粘块不得进入 A 区或 I 区。 注 3：距风窗玻璃周边 25 mm 及装饰边内侧 25 mm 区域不作试验要求。			

5.4 光畸变

按 7.4 进行试验，风窗玻璃的光畸变应符合表 5 的规定。

表 5 风窗玻璃的光畸变

种类	汽车种类	试验区	光畸变的最大值
夹层玻璃 区域钢化玻璃 塑玻复合材料 钢化玻璃	M_1	A 或 a	2′
		B 或 b	6′
	M_1 以外	I 或 a	2′

注 1：制品边缘 100 mm 范围内包含的试验区 A 及 I 的部分允许为 6′。

注 2：制品边缘有装饰边时，装饰边不得进入试验区。后视镜粘块不得进入 A 区或 I 区。

注 3：距风窗玻璃周边 25 mm 及装饰边内侧 25 mm 区域不作试验要求。

5.5 颜色识别

在风窗玻璃试验区内带色的情况下，按 7.5 进行试验，其颜色识别应符合表 6 的规定。

表 6 风窗玻璃的颜色识别

种类	汽车种类	试验区	颜色识别
夹层玻璃 区域钢化玻璃 塑玻复合材料 钢化玻璃	M_1	B 或 b	能识别白、黄、红、绿、蓝、琥珀各色
	M_1 以外	I 或 a	

5.6 抗磨性

按 7.6 进行试验，夹层玻璃及塑玻复合材料的抗磨性应符合表 7 的规定。

表 7 抗磨性

种类	试验面	因磨耗而引起的雾度
夹层玻璃	外表面	≤2%
塑玻复合材料	外表面(玻璃面)	≤2%
	内表面(塑料面)	≤4%

5.7 耐热性

按 7.7 进行试验，夹层玻璃及塑玻复合材料的耐热性应符合表 8 的规定。

表 8 耐热性

种类	试验后的状态
夹层玻璃 塑玻复合材料	允许试样有裂口存在，但超出边部 15 mm(新切边部 25 mm)或超出裂口 10 mm 的部分不能产生气泡及变色等其他缺陷。

5.8 耐辐照性

按 7.8 进行试验，夹层玻璃及塑玻复合材料的耐辐照性应符合表 9 的规定。

表 9 耐辐照性

种　　类	适用部位	汽车种类	试验区	紫外线照射后的状态
夹层玻璃 塑玻复合材料	风　窗	M_1	B 或 b	1. $Y/X\times100\%\geqslant95\%$； 2. $Y\geqslant70\%$； X 为紫外线照射前的可见光透射比；Y 为紫外线照射后的可见光透射比； 3. 用白色背景检查时，不可有显著变化(变色、出泡、浑浊等)
		M_1 以外	I 或 a	
	风窗以外	—	—	
注：Y≥70%的要求仅适用于驾驶员视区部位。				

5.9　耐湿性

按 7.9 进行试验，夹层玻璃及塑玻复合材料的耐湿性应符合表 10 的规定。

表 10　耐湿性

种　　类	耐湿试验后的状态
夹层玻璃 塑玻复合材料	超出边部 10 mm(新切边部 15 mm)的部分不可有显著变化(变色、出泡、浑浊等)

5.10　人头模型冲击

风窗玻璃的人头模型冲击试验，符合 5.10.1 和 5.10.2 任意一条为合格；风窗以外玻璃的人头模型冲击试验，符合 5.10.2 为合格。

5.10.1　以制品为试样

按 7.10.1 进行试验，风窗玻璃的人头模型冲击应符合表 11 的规定。

表 11　制品的人头模型冲击

种　　类	落下高度[a]/m	冲击后的状态
夹层玻璃	1.5	1. 试样必须破坏，并以冲击点为中心产生许多环状和放射状裂纹，离冲击点最近的环状裂纹的半径不得大于 80 mm； 2. 玻璃必须粘附在中间层上，在以冲击点为中心的 60 mm 直径圆外，允许宽 4 mm 以下的碎片剥离； 3. 在试样的冲击侧不允许有面积大于 20 mm^2 的中间层裸露； 4. 中间层的裂口长度在 35 mm 以下
塑玻复合材料		1. 玻璃层必须破坏。并以冲击点为中心产生许多环状和放射状裂纹，离冲击点最近的环状裂纹的半径不得大于 80 mm； 2. 玻璃必须粘附在中间层上，在以冲击点为中心的 60 mm 直径圆外，允许宽 4 mm 以下的碎片剥离； 3. 中间层的裂口长度在 35 mm 以下
区域钢化玻璃		试样必须破坏
[a] 落下高度是指从试样上表面到人头模型下端点的高度。		

5.10.2　以试验片为试样

按 7.10.2 进行试验，风窗及风窗以外玻璃的人头模型冲击应符合表 12 的规定。

表 12　试验片的人头模型冲击

种　　类	适用部位	落下高度/m	冲击后状态
夹层玻璃	风窗	4	1. 试样必须破坏，并以冲击点为中心产生许多圆形裂纹； 2. 允许中间层破裂，但人头模型不得穿透试样； 3. 无大碎片剥离
	风窗以外	1.5	
塑玻复合材料	风窗	4	1. 玻璃必须破坏，并以冲击点为中心产生许多圆形裂纹； 2. 允许中间层破裂，但人头模型不得穿透试样； 3. 无大碎片剥离
	风窗以外	1.5	
区域钢化玻璃	风窗	1.5	试样必须破坏
中空安全玻璃	风窗以外	1.5	1. 由两层钢化玻璃构成时，两层均必须破坏； 2. 由夹层玻璃和/或塑玻复合材料构成时应满足以下要求： a　两层构件均应破裂，并以冲击点为中心产生许多圆形裂纹； b　中间层允许撕裂，但人头模型不得穿透试样； c　无大碎片剥离； 3. 由一层钢化玻璃和一层夹层玻璃或塑玻复合材料所构成时应满足以下要求： a　钢化玻璃必须破碎； b　夹层玻璃或塑玻复合材料应破裂，并以冲击点为中心产生许多圆形裂纹； c　中间层允许撕裂，但人头模型不得穿透试样； d　无大碎片剥离
注：对结构不对称的中空安全玻璃，三次冲击在一侧，三次冲击在另一侧。			

5.11　抗穿透性

按 7.11 进行试验，风窗玻璃的抗穿透性应符合表 13 的规定。

表 13　风窗玻璃的抗穿透性

种　　类	落下高度/m	冲击后状态
夹层玻璃 塑玻复合材料	4	冲击后 5 s 内钢球不可穿透试样

5.12　抗冲击性

5.12.1　风窗玻璃的抗冲击性

5.12.1.1　按 7.12.1 进行试验，夹层玻璃及塑玻复合材料的抗冲击性应符合表 14、表 15 的规定。

表 14　风窗玻璃的抗冲击性

种　　类	冲击后的状态
夹层玻璃 塑玻复合材料	1. 钢球不可穿透试样； 2. 试样不允许断成几块； 3.[a] 如果胶片无裂口，从冲击面反侧剥落的碎片总质量不可超过表 15 的规定。
钢化玻璃	试样不可破坏
[a] 塑玻复合材料不适用。	

表 15 抗冲击性的冲击高度及碎片质量

种 类	公称厚度，t/mm	落下高度/m			碎片质量/g
		−20℃±2℃	40℃±2℃	室 温	
夹层玻璃	t≤4.5	8.5	9	—	≤12
	4.5<t≤5.5	9	10	—	≤15
	5.5<t≤6.5	9.5	11	—	≤20
	t>6.5	10	12	—	≤25
塑玻复合材料	t≤4.5	8.5	9	—	—
	4.5<t≤5.5	9	10	—	—
	5.5<t≤6.5	9.5	11	—	—
	t>6.5	10	12	—	—
钢化玻璃	t≤3.5	—	—	2	—
	t>3.5	—	—	2.5	—

5.12.1.2 按 7.12.2 进行试验，钢化玻璃的抗冲击性应符合表 16 的规定。

5.12.2 风窗以外玻璃的抗冲击性

按 7.12.3 进行试验，风窗以外玻璃的抗冲击性应符合表 16 的规定。

表 16 风窗以外玻璃的抗冲击性

种 类	公称厚度，t	落球高度/m	冲击后状态
夹层玻璃	t≤5.5	5	1. 钢球不可穿透试样； 2. 试样不能断裂成几块； 3. 如果胶片无裂口，从冲击面反侧剥落的碎片总质量不超过 15 g
	5.5<t≤6.5	6	
	t>6.5	7	
塑玻复合材料	t≤3.5	5	1. 钢球不可穿透试样； 2. 试样不能断裂成几块
	3.5<t≤4.5	6	
	t>4.5	7	
钢化玻璃	t≤3.5	2	试样不可破坏
	t>3.5	2.5	

5.13 碎片状态

5.13.1 区域钢化玻璃的碎片状态

按 7.13.1 进行试验，区域钢化玻璃的碎片状态应符合表 17 的规定。

表 17 区域钢化玻璃碎片状态

分 区	碎 片 状 态
周边区	1. 在任一 50 mm×50 mm 的正方形内，碎片数不少于 40 块不多于 350 块。在少于 40 块的情况下，如果含有该部分的 100 mm×100 mm 正方形内的碎片数不少于 160 块也是允许的； 2. 在上述规定中，横跨正方形边界的碎片应计半块； 3. 制品边缘 20 mm 范围内的碎片不作检查，以冲击点为圆心半径 75 mm 圆内的碎片数也不作检查； 4. 超过 3 cm^2 的碎片不多于 3 块，但在直径 100 mm 的圆内不允许有 2 块以上大于 3 cm^2 的碎片； 5. 允许有长条形碎片，其长度不超过 75 mm，且其端部不是刀刃状，延伸至玻璃边缘的长条形碎片与边缘形成的角度不得大于 45°

表 17（续）

分　区	碎　片　状　态
主视区	1. 大于 2 cm^2 碎片的累计面积应不小于评价区 500 mm×200 mm 长方形面积的 15%；但如果风窗玻璃的高度小于 440 mm 或风窗玻璃的实车安装角不大于 15°，大于 2 cm^2 碎片的累计面积应不小于评价区[a]长方形面积的 10%； 2. 不得有大于 16 cm^2 的碎片； 3. 在以冲击点为圆心半径 10 cm 的圆内允许有 3 个大于 16 cm^2、小于 25 cm^2 碎片； 4. 碎片形状应基本规则且不带尖角。但在任一 500 mm×200 mm 矩形中允许有不多于 10 块不规则碎片[b]，整个风窗玻璃不规则碎片数不多于 25 块。但按注[b]定义的尖角长度大于 35 mm 的碎片不允许存在； 5. 允许有长条形碎片存在，但其长度不得超过 100 mm
过渡区	碎片状态必须处于两相邻区的碎片允许状态之间
a　当试样的高度尺寸小于 440 mm 时，评价区取 500 mm×150 mm 长方形；当试样高度尺寸为 440 mm 以上时，评价区取 500 mm×200 mm 长方形。 b　不规则碎片是指不能容纳于直径 40 mm 的圆内且至少有一个长度大于 15 mm 的尖角，以及有一个或一个以上顶角小于 40°的尖角的碎片。尖角长度是指尖角顶部到尖角宽度等于玻璃厚度那部分的长度。	

5.13.2　钢化玻璃的碎片状态

按 7.13.2 进行试验，钢化玻璃的碎片状态应符合表 18 的规定。

表 18　钢化玻璃的碎片状态

种　　类	碎　片　状　态
钢化玻璃	1. 在任一 50 mm×50 mm 的正方形内，碎片数不少于 40 块，但不多于 400 块。若厚度不大于 3.5 mm，则碎片数在 40 块以上，450 块以下； 2. 在上述规定中，横跨正方形边部的碎片应计作半块； 3. 制品边缘 20 mm 范围内的碎片不作检查，以冲击点为圆心半径 75 mm 圆内的碎片数也不作检查； 4. 除上述第 3 条规定的部位外，不允许有超过 3 cm^2 的碎片； 5. 允许有少量长条形碎片，其长度不超过 75 mm，且其端部不是刀刃状，延伸至玻璃边缘的长条形碎片与边缘形成的角度不得大于 45°

5.14　塑玻复合材料的耐温度变化性

按 7.14 进行试验，塑玻复合材料的耐温度变化性应符合表 19 的规定。

表 19　塑玻复合材料的耐温度变化性

种　　类	应用部位	试验后状态
塑玻复合材料	风　窗	试样不可有明显的裂纹、浑浊、脱胶或其他显著的变质现象
	风窗以外	

5.15　塑玻复合材料的耐燃烧性

按 7.15 进行试验，塑玻复合材料的耐燃烧性应符合表 20 的规定。

表 20　塑玻复合材料的耐燃烧性

种　　类	应用部位	燃烧速率不超过
塑玻复合材料	风　窗	100 mm/min
	风窗以外	

5.16　塑玻复合材料的耐化学侵蚀性

按 7.16 进行试验，塑玻复合材料的耐化学侵蚀性应符合表 21 的规定。

表 21　塑玻复合材料的耐化学侵蚀性

种　　类	应用部位	试验后状态
塑玻复合材料	风　窗	试样不可有软化、胶粘、龟裂或明显失透现象
	风窗以外	

6　一般技术要求

应用于汽车不同部位的不同种类安全玻璃的一般技术要求应符合表 22 相应条款的规定。

表 22　一般技术要求及其试验方法条款

试　　验	风窗玻璃			风窗以外玻璃				试验方法
	夹层玻璃	塑玻复合材料	钢化玻璃	夹层玻璃	塑玻复合材料	中空安全玻璃	钢化玻璃	
边缘应力	6.1	6.1	—	6.1	6.1	—	—	7.17
表面应力	—	—	6.2	—	—	—	6.2	7.18
耐模拟气候性	—	6.3	—	—	6.3	—	—	7.19
露　　点	—	—	—	—	—	6.4	—	7.20
加速耐久性能	—	—	—	—	—	6.5	—	7.21
注：边缘应力试验仅适用于弯型夹层玻璃及塑玻复合材料。								

6.1　边缘应力

按 7.17 进行试验，夹层玻璃及塑玻复合材料的边缘应力应符合表 23 的规定。

表 23　夹层玻璃及塑玻复合材料的边缘应力

种　　类	适用部位	边缘应力/MPa
夹层玻璃 塑玻复合材料	风　窗	边缘张应力≤7 边缘压应力≥4
	风窗以外	

6.2　表面应力

按 7.18 进行试验，钢化玻璃的表面应力应符合表 24 的规定。

表 24　钢化玻璃的表面应力

种　　类	适用部位	表面应力/MPa
钢化玻璃	风　窗	表面压应力≥105
	风窗以外	

6.3　耐模拟气候性

按 7.19 进行试验，塑玻复合材料的耐模拟气候性应符合表 25 的规定。

表 25　塑玻复合材料的耐模拟气候性

种　　类	适用部位	试验后状态
塑玻复合材料	风　窗	试验后试样的可见光透射比值的降低不超过 5%，风窗及风窗以外玻璃用于驾驶员视区的部位试验后可见光透射比不应小于 70%。 可以出现变色，但不应出现变色以外的缺陷，如气泡、脱胶等。
	风窗以外	

6.4　露点

按 7.20 进行试验，中空安全玻璃的露点应≤－40℃。

6.5 加速耐久性能

按 7.21 进行试验，中空安全玻璃的加速耐久性能应符合 GB 18045—2000 第 5.3.7 条的规定。

7 试验方法

7.1 厚度的测量

使用符合 GB/T 1216 规定的千分尺或与此同等精度的器具测量玻璃每边的中点，每边测量结果的算术平均值作为厚度值，测量值应精确到 0.01 mm。

7.2 可见光透射比的测定

取 3 块试样按 GB/T 5137.2 规定的方法进行试验，试验后 3 块试样全部符合规定时为合格。

7.3 副像偏离

取 4 块试样按 GB/T 5137.2 规定的方法进行试验，试验后 4 块试样全部符合规定时为合格。

7.4 光畸变

取 4 块试样按 GB/T 5137.2 规定的方法进行试验，试验后 4 块试样全部符合规定时为合格。

7.5 颜色识别

取 4 块试样按 GB/T 5137.2 规定的方法进行试验，试验后 4 块试样全部符合规定时为合格。

7.6 抗磨性

对每一试验面，各取 3 块试样按 GB/T 5137.1 规定的方法进行试验，试验后 3 块试样全部符合规定时为合格。

7.7 耐热性

取 3 块试样按 GB/T 5137.3 规定的方法进行试验，试验后 3 块试样全部符合规定时为合格，1 块试样符合时为不合格。当 2 块试样符合时，再追加 3 块新试样，3 块全部符合规定则为合格。

7.8 耐辐照性

取 3 块试样按 GB/T 5137.3 规定的方法进行试验，试验后 3 块试样全部符合规定时为合格，1 块试样符合时为不合格。当 2 块试样符合时，再追加 3 块新试样，3 块全部符合规定则为合格。

7.9 耐湿性

取 3 块试样按 GB/T 5137.3 规定的方法进行试验，试验后 3 块试样全部符合规定时为合格，1 块试样符合时为不合格。当 2 块试样符合时，再追加 3 块新试样，3 块全部符合规定则为合格。

7.10 人头模型冲击

7.10.1 取 4 块试样按 GB/T 5137.1 规定的方法进行试验，4 块试样全部符合规定时为合格，2 块或 2 块以下符合时为不合格。当 3 块试样符合时，再追加 4 块新试样，如果 4 块全部符合规定则为合格。

7.10.2 取 6 块试样按 GB/T 5137.1 规定的方法进行试验，6 块试样全部符合规定为合格，4 块或 4 块以下符合时为不合格。当 5 块试样符合时，再追加 6 块新试样，如果 6 块全部符合规定则为合格。

7.11 抗穿透性

取 6 块试样按 GB/T 5137.1 规定的方法进行试验，6 块试样全部符合规定时为合格，4 块或 4 块以下符合时为不合格。当 5 块试样符合时，再追加 6 块新试样，如果 6 块全部符合规定则为合格。

7.12 抗冲击性

7.12.1 风窗用夹层玻璃或塑玻复合材料的抗冲击性

按 GB/T 5137.1 规定的方法进行试验，在 40℃及－20℃下各取 10 块试样进行试验，每组 8 块或 8 块以上试样符合规定时为合格，7 块或 7 块以下符合时，再追加 10 块新试样，如果 10 块全部符合规定则为合格。

7.12.2 风窗用钢化玻璃的抗冲击性

取 6 块试样按 GB/T 5137.1 规定的方法进行试验，5 块或 5 块以上试样符合规定时为合格，3 块及 3 块以下试样符合时为不合格。当 4 块试样符合时，再追加 6 块新试样，如果 6 块全部符合规定则为合格。适用时，可用制品代替试验片进行试验。

7.12.3 风窗以外玻璃的抗冲击性

a. 取4块夹层玻璃及塑玻复合材料试样按GB/T 5137.1规定的方法进行试验，4块全部符合规定时为合格，1块试样符合时为不合格。当2块或3块试样符合时，再追加4块新试样，如果4块全部符合规定则为合格。

b. 取6块钢化玻璃试样按GB/T 5137.1规定的方法进行试验，5块或5块以上试样符合规定时为合格，3块及3块以下试样符合时为不合格。当4块试样符合时，再追加6块新试样，如果6块全部符合规定则为合格。适用时，可用制品代替试验片进行试验。

7.13 碎片状态

7.13.1 区域钢化玻璃的碎片状态

7.13.1.1 区域钢化玻璃的分区

a. 周边区：离玻璃周边至少70 mm宽的区域。

b. 主视区：司机目视前方至少为高200 mm、长500 mm的长方形。

c. 过渡区：主视区与周边区之间的区域，一般宽度不超过50 mm。

7.13.1.2 区域钢化玻璃的冲击点位置

冲击点位置如图1所示。

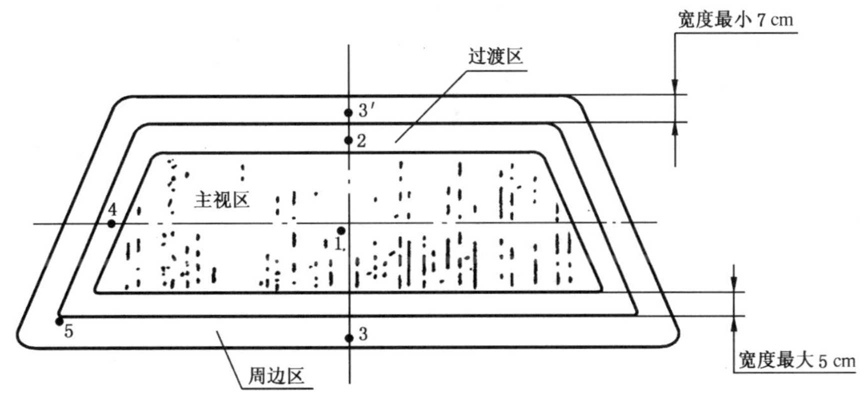

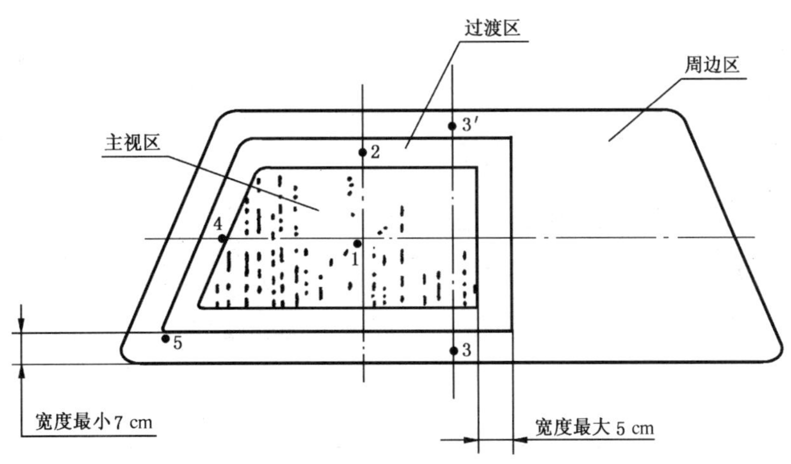

图1 区域钢化玻璃试样冲击点位置

点1：在主视区的中心；

点2：位于过渡区最接近主视区的横边中心线上；

点3及点3′：在试样最短中心线上，距边30 mm；

点 4:在试样最长中心线上的曲率最大处;

点 5:在试样的角上或周边曲率半径最小处,距边 30 mm。

7.13.1.3 取 6 块区域钢化玻璃试样按 GB/T 5137.1 规定的方法进行试验,6 块全部符合规定时为合格,3 块及 3 块以下试样符合时为不合格。

当 6 块试样中有 1 块不符合规定,但碎片状态没有超过以下范围:

周边区:长度为 75～150 mm 的长条形碎片不多于 5 块;

主视区:以冲击点为圆心半径 100 mm 的圆外,面积 16 cm^2～20 cm^2 之间的碎片不多于 3 块;

过渡区:长度为 100 mm～175 mm 的长条形碎片不多于 4 块。

此时,再追加试验 1 块新试样,进行相同冲击点的重复试验,如符合规定,或在上述范围内时则为合格。

当 6 块试样中有 2 块不符合规定,但其碎片状态没有超过上述规定的范围时,再追加试验 6 块新试样,如果 6 块都符合规定,或不多于 2 块在上述范围内时则为合格。

7.13.2 钢化玻璃的碎片状态

7.13.2.1 钢化玻璃的冲击点位置

冲击点的位置如图 2a、图 2b 及图 3 所示。

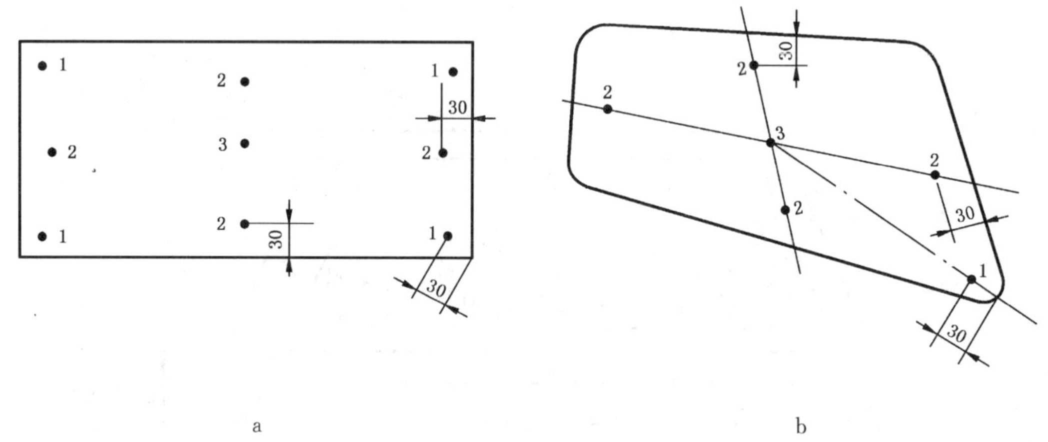

图 2 平型或单曲面试样冲击点位置

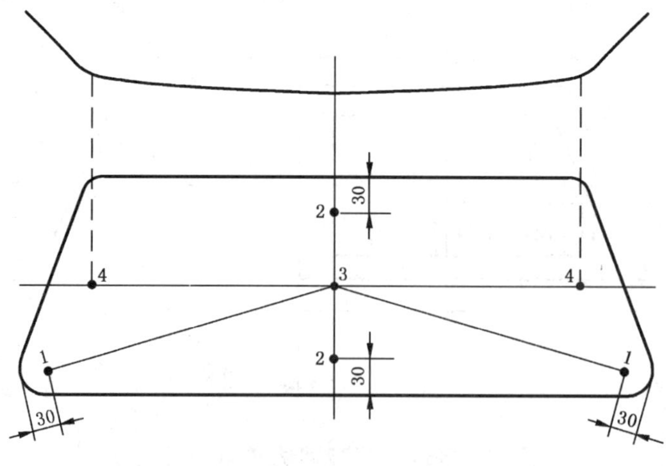

图 3 复合曲面试样冲击点位置

点 1:试样角部曲率半径最小处,从角顶沿角平分线向中心 30 mm 的点,左侧右侧皆可;

点 2:在试样最长或最短中心线上距边 30 mm 处;

点 3：试样的中心点；

点 4：位于试样最长中心线上的曲率最大处。

图中某冲击点如有两处以上时，可选择满足上述条件的任一点。

7.13.2.2　对于平型钢化玻璃或单曲面弯型钢化玻璃，取 3 块试样按 GB/T 5137.1 规定的方法进行试验，3 块试样全部符合表 18 的规定则为合格。

7.13.2.3　对于复合曲面弯型钢化玻璃，取 4 块试样按 GB/T 5137.1 规定的方法进行试验，如果 4 块试样全部符合规定则为合格，1 块符合时为不合格。

当 7.13.2.2 或 7.13.2.3 所述一组试样中有一块不符合规定，但其碎片状态不超过下述范围：

60 mm～75 mm 长的长条形碎片不多于 5 块；

75 mm～100 mm 长的长条形碎片不多于 4 块。

此时，再追加试验 1 块新试样，进行相同冲击点的重复试验，如符合规定，或在上述范围内时则为合格。

当一组试样中有 2 块不符合规定，但其碎片状态没有超过上述规定的范围时，对一组新试样重复进行所有冲击点试验，如符合规定，或此组新试样不多于 2 块在上述规定范围内时则为合格。

7.14　耐温度变化性

取 2 块试样按 GB/T 17339 规定的方法进行试验，2 块试样全部符合规定时为合格。

7.15　耐燃烧性

按 GB 8410 规定的方法进行试验。

7.16　耐化学侵蚀性

对每种用于试验的化学物质，取 2 块试样按 GB/T 17339 进行试验，2 块试样全部符合规定时为合格；当 1 块试样符合时，再追加 2 块新试样，如果 2 块全部符合规定则为合格。

7.17　边缘应力

按 GB/T 18144 规定的方法进行试验。

7.18　表面应力

按 GB/T 18144 规定的方法进行试验。

7.19　耐模拟气候性

按 GB/T 5137.3 规定的方法进行试验。

7.20　露点

按 GB 18045—2000 规定的方法进行试验。

7.21　加速耐久性能

按 GB 18045—2000 规定的方法进行试验。

注：当用制品作为试样进行试验时，如果检验项目对其性能不产生影响，则该试样可以用来继续进行其他项目的检验。当用试验片进行试验时，试验片必须是与产品同样材料、同等条件下生产出来的。

8　检验规则

8.1　检验分类

8.1.1　型式检验：检验项目为本标准第 5 章规定的主要技术要求。

有下列情况之一时，应进行型式检验：

a)　新产品或老产品转厂生产的试制定型鉴定；

b)　正式生产后，如结构、材料、工艺有较大改变，可能影响产品性能时；

c)　正常生产时，定期或积累一定产量后，应周期性进行一次检验；

d)　产品长期停产后，恢复生产时；

e)　出厂检验结果与上次型式检验有较大差异时；

f） 国家质量监督机构提出型式检验的要求时。

8.1.2 认证检验：检验项目为本标准规定的该产品主要技术要求中除厚度偏差以外的全部性能要求。

8.2 型式检验组批、抽样、判定规则

8.2.1 型式检验组批、抽样规则

对于产品所要求的主要技术性能，若用制品检验时，根据检验项目所要求的数量从该批产品中随机抽取，当该批产品批量大于500片时，以500片为一批分批抽取；若用试验片进行试验时，试验片数量按照检验项目要求的数量制作。

8.2.2 型式检验判定规则

按本标准第5章规定的相应条款进行产品单项性能合格判定。如果5.1～5.16条各项性能中有一项或一项以上不合格，则该批产品为不合格产品。

8.3 认证检验组批规则

8.3.1 风窗玻璃的认证检验组批规则

8.3.1.1 风窗玻璃的形状参数

a） 展开面积；

b） 拱高；

c） 曲率半径。

8.3.1.2 同一厚度风窗玻璃组成一组。

8.3.1.3 按展开面积的大小分为A、B两系列，其编号如下：

A系列：	B系列：
1# 为展开面积最大的	1# 为展开面积最小的
2# 为展开面积小于1# 的	2# 为展开面积大于1# 的
3# 为展开面积小于2# 的	3# 为展开面积大于2# 的
4# 为展开面积小于3# 的	4# 为展开面积大于3# 的
5# 为展开面积小于4# 的	5# 为展开面积大于4# 的

8.3.1.4 在A系列及B系列中分别按拱高编号如下：

1# 为拱高最大的

2# 为拱高小于1# 的

3# 为拱高小于2# 的

等等……

8.3.1.5 在A系列及B系列中分别按曲率半径编号如下：

1# 为曲率半径最小的

2# 为曲率半径大于1# 的

3# 为曲率半径大于2# 的

等等……

8.3.1.6 将A系列及B系列中每种风窗玻璃三个参数的编号分别加在一起。

a） 对A系列中编号相加总和最小的风窗玻璃和B系列中编号相加总和最小的风窗玻璃应进行本标准规定的全部主要性能试验，其中夹层玻璃的人头模型试验应同时符合5.10.1和5.10.2的规定。

b） A系列及B系列中剩余的风窗玻璃只进行本标准规定的光学性能试验。

注：对区域钢化玻璃A、B系列所有样品应进行全部主要性能试验。

8.3.1.7 对于拱高及曲率半径与选出的两个系列的风窗玻璃有显著差异的风窗玻璃，根据情况也需进行光学试验。

8.3.1.8 根据风窗玻璃的展开面积确定其分组范围，如果扩大认证的风窗玻璃的展开面积超出已批准的范围和(或)拱高过大,曲率半径过小,则应重新按8.3.1.3～8.3.1.5的方法分系列,并按8.3.1.6中a)及b)决定试验项目。

8.3.2 风窗以外玻璃的认证检验组批规则

8.3.2.1 钢化玻璃

a) 试样选取:每种形状及每个厚度试样应按下列准则选取。

1) 平型玻璃,应提供下列两种试样:

第一组:面积最大;

第二组,两相邻边之间夹角最小。

2) 弯型玻璃,应提供下列三种试样:

第一组:展开面积最大;

第二组:两相邻边之间夹角最小;

第三组:拱高最大。

b) 试样数量:按风窗以外玻璃的形状分类,每类玻璃的试样数量如表26所示。

表 26

种　　类	试验组数×试样数量/片
平型(2组)	2×4
弯型(3组)	3×5

8.3.2.2 除钢化玻璃以外的其他安全玻璃

夹层玻璃、塑玻复合材料及中空安全玻璃按每一厚度及结构进行组批检验。

9 包装、标志、运输、贮存

9.1 包装、标志、运输

每片出厂产品需印有企业名称或注册商标等标志,标志应清晰、牢固,不易擦去,具有永久性。产品最终包装、标志、运输应符合JC/T 512的规定。

9.2 贮存

产品应垂直贮存在干燥的室内。

附　录　A
（规范性附录）
风窗（前风窗）安全玻璃试验区的确定

A.1　根据 V 点及 O 点决定的试验区 A、B、I

A.1.1　适用范围

本附录规定的是与 V 点及 O 点相关的风窗玻璃试验区的决定方法。以下所规定的试验区的决定方法适用于左驾驶盘的车辆，对右驾驶盘的车辆，调换 Y 轴的正负方向即可适用。

A.1.2　定义

A.1.2.1　H 点：H 点是指乘客舱内坐着的乘客的位置，是根据有关标准规定的人体模型的躯干和大腿之间的理论旋转轴线与纵向垂直平面的交点。

A.1.2.2　R 点或座位基准点：R 点是制造厂规定的基准点，该点具有与车辆结构相关的固定的坐标，对应于驾驶员座位在正常的最低及最后位置时的躯干和大腿旋转点（H）点的理论位置，或各座位在车辆制造厂规定的使用位置时的 H 点理论位置。

A.1.2.3　车辆中心线：汽车俯视平面图（图 A.1）上符合下列要求的直线。

——对四轮以上的车辆，通过左右前车轮及后车轮各自的设计中心点连接线的垂直平分线。

——对三轮车辆，连接左右后（前）车轮的设计中心点的线的中点和前（后）轮设计中心点的直线。

——对有履带的车辆，与左右履带中心线等距离的直线。

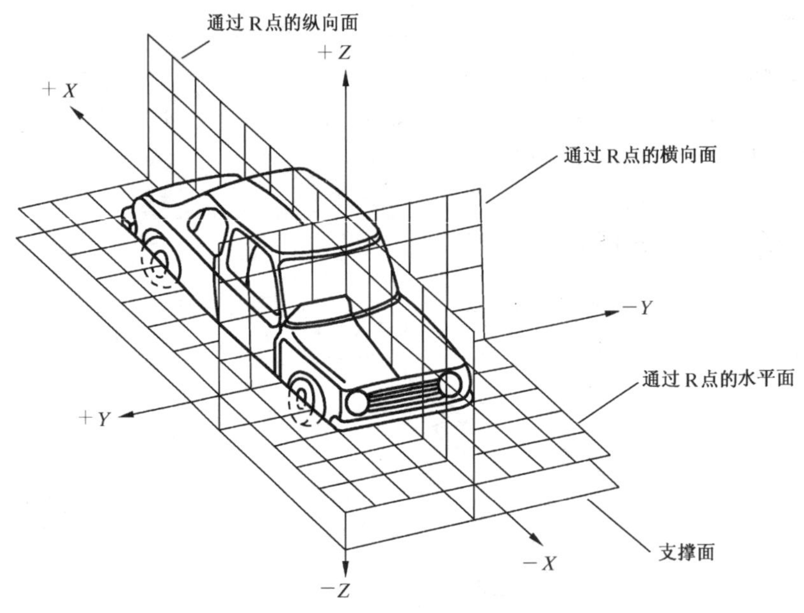

图 A.1　汽车俯视平面图

A.1.2.4　车辆中心面：包含车辆中心线的垂直面。

A.1.2.5　X 轴：通过 R 点，且在 R 点所在的水平面，与车辆中心线平行的轴。

$+X$：汽车的后方向；$-X$：汽车的前方向。

A.1.2.6　Y 轴：通过 R 点，且在 R 点所在的水平面，与 X 轴垂直的轴。

$+Y$：汽车行驶方向的右侧；$-Y$：汽车行驶方向的左侧。

A.1.2.7　Z 轴：通过 R 点，且在 R 点所在的垂直面，与 X 轴及 Y 轴垂直的轴。

+Z:汽车的上方向;−Z:汽车的下方向。

A.1.3 试验区的决定办法

A.1.3.1 由V点[1)]确定的试验区A及B

注1):V点适用于M_1类汽车。

A.1.3.1.1 V点的位置

A.1.3.1.1.1 以三元直角坐标系 *XYZ* 轴表示,以R点作为原点的V点的位置示于表A.1及表A.2。

A.1.3.1.1.2 表A.1表示设计靠背角度25°的基准坐标。图A.4表示其坐标的正方向。

表 A.1 单位为毫米

V点	*X*	*Y*	*Z*
V_1	68	−5	665
V_2	68	−5	589

A.1.3.1.1.3 表A.2表示设计靠背角度不是25°时,对于各个V点 *XZ* 坐标应进行的修正值,其坐标的正方向表示在图A.4中。

表 A.2 单位为毫米

靠背角/(°)	横坐标 *X*/mm	纵坐标 *Z*/mm	靠背角/(°)	横坐标 *X*/mm	纵坐标 *Z*/mm
5	−186	28	23	−17	5
6	−176	27	24	−9	2
7	−167	27	25	0	0
8	−157	26	26	9	−3
9	−147	26	27	17	−5
10	−137	25	28	26	−8
11	−128	24	29	34	−11
12	−118	23	30	43	−14
13	−109	22	31	51	−17
14	−99	21	32	59	−21
15	−90	20	33	67	−24
16	−81	18	34	76	−28
17	−71	17	35	84	−31
18	−62	15	36	92	−35
19	−53	13	37	100	−39
20	−44	11	38	107	−43
21	−35	9	39	115	−47
22	−26	7	40	123	−52

A.1.3.1.2 试验区

A.1.3.1.2.1 试验区A是从V点向前方扩展的以下四个平面包围的风窗玻璃外表面的区域(见图A.2)

a) 通过V_1、V_2在−*Y*轴方向,且与车辆中心面成18°角的垂直面;

b) 通过V_1,平行于*Y*轴,在水平面上方,且与水平面成3°角的平面;

c) 通过V_2,平行于*Y*轴,在水平面下方,且与水平面成1°角的平面;

d) 通过V_1、V_2,在*Y*轴方向,且与车辆中心面成20°角的垂直面。

A.1.3.1.2.2 试验区B是从V点向前方扩展的以下四个平面包围的风窗玻璃的外表面的区域(见图A.3)。

a) 通过V_1,平行于*Y*轴,在水平面上方,且与水平面成7°角的平面;

b) 通过V_2,平行于*Y*轴,在水平面下方,且与水平面成5°角的平面;

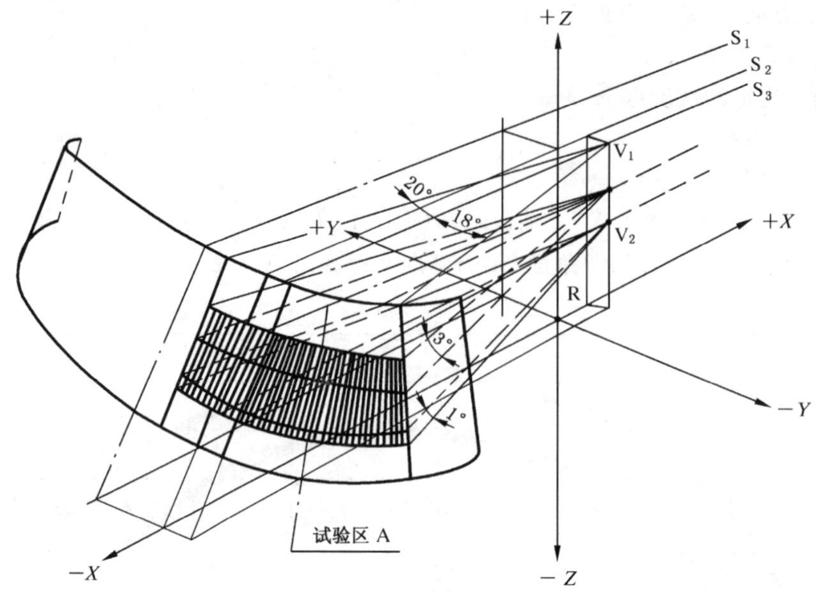

S_1——车辆的纵向中间面；

S_2——通过 R 点，平行于 S_1 的面；

S_3——通过 V_1、V_2，平行于 S_1 的面

图 A.2 试验区 A

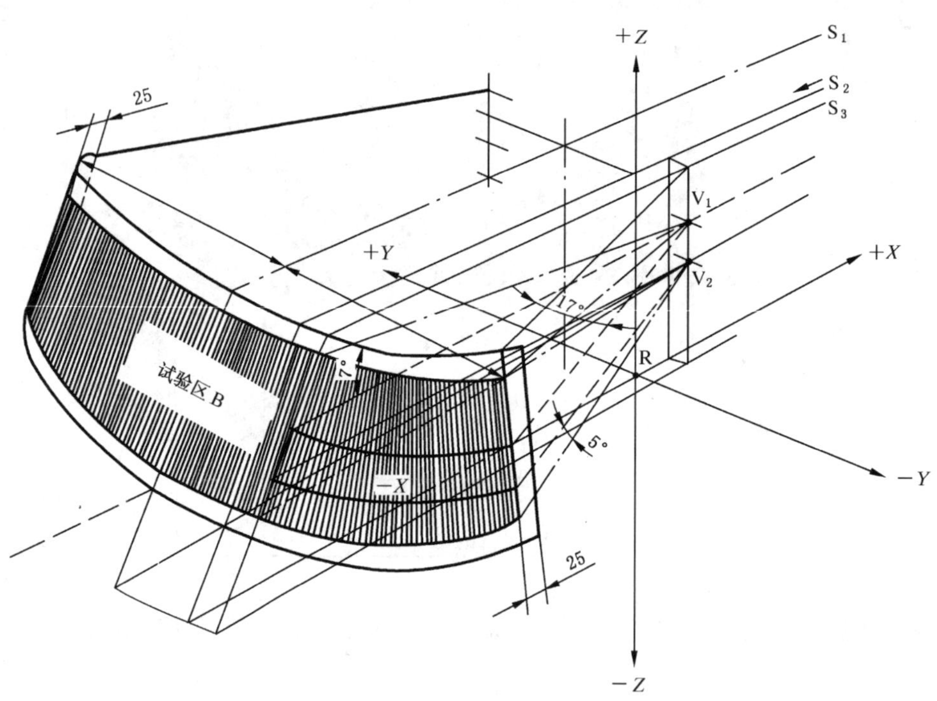

S_1——车辆的纵向中间面；

S_2——通过 R 点，平行于 S_1 的面；

S_3——通过 V_1、V_2，平行于 S_1 的面

图 A.3 试验区 B

c) 通过 V_1、V_2 在 $-Y$ 轴方向，且与车辆中心面成 17°角的垂直面；

d) 对于车辆中心面，与上述第 3 个平面对称的垂直面。

A.1.3.2 由 O 点[1]确定的试验区 I

A.1.3.2.1 O 点的位置

O 点是通过方向盘的中心，且位于平行于车辆中心面的垂直平面内，从座位基准点 R 向上，在 Z 方向 625 mm 的点。

A.1.3.2.2 试验区

试验区 I 是下述四个平面包围的风窗玻璃的区域。

P_1 通过 O 点，且与车辆纵向中间面的左侧成 15°角的垂直面；

P_2 在车辆中心面的右侧，且与 P_1 对称的垂直面；

P_3 通过直线 OQ[2)]，且在水平面上方，与水平面成 10°角的面；

P_4 通过直线 OQ，且在水平面下方，与水平面成 8°角的平面。

1) O 点适用于 M_1 类以外汽车。

2) OQ 直线为通过 O 点垂直于车辆纵向中间面的水平直线。

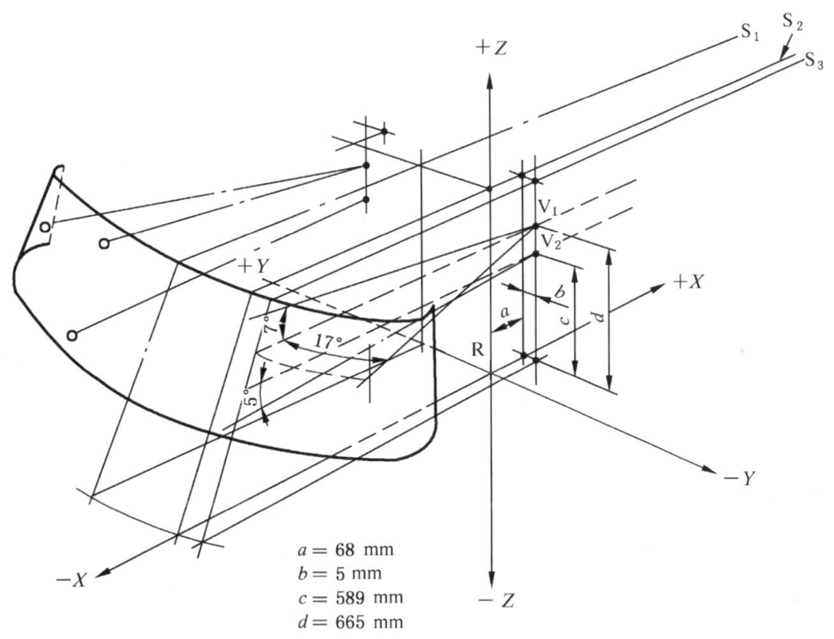

S_1——车辆的纵向中间面；

S_2——通过 R 点，平行于 S_1 的面；

S_3——通过 V_1、V_2，平行于 S_1 的面

图 A.4 靠背角度 25°时的 V 点

A.2 不适用 V 点及 O 点时的试验区 a、b

A.2.1 适用范围

本方法规定了不能适用 V 点及 O 点时的风窗玻璃试验区的决定方法。

注：本试验分区适用于不在公路上行驶的车辆。

A.2.2 试验区 a 及 b

将试样以实车安装角状态安置时，通过司机的目视位置 E 作平行于车辆纵向中间面的直线与试样相交于 G 点，以这一点为中心作如图 A.5 规定的试验区 a 及 b。

注 1：从 G 点上下各 100 mm，司机席侧 250 mm，助手席侧 500 mm，该部分为试验区 a，但是，当进入试样周边 100 mm以内(斜线部)时，该部分不作为试验对象。

注 2：对于试验区 A、B、I 或 a、b 的位置和尺寸，由汽车制造厂在风窗玻璃图纸上标出。

单位：mm

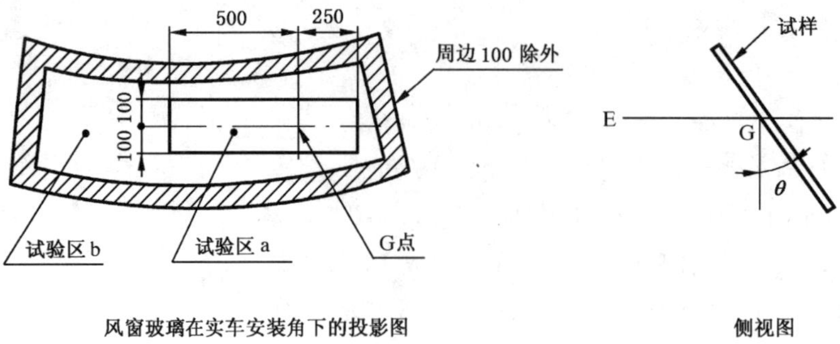

风窗玻璃在实车安装角下的投影图

侧视图

θ——实车安装角

图 A.5

ICS 43.040.60
T 26

中华人民共和国国家标准

GB 11552—2009
代替 GB 11552—1999

乘用车内部凸出物

The interior fittings of passenger car

2009-09-30 发布　　2012-01-01 实施

中华人民共和国国家质量监督检验检疫总局
中国国家标准化管理委员会　发布

前　言

本标准全部技术内容为强制性。

本标准代替 GB 11552—1999《轿车内部凸出物》。

本标准的技术内容修改采用 ECE R21《关于机动车内部凸出物的认证统一规定》(修订本 2)及随后截止到 2003 年 1 月发布的所有增补件、勘误表的英文版和法文版。

本标准根据 ECE R21 重新起草。在附录 A 中列出了本标准章条编号与 ECE R21 章条编号的对照一览表。

考虑到我国国情，在采用 ECE R21 时，本标准做了一些修改。

本标准与 ECE R21 的主要差异及其原因如下：

——删除 ECE R21 附录 5“三维 H 点确定程序”的相关内容，标准中涉及到该方面的内容参照 GB 11551—2003 附录 C 中的内容执行，避免了由于标准用语的差异在实际操作时产生误差。

——删除 ECE R21 中第 3 章“认证申请”、第 4 章“认证”、第 6 章“车型认证的变更和扩展”、第 7 章“生产一致性”、第 8 章“生产不一致的处理”、第 9 章“正式停产”、第 10 章“主管部门及检测机构的名称和地址”以及附录 2“通知单”、附录 3“认证标志的布置”的内容，其原因是标准体系和法规体系的差异所致。

为便于使用，对于 ECE R21 还做了下列编辑性修改：

——“本法规”改为“本标准”；

——增加资料性附录 A。

本标准与 GB 11552—1999《轿车内部凸出物》的主要差异有：

——变更了标准的适用范围(由轿车变更为 M_1 类汽车，并增加了对车窗、天窗及隔断系统电操作的要求)(本版的第 1 章)；

——增加了部分术语和定义(本版的 3.2、3.10～3.18)；

——增加了车窗、天窗及隔断系统的电操作(本版的 4.8)；

——增加了资料性附录 A“本标准章条编号与 ECE R21 章条编号对照”(本版的附录 A)；

——增加了规范性附录 B“动态确定的头部碰撞区的确认”(本版的附录 B)；

——增加了规范性附录 E“柱状试验棒在天窗及车窗‘开口’中的典型位置”(本版的附录 E)；

——按照 ECE R21 修订版，对撞击速度进行了修改(本版的 G.4.2.1)。

本标准的附录 B、附录 C、附录 E、附录 F、附录 G、附录 H 为规范性附录，附录 A、附录 D 为资料性附录。

对于新认证车型，本标准自 2012 年 1 月 1 日起实施；对于在生产车型，本标准自 2013 年 1 月 1 日起实施。

本标准由国家发展和改革委员会提出。

本标准由全国汽车标准化技术委员会归口。

本标准起草单位：神龙汽车有限公司、东风汽车公司、国家汽车质量监督检验中心(襄樊)、东风本田汽车有限公司。

本标准主要起草人：尹爽清、余忠皋、黄小枚、王捍华、童国胜、李韬。

本标准所代替标准的历次版本发布情况为：

——GB 11552—1989、GB 11552—1999。

乘用车内部凸出物

1 范围

本标准规定了乘员舱内部构件(内后视镜除外)、操纵件、顶盖或活动顶盖、座椅靠背和座椅后部零件在凸出物方面的要求,以及车窗、天窗和隔断系统的电操作要求。

本标准适用于 M_1 类汽车。

2 规范性引用文件

下列文件中的条款通过本标准的引用而成为本标准的条款。凡是注日期的引用文件,其随后所有的修改单(不包括勘误的内容)或修订版均不适用于本标准,然而,鼓励根据本标准达成协议的各方研究是否可使用这些文件的最新版本。凡是不注日期的引用文件,其最新版本适用于本标准。

GB 11551—2003 乘用车正面碰撞的乘员保护

GB 14166 机动车成年乘员用安全带和约束系统

GB 15083 汽车座椅、座椅固定装置及头枕强度要求和试验方法

ISO 2575:2004 道路车辆 操纵件、指示器和信号装置符号

ISO 6487:1980 碰撞试验测量技术、检测仪器

3 术语和定义

下列术语和定义适用于本标准。

3.1

内部构件 interior fittings

除内后视镜以外的乘员舱内部零件,还涉及操纵件的布置、顶盖或活动顶盖、座椅靠背和座椅后部零件,以及车窗、天窗和隔断系统的电操作。

3.2

车辆型式 vehicle type

就乘员舱内部构件而言,在下列主要方面没有差异的 M_1 类车辆:

——乘员舱的轮廓和构成材料;

——操纵件的布置;

——保护系统的性能[如果制造商选择按照附录 B(动态评价)来确定头部碰撞区内的基准区]。

与已认证的系统或车型相比,如果待认证车型能为乘员提供相同或更好的保护,则仅保护系统性能不同的车型仍属于同一车型。

3.3

基准区 reference zone

除去下列区域的头部碰撞区,按照附录 C 或者附录 B(由制造商选择)来确定(见附录 D 对 3.3 的注解):

a) 方向盘外缘再加 127 mm 的环带水平向前投影的区域,下边界是与方向盘下缘相切的水平面(方向盘处于直线行驶位置);

b) 上述规定的区域边缘与最近的汽车侧壁之间的仪表板表面部分,下边界是与方向盘下缘相切的水平面;

c) 前风窗两侧的支柱。

3.4

仪表板上下分界线　level of the instrument panel

由仪表板垂直切线的切点所确定的线(见附录D对3.4的注解)。

3.5

顶盖　roof

汽车顶部由前风窗上缘与后窗上缘和两侧围上框架所围成的部分(见附录D对3.5的注解)。

3.6

腰线　belt line

由车辆侧窗下缘形成的一条线。

3.7

敞篷车　convertible car

除前风窗支柱、滚翻保护支架和/或座椅安全带固定点外,腰线以上车身结构无刚性零件的车辆(见附录D对3.5及3.7的注解)。

3.8

活顶汽车　vehicle with opening roof

相对于腰线以上车辆结构件,顶盖或其一部分能向后折叠、打开或滑动的车辆(见附录D对3.5的注解)。

3.9

折叠座椅　folding (tip-up) seat

临时使用的辅助座椅,在通常情况下是折叠的。

3.10

保护系统　protective system

用于约束乘员的内部构件和装置。

3.11

保护系统的型式　type of a protective system

在下列主要方面没有差异的一类保护装置:

——技术特征;

——几何参数;

——构成材料。

3.12

电动车窗　power-operated windows

靠车辆电源来关闭的车窗。

3.13

电动天窗　power-operated roof-panel systems

车顶可活动的盖板,靠车辆电源来关闭,可作滑动和/或角度开启。不包括敞篷顶盖系统。

3.14

电动隔断系统　power-operated partition systems

将乘用车乘员舱分隔成至少两个区域的系统,靠车辆电源来关闭。

3.15

开口　opening

从车辆内部或乘员舱后部(对隔断系统)观察时,电动车窗/隔断系统/天窗的上边缘或开启边(取决于关闭方向)与形成车窗/隔断系统/天窗边界的车辆结构之间的最大无障碍空隙。

为测量开口,将一个柱形试验棒从车内伸到车外(不要用力),或者,必要时,从乘员舱后部开始,正常情况下，垂直于车窗、天窗或隔断系统的边框，并垂直于关闭方向，如附录E图E.1所示。

3.16

钥匙　key

点火钥匙或电源钥匙的统称。

3.16.1

点火钥匙　ignition key

控制汽车发动机或电机运转所需电源的装置。本定义也包括非机械装置。

3.16.2

电源钥匙　power key

允许向汽车电力系统提供电源的装置。电源钥匙也可能是点火钥匙。本定义也包括非机械装置。

3.17

气囊　airbag

辅助汽车安全带和约束系统的装置，也就是，如果发生影响车辆结构的严重碰撞，自动展开柔韧结构，通过压缩内部容纳的气体，以限制车辆乘员一个或多个部位与乘员舱内部剧烈碰撞的系统。

3.18

尖棱　sharp edge

曲率半径小于2.5 mm的刚性材料的棱边，凸出高度小于3.2 mm的除外（按照附录F的F.1描述的程序从面板测量）。对于凸出高度小于3.2 mm的情况，只要凸出高度不大于其宽度的一半，并且其边缘是圆钝的，该最小曲率半径要求不适用（见附录D对3.18的注解）。

4　要求

4.1　前排座椅"H"点之前、仪表板上下分界线以上的乘员舱内部构件（侧门除外）

4.1.1　在3.3定义的基准区内，不应存在任何可能增大乘员严重伤害风险的危险粗糙表面或尖棱。若头部碰撞区是按照附录C确定的，下述4.1.2～4.1.6所述构件，如果符合相应条款的规定，则应认为是满足要求的。若头部碰撞区是按照附录B确定的，则应满足4.1.7的要求（见附录D对4.1.1的注解）。

4.1.2　在基准区内，仪表板上的构件以及距玻璃表面大于或等于100 mm的其他构件，应当符合附录G规定的吸能性。基准区内同时满足以下条件的构件，可不考虑吸能性（见附录D对4.1.2的注解）：

——按附录G的规定进行试验时，摆锤触及的构件位于基准区之外；

——被测试构件距基准区外被触及的构件不足100 mm，该距离沿基准区的表面测量。

任何金属支撑物不应有凸起的棱边。

4.1.3　若仪表板的下缘不满足4.1.2要求，其曲率半径不应小于19 mm（见附录D对4.1.3的注解）。

4.1.4　用刚性材料制造的开关、拉钮等构件，按附录F规定的方法测定，当凸出仪表板表面3.2 mm～9.5 mm时，距离凸出部分顶点2.5 mm处的横截面积不应小于200 mm^2，且凸出物边缘的曲率半径不应小于2.5 mm（见附录D对4.1.4的注解）。

4.1.5　当这些构件凸出仪表板表面的高度超过9.5 mm时，用一直径不大于50 mm的平端压头，在其上施加378 N的向前纵向水平力，这些构件应能缩回仪表板或脱落（见附录D对4.1.5的注解）：

——当缩回时，其凸出高度应在9.5 mm以下；

——当脱落时，在原来位置上不应留下高度超过9.5 mm的危险凸出物；距离凸出部分顶点不超过6.5 mm处的横截面积不应小于650 mm^2。

4.1.6　如果安装在刚性支架上的凸出物由邵尔（A）硬度低于50的软性材料制成，其刚性支架应满足4.1.4和4.1.5的规定。或者，按照附录G所述的程序，通过足够的试验能证明，在撞击试验时，不会割破邵尔（A）硬度低于50的软性材料而接触到支架。在此情况下，半径要求不适用（见附录D对4.1.6

的注解)。

4.1.7　若按照附录B来确定动态基准区，则应满足下列要求：

4.1.7.1　如果该车型的保护系统不能阻止假人(附录B中B.1.2.1的规定)的头部与仪表板接触，从而按照附录B确定了动态基准区，那么4.1.2～4.1.6的要求仅适用于位于该区域内的零件。

仪表板上下分界线以上的仪表板其他区域的零件，如果能被直径165 mm的球体接触，应至少被倒圆。

4.1.7.2　如果该车型的保护系统能够阻止假人(附录B中B.1.2.1的规定)的头部与仪表板的接触，从而确定无基准区，那么4.1.2～4.1.6的要求不适用于该车型。

仪表板上下分界线以上的仪表板零件，如果能被直径165 mm的球体接触，应至少被倒圆。

4.2　前排座椅“H”点之前、仪表板上下分界线以下的乘员舱内部构件(侧门与脚踏板除外)

4.2.1　除脚踏板及其固定装置以及用附录H所述装置和操作程序触及不到的构件外，4.2所涉及的各种构件(开关、点火钥匙等)，均应符合4.1.4～4.1.6的规定(见附录D对4.2.1的注解)。

4.2.2　若手制动杆装在仪表板上或仪表板下方，当其处于松开位置，即使发生正面碰撞，乘员也无触及它的可能性。否则制动杆表面应满足4.3.2.3的要求(见附录D对4.2.2的注解)。

4.2.3　设计与制造搁板或其他类似构件时，应保证其支架没有凸起的棱边，并应满足下列要求之一(见附录D对4.2.3的注解)：

4.2.3.1　搁板或其他类似构件朝向车厢内部的部分应为高度不小于25 mm的一块表面，该表面边缘的曲率半径不小于3.2 mm。且该表面应由吸能材料制成或覆盖，检验方法按附录G的规定，试验时冲击力应施加在纵向水平方向(见附录D对4.2.3.1的注解)。

4.2.3.2　用直径为110 mm的圆柱形压头(轴线铅垂)，施加378 N的向前纵向水平力，作用于搁板或其他类似构件上时，这些搁板或其他类似构件应脱落、碎裂、明显变形或缩回，在搁板的边缘，没有产生危险的尖角。检验时作用力应施加于搁板或其他类似构件强度最大的部位上(见附录D对4.2.3.2的注解)。

4.2.4　如上述构件，安装在刚性支架上，由邵尔(A)硬度低于50的材料制成，其刚性支架应满足上述除附录G所述吸能要求外的各项规定。或者，按照附录G所述的程序，通过足够的试验能证明，在撞击试验时，不会割破邵尔(A)硬度低于50的软性材料而接触到支架。在此情况下，半径要求不适用。

4.3　通过最后排座椅上的人体模型躯干基准线的横向平面之前的乘员舱其他内部构件(见附录D对4.3的注解)

4.3.1　范围

下述4.3.2的要求适用于控制手柄、操纵杆、按钮以及上述4.1和4.2中未包括的其他凸出物。

4.3.2　要求

如果4.3.1所述的构件布置在能被车辆乘员所接触的位置上，则这些构件应满足4.3.2.1至4.3.4的要求。如果这些构件能被直径为165 mm的球体所触及，在前排座椅最低的“H”点以上及最后排座椅上的人体模型躯干基准线的横向平面之前，且在3.3a)和b)所规定的区域之外，那么就认为这些构件可能被碰到，如果满足下列条件，则认为这些构件满足上述要求(见附录D对4.3.2的注解)：

4.3.2.1　构件表面的边缘应倒圆，其曲率半径不应小于3.2 mm(见附录D对4.3.2.1的注解)。

4.3.2.2　操纵杆和按钮的设计与制造应保证，受到一个378 N向前纵向水平力作用时，处于对人体最不利位置的凸出物应降至距板面25 mm以内或脱落或弯曲变形。当其脱落或弯曲变形时，在原位置上不应留下危险凸出物。但玻璃升降器的操纵手柄，允许凸出于板面35 mm(见附录D对4.3.2.2的注解)。

4.3.2.3　当手制动杆处于松开位置及变速杆处于任意前进挡时，除非在3.3a)和b)所规定的区域内或者在通过前排座椅“H”点的水平面之下，否则沿纵向水平方向距离最凸出部位6.5 mm处的横截面面积不应小于650 mm^2，曲率半径不应小于3.2 mm(见附录D对4.3.2.3的注解)。

4.3.3 上述 4.3.2.3 的要求不适用于装在地板上的手制动杆；对这类手制动杆，当其处于松开位置时，如操纵杆任何部分的高度，在通过前排座椅最低的“H”点的水平面以上，则在距离凸出顶点不超过 6.5 mm(沿垂直方向测量)处的水平面上测得的横截面积至少为 650 mm^2。曲率半径应不小于 3.2 mm。

4.3.4 上述各条未包括的其他车辆构件，如座椅滑轨、座椅的水平、上下调节机构、安全带卷收器等，如果这些构件的位置低于通过每个座位“H”点的水平面，即使乘员有可能触及它们，也不受这些条款的限制(见附录 D 对 4.3.4 的注解)。

4.3.4.1 装在顶盖上但不属于顶盖结构的构件，如拉手、顶棚灯、遮阳板等，其曲率半径应不小于 3.2 mm。凸出部分的宽度应不小于向下的凸出量；或者，这些凸出部分应通过附录 G 规定的吸能试验(见附录 D 对 4.3.4.1 的注解)。

4.3.5 对于安装在刚性支架上的一部分由邵尔(A)硬度低于 50 的软性材料制成的构件，其刚性支架应满足上述规定。或者，按照附录 G 所述的程序，通过足够的试验能证明，在撞击试验时，不会割破邵尔(A)硬度低于 50 的软性材料而接触到支架。在此情况下，半径要求不适用。

4.3.6 电动车窗和隔断系统以及它们的操纵件，应满足下述 4.8 的要求。

4.4 顶盖(见附录 D 对 4.4 的注解)

4.4.1 范围

下述 4.4.2 的要求适用于顶盖内表面，但不适用于直径 165 mm 的球体触及不到的顶盖零件。

4.4.2 要求

4.4.2.1 位于乘员上方或前方的顶盖内表面上，不允许有任何向后或者向下的危险粗糙表面或尖棱。凸出部分的宽度不应小于向下的凸出量，其棱边的曲率半径不应小于 5 mm。特别地，顶盖的刚性拱架或加强筋，除了顶盖前后横梁及侧梁外，其向下的凸出量不应大于 19 mm(见附录 D 对 4.4.2.1 的注解)。

4.4.2.2 如果顶盖的拱架或加强筋不满足 4.4.2.1 的要求，则应通过附录 G 规定的吸能试验。

4.4.2.3 支撑顶盖内衬的钢丝和遮阳板框架的钢丝，其直径不应超过 5 mm；或者符合附录 G 的规定。遮阳板框架的非刚性附属零件应符合上述 4.3.4.1 的规定。

4.5 活顶汽车(见附录 D 对 4.5 的注解)

4.5.1 要求

4.5.1.1 下列要求及上述 4.4 的规定适用于当顶盖处于关闭位置时的活顶汽车。

4.5.1.2 顶盖的开启机构与操纵机构应满足下列规定(见附录 D 对 4.5.1.2、4.5.1.2.1 和 4.5.1.2.2 的注解)：

4.5.1.2.1 机构应具有防止意外动作或延迟动作的功能(见附录 D 对 4.5.1.2、4.5.1.2.1 和 4.5.1.2.2 的注解)。

4.5.1.2.2 机构表面的边缘为圆角，圆角半径不应小于 5 mm(见附录 D 对 4.5.1.2、4.5.1.2.1 和 4.5.1.2.2 的注解)。

4.5.1.2.3 当机构处于停止位置时，这些机构应处于不能被直径 165 mm 的球体所触及的区域。如不能满足此条件，则开启机构与操纵机构在停止位置时，要么处于缩入状态；要么这些机构的设计与制造满足下列规定：当受到一个沿球头模型轨迹切线的冲击方向(按附录 G 的规定)施加的 378 N 的作用力时，或者凸出高度(按附录 F 的测量方法测量)降至距机构的安装表面 25 mm 以内；或者这些机构在力的作用下脱落，且脱落后在原位置上不应留下任何危险的凸出物(见附录 D 对 4.5.1.2.3 的注解)。

4.5.2 电动天窗及其操纵件，应满足下述 4.8 的要求。

4.6 敞篷车(见附录 D 对 4.6 的注解)

4.6.1 对于敞篷车，滚翻保护支架上部的下缘和风窗框上部，在所有正常使用位置，都应满足 4.4 的要求。位于乘员上方或前方的用于支撑非刚性顶盖的折叠杆件或连接件，不应有向后或向下的危险粗糙表面或尖棱(见附录D对4.6.1的注解)。

4.7 固定在车辆上的座椅后部的零件

4.7.1 要求

4.7.1.1 座椅后部的零件表面不应有任何可能增加乘员伤害风险或严重程度的危险粗糙表面或尖棱(见附录D对4.7.1.1的注解)。

4.7.1.2 处于4.7.1.2.1和4.7.1.2.2所规定的界线以内的头部碰撞区(按附录C的规定确定)的前排座椅靠背部分,应满足附录G规定的吸能性能。为确定头部碰撞区,若前排座椅可调,则它们应处于最后驾驶位置,其靠背角应尽可能接近25°,除非制造商另有规定(见附录D对4.7.1.2的注解)。

4.7.1.2.1 对于独立式前排座椅,其后排乘员头部碰撞区,应在前排座椅靠背后面的顶部自座椅中心面向两侧各延伸100 mm的区域内。

4.7.1.2.1.1 对于带有头枕的座椅,每次进行试验时头枕都应处于最低位置,试验作用点应位于通过头枕中心的铅垂线上。

4.7.1.2.1.2 对于设计可供多种车型安装的座椅,碰撞区应按这些车型中最后驾驶位置为最不利的那种车型来确定,这样确定的碰撞区可认为能适用于所有其他的车型。

4.7.1.2.2 对于整体式前排座椅,其头部碰撞区在每个外侧乘员中心面向两侧各延伸100 mm处的两纵向垂面之间。整体式前排座椅每个外侧座位的中心面位置由制造商规定。

4.7.1.2.3 在4.7.1.2.1和4.7.1.2.2所规定的界线以外的头部碰撞区内,座椅框架应加衬垫,以避免乘员头部与之直接接触;而且在此区域内,框架的曲率半径应至少为5 mm。或者,这些部件满足附录G规定的吸能要求(见附录D对4.7.1.2.3的注解)。

4.7.2 这些规定不适用于最后排座椅、面向车辆侧方或后方的座椅、背靠背的座椅及折叠座椅。如果座椅、头枕及其支撑架的头部碰撞区内有覆盖了邵尔(A)硬度低于50的软性材料的零件,其刚性零件应满足上述除了附录G所述吸能性之外的各项规定。

4.7.3 若座椅已通过试验证明满足GB 15083(或ECE R17的03系列修正本或更新版本)的要求,则认为其满足4.7的要求。

4.8 车窗、天窗及隔断系统的电操作

4.8.1 下列要求适用于车窗/天窗/隔断系统的电操作,以便将偶然或错误操作引起伤害的可能性减至最低限度。

4.8.2 正常操作要求

除了4.8.3规定的情况外,在下列一种或多种情况下,电动车窗/天窗/隔断系统才允许被关闭:

4.8.2.1 点火钥匙插入点火开关中,处于任一使用位置,或者非机械装置处于相同状态时。

4.8.2.2 电源钥匙已接通电动车窗、天窗或隔断系统的供能装置时。

4.8.2.3 手动不用车辆电源助力时。

4.8.2.4 持续激活位于车辆外部的关闭装置时。

4.8.2.5 关闭点火、或拔出点火钥匙后(或者非机械装置处于类似状态时),且两个前车门都还没有被打开到足以允许乘员外出之前的时间间隔内。

4.8.2.6 电动车窗、天窗或隔断系统从开口不超过4 mm处开始关闭时。

4.8.2.7 无上门框车门的电动车窗自动关闭时(无论该车门何时被关上)。在此情况下,在车窗关闭之前,其最大开口不应超过12 mm。

4.8.2.8 只要满足下列条件之一,应允许通过遥控器的持续激活,进行遥控关闭:

4.8.2.8.1 遥控器与车辆之间的作用距离不应超过6 m。

4.8.2.8.2 如果车辆可直接看见,则遥控器与车辆之间的作用距离不应超过11 m。通过在遥控器与车辆之间放置一个不透明的平板,可对此进行检验。

4.8.2.9 仅对驾驶员侧车门的电动车窗以及天窗,且仅在点火钥匙处于发动机运转位置期间,应允许

一触式关闭。在已关闭发动机或者已取出点火钥匙/电源钥匙后(或者非机械装置处于相同状态时),且两个前车门都还没有被打开到足以允许乘员外出之前,也允许一触式关闭。

4.8.3 自动回缩要求

4.8.3.1 如果电动车窗/天窗/隔断系统安装了自动回缩装置,那么 4.8.2 的要求可不满足。

4.8.3.1.1 在电动车窗/隔断系统的上边缘,或者在滑动天窗开启边的前缘以及在倾斜天窗尾缘,开口从 200 mm 到 4 mm 范围内,在夹紧力大于 100 N 之前,该装置应回缩车窗/天窗/隔断系统。

4.8.3.1.2 在自动回缩之后,车窗/天窗/隔断系统应开启到下列位置之一:

4.8.3.1.2.1 允许穿过开口放置直径 200 mm 的半刚性柱状试验棒的位置,而试验棒与开口的接触点就是用于确定 4.8.3.1.1 回缩特性的点;

4.8.3.1.2.2 关闭之前的最初位置;

4.8.3.1.2.3 比开始回缩时的位置至少多开 50 mm 的位置;

4.8.3.1.2.4 天窗倾斜运动的情况下,最大角度开启位置。

4.8.3.1.3 按照 4.8.3.1.1,为检查带回缩装置的电动车窗/天窗/隔断系统,从车内通过开口将测量工具/试验棒伸出车外(对隔断系统,从乘客舱的后部)。棒的圆柱形表面与形成车窗/天窗/隔断系统边界的车辆结构部分相接触。测量工具的刚度应为(10±0.5)N/mm。试验棒的位置如附录 E 图 E.1 所示(通常与车窗/天窗/隔断系统边框垂直,并与关闭方向垂直)。在整个试验期间,试验棒相对于边框及关闭方向的位置应保持不变。

4.8.4 开关位置和操作

4.8.4.1 设置或操作电动车窗/天窗/隔断系统开关的方式应将偶然关闭的风险减到最低限度。除 4.8.2.7、4.8.2.9 或 4.8.3 的情况之外,为了关闭,应要求持续促动开关。

4.8.4.2 所有供车辆后部乘员使用的后风窗、天窗和隔断系统开关应能被驾驶员控制开关关闭,该控制开关设置在通过前排座椅 R 点的横向铅垂平面之前。如果后风窗、天窗和隔断系统装备了自动回缩装置,则不要求这种驾驶员控制开关。然而,如果驾驶员控制开关已经存在,它不应干涉自动回缩装置或者妨碍放下隔断系统。

设置驾驶员控制开关时应把偶然操作的风险减到最低限度。采用附录 E 图 E.2 所示的符号来标识,也可采用等效的符号,比如使用附录 E 图 E.3 复制的 ISO 2575:2004 规定的符号。

4.8.5 保护装置

在过载或自动关闭之后,所有用来防止超载或停止时动力源损坏的保护装置都应自动复位。保护装置复位后,除非有意去操纵控制开关,在关闭方向的运动不应再继续。

4.8.6 用户手册指南

4.8.6.1 车辆用户手册应包含有关电动车窗/天窗/隔断系统明晰的使用说明,包括:

4.8.6.1.1 被夹住的可能的说明;

4.8.6.1.2 驾驶员控制开关的使用方法;

4.8.6.1.3 指明危险的“警告”信息,尤其针对儿童错误使用/操作电动车窗/天窗/隔断系统情况,该信息应指出驾驶员的责任,包括对其他乘员的指导,以及只有在点火钥匙/电源钥匙被拔出或者非机械装置处于相同状态时才能离开车辆的建议;

4.8.6.1.4 当使用遥控器关闭系统(见 4.8.2.8)时,指出应特别当心的“警告”信息,比如,只有当操作者清楚地看到车辆并确信电动车窗/天窗/隔断系统不会卡住乘员的时候,才能使用遥控。

4.8.7 如果安装在车辆上的电动车窗/天窗/隔断系统不能按照上述规定的试验程序进行检测,若制造商能证明对乘员具有相同的或者更好的保护效果,则也可给予认可。

4.9 其他未提及的内部构件

4.9.1 第 4 章的要求也适用于前面没有提及的,但根据它们的位置,按 4.1～4.7 所规定的不同程序能够为乘员所触及的构件。若这些构件由邵尔(A)硬度低于 50 的软性材料制成,并安装在刚性支架上,则刚性支架应满足上述规定。或者按照附录G所述的程序，通过足够的试验能证明，在撞击试验时，不会割破邵尔(A)硬度低于50的软性材料而接触到支架。在此情况下，要求的半径仅适用于软表面。

4.9.2 对于诸如副仪表板之类的构件，或属于4.9.1的其他车辆构件，如果满足下列条件，即使可被附录C规定的装置触及，也不必进行附录G规定的吸能试验：

技术服务部门认为，由于安装在车辆上的约束系统的原因，乘员的头部不可能触及到该构件，或者，采用附录B描述的方法或者等效的方法，制造商能够证明不会发生这样的接触时。

附 录 A
（资料性附录）
本标准章条编号与 ECE R21 章条编号对照

本标准章条编号	对应的 ECE R21 章条编号
1	1
2	—
3	2
3.1	—
—	2.1
3.2	2.2
	2.2.1
	2.2.2
	2.2.3
	2.2.3.1
3.3	2.3
	2.3.1
	2.3.2
	2.3.3
3.4	2.4
3.5	2.5
3.6	2.6
3.7	2.7
3.8	2.8
3.9	2.9
3.10	2.10
3.11	2.11
	2.11.1
	2.11.2
	2.11.3
3.12	2.12
3.13	2.13
3.14	2.14
3.15	2.15
3.16	2.16
3.16.1	2.16.1
3.16.2	2.16.2
3.17	2.17
3.18	2.18
—	3
—	4

本标准章条编号	对应的 ECE R21 章条编号
4	5
4.1	5.1
4.1.1	5.1.1
4.1.2	5.1.2
	5.1.2.1
	5.1.2.2
4.1.3	5.1.3
4.1.4	5.1.4
4.1.5	5.1.5
4.1.6	5.1.6
4.1.7	5.1.7
4.1.7.1	5.1.7.1
4.1.7.2	5.1.7.2
4.2	5.2
4.2.1	5.2.1
4.2.2	5.2.2
4.2.3	5.2.3
4.2.3.1	5.2.3.1
4.2.3.2	5.2.3.2
4.2.4	5.2.4
4.3	5.3
4.3.1	5.3.1
4.3.2	5.3.2
4.3.2.1	5.3.2.1
4.3.2.2	5.3.2.2
4.3.2.3	5.3.2.3
4.3.3	5.3.3
4.3.4	5.3.4
4.3.4.1	5.3.4.1
4.3.5	5.3.5
4.3.6	5.3.6
4.4	5.4
4.4.1	5.4.1
	5.4.1.1
	5.4.1.2
4.4.2	5.4.2
4.4.2.1	5.4.2.1
4.4.2.2	5.4.2.2
4.4.2.3	5.4.2.3
4.5	5.5
4.5.1	5.5.1

本标准章条编号	对应的 ECE R21 章条编号
4.5.1.1	5.5.1.1
4.5.1.2	5.5.1.2
4.5.1.2.1	5.5.1.2.1
4.5.1.2.2	5.5.1.2.2
4.5.1.2.3	5.5.1.2.3
4.5.2	5.5.2
4.6	5.6
4.6.1	5.6.1
4.7	5.7
4.7.1	5.7.1
4.7.1.1	5.7.1.1
4.7.1.2	5.7.1.2
4.7.1.2.1	5.7.1.2.1
4.7.1.2.1.1	5.7.1.2.1.1
4.7.1.2.1.2	5.7.1.2.1.2
4.7.1.2.2	5.7.1.2.2
4.7.1.2.3	5.7.1.2.3
4.7.2	5.7.2
4.7.3	5.7.3
4.8	5.8
4.8.1	5.8.1
4.8.2	5.8.2
4.8.2.1	5.8.2.1
4.8.2.2	5.8.2.2
4.8.2.3	5.8.2.3
4.8.2.4	5.8.2.4
4.8.2.5	5.8.2.5
4.8.2.6	5.8.2.6
4.8.2.7	5.8.2.7
4.8.2.8	5.8.2.8
4.8.2.8.1	5.8.2.8.1
4.8.2.8.2	5.8.2.8.2
4.8.2.9	5.8.2.9
4.8.3	5.8.3
4.8.3.1	5.8.3.1
4.8.3.1.1	5.8.3.1.1
4.8.3.1.2	5.8.3.1.2
4.8.3.1.2.1	5.8.3.1.2.1
4.8.3.1.2.2	5.8.3.1.2.2
4.8.3.1.2.3	5.8.3.1.2.3
4.8.3.1.2.4	5.8.3.1.2.4

本标准章条编号	对应的 ECE R21 章条编号
4.8.3.1.3	5.8.3.1.3
4.8.4	5.8.4
4.8.4.1	5.8.4.1
4.8.4.2	5.8.4.2
4.8.5	5.8.5
4.8.6	5.8.6
4.8.6.1	5.8.6.1
4.8.6.1.1	5.8.6.1.1
4.8.6.1.2	5.8.6.1.2
4.8.6.1.3	5.8.6.1.3
4.8.6.1.4	5.8.6.1.4
4.8.7	5.8.7
4.9	5.9
4.9.1	5.9.1
4.9.2	5.9.2
—	6
—	7
—	8
—	9
—	10
附录 A	—
附录 B	附录 8
附录 C	附录 1
附录 D	附录 10
附录 E	附录 9
附录 F	附录 6
附录 G	附录 4
附录 H	附录 7
—	附录 2
—	附录 3
—	附录 5

附　录　B
（规范性附录）
动态确定的头部碰撞区的确认

B.1　就保护系统动态确定的头部碰撞区的确认

B.1.1　与附录C描述的程序不同，申请人可通过负责试验管理的技术服务部门认可的程序来证明，动态确定的头部碰撞区与该车型是有关的。

B.1.2　检验动态确定的头部碰撞区的适当方法可以是下列方法中的一种。

B.1.2.1　实车碰撞试验

关于安装在该车型上的保护系统，采用至少48.3 km/h碰撞速度、相对于固定的刚性障碍壁±30°范围的正面碰撞条件，来确定乘员的移动顺序。通常进行0°、+30°及−30°的试验即可满足需要。

用第5百分位女性、第50百分位男性以及第95百分位男性成年假人代替乘员，来评价动态确定的头部碰撞区。试验之前，按照制造商的规定，将每个假人放在推荐的乘坐位置。或

B.1.2.2　滑车试验

在GB 14166附录F图F.1（或ECE R16附件8）所示的减速度-时间图表（速度变化50 km/h）作用下，使上述规定的假人族的各个假人，产生相当于实车正面碰撞试验（按照B.1.2.1）中假人向前的移动，研究移动顺序。

如果试验对象（通常为白车身）的中心线，与滑车纵向中心线夹角在±18°范围内，则认为各假人向前移动的方向是令人满意的。通常进行0°、+18°及−18°的试验即可满足需要。或

B.1.2.3　模拟碰撞试验

按照上述B.1.2.1或B.1.2.2的规定，研究由上述B.1.2.1描述的假人族所代表的乘员的移动顺序。模拟方法应该通过上述B.1.2.1或B.1.2.2规定的至少三个碰撞条件予以验证。

B.2　动态确定的头部碰撞区包括用安装在该车型上的保护系统约束的乘员头部可能接触到仪表板的所有区域。

B.3　如果该车型可装备不同的保护系统，只需研究具有最低性能的保护系统。而驾驶员或乘员可解除的保护系统应处于制造商在用户手册中建议和指定的状态。

如果制造商规定保护系统一部分为常设非工作状态，那么，该部分应处于无效状态。

B.4　制造商或其代表有权提交足以证明动态确定的头部碰撞区的计算、模拟、试验数据或试验结果。

附　录　C
（规范性附录）
头部碰撞区的确定

C.1 头部碰撞区由车辆内部所有非玻璃表面组成，这些表面能与直径为 165 mm 的球头模型静态接触，该球头模型为测量装置的一部分，该装置从胯关节铰接点到球头模型顶部的尺寸可在 736 mm～840 mm 之间连续调节。

C.2 头部碰撞区可通过下述程序或者采用作图方法来确定。

C.2.1 对于制造商指定的每一个乘坐位置，按如下方式放置测量装置的铰接点。

C.2.1.1 可调式座椅

C.2.1.1.1 放在"H"点(见 GB 11551 附录 C)上；

C.2.1.1.2 放在"H"点之前 127 mm 的一个点上，此点高度为座椅前移 127 mm 后"H"点的高度，或者比原"H"点高 19 mm(见附录 D 对 C.2.1.1.2 的注解)。

C.2.1.2 不可调式座椅

放在"H"点上。

C.2.2 在车辆内部尺寸范围内，对于从胯关节铰接点到球头模型顶部的每一个可调尺寸，应确定位于"H"点前能用测量装置测量的所有接触点(见附录 D 对 C.2.2 的注解)。

将测量装置的测量臂设定在最小长度，胯关节置于后排座椅"H"点，如果球头模型超过了前排座椅靠背，则在此项测量中找不到接触点。

C.2.3 将测量装置置于铅垂位置，在通过"H"点的车辆纵向铅垂面两侧尽可能接近 90°范围内的诸铅垂面内，向前和向下转动测量装置，测取所有可能接触的点。

为确定接触点，测量装置测量臂的长度在任何一次测量过程中都不应改变。每次测量应从铅垂位置开始。

C.3 "接触点"系测量装置的球头模型与车辆内部某一部分相接触的一个点。球头模型向下的最大移动位置应限制在该模型与位于"H"点之上 25.4 mm 处的水平平面相切的位置上(见附录 D 对 C.3 的注解)。

附　录　D
（资料性附录）
对标准条文及附录的注解

D.1　对3.3的注解

基准区是在无内后视镜的情况下确定的。吸能试验也是在不带内后视镜的情况下完成的。摆锤不应碰及内后视镜的固定座。

这些条款所规定的位于方向盘后面的免除区域对于前排乘员的头部碰撞区同样有效。

对可调式方向盘，当方向盘处于各种可能的驾驶位置时，都有一个免除区域，最终的免除区域缩减为这些区域的共同部分。

在有各种方向盘可供选择的情况下，应选用直径最小的、处于最不利状态的方向盘来确定免除区域。

D.2　对3.4的注解

仪表板上下分界线延伸到乘员舱的整个宽度上，当一条铅垂线沿车辆宽度方向移动时，为该铅垂线与仪表板表面的最后切点所确定。如铅垂线与仪表板表面同时出现两个或两个以上的切点，则应采用较低的切点来建立仪表板上下分界线；对于副仪表板，如果不能用铅垂线与仪表板的切点来确定其上下分界线，则可用一条比前排座椅"H"点高25.4 mm的水平线与副仪表板的交点来确定其上下分界线。

D.3　对3.5的注解

在车身两侧，顶盖应自门沿上边缘开始。正常情况下，当车门打开时，顶盖两侧的界线即为剩余车身部分的底边（侧视）所形成的外廓线。在车窗上方，顶盖侧面界线为一条连续的透明线（侧窗玻璃的透光点）。对立柱来说，顶盖侧面界线为通过两边透光线之间的连线。对于如3.7和3.8定义的车辆，在车顶关闭的情况下，3.5的定义对于任何形式的活动车顶也有效。

为了测量的需要，车顶向下的翻边可忽略不考虑，而将其视为车辆侧壁的形成部分。

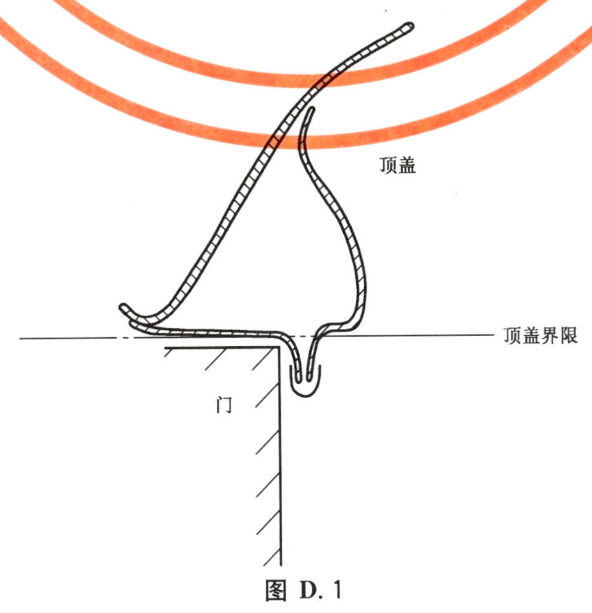

图 D.1

D.4　对 3.7 的注解

非活动的后车窗可认为是一个刚性结构件。

装有刚性材料非活动后车窗的汽车可视为 3.8 定义的活顶汽车。

D.5　对 3.18 的注解

如果刚性材料的棱边与面板之间存在间隙，该棱边应倒圆，依间距的大小，其最小曲率半径在4.1.1 的注解所列表格中给出。如果凸出高度等于或小于 3.2 mm(按照附录 F 中 F.1 描述的程序测量)，该要求同样适用。

如果该间隙位于应进行头型冲击试验的区域内，因零件移位导致试验过程中可被触及的棱边，也应满足最小曲率半径为 2.5 mm 的要求。

D.6　对 4.1.1 的注解

尖棱是指曲率半径小于 2.5 mm 的刚性材料的棱边，但不包括从仪表板表面测量凸出高度小于 3.2 mm 的情况。对于凸出高度小于 3.2 mm 的情况，如果凸出高度不大于其宽度的一半，并且其边缘是圆钝的，就可以不对最小曲率半径提出要求。

格栅零件若满足下表的最低要求，则应视为符合本标准规定：

表 D.1

单位为毫米

	平端格栅		圆端格栅
格栅间距	最小片厚 e	最小半径	最小半径
1～10	1.5	0.25	0.50
10～15	2.0	0.33	0.75
15～20	3.0	0.50	1.25

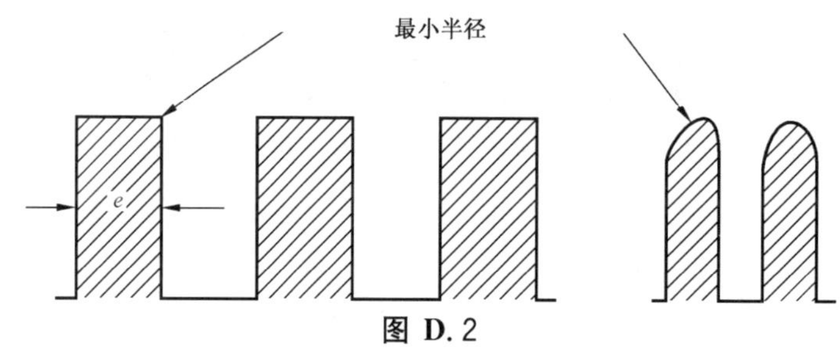

图 D.2

D.7　对 4.1.2 的注解

试验时，应判定位于碰撞区内用于加强的零件是否可能发生移动或凸起，以致增加乘员的危险或增加伤害的严重程度。

D.8　对 4.1.3 的注解

这两个概念(仪表板上下分界线和仪表板的下缘)可能是有不同的。但是这条规定是包含在 4.1 内的(……在仪表板上下分界线之上……)，因此，它仅适用于这两个概念可混用的地方。在这两个概念不能混用的地方，即当仪表板的下缘位于仪表板上下分界线之下时，就可考虑参照 4.9 来执行 4.3.2.1。

D.9　对 4.1.4 的注解

如果拉手或拉钮的宽度尺寸等于或大于 50 mm，并安装在一个宽度小于 50 mm 的区域，其最大凸起高度原本应采用附录 F 中 F.2 的测量仪器测量的，则其最大凸起高度应按照附录 F 中 F.1 的规定确定，即用一个直径为 165 mm 的球体，测定在垂直板面方向“Y”的最大变动量。横截面积应在与构件安装表面平行的平面上测定。

D.10 对 4.1.5 的注解

4.1.4 和 4.1.5 是互为补充的条文；在执行 4.1.5 第一句的规定（即施加 378N 的力使构件缩回或脱落）后，如构件缩回，且其凸起高度降至 3.2 mm～9.5 mm 之间，则接着执行 4.1.4。如果构件脱落，则执行 4.1.5 的后两句规定（在施加力之前测量横截面的面积）。但是，如果实际情况应执行 4.1.4 时（构件缩回到 9.5 mm 以下和 3.2 mm 以上），可由制造商决定在按 4.1.5 的规定施加 378 N 的力之前，按 4.1.4 的内容进行检查，这可能更方便。

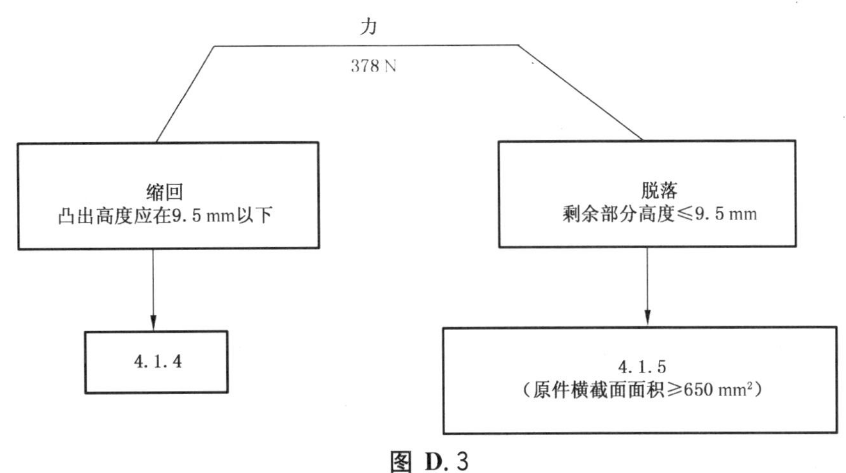

图 D.3

D.11 对 4.1.6 的注解

由于存在软性材料，规定仅运用于刚性支架，凸出高度的测定仅对刚性支架。

邵尔硬度的测量是在试验对象本身的样品上进行的，这样由于材料条件限制不能用邵尔（A）硬度的方法进行硬度测量的地方，可用比较测量法来评价。

D.12 对 4.2.1 的注解

除了周围的金属支撑件外，脚踏板及其连杆和紧邻它的铰链可不予考虑。

如果点火钥匙手柄的凸出部分由邵尔（A）硬度 60～80、厚度至少为 5 mm 的材料组成，或者在所有表面上覆有至少 2 mm 厚的这种材料，则认为满足本条要求。

D.13 对 4.2.2 的注解

按下述规定确定手制动杆能否被触及：

当手制动杆位于仪表板上下分界线上或其上面时（碰撞区内按 4.1 检验），用附录 C 中规定的球头模型。

当手制动杆位于仪表板上下分界线以下时（此时按 4.3.2.3 的规定检验手制动杆），用附录 H 中规定的膝部模型。

D.14 对 4.2.3 的注解

4.2.3 所述的规定也适用于前排座椅“H”点之前、仪表板上下分界线以下并位于前排座椅之间的搁板和副仪表板。如果一空腔是封闭的，可视其为杂物箱，不受这些规定的限制。

D.15　对 4.2.3.1 的注解

所规定的尺寸是指板件表面在覆盖邵尔(A)硬度低于 50 的材料之前而言的(见 4.2.4)。吸能试验按附录 G 的规定执行。

D.16　对 4.2.3.2 的注解

假如搁板脱落或碎裂,不应造成危险的断面,这点不仅适用于边框,而且也适用于因受力而朝向乘员舱的其他边缘。

搁板强度最大的部位应看作是最接近固定装置的部分。此外,在施加力的作用下,“明显变形”应是指搁板的弯曲变形,在与试验圆柱最初的接触点上测量,应该是肉眼可见的折叠或变形。弹性变形是允许的。

试验圆柱的长度至少是 50 mm。

D.17　对 4.3 的注解

“其他构件”应包括诸如车窗锁止按钮、安全带上部固定零件以及其他位于搁脚空间与门槛上的零件,除非这些零件在前面的条款中已做了规定或者在这些条款中规定豁免。

D.18　对 4.3.2 的注解

在前围挡板与高出仪表板下缘的仪表板之间的空间,不受 4.3 规定的限制。

D.19　对 4.3.2.1 的注解

考虑在所有使用位置时,3.2 mm 半径可适用于 4.3 所提及的全部能被接触到的部件。

作为特例,杂物箱只考虑其关闭位置,座椅安全带一般只考虑其扣紧位置,但对于任何具有固定贮藏位置的构件,则规定在其贮藏位置上,其棱边应满足 3.2 mm 半径的规定。

D.20　对 4.3.2.2 的注解

确定基准面的位置可采用附录 F 中 F.2 所规定的装置,并对基准面施加 20 N 的力。若不能做到这一点,则应采用附录 F 中 F.1 所规定的方法,仍施加 20 N 的力。

危险凸出物的评定,由负责试验的部门决定。

根据实际情况,即使初始凸出高度小于 35 mm 或 25 mm,也可对其施加 378 N 的力,凸出高度是在施加载荷下测量的。

通常使用一个直径不大于 50 mm 的平端压头施加 378 N 的纵向水平力,如果无法做到这一点则可采用其他等效方法,例如除去障碍物。

对于新式门把手,玻璃升降器操纵手柄有时被门护板包围,乘员膝部通常很难或者根本不可能接触到手柄,在此情况下,经与制造商协商,由检测机构决定是否进行上述推力试验。

D.21　对 4.3.2.3 的注解

对于变速杆,其最远凸出部位是变速杆手柄或球形把手部分,它首先被一沿纵向水平方向移动的铅垂横截面所接触。如果变速杆或手制动杆的任何部分位于“H”点以上,则可认为该杆件全部都超过了“H”点的高度。

D.22　对 4.3.4 的注解

若通过最低的前排和后排座椅“H”点的水平面不重合,则需确定一个通过前排座椅“H”点并垂直于车辆纵轴的垂直面，豁免区应相对于它们的各“H”点对前、后乘员舱分别考虑直到以上确定的垂直面为止。

D.23　对 4.3.4.1 的注解

活动的遮阳板应考虑到各种使用位置，遮阳板的框架不应视作刚性支撑件(见 4.3.5)。

D.24　对 4.4 的注解

当进行顶盖试验，测量那些能被一个直径为 165 mm 的球体所接触到的凸出物和零件时，应除去顶棚(邵尔(A)硬度低于 50 时)。当评价规定的半径时，应当考虑到顶棚材料的规格和特性。顶盖的试验区应延伸至最后排座椅上的人体模型躯干基准线所限横向平面以上和以前的区域。

D.25　对 4.4.2.1 的注解(参见 3.18 关于“尖棱”的定义)

向下的凸出量应按附录 F 中 F.1 的方法垂直于顶盖进行测量。

凸出物的宽度应在与其轴线垂直的方向上测量。特别是顶盖的刚性拱架或加强筋，凸出于顶盖内表面的凸出高度不应大于 19 mm。

D.26　对 4.5 的注解

活动顶盖的任一条筋，如能被直径 165 mm 的球体所触及，则应满足 4.4 的规定。

D.27　对 4.5.1.2、4.5.1.2.1 及 4.5.1.2.2 的注解

当顶盖开启机构与操纵机构处于停止位置而顶盖关闭时，应满足全部规定。

D.28　对 4.5.1.2.3 的注解

即使初始凸出高度等于或小于 25 mm，也施加 378 N 的力。凸出高度是在加载时测量的。

按附录 G 规定的冲击方向施加 378 N 的力，该方向与球头模型运动轨迹相切。施力时通常使用一个直径不大于 50 mm 的平端压头，但对无法做到这一点的地方，则可使用其他等效的试验方法，例如除去妨碍物。

“停止位置”是指操纵机构在锁止时的位置。

D.29　对 4.6 的注解

敞篷车顶的杆系并非滚翻保护支架。

D.30　对 4.6.1 的注解

风窗窗框上缘从风窗透明轮廓线以上算起。

D.31　对 4.7.1.1 的注解

参见 3.18 关于“尖棱”的定义。

D.32　对 4.7.1.2 的注解

在确定前排座椅靠背的头部碰撞区时，任何支撑座椅靠背必需的构件应视作座椅靠背的一部分。

D.33　对 4.7.1.2.3 的注解

座椅框架结构的衬垫也应避免可能增大乘员严重伤害风险的危险粗糙表面或尖棱。

D.34 对附录 C“头部碰撞区的确定”的注解

D.34.1 对 C.2.1.1.2 的注解

由制造商选用两种测定高度的一种。

D.34.2 对 C.2.2 的注解

当确定接触点时，在每次单独测量中，测量装置的臂长是不变的。每次测量从铅垂位置开始。

D.34.3 对 C.3 的注解

25.4 mm 的尺寸是指从通过“H”点的水平面到与球头模型外轮廓下缘相切的水平切面之间的距离。

D.35 对附录 G“吸能材料的试验方法”的注释

D.35.1 对 G.4 的注解

在做吸能试验时，对任一构件破损的处理，参见标准 4.1.2 的注释。

附 录 E
（规范性附录）
柱状试验棒在天窗及车窗“开口”中的典型位置

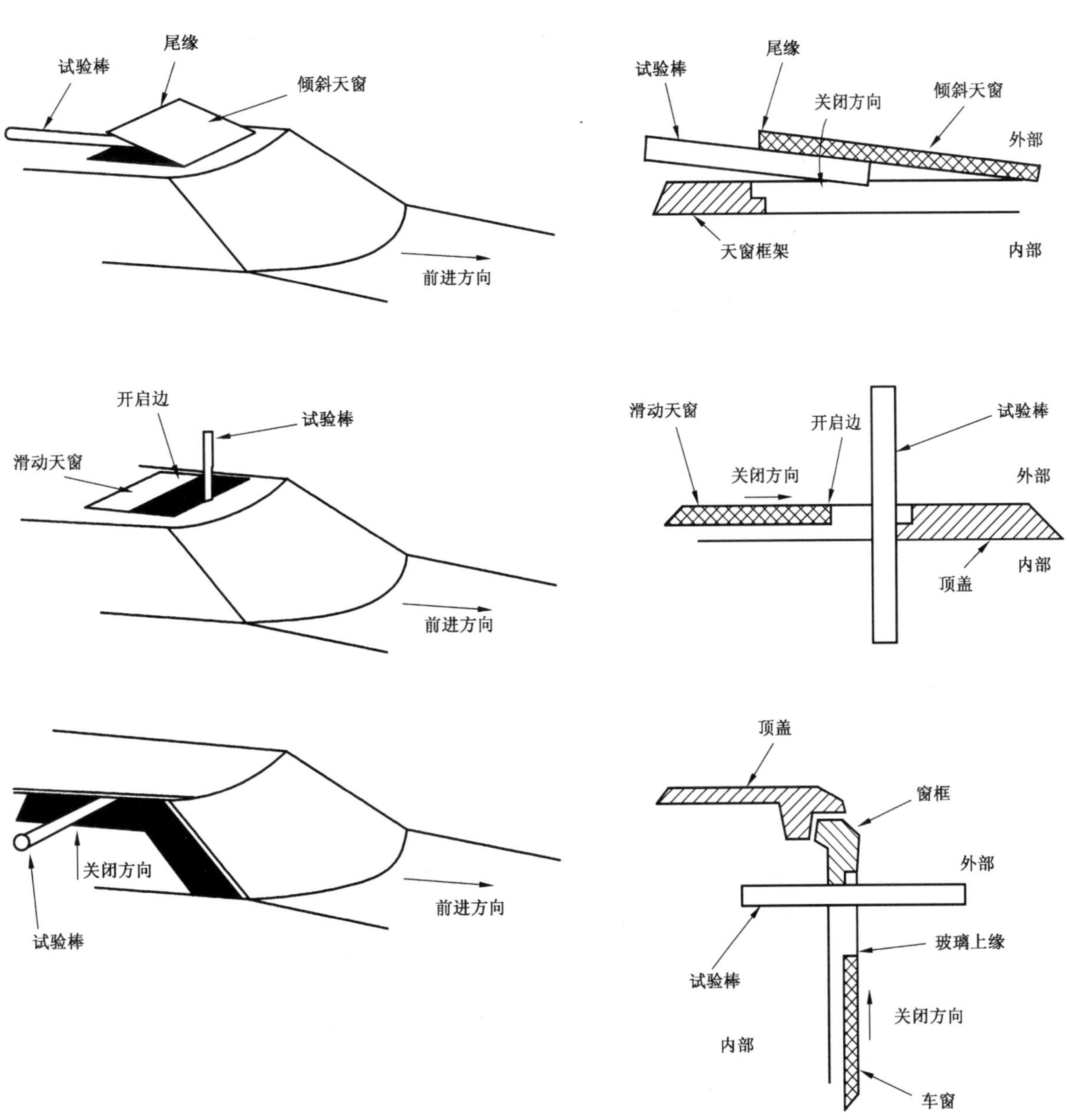

图 E.1

驾驶员控制开关符号示例

图 E.2

图 E.3
(ISO 2575:2004)

附 录 F
（规范性附录）
测量凸出高度的方法

F.1 为了测定一个安装于板上的零件相对于板件的凸出量，可使一个直径为 165 mm 的球体沿该零件表面滚过并始终保持与它接触。从与零件开始接触起，测取球心在垂直于板面方向的变动量“Y”，在所有变化“Y”值中的最大值即为凸出高度。

F.1.1 如果板面和零件等表面覆盖有邵尔（A）硬度低于 50 的材料，则应在除去覆盖材料之后进行测量。

F.2 位于基准区内的开关、拉钮等构件的凸出高度应使用下述测量装置和程序进行测量。

F.2.1 测量装置

F.2.1.1 测量凸出高度的仪器由一个直径为 165 mm 的半球形的球头模型组成，在球头模型中部有一直径为 50 mm 的滑动压头。

F.2.1.2 压头端部平面与球头模型边缘的相对位置可通过一活动指针在刻度尺上读出。当测量装置在被测构件上滑动时，指针就停留在最大测量值的位置上。测量时，其量程不应小于 30 mm；为满足测量要求，最小分辨刻度为 0.5 mm。

F.2.1.3 校准方法

F.2.1.3.1 将测量仪器放在一个平面上，并使其轴线垂直于该平面。当压头平端与平面接触时，将标尺调零。

F.2.1.3.2 在压头平端与支撑平面之间插入一个 10 mm 厚的验规，检查指针所示读数是否与验规厚度一致。

F.2.1.4 凸出高度测量仪如图 F.1 所示。

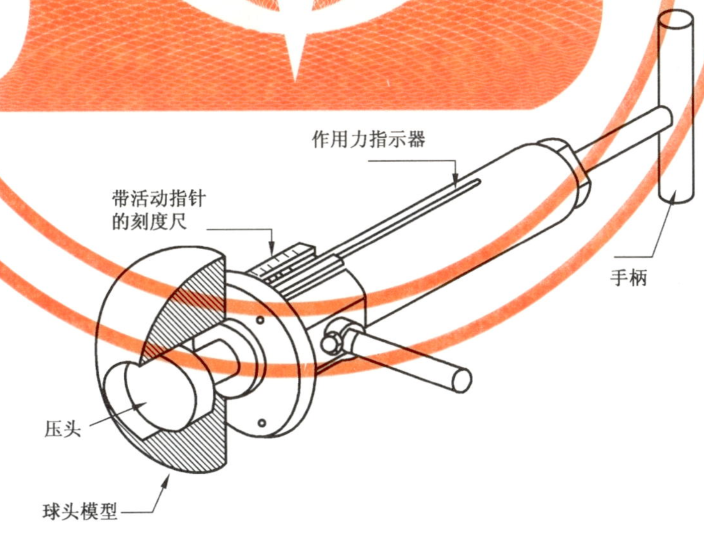

图 F.1 凸出高度测量仪

F.2.2 测量程序

F.2.2.1 将压头退回，使该仪器前部形成一个中空腔，推动活动标尺使之与压头接触。

F.2.2.2 将仪器罩在被测的凸出物上，以不超过 20 N 的力使球头模型尽可能接触凸出物周围的表面。

F.2.2.3 推动压头，使其与被测凸出物接触，在刻度尺上读出该凸出物的凸出高度。

F.2.2.4 调整球头模型测得最大的凸出量，并记录。

F. 2.2.5　如果两个或多个操纵件位置足够靠近，以致于同时与压头或球头模型接触，将对它们作以下处理：

F. 2.2.5.1　当几个操纵件能同时纳入球头模型的中空腔时，应作为一个单独的凸出物对待。

F. 2.2.5.2　如果其他的操纵件由于接触球头模型而妨碍对某一操纵件的正常测量，应拆下这些操纵件，在没有干扰的情况下对该操纵件进行测量。随后，依次装复某个操纵件同时拆除其他的操纵件，逐一进行测量。

附　录　G
（规范性附录）
吸能材料的试验程序

G.1　试验样品的安装

G.1.1　吸能材料制成的构件应安装在车上固定它的结构支撑件上进行试验。如果可能，最好直接在车身上进行试验。结构支撑件或车身本体应牢固地固定在试验台上，以免在撞击时发生移动。

G.1.2　如果制造商有要求时，构件也可固定在模拟车上安装的夹具上。但应满足“构件-夹具”系统与车上真实的“构件-结构支撑件”系统具有相同的几何结构，且前者的几何刚度不低于后者，而其吸能能力又不高于后者。

G.2　试验装置

G.2.1　该装置由一个摆锤组成，其回转中心由球轴承支撑，摆锤在撞击中心处的折合质量为 6.8 kg。摆锤的下端是一个直径为 165 mm 的刚性锤头，其中心与摆锤的撞击中心重合。折合质量计算公式如下：

$$m_\tau = m(l/a)$$

式中：

m_τ——摆锤撞击中心处的折合质量，单位为千克（kg）；

m——摆锤总质量，单位为千克（kg）；

l——摆锤重心与回转轴的距离，单位为米（m）；

a——撞击中心与回转轴的距离，单位为毫米（mm）。

G.2.2　锤头上装有两个加速度传感器和一个速度传感器，用以测定在撞击方向上的各种数据。

G.3　记录仪器

所采用的记录仪器应达到下列测量精度要求：

G.3.1　加速度

准确度：实测值的±5%；

数据通道的频率等级：对应于 ISO 6487:1980 的 600 级；

横轴灵敏度：不小于刻度最低点的 5%。

G.3.2　速度

准确度：实测值的±2.5%；

灵敏度：0.5 km/h。

G.3.3　时间记录仪

该记录仪能在全过程中进行记录，并能在 0.001 s 的间隔内记录出各个数值。锤头与试验构件刚开始撞击接触的一瞬间，应标在试验记录上，用以分析试验。

G.4　试验程序（见附录 D 对 G.4 的注解）

G.4.1　对于被测试表面上的每个撞击点，撞击方向应是附录 C 中所述测量装置的球头模型轨迹的切线方向。

对于 4.3.4.1 和 4.4.2.2 中所述的零件进行试验时，测量装置的测量臂应延长至与被测试零件接触为止，延长距离从胯关节铰接点到球头模型顶部之间以 1 000 mm 为限。在 4.4.2.2 中提及的不能被接触到的任何顶盖的拱架和加强筋，仍需服从 4.4.2.1 的规定，但有关凸出高度的规定除外。

G.4.2 撞击速度

G.4.2.1 如果撞击方向与撞击点表面法线间的夹角小于或等于 5°，试验中应使摆锤撞击中心运动轨迹切线与 G.4.1 规定的撞击方向相重合。锤头应以 24.1 km/h 的速度撞击试验构件，对用于覆盖安全气囊的盖板，则应以 19.3 km/h 的速度进行撞击。为达到这一速度，可仅利用本身的动能，也可利用一个附加的推动装置。

G.4.2.2 如果撞击方向与撞击点表面法线间的夹角大于 5°，试验中可使摆锤撞击中心运动轨迹的切线与撞击点表面法线相重合。此时试验速度应降低到 G.4.2.1 规定速度的法线分量。

G.4.3 结果要求

试验中，锤头的减速度超过 $80g$ 的持续时间不应超过 3 ms。

减速度值应取两个加速度计读数的平均值。

G.5 等效试验方法

G.5.1 只要能取得上述 G.4.3 所规定的结果，允许采用其他等效试验方法。

G.5.2 采用不同于 G.1～G.4 所述的试验方法时，试验人员有责任对所采用方法的等效性加以论证。

附　录　H
（规范性附录）
用于4.2.1的测量装置和程序

在采用下述装置及程序时，一切能被本装置所触及的构件(开关、拉钮等)，均应视作有可能与乘员膝部发生碰撞的构件。所有脚操纵的操纵件均视作脚踏板。

H.1　测量装置

测量装置简图如图H.1所示。

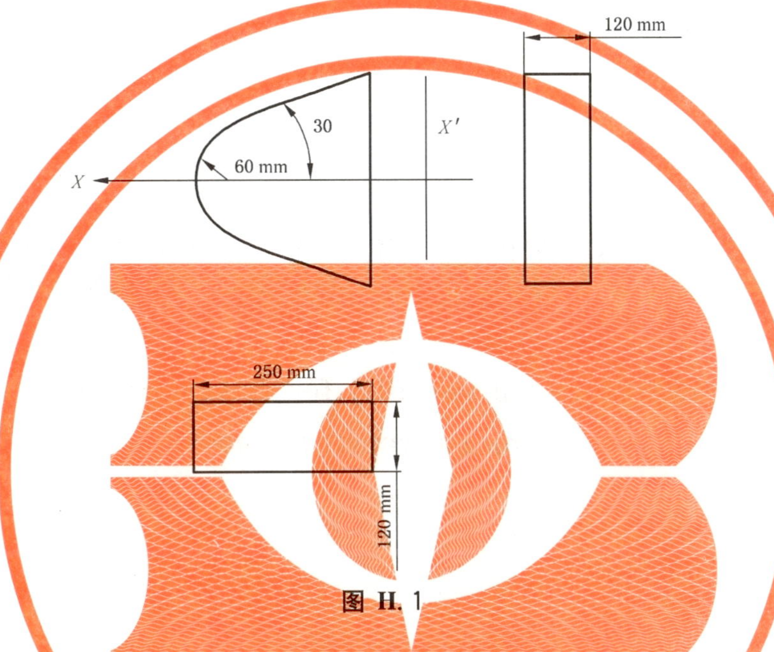

图 H.1

H.2　程序

可以将测量装置置于仪表板上下分界线以下的任何位置，并使：

——XX'平面与车辆的纵向中心平面平行；

——X轴线在水平面上、下各30°的范围内转动。

H.3　在进行以上试验时，应除去邵尔(A)硬度低于50的所有材料。

ICS 43.040.60
T 26

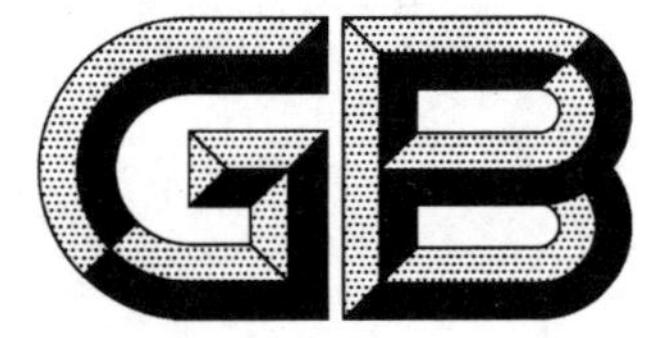

中华人民共和国国家标准

GB 11562—2014
代替 GB 11562—1994

汽车驾驶员前方视野要求及测量方法

Motor vehicles forward visibility for drivers—Requirements and measurement methods

2014-12-31 发布　　2015-07-01 实施

中华人民共和国国家质量监督检验检疫总局
中国国家标准化管理委员会　发布

前　言

本标准的第 4 章、第 5 章、第 6 章为强制性的，其余为推荐性的。

本标准按照 GB/T 1.1—2009 给出的规则起草。

本标准代替 GB 11562—1994《汽车驾驶员前方视野要求及测量方法》。与 GB 11562—1994 的主要差异如下：

a) 删除了规范性引用文件中的 GB/T 11563《汽车 H 点确定程序》和 GB/T 11559《汽车室内尺寸测量用三维 H 点装置》(这两个标准均已作废)；

b) 将原标准的术语“三维坐标系”变更为“三维基准坐标系”，增加了下列术语与定义：

——关于视野的车辆型式(见 3.1)；

——防弹车辆(见 3.11)；

——极限座椅调节范围(见 3.18)；

——驾驶员侧 A 柱的双目障碍角(见 3.19)；

——乘客侧 A 柱的双目障碍角(见 3.20)；

——“S”区域(见 3.21)；

——基准数据(见 3.22)；

——三维“H”点装置(见 3.23)；

——躯干线(见 3.24)；

——乘员中心面(见 3.25)；

——基准标记(见 3.26)；

——车辆测量位置(见 3.27)；

c) 增加了对“装甲(防弹)车辆”的技术要求(见 4.2，ECE R125 的 5.1.2)；

d) 增加了方向盘可调车辆的要求(见 4.4.1，ECE R125 的 5.1.3.1)。

本标准采用重新起草法修改采用欧洲经济委员会 ECE R125 Rev.2/Add.124/Amend.3(2011 年版本)《关于就驾驶员前方视野批准机动车辆的统一规定》。

本标准在附录 A 中列出了本标准章条编号与 ECE R125 法规章条编号的对照一览表。

本标准与 ECE R125 法规的技术性差异及其原因如下：

——删除了 ECE R125 中第 1 章的 1.2、1.3，其原因是为了满足 GB/T 1.1—2009 的规则和中国机动车靠道路右侧行驶的要求。

——删除了第 3 章“认证申请”、第 4 章“认证”、第 7 章“车辆型式的变更与扩展”、第 8 章“生产一致性”、第 9 章“对非生产一致性的惩罚”、第 10 章“停产”、第 11 章“检测机构及其行政管理机构的地址和名称”、附件 1 申请认证的厂家信息、附件 2 中认证标记的格式等内容，其原因是为了与中国的机动车管理体制保持一致，便于标准的实施与操作。

为便于使用，对于 ECE R125 法规部分还做了下列编辑性修改：

a) cm^2 改为 mm^2；

b) 增加了资料性附录。

本标准由中华人民共和国工业和信息化部提出。

本标准由全国汽车标准化技术委员会(SAC/TC 114)归口。

本标准起草单位：东风汽车公司、国家汽车质量监督检验中心(襄阳)、中国第一汽车股份有限公司技术中心、中国质量认证中心、欧洲汽车工业协会、湖北齐星车身股份公司、中国合格评定国家认可中心。

本标准主要起草人：张尚娇、邱刚、孙磊、余博英、赵淑华、王盛、刘丽亚、曲艳平、张明杰、蔡燕新、周艳玲、吉黎明。

本标准所替代标准的历次版本发布情况为：

——GB 11562—1989、GB 11562—1994。

汽车驾驶员前方视野要求及测量方法

1 范围

本标准规定了驾驶员前方180°范围内直接视野的要求和测量方法。

本标准适用于M1类汽车。

2 规范性引用文件

下列文件对于本文件的应用是必不可少的。凡是注日期的引用文件，仅注日期的版本适用于本文件。凡是不注日期的引用文件，其最新版本(包括所有的修改单)适用于本文件。

GB 11555—2009 汽车风窗玻璃除霜和除雾系统的性能和试验方法

3 术语和定义

下列术语和定义适用于本文件。

3.1

关于视野的车辆型式 vehicle type with regard to the field of vision

下列主要方面没有差异的车辆：

——驾驶员前方180°范围内可能影响视野的外部和内部形状和布置；

——前风窗玻璃的外形、尺寸及其安装方式。

3.2

三维基准坐标系 three-dimensional reference grid

车辆制造商在最初设计阶段确定的由三个正交的基准平面组成的坐标系统(见图B.1)。这三个基准平面是：

X 基准平面——垂直于 *Y* 基准平面的铅垂平面，通常规定通过左右前轮中心；

Y 基准平面——汽车纵向对称平面；

Z 基准平面——垂直于 *Y* 和 *X* 基准平面的水平面。

三维坐标系用来确定图样上设计点的位置和实车上这些点位置之间的尺寸关系。

相对于零平面的坐标值以车辆运行状态加上一位前排乘客[乘客质量为(75±1)kg]为基准来确定。

若车辆装有离地间隙可调的悬架，应在车辆制造商规定的正常使用状态下进行试验。

3.3

主要基准标记 primary reference marks

车身上的孔、表面、标志、识别符号。所使用的基准标记的型式和每个标记在三维坐标系的 *X*、*Y*、*Z* 坐标和相对设计地平面的位置，均由车辆制造商规定。这些基准标记可以用作车身装配的控制点。

3.4

座椅靠背角 seat-back angle

座椅靠背与铅垂线的夹角。

3.5

实际座椅靠背角　actual seat-back angle

座椅处于正常调整范围的最低和最后位置时，通过 H 点的铅垂线与 3-D H 点装置躯干线之间形成的夹角。实际靠背角理论上相当于设计靠背角。

3.6

设计座椅靠背角　design seat-back angle

指通过 R 点的铅垂线与由车辆制造商规定的靠背位置上的 3-D H 点装置躯干线之间的夹角。

3.7

V 点　V points

在乘员舱内，通过前排外侧乘坐位置中心线的纵向铅垂平面，与 R 点及设计座椅靠背角有关。此点用于检查汽车视野是否符合要求。

3.8

R 点或座椅参考点　R point or seating reference point

由车辆制造商为每一乘坐位置规定的设计点，相对于三维坐标系来确定。

3.9

H 点　H point

由附录 C 中 C.3 规定的安放在车辆座椅中的 3-D H 装置的躯干与大腿的铰接中心。"H"点位于该装置两侧"H"点标记钮中心线的中点。在理论上"H"点与"R"点一致(允差见 C.2.2.2)。如果按 C.3 规定的程序确定，即认为"H"点相对座椅垫结构是固定的，且随座椅的调节而移动。

3.10

风窗玻璃基准点　windscreen datum points

从 V 点向前的射线与风窗玻璃外表面的交点(见图 1)。

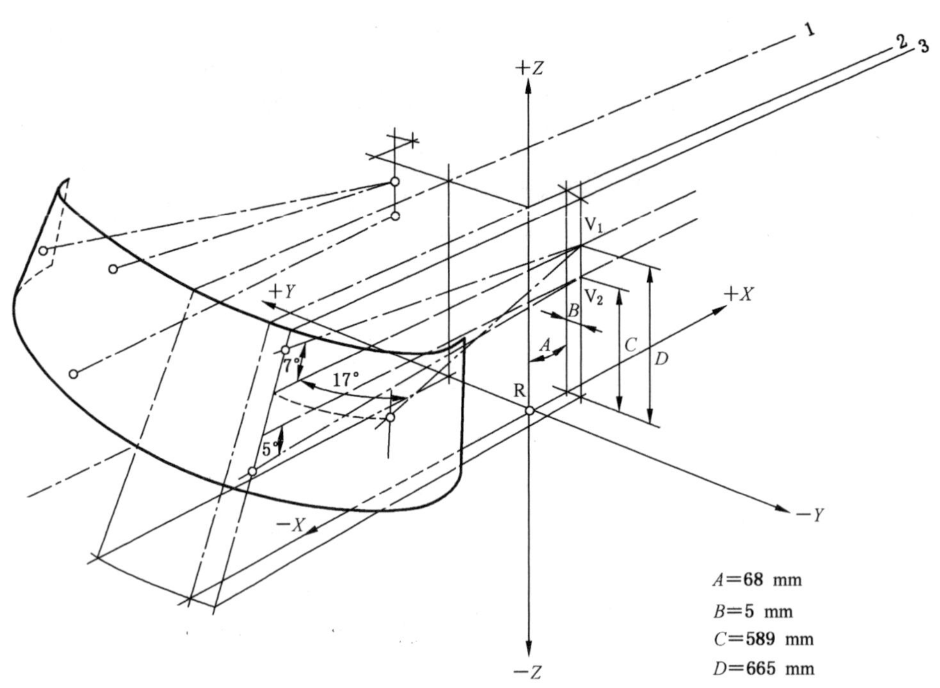

说明：

1——汽车纵向中间平面的迹线；

2——通过 R 点的纵向铅垂平面的迹线；

3——通过 V_1 及 V_2 点的纵向铅垂平面的迹线。

图 1　座椅靠背角为 25°时"V"点的确定

3.11

防弹车辆　armoured vehicle

用于保护所运送的乘员和(或)物品,并符合装甲防弹要求的车辆。

3.12

透明区　transparent area

汽车风窗玻璃或其他透明表面的透光率(当光线与表面成直角测量时)不小于70%的区域。对于防弹车辆,该透光率不小于60%的区域。

3.13

P点　P points

驾驶员观察其眼睛所在的水平面内的目标时头部转动的中心点。(见图2)。

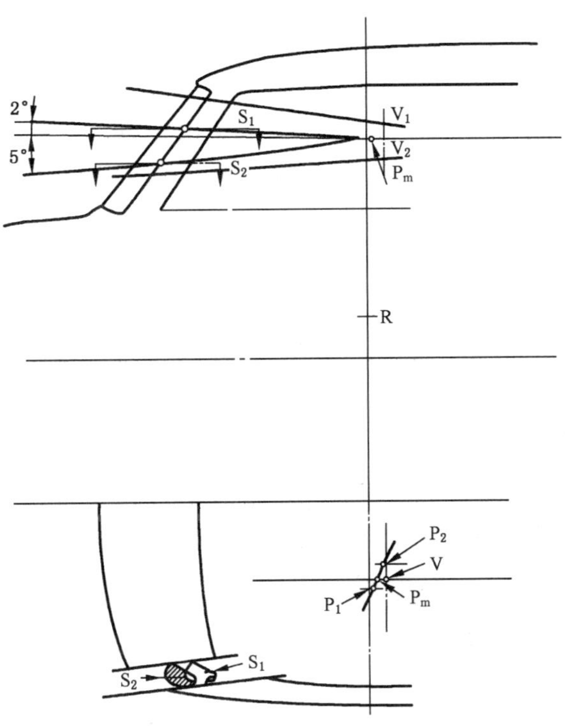

图2　A柱水平截面示意图

3.14

P_m点　P_m points

通过R点的纵向铅垂面与P_1、P_2连线的交点(见图2、图3)。

3.15

E点　E points

代表驾驶员眼睛中心的点,它们用于评价A柱视野障碍(见图3)。

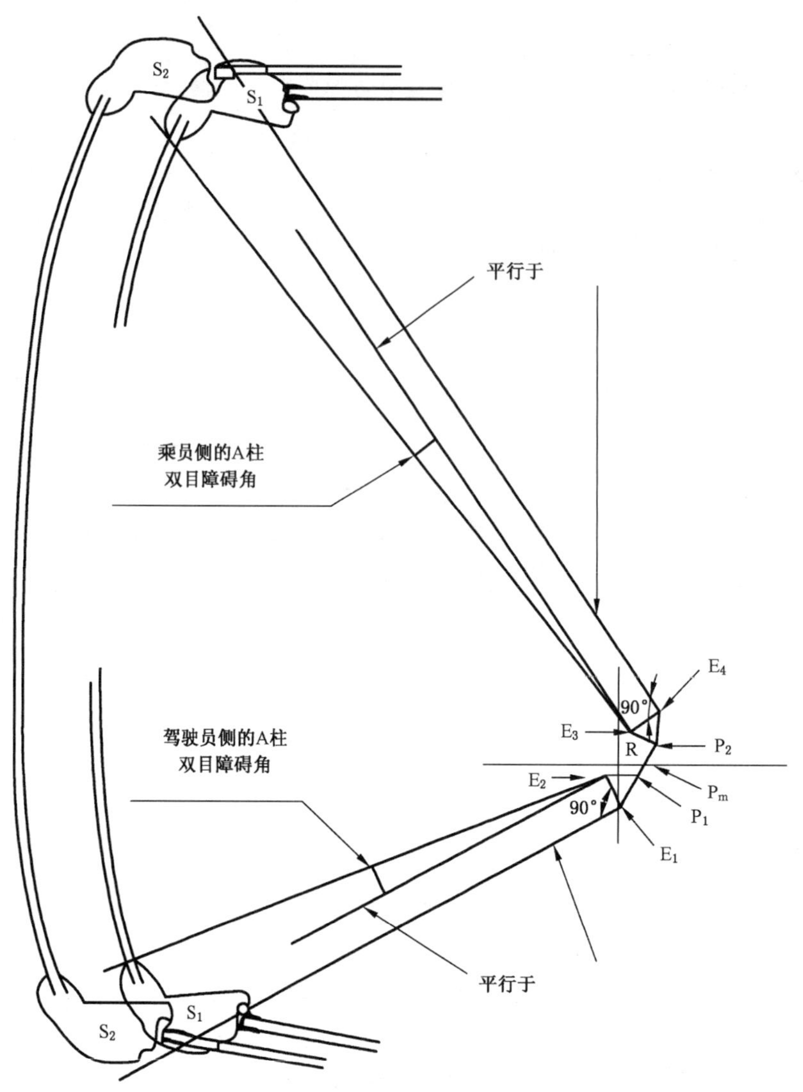

图 3　双目障碍角测量示意图

3.16

A 柱　A pillar

位于 V 点前 68 mm 处横向铅垂平面前方的车顶支撑件和不透明零件(如门框,风窗玻璃镶条以及它们的附件)。

3.17

座椅前后调整范围　horizontal seat-adjustment rang

由车辆制造商规定的,在 X 轴方向调整驾驶员座位的正常范围。

3.18

极限座椅调节范围　extended seat-adjustment range

由车辆制造商规定的,在 3.17 规定的正常范围之外座椅在 X 轴方向上调整的范围,以便将座椅转换为床铺或者方便人员进入车辆。

3.19

驾驶员侧 A 柱的双目障碍角　the angle of obstruction of the A pillar on the driver's side

通过 E_2 与过 E_1 点的 S_2 截面外缘的切线相平行的直线和通过 E_2 点的截面 S_1 内缘的切线在水平面上的夹角(见图 3)。

3.20

乘客侧 A 柱的双目障碍角　the angle of obstruction of the A pillar on the passenger side

通过 E_3 点的 S_1 截面内缘的切线和通过 E_3 点与过 E_4 点的 S_2 截面外缘的切线相平行的直线之间的夹角(见图 2)。

3.21

“S”区域　area “S”

“S”区域(见图 7)是一垂直于 X 轴，在 V_2 点前 1 500 mm 处的平面内的四边形垂直区域。“S”区域的上边界由通过 V_2 点向前与水平面向下倾斜 1°的平面与 V_2 点前方 1 500 mm 处的横向铅垂面的交线确定。“S”区域的下边界由通过 V_2 点向前与水平面向下倾斜 4°的平面与 V_2 点前方 1 500 mm 处的横向铅垂面的交线确定。“S”区域的左右边界由 4.4 定义的 3 个倾斜 4°的平面的交线与 V_2 点前方 1 500 mm 处的横向铅垂面的交点生成的铅垂线确定。对于风窗玻璃向前伸展超过 V_2 点 1 500 mm 的情况，区域“S”和 V_2 点间的距离可相应增加。

3.22

基准数据　reference data

某一乘坐位置的下列特征之一：

a)　“H”点和“R”点以及它们的关系；

b)　实际靠背角和设计靠背角以及它们的关系。

3.23

三维“H”点装置(简称 3-D H 装置)　three-dimensional H point machine

用于确定“H”点和实际靠背角的装置(如图 C.1)。对该装置的描述见附录 C 的 C.4。

3.24

躯干线　torso-line

3-D H 装置的探测杆处于最后位置时探测杆的中心线。

3.25

乘员中心面(C/PO)　center plane of occupant

放置在每一指定乘坐位置上的 3-D H 装置的中心面，用“H”点在“Y”轴上的坐标表示。对于单人座椅，座椅中心面即为乘员中心面；对于其他座椅，乘员中心面由制造厂规定。

3.26

基准标记　fiducial marks

由制造厂在车身上确定的点(孔、面、标记或压痕)。

3.27

车辆测量位置　vehicle measuring attitude

由基准标记在三维坐标系中的坐标所确定的车辆位置。

4　技术要求

4.1　风窗玻璃透明区至少应包括风窗玻璃基准点。这些基准点(见图 1)为：

——V_1 点水平向前偏左 17°的基准点 a；

——V_1 点向前沿铅垂面偏上 7°的基准点 b；

——V_2 点向前沿铅垂面偏下 5°的基准点 c；

——在汽车纵向对称平面另一侧，应增加 3 个辅助基准点 a′，b′，c′，它们与 a，b，c 三个基准点相对称。

4.2 每根 A 柱的双目障碍角不超过 6°(参照图 3),对于防弹车辆,该角度不超过 10°。若驾驶员侧和乘客侧的 A 柱相对车辆中央纵向铅垂面是对称的,则乘客侧的 A 柱双目障碍角不需要再测量。

4.3 每台车辆不得多于两根 A 柱。

4.4 除 4.4.1 和 4.4.2 之外,在驾驶员前视野 180°范围内,在通过 V_1 的水平面下方和通过 V_2 的三个平面(三个平面都和水平面向下成 4°夹角,其中一个平面垂直于 Y 基准平面,另两个平面垂直于 X 基准平面)上方的范围内,除了 A 柱、固定或活动的排气通风口、三角窗分隔条、车外无线电天线、后视镜和风窗玻璃刮水器等造成的障碍外,不得有其他障碍(见图 4)。但是以下情况除外:

a) 宽度不大于 0.5 mm 的嵌入式无线电天线导体;宽度不大于 1.0 mm 的印刷式无线电天线导体;

b) 无线电天线的导线一般不得进入 5.5 中规定的 A 区,但是导线直径小于 0.5 mm 时,可允许三根导线进入;

c) 最大可视度为 0.03 mm、最小间距 1.25 mm 的竖直除霜及除雾导线,或最大可视度为 0.03 mm、最小间距 2.0 mm 水平除霜及除雾导线。

4.4.1 通过 V_2 垂直于 Y 基准平面且与转向盘上边缘相切的平面,如该平面相对水平面向下倾斜不小于 1°时,则转向盘上边缘及其以下的仪表板所构成的障碍是允许的。如果方向盘可调,则应将其放置在车辆制造商注明的正常位置,或者,方向盘放在可调范围的中间位置。

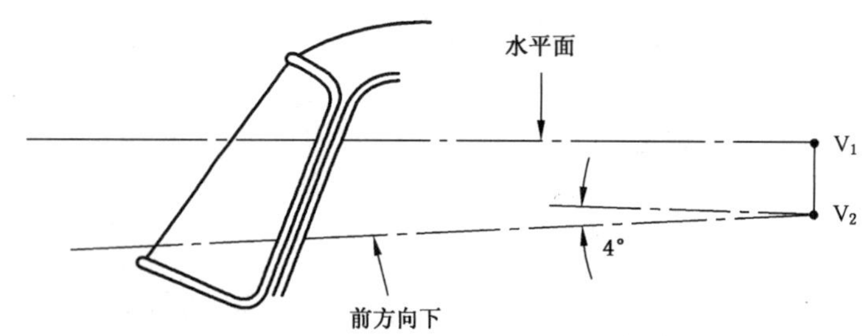

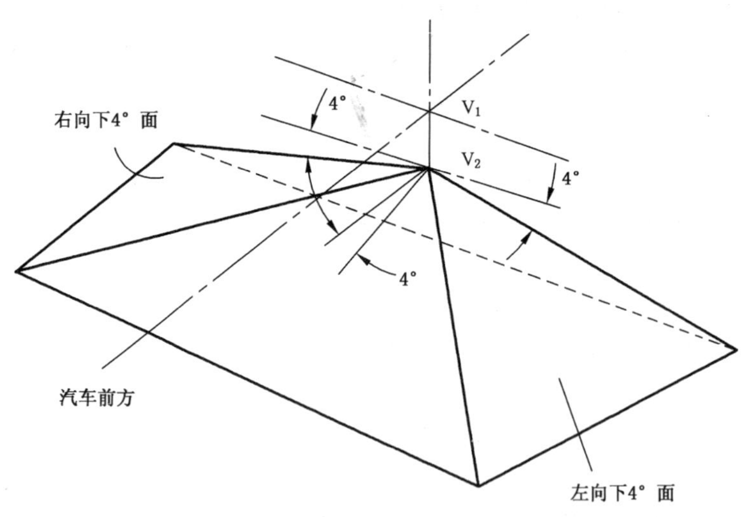

图 4 驾驶员前方 180°内视野评价

4.4.2 若障碍物从 V_2 点开始在"S"区域内的投影不超过该区域的 20%,则在过 V_2 点与水平面呈向下 1°的平面与过 V_2 点与水平面呈向下 4°的平面之间的障碍是允许的。如果方向盘可调,则应将其放置在车辆制造商注明的正常位置,或者将方向盘放在可调范围的中间位置。

5 测量条件

5.1 V 点位置

V 点相对 R 点位置，由三维坐标系的 X、Y、Z 坐标确定，见表 1 和表 4。

表 1 给出的是设计靠背角 25°时的基本坐标，坐标的正方向如图 1 所示。若设计座椅靠背角不是 25°时，则按表 4 对 X、Z 坐标进行修正。

表 1

单位为毫米

V 点	X	Y	Z
V_1	68	−5	665
V_2	68	−5	589

5.2 P 点位置

P 点相对 R 点的位置由三维坐标系 X、Y、Z 坐标确定，见表 2、表 3 和表 4。

5.2.1 表 2 给出的是设计座椅靠背角 25°时的基本坐标修正值，坐标的正方向如图 1 所示。

表 2

单位为毫米

P 点	X	Y	Z
P_1	35	−20	627
P_2	63	47	627
P_m	43.36	0	627
注：P_m 点是 P_1、P_2 的连线与过 R 点的纵向垂直平面的交点。			

5.2.2 表 3 给出的是座椅水平调节范围超过 108 mm 时，对 P_1、P_2 在 X 坐标方向的修正值，坐标的正方向如图 1 所示。

表 3

单位为毫米

座椅水平调节范围	ΔX
108～120	−13
121～132	−22
133～145	−32
146～158	−42
158 以上	−48

5.3 设计座椅靠背角非 25°时的修正

表 4 给出的是设计座椅靠背角非 25°时，各 P 点和 V 点的 X、Z 坐标修正值，坐标的正方向如图 1 所示。

表 4

单位为毫米

靠背角/(°)	ΔX	ΔZ	靠背角/(°)	ΔX	ΔZ
5	−186	28	23	−18	5
6	−177	27	24	−9	3
7	−167	27	25	0	0
8	−157	27	26	9	−3
9	−147	26	27	17	−5
10	−137	25	28	26	−8
11	−128	24	29	34	−11
12	−118	23	30	43	−14
13	−109	22	31	51	−18
14	−99	21	32	59	−21
15	−90	20	33	67	−24
16	−81	18	34	76	−28
17	−72	17	35	84	−32
18	−62	15	36	92	−35
19	−53	13	37	100	−39
20	−44	11	38	108	−43
21	−35	9	39	115	−48
22	−26	7	40	123	−52

5.4 E 点位置

5.4.1 E_1 和 E_2 距 P_1 各为 104 mm，E_1 距 E_2 为 65 mm(见图 5)。

5.4.2 E_3 和 E_4 距 P_2 各为 104 mm，E_3 距 E_4 为 65 mm(见图 5)。

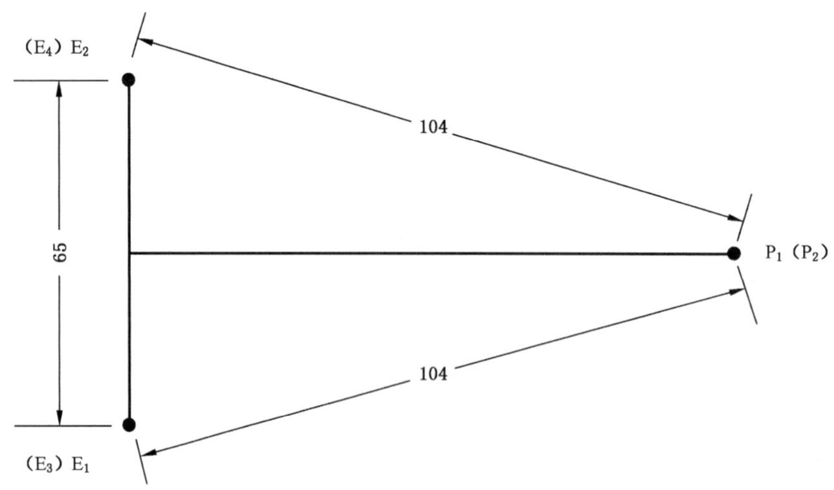

图 5 E 点和 P 点的相对位置

5.5 A 区的确定

A 区的确定应按照 GB 11555—2009 中 4.1 的要求进行(见图 6)。

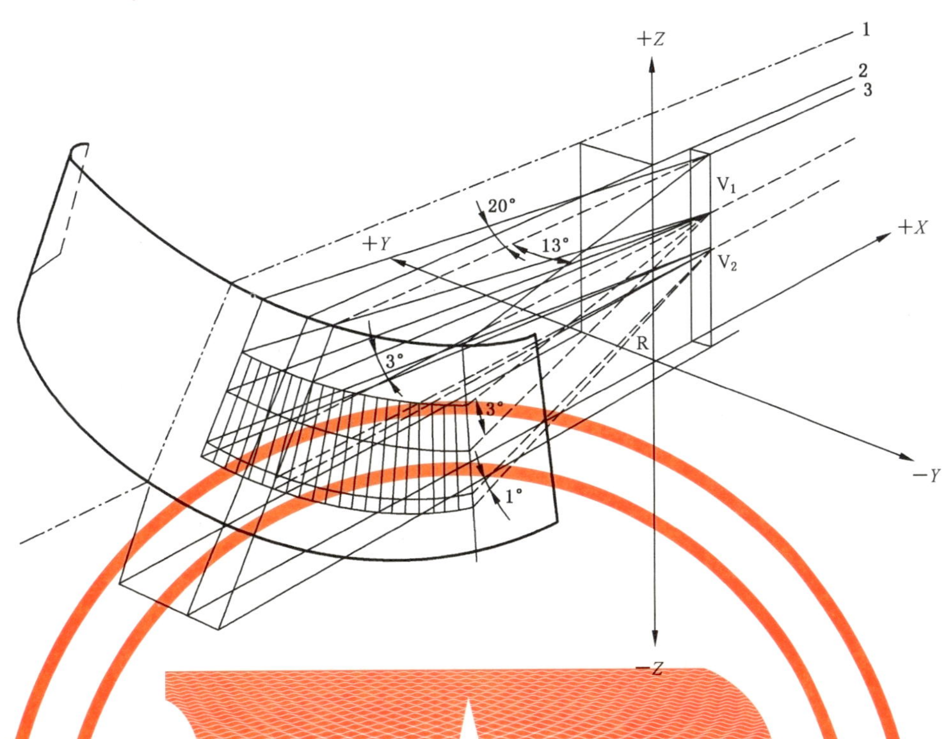

说明：

1——车辆纵向中间平面的轨迹线；

2——通过R点的纵向铅垂平面轨迹线；

3——通过 V_1 和 V_2 点的纵向铅垂平面轨迹线。

图6 A区的确定

6 驾驶员视野的测定方法

6.1 汽车主要基准标记在三维坐标系中的尺寸关系，按附录B规定的方法确定。按附录C规定的方法确定三维坐标系。

6.2 通过三维坐标系表示的R点和座椅状态进行修正后来确定V点(V_1，V_2)的位置，然后按4.1的规定找出风窗玻璃基准点。

6.3 用三维坐标系表示的R点和座椅状态进行修正后来确定P点(P_1，P_2)的位置，见表2和表3。25°以外的设计靠背角的修正值见表4。

6.4 按图2所示在A柱上做两个水平截面，即：

a) A柱 S_1 截面：从 P_m 点向前作与水平面向上成2°的平面，过此平面与A柱相交的最前点作水平截面；

b) A柱 S_2 截面：从 P_m 点向前作与水平面向下成5°的平面，过此平面与A柱相交的最前点作水平截面；

c) 将 S_1、S_2 截面投影在P点所在的水平面内，双目障碍角在该平面内测量，如图3所示。

6.4.1 E_1 和 E_2 的连接线饶 P_1 旋转，使 E_1 至左A柱的 S_2 截面外侧的切线与 E_1，E_2 连线成直角，从 E_1 向左A柱的 S_2 截面外侧作切线和从 E_2 向左A柱 S_1 截面内侧作切线，从 E_2 点作前一切线平行线，与后一切线所成的平面视野角度即为驾驶员(左)侧的A柱双目障碍角(见图3)。

6.4.2 E_3 和 E_4 的连接线饶 P_2 旋转，使 E_3 至右A柱的 S_2 截面外侧的切线与 E_3，E_4 连线成直角，从 E_3 向右A柱的 S_1 截面内侧作切线和从 E_4 向右A柱 S_2 截面外侧作切线，从 E_3 点作后一切线平行线，与前一切线所成的平面视野角度即为驾驶员(右)侧的A柱双目障碍角(见图3)。

6.5 制造商可以直接从车辆或图纸上量取障碍角。如检测机构不认可制造商按照这种方式提供的数据,应该在车辆上进行验证。

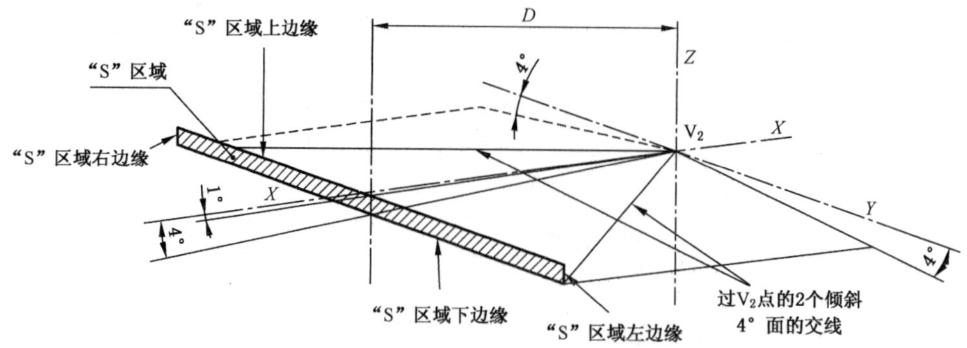

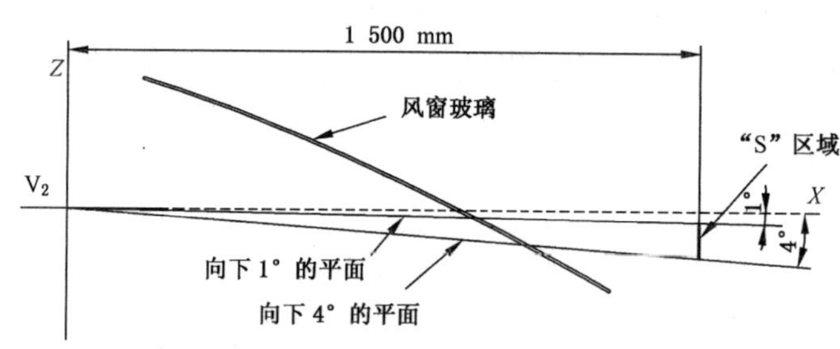

图 7 "S"区域范围

附 录 A
（资料性附录）
本标准章条编号与 ECE R125 章条编号对照

表 A.1 给出了本标准章条编号与 ECE R125 章条编号对照一览表。

表 A.1 本标准章条编号与 ECE R125 章条编号对照

本标准章条编号	对应的 ECE R125 章条编号	本标准章条编号	对应的 ECE R125 章条编号
1	1	—	3
2	—	—	4
3	2	4	5
3.1	2.2	—	5.1
3.2	2.3	4.1	5.1.1
3.3	2.4	4.2	5.1.2
3.4	2.5	4.3	5.1.2.2
3.5	2.6	4.4	5.1.3
3.6	2.7	4.4.1	5.1.3.1
3.7	2.8	4.4.2	5.1.3.2
3.8	2.9	5	—
3.9	2.10	5.1	5.2
3.10	2.11	—	5.2.1
3.11	2.12	—	5.2.2
3.12	2.13	5.2	5.3
3.13	2.14	—	5.3.1
3.14	—	5.2.1	5.3.1.1
3.15	2.15	5.2.2	5.3.1.2
3.16	2.16	5.3	5.4
3.17	2.17	5.4	5.5
3.18	2.18	5.5	—
3.19	5.1.2.1.1	—	6
3.20	5.1.2.1.2	6	6.1
3.21	5.1.3.2.1 和 5.1.3.2.2	6.1	6.1.1
3.22	附录 3、2.1	6.2	6.1.2
3.23	附录 3、2.2	6.3	6.1.3
3.24	附录 3、2.5	6.4	6.1.4
3.25	附录 3、2.8	6.4a)	5.1.2.1、列项 1
3.26	附录 3、2.10	6.4.1	6.1.4.1
3.27	附录 3、2.11	6.4.2	6.1.4.2

表 A.1（续）

本标准章条编号	对应的 ECE R125 章条编号	本标准章条编号	对应的 ECE R125 章条编号
6.5	6.1.5	C.1	附录 3、第 1 章
—	7	—	附录 3 第 2 章
—	8	—	附录 3、2.3
—	9	—	附录 3、2.4
—	10	—	附录 3、2.6
—	11	—	附录 3、2.7
—	附录 1	C.2	附录 3、第 3 章
—	附录 2	C.3	附录 3、第 4 章
附录 A		C.4	附录 3、补充件 1
附录 B	附录 4	C.5	附录 3、补充件 2
附录 C	附录 3	C.6	附录 3、补充件 3

附 录 B
（规范性附录）
汽车主要基准标记和三维坐标系间尺寸关系的确定方法

B.1 参考坐标和参考标记

三维坐标系(见图 B.1)应建立在一个基准平面上，其上标有 X-X 标尺，Y-Y 标尺(见图 B.2)。此平面应是水平面，且平整、坚固。两个测量标尺牢固地固定在其表面上。标尺最小分辨度为 mm。X 标尺不小于 8 m；Y 标尺不小于 4 m。两标尺互相垂直，其交点为零点。

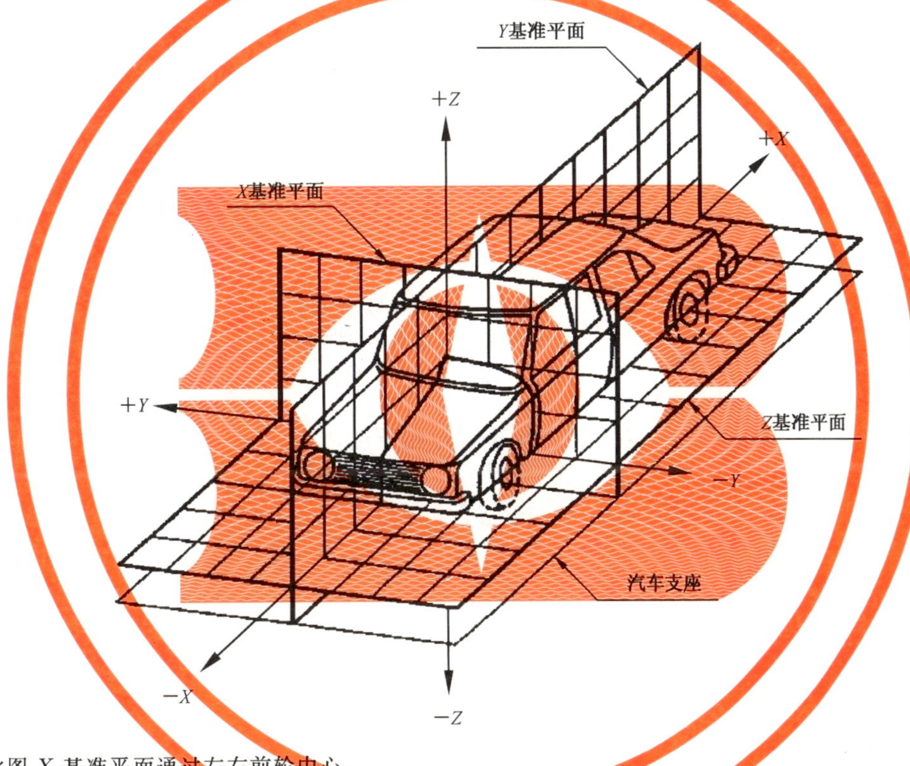

注：此图 X 基准平面通过左右前轮中心。

图 B.1 三维坐标系示意图

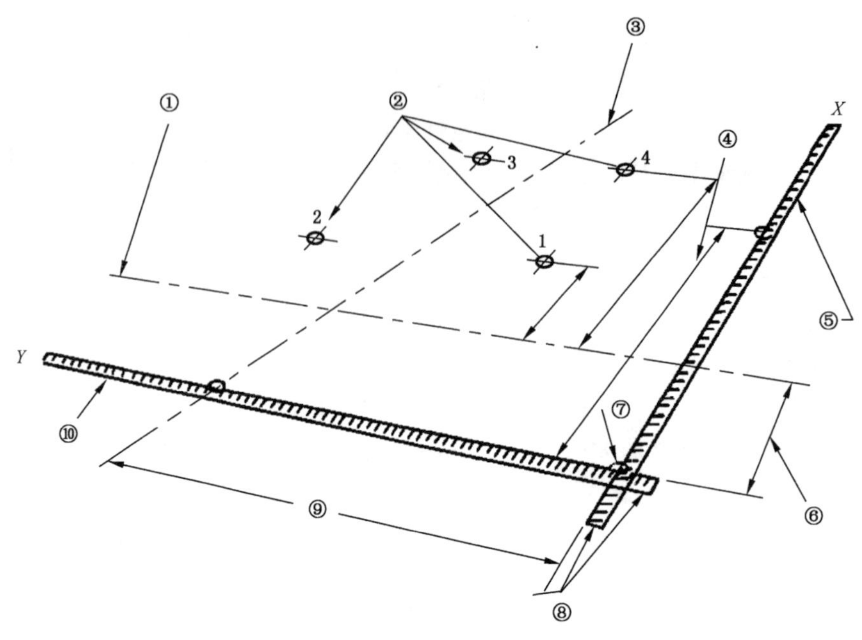

说明：

①——通过前轮中心线的铅垂平面在地面上的轨迹；

②——地面上的基本参考标记；

③——汽车纵向中间平面在地面上的轨迹；

④——R 点的 X 坐标；

⑤——X 坐标尺；

⑥——使前轮充分远离坐标尺，给工作留出位置；

⑦——地面零点；

⑧——坐标尺互相间为 90°角，牢固固定在地面上；

⑨——使汽车纵向中间平面充分远离坐标尺，给工作留出位置；

⑩——Y 坐标尺。

图 B.2 水平平台布置图

B.2 基准平面的检查

从零点沿 X、Y 坐标轴，每隔 250 mm 测量水平度误差，并记录所测得的数据，以便在检查车辆时能得到校正。

B.3 实际试验位置

当汽车装有高度可调节的悬架装置时，试验应在车辆制造商规定的正常使用状况下进行。在测量之前，应采取有效方法将主要基准标记置于设计时所确定的坐标位置上。

汽车处于整备质量状态，除驾驶员座上的人体模型外，再加一前座乘员，乘员质量为人体模型质量加减其 1%的公差。

另外，对汽车横向和纵向位置进行调整，以便将汽车准确地放在相应的坐标系上。

B.4 结果

当汽车已正确地放到坐标系上，且处于设计位置时，即能准确地确定前视野要求所需的各点位置，所用仪器可采用经纬仪、光源、影像装置或能获得同样效果的其他设备。

附 录 C
（规范性附录）
车辆乘坐位置H点和实际靠背角的确定程序

C.1 目的

本附录所述程序用于确定汽车中一个或几个乘坐位置的“H”点和实际靠背角，以及检验测量数据与车辆制造商给定的设计技术要求之间的关系。[1)]

C.2 要求

C.2.1 数据的提供

为表明符合本标准规定，对要求提供基准数据的每一乘坐位置，应按本附录C.6规定的格式提供下述全部或适当选择的数据：

a) “R”点在三维坐标系中的坐标；

b) 设计靠背角；

c) 将座椅调节到（如果可调）本附录C.3.3规定的测量位置而需要的全部数据。

C.2.2 测量数据与设计要求之间的关系

C.2.2.1 通过本附录C.3规定的程序所获得的“H”点坐标和实际靠背角值应分别同制造厂给出的“R”点坐标和设计靠背角值进行比较。

C.2.2.2 如果由坐标确定的“H”点位于水平与铅垂方向边长均为50 mm且对角线交于“R”点的正方形内，并且实际靠背角偏离设计靠背角小于5°，对于上述乘坐位置，应认为“R”点与“H”点相对位置以及设计靠背角与实际靠背角相对关系满足要求。

C.2.2.3 若符合上述条件，则应该采用该“R”点和设计靠背角来证明符合本标准的规定。

C.2.2.4 如果“H”点或实际靠背角不符合C.2.2.2的要求，则再重新确定两次（共三次）。如果这两次的结果符合要求，则C.2.2.3规定的条件适用。

C.2.2.5 如果上述C.2.2.4所描述的三次操作中至少有两次的结果不符合C.2.2.3的要求，或由于车辆制造商未提供有关“R”点位置或设计靠背角的数据，而使检验无法进行时，则应取三次测量点的形心或三次测量角的平均值用于本标准涉及“R”点或设计靠背角的所有场合。

C.3 “H”点和实际靠背角确定程序

C.3.1 按制造厂的要求，车辆应在20 ℃±10 ℃条件下进行预处理，以确保座椅材料达到室温。如果被检测的座椅从未有人坐过，则应让70 kg～80 kg的人或装置在座椅上试坐两次，每次1 min，使座垫和靠背产生应有的变形。如果制造厂有要求，在安放3-D H装置前，所有座椅总成应保持空载至少30 min。

C.3.2 车辆应处于3.27所定义的测量状态。

---

1) 在任一非前排座椅的乘坐位置，若“H”点不能用“三维H点装置”或程序确定，只要检测机构认可，可采用制造厂标明的“R”点作为基准。

C.3.3 首先应将座椅调节到(如果可调的话)车辆制造商规定的最后正常驾驶或乘坐位置,仅考虑座椅的纵向调节,不包括用于正常驾驶或乘坐位置以外目的的座椅行程。若存在其他座椅调节方式(如垂直、角度、座椅靠背等),应将它们调至车辆制造商规定的位置。对于悬挂式座椅,则应将竖向位置刚性地固定在制造厂规定的正常驾驶位置。

C.3.4 3-D H 装置接触的乘坐位置区应铺一块尺寸足够、质地合适的细棉布,如可用 18.9 根纱/cm^2 且为 0.228 kg/m^2 的素棉布或者具有相同特性的针织布或无纺布。如果在车外进行座椅试验,放置座椅的地板应与车辆内放座椅的地板有相同的基本特性。[2)]

C.3.5 放置 3-D H 装置的座板和背板总成,使乘员中心面(C/LO)与 3-D H 装置中心面重合。如果 3-D H 装置放得太靠外,以致处于座椅的边缘而使 3-D H 不能水平时,应制造厂的要求,可以将 3-D H 装置相对 C/LO 向内移动。

C.3.6 把脚和小腿总成安装到底板总成上,可单独地装,也可以利用 T 形杆和小腿总成装。通过两"H"点标记钮的直线应平行于地面并垂直于座椅的纵向中心面。

C.3.7 调整 3-D H 装置双脚和腿的位置如下:

C.3.7.1 指定的乘坐位置:驾驶员和前排外侧乘客

C.3.7.1.1 向前移动双脚和腿总成,使双脚自然放在地板上,必要时放在各操纵踏板之间。如果可能的话,使左、右脚至 3-D H 装置中心面的距离大致相等。必要时重新调整座板或向后调整。

腿和脚总成,使检验 3-D H 装置横向定位的水准仪水平。通过两"H"点标记钮的直线应与座椅纵向中心面保持垂直。

C.3.7.1.2 如果左腿与右腿不能保持平行,并且左脚不能落地,则应移动左脚使之落地。通过两标记钮的直线仍应保持垂直于座椅纵向中心面。

C.3.7.2 指定的乘坐位置:对于后排座椅或辅助座椅

双腿位置按制造厂的规定调整。如果两脚落在地板上高度不同的部位上,应以先与前排座椅接触的脚作为基准来放置另一只脚,使该装置座板上的横向水平仪指示水平。

C.3.7.3 其他指定的乘坐位置

应遵循 C.3.7.1 规定的一般程序,但脚的放置应按车辆制造商的规定进行。

C.3.8 装上小腿和大腿重块并调平 3-D H 装置。

C.3.9 将背板前倾到前限位块,用 T 形杆将 3-D H 装置拉离座椅靠背,然后再用下列方法之一,将 3-D H 装置重新放到座椅上。

C.3.9.1 如果 3-D H 装置有向后滑动的趋势,使用下列程序:允许 3-D H 装置向后滑动,直到不需要在 T 形杆上施加水平向前的保持力为止(即直到背板接触到靠背为止)。必要时,重新放置小腿。

C.3.9.2 如果 3-D H 装置无向后滑动的趋势,则使用下列程序:在 T 形杆上施加一水平向后的力使 3-D H 装置向后滑动,直到座板接触到座椅靠背为止(见图 C.2)。

C.3.10 在臀部角度量角器和 T 形杆外壳相交处,对 3-D H 装置的背板和座板总成施加 100 N±10 N 的力。力的施加方向应沿一条通过上述交点到大腿杆外壳上面的直线(见图 C.2)。然后将背板小心地放回靠背上。在下述操作步骤中要处处小心,以防止 3-D H 装置向前滑动。

C.3.11 装上左右臀部重块,然后交替加上八块躯干重块,保持 3-D H 装置水平

C.3.12 将背板前倾以消除对座椅靠背的张力。在 10°角(自铅垂中心面向两侧各 5°)的范围内,左右摇动 3-D H 装置三个来回,以消除 3-D H 装置与座椅之间聚集的摩擦。

在摇动过程中,3-D H 装置的 T 形杆可能离开规定的水平和垂直基准位置,所以,在摇动期间应对 T 形杆施加适当的侧向力。在握住 T 形杆摆动 3-D H 装置时,应小心谨慎,以避免在垂直或前后方向施加意外的力。

---

2) 倾斜角、与座椅安装架的高度差、表面质地等。

进行上述操作时，3-D H 装置的双脚不应受任何约束。如果双脚变动位置，可暂时不必调整。

将背板放回座椅靠背上，检查两个水准仪是否水平。在摇动 3-D H 装置的过程中，如果双脚移动了位置，应重新调整如下：

将左、右两脚轮流抬离地板到最小的必要高度，直至两脚不再产生附加的牵动。在抬脚的过程中，两脚要能自由转动；不施加任何向前或侧向的载荷。当每只脚放回到放下位置时，装置踵部应触及为之设计的支承结构上。

检查横向水准仪是否水平；如果必要，在背板顶部施加一侧向力使 3-D H 装置座板在座椅上保持水平。

C.3.13 拉住 T 形杆，使 3-D H 装置在座垫上不能向前滑移，继续操作如下：

a) 将背板放回到座椅靠背上；

b) 大约在 3-D H 装置躯干重块中心高度处，对靠背角杆（头部空间探测杆）交替施加和撤去不大于 25 N 的向后水平力，直至力撤去后臀部角量角器指示达到稳定位置为止。此时应确保无外来向下或横向力加在 3-D H 装置上。如果 3-D H 装置需要再次调平，则应向前转动背板，并重复 C.3.12 起所述之步骤。

C.3.14 在三维坐标系内测量“H”点坐标。当探测杆处于最后位置时，在 3-D H 装置的背部角量角器上读出实际靠背角的值。

C.3.15 如果需要重新安装 3-D H 装置，则在重新操作前，座椅总成应保持至少 30 min 的空载状态。

C.3.16 如果认为同一排座椅是一样的（如长条座椅、相同座椅等），每排只需确定一个“H”点和一个实际靠背角。将本附录所描述的 3-D H 装置安放在该排有代表性的位置上，该位置应是：

a) 对于第一排：驾驶员座椅；

b) 对于其他排：某一外侧座椅。

C.4 三维“H”点装置描述（3-D H 装置）

C.4.1 背板和座板

背板和座板用增强塑料和金属制成；它们模拟人体的躯干和大腿，两者机械地铰接于“H”点处。一个量角器固定在铰接于“H”点的探测杆上，用于测量实际靠背角。固定在座板上的可调节大腿杆确定大腿中心线，并作为臀部角量角器的基准线。

C.4.2 躯干和小腿部件

小腿杆件在连接膝部的 T 形杆处与座板总成相连，该 T 形杆是可调大腿杆的横向延伸。在小腿杆上装有量角器，以便测量膝部角。鞋和脚总成上刻有度数，用来测量脚部角。两个水平仪确定装置的空间位置，躯干各重块放在对应部位重心处，用以提供 76 kg 男子对座椅相同的压力。应检查 3-D H 装置的所有关节是否活动自如无明显的摩擦阻力。

C.5 三维坐标系

C.5.1 三维坐标系用车辆制造商设立的三个正交平面来定义（见图 C.3）。[3)]

C.5.2 车辆测量姿态由车辆在支承面上的放置位置确定，放置车辆时使基准标记的坐标与制造厂给定的值一致。

C.5.3 确定“R”点和“H”点相对于车辆制造商给定的基准标记的坐标。

3) 本基准系符合 ISO 4130:1978 的规定。

C.6 乘坐位置参考数据

C.6.1 基准数据代码

按顺序列出每一乘坐位置的基准数据。乘坐位置用两位代码表示。第一位是指明从前向后计数座椅排数的阿拉伯数字。第二位是指明该乘坐位置在某一排内位置的大写字母。当沿车辆向前行驶方向观察时,用下列字母表示:

L:左侧

C:中间

R:右侧

C.6.2 车辆测量姿态的描述

各基准标记的坐标。

X……

Y……

Z……

C.6.3 基准数据表

C.6.3.1 乘坐位置

C.6.3.1.1 "R"点坐标

X……

Y……

Z……

C.6.3.1.2 设计靠背角

C.6.3.1.3 座椅调节技术要求[4)]

水平:

铅垂:

角度:

靠背角:

其余乘坐位置基准数据可列于作为附录 C 的 C.6.3.2、C.6.3.3 等往后罗列。

4) 划去不适用者。

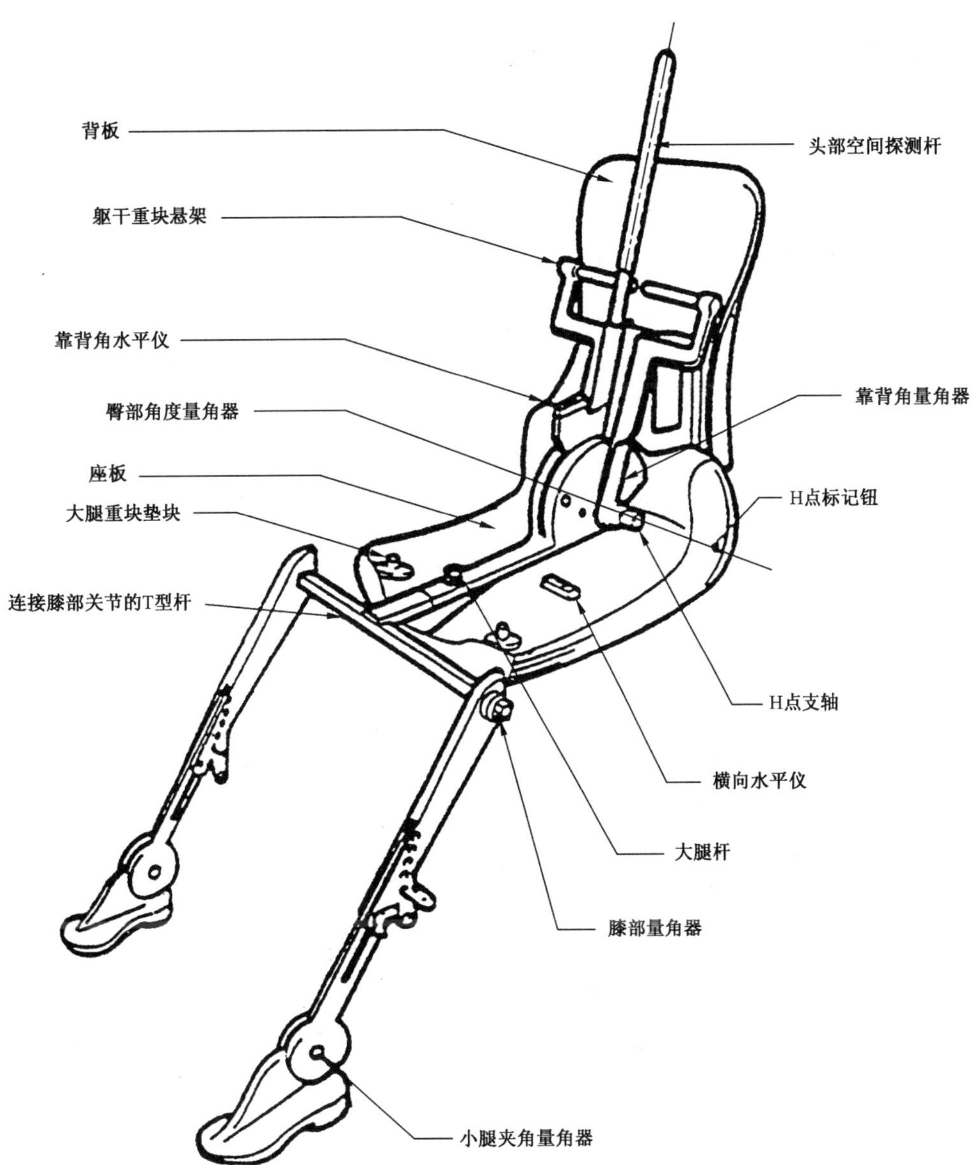

图 C.1 3-D H 装置构件名称

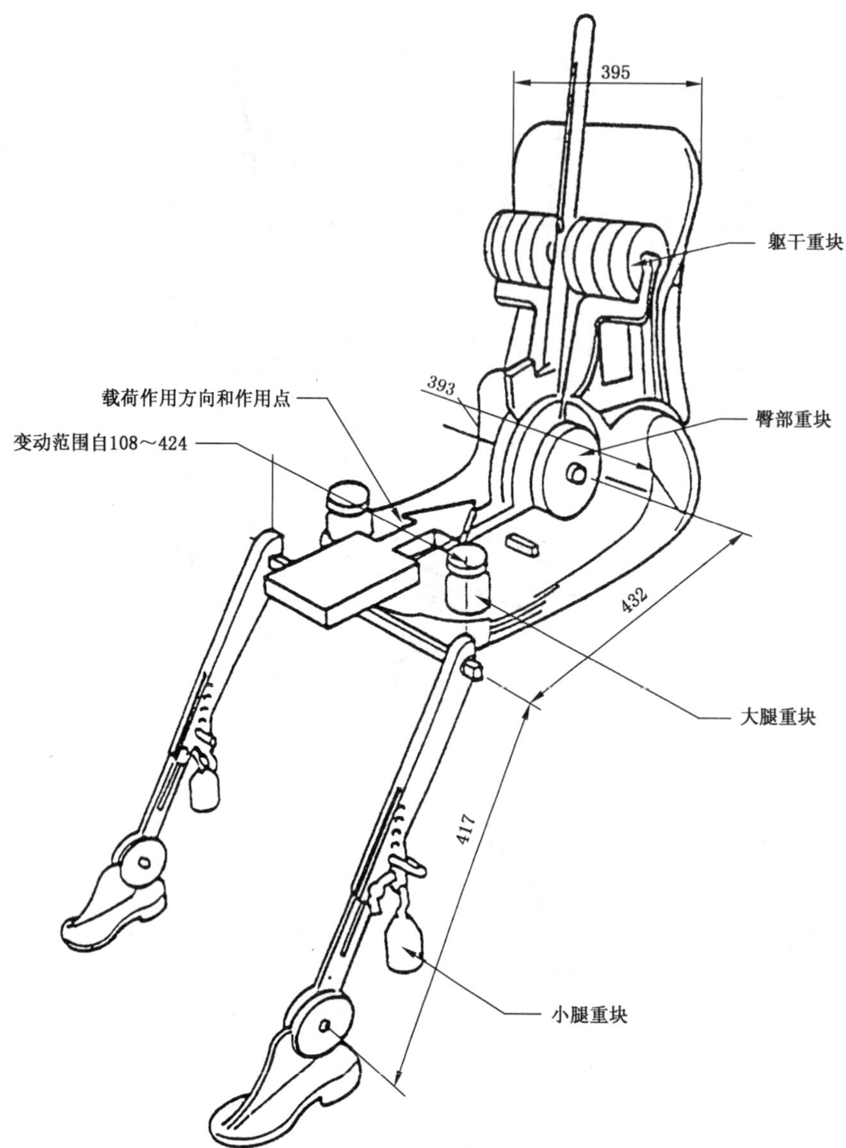

图 C.2　3-D H 装置构件尺寸和负荷分布

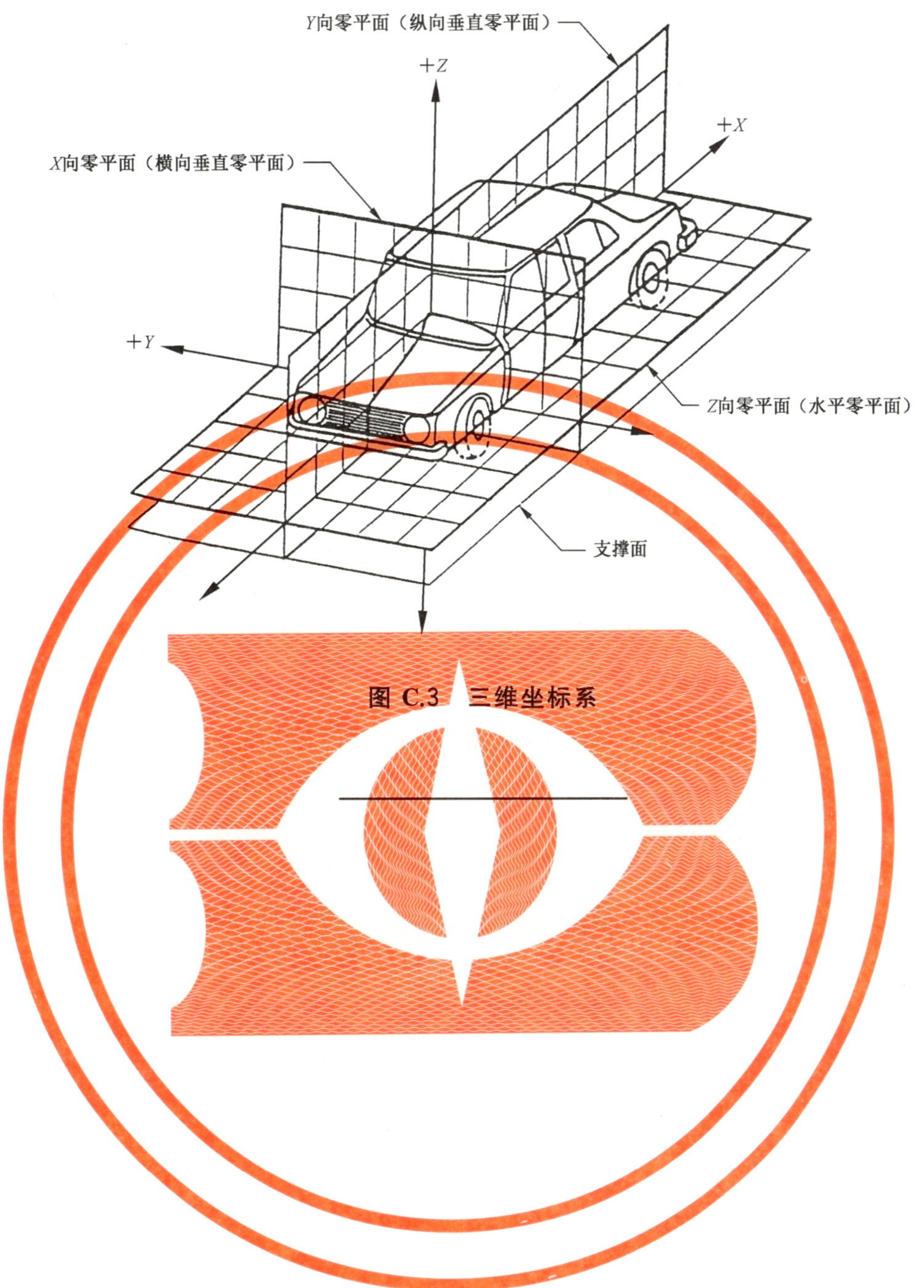

图 C.3　三维坐标系

ICS 43.040.60
T 26

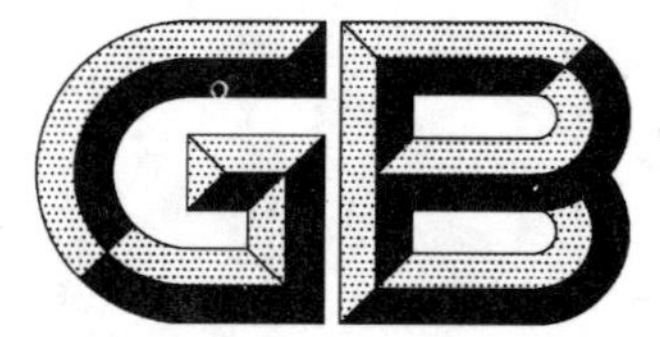

中华人民共和国国家标准

GB 11566—2009
代替 GB 11566—1995

乘用车外部凸出物

External projections for passenger car

2009-09-30 发布　　2011-01-01 实施

中华人民共和国国家质量监督检验检疫总局
中国国家标准化管理委员会　发布

前　言

本标准的全部技术内容为强制性要求。

本标准代替 GB 11566—1995《轿车外部凸出物》。

本标准技术内容修改采用欧洲经济委员会 ECE R26 法规(03 系列,2007 年版)《关于就外部凸出物方面车辆认证的统一规定》(法文版)的相关条款,并在附录 A 中列出了本标准章条编号与 ECE R26 法规章条编号的对照一览表。

考虑到我国国情,在采用 ECE R26 法规时,本标准做了以下修改:

——根据我国人体平均身高因素,本标准 4.1,5.17.1 中将"2 m"改为"1.8 m";

——增加了规范性引用文件;

——删除了 ECE R26 中有关认证方面的下列章节和附录,其原因是标准体系和法规体系的形式差别所致:第 3 章"认证申请",第 4 章"认证",第 7 章"车型的认证更改及认证扩展",第 8 章"生产一致性",第 9 章"生产不一致的处罚",第 10 章"正式停产",第 11 章"认证试验部门及政府部门的名称和地址",第 12 章"过渡条款",附录 1"通知书",附录 2"认证标志的布置示例",附录 4"通知书"。

为便于使用,对于 ECE R26 法规还作了下列编辑性修改:

——cm 改为 mm,daN 改为 N;

——"本法规"改为"本标准";

——对附录 B 的图示,采用了 GB 11566—1995 中的图示说明;

——增加资料性附录 A。

本标准与 GB 11566—1995 的主要差异有:

——更改了标题:"轿车"改为"乘用车";

——适用范围由"轿车"扩大为"M_1 类车"(本版的第 1 章);

——增加了车辆型式、圆角半径、凸出物的尺寸、天线的定义(本版的 3.1,3.4,3.7,3.9);

——更改了保险杠方面的技术要求(本版的 5.5.2);

——调整了需满足要求的金属板件的边缘的范围(本版的 5.8);

——更改了天线底座凸出部分的高度及其技术要求(本版的 5.17.4);

——增加了天线底座不易识别的天线应满足的技术要求(本版的 5.17.4.1 及 5.17.4.2);

——增加了资料性附录 A(本版的附录 A)。

本标准的附录 B 为规范性附录,附录 A 为资料性附录。

关于本标准第 5.5.2,5.17.4.1,5.17.4.2 实施的过渡要求:

a) 对于新认证车型,本标准自 2011 年 1 月 1 日起实施;

b) 对于在生产车型,本标准自 2012 年 1 月 1 日起实施。

本标准由国家发展和改革委员会提出。

本标准由全国汽车标准化技术委员会归口。

本标准起草单位:神龙汽车有限公司、东风汽车公司、国家汽车质量监督检验中心(襄樊)、郑州日产汽车有限公司。

本标准主要起草人:王焱、侯翠华、黄小枚、王玉民。

本标准所代替标准的历次版本发布情况为:

——GB 11566—1989,GB 11566—1995。

乘用车外部凸出物

1 范围

本标准规定了 GB/T 15089—2001 中的 M_1 类车外部凸出物的一般要求、特殊要求及其检验方法。

本标准适用于 M_1 类车的外部凸出物。

本标准对停止及行驶时的车辆都适用，但不适用于外后视镜，也不适用于牵引装置。

2 规范性引用文件

下列文件中的条款通过本标准的引用而成为本标准的条款。凡是注日期的引用文件，其随后所有的修改单（不包括勘误的内容）或修订版均不适用于本标准，然而，鼓励根据本标准达成协议的各方研究是否可使用这些文件的最新版本。凡是不注日期的引用文件，其最新版本适用于本标准。

GB/T 15089—2001 机动车辆及挂车的分类

3 术语和定义

下列术语和定义适用于本标准。

3.1

车辆型式 vehicle type

在类似于外表面形状或材料等主要方面没有差异的同一型式的车辆。

3.2

外表面 external surface

车辆覆盖件的可见表面，包括发动机罩、行李箱盖、车门、翼子板、车顶、照明及灯光信号装置和可见的加强筋等。

3.3

底线 floor line

按以下方法确定的线：

取一个半角为 30°的圆锥体（自行确定锥高，以操作方便为原则，锥顶向上，锥轴与水平面垂直），使其沿一满载车辆的车身外表面可接触的最低位置连续接触，这些接触点的几何轨迹即是底线。确定底线时，不考虑起重器支承点、排气管或车轮的因素。车轮上的拱形间隙可假想成填平后所形成的连续光滑表面，在确定汽车两端的底线时，应考虑保险杠。对某一具体车型，锥体接触点可能在保险杠的端头或在保险杠下面的车身板件上。如果同时有两个或两个以上的接触点，应取最下面的接触点来确定底线。

3.4

圆角半径 radius of curvature

假想部分最接近圆形的圆弧半径。

3.5

满载车辆 laden vehicle

装至技术上允许的最大总质量的车辆。如果车辆装备有液气、液力或空气悬挂装置，或随载荷变化的自动稳定装置，应按制造厂规定正常行驶条件下的最不利状况装载。

3.6

汽车最外边缘　extreme outer edge

对两侧而言，指与汽车的Y平面平行且与汽车两侧最外边缘相切的两平面；对前后端而言，指与汽车X平面平行且与汽车前、后最外边缘相切的垂直横向平面。在确定汽车最外边缘时，不考虑以下凸出物：

——轮胎与地面接触部分及轮胎气门嘴；

——装在车轮上的防滑装置；

——外后视镜；

——侧转向信号灯、示廓灯、前及后(侧)位灯及驻车灯；

——装在汽车前、后端保险杠上的零件，牵引装置和排气管。

3.7

凸出物的尺寸　the dimension of the projection

车身板件上装配的零件的凸出物的尺寸。按照附录B.2描述的方法测量。

3.8

车身板件标定线　the nominal line of a panel

按附录B.2.2的方法，用直径为100 mm的球体对车身某一板件表面测量时，通过最初与最后位置的两球心的连线。

3.9

天线　aerial

为了发射和/或接收电磁信号所使用的装置。

4　一般要求

4.1　本标准不适用于在汽车满载，车门、车窗及各种入口的盖板均处于关闭状态时，外表面位于以下位置的零部件：

——高于地面1.8 m的零部件；

——低于底线的零部件；

——在工作状态或静止状态下，均不能被直径为100 mm的球体所触及的零部件。

4.2　车身外表面不应有任何朝外的尖锐零件，以及由于其形状、尺寸、朝向、硬度等在碰撞事故中可能增加刮伤、撞伤的危险性或加重被撞者伤势的朝外的凸出物。

4.3　车身外表面不应有可能刮到行人、骑自行车或摩托车的人的朝外零件。

4.4　车身外表面凸出零件的圆角半径不应小于2.5 mm。这一要求不适用于凸出车身外表面不到1.5 mm的零件以及凸出车身外表面1.5 mm以上、5 mm以下但零件朝外的部分是圆滑的零件。

4.5　车身外表面凸出零件的材料硬度不超过邵尔(A)硬度60 HA时，圆角半径可小于2.5 mm。在测量硬度时，部件应安装在车辆上。当不能用邵尔(A)硬度方法进行硬度测量时，可用比较测量法进行评价。

4.6　除第5章特殊要求中有明确规定的情况外，以上4.1～4.5的规定均适用。

5　特殊要求

5.1　装饰件

5.1.1　对凸出支承面超过10 mm的车身装饰件，在大致平行于其安装面的平面内，从任何方向对装饰件凸出的最高点施加100 N的外力时，该装饰件应能收缩到支承面之内、脱落或弯曲变形。本规定不适用于散热器格栅上的装饰件，这些件只需满足第4章的一般要求。

在施加100 N的力时，应用一个直径不大于50 mm的平端压头，如若不可行，应采用等效法。装饰件缩进、脱落或弯曲之后，剩余的部分凸出高度不应大于10 mm。这些凸出件在任何情况下均应满足4.2的规定。如果装饰件安装在一个基板上，则认为基板属于装饰件，而不属于支承面。

5.1.2 车身外表面上的保护装饰条或防护件不受5.1.1的限制，但应可靠地固定在车身上。

5.2 前照灯

5.2.1 前照灯允许装凸出的遮光板及灯圈，但相对于前照灯配光镜外表面的凸出高度应不超出30 mm且圆角半径不应小于2.5 mm。如前照灯安装在一个外加的透明面之后，凸出部分应自最外的透明表面测量。凸出高度按附录B.3规定的方法测量。

5.2.2 可收缩式前照灯无论处于工作位置或收缩位置都应符合5.2.1的规定。

5.2.3 5.2.1的规定不适用于埋在车身板件内或外伸在车身板件上的前照灯，但车身板件要符合5.9的要求。

5.3 格栅及间隙

5.3.1 4.4的规定不适用于固定元件或活动元件(包括进出风道口的零件以及散热器罩)间的间隙宽度小于40 mm、且此间隙是有功能要求的情况。当间隙宽度在25 mm～40 mm之间时，圆角半径不应小于1 mm；若间隙宽度等于或小于25 mm时，其外边缘的圆角半径不应小于0.5 mm。两相邻元件之间的间隙宽度按附录B.4所规定的方法测量。

5.3.2 形成格栅或间隙的每个元件的前端与侧端的接合处应是圆滑的。

5.4 风窗刮水器

5.4.1 风窗刮水器的转轴应带有保护罩，其圆角半径满足4.4的规定，其端部面积不应小于150 mm^2。如是圆形盖，在离最高凸出点不大于6.5 mm处测量时，应有150 mm^2的最小投影面积。后窗刮水器和前照灯刮水器也应同样满足此要求。

5.4.2 刮水器刮片及其支承件不受4.4规定的限制，但这些零件上不应有尖角或刃口。

5.5 保险杠

5.5.1 保险杠两端应向车身表面弯曲，以减少刮伤的危险。如果保险杠是嵌入式的；或和车身结构形成一体的；或保险杠侧端部向内弯曲但不能被直径为100 mm的球体所接触，并且保险杠端部和最近的车身表面之间的距离不超过20 mm，则认为满足要求。

5.5.2 如果车身外轮廓线与前或后保险杠的曲线的垂直投影相重合，在距车辆前向(对于后保险杠是后向)的车身外轮廓线内侧20 mm，和车身外轮廓线及其与车辆垂直纵向对称平面成15°夹角的两垂直平面相切的法线围成的区域(见图1)内，所有点组成的表面的圆角半径不应小于5 mm。其他情况下不应小于2.5 mm。

5.5.3 5.5.2的要求不适用于凸出高度小于5 mm的保险杠的局部零件或保险杠上的镶嵌件，尤其是前照灯洗涤器的连接盖及喷嘴，这些零件朝外的角应是圆滑的，但凸出高度小于1.5 mm的零件除外。

5.6 车门、行李箱盖和发动机罩的手柄、铰链和按钮；油箱盖和各种盖子

5.6.1 车门或行李箱盖手柄的凸出高度不应超过40 mm，其他情况不应超过30 mm。

5.6.2 如侧门手柄属旋转式的，则应满足下述任一条：

5.6.2.1 如手柄与车门表面平行旋转，手柄的自由端应朝向后方且向车门板弯曲并安置在保护套内或是嵌在凹槽中。

5.6.2.2 对不与车门表面平行、任意方向向外转动的手柄，在关闭位置时，手柄的自由端应朝后或朝下并安置在一个保护套内或是嵌在凹槽中。

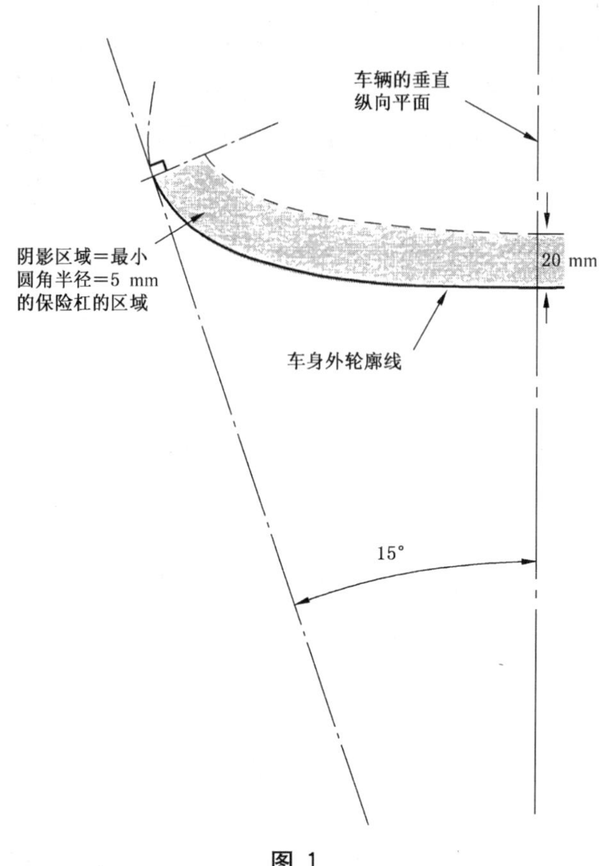

图 1

不满足上述条件但满足下列条件的手柄仍可接受：

a) 手柄有一个独立的回位机构；

b) 如回位机构损坏，手柄凸出表面不超过 15 mm；

c) 在打开位置，符合 4.4 的规定；

d) 手柄端部的表面积在离最外凸出点不大于 6.5 mm 处测量时，不小于 150 mm^2。

5.7 车轮、车轮螺母、轮毂罩盖和车轮装饰罩

5.7.1 车轮、车轮螺母、轮毂罩盖及车轮装饰罩等零件的外表面不受 4.4 的限制。

5.7.2 在超过轮辋外平面的车轮、车轮螺母、轮毂罩盖及车轮装饰罩等零件上不应有任何尖锐的凸出物，不允许用蝶形螺母。

5.7.3 当汽车直线行驶时，位于车轮旋转轴线水平面以上的车轮零件(轮胎除外)，不应凸出车身外表面在水平面上的垂直投影。如果因功能要求(如车轮装饰罩)不得不凸出时，凸出量最多为 30 mm，凸出部分表面的圆角半径不应小于 30 mm。

5.8 金属板件的边缘

流水槽及滑动门轨道等金属板件应翻边或加装符合本标准规定的防护件。

未经保护的边缘，应翻边 180°，或者向车身表面翻边，使其不会被一直径为 100 mm 的球体所触及。

发动机罩后边缘以及后行李箱盖的前边缘的金属板件，可不满足 4.4 的要求。

5.9 车身板件

车身板件上加强筋的圆角半径允许小于 2.5 mm，但不应小于按附录 B.1 的方法测量的凸出高度 H 的 1/10。

5.10 两侧空气及雨水导流板

车身两侧导流板朝外的边缘的圆角半径不应小于 1 mm。

5.11 千斤顶支承架和排气管

千斤顶支承架和排气管末端凸出位于其正上方的底线垂直投影的距离，不应大于 10 mm。若排气管的末端边缘是圆形，且最小圆角半径为 2.5 mm，则排气管可以凸出底线的垂直投影 10 mm 以上。

5.12 进排气风门片

进排气风门片在所有使用位置都应满足 4.2、4.3、4.4 的要求。

5.13 顶盖

5.13.1 带有活动天窗车辆的顶盖，只考虑在其关闭时的位置。

5.13.2 敞篷式车辆应在车篷升起位置和落下位置进行检验。

5.13.2.1 当车篷落下时，不应对由车篷在升起位置所构成的一个假想表面的车辆内部的物品做检验。

5.13.2.2 当车篷落下时，若有一个作为标准装备的罩盖将其覆盖，则检验时连同罩盖一起进行检验。

5.14 车窗

从车身外表面向外移动的车窗，在所有使用位置均应符合以下规定：

——应没有任何外露的边缘朝向前方；

——车窗的任何部分不应凸出汽车最外边缘。

5.15 号牌支架

由汽车制造厂提供的号牌支架，当号牌按汽车制造厂推荐的位置安装时，用一直径为 100 mm 的球体与之接触时，应符合 4.4 的要求。

5.16 行李架及雪撬架

5.16.1 行李架及雪撬架安装在车辆上时，应至少在一个方向上能将其可靠固定，且能承受纵向及横向的水平作用力。力值不应低于制造厂规定的最大垂直承载能力。对于按制造厂规定安装的行李架及雪撬架试验，试验载荷不能仅作用在一个点上。

5.16.2 行李架及雪撬架安装固定后，用一直径为 165 mm 的球体对其进行接触检验时，其接触表面的圆角半径不应小于 2.5 mm。满足 5.3 要求的除外。

5.16.3 在 5.16.2 提及的接触表面之上的连接件（诸如螺钉之类的不借助工具可以拧紧或松开的连接件），其凸出高度不应大于 40 mm。凸出高度用直径为 165 mm 的球体按附录 B.2.2 所述方法进行测量。

5.17 天线

5.17.1 无线电收发天线按制造商规定的任一使用位置安装在车辆上时，如果天线的顶端离地高度小于 1.8 m，它应处在汽车最外边缘内 100 mm 的垂直平面围成的区域内。

5.17.2 此外，安装在车辆上的天线顶端部分不应伸出车辆最外边缘。

5.17.3 天线杆件的圆角半径可以小于 2.5 mm，但天线顶端应装固定的帽，该帽的圆角半径不应小于 2.5 mm。

5.17.4 按附录 B.2 的方法测量时，装天线的底座不应凸出 40 mm 以上。

5.17.4.1 当天线由于没有柔性杆或部件而不能识别天线底座的组成部分时，在天线最凸出的部分的位置，用一个直径不大于 50 mm 的平端压头向前和向后分别施加 1 个最大 500 N 的水平力之后，应满足：

a) 天线朝支承面弯曲，且凸出高度不超出 40 mm，或

b) 天线折断，而剩余零件不存在尖锐或危险的部分，且用一直径为 100 mm 的球体与之接触时，其凸出高度不超过 40 mm。

5.17.4.2 5.17.4 和 5.17.4.1 的要求不适用于位于通过驾驶员“R”点的横向垂直平面之后的天线。

如果天线位于此垂直平面之后，其包括底座在内的天线的最凸出部分按附录 B.2 的方法进行测量，只要不超过 70 mm 即可。

如果天线位于此垂直平面之后但凸出高度超过 70 mm，5.17.4.1 同样适用，凸出高度的限值是 70 mm 而不是 40 mm。

5.18 安装说明

已经过型式认证的作为单列技术装置的行李架、雪橇架及收放机及无线电天线应附装配说明书，否则不应销售。

装配说明书应包含足够的参数资料，使已认证的部件安装到车辆上能符合上述第 4 章，第 5 章的有关规定。特别对伸缩式天线应指出使用位置。

附　录　A
（资料性附录）
本标准章条编号与 ECE R26 章条编号对照

表 A.1 给出了本标准章条编号与 ECE R26 章条编号对照一览表。

表 A.1　本标准章条编号与 ECE R26 章条编号对照

本标准章条编号	对应的国际标准章条编号	本标准章条编号	对应的国际标准章条编号
1	1	5.8	6.8
1	1.1	5.9	6.9
1	1.2	5.10	6.10
2	—	5.11	6.11
3	2	5.12	6.12
3.1	2.2	5.13	6.13
3.2	2.3	5.14	6.14
3.3	2.4	5.15	6.15
3.4	2.5	5.16	6.16
3.5	2.6	5.17	6.17
3.6	2.7	5.18	6.18
3.7	2.8	—	7
3.8	2.9	—	8
3.9	2.10	—	9
—	3	—	10
—	4	—	11
4	5	—	12
4.1	5.1	—	附录 1
4.2	5.2	—	附录 2
4.3	5.3	附录 A	—
4.4	5.4	附录 B	附录 3
4.5	5.5	附录 B.1	附录 3-1
4.6	5.6	附录 B.1.1	附录 3-1.1,1.2
5	6	附录 B.1.2	附录 3-1.3
5.1	6.1	附录 B.1.3	附录 3-1.4
5.2	6.2	附录 B.2	附录 3-2
5.3	6.3	附录 B.2.1	附录 3-2.1
5.4	6.4	附录 B.2.2	附录 3-2.2
5.5	6.5	附录 B.3	附录 3-3
5.6	6.6	附录 B.4	附录 3-4
5.7	6.7	—	附录 4

附 录 B
（规范性附录）
凸出物及间隙的尺寸测量方法

B.1 车身板件上凸出及折叠部分的测量方法

B.1.1 若被测截面仅有一个凸出折叠加强筋时（见图 B.1）：

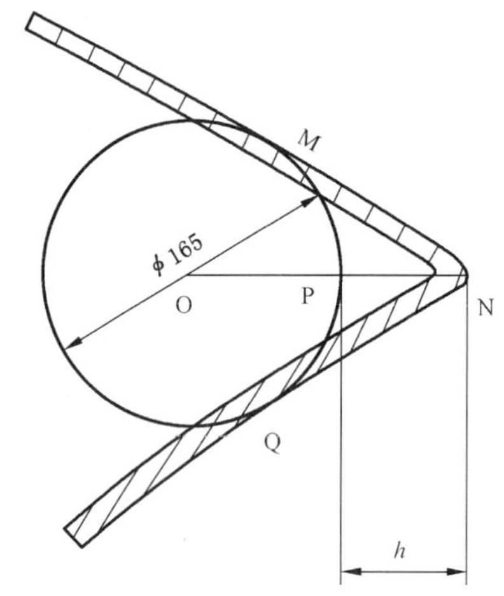

图 B.1

a） 用一直径为 165 mm 的圆作基准圆，与被测截面的车身外廓内切于 M、Q 点；

b） 连接被测截面最凸出点 N 与圆心 O，交内切圆的圆周于 P 点；

c） 量取线段 PN 的长度即是被测凸出部分的凸出高度 h。

B.1.2 若被测截面有两个凸出部分组成时（见图 B.2）：

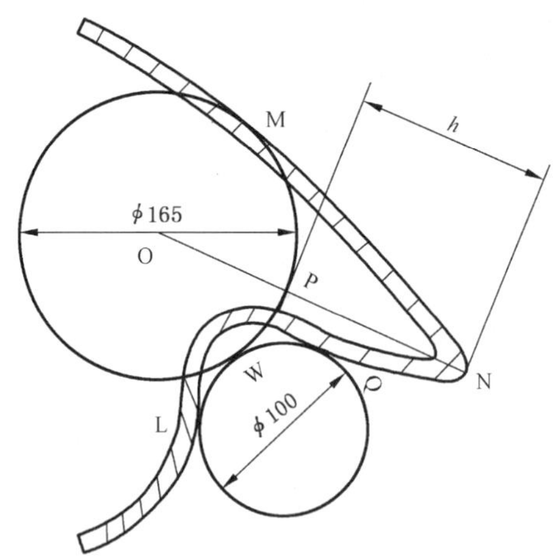

图 B.2

a） 用直径 100 mm 的圆与被测截面外表面相切于 Q、L 两点（见图 B.2）；

b） 用直径 100 mm 圆的 QWL 弧段代替被测截面的原外廓弧段 QL；

c） 按附录 B.1.1 所述方法求出被测截面的凸出高度 h 值。

B.1.3 制造商应提供被测部分的外廓截面图，为了能够用上述方法确定凸出物的高度。

B.2 装在车身外表面上的零件凸出物尺寸的测量方法

B.2.1 装在凸形表面上的一个零件的凸出尺寸可以直接测量，或参照此零件在安装位置时的相应截面的图纸来测定。

B.2.2 如果一个零件装在非凸出板件上(见图 B.3)，这个零件的凸出部分尺寸使用一个直径为 100 mm 的球体沿被测表面连续滚动，将得到一系列的球体球心位置点 O_1、O_2、O_3。过首末球体位置的球心点 O_1 和 O_3 做一直线，O_1O_3 线即是车身板件标定线。从距 O_1O_3 最远的球心点 O_2 向凸出物的凸出表面作垂线交 O_1O_3 于 Q，则 O_2Q 即是被测的凸出高度 h。

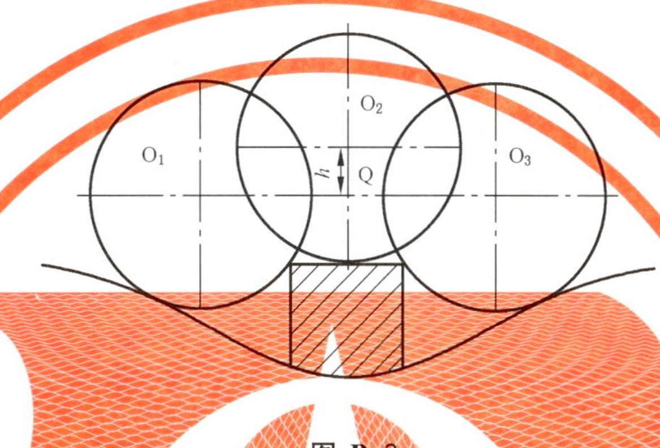

图 B.3

B.3 前照灯遮光板和灯圈的凸出部分的测量方法

从直径为 100 mm 的球体的接触点水平测量前照灯外表面凸出部分，如图 B.4 所示。用直径 100 mm 的球体与前照灯透光镜外表面相接于点 L，同时该球外表面又与前照灯遮光板上部最凸出部分相接于点 Q，点 L 和 Q 在纵向垂直平面的投影水平距离 h 即为凸出高度。

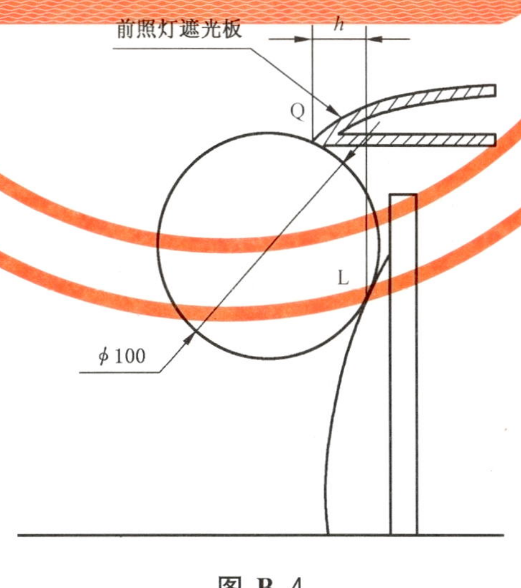

图 B.4

B.4 格栅之间间隙尺寸的测量方法

格栅之间的间隙尺寸应由通过球体两接触点并垂直于连接这些点的线的两个平面间的距离来测定。如图 B.5、图 B.6 所示。用直径 100 mm 的球体与格栅的两相邻元件接触，接触点分别为 L、Q 点。点 L 和 Q 间的距离 h 即为格栅间隙。

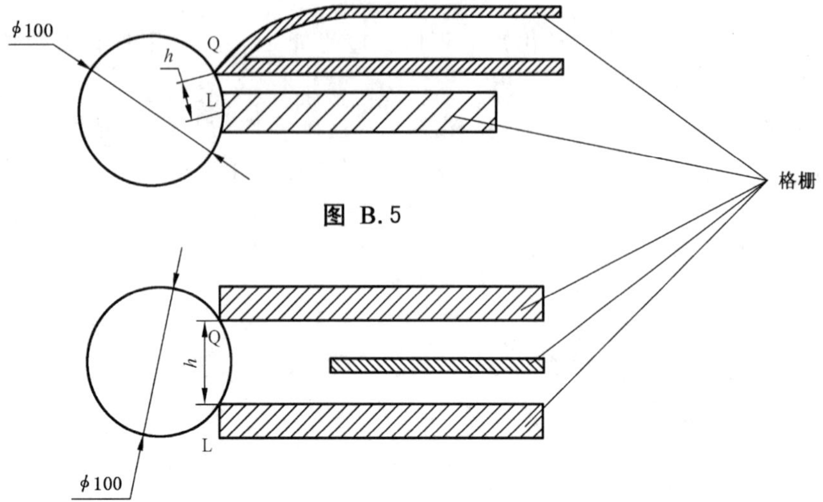

图 B.5

图 B.6

前　　言

本标准全部技术内容为强制性要求。

本标准仅对GB 11567—1994《汽车和挂车侧面及后下部防护装置要求》中有关侧面防护装置的内容进行了修订。

本标准等同采用了联合国欧洲经济委员会(ECE)1988年2月29日发布的ECE R73《关于就侧面防护装置方面批准载货车、挂车和半挂车的统一规定》的全部技术内容。

本标准与GB 11567—1994的主要差异有:

① 对侧面防护装置的形状和侧面防护装置在车辆横向位置的要求比GB 11567—1994更为具体、详细。

② 对侧面防护装置前端的结构和位置要求重新进行了规定。

③ 对侧面防护装置后端的位置限值进行了调整。

④ 对侧面防护装置距车辆上部的距离要求进行了调整和完善。

⑤ 对侧面防护装置的构成,增加了不允许侧面防护装置作为制动元件、气体或液体管路的要求。

⑥ 增加了对特种车辆的补充规定。

本标准自实施之日起,替代GB 11567—1994中有关侧面防护装置的内容。

本标准由国家机械工业局提出。

本标准由全国汽车标准化技术委员会归口。

本标准起草单位:中国汽车技术研究中心、长春汽车研究所。

本标准主要起草人:朱彤、朱西产、崔光滨。

本标准委托全国汽车标准化技术委员会负责解释。

本标准首次发布于1989年,1994年第一次修订,本次为第二次修订。

中华人民共和国国家标准

汽车和挂车侧面防护要求

Motor vehicles and trailers—Lateral protection requirements

GB 11567.1—2001

代替 GB 11567—1994 部分内容

1 范围

本标准规定了对汽车和挂车侧面防护的技术要求，以有效地保护无防御行人，以免其跌于车侧而被卷入车轮下面。

本标准适用于 N_2、N_3、O_3 和 O_4 类车辆，但本标准不适用于：

——半挂牵引车；

——为搬运无法分段的长货物而专门设计和制造的特殊用途车，如运输木材、钢材棒料等货物的车辆；

——为了专门目的设计和制造的、由于客观原因而无法安装侧面防护装置的车辆。

2 定义

本标准采用下列定义。

2.1 无防御行人

是指可能跌于车侧而被卷入车轮下的行人、骑自行车或骑摩托车的人。

2.2 侧面防护装置

能有效地保护无防御行人，以免其跌于车侧而被卷入车轮下的装置。

3 侧面防护要求

3.1 总则

3.1.1 对于 N_2、N_3、O_3 和 O_4 类车辆，必须从全长范围考虑提供有效的侧面防护，避免无防御行人跌于车侧而卷入车轮下。当符合下列情况之一时，视为满足该要求：

a）如果车辆按照第 4 章的要求安装了一种专门的侧面防护装置；

b）如果车辆侧面的设计和(或)装备，根据其构成部件的形状和特性可取代侧面防护装置。

3.2 车辆试验条件

a）车辆应安置在一个水平的平面上；

b）转向轮应处于直线行驶位置；

c）车辆应处于整车整备质量状态；

d）半挂车应放置在支承装置上，基本处于水平状态。

4 侧面防护装置的技术条件

4.1 侧面防护装置不应增加车辆的总宽，其外表面的主要部分位于车辆最外沿(最大宽度)以内不大于 120 mm 的位置。对某些车辆，装置的前缘允许按 4.4.3 和 4.4.4 向内弯曲。装置后端至少有 250 mm 位于后轮胎最外侧(不包括轮胎接触地面胀出的部分)以内不大于 30 mm 的位置。

中华人民共和国国家质量监督检验检疫总局 2001-08-22 批准　　2002-05-01 实施

4.2 侧面防护装置的外表面应光滑，并尽可能前后连续；相邻部件允许搭接，但搭接的外露边沿应向后或向下；相邻部件可沿纵向留出不大于 25 mm 的间隙，但后部不能超出前部的外侧。螺栓和铆钉的圆头允许凸出外表面不超过 10 mm，其他零件只要其光滑并倒圆，也可凸出外表面不超过 10 mm。所有外露的棱边和转角皆应倒圆，且半径不小于 2.5 mm。

4.3 侧面防护装置可以是一个连续平面，或由一根或多根横杆构成，或者是平面与横杆的组合体；当采用横杆结构时，横杆间距不大于 300 mm，且截面高度：

a) N_2 和 O_3 类车辆不小于 50 mm；

b) N_3 和 O_4 类车辆不小于 100 mm。

平面和横杆的组合结构应形成一个实际连续的侧面防护装置，应满足 4.2 的规定。

4.4 侧面防护装置的前缘的构造应满足的要求

4.4.1 位置

4.4.1.1 对于 N_2 和 N_3 类汽车：前缘应处在最靠近它的轮胎周向切面之后 300 mm 的范围之内，该切面是与车辆纵向平面垂直的铅垂面；

4.4.1.2 对于全挂车：前缘应处在 4.4.1.1 所述平面之后 500 mm 范围之内；

4.4.1.3 对于半挂车：若安装有支腿，则前缘位于支腿的中心横截面之后不大于 250 mm 处。但是在任何情况下前缘到转向中心销位于最后位置时的中心横截面之间的距离不能超过 2.7 m。

4.4.2 当侧面防护装置的前缘位于开阔空间时，侧面防护装置的前缘应具有一个连续的、贯穿其整个高度的垂直构件；对于 N_2 和 O_3 类车辆，该垂直构件的外侧面向内弯曲 100 mm，垂直构件的前端面向后弯曲至少 50 mm，对于 N_3 和 O_4 类车辆，该垂直构件的外侧面向内弯曲 100 mm，垂直构件的前端面向后弯曲至少 100 mm。

4.4.3 对于 N_2 和 N_3 类汽车，若 4.4.1.1 中所述 300 mm 尺寸落在驾驶室区域，则前缘与驾驶室后壁板件间的间隙不超过 100 mm，若有必要，应向内弯成一个不大于 45°的角度。此时 4.4.2 的要求不再适用。

4.4.4 对于 N_2 和 N_3 类汽车，若 4.4.1.1 中所述 300 mm 尺寸落在驾驶室以后，并且侧面防护装置的前缘向前延伸，进入到驾驶室区域，则前缘与驾驶室后壁板件间的间距不超过 100 mm，必须满足 4.4.3 的规定。

4.5 侧面防护装置的后缘应处在最靠近它的轮胎周向切面之前 300 mm 的范围之内，该切面是与车辆纵向平面垂直的铅垂面。

4.6 侧面防护装置的下缘任何一点的离地高度不应大于 550 mm。

4.7 侧面防护装置的上缘与其上部的车辆构件相距应不超过 350 mm，该构件是指与切于轮胎外侧表面（不包括轮胎接触地面胀出的部分）的铅垂平面交割或接触的零部件。下述情况例外：

a) 当 4.7 中所述平面没有与车辆构件相交，则装置的上缘应与货台平面持平或距离地面至少 950 mm 高，视其小者而定；

b) 当与 4.7 中所述平面相交的车辆构件距离地面超过 1.3 m，则装置上缘的离地高度不应小于 950 mm；

c) 针对集装箱运输或车厢可拆卸式结构专门设计制造的车辆，侧面防护装置的上缘允许按上述 a) 和 b) 确定，将集装箱和可拆卸式车厢视为车辆构件。

4.8 侧面防护装置应具有一定的刚度，固定牢固（不因振动而松动），除 4.9 中所述零部件外，应采用金属或其他适当材料制造。当用直径 220 mm±10 mm 的圆形平压头施以 1 kN 的静压力垂直作用于该装置外表面的各部分时，其因受力而产生的变形应满足下述要求：侧面防护装置在最后 250 mm 段的变形量不超过 30 mm；其余部分变形量不超过 150 mm。

4.9 固定地安装在车辆上的各种设施，如备胎、蓄电池架、储气筒、燃油箱、灯具、反射镜、工具箱等可以作为侧面防护装置的一部分，但其要满足本标准的要求。侧面防护装置与固定安装设施的间隙应符合

4.2 的要求。

4.10 制动元件，气体或液体的管路不允许作为侧面防护装置。

5 关于某些特种结构车辆的补充规定

5.1 可伸缩式挂车压缩为最短时，侧面防护装置应符合第 4 章所有的要求；而在伸长后，应符合 4.6、4.7 和 4.8 的要求，4.4 或 4.5 不需全部满足，只需满足其中任意一条；挂车伸长不应使装置沿长度方向产生间隙。

5.2 罐式汽车，即具有固定安装于车辆的封闭容罐，并备有用于装卸的软管或管路接口，为运输液态物料而专门设计的车辆，侧面防护装置除因操作功能而无法满足的规定外，应尽可能符合第 4 章的所有要求。

5.3 对于安装有伸缩支腿的车辆，允许侧面防护装置留出供支腿伸出的相应空隙。

5.4 对于安装有绳缆固定装置，具备卷扬输送功能的车辆，侧面防护装置允许留有供绳缆通过并拉紧的空隙。

前　　言

本标准全部技术内容为强制性要求。

本标准仅对GB 11567—1994《汽车和挂车侧面及后下部防护装置要求》中有关后下部防护装置的内容进行了修订。

本标准参照采用了联合国欧洲经济委员会(ECE)1983年7月11日发布的ECE R58《关于1:批准后下部防护装置　2:批准安装有已批准的后下部防护装置的车辆　3:批准就具有后下部防护的车辆的统一规定》的全部技术内容。本标准修订的内容与ECE R58的主要差异在于增加了具有吸能性能的后下部防护装置的技术要求和移动壁障追尾碰撞试验条件与程序。

本标准的附录A、附录B、附录C为标准的附录。

本标准与GB 11567—1994的主要差异有:

① 分别对后下部防护装置、安装了符合本标准第Ⅰ部分要求的后下部防护装置的N_2、N_3、O_3和O_4类车辆、具有后下部防护的车辆进行了规定。

② 本标准仅仅保留了GB 11567—1994中关于后下部防护装置外形的要求(GB 11567—1994中的3.2.5),对GB 11567—1994中其他关于后下部防护装置的要求全部进行了修改。

③ 本标准以附录的形式规定了后下部防护装置的静态加载试验条件与程序、移动壁障追尾碰撞试验条件与程序和测量仪器。

本标准自实施之日起,替代GB 11567—1994中有关后下部防护装置的内容。

关于标准实施日期的建议:

1) 对于新定型的车辆:自本标准实施之日起开始实施。

2) 对于新生产的车辆:自2002年7月1日起开始实施。

本标准由国家机械工业局提出。

本标准由全国汽车标准化技术委员会归口。

本标准起草单位:中国汽车技术研究中心、长春汽车研究所。

本标准主要起草人:朱彤、朱西产、崔光滨。

本标准委托全国汽车标准化技术委员会负责解释。

本标准首次发布于1989年,1994年第一次修订,本次为第二次修订。

中华人民共和国国家标准

汽车和挂车后下部防护要求

Motor vehicles and trailers—
Rear underrun protection requirements

GB 11567.2—2001

代替 GB 11567—1994 部分内容

1 范围

本标准规定了汽车和挂车后下部防护装置的技术要求和试验方法。

1.1 本标准适用于:

第Ⅰ部分:将要安装到 N_2、N_3、O_3 和 O_4 类车辆的后下部防护装置;

第Ⅱ部分:安装了符合本标准第Ⅰ部分要求的后下部防护装置的 N_2、N_3、O_3 和 O_4 类车辆;

第Ⅲ部分:安装了没有按照本标准第Ⅰ部分进行检验的后下部防护装置的 N_2、N_3、O_3 和 O_4 类车辆,或其组成部件被设计成具有后下部防护功能或装备了其他具有后下部防护功能的部件的 N_2、N_3、O_3 和 O_4 类车辆。

本标准不适用于:

——半挂牵引车;

——为搬运无法分段的长货物而专门设计和制造的特殊用途车,如运输木材、钢材棒料等货物的车辆;

——为了专门目的设计和制造的、由于客观原因而无法安装后下部防护装置的车辆。

1.2 本标准的目的在于如果 M_1 和 N_1 类车辆与本标准 1.1 中涉及的车辆发生碰撞时能够提供有效的保护,以防止发生钻撞。

2 定义

本标准采用下列定义。

2.1 后下部防护

后下部防护是指专门的后下部防护装置或者依靠自身的外形与特性能够具有后下部防护装置功能的车辆的车体、车架部件或其他部件。

2.2 后下部防护装置

通常是由横梁组成的安装或连接在车架边梁或车辆其他结构件上的装置。

第Ⅰ部分
后下部防护装置

3 后下部防护装置的技术要求

3.1 后下部防护装置的横向构件的端部不得弯向车辆后方,尖锐部分不得朝后。横向构件的端部成圆角状,其端头圆角半径不小于 2.5 mm,横向构件的截面高度不小于 100 mm。

3.2 后下部防护装置在车辆后部可以被设计成具有不同的安装位置。此时,应具有可靠的方法以保证

中华人民共和国国家质量监督检验检疫总局 2001-08-22 批准　　2002-05-01 实施

其安装后在安装位置上不会随意移动。操作员要改变装置位置时须施加的力最大不能超过 400 N。

3.3 后下部防护装置对追尾碰撞的车辆必须具有足够的阻挡能力,以防止发生钻入碰撞。该阻挡功能应按照 3.3.1 的静态加载试验或 3.3.2 的移动壁障碰撞试验进行考核。

3.3.1 按附录 A(标准的附录)中静态加载试验过程与试验条件规定进行试验,在指定的试验力作用期间和之后,可观测到的后下部防护装置的最大水平变形量应做记录。

3.3.2 按附录 B(标准的附录)中移动壁障碰撞试验过程与试验条件规定进行试验,在指定的碰撞过程中可观测到的移动壁障碰撞过程中的钻入量、最大减速度值及碰撞后的反弹速度应做记录,并且应满足 3.3.2.1 和 3.3.2.2 的要求。

3.3.2.1 在附录 B 中指定的碰撞过程中,后下部防护装置可以变形、开裂,但是不许整体脱落。

3.3.2.2 在附录 B 中指定的碰撞过程中,后下部防护装置应能够吸收碰撞能量以缓和冲击。要求移动壁障的最大减速度不大于 40 g,反弹速度不大于 2 m/s。

第 Ⅱ 部分

安装了符合第 Ⅰ 部分要求的后下部防护装置的 N_2、N_3、O_3 和 O_4 类车辆

4 安装了符合第 Ⅰ 部分要求的后下部防护装置的 N_2、N_3、O_3 和 O_4 类车辆的技术要求

4.1 在空载状态下,车辆的后下部防护装置的下边缘离地高度及按照 3.3.1 进行试验时施加于后下部防护装置的试验力的作用点离地高度应满足 4.1.1 或 4.1.2 的要求,并应做记录。

4.1.1 对于后下部防护装置的状态可以调整的车辆:车辆的后下部防护装置整个宽度上的下边缘离地高度应不大于 450 mm,同时按照 3.3.1 进行试验时施加于装置的试验力的作用点离地高度不能超过 500 mm。

4.1.2 对于后下部防护装置的状态不能调整的车辆:车辆的后下部防护装置整个宽度上的下边缘离地高度应不大于 550 mm,同时按照 3.3.1 进行试验时施加下装置的试验力的作用点离地高度不能超过 600 mm。

4.2 后下部防护装置的宽度不可大于车辆后轴两侧车轮最外点之间的距离(不包括轮胎的变形量),并且后下部防护装置任一端的最外缘与这一侧车辆后轴车轮最外端的横向水平距离不大于 100 mm。如果车辆有两个以上的后轴,应以最长的后轴为准。另外,符合附录 A 中 A3.1.2 要求的试验力的作用点与后轴最外端的距离必须测量,并应做记录。

4.3 在按照 3.3.1 或 3.3.2 的要求进行试验后,由于静态加载力的作用或移动壁障的碰撞,使后下部防护装置发生变形,则在变形后装置的后部与车辆最后端(在测量时处于空载状态下车辆上与地面的垂直距离大于 3 m 的部分除外)的纵向水平距离不能超过 400 mm。

4.4 待检验的车辆在安装了符合本标准第 Ⅰ 部分要求的后下部防护装置之后,其最大设计总质量不应超过车辆说明书上所标明的最大设计总质量。

4.5 车辆的后下部防护装置应不影响车辆的通行能力:或者可通过适当的措施暂时改变后下部防护装置的状态以保证车辆的离去角,满足通行的要求。

第 Ⅲ 部分

具有后下部防护的车辆

5 具有后下部防护的车辆的技术要求

5.1 在空载状态下,车辆的后下部防护的下边缘离地高度应满足 5.1.1 或 5.1.2 的要求。

5.1.1 对于后下部防护的状态可以调整的车辆:车辆的后下部防护整个宽度上的下边缘离地高度应不大于 450 mm。

5.1.2　对于后下部防护的状态不能调整的车辆：车辆的后下部防护整个宽度上的下边缘离地高度应不大于 550 mm。

5.2　后下部防护应尽可能的位于靠近车辆后部的位置。

5.3　后下部防护的宽度不可大于车辆后轴两侧车轮最外点之间的距离(不包括轮胎的变形量)，并且后下部防护任一端的最外缘与这一侧车辆后轴车轮最外端的横向水平距离不大于 100 mm。如果车辆有两个以上的后轴，应以最长的后轴为准。如果装置属于车体或车体同时也是装置的一部分，即使车体超出后轴宽度，那么后下部防护同样不能超出后轴宽度。

5.4　后下部防护的横向构件的端部不得弯向车辆后方，尖锐部分不得朝后。横向构件的端部成圆角状，其端头圆角半径不小于 2.5 mm，横向构件的截面高度不小于 100 mm。

5.5　后下部防护在车辆后部可以被设计为具有不同的安装位置。此时，应具有可靠的方法以保证其安装后在安装位置上不会随意移动。操作员要改变装置位置时所须施加的力最大不能超过 400 N。

5.6　后下部防护无论在任何位置上，都应与车架或其他类似部件相连接，后下部防护对追尾碰撞的车辆必须具有足够的阻挡能力，以防止发生钻入碰撞。该阻挡功能应按照 5.6.1 的静态加载试验或 5.6.2 的移动壁障碰撞试验进行考核。

5.6.1　按附录 A 静态加载试验过程与试验条件规定进行试验时，在指定的试验力作用期间和之后，记录可观测到的后下部防护的最大水平变形量。

5.6.2　按附录 B 移动壁障碰撞试验过程与试验条件规定进行试验时，在指定的碰撞过程中可观测到的移动壁障碰撞过程中的钻入量、最大减速度值及碰撞后的反弹速度，并且应满足 5.6.2.1 和 5.6.2.2 的要求。

5.6.2.1　在附录 B 中指定的碰撞过程中，后下部防护可以变形、开裂，但是不许整体脱落。

5.6.2.2　在附录 B 中指定的碰撞过程中，后下部防护应能够吸收碰撞能量以缓和冲击。要求移动壁障的最大减速度不大于 40 g，反弹速度不大于 2 m/s。

5.7　在按照 5.6.1 或 5.6.2 的要求进行试验后，由于静态加载力的作用或移动壁障的碰撞，使后下部防护发生变形，则在变形后装置的后部与车辆最后端(在测量时处于空载状态下车辆上与地面的垂直距离大于 3 m 的部分除外)的纵向水平距离不能超过 400 mm。

5.8　车辆的后下部防护应不影响车辆的通行能力；或者可通过适当的措施暂时改变后下部防护的状态以保证车辆的离去角，满足通行的要求。

附 录 A
（标准的附录）
静态加载试验条件与程序

A1 后下部防护装置的试验条件

A1.1 在进行试验时可任选以下之一的方式进行：

a）在预计安装后下部防护装置的车辆上进行；

b）在预计安装后下部防护装置的车辆车架部件上进行；

c）在刚性试验台上进行。

A1.2 在按照 b)和 c)进行试验时，用于连接后下部防护装置和车辆车架部件或刚性试验台的连接部件应与实际用来将后下部防护装置安装到车辆上的连接部件相同。

A2 车辆试验条件

A2.1 车辆应处于空载状态，固定在水平、平坦、刚性、平滑的平面上。

A2.2 前轮处于直线行驶位置。

A2.3 轮胎应充气到车辆制造商所推荐的压力。

A2.4 为了达到下面 A3.2 所规定的试验力，应按照车辆制造商指定的方法制动车辆。

A2.5 装备有液压气动、液压或气压悬架或根据负载自动平衡的装置的车辆应处于车辆制造商规定的正常运行状态下。

A3 试验程序

A3.1 加载点的位置

本标准 3.3.1 和 5.6.1 的要求应通过使用适当的试验设备进行检验，在后下部防护装置横梁结构的中心平面上有 5 个载荷作用点，如图 A1 所示。5 个载荷作用点位于同一水平面上，并且其离地面的高度为：对于后下部防护装置的状态可以调节的车辆，加载点的中心距离地面的高度不能超过 500 mm；对于后下部防护装置的状态不能调节的车辆，加载点的中心距离地面的高度不能超过 600 mm。

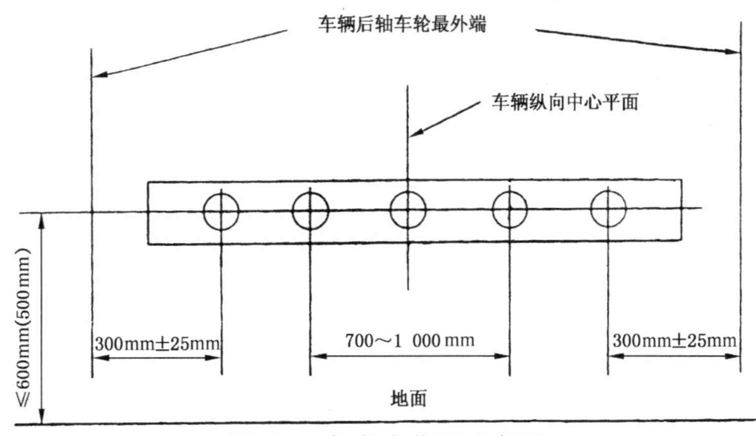

图 A1 加载点位置示意图

载荷通过图 A2 所示的加载装置将规定的载荷施加到后下部防护装置上，该加载装置的加载面高度不大于 250 mm（确切的高度由制造商来指定），宽度为 200 mm，加载面与其他侧面的倒角直径为 5 mm±1 mm。

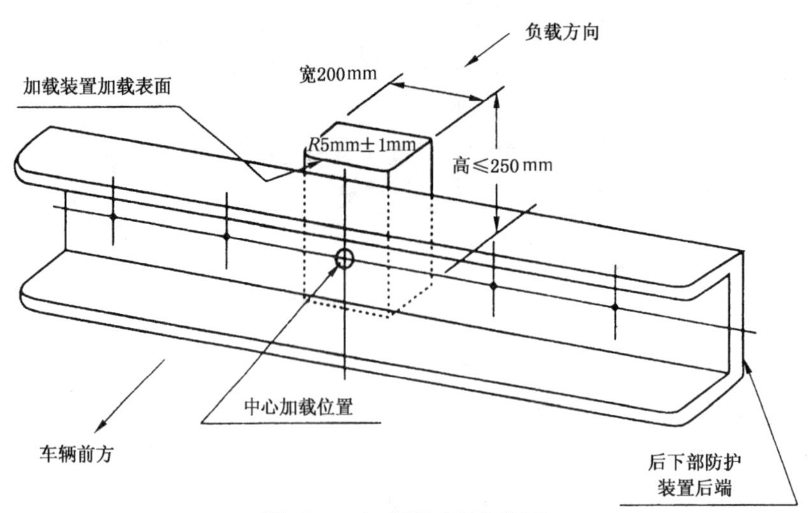

图 A2 加载装置示意图

A3.1.1 两点加载

两个作用点之间的距离在 700～1 000 mm 之间，作用点的具体位置由制造商给定。

A3.1.2 三点加载

其中左右两边外侧两个作用点，分别距离车辆后轴轮胎的最外端相切并且平行于车辆纵向中心线的垂直平面 300 mm±25 mm，如果车辆有两个以上的后轴，车辆后轴轮胎的最外端应以距离车辆纵向中心面最远的点（不包括轮胎的变形量）为准；第三个作用点位于上述两点连线之间，并且处于车辆中央垂直平面上。

A3.2 试验载荷

A3.2.1 两点加载时为 100 kN 或者相当于车辆最大总质量的 50%的水平载荷（取两者较小值），分别持续作用于上述规定的左侧加载点或右侧加载点上。

A3.2.2 三点加载时为 25 kN 或者相当于车辆最大总质量的 12.5%的水平载荷（取两者较小值），分别持续作用于上述规定的左侧作用点上或右侧作用点上，然后持续作用在车辆纵向中心平面上的加载点上。

A3.3 加载程序

A3.3.1 试验可以顺次进行两点加载和三点加载。在试验过程中，允许使用不同的试验样品。

A3.3.2 两点加载时与加载顺序无关。

A3.3.3 三点加载时，先进行两端加载点的加载试验，然后进行车辆纵向中心平面上的点的加载试验，左右两边外侧点加载的顺序无关。

附 录 B
（标准的附录）
移动壁障追尾碰撞试验条件与程序

B1 概述

本部分试验使用移动壁障撞击载货汽车后下部防护装置，考核后下部防护装置的：

B1.1 阻挡功能——防止追尾碰撞时钻入载货汽车下部而造成车内乘员伤害；

B1.2 缓冲吸能功能——缓和冲击，减轻对碰撞车辆车内乘员的伤害，改善碰撞相容性。

B2 移动壁障

移动壁障质量为 1 100 kg±25 kg，前端碰撞表面为刚性，宽 1 700 mm，高 400 mm，离地间隙 240 mm。在碰撞表面前面覆盖一层 20 mm 厚的优质胶合板。

B3 试验条件及试验准备

B3.1 试验场地

试验场地应足够大，以容纳跑道、固定壁障和试验所需的技术设备。在固定壁障前至少 5 m 的跑道应水平、平坦和光滑。

B3.2 固定壁障

固定壁障由钢筋混凝土制成，前端宽度不小于 3 m，高度不小于 1.5 m。壁障厚度应保证其质量不低于 7×10^4 kg。壁障前表面应铅垂，其法线与车辆直线行驶方向成 0°夹角，壁障前表面应具有适当的结构以便安装试件。

B3.3 试件准备

B3.3.1 从载货汽车的车架上取下一段车尾部结构，用于安装待试验的后下部防护装置。

B3.3.2 采用与实际相同的安装方式将防护装置固定在载货汽车的尾部结构上。

B3.3.3 按照载货汽车空载时的尺寸将制备好的试件用螺栓刚性地固定在固定壁障前端，后下部防护装置的前表面与固定壁障的水平距离不应小于 1 000 mm，刚性的车尾部结构的下表面与地面的垂直距离不小于 800 mm(如果载货汽车空载时车尾部车架的下表面与地面的垂直距离小于 800 mm 的话，将其调节到 800 mm)。

B3.3.4 在试件和移动壁障上贴上易于高速摄影分析用的醒目的标志，作为钻入量、反弹速度测量的测点和标尺。

B4 碰撞试验的实施

B4.1 移动壁障在碰撞瞬间应不再承受任何附加转向或驱动装置的作用。

B4.2 移动壁障到达后下部防护装置的路线的过程中，在横向任一方向偏离理论轨迹均不得超过 15 cm。

B4.3 碰撞速度

在碰撞瞬间，移动壁障的速度应为 $32_{-2}^{\ 0}$ km/h。当然如果试验在更高的速度下进行，并且后下部防护装置满足要求，也认为试验合格。

B5 测量项目

B5.1 移动壁障碰撞车速的测量

在碰撞前 2 m 范围内测量移动壁障的运动速度。

B5.2 移动壁障钻入量的测量

使用不低于 500 幅/s 的高速摄影(像)机从正侧面拍摄碰撞过程，由图像分析测量碰撞过程中移动壁障的钻入量。光学测量系统必须有确定碰撞零时刻的装置，以便确定钻入量测量的初始位置。

B5.3 移动壁障碰撞过程最大减速度值的测量

从移动壁障的纵向安装 2 个加速度测量通道。采用符合附录 C(标准的附录)的要求且 CFC 为 60 的数据通道。

B5.4 移动壁障碰撞后反弹速度的测量

使用不低于 500 幅/s 的高速摄影(像)机从正侧面拍摄碰撞过程，由图像分析测量碰撞后移动壁障的反弹车速。反弹车速的测量从最大钻入量位置为初始位置，测量反弹到约 0.2 m 位置的平均速度；如果反弹距离小于0.2 m,反弹速度以0计,认为移动壁障的动能在碰撞过程中被后下部防护装置的塑性变形能吸收,没有发生反弹。

附　录　C
（标准的附录）
测试技术:仪器

C1　定义

C1.1　数据通道

数据通道包括从传感器(或以某种特定方式结合在一起输出信号的复合传感器)到数据分析仪器(可以分析数据的频率成分和幅值成分)的所有设备。

C1.2　传感器

数据通道的第一环节,用来将被测的物理量转换成为其他的量(如电压),以便其后接设备的处理。

C1.3　通道的幅值等级:CAC

满足本附录规定的某些幅值特性的数据通道的表示方法。CAC值在数值上等于测量范围的上限。

C1.4　特征频率 F_H,F_L,F_N

这些频率的定义如图C1所示。

C1.5　通道的频率等级:CFC

通道的频率等级由某一数值表示,该值表明通道的频率响应位于图C1规定的限值内。CFC值在数值上等于 F_H(Hz)值。

C1.6　灵敏度系数

在通道的频率等级内,采用最小二乘法对标定值拟合,所得直线的斜率即为灵敏度系数。

C1.7　数据通道的标定系数

在对数坐标上,位于 F_L 与 $F_H/2.5$ 之间,用等间隔频率点的灵敏度系数的平均值表示。

C1.8　线性误差

标定值与C1.6定义的直线上对应读数之间的最大差值同通道幅值等级的比,用百分数表示。

C1.9　横向灵敏度

当一个激励施加于与测量轴线垂直的传感器上时的输出信号与输入信号的比值。该值表示为主测量轴向的灵敏度的百分数。

C1.10　相位滞后时间

数据通道的相位滞后时间等于某正弦信号的相位滞后(用弧度表示)除以该信号的角频率(用rad/s表示)。

C1.11　环境

在给定的时刻,数据通道所处的外部条件与受到的影响的总称。

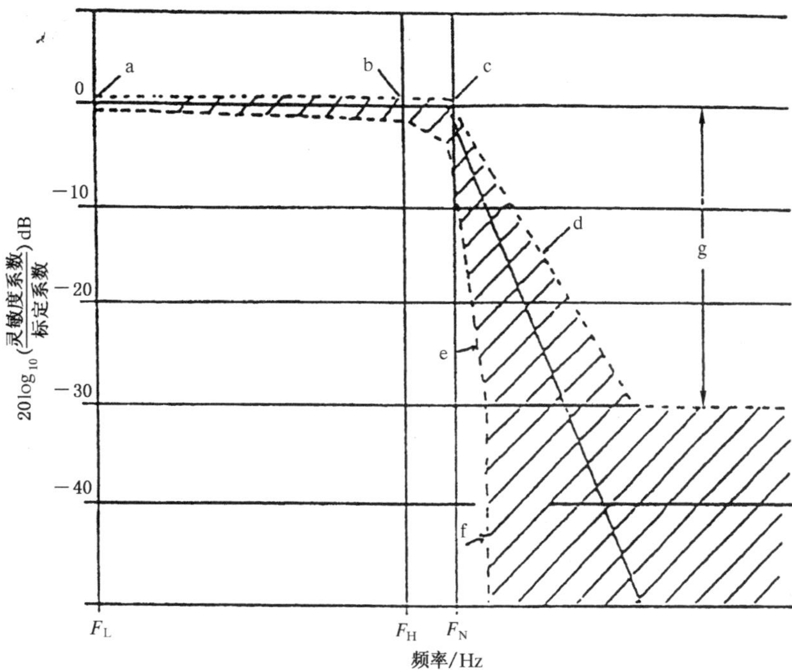

CFC	F_L Hz	F_H Hz	F_N Hz	N	对数坐标		
1 000	≤0.1	1 000	1 650	a	±0.5		dB
600	≤0.1	600	1 000	b	+0.5	−1	dB
180	≤0.1	180	300	c	+0.5	−4	dB
60	≤0.1	60 s	100	d	−9		dB/倍频程
				e	−24		dB/倍频程
				f	∞		
				g	−30		

图 C1　频率响应曲线

C2　性能要求

C2.1　线性误差

CFC 中任何频率下数据通道的线性误差的绝对值，在整个测量范围内，应等于或小于 CAC 值的 2.5%。

C2.2　幅值对频率的关系

数据通道的频率响应应位于图 C1 给定的限定曲线内。0 dB 线由标定系数确定。

C2.3　相位滞后时间

数据通道的输入与输出信号之间的相位滞后时间，在 0.03 F_H 与 F_H 之间，不得超过1/(10F_H)秒。

C2.4　时间

C2.4.1　时基

时基应予记录并至少给出 1/100 s，精度为 1%。

C2.4.2　相对时间延迟

两个或多个数据通道信号之间的相对时间延迟，不管何频率等级，不应超过 1 ms，除去因相位漂移而产生的滞后。

信号混合在一起的两个或多个数据通道应具有相同的频率等级且相对时间延迟不得超过1/(10F_H)秒。

这一要求适用于模拟信号以及同步脉冲和数字信号。

C2.5 传感器横向灵敏度

传感器横向灵敏度在任何方向应小于5%。

C2.6 校准

C2.6.1 概述

数据通道用可追朔到已知标准的基准设备进行标定，每年至少一次。与基准设备进行比较的方法不应导致大于CAC的1%的误差。基准设备的使用应限定在已标定的频率范围内。数据采集系统的子系统可以单独标定，然后换算成总系统的精度。比如，可以用已知幅值的电信号模拟传感器的输出对系统进行标定，而不需要传感器。

C2.6.2 用于标定的基准设备的精度

基准设备的精度应由官方计量机关予以检定或确认。

C2.6.2.1 静态校准

C2.6.2.1.1 加速度

误差应小于通道幅值等级的±1.5%。

C2.6.2.1.2 力

误差应小于通道幅值等级的±1%。

C2.6.2.1.3 位移

误差应小于通道幅值等级的±1%。

C2.6.2.2 动态校准

C2.6.2.2.1 加速度

基准加速度的误差表示成通道幅值等级的百分数，要求：

400 Hz以下时不超过±1.5%；

400 Hz～900 Hz之间不超过±2%；

大于900 Hz时不超过±2.5%。

C2.6.2.3 时间

基准时间的相对误差应不超过10^{-5}。

C2.6.3 灵敏度系数和线性误差

测量数据通道的输出信号与已知变化幅值的输入信号的关系即可确定灵敏度系数和线性误差。数据通道的标定应覆盖整个幅值等级。

对双向幅值通道，正值、负值均应标定。

如果标定设备不能产生要求的输入，标定应该在相应标准的限制内进行，限值应该记录在测试报告中。

在F_L与$F_H/2.5$之间，整个数据通道应在有重要值的频率处或某一段频率范围内进行标定。

C2.6.4 频率响应的标定

幅频特性和相频特性由数据通道的输出信号与已知输入信号的关系确定，输入信号在F_L与10倍的CFC或3 000 Hz(取较小者)之间变化。

C2.7 环境影响

应进行定期检查以确定环境的影响(诸如电或磁通量等)。这通常可以通过记录装备了模拟传感器的备用数据通道的输出来进行。如果输出信号过大，即应采取纠正措施，例如更换电线。

C2.8 数据采集通道的选择与确定

通过CAC与CFC确定数据通道。

CAC应是1×10^N，2×10^N或5×10^N，其中N为整数。

C3 传感器的安装

传感器应刚性固定以使其记录受振动的影响尽可能小。安装的谐振频率至少为数据通道所考虑的 F_H 频率的 5 倍。尤其是加速度传感器的安装应保证实际测量轴线相对于基准轴线的偏离角不得大于 5°,除非为分析安装的影响而采集数据。测量某一点的多轴向加速度时,每个加速度传感器轴线应距该点 10 mm 内,每个加速度计的惯性质量中心应距该点 30 mm 内。

C4 记录

C4.1 模拟磁带记录仪

带速应稳定,带速误差不超过使用带速的 0.5%。在最大带速时,记录仪信噪比应不低于 42 dB。总谐波失真应小于 3%,并且线性误差应小于量程的 1%。

C4.2 数字式磁带记录仪

带速应稳定,带速误差不超过使用带速的 10%。

C4.3 纸带式记录仪

在直接式数据记录情况下,纸带速度(以 mm/s 表示)应至少为 F_H 值(以 Hz 为单位)的 1.5 倍。在其他情况下,纸带速度应保证获得相同的分辨率。

C5 数据处理

C5.1 滤波

在数据记录或处理过程中,都要进行相应于数据通道的频率等级的滤波。然而,在记录之前,应进行比 CFC 级别高的模拟滤波,以便使用记录器至少 50%的动态范围,而且降低了记录仪器高频饱和或导致数字处理过程中的频率混淆的危险。

C5.2 数字化

C5.2.1 采样频率

采样频率应至少等于 $8F_H$。对于模拟记录仪,当记录和回放速度不同时,采样频率能被速比整除。

C5.2.2 幅值分辨率

数字长度至少为 7 位和一个符号位。

C6 试验结果的表示

试验结果应以 A4 幅面纸(ISO/R216)给出。以图形表示的试验结果应有坐标轴,坐标轴采用相应于所选单位的适当倍数的测量单位来定标(如 1 mm,2 mm,5 mm,10 mm,20 mm)。应使用标准国际单位制,但车辆速度可以使用 km/h,而碰撞加速度则可以用 g 来表示,这里 $g=9.81\ m/s^2$。

ICS 43.080.20
T 42

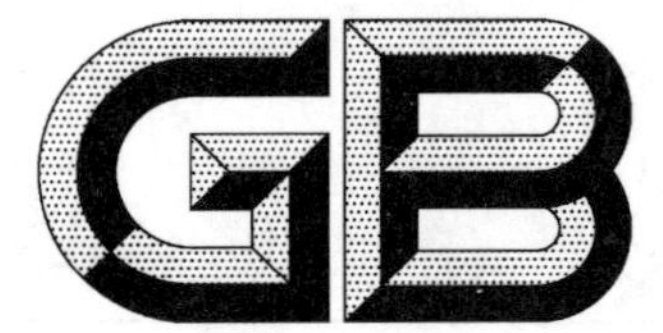

中华人民共和国国家标准

GB/T 12428—2005
代替 GB/T 12428—1990

客车装载质量计算方法

Laden mass calculating method for buses

2005-05-23 发布　　　　2005-10-01 实施

中华人民共和国国家质量监督检验检疫总局
中国国家标准化管理委员会　发布

前　言

本标准的修订主要参考了欧洲联盟2001年11月20日颁布的强制性客车指令2001/85/EC《对除驾驶员座位外座位数超过8个的载客车辆的特殊规定》，以及ECE R36、R52、R107和欧美十国国家标准中的有关内容，并综合考虑了我国人体特点和相关标准的规定作了适当调整。

本标准与GB/T 12428—1990相比主要变化和差异如下：

——标准的适用范围为M_2、M_3类客车；

——增删了规范性引用文件；

——增加了术语和定义；

——调整了每位乘员的平均计算质量和乘客站立区高度[前版的第5章和7.2.8，本版的第4章和3.5的C]；

——删除了可装载货物的计算公式，增加了客车装载行李质量和客车的最大设计装载质量计算公式；

——标准中的所有符号保持了与有关国际标准的一致。

本标准代替GB/T 12428—1990《客车装载质量计算方法》。

本标准由中华人民共和国交通部提出。

本标准由全国汽车标准化技术委员会归口。

本标准主要起草单位：长安大学、桂林桂联客车工业有限公司、成都客车股份有限公司、宁波高等专科学校。

本标准主要起草人：申福林、谢金铭、杨敏、李维维。

本标准所代替标准的历次版本发布情况为：GB/T 12428—1990。

客车装载质量计算方法

1 范围

本标准规定了客车每位成员及其手提行李和随身行李的平均计算质量，每位站立乘客所占的有效面积，每单位行李舱容积和每单位车顶行李架面积允许装载行李质量，以及乘员人数和客车装载行李质量及客车最大设计装载质量的计算方法。

本标准适用于 M_2、M_3 类客车，其他类型的车辆也可参照执行。

2 规范性引用文件

下列文件中的条款通过本标准的引用而成为本标准的条款。凡是注日期的引用文件，其随后所有的修改单(不包括勘误的内容)或修订版均不适用于本标准，然而，鼓励根据本标准达成协议的各方研究是否可使用这些文件的最新版本。凡是不注日期的引用文件，其最新版本适用于本标准。

GB/T 3730.1—2001 汽车和挂车类型的术语和定义

GB/T 3730.2—1996 道路车辆质量 词汇和代码

GB/T 15089—2001 机动车辆及挂车分类

3 术语和定义

GB/T 3730.1—2001、GB/T 3730.2—1996 确立的以及下列术语和定义适用于本标准。

3.1

乘员 passengers and crew

客车上乘客、驾驶员和车组人员的总称。

3.2

乘客 passengers

非乘务组人员的其他乘员。

3.3

乘客区 passenger compartment

客车上专供乘客使用的空间，不包括除乘客座椅之外的任何固定器具：如隔栏、投币箱、饮水机、冰柜、厨房、酒吧、卫生间以及驾驶区和 A 级、Ⅰ级、Ⅱ级客车售票员工作区等所占用的空间。

3.4

乘客区有效面积 the surface area available for passenger compartment

客车行驶状态下乘坐或站立乘客使用的有效面积。从客车车内总水平投影面积中减去以下各项面积而计算得出：

a) 驾驶区面积：单独供驾驶员使用的空间的水平投影面积，包括驾驶员座椅、方向盘、驾驶控制、仪表和其他驾驶车辆所必需设备占用空间的水平投影面积，以及除上述区域外，驾驶员为完成驾驶工作所必须的活动空间；

b) 车门处踏步面积，门及其操纵机构的运动面积；

c) 从地板量起，任何垂直空间高度小于 1 350 mm（不计相关标准中所允许的突入；对最大设计总质量不超过 3 500 kg 和乘客座位数不大于 12 座的 B 级客车及轮罩处：小于 1 200 mm；后置发动机客车：发动机舱处小于 1 100 mm）部分的面积；

d) 铰接式客车由于设置护板或隔栏等不应进入的面积；

e) 禁止乘客进入的面积（如售票员工作的区域、为运输货物或行李留用空间的面积等）；

f) 楼梯或半楼梯占用的面积。

3.5

站立乘客有效面积 the surface area available for standing passengers

客车行驶状态下站立乘客使用的有效面积。从乘客区有效面积中减去以下各项面积而计算得出（重复部分除外）：

a) 在可乘坐状态下乘客座椅的所占面积及座椅正前方 300 mm（位于轮罩上的侧向座椅正前方为 225 mm）区域内的面积；

b) 驾驶员座椅调至最后位置时，通过座垫表面中心和安装在车辆另一侧（非驾驶员座椅侧）的车外后视镜中心的铅垂平面前方的面积；

c) 后轴处及其后通道和双层客车下层地板以上净高度小于 1 770 mm 的面积，其他车内净高度小于 1 850 mm 的所有区域面积（扶手不计算在内）；

d) 地板坡度超过相关标准允许值的面积；

e) 在地板上凸起部分高于 8 mm 且不能放置 400 mm×300 mm 矩形的面积；

f) 除车门处踏步外，任何深度小于 300 mm 的踏步面积；

g) 当所有座椅（不包括折叠座椅）都被坐满时站立乘客不能进入的所有区域的面积；

h) 双层客车上层面积；

i) 轮椅区所占空间的面积；

j) 客车上不允许站立的其他区域的面积。

3.6

手提行李 hand baggage

乘客随身携带，可置于身边或车内行李架上的物品。

3.7

随身行李 the baggage other than hand baggage

乘客携带的，除手提行李外的其他随行行李。

4 每位乘员的平均质量、手提行李和随身行李的平均质量

每位乘员的平均质量 Q、手提行李的平均质量 M_{W_1} 和随身行李的平均质量 M_{W_2} 按表 1 计算（驾驶员、乘务员等乘务组人员不计算手提行李质量，均按 75 kg 计算）。

表 1

单位为千克/人

客车类型	A 级、Ⅰ级	Ⅱ级	B 级、Ⅲ级
Q	65	65	65
M_{W_1}	—	3	3
M_{W_2}	—	10	10

5　每位站立乘客所占的有效面积

每位站立乘客所占的有效面积 S_{sp} 按表 2 计算。

表 2

单位为平方米/人

客车类型	A 级、Ⅰ级	Ⅱ级	B 级、Ⅲ级
S_{sp}	0.125	0.15	—

6　每单位行李舱容积和每单位车顶行李架面积允许装载行李质量

每单位行李舱容积允许装载行李质量 L 和每单位车顶行李架面积允许装载行李质量 R 按表 3 计算。

表 3

客车类型	A 级、Ⅰ级	Ⅱ级	B 级、Ⅲ级	单位
L	—	100	100	kg/m^3
R	—	75	—	kg/m^2

7　乘员人数的确定

设计乘员人数按式(1)和式(2)计算，并取其最小值得出：

$$N = P_S + \frac{S_1}{S_{sp}} + P_W \qquad (1)$$

$$N = \frac{M_T - M_V - n(Q + M_{W_2})}{Q + M_{W_1} + M_{W_2}} + n \qquad (2)$$

式中：

N——设计乘员人数；

P_S——设计乘员座位数；

S_1——站立乘客有效面积，单位为平方米(m^2)；

S_{sp}——每位站立乘客所占的有效面积，单位为平方米每人(m^2/人)；

P_W——设计卧铺数；

M_T——最大设计总质量，单位为千克(kg)；

M_V——整车整备质量，单位为千克(kg)；

n——乘务组人员数；

Q——每位乘员的平均质量，单位为千克每人(kg/人)；

M_{W_1}——每位乘员手提行李的平均质量，单位为千克每人(kg/人)；

M_{W_2}——每位乘员随身行李的平均质量，单位为千克每人(kg/人)。

8　客车装载行李质量

按设计乘员人数计算时，客车装载行李质量按式(3)、式(4)和式(5)计算，并取其最小值得出：

$$M_W = (M_{W_1} + M_{W_2}) \cdot (N - n) + M_{W_2} n \qquad (3)$$

$$M_W = M_{W_1}(N - n) + LV + RV_X \qquad (4)$$

$$M_W = M_T - M_V - QN \qquad (5)$$

式中：

M_W——客车装载行李的质量，单位为千克(kg)；

L——每单位行李舱容积允许装载行李质量，单位为千克每立方米(kg/m^3)；

V——行李舱(区域)的总容积，单位为立方米(m^3)；

R——每单位车顶行李架面积允许装载行李质量，单位为千克每平方米(kg/m^2)；

V_X——车顶行李架有效承载面积，单位为平方米(m^2)。

9 客车的最大设计装载质量

客车的最大设计装载质量按式(6)计算：

$$M_Z = QN + M_W \qquad (6)$$

式中：

M_Z——客车的最大设计装载质量，单位为千克(kg)。

ICS 43.040.40
T 24

中华人民共和国国家标准

GB 12676—2014
代替 GB 12676—1999

商用车辆和挂车制动系统技术要求及试验方法

Technical requirements and testing methods for commercial vehicle and trailer braking systems

2014-10-10 发布　　2015-07-01 实施

中华人民共和国国家质量监督检验检疫总局
中国国家标准化管理委员会　发布

前言

本标准的全部技术内容为强制性。

本标准按照 GB/T 1.1—2009 给出的规则起草。

本标准代替 GB 12676—1999《汽车制动系统　结构、性能和试验方法》，本标准与 GB 12676—1999 相比，主要技术变化如下：

——删除了 M_1 类车辆的内容；

——增加了制动系统、控制装置、传输装置、制动器、不同类型的制动系统、制动系统的零部件、连续制动、半连续制动、自动制动、惯性(或超越)制动、渐进分级制动/可调节制动、相位制动、缓速制动系统、空载、满载、轴荷分配、轮/轴荷、最大静态轮/轴荷、电力再生式制动系统、前后车轮同时抱死、电控线路、数据通信、点到点、挂接力控制、标称值、自动控制制动、选择制动、基准制动力等术语和定义；

——删除了车型认证、同类型制动装置、弹簧制动系统、弹簧压缩腔、厂定压力、可控制制动等术语；

——在关于机动车辆与挂车气制动系统的连接中，增加了有关电控线路的要求(见 4.1.3，1999 年版的 4.1.5)；

——增加了制动系统定期技术检查的规定(见 4.1.4)；

——增加了复合电子控制系统的安全规定(见 4.1.5)；

——增加了行车制动系统的制动力在同一车轴(桥)的车轮之间分配的要求(见 4.2.1.8、4.2.2.5)；

——增加了强制安装防抱制动系统的车型范围(见 4.2.1.22、4.2.2.13)；

——增加了装有电力再生式制动系统的 M_2、N_1 和小于 5 t 的 N_2 类车辆的特殊要求(见 4.2.1.24)；

——增加了采用电控传输的驻车制动系统的特殊附加要求(见 4.2.1.25)；

——增加了装备电控传输装置的行车制动系统的特殊附加要求(见 4.2.1.26 和 4.2.2.15)；

——增加了挂接力控制系统的特殊要求(见 4.2.1.27)；

——增加了正常行驶试验(见 5.1.5.4)；

——增加了Ⅲ型试验(见 5.1.7)；

——增加了满足ⅡA 型试验的车型范围(见 5.1.8.1)；

——增加了对允许挂接无制动挂车的机动车辆的最低制动性能要求(见 5.2.1.2)；

——增加了对装有电力再生式制动系统车辆应急制动试验附加失效检查及性能要求(见 5.2.2.6)；

——修改了 M_2 类车型满载制动距离和 N_1 类车型空载制动距离评价指标(见 5.2.4.1，1999 年版的 5.2.2)；

——将第 6 章“制动系统试验方法”纳入到了第 5 章中，取消了变通试验(见第 5 章，1999 年版的第 6 章)；

——增加了车型批准和扩展(见第 6 章)；

——增加了生产一致性(见第 7 章)；

——增加了动力电池荷电状态的检验规程(见附录 A)；

——增加了气制动车辆响应时间的测量方法(见附录 B)；

——增加了关于供能和储能装置(储能器)的规定(见附录 C)；

——增加了有关弹簧制动系统特殊条件的规定(见附录 D)；

——增加了评价装有电控线路的车辆功能协调的试验规程(见附录 F)；

——增加了对复合电子车辆控制系统安全方面的特殊要求(见附录 H);

——增加了装有电力制动系统的挂车的试验条件(见附录 I);

——增加了不必进行Ⅰ型和或Ⅱ型(ⅡA型)或Ⅲ型试验的条件(见附录 J);

——增加了装备惯性(超越)制动系统的车辆的试验条件(见附录 L)。

本标准参考 ECE R13(10 系列,包括 2007 年 8 月及以前的修订条款)《M、N 和 O 类车辆制动系统型式认证的统一规定》编制,与 ECE R13 的一致性程度为非等效。

本标准与 ECE R13 相比,主要技术差异和编辑性修改如下:

——删除标准正文的第 3 章(认证申请)、第 4 章(认证)、第 9 章(对不一致生产的惩罚)、第 10 章(正式停产)、第 11 章(认证试验技术部门和行政管理部门的名称和地址)、第 12 章(过渡期规定)等条款;

——修改了标准正文的第 7 章(制动系统的车型认证更改和认证扩展)、第 8 章(生产一致性);

——将附件 4"制动试验和制动系统性能"纳入本标准正文;

——删除了附件 2、附件 3、附件 5、附件 9、附件 13、附件 19、附件 20;

——删除了标准正文及附件中有关 M_1 类车型的内容;

——增加了"空载质量"的定义;

——用"最大设计总质量"代替 ECE R13 中的"最大质量";

——增加了 4.1.4.7、5.1.1.2、5.1.1.3、5.1.2.5、5.1.2.6、5.4.4;

——将 ECE R13 附件 4 的附录 1 修改为本标准的附录 A;

——将 ECE R13 附件 6 修改为本标准的附录 B;

——将 ECE R13 附件 7 修改为本标准的附录 C;

——将 ECE R13 附件 8 修改为本标准的附录 D;

——将 ECE R13 附件 10 修改为本标准的附录 E;

——将 ECE R13 附件 11 修改为本标准的附录 J,将 ECE R13 附件 11 的附录 2 修改为本标准的附录 K,删除附件 11 的附录 1、附录 3、附录 4;

——将 ECE R13 附件 12 及其附录 1 修改为本标准的附录 L,删除附件 12 的附录 2、附录 3、附录 4;

——将 ECE R13 附件 14 修改为本标准的附录 I;

——将 ECE R13 附件 15 修改为本标准的附录 G;

——将 ECE R13 附件 17 修改为本标准的附录 F;

——将 ECE R13 附件 18 修改为本标准的附录 H。

在生产车自本标准实施之日起 12 个月后开始执行本标准;在此之前,在生产车可在本标准与 GB 12676—1999间选择使用。

本标准由中华人民共和国工业和信息化部提出。

本标准由全国汽车标准化技术委员会(SAC/TC 114)归口。

本标准起草单位:中国汽车技术研究中心、中国第一汽车股份有限公司、东风汽车有限公司、北汽福田汽车股份有限公司、柳州五菱工业有限公司、隆中控股集团有限公司、郑州宇通客车股份有限公司、包头北奔重型汽车有限公司、陕西重型汽车有限公司、中集通华专用车有限公司、中国重型汽车集团有限公司、安徽江淮汽车股份有限公司、汉阳专用汽车研究所、山东明水汽车配件厂、江铃汽车股份有限公司、瑞立集团公司、海南汽车试验研究所、国家汽车质量监督检验中心(襄樊)、定远汽车试验场、威伯科汽车控制系统(中国)有限公司、瀚德汽车产品(苏州)有限公司、日产(中国)投资有限公司、福伊特驱动技术系统(上海)有限公司、丰田汽车技术中心(中国)有限公司。

本标准主要起草人:刘地、刘兆英、金约夫、王兆、李功清、谢晋中、许志光、谢浩、刘知汉、伍刚、李厚情、张喆、庞建中、党建国、邬世锋、李广庭、周福庚、孟升、李增民、杜满胜、王化平、陈振日、左涛、程志兵、于素杰、郝永明、刘翠、苏洪运、冯涛、冯峰。

本标准所代替标准的历次版本发布情况为：

——GB/T 12676—1990、GB 12676—1999。

商用车辆和挂车制动系统技术要求及试验方法

1 范围

本标准规定了商用车辆和挂车制动系统的技术要求和试验方法。

本标准适用于 GB/T 15089 规定的 M_2、M_3 及 N 类机动车辆和 O 类挂车。

本标准不适用于下列车辆：

——设计车速不超过 25 km/h 的车辆；

——不能与设计车速超过 25 km/h 的机动车辆挂接的挂车。

2 规范性引用文件

下列文件对于本文件的应用是必不可少的。凡是注日期的引用文件，仅注日期的版本适用于本文件。凡是不注日期的引用文件，其最新版本（包括所有的修改单）适用于本文件。

GB/T 3730.1 汽车和挂车类型的术语和定义

GB/T 3730.2 道路车辆 质量 词汇和代码

GB/T 5345 道路车辆 石油基和非石油基制动液容器的标识

GB/T 5620 道路车辆 汽车和挂车 制动名词术语及其定义

GB/T 5922 汽车和挂车 气压制动装置压力测试连接器技术要求

GB/T 13594—2003 机动车和挂车防抱制动性能和试验方法

GB/T 15089 机动车辆及挂车分类

GB/T 20716.1 道路车辆 牵引车和挂车之间的电连接器 第 1 部分：24 V 标称电压车辆的制动系统和行走系的连接

GB/T 20716.2 道路车辆 牵引车和挂车之间的电连接器 第 2 部分：12 V 标称电压车辆的制动系统和行走系的连接

ISO 11992-1 道路车辆 牵引车和挂车之间电气连接数字信息交换 第 1 部分：物理层和数据链层

ISO 11992-2：2003 道路车辆 牵引车和挂车之间电气连接数字信息交换 第 2 部分：制动器和传动装置应用层

3 术语和定义

GB/T 3730.1、GB/T 3730.2、GB/T 5620 和 GB/T 15089 中界定的以及下列术语和定义适用于本文件。

3.1 基本术语和定义

3.1.1

车型 vehicle type

3.1.1.1

机动车辆 motor vehicle

就制动系统而言，在以下主要方面不存在差异的车辆：

——车辆类别；
——最大设计总质量；
——轴荷分配；
——最高设计车速；
——制动系统的类型，特别是指有无挂车制动系统，或有无电力再生式制动系统；
——车轴数和布置；
——发动机型式；
——变速器挡数与传动比；
——主传动比；
——轮胎规格。

3.1.1.2

挂车　trailer

就制动系统而言，在以下主要方面不存在差异的车辆：
——车辆类别；
——最大设计总质量；
——轴荷分配；
——制动装备类型；
——车轴数和布置；
——轮胎规格。

3.1.2

制动系统　braking system

使行驶车辆逐步减速或停车，或使已经停驶的车辆保持静止状态的零部件组合；该系统由控制装置、传输装置和制动器等组成。

3.1.3

促动　actuation

控制装置的作用和释放。

3.1.4

传输装置　transmission device

处于控制装置和制动器之间并使两者实现功能连接的零部件组合。传输装置可为机械式、液压式、气压式、电力式或混合式。制动力由驾驶员体力以外的能源提供或助力时，应将储能器视为传输装置的一部分。

传输装置具有两种独立的功能：控制传输和能量传输。本标准单独使用“传输”一词时，同时具有“控制传输”和“能量传输”两种意义。牵引车和挂车间的控制管路和供能管路不应视为传输装置的一部分。

3.1.4.1

控制传输装置　control transmission device

传输装置中控制制动器工作的零部件组合，具有控制功能和必需的储能器。

3.1.4.2

能量传输装置　energy transmission device

向制动器提供其功能所需能量的零部件组合，包括制动器工作必需的储能器。

3.1.5

制动器　brake

产生与车辆运动趋势相反的力的部件。可以是摩擦式制动器(制动力由车辆中具有相对运动的两个部件摩擦产生)、电力制动器(制动力由车辆中具有相对运动但不互相接触的两个部件间的电磁作用产生)、液力制动器(制动力由位于车辆两个部件间具有相对运动的液体产生),也可以是发动机缓速器(人为增加发动机的制动作用,并将力传递到车轮上)。

3.1.6

不同类型的制动系统　different types of braking system

在以下主要方面存在区别的制动装备:

——零件的特性不同;

——零件构成材料的特性不同,或零件的形状或尺寸不同;

——零件的组合方式不同。

3.1.7

制动系统的零部件　component of the braking system

可组装构成制动系统的单个零部件。

3.1.8

连续制动　continuous braking

通过具有下列特征的装置实现的汽车列车制动:

——驾驶员可在其驾驶座椅上通过单一的动作渐进操纵的一个单独的控制装置;

——汽车列车各部分制动能量由同一能源供给(该能源可以是驾驶员的体力);

——制动装置应保证组成列车的各个车辆不论相对位置如何都能同步或以适当的相位进行制动。

3.1.9

半连续制动　semi-continuous braking

通过具有下列特征的装置实现的汽车列车制动:

——驾驶员可在其驾驶座椅上通过单一的动作渐进操纵的一个单独的控制装置;

——汽车列车各部分制动能量由两种不同能源供给(其中之一可以是驾驶员的体力);

——制动装置应保证组成列车的各个车辆不论相对位置如何都能同步或以适当的相位进行制动。

3.1.10

自动制动　automatic braking

发生脱挂(包括挂钩断裂造成的脱挂)时自动产生的挂车或挂车组的制动。

3.1.11

惯性(或超越)制动　inertia (or overrun) braking

利用挂车对牵引车辆的前推力进行的制动。

3.1.12

渐进分级制动/可调节制动　progressive and graduated braking/modulatable braking

制动作用期间,驾驶员可在正常操纵范围内随意操纵控制装置,以足够的精度调整制动力大小,使制动力随操纵幅度的大小而线性(单调函数)增加或减少。

3.1.13

相位制动　phased braking

两个或两个以上的制动源采用同一个控制装置,通过延后其他制动源来给予某个制动源以优先权,使其在其他制动源工作之前加强必要的控制动作。

3.1.14

缓速制动系统　endurance braking system

能够长时间提供并保持制动效能,而性能无明显降低的一种辅助制动系统。"缓速制动系统"是指包括控制装置在内的整个系统。本定义不包括装有电力再生式制动系统的车辆。

缓速制动系统可由单个装置组成,也可由几个装置组合而成。每个装置均可有自己的控制装置。

3.1.14.1

独立式缓速制动系统　independent endurance braking system

控制装置与行车制动系统和其他制动系统的控制装置相分开的缓速制动系统。

3.1.14.2

整体式缓速制动系统　integrated endurance braking system

控制装置与行车制动系统的控制装置整合一体的缓速制动系统;操纵该组合控制装置可使缓速制动系统和行车制动系统同步或以适当的相位进行制动。

3.1.14.3

组合式缓速制动系统　combined endurance braking system

加装"切断"装置从而允许组合控制装置单独操纵行车制动系统的整体式缓速制动系统。

3.1.15

空载　unladen condition

整车整备质量加 110 kg。

3.1.16

满载　laden condition

车辆装载至最大设计总质量,特殊说明除外。

3.1.17

轴荷分配　the distribution of mass among the axles

车辆和/或其装载质量的重力在车轴间的分配。

3.1.18

轮/轴荷　wheel/axle load

在接触区域内、路面对某车轴的一个/多个车轮的垂直静态反力。

3.1.19

最大静态轮/轴荷　maximum stationary wheel/axle load

车辆满载条件下的静态轮/轴荷。

3.1.20

电力再生式制动系统　electric regenerative braking system;RBS

在减速过程中将车辆动能转化为电能的制动系统。

3.1.20.1

电力再生式制动系统控制装置　electric regenerative braking control device

调节电力再生式制动系统制动作用的装置。

3.1.20.2

A 型电力再生式制动系统　electric regenerative braking system of category A

不属于行车制动系统的电力再生式制动系统。

3.1.20.3

B 型电力再生式制动系统　electric regenerative braking system of category B

属于行车制动系统的电力再生式制动系统。

3.1.20.4

荷电状态　electric state of charge

蓄电池中的可用容量与该电池的额定容量之比,测试方法见附录 A。

3.1.20.5

动力电池　traction battery

存贮车辆驱动电机用能量的电池组。

3.1.21

储能式液压制动系统　hydraulic braking system with stored energy

由存储在储能器中的压力液体供能的制动装备，压力液体由装有限压装置的液压泵供给，限压值由制造商规定。

3.1.22

前后车轮同时抱死　simultaneous lockup of the front and rear wheels

中、后轴(组)的最后一个(第二个)车轮首次抱死与前轴(组)的最后一个(第二个)车轮首次抱死的时间间隔小于 0.1 s 的情况。

3.1.23

电控线路　electric control line

处于机动车辆和挂车之间、向挂车提供制动控制功能的电气连接。它由电缆、连接器、数据通信部件以及挂车控制传输的供电部件组成。

3.1.24

数据通信　data communication

按协议规则进行的数字化信息传输。

3.1.25

点到点　point to point

只有两个单元的通信网络布局，每个单元均具有完整的通讯线路终端电阻。

3.1.26

挂接力控制系统　coupling force control system

自动平衡牵引车和挂车制动强度的系统。

3.1.27

标称值　nominal value

给单车或作为列车一部分的车辆的制动系统的输入-输出传递函数分别赋值所得到的基准制动性能，用来表征车辆自身所能产生的制动强度与制动输入变量水平之间的关系。

对机动车辆而言，“标称值”被定义为表示车辆自身制动强度与制动输入变量之间关系的特性参数。

对挂车而言，“标称值”被定义为表示制动强度与挂接头信号之间关系的特性参数。

挂接力控制的“额定指令值”被定义为表示挂接头信号与制动强度之间关系的特性参数。

3.1.28

自动控制制动　automatically commanded braking

复合电子车辆控制系统根据车载初始化信息自动评价的结果，自动操纵制动系统或某车轴的制动器进行制动，使车辆减速的功能。

3.1.29

选择制动　selective braking

复合电子控制系统以自动方式对每个制动器进行单独控制的制动，其功能为优先修正车辆的形态，其次为车辆的减速。

3.1.30

基准制动力　reference braking forces

一根车轴在滚筒式制动试验台上产生的轮胎周缘制动力。

3.2　复合电子车辆控制系统术语和定义

3.2.1

安全概念　safety concept

为确保在电路失效时仍能安全工作而在系统(如电单元)设计时针对系统完整性所采取的措施。

维持部分工作或为重要车辆功能提供备用系统都属于安全概念的范畴。

3.2.2

电子控制系统 electronic control system

通过电子数据处理,协作实现预定车辆控制功能的单元组合。

该系统通常由软件控制,由传感器、电子控制单元(ECU)和执行器等独立的功能部件构成并通过传输装置连接。该系统可包括机械、电子-气压、电子-液压元件。

此处所指的系统是指欲进行试验的电子控制系统。

3.2.3

复合电子车辆控制系统 complex electronic vehicle control systems

遵循上层电子控制系统/功能可控制下层电子控制系统/功能进行超驰控制的控制体系的电子控制系统。

受控制的功能成为复合系统的一部分。

3.2.4

上层控制系统/功能 higher-level control systems/functions

利用附加处理和/或感应装置命令车辆控制系统改变正常功能以调整车辆状态的系统/功能。

这允许复合系统根据感应情况决定优先顺序并自动改变其控制目标。

3.2.5

单元 units

系统部件的最小部分。这些部件的组合在识别、分析或更换时可作为的一个单独的实体。

3.2.6

传输连接 transmission links

为在分散的单元之间传送信号、工作数据或能量供应所采用的相互连接方式。

该装置通常为电动,但某些部分也可以是机械式、气压或液压或光学的。

3.2.7

控制范围 range of control

系统能实施控制的范围,是一个输出变量。

3.2.8

有效工作范围 boundary of functional operation

系统能够保持控制的外部物理界线的范围。

4 技术要求

4.1 总体要求

4.1.1 制动系统

4.1.1.1 制动系统的设计、制造和安装应保证车辆在正常使用中,无论受到什么样的振动,都能满足本标准的要求。装备气压制动系统车辆的制动响应时间应满足附录B的规定。制动系统的供能和储能装置应满足附录C的规定。弹簧制动系统应满足附录D的规定。

4.1.1.2 制动系统的设计、制造和安装应使其具有抗腐蚀和抗老化能力。

4.1.1.3 制动衬片不应含有石棉。

4.1.1.4 制动系统(包括电控线路)的效能,不应受磁场或电场的不利影响。

4.1.1.5 在不降低制动性能的前提下,失效检测信号可暂时(小于 10 ms)中断控制传输的指令信号。

4.1.2 制动系统的功能

4.1.2.1 行车制动系统

不论车速高低、载荷大小,车辆上坡还是下坡,行车制动系统应能控制车辆行驶,使其安全、迅速、有效的停住。制动作用应是渐进的。应保证驾驶员在其驾驶座椅上双手不离开转向盘就能进行制动操作。

4.1.2.2 应急制动系统

当行车制动系统失效时,应急制动系统应能在适当的距离内将车辆停住。制动作用应是渐进可控的,应保证驾驶员在其驾驶座椅上至少有一只手握住转向盘时就能进行制动操作。本规定的前提是行车制动系统不同时发生一处以上失效。

4.1.2.3 驻车制动系统

驻车制动系统工作部件应靠纯机械装置锁住,即使驾驶员不在的情况下,车辆也能在上/下坡道上停住。驾驶员应能够在其驾驶座椅上进行制动操作;对于挂车,则应满足 4.2.2.10 的规定。如驾驶员可随时检查驻车制动系统纯机械作用能使汽车列车达到足够的驻车制动性能,则挂车气制动器和牵引车驻车制动系统可同时工作。

4.1.3 机动车辆与挂车气制动系统的连接

4.1.3.1 机动车辆与挂车之间的气制动系统的连接应遵循下列规定之一:

a) 一条气压供能管路和一条气压控制管路;

b) 一条气压供能管路、一条气压控制管路和一条电控线路;

c) 一条气压供能管路和一条电控线路。在确保兼容性和安全性的统一技术标准达成之前,不允许按此条规定连接牵引车与挂车。

4.1.3.2 机动车辆的电控线路应提供在无气压控制管路辅助的情况下、电控线路能否满足 4.2.1.18b)要求的信息;同时还应提供信息表明机动车辆是依据 4.1.3.1b)规定安装了两条控制回路还是依据 4.1.3.1c)规定仅安装了电控线路。

4.1.3.3 按 4.1.3.1c)装备的机动车辆应能识别按 4.1.3.1a)装备的挂车与其不匹配。当这些车辆通过牵引车的电控线路实现电气连接时,应采用 4.2.1.28a)规定的红色光学信号向驾驶员报警,且牵引车的制动器在系统通电时自动作用,并至少提供 5.2.3.1 要求的驻车制动性能。

4.1.3.4 按 4.1.3.1b)规定装备两条控制回路的机动车辆,在与装有两条控制管路的挂车实现电气连接时,应满足下列规定:

a) 挂接接头处提供两种信号,挂车应采用电控信号,并在电控信号发生失效的情况下自动切换至气压控制信号;

b) 每辆车辆都应满足附录 E 对电控线路和气压控制管路的有关规定;

c) 当与超过 0.1 MPa 气压对应的等效电控信号持续时间大于 1 s 时,挂车应检查气压信号是否存在。如气压信号不存在,挂车应采用 4.2.1.28b)规定的单独的黄色报警信号向驾驶员报警。

4.1.3.5 如挂车只能与装有符合 4.2.1.18b)要求的电控线路的机动车辆一起运行,则挂车可按4.1.3.1c)规定进行装备。在其他情况下,若采用电控连接,挂车应能自动施加或保持制动,并采用 4.2.1.28a)规定的黄色报警信号向驾驶员报警。

4.1.3.6 电控线路应符合 ISO 11992-1 和 ISO 11992-2:2003 的规定,并通过 GB/T 20716.1 或GB/T 20716.2规

定的7芯连接器实现点对点连接。连接器的数据接点专门用于ISO 11992-2规定的制动系统(包括ABS)和行驶系(转向盘、轮胎和悬架)功能的信息传输。制动功能具有优先权,在正常及失效模式下都应该保持制动功能。行驶系信息的传输不应延误制动功能。通过GB/T 20716.1或GB/T 20716.2连接器进行的电能供应专门用于制动系统和行驶系功能,且挂车相关信息传输需要的电能供应不应通过电控线路进行。

4.1.3.7 应通过检查电控线路是否满足ISO 11992-1、ISO 11992-2:2003的相关规定,对装有上面定义的电控线路的牵引车和被牵引车在功能上的协调性进行评价,评价规范见附录F。

4.1.3.8 当装有电控线路的机动车辆与装有电控线路的挂车实现电气连接时,如电控线路发生持续失效(大于40 ms),机动车辆应能检测到失效并采用4.2.1.28a)规定的黄色报警信号向驾驶员报警。

4.1.3.9 若机动车辆驻车制动系统的作用会引起挂车制动系统的操作,则应满足下列附加要求:

a) 对按4.1.3.1a)规定装备的机动车辆,其驻车制动系统的促动应通过气压控制管路引起挂车制动系统的促动。

b) 对按4.1.3.1b)规定装备的机动车辆,其驻车制动系统的促动应引起4.1.3.9a)规定的挂车制动系统的促动。此外,驻车制动系统的促动也可通过电控线路引起挂车制动系统的促动。

c) 对按4.1.3.1c)或4.1.3.1b)装备的机动车辆或在没有气压控制管路辅助的情况下也能满足4.2.1.18b)要求的机动车辆,机动车辆驻车制动系统的促动应通过电控线路引起挂车制动系统的促动。机动车辆制动装备的电能被切断时,挂车制动系统应通过排空供能管路中的压缩空气进行制动(此外,气压控制管路可保持有压状态);供能管路将保持排空状态直至机动车辆制动装备的电能恢复,电控线路也同时恢复挂车制动。

4.1.3.10 对于气压制动系统,连接挂车的气动接头应是双管路或多管路的。无论何种情况,应在只使用两条管路的条件下就能满足本标准的规定,不允许采用非自动促动的断路装置。对铰接式汽车列车,软管和电缆属于机动车辆的一部分;而在其他情况下,软管和电缆都属于挂车的一部分。

4.1.4 制动系统定期技术检查的规定

4.1.4.1 应能评价制动衬片和制动鼓/盘等行车制动器易磨损零部件的磨损情况(在定期技术检查时,不必对制动鼓/盘的磨损情况进行评价)。可按4.2.1.11b)和4.2.2.8b)规定的方法进行。可以选装满足附录G的其他制动衬片。

4.1.4.2 为测量气制动系统车辆每根车轴的实际制动力,需在下列位置安装符合GB/T 5922规定的压力测试连接器:

a) 在制动系统每个独立回路中最易于接近制动气室的位置,即对附录B规定的响应时间最不利的位置。

b) 对装有附录E中E.7.2规定的压力调节装置的制动系统,在该装置压力管路上游和下游最易于接近的位置。如该装置为气压控制,还需要一个试验连接器来模拟满载状态。如没有安装压力调节装置,则应提供一个与上述下游连接器相当的压力测试连接器。这些试验连接器应位于从地面或车内易于接近的位置。

c) 在最易于接近附录C中C.1.2.4规定的位置最不利的储能装置的位置。

d) 在制动系统的每个独立回路,以便能够检查整个传输管路的输入和输出压力。

4.1.4.3 附件或车身的变更和组装都不应妨碍接近必需的压力测试连接器。

4.1.4.4 静态条件下,应能够在平板式或滚筒式制动试验台上产生最大制动力。

4.1.4.5 制动系统数据应满足以下要求:

a) 功能和效能试验所需的气制动系统数据应以不易擦除的形式在车辆显著位置说明,或通过其他方法(如手册、电子数据记录等)自由获取。

b) 装备气制动系统的车辆至少应包含表1和表2所列数据。

表 1 气压表征数据

空压机/卸荷阀[a]	最大截止压力＝ MPa	最小开启压力＝ MPa
多回路保护阀	静态关闭压力＝ MPa	
如适用，挂车控制阀或紧急继动阀[b]	控制压力为 0.15 MPa 时对应的传输压力＝ MPa	
计算用的行车制动系统最小设计压力[a,c]		

[a] 不适用于挂车。
[b] 不适用于制动系统采用电控传输的车辆。
[c] 与最小开启压力不同时。

表 2 挂车气压表征数据

参数名称	车 轴		
制动气室规格 行车制动/驻车制动	/	/	/
最大行程 S_{max}/mm			
动力臂长度/mm			

4.1.4.6 基准制动力应满足以下要求：

a) 应采用滚筒式制动试验台确定气制动车辆的基准制动力。

b) 需测量各车轴(桥)制动气室压力从 0.1 MPa 至 O 型试验条件所产生的压力之间的基准制动力。试验申请者应推荐制动气室压力在 0.1 MPa 及以上范围的基准制动力。车辆制造商应按 4.1.4.5a)提供这些数据。

c) 应声明基准制动力可保证车辆能够产生与第 5 章规定的各相关车辆相当的制动强度(M_2、M_3、N_2、N_3 类车辆以及非半挂车的 O_3、O_4 类车辆为 50%，半挂车为 45%)，不管各车轴(桥)的载荷状况如何，在滚筒式制动试验台上测得的制动力，不应小于在声明的工作压力范围内给定制动气室压力对应的基准制动力。

4.1.4.7 应能通过一种简单的方法来验证控制制动系统的复合电子系统运行状态的正确性。如果需要特别的信息，应免费提供。应清楚地列出为防范制造商采用简单的未经过授权修改的验证方法(如报警信号)。当存在验证系统正确运行状态的第二种方法时，这些防范措施也应执行。

4.1.5 复合电子控制系统

附录 H 的要求适用于所有复合电子控制系统的安全方面，该系统提供或构成了包括利用制动系统实现自动制动或选择制动在内的制动功能的部分控制传输。但对利用制动系统实现更上层目标的系统或功能，只有当其对制动系统产生直接影响时才须满足附录 H 的要求。装有该类系统的制动系统，在进行试验时不应关闭该系统。

4.2 制动系统特性

4.2.1 M 类和 N 类车辆

4.2.1.1 车辆装备的整个制动系统应满足车辆对行车制动系统、应急制动系统和驻车制动系统的要求。

4.2.1.2 在满足下列条件时，行车制动系统、应急制动系统和驻车制动系统的部件可以共用：

a) 至少具备两个相互独立且驾驶员在正常驾驶位置上易于接近的控制装置。该要求不适用于靠机械装置锁止在制动位置的驻车制动控制装置(或组合式控制装置的驻车制动部分)。

b) 行车制动系统的控制装置应与驻车制动系统的控制装置相互独立。

c) 当行车制动系统和应急制动系统采用同一个控制装置时,控制装置与传输系统不同部件间的连接效能,不应在经过一段时间的使用后降低。

d) 当行车制动系统和应急制动系统采用同一个控制装置时,驻车制动系统的设计应保证在车辆行驶时也能进行驻车制动。如车辆能通过一个辅助控制装置来启动全部或部分行车制动系统,则不必满足上述要求。

e) 在不违反 4.1.2.3 要求的情况下,如传输装置任何部分发生失效时仍能满足应急制动要求,则行车制动系统和驻车制动系统传输装置可采用共用部件。

f) 除制动器和 4.2.1.2h)所述零部件外的任何零部件发生断裂或行车制动系统发生其他任何失效(故障、储存的能量部分或全部泄漏),应急制动系统或未受失效影响的那部分行车制动系统应能以规定的应急制动效能使车辆停住。

g) 当应急制动系统和行车制动系统共用一个控制装置和一个传输装置时,应满足如下要求:

——当行车制动由驾驶员的体力在储能器助力下操纵时,即使助力失效,也应保证能由驾驶员的体力在未受失效影响的储能器(如有)助力下实现应急制动,但施加在行车制动控制装置上的力不应超出规定的最大值;

——当行车制动力及其传输仅由驾驶员控制的储能器提供时,至少应有两个完全独立且分别具有独立传输装置的储能器。每个储能器可只作用于两个或几个车轮制动器,其选择应确保在不危及车辆稳定性的前提下达到规定的应急制动效能。此外,各储能器都应安装 4.2.1.13 规定的报警装置。每个行车制动回路至少需要在适当且易于接近的储气筒上安装一个放水装置。

——当行车制动力及其传输仅由一个储能器提供时,如仅靠驾驶员体力操纵行车制动控制装置就能保证规定的应急制动且满足 4.2.1.6 的要求,则认为传输装置只需一个储能器即可。

h) 制动踏板及其轴承、制动主缸及其活塞(液压制动系统)、控制阀(液压或气制动系统)、制动踏板与制动主缸或控制阀之间的连接杆件、制动气室及其活塞(液压或气制动系统)、制动系统的制动调整臂及凸轮轴总成等零部件,如尺寸足够大且易于接近、便于维护,并至少与车辆其他重要零部件(如转向连接件)具有相同的安全特征,应视为不易失效的零部件。这些零部件失效将导致车辆无法达到规定的应急制动效能,应用金属材料或与金属材料性能相当的材料制造,且在制动系统正常工作中不应产生明显的变形。

4.2.1.3 对采用独立控制装置的行车制动系统和应急制动系统,当两套制动系统都处于正常工作状态或其中之一发生故障时,同时操纵两套控制装置不应导致行车制动系统和应急制动系统都不起作用。

4.2.1.4 不论是否与应急制动系统结合,行车制动系统应能在其传输装置发生部分失效的情况下,通过操纵行车制动控制装置使足够数量的车轮制动。制动车轮的选择应能使行车制动系统的剩余制动性能满足 5.2.4 的要求。

但是,当半挂车行车制动系统的传输装置与牵引车行车制动系统的传输装置彼此独立时,上述条款不适用于半挂牵引车。

液压传输装置发生部分失效时,应通过 4.2.1.28a)规定的红色报警信号装置指示给驾驶员;作为替代方案,也允许在储液罐液面低于制造商规定水平时点亮红色报警信号装置。

4.2.1.5 当利用除驾驶员体力之外的其他能源时,不必要求一个以上能源(液压泵、空气压缩机等)。但能源驱动装置的工作方式应在实际使用的范围内保证安全。

当制动系统传输装置任何部分失效时,应继续向未受失效影响的部分供能,确保以规定的剩余和/或应急制动效能使车辆停住。应以自动方式或利用在车辆静止时易于启动的装置来满足该条件。

而且,位于该装置下游的储能装置应确保在能量供应失效时,按附录 C 中 C.1.1.2、C.2.1.2、C.3.1.2 规定的条件,经行车制动控制装置 4 次全行程促动后,在进行第 5 次制动时仍能以规定的应急制动效能使车辆停住。

对储能式液压制动系统,如其满足附录 C 中的 C.3.1.2.2 的要求,则认为符合这些规定。

4.2.1.6 在不使用自动装置的情况下,应满足 4.2.1.2、4.2.1.4 和 4.2.1.5 的要求。该自动装置通常处于备用状态,只在制动系统失效时才起作用,因而其失效通常被忽略。

4.2.1.7 行车制动系统应作用于车辆的所有车轮并使制动力在车轴间合理分配,并满足以下条件:

a) 对两轴以上的车辆,为避免车轮抱死或制动衬片空磨,当某些车轴轴荷大幅减小时,只要车辆满足第 5 章的所有性能要求,这些车轴上的制动力可自动减小为零。

b) 对装有 B 型电力再生式制动系统的 N_1 类车辆,如满足下面两个条件,可适当延后其他制动能源的制动输入,使电力再生式制动系统单独起作用。

——如满足 5.1.3.2 或 GB/T 13594—2003 中的 5.2.3(包括电机接合的情况)的要求,则电力再生式制动系统输出力矩的内在(如动力电池荷电状态变化所引起的)变化可通过适当的相位关系变化自动补偿。

——考虑到实际的轮胎/路面附着情况,应在必要时自动对车辆的所有车轮进行制动,确保达到驾驶员期望的制动强度。

4.2.1.8 行车制动系统的制动力应在同一车轴(桥)的车轮之间相对于车辆纵向中心面对称分配。对可能导致制动力分配不平衡的调整和功能(如 ABS),应予以声明。

在所有载荷状态下,当电控传输装置对制动系统故障或性能劣化的补偿超过下面的界限时,应以 4.2.1.28a)规定的黄色报警信号指示给驾驶员:

a) 车轴的横向制动压力差:

——车辆减速度≥2 m/s^2 时,取较高值的 25%;

——车辆减速度<2 m/s^2 时,取 2 m/s^2 时对应的较高值的 25%。

b) 单根车轴的补偿值:

——车辆减速度≥2 m/s^2 时,取大于标称值的 50%;

——车辆减速度<2 m/s^2 时,取 2 m/s^2 时标称值的 50%。

只有在车速大于 10 km/h 时进行首次制动的才允许进行上述补偿。

4.2.1.9 电控传输装置失效时不应产生与驾驶员意图相反的制动。

4.2.1.10 行车制动系统、应急制动系统和驻车制动系统应作用在通过具有足够强度的连接件与车轮相连接的制动表面上。

当某根/多根车轴的制动力由摩擦式制动系统和 B 型电力再生式制动系统共同提供时,如摩擦式制动系统能够持久保持并进行 4.2.1.7b)的补偿,则允许断开电力再生式制动系统。

短暂断开时,不完全补偿也是可以接受的;但应在 1 s 内至少达到最终补偿值的 75%。

但在所有情况下,永久连接的摩擦式制动源都应保证行车制动和应急制动系统以规定的效能继续工作。

如驻车制动系统制动表面的断开只能由驾驶员在其驾驶座椅上通过一个不因泄漏而起作用的系统进行控制,则允许断开。

4.2.1.11 制动器磨损应易于通过手动或自动调整装置来补偿。并且传输装置及制动器的部件和控制装置应具有一定的储备行程,如有必要还应具有适当的补偿方式,确保当制动器发热或制动衬片磨损到一定程度时仍然能够进行有效制动,而无须立即进行间隙调整。行车制动器磨损后的调整和检查应遵循以下要求:

a) 行车制动器的磨损应能自动调整。但是,对于 N_2G 和 N_3G 类车辆的制动器以及 N_1 类车辆的后轴制动器,可选装自动调整装置。安装磨损自动调整装置的制动器在加热、冷却以及按

第 5 章规定进行“Ⅰ型试验”后，应仍能按 5.1.5.4 规定正常行驶。

b) 行车制动器摩擦部件磨损情况的检查如下：

——行车制动器制动衬片的磨损应便于从车辆外部或车辆下部利用车辆正常配备的工具或设备进行检查，如适当的检查孔或一些其他措施。也可在衬片需要更换时采用声学或光学的报警装置向在驾驶座椅上的驾驶员报警。也可将 4.2.1.28a）规定的黄色信号用作报警信号。

——制动盘或制动鼓摩擦表面磨损情况也许只能通过对实际部件的直接测量来评估，必要时允许拆除相关部件。因此，车辆制造商应通过车辆手册或电子数据记录等方式免费提供如下信息：

- 制动鼓和制动盘摩擦表面磨损情况的评估方法，包括必需进行的拆除以及拆除工具和程序。
- 进行更换的最大磨损限度。

4.2.1.12 对液压传输制动系统，储液罐的加注口应易于接近。而且，储液罐的设计和构造应保证在不必打开容器的条件下，即可很容易的检查液面；如不能满足此条件，则应在储液罐液面下降到可能导致制动系统失效时通过 4.2.1.28a）规定的报警信号提醒驾驶员。应按 GB/T 5345 规定的符号来标明液压制动系统所用的制动液种类。符号标志应以不易擦除的方式固定在储液器加注口附近 100 mm 以内、便于观察的位置上。制造商还可提供其他信息。

4.2.1.13 报警装置应满足下面的要求：

a) 对依靠储能器进行行车制动的车辆，如不利用存储的能量就达不到规定的应急制动效能，除压力表外（如安装），还应安装报警装置。当制动系统任一部分储存的能量下降到不论车辆载荷状态如何、在不给储能器补充能量的情况下，行车制动系统经过 4 次全行程制动后仍能进行第 5 次制动且达到规定的应急制动性能（制动系统的传输装置无故障且各制动器调节到最小间隙）所需的能量水平时，报警装置发出光学信号或声学信号。报警装置应与回路直接、永久相连。当发动机在正常条件下运转且制动系统无故障时（试验时通常如此），除发动机起动后给储能装置补充能量期间外，报警装置不应发出信号。也可选用 4.2.1.28a）规定的红色报警信号作为光学报警信号。

b) 对于只有满足附录 C 中的 C.3.1.2.2 的要求方可认为满足 4.2.1.5 规定的车辆，报警装置除光学信号外，还应安装一个声学信号。如这两个信号装置都满足上述要求，且声学信号不在光学信号之前起动，则不必要求这两个信号同时工作。应采用 4.2.1.28a）规定的红色报警信号作为报警信号。

c) 在驻车制动期间和/或自动变速器换挡杆位于“驻车”位置时，声学信号装置是否起作用，由制造商决定。

4.2.1.14 在不违背 4.1.2.3 要求的前提下，如制动系统的工作应使用辅助能源，则储能装置应保证即使发动机停机或能源的驱动方式失效，制动性能仍足以使车辆在规定的条件下停住。此外，如驻车制动系统由驾驶员的体力控制且由伺服机构助力，则应确保即使伺服机构失效也能进行驻车制动；如有必要，可采用与伺服机构供能装置相独立的储能装置。该装置可以是行车制动系统的储能装置。

4.2.1.15 对于允许挂接挂车且挂车制动器由牵引车驾驶员控制的机动车辆，牵引车的行车制动系统应安装一个装置，确保在挂车制动系统失效或牵引车与挂车之间的供气管路（或其他可能采用的连接方式）断裂时能以规定的应急制动效能制动牵引车。该装置应安装在牵引车上。

4.2.1.16 气压或液压辅助设备的能量供应应确保其工作时达到规定的减速度，即使在能源损坏的情况下，辅助设备的工作也不会导致向制动系统供能的储能器（的能量水平）下降到 4.2.1.13 规定的能量水平以下。

4.2.1.17 对允许挂接 O_3 或 O_4 类挂车的牵引车，其行车制动系统应是连续或半连续制动系统。

4.2.1.18 对允许挂接 O_3 或 O_4 类挂车的牵引车，其制动系统应满足下列要求：

a) 当牵引车应急制动系统制动时，挂车也应产生渐进制动作用。

b) 当至少由两条独立回路构成的牵引车行车制动系统发生失效时，未受失效影响的部分应能部分或完全促动挂车的制动器。制动动作应是可调节的。如采用正常情况下不工作的阀来实施这种制动，则只有当驾驶员在驾驶室内或汽车外面不用任何工具就能很容易对阀是否正常工作进行检查时，才可采用这种阀。

c) 当其中一条气压连接管路失效(断裂或泄漏)或电控线路中断或发生故障时，驾驶员应能通过行车制动控制或应急制动控制或驻车制动控制装置部分或完全促动挂车的制动系统，除非失效导致挂车按 5.3.3 规定的性能自动制动。

d) 当满足下列条件时，可视为满足 4.2.1.18c)中所述的自动制动：

——当完全促动 4.2.1.18c)提及的指定的制动控制装置时，供能管路的压力应在此后 2 s 内下降到 0.15 MPa；此外，当松开制动控制装置时，供能管路应重新充压。

——当供气管路以不小于 0.1 MPa/s 的速率排气时，挂车的自动制动系统应在供气管路压力下降至 0.2 MPa 之前开始工作。

e) 当连接按 4.1.3.1b)装备的牵引车和挂车的控制回路之一失效时，未受失效影响的控制管路应自动保证 5.3.1 规定的挂车制动性能。

4.2.1.19 对牵引根据附录 I 中的 I.1.1 装备电力制动系统的挂车的机动车辆，应满足下列要求：

a) 机动车辆的供电系统(发电机和蓄电池)应有足够的容量向电力制动系统提供电流。发动机以制造商推荐的怠速运行且打开制造商作为车辆标准配置提供的所有电器，当电力制动系统耗电量最大(电流为 15 A)时，在接头处测得的电路电压不应低于 9.6 V。即使在过载时也不应发生电路短路。

b) 当至少由两个独立单元构成的牵引车行车制动系统发生失效时，未受失效影响的单元应能部分或全部促动挂车制动器。

c) 只有电力制动系统的启动电路与制动灯并联且制动灯开关和电路能够承受额外载荷时，才允许利用制动灯开关和电路作为电力制动系统的启动电路。

4.2.1.20 对由两个或两个以上独立部分构成的气压行车制动系统，控制装置或其下游各部分之间发生的气体泄漏，应持续排放到大气中。

4.2.1.21 对允许挂接 O_3 或 O_4 类挂车的机动车辆，挂车的行车制动系统允许与牵引车的行车制动系统、应急制动系统或驻车制动系统一起操纵。仅出于车辆稳定性的目的而由牵引车自动起动挂车制动系统、单独对挂车制动器进行作用是允许的。

4.2.1.22 M_2、M_3、N_2 和不超过 4 轴的 N_3 类机动车辆应安装符合 GB/T 13594—2003 规定的 1 类防抱系统。

4.2.1.23 允许挂接装有防抱系统的挂车的机动车辆，应为电控传输装置和/或挂车防抱系统安装符合 GB/T 20716.1 或 GB/T 20716.2 要求的专用电气连接器。

4.2.1.24 对装有电力再生式制动系统的 M_2、N_1 和最大设计总质量小于 5 000 kg 的 N_2 类车辆，应满足以下特殊要求：

a) 装有 A 型电力再生式制动系统的车辆：

——对 N_1 类车辆，电力再生式制动系统只能通过加速踏板和/或在变速器挡位选择器的空挡位置启动。

——对 M_2 和小于 5 000 kg 的 N_2 类车辆，电力再生式制动系统的控制装置可以是单独的开关或操纵杆。

b) 装有 B 型电力再生式制动系统的车辆：

——行车制动系统无法通过除自动方式以外的其他方式部分或完全断开。这并不违背

4.2.1.10的要求。

——行车制动系统应只有一个控制装置。

——同时具有两类电力再生式制动系统的车辆应满足除 4.2.1.24a)之外的所有相关规定。在此情况下，N_1 类车辆的电力再生式制动系统可通过加速踏板和/或变速器挡位选择器的空挡位置启动。此外，行车制动不应削弱加速踏板松开所产生的制动作用。

——行车制动系统不应受电机脱开或所用挡位的不利影响。

——制动系统电动部件的工作由来自行车制动控制装置的信息及由此产生的车轮制动力之间的关系保证，该关系失效将导致车轴间的制动力分配(不管采用附录 E 或 GB/T 13594—2003 中的哪一种)失调，最迟应在控制装置起动时用光学信号向驾驶员报警；只要该故障存在且“启动”开关处于“运行”位置，信号应一直点亮。

c) 电力再生式制动系统的工作不应受磁场或电场的不利影响。

d) 对装备防抱系统的车辆，由防抱系统控制电力再生式制动系统。

4.2.1.25 采用电控传输的驻车制动系统，应满足以下附加要求：

a) 在电能传输失效时，应防止无意识地促动驻车制动系统。

b) 当电控传输内部、除供电线路外的电控单元外部线路发生损坏或控制装置失效时，仍然能够从驾驶位置进行驻车制动并在 8%的上、下坡道使满载车辆保持静止。在此情况下，如能够达到上述性能且驻车制动一旦作用便不受点火(启动)开关影响，则允许在车辆静止状态下自动进行驻车制动；一旦驾驶员重新开动车辆，驻车制动应立即自动解除。对 N_1 类车辆，可通过发动机/手动变速器或自动变速器(驻车挡)或在其辅助下达到上述性能。如有必要，可利用随车工具和/或辅助设备解除驻车制动。

c) 当电控传输电线损坏或驻车制动系统控制装置失效时，应以 4.2.1.28a)规定的黄色报警信号向驾驶员报警。对由驻车制动系统电控传输装置内部线路损坏引起的失效，应在电线损坏时立即向驾驶员发出黄色报警信号。此外，控制装置失效或除供电线路外的电控单元外部线路发生损坏时，只要点火(启动)开关处于“开”(运行)位置(及关闭后不少于 10 s 内)且控制装置处于“驻车” 状态，应通过 4.2.1.28a)规定的红色闪烁信号向驾驶员报警。如驻车制动通过满足 4.2.1.28a)的全部要求的、单独的红色报警信号指示，应利用该信号来满足上述红色信号的要求。

d) 如驻车制动系统电控传输的能量足以使车辆在无故障状态的电力负荷下启动驻车制动系统，可由其向辅助设备供能。此外，如行车制动系统也使用该储能器，则应满足 4.2.1.26g)的要求。

e) 关闭控制制动装备电能的点火/启动开关和/或拔掉钥匙后，仍能进行驻车制动，但无法解除制动。

4.2.1.26 装备电控传输装置的行车制动系统，应满足以下附加要求：

a) 解除驻车制动后，即使关掉点火/启动开关和/或拔掉钥匙，行车制动系统至少应能产生与规定的 O 型试验要求相当的总静态制动力。允许挂接 O_3 或 O_4 类挂车的机动车辆应为挂车的行车制动系统提供一个完整的控制信号。为满足这些要求，行车制动系统的能量传输装置应具有足够的能量。

b) 电控传输装置发生除能量供应外的单个暂时(小于 40 ms)失效(非传输信号或数据错误)时，不应对行车制动性能产生显著影响。

c) 影响到本标准规定的系统功能和性能的电控传输装置(不包括储能器)失效，应选用 4.2.1.28a)规定的红色或黄色信号通知驾驶员。当无法达到规定的行车制动性能(红色报警信号)时，因电能连续性受损而导致的失效应在失效发生时立即向驾驶员报警。按照 5.2.4 操纵行车制动控制装置时应满足规定的剩余制动效能。

d) 无论何时,通过电控线路与挂车实现电气连接的机动车辆,应在挂车提供的失效信息表明挂车行车制动系统任何部分存储的能量下降到4.2.2.16规定的报警水平以下时,向驾驶员发出明确的警告。当挂车电控传输装置(储能装置除外)发生持续失效(大于40 ms)导致无法达到4.2.2.15b)规定的挂车行车制动性能时也应发出类似警告。应采用4.2.1.28b)规定的红色报警信号。

e) 在电控传输装置能源失效的情况下,从额定能量水平开始,对行车制动系统连续进行20次全行程促动后,行车制动系统的整个控制范围应得到保证。试验过程中,每次制动操作都是完全制动20 s,然后释放5 s。应理解为在上述试验过程中传输装置的能量足以保证行车制动系统的完全制动。这些要求不应违背附录C的规定。

f) 当动力电池电压下降到制造商规定值以下时,将不能保证规定的行车制动性能且/或使至少两个相互独立的行车制动回路无法达到规定的应急制动性能,应点亮4.2.1.28a)规定的红色报警信号。报警信号点亮后,应能进行行车制动并达到5.2.4规定的剩余制动性能。

g) 如辅助设备和电控传输装置由同一个储能器供能,能量供应应能防止储能器在所有辅助设备都工作时放电或在电压超过4.2.1.26f)规定的临界水平时自动切断辅助装置的预定部分以防止储能器进一步放电,确保在发动机以不超过80%最大功率转速运行时达到规定的减速度;可通过计算或实际试验进行验证。对允许挂接 O_3 或 O_4 类挂车的车辆,挂车的能量消耗按400 W的负载计算。该条款不适用于不使用电能也能达到规定减速度的车辆。

h) 当辅助装置由电控传输装置供能时,应满足下列要求:

——如车辆行驶中发生能源失效,当操纵控制装置时,储能器的能量应足以促动制动器。

——如车辆静止且驻车制动时发生能源失效,储能器即使在制动时也应有足够的能量点亮照明灯。

i) 装有4.1.3.1b)或4.1.3.1c)规定的电控线路的牵引车,在行车制动系统的电控传输装置失效时应仍然能保证挂车制动系统的完全制动。

j) 仅通过4.1.3.1的电控线路实现电气连接的挂车,当电控传输装置失效时,应保证挂车制动符合4.2.1.18d)规定。无论挂车通过电控线路的数据通信部分提供“供能管路制动指令”信号时或数据通信连续缺失时都是如此。该规定不适用于不能与4.1.3.1c)规定的、仅通过电控线路连接的挂车一起运行的机动车辆。

4.2.1.27 对挂接力控制系统,应满足如下要求:

a) 挂接力控制系统只允许在牵引车内。

b) 挂接力控制系统的作用应减小牵引车与被牵引车动态制动强度的差别。试验时应检查挂接力控制系统的运行情况。检查所采用的方法应经制造商和技术服务机构协商一致,并将评价方法和结果附在试验报告中。挂接力控制系统应满足以下要求:

——挂接力控制系统可以控制制动强度 T_M/P_M 和/或挂车制动指令值。对装有4.1.3.1b)规定的两套控制管路的牵引车,其信号应采用相似的控制调节。

——挂接力控制系统不应阻碍施加最大制动压力。

c) 车辆应满足附录E中规定的满载协调性的要求。当挂接力控制系统运行时,为达到4.2.1.27b)的目标,车辆可以违背这些要求。

d) 应能检测到挂接力控制失效并用4.2.1.28a)规定的黄色报警信号指示给驾驶员。失效时也应满足附录E中的相关要求。

e) 如图1、图2所示,当 p_m 最大不超过0.65 MPa(或对应的数字指令值)时,如挂接力控制装置进行的补偿超过3.1.27规定的额定指令值±0.15 MPa,应通过4.2.1.28a)规定的黄色报警信号报警;当 p_m 超过0.65 MPa时,如补偿导致工作点落在附录E规定的机动车辆满载协调带以外,应发出报警信号。

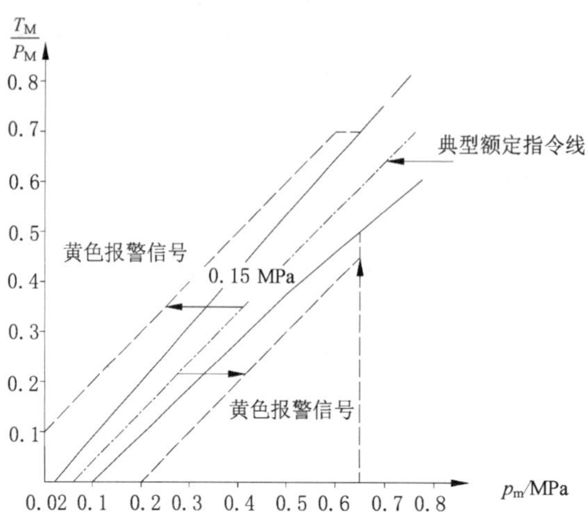

图 1 非半挂牵引车

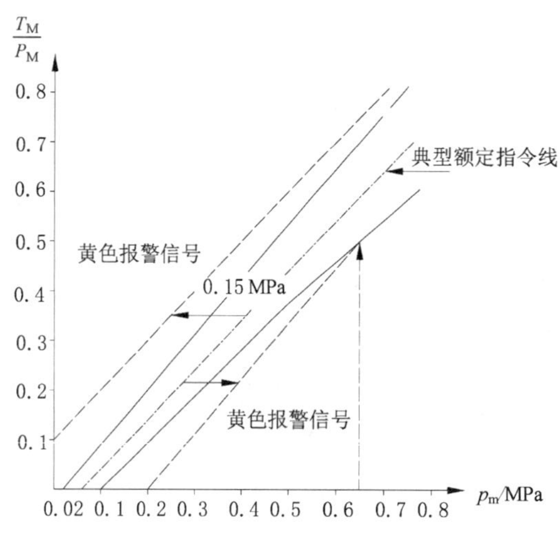

图 2 半挂牵引车

f) 挂接力控制系统应只控制机动车辆和挂车行车制动系统产生的挂接力。缓速制动性能产生的挂接力不应由机动车辆或挂车的行车制动系统补偿。

4.2.1.28 以下条款列出了在机动车辆或其挂车(如合适)的制动装备发生特定失效(或故障)时向驾驶员报警的光学报警信号的一般要求。除 4.2.1.28f)的规定外,这些信号仅用于本标准。

a) 机动车辆应能提供指示制动失效或故障的下列光学报警信号:
——红色报警信号,指示本标准定义的导致规定的行车制动性能无法达到和/或两个独立的行车制动回路中的至少一个无法工作的制动装备失效。
——如适用,黄色报警信号可指示在车辆制动装备中电子检测到的、但未用红色报警信号指示的故障。

b) 除 N_1 类车辆外,装有电控线路和/或允许挂接装有电控传输装置和/或防抱制动系统的挂车的机动车辆,应提供单独的黄色报警信号来指示挂车防抱制动系统和/或制动系统电控传输装置的故障。该信号通过符合 GB/T 20716.1 或 GB/T 20716.2 规定的电气连接器第 5 针从挂车上点亮。在任何情况下,牵引车都不应明显延误或改变挂车传来信号的显示。当与无电控线路和/或电控传输装置和/或防抱制动系统的挂车挂接或没有挂接挂车时，该报警信号不得点亮。该功能应是自动的。当装有电控线路的机动车辆与装有电控线路的挂车实现电气连接时，也应采用4.2.1.28a)规定的红色报警信号表示挂车制动装备的特定失效，挂车将通过电控线路的数据通信部分提供相应的失效信息，同时还应采用黄色报警信号指示。牵引车也可采用单独的红色报警信号代替4.2.1.28a)规定的红色报警信号和同时点亮的黄色报警信号来指示挂车制动装备的该类失效。

c) 报警信号即使在白天也应清晰可见；驾驶员可很容易地在驾驶位置上检查信号的状态是否正常；报警装置部件发生失效时不应损害制动系统的性能。

d) 除特殊说明外，报警信号应满足下面的要求：
——规定的失效或故障发生时，最迟应在相应的制动控制装置起动时，通过上述报警信号指示给驾驶员。
——只要失效/故障仍然存在且点火(起动)开关处于“开”(运行)位置上，报警装置应一直指示。
——报警信号应一直点亮，而非闪烁。

e) 当车辆(和制动系统)的电动设备通电时，上述报警信号将点亮。车辆静止时，如制动系统确认没有任何规定的失效或故障发生，报警信号熄灭。对某些应点亮上述报警信号但在静态检测时没被发现的特定失效或故障，一旦检测到应予以存储，只要失效或故障仍然存在，当车辆起动及点火开关处于“开”(运行)位置将一直显示。

f) 如满足下面的条件，也可用4.2.1.28a)规定的黄色信号显示非特定失效(故障)或有关机动车辆制动和/或行驶系的其他信息。
——车辆静止；
——制动装备首次通电后，信号显示按4.2.1.28e)描述的程序未检测到特定失效(或故障)；
——非特定失效或其他信息应通过闪烁报警信号来指示。但报警信号应在车速首次超过10 km/h时熄灭。

4.2.1.29 在下列情况下应点亮制动信号灯：

a) 驾驶员促动行车制动系统时；

b) 缓速制动系统工作，并且使整车产生1 m/s^2 以上的减速度时；

c) “自动控制制动”起动行车制动系统时；

d) 装有电控线路的车辆，由机动车辆在通过电控线路接受到来自挂车的“制动灯点亮”信息时。

4.2.1.30 在下列情况下不应点亮制动信号灯：

a) 由“选择制动”起动行车制动系统时；

b) 松开加速踏板，电力再生式制动系统产生缓速制动力时。

4.2.2 O类车辆

4.2.2.1 O_1 类挂车不必安装行车制动系统。但该类挂车安装行车制动系统时，应满足与 O_2 类挂车相同的要求。

4.2.2.2 O_2 类挂车应安装连续、半连续或惯性(超越)行车制动系统。惯性行车制动系统只允许用于中置轴挂车。但允许采用符合附录I要求的电力制动系统。

4.2.2.3 O_3 和 O_4 类挂车应安装连续或半连续行车制动系统。

4.2.2.4 行车制动系统应满足以下要求：

a) 应作用于车辆的所有车轮；

b) 行车制动系统的制动力应在车轴间合理分配；

c) 在有充足空间且易于接近的至少一个储气筒上安装进、排气装置。

4.2.2.5 行车制动系统的制动力应在同一车轴(桥)的车轮之间相对于车轮纵向中心面对称分配。对可能导致制动力分配不平衡的调整和功能(如防抱),应予以声明。

在所有载荷状态下,当电控传输装置对制动系统故障或性能劣化的补偿超过下面的界限时,应以4.2.1.28a)规定的黄色报警信号指示给驾驶员。

a) 车轴的横向制动压力差:

——车辆减速度≥2 m/s^2 时,取较高值的25%;

——车辆减速度<2 m/s^2 时,取2 m/s^2 时对应的较高值的25%。

b) 每根车轴的补偿值:

——车辆减速度≥2 m/s^2 时,取大于标称值的50%;

——车辆减速度<2 m/s^2 时,取2 m/s^2 时标称值的50%。

只有在车速大于10 km/h时进行首次制动的才允许进行上述补偿。

4.2.2.6 电控传输装置失效时不得采取与驾驶员意图相反的制动。

4.2.2.7 行车制动、应急制动和驻车制动系应作用在通过具有足够强度的连接件与车轮相连接的制动表面上。

4.2.2.8 制动器磨损应易于通过手动或自动调整装置来补偿。并且传输装置及制动器的部件和控制装置应具有一定的储备行程,如有必要还应具有适当的补偿方式,确保当制动器发热或制动衬片磨损到一定程度时仍然能够进行有效制动,而无须立即进行间隙调整。行车制动器磨损后的调整和检查应遵循以下要求:

a) 行车制动器的磨损应能自动调整。O_1 和 O_2 类车辆可选装自动调整装置。安装磨损自动调整装置的制动器在加热、冷却以及按第5章规定相应地进行Ⅰ型或Ⅲ型试验后,应仍能按5.1.7.3规定正常行驶。对 O_2、O_3 和 O_4 类挂车,如满足5.1.7.3的要求,则认为其满足了上述性能要求。在正确评价自动制动调节装置功能的统一技术规定达成之前,如挂车在所有规定制动试验中都能正常行驶,则认为该挂车满足了正常行驶的要求。

b) 行车制动器摩擦部件磨损情况的检查应符合如下要求:

——行车制动器制动衬片的磨损应便于从车辆外部或车辆下部利用车辆正常配备的工具或设备进行检查,如适当的检查孔或一些其他措施。

——制动盘或制动鼓摩擦表面磨损情况也许只能通过对实际部件的直接测量来评估,必要时允许拆除相关部件。因此,车辆制造商应通过车辆手册或电子数据记录等方式免费提供如下信息:

- 制动鼓和制动盘摩擦表面磨损情况的评估方法,包括必需进行的拆除以及拆除工具和程序。
- 进行更换的最大磨损限度。

4.2.2.9 如挂车在行驶中脱挂,制动系统应保证挂车自动停车。但对最大设计总质量不超过1 500 kg的挂车,如果装有除主挂接装置外,还装有能在主挂接装置脱开时防止牵引杆触地并使挂车具有一定的剩余转向能力的应急挂接装置(如链条,钢丝绳等),则不必遵循本条的规定。

4.2.2.10 对需要安装行车制动系统的挂车,即使在挂车与牵引车分离时也应能保证驻车制动。驻车制动装置应能由站在地面上的人来操纵;但对载客挂车,驻车制动应能从挂车内部进行操作。

4.2.2.11 如挂车装有一个能切断除驻车制动系统外的其他制动系统压缩空气供给的装置,则这些制动系统的设计和构造应保证其在恢复对挂车供气前完全回位至平衡位置。

4.2.2.12 O_3 和 O_4 类挂车应满足4.2.1.18d)规定的条件。在控制管路接头下游回路需要安装一个易于接近的压力测试连接器。

装有电控线路的挂车与装有电控线路的牵引车实现电气连接时,只要挂车贮气筒的压力能够保证5.3.3规定的制动性能,则可禁止4.2.1.18d)规定的自动制动作用。

4.2.2.13 O_3 和 O_4 类挂车应装备满足GB/T 13594—2003要求的防抱系统。

4.2.2.14 如辅助设备的能量由行车制动系统提供，应保护行车制动系统以确保作用在车轮周缘的制动力之和至少达到5.3.1.2.1规定的相应挂车制动力值的80%。在下面两种工作条件下，都应满足该要求：

a) 辅助设备工作期间；

b) 辅助设备发生断裂或泄漏，除非这种断裂或泄漏影响附录E中E.6的控制信号而采用该章的性能要求。

如行车制动储能装置的压力至少保持在5.3.1.2.2规定的控制管路指令压力或对应的数字指令值的80%，则认为满足上面的规定。

4.2.2.15 装备电控传输装置的行车制动系统应满足下列附加要求：

a) 电控传输装置发生除能量供应外的单个暂时(小于40 ms)失效(非传输信号或数据错误)时，不应对行车制动性能产生显著影响。

b) 电控传输装置失效(如断裂、脱落等)时，至少应保持相应的挂车行车制动系统规定性能的30%。对仅通过4.1.3.1c)的电控线路实现电气连接并以5.3.3规定的性能满足4.2.1.18d)要求的挂车，当挂车行车制动系统不能保证其规定制动性能的至少30%时，在通过电控线路的数据通信部分提供"供能管路制动指令"信号或数据通信连续缺失时满足4.2.1.26a)规定即可。

c) 影响到规定的系统功能和性能的电控传输装置(不包括储能器)失效，应通过符合GB/T 20716.1或GB/T 20716.2规定的电气连接器(第5针或第7针)、以4.2.1.28b)规定的单独的报警信号指示给驾驶员。此外，装有电控线路并与装有电控线路的牵引车实现电气连接的挂车，在不能保证规定的挂车行车制动性能时，应通过电控线路的数据通信部分提供失效信息以点亮4.2.1.28b)规定的红色报警信号。

4.2.2.16 当装有电控线路并与装有电控线路的牵引车实现电气连接的挂车的行车制动系统任何部分存储的能量下降至下面规定的低能状态时，应采用4.2.1.28b)规定的红色信号向牵引车驾驶员发出报警，挂车应通过电控线路的数据通信部分提供失效信息。还应通过GB/T 20716.1或GB/T 20716.2规定的电气连接器第5针、采用单独的黄色信号提醒驾驶员挂车处于低能状态。

低能状态是指在该能量水平下，不论挂车负载状态如何，在不向储能器补充能量的情况下，行车制动系统在经过四次全行程制动后不能进行第五次制动并至少获得相应的挂车行车制动系统规定性能的50%。

4.2.2.17 装有电控线路的挂车和装有防抱系统的O_3和O_4类挂车应为其制动系统和/或防抱系统安装一个符合GB/T 20716.1或GB/T 20716.2的专用电气连接器。对未安装电控传输装置的挂车，如其具有单独的保险丝，可以降低GB/T 20716.1或GB/T 20716.2线束规格。保险丝的型号应确保不超过导体的电流强度。本标准规定的挂车失效报警信号应通过上述电气连接器点亮。挂车失效报警信号传输适用4.2.1.28d)、4.2.1.28e)和4.2.1.28f)有关机动车辆的要求。具有特殊结构的挂车，应满足以下要求：

a) 对采用选择制动的方式加强车辆稳定性的挂车，应在稳定性系统的电控传输装置发生失效时通过GB/T 20716.1或GB/T 20716.2的5芯电气连接器第5针、用4.2.1.28b)规定的单独的黄色报警信号报警。

b) 对允许制动系统除了上述GB/T 20716电气连接器获得电能提供以外还可连接其他电源的挂车，当提供此类额外供电时，制动系统在正常和失效模式下都不应受额外供电连接的不利影响。

4.2.2.18 当通过GB/T 20716电气连接器供应的电能用于4.1.3.6规定的功能时，制动系统应具有优先权并具有制动系统外部过载保护。这种保护应是制动系统的一种功能。

4.2.2.19 当依据4.1.3.1连接的牵引车和挂车的控制管路之一发生失效时，挂车应自动使用未受失效影响的控制管路来保证5.3.1规定的挂车制动性能。

4.2.2.20 当供能电压下降到制造商规定电压以下而不能保证规定的行车制动性能时，应通过符合GB/T 20716规定的电气连接器第5针点亮4.2.1.28a)规定的单独的黄色报警信号。此外，装有电控线路并与装有电控线路的牵引车实现电气连接的挂车，应通过电控线路的数据通信部分提供失效信息以点亮4.2.1.28b)规定的红色报警信号。

4.2.2.21 除4.2.1.18d)和4.2.1.21规定外，挂车制动器也可由挂车制动系统自身根据车载信息评价的结果自动操纵。

5 试验和性能要求

5.1 试验要求

5.1.1 总体要求

5.1.1.1 制动系统的性能是基于制动距离和充分发出的平均减速度规定的。制动系统的性能应通过测量与车辆初速度有关的制动距离和/或测量试验中充分发出的平均减速度来确定。

5.1.1.2 应按厂家规定的磨合程序或如下要求对制动器进行磨合：

a) 对于前/后盘式制动系统：
   1) 初始车速为60 km/h，制动至大约20 km/h；
   2) 首先以约2 m/s^2 的制动减速度进行30次制动，然后以约4 m/s^2 的制动减速度进行30次制动。

b) 对于前盘式/后鼓式或前/后鼓式制动系统：
   1) 初始车速为60 km/h，制动至大约20 km/h；
   2) 首先以约2 m/s^2 的制动减速度进行100次制动，然后以约4 m/s^2 的制动减速度进行100次制动。

在磨合过程中，制动盘和/或制动鼓的温度不应超过200 ℃。

5.1.1.3 制动距离是指从驾驶员开始促动制动系统的控制装置开始至车辆停住所驶过的距离。初始车速是指驾驶员开始促动制动系统控制装置时的速度。初始车速不应低于相应试验规定速度的98%。

充分发出的平均减速度(d_m)应按式(1)计算：

$$d_m = \frac{v_b^2 - v_e^2}{25.92(s_e - s_b)} \qquad (1)$$

式中：

d_m ——充分发出的平均减速度，单位为米每二次方秒(m/s^2)；

v_0 ——车辆初始车速，单位为千米每小时(km/h)；

v_b ——$0.8v_0$ 时的车速，单位为千米每小时(km/h)；

v_e ——$0.1v_0$ 时的车速，单位为千米每小时(km/h)；

s_b ——从 v_0 到 v_b 期间行驶的距离，单位为米(m)；

s_e ——从 v_0 到 v_e 期间行驶的距离，单位为米(m)。

车速和距离应在规定试验车速下用精度不低于±1%的仪器测定。d_m 可用测量车速和距离外的其他方法测定，在这种情况下，d_m 的精度不应低于±3%。

5.1.1.4 按附录J确认是否需要进行Ⅰ型、Ⅱ型(ⅡA)型和Ⅲ试验。

5.1.1.5 按附录K确认是否可以采用挂车制动器Ⅰ型和Ⅲ试验替代规程。

5.1.2 车辆制动性能的道路试验条件

5.1.2.1 车辆的质量状态应符合各类试验的规定，并在试验报告中说明。

5.1.2.2 各类试验应按相应的规定车速进行；如车辆的最高设计车速低于试验规定车速，应以最高设计车速进行试验。

5.1.2.3 试验期间，为达到规定的制动性能而施加在制动系统控制装置上的力不应超过该试验车型规定的最大值。

5.1.2.4 除有另行规定外，试验路面应具有良好的附着性能。

5.1.2.5 在试验道路纵向任意 50 m 长度上的坡度应小于 1%。驻车试验坡度按有关条款规定。路拱坡度应小于 2%。

5.1.2.6 试验过程中，风速应小于 5 m/s，环境温度不应超过 35 ℃。

5.1.2.7 试验开始时，轮胎应为冷态且处于与车辆静止时车轮实际承载相对应的规定压力。

5.1.2.8 应在车速超过 15 km/h 时未发生车轮抱死、车辆未偏离 3.7 m 宽的试验跑道及无异常振动的情况下达到规定的性能。

5.1.2.9 对完全或部分依靠与车轮永久连接的电机驱动的车辆，所有试验应在电机接合的情况下进行。

5.1.2.10 对 5.1.2.9 所述的车辆，如装有 A 型电力再生式制动系统，则车辆状态试验应在GB/T 13594—2003 中的 5.2.2.2 规定的低附着系数路面上进行。

对装有 A 型电力再生式制动系统的车辆，换挡或加速踏板松开的瞬间不应影响车辆行驶状态。

5.1.2.11 在 5.1.2.10 规定的试验中，不允许车轮抱死。允许进行转向修正，但转向盘在最初 2 s 内的转角不应超过 120°，且总转角不应超过 240°。

5.1.2.12 如给电动驱动的行车制动器供能的动力电池(或辅助动力电池)只能从独立的外部充电系统充电，则动力电池在制动性能试验中的平均荷电状态不应超过 4.2.1.26f)规定的制动失效报警时荷电状态的 5%。

5.1.2.13 如发生报警，可在试验过程中给动力电池充电，以便将荷电状态保持在规定范围内。

5.1.3 制动中的车辆状态

5.1.3.1 在制动试验、特别是高速试验中，应检查车辆的一般状态。

5.1.3.2 在附着力减小的路面上行驶时制动，M_2、M_3、N_1、N_2、N_3、O_2、O_3 和 O_4 类车辆的性能表现应满足附录 E 和/或 GB/T 13594—2003 的要求。

5.1.3.3 对 4.2.1.7b)所述的制动系统，如某车轴的制动由不止一种能源的制动力矩提供且每种能源都与其他能源不同，车辆在其控制策略允许的所有关系下都应满足附录 E 或 GB/T 13594—2003。制造商应向技术部门提供自动控制策略所允许的制动曲线族，技术部门可对这些曲线进行验证。

5.1.4 O 型试验(冷态制动时的一般性能)

5.1.4.1 总体要求

5.1.4.1.1 制动器应处于冷态。在制动盘或制动鼓摩擦表面测得的温度低于 100 ℃时，可认为制动器处于冷态。

5.1.4.1.2 试验应在下列条件下进行：

a) 车辆满载时，轴荷分配应符合制造商规定。如有几种不同的轴荷分配方案，则车辆最大设计总质量的轴间分配应使各轴轴荷与其最大允许轴荷成正比。对半挂牵引车，装载质量可向后移至上述装载条件规定的鞍座主销与后桥中心线之间的中间位置附近。

b) 应以空载车辆重复各项试验。对于机动车辆，除驾驶员外，前排座椅上可坐一人负责记录试验结果。空载载荷除驾驶员外的质量，应尽可能与驾驶员在车辆纵向对称平面内。

c) 对于半挂牵引车，只对单车(包括鞍座的质量)进行空载试验。如备用车轮是规定的车辆标准配置，还应包括备用车轮的质量。

d) 对于二类底盘，可增加附加载荷来模拟车箱质量，但不应超过制造商规定的最小质量。

e) 对装有电力再生式制动系统的车辆，其要求视电力再生式制动系统的类型而定，并按以下方式处理：

——A 型电力再生式制动系统如具有单独的控制装置，在 O 型试验中不应使用该装置；

——B 型电力再生式制动系统所产生的制动力不应超过系统设计所保证的最低水平。

f) 如按附录 A 测定的动力电池荷电状态处于下列荷电状态之一，则认为其满足条件。经技术部门同意，对具有动力电池充电用车载能源和能够调整动力电池荷电状态的车辆，不要求进行荷电状态评价。

——制造商在车辆说明书中推荐的最大荷电状态；

——如制造商未提供具体的推荐意见，不应低于满荷电状态的 95%；

——车辆自动控制充电所能达到荷电状态的最高水平。

5.1.4.1.3 性能要求规定了车辆空载及满载试验的最低性能要求限值。车辆应满足规定的制动距离和充分发出的平均减速度两项要求，但不必对两项参数都进行实际测定。

5.1.4.2 发动机脱开的 O 型试验

试验应按各车型规定的车速进行。试验车速与规定车速之间允许有不超过±2%偏差。但应达到各类车辆规定的最低性能要求。

5.1.4.3 发动机接合的 O 型试验

5.1.4.3.1 试验应在各种车速下进行，最低试验车速为车辆最高设计车速的 30%，最高试验车速为车辆最高设计车速的 80%。对装备限速器的车辆，限速器的限制车速将作为车辆的最高设计车速。应测量车辆实际的最大性能数据，并在报告中记录车辆状态。为模拟满载半挂车的影响而人为加载的半挂牵引车，其试验车速不应高于 80 km/h。

5.1.4.3.2 应在发动机接合的状态下，按车辆所属类别在规定的试验初始车速下进一步进行试验。各类车辆应达到规定的最低性能要求。为模拟满载半挂车的影响而人为加载的半挂牵引车，其试验车速不应高于 80 km/h。

5.1.4.4 气制动的 O 类车辆的 O 型试验

5.1.4.4.1 挂车的制动性能可根据牵引车及挂车的制动强度和作用在挂接装置测得的推力来计算。在特定情况下，也可根据只对挂车制动时牵引车和挂车的制动强度来计算。制动试验中，牵引车的发动机应脱开。

当只对挂车制动时，应考虑被减速的其他附加质量对列车充分发出的平均减速度产生的影响。

5.1.4.4.2 除 5.1.4.4.3 和 5.1.4.4.4 情形外，确定挂车制动强度时应测量牵引车及挂车的制动强度和作用在挂接装置上的推力。牵引车制动强度应满足附录 E 有关 T_M/P_M 与压力 p_m 之间关系的规定。挂车的制动强度按式(2)计算。

$$z_R = z_{R+M} + \frac{D}{P_R} \qquad \cdots\cdots(2)$$

式中：

z_R ——挂车的制动强度；

z_{R+M} ——牵引车及挂车的制动强度；

D ——作用在挂接装置上的推力(拉力取正值，推力取负值)，单位为牛顿(N)；

P_R ——路面与挂车车轮之间的静态法向反力之和(参见附录 E)，单位为牛顿(N)。

5.1.4.4.3 对半挂汽车列车，可单独制动挂车。如挂车为连续制动系统或半连续制动系统，且在制动过程中制动气室的压力不随车轴的动载荷的改变而改变，挂车的制动强度按式(3)计算：

$$z_R=(z_{R+M}-R)\times\frac{P_M+P_R}{P_R}+R \qquad \cdots\cdots(3)$$

式中：

R ——滚动阻力系数，其值取 0.01；

P_M——路面与牵引车车轮与路面之间的静态法向反力之和(参见附录 E)，单位为牛顿(N)。

5.1.4.4.4 作为替代，还可采用只制动挂车的方式来评价挂车的制动强度。在这种情况下，所用的压力应与列车制动时所测得的制动气室压力相同。

5.1.5 Ⅰ型试验(衰退试验)

5.1.5.1 重复制动试验

5.1.5.1.1 应以满载车辆、在表 3 所列的条件下对行车制动系统连续进行“制动-解除制动”。

表 3 重复制动试验条件

车辆类别	试验条件			
	v_1 km/h	v_2 km/h	Δt s	n 次
M_2	$80\% v_{max} \leqslant 100$	$\frac{1}{2}v_1$	55	15
N_1	$80\% v_{max} \leqslant 120$	$\frac{1}{2}v_1$	55	15
M_3、N_2、N_3	$80\% v_{max} \leqslant 60$	$\frac{1}{2}v_1$	60	20

注 1：v_1 为制动开始时的初始车速。

注 2：v_2 为制动结束时的车速。

注 3：v_{max}为车辆的最高设计车速。

注 4：n 为制动次数。

注 5：Δt 为制动循环周期，从一次制动开始到下一次制动开始所经历的时间。

5.1.5.1.2 如因车辆特性而无法满足规定的制动循环周期，可增大制动循环周期。在任何情况下，除车辆制动和加速所需时间外，每个循环应留有 10 s 的时间来稳定车速 v_1。

5.1.5.1.3 在这些试验中，应调整控制力以确保首次制动时充分发出的平均减速度为 3 m/s^2，在此后的各次制动中，该控制力应保持恒定。

5.1.5.1.4 制动中，变速器应一直处于最高挡(超速挡除外)

5.1.5.1.5 为在制动后恢复车速，应采用能在最短的时间(即以发动机和变速器所允许的最大加速度)达到 v_1 的挡位。

5.1.5.1.6 对由于车辆性能限制而无法恢复制动初始车速来进行制动器加热循环的车辆，应以规定的车速进行第一次制动，之后以能够实现的最大加速度来恢复车速，然后以 5.1.5.1.1 规定的各类车辆对应的循环周期结束时所达到的车速连续进行制动。

5.1.5.1.7 对装有制动磨损自动调整装置的车辆，应在Ⅰ型试验之前按下列规程进行调整：

a) 对装备气制动系统的车辆，制动器调整应确保制动磨损自动调整装置正常工作。为此，应调整气室行程(S_0)不小于 $1.1\times S_{re\text{-}adjust}$(其上限不应超过制造商推荐值，$S_{re\text{-}adjust}$为制动磨损自动调整装置制造商规定的重新调整的行程)。如无法测量气室行程，则初始设置应经试验技术部门的同意。依据上面的条件,应以制动系统工作压力的 30%、但不低于 0.2 MPa 的气室压力连续制动 50 次,然后再以不小于 0.65 MPa 的气室压力制动一次。

b) 对装备液压盘式制动器的车辆无调整要求。

c) 对装备液压鼓式制动器的车辆,按制造商规定对制动器进行调整。

5.1.5.1.8 对装有 B 型电力再生式制动系统的车辆,试验开始时,电池的荷电状态应确保电力再生式制动系统提供的制动力不超过系统设计所保证的最低值。

如电池处于 5.1.4.1.2b)所列的荷电状态之一,则认为满足该要求。

5.1.5.2 连续制动试验

5.1.5.2.1 O_2 和 O_3 类挂车的行车制动系统应在车辆满载条件下进行,制动器的能量输入等于在相同时间内、满载车辆以 40 km/h 的稳定车速、在 7%的坡道上,下坡行驶 1.7 km 所记录的能量。

5.1.5.2.2 该试验应在水平路面上、用牵引车牵引挂车进行。试验过程中应调整挂车制动的控制力使挂车阻力保持恒定(等于挂车最大静态轴荷的 7%)。如牵引动力不足,可在较低车速下进行试验,但应延长试验距离,如表 4 所示。

表 4 试验条件

车速 km/h	距离 m
40	1 700
30	1 950
20	2 500
15	3 100

5.1.5.2.3 对装有制动磨损自动调整装置的挂车,应在Ⅰ型试验之前按 5.1.5.1.7 规定的程序调整制动器。

5.1.5.3 热态性能试验

5.1.5.3.1 5.1.5.1 或 5.1.5.2 规定的试验结束后 1 min,应在发动机脱开的情况下,以与 O 型试验相同的条件(特别是恒定控制力不应大于实际使用的平均控制力)测定行车制动系统的热态制动性能(温度条件可不同),其结果应满足如下要求:

a) 对机动车辆,热态制动性能不应低于该类车辆规定性能的 80%,也不应低于发动机脱开的 O 型试验所记录数据的 60%。

b) 对装有 A 型电力再生式制动系统的车辆,制动期间应一直保持最高挡且即使有其他电力再生式制动系统控制装置也不应使用(如有)。

c) 对装有 B 型电力再生式制动系统的车辆,在按照 5.1.5.1.6 完成加热循环后,如不能达到 5.1.4.2规定的车速,则应以制动器加热循环结束时车辆所达到的最高车速进行热性能试验。为进行对比,还应以与热性能试验相同的车速、相近的电力再生制动力以及在合适的电池荷电状态下以冷态制动器重复进行 O 型试验。针对 5.1.5.3.1a)和 5.1.5.3.2 的要求,将第二次 O 型试验的性能与热态性能进行对比;在试验前允许对制动衬片进行调整。

d) 对挂车,以 40 km/h 的车速试验时,车轮周缘的热态制动力不应低于最大静态轮荷的 36%,也不应低于相同车速下 O 型试验的 60%。

5.1.5.3.2 对满足 5.1.5.3.1a)规定 60%,但不满足 5.1.5.3.1a)规定 80%的机动车辆,应以不超过 5.2 规

定的控制力进行进一步的热态性能试验。两次试验的结果都应记入试验报告。

5.1.5.4 正常行驶试验

对装有制动磨损自动调整装置的机动车辆，在完成5.1.5.3所述试验后，将制动器冷却至冷态制动器温度(即不高于100℃)情况下，车辆应能满足下列条件之一：

a) 车轮能够自由转动(即可用手转动)；

b) 在解除制动的情况下，车辆以60 km/h的恒定速度行驶，制动鼓/制动盘的渐进温升不超过80 ℃。

5.1.6 Ⅱ型试验(下坡工况试验)

5.1.6.1 应确保机动车辆满载试验时的能量输入等于在相同的时间内，满载车辆采用适当的挡位并利用缓速制动系统(如装有)、以30 km/h的平均车速在6%的坡道上，下坡行驶6 km时所记录的能量。所使用的变速器挡位应保证发动机转速不超过制造商规定的最高转速。

5.1.6.2 对能量只由发动机制动作用吸收的车辆，允许平均车速有±5 km/h的偏差，变速器挡位应保证车辆在6%的坡道上、以最接近30 km/h的稳定车速下坡行驶。若通过测量减速度来确定发动机单独制动时的制动性能，只要所测得的平均减速度不小于0.5 m/s² 即可。

5.1.6.3 试验结束后，应在发动机脱开的条件下，以与发动机脱开的O型试验相同的条件(温度条件可以不同)测量行车制动系统的热态制动性能。在控制力不超过700 N的情况下，热态制动性能的制动距离和充分发出的平均减速度应满足下列要求：

a) M_3 类车辆：$S \leqslant 0.15v+(1.33v^2/130)$(单位为米)，$d_m \geqslant 3.75$ m/s²；

b) N_3 类车辆：$S \leqslant 0.15v+(1.33v^2/115)$(单位为米)，$d_m \geqslant 3.3$ m/s²。

5.1.6.4 5.1.8.1所述车辆以5.1.8规定的ⅡA型试验代替Ⅱ型试验。

5.1.7 Ⅲ型试验(O_4 类车辆衰退试验)

5.1.7.1 道路试验

5.1.7.1.1 在Ⅲ型试验之前，按5.1.5.1.7规定的程序调整制动器。

5.1.7.1.2 道路试验条件见表5。试验中，应通过调整制动控制力，使第一次制动时，相对于挂车重量 P_R 的充分发出的减速度达到3 m/s²，并应在后续制动中保持该控制力。

表5 试验条件

制动次数 次	制动循环周期 s	制动开始时的初始车速 km/h
20	60	60

5.1.7.1.3 挂车的制动强度按式(3)计算。制动结束时的车速按式(4)计算。

$$v_2 = v_1 \times \sqrt{\frac{P_M + P_1 + \frac{P_2}{4}}{P_M + P_1 + P_2}} \quad \cdots\cdots(4)$$

式中：

P_1——非制动车轴承担的挂车质量，单位为千克(kg)；

P_2——制动车轴承担的挂车质量，单位为千克(kg)；

v_1——制动开始时的初始车速，单位为千米每小时(km/h)；

v_2——制动结束时的车速，单位为千米每小时(km/h)。

5.1.7.2 热态性能试验

行车制动系统热态性能应在5.1.7.1规定的试验结束后1 min内，在与O型试验相同的条件下(温度条件可以不同)、以60 km/h的初始车速进行制动时测定。车轮周缘的热态制动力不应低于最大静态轮荷的36%，也不应低于相同车速下O型试验数据的60%。

5.1.7.3 正常行驶试验

在完成5.1.7.2试验后，将制动器冷却至冷态制动器温度(即不高于100 ℃)，车辆应能满足下列条件之一：

a) 车轮能够自由转动(即可用手转动)；

b) 在解除制动的情况下，车辆以60 km/h的恒定速度行驶，制动鼓/制动盘的渐进温升不超过80 ℃。

5.1.8 ⅡA型试验(缓速制动性能)

5.1.8.1 应进行ⅡA型试验的车辆类型

5.1.8.1.1 GB/T 3730.1定义的M_3类长途客车和旅游客车。

5.1.8.1.2 允许挂接O_4类挂车的N_3类车辆。如最大设计质量超过26 000 kg，应将试验质量限定为26 000 kg；如空载质量超过26 000 kg，应通过计算得出试验质量。

5.1.8.1.3 符合ADR的特定车辆。

5.1.8.2 试验条件和性能要求

5.1.8.2.1 缓速制动系统的性能应在车辆或列车满载状态下进行试验。

5.1.8.2.2 应确保车辆满载试验时的能量输入等于在相同的时间内、满载车辆在7%的坡道上，以30 km/h的平均车速下坡行驶6 km时所记录的能量。试验过程中，不应接合行车制动系统、应急制动系统和驻车制动系统。所采用的变速器挡位应保证发动机转速不超过制造商规定的最大转速。假如整体式缓速制动系统相位合理，不会导致行车制动系统作用，则可以使用整体式缓速制动系统。可在5.1.4.1.1定义的制动器冷态条件下检查确认。

5.1.8.2.3 对能量只由发动机制动作用吸收的车辆，允许平均车速有±5 km/h的偏差，变速器挡位应保证车辆在7%的坡道上、以最接近30 km/h的稳定车速下坡行驶。若通过测量减速度来确定发动机单独制动时的制动性能，只要所测得的平均减速度不小于0.6 m/s^2 即可。

5.1.8.2.4 装有整体式缓速器的车辆也应装备防抱制动系统，并至少作用在缓速器控制的那根轴的行车制动器和缓速器自身上，满足GB/T 13594—2003的规定。

5.2 M和N类车辆制动系统的性能要求

5.2.1 行车制动系统

5.2.1.1 M和N类车辆的行车制动系统各项性能试验应满足表6要求。

表 6 试验条件及性能要求

<table>
<tr><td colspan="2">车辆种类</td><td>M_2</td><td>M_3</td><td>N_1</td><td>N_2</td><td>N_3</td></tr>
<tr><td colspan="2">试验类型</td><td>0、Ⅰ</td><td>0、Ⅰ、Ⅱ或ⅡA</td><td>0、Ⅰ</td><td>0、Ⅰ</td><td>0、Ⅰ、Ⅱ或ⅡA</td></tr>
<tr><td rowspan="4">发动机脱开的O型试验</td><td>v/(km/h)</td><td>60</td><td>60</td><td>80</td><td>60</td><td>60</td></tr>
<tr><td>S/m</td><td colspan="5">$\leqslant 0.15v+\frac{v^2}{130}$</td></tr>
<tr><td>$d_m/(m/s^2)$</td><td colspan="5">$\geqslant 5.0$</td></tr>
<tr><td>F/N</td><td colspan="5">$\leqslant 700$</td></tr>
<tr><td rowspan="4">发动机接合的O型试验</td><td>$v=80\% v_{max}$不超过</td><td>100 km/h</td><td>90 km/h</td><td>120 km/h</td><td>100 km/h</td><td>90 km/h</td></tr>
<tr><td>S/m</td><td colspan="5">$\leqslant 0.15v+\frac{v^2}{130.5}$</td></tr>
<tr><td>$d_m/(m/s^2)$</td><td colspan="5">$\geqslant 4.0$</td></tr>
<tr><td>F/N</td><td colspan="5">$\leqslant 700$</td></tr>
<tr><td colspan="7">注 1：v 为规定的试验车速。
注 2：S 为制动距离。
注 3：d_m 为充分发出的平均减速度。
注 4：F 为脚制动力。
注 5：v_{max}为最高车速。</td></tr>
</table>

5.2.1.2 对允许挂接无制动挂车的机动车辆，在挂接无制动挂车且挂车装载至机动车辆制造商规定的最大质量状态下，应满足对各类机动车辆（发动机脱开的O型试验）规定的相应的最低制动性能。

汽车列车的性能应参考在发动机脱开的O型试验下、仅机动车辆（满载）所能达到的最大制动性能，按式(5)计算后验证，无需挂接无制动挂车进行实际试验。

$$d_{M+R}=d_M\times\frac{P_M}{P_M+P_R} \qquad \cdots\cdots(5)$$

式中：

d_{M+R}——机动车辆挂接无制动挂车时充分发出的平均减速度计算值，单位为米每二次方秒(m/s^2)；

d_M——发动机脱开的O型试验中，仅机动车辆所能达到的充分发出的平均减速度的最大值，单位为米每二次方秒(m/s^2)；

P_M——机动车辆的满载质量，单位为千克(kg)；

P_R——由机动车辆制造商规定的可挂接的无制动挂车的最大质量，单位为千克(kg)。

5.2.2 应急制动系统

5.2.2.1 无论应急制动系统控制装置是否用于其他制动功能，制动距离和充分发出的平均减速度应满足下列要求：

——M_2、M_3 类车辆：$S\leqslant 0.15v+(2v^2/130)$（单位为米），$d_m\geqslant 2.5\ m/s^2$；

——N 类车辆：$S\leqslant 0.15v+(2v^2/115)$（单位为米），$d_m\geqslant 2.2\ m/s^2$。

5.2.2.2 采用手控装置时，控制力不应超过 600 N。控制装置应在便于驾驶员迅速操作的位置。

5.2.2.3 采用脚控装置时，控制力不应超过 700 N。控制装置应在便于驾驶员迅速操作的位置。

5.2.2.4 应急制动系统的性能应在发动机脱开的情况下，以下列初始车速进行O型试验来检查：

——M_2 和 M_3 为 60 km/h；

——N_1 为 70 km/h；

——N_2 为 50 km/h；

——N_3 为 40 km/h。

5.2.2.5 应模拟行车制动系统的实际失效状态进行应急制动效能试验。

5.2.2.6 对装有电力再生式制动系统的车辆，还应在下列两种失效条件下检查其制动性能：

a) 行车制动系统输出的电动部件完全失效；

b) 失效状态导致电动部件产生最大制动力。

5.2.3 驻车制动系统

5.2.3.1 不论是否与其他制动系统相结合，驻车制动系统应能使满载车辆在18%的上、下坡道上保持静止。

5.2.3.2 对允许挂接挂车的车辆，牵引车的驻车制动系统应能使满载汽车列车在12%的上、下坡道上保持静止。

5.2.3.3 采用手控装置时，控制力不应超过 600 N。

5.2.3.4 采用脚控装置时，控制力不应超过 700 N。

5.2.3.5 允许通过多次促动驻车制动系统以达到规定的性能。

5.2.3.6 为验证是否满足 4.2.1.2d)的要求，应以 30 km/h 的初始车速进行发动机脱开的 O 型试验。驻车制动作用期间充分发出的平均减速度和车辆停止前的瞬时减速度都不应小于 1.5 m/s^2。试验时，车辆为满载，作用在制动控制装置上的力不应超过规定值。

5.2.4 传输装置失效后的剩余制动性能

5.2.4.1 传输装置部分失效时的试验条件及剩余制动性能要求见表 7。试验时，施加在控制装置上的操作力不应超过 700 N。

表 7 传输装置部分失效试验条件及剩余制动性能要求

车辆类型	初始车速 km/h	满载		空载	
		制动距离 m	平均减速度 m/s^2	制动距离 m	平均减速度 m/s^2
M_2	60	$\leqslant 0.15v+\frac{100}{30}\times\frac{v^2}{130}$	≥1.5	$\leqslant 0.15v+\frac{100}{25}\times\frac{v^2}{130}$	≥1.3
M_3	60	$\leqslant 0.15v+\frac{100}{30}\times\frac{v^2}{130}$	≥1.5	$\leqslant 0.15v+\frac{100}{30}\times\frac{v^2}{130}$	≥1.5
N_1	70	$\leqslant 0.15v+\frac{100}{30}\times\frac{v^2}{115}$	≥1.3	$\leqslant 0.15v+\frac{100}{25}\times\frac{v^2}{115}$	≥1.1
N_2	50	$\leqslant 0.15v+\frac{100}{30}\times\frac{v^2}{115}$	≥1.3	$\leqslant 0.15v+\frac{100}{25}\times\frac{v^2}{115}$	≥1.1
N_3	40	$\leqslant 0.15v+\frac{100}{30}\times\frac{v^2}{115}$	≥1.3	$\leqslant 0.15v+\frac{100}{30}\times\frac{v^2}{115}$	≥1.3

5.2.4.2 应模拟行车制动系统的实际失效状态进行剩余制动效能试验。

5.3 O 类车辆制动系统的性能要求

5.3.1 行车制动系统

5.3.1.1 O_1 类车辆

强制安装行车制动系统时,系统性能应满足 O_2 和 O_3 类车辆规定的要求。

5.3.1.2 O_2 和 O_3 类车辆

5.3.1.2.1 如行车制动系统是连续或半连续制动系统,则施加在制动车轮周缘的力的总和与相应静态轮荷总和的比值不应低于如下要求:

a) 全挂车,满载和空载为 50%;

b) 半挂车,满载和空载为 45%;

c) 中置轴挂车,满载和空载为 50%。

5.3.1.2.2 对装有气制动系统的挂车,供能管路的压力在制动试验中不应超过 0.7 MPa,控制管路的信号不应超过下列数值:

a) 气压控制管路为 0.65 MPa;

b) 电控线路中数字指令值相当于 0.65 MPa(按 ISO 11992 定义)。

试验车速为 60 km/h。为了同Ⅰ型试验结果进行比较,还应以满载车辆在 40 km/h 车速下进行一次附加试验。

5.3.1.2.3 若制动系统为惯性制动系统,应满足附录 L 的要求。

5.3.1.2.4 此外,车辆还应进行Ⅰ型试验。

5.3.1.2.5 半挂车Ⅰ型试验中,半挂车车轴制动的质量应与其最大轴荷对应(不包括主销载荷)。

5.3.1.3 O_4 类车辆

5.3.1.3.1 如行车制动系统是连续或半连续制动系统,则施加在制动车轮周缘的力的总和应满足5.3.1.2.1要求。

5.3.1.3.2 对装有气制动系统的挂车,控制管路的压力在制动试验中不应超过 0.65 MPa,供能管路的压力在制动试验中不应超过 0.7 MPa。试验车速为 60 km/h。

5.3.1.3.3 此外,车辆应进行Ⅲ型试验。

5.3.1.3.4 半挂车Ⅲ型试验中,半挂车车轴制动的质量应与其最大轴荷对应。

5.3.2 驻车制动系统

挂车装备的驻车制动系统应能在当挂车与牵引车脱挂时使满载挂车在 18%的上、下坡道上保持静止,施加在控制装置上的力不应超过 600 N。

5.3.3 自动制动系统

在满载条件下、以 40 km/h 的初始车速进行试验时,在 4.2.1.18c)规定的失效条件下,自动制动性能的制动力不应低于最大静态轮荷总和的 13.5%。当制动力超过 13.5%时,则允许车轮抱死。

5.4 响应时间

5.4.1 对行车制动系统完全或部分依靠驾驶员体力以外的其他能源的车辆,紧急制动时,从开始促动控制装置至最不利的车轴上的制动力达到相应的规定制动效能所经历的时间不应超过 0.6 s。

5.4.2 装有气制动系统的车辆如符合附录 B 的规定,则认为其满足 5.4.1 的要求。

5.4.3 装有液压制动系统的车辆在紧急制动时，车辆的减速度或最不利的制动轮缸内的压力能够在0.6 s内达到规定性能对应的水平，则认为其满足5.4.1的要求。

5.4.4 对于挂车，从模拟装置向控制管路提供压力达到0.65 MPa时起，至挂车制动气室中的压力达到其稳态值的75%时所经历的时间不应超过0.4 s。

6 车型批准和扩展

6.1 车型批准

对于申请批准的一组车型，应选择具有下列特征的一辆或者多辆作为其代表，进行本标准规定的全部试验。

a) 质量参数：
——在最大设计总质量中选择具有最大值的车辆，ABS试验选择具有最小值的车辆；
——对于允许挂接挂车的牵引车，还应在最大允许挂接质量中选择具有最大值的车辆(考虑转移到牵引车上的垂直载荷)，ABS试验选择具有最小值的车辆。

b) 空载轴荷选择前轴荷与后轴荷之比最大的车辆。

c) 悬架型式选择具有不同类型悬架的车辆(对于零件不同、具有相同型式的悬架视为相同类型)。

d) 轴距和轮距选择具有最小轴距及最小轮距的车辆。

e) 最高车速选择能达到发动机接合的O型试验车速和Ⅰ型衰退试验所需车速的车辆。

f) 选择发动机制动作用最小的车辆。

g) 传动系统及总传动比选择装备使发动机制动作用最小的传动系统的车辆。

h) 制动系统：
——选择具有最长管路系统(包括每条管路)的车辆；
——选择具有不同制动器类型的车辆；
——选择采用不同制动力传递和控制方式的车辆；
——选择具有不同制动回路布置方式的车辆。

i) 储能装置容量：
——充能试验时选择储能装置容量最大的车辆；
——其他试验时选择储能装置容量最小的车辆。

j) 能量来源选择具有最小能源供给或/和最小助力的车辆。

k) 轮胎：
——选择轮胎滚动半径最大的车辆；
——选择轮胎断面宽度最小的车辆；
——选择不同结构轮胎的车辆。

6.2 已批准车型的扩展

6.2.1 对已批准车型进行了与制动系统相关的更改，应申请扩展。

6.2.2 已批准车型的扩展符合6.1的原则时，应准予扩展。

6.2.3 已批准车型的扩展超出6.1规定的范围时，应重新进行试验。

7 生产一致性

在制造过程中应保证车辆与经批准的车型一致，并满足第4章的要求。

附 录 A
（规范性附录）
动力电池荷电状态检验规程

A.1 范围

本规程适用于驱动和再生制动用的车辆动力电池。

A.2 检验规程

A.2.1 对新电池或久置未用的动力电池，应按制造商的建议进行充放电循环。充放电循环结束后可至少在室温条件下放置 8 h。

应根据制造商推荐的充电程序将动力电池充满。

A.2.2 进行 5.1.2.12、5.1.2.13、5.1.4.1.2e）、5.1.5.1.3 和 5.1.5.1.6 的制动试验时，应连续记录驱动电机所消耗的电能和电力再生式制动系统所提供的电能的差额，并以此确定试验开始或结束时的荷电状态。

A.2.3 在进行如 5.1.5.3.1c）的对比试验时，为复制电池的荷电状态，可直接将电池充电至该荷电状态或首先充电至该状态以上，然后以大致恒定的功率对固定负载放电直至达到相应的荷电状态。对仅靠动力电池供电的车辆，可通过车辆行驶来调整荷电状态。对在电池部分充电的情况下进行的试验，宜在达到所需的荷电状态后尽快进行。

附 录 B
（规范性附录）
气制动系统车辆响应时间测量方法

B.1 总则

B.1.1 行车制动系统的响应时间应在静止车辆上、位置最不利的制动器的制动气室进气口处进行压力测量。对采用气/液压组合制动系统的车辆，应在位置最不利的气压回路的开口处进行压力测量。对装有感载阀的车辆，感载阀应处于“满载”位置。

B.1.2 试验时，各车轴的制动气室行程应调整为制动器间隙尽可能小的行程。

B.1.3 按本附录规定测定的响应时间应四舍五入圆整至 0.1 s。

B.1.4 本附录中的简图提供了模拟装置设定与使用的正确结构。

B.2 机动车辆

B.2.1 每次试验开始时储能装置的压力应等于调压阀恢复向制动系统供气时的压力。对于未装备调压阀（如采用限压空压机）的制动系统，每次试验开始时储能装置的压力应为 C.1.1.2.2a）定义的、制造商规定压力的 90%，并作为本附录规定试验的压力。

B.2.2 响应时间随促动时间变化关系应通过一系列全行程制动确定，以最短的促动时间开始制动并增加至大约 0.4 s。在曲线图上获取测量值。

B.2.3 本试验的响应时间 t_f 对应的促动时间为 0.2 s。响应时间可用插值法从曲线图中得出。

B.2.4 当促动时间为 0.2 s 时，从开始促动制动系统控制装置至制动气室的压力达到稳态最大压力值的 75% 时所经历的时间不应超过 0.6 s。

B.2.5 对装有挂车用气压控制管路的机动车辆，除 B.1.1 的要求外，还应在与行车制动系统控制管路接头相连接的一段长 2.5 m、内径 13 mm 的管路末端测量响应时间。试验期间，应将一个容积为（385±5）mL的容器（其容积等于长 2.5 m、内径 13 mm 的管子在 0.65 MPa 压力下的容积）连接到供能管路接头处。半挂牵引车应装有连接半挂车的软管。

B.2.6 从促动制动踏板开始至下述条件，达到目标值的 x% 时所经历的时间 t 不应超过表 B.1 的要求：

a） 在气压控制管路接头处测得的压力；

b） 按 ISO 11992 测得的电控线路的数字指令值。

表 B.1 实测值对应的时间

x/%	t/s
10	0.2
75	0.4

B.2.7 对允许挂接装有气制动系统的 O_3 或 O_4 类挂车的机动车辆，除上述要求外，还应通过下列试验对 4.2.1.18d）的规定进行验证：

a） 测量连接在供能管路接头的长 2.5 m、内径 13 mm 的管路末端的压力；

b) 在接头处模拟控制管路失效；

c) 按 B.2.3 规定在 0.2 s 内促动行车制动控制装置。

B.3 挂车

B.3.1 应在未与机动车辆连接的情况下测量挂车的响应时间。需要提供一个模拟装置代替机动车辆，与供能管路、气压控制管路接头和/或电控线路连接器相连接。

B.3.2 供能管路压力应为 0.65 MPa。

B.3.3 气压控制管路的模拟装置应具有下列特征：

a) 应有一个容积为 30 L 的储气筒，每次试验前应将储气筒充气至 0.65 MPa，试验过程中不应再充气。模拟装置在制动控制装置出气口应有一个直径为 4 mm～4.3 mm 的阻尼孔。从阻尼孔到接头(含接头)的这段管路容积应为(385±5)mL(该容积等于长 2.5 m、内径 13 mm 的管路在 0.65 MPa 压力下的容积)。

b) 制动系统控制装置的设计应保证其使用性能不受试验者影响。

c) 应按照 B.3.3a)的规定选择阻尼孔来设定模拟装置，确保在连接有容积为(385±5)mL 的储气筒情况下，压力从 0.065 MPa 上升至 0.49 MPa(分别为额定压力 0.65 MPa 的 10%和 75%)所需的时间为(0.2±0.01) s。如采用容积为(1 155±15) mL 的储气筒代替上述储气筒，在不作调整的情况下，压力从 0.065 MPa 上升至 0.49 MPa 所需的时间为(0.38±0.02) s。压力从 0.065 MPa至 0.49 MPa 的上升规律应近似线性。储气筒不应通过软管而直接与挂车接头连接，接头内径不应小于 10 mm。控制管路压力应在紧靠阻尼孔的下游管路测量。

B.3.4 用于检查电控线路传输信号响应时间的模拟装置应具有下列特征：

a) 模拟装置应按照 ISO 11992-2 要求在电控线路中产生一个数字指令信号，并通过GB/T 20716 规定的电气连接器第 6 针和第 7 针向挂车提供适当的信息。为测量响应时间，可应制造商的要求，在气压控制管路不工作时由模拟装置向挂车提供信息，电控线路的指令信号由两个独立回路产生(见 ISO 11992-2:2003 中的 6.4.2.2.24 和 6.4.2.2.25)。

b) 制动系统控制的设计应保证其使用性能不受试验者影响。

c) 为测量响应时间，电子模拟装置应能产生与气压在(0.2±0.01) s 的时间内、从 0 线性增加至 0.65 MPa对应的信号。

B.3.5 性能应满足以下要求：

a) 对装有气压控制管路的挂车，模拟装置从控制管路中产生的压力达到 0.065 MPa 起、至挂车制动气室压力达到目标压力的 75%所经历的时间不应超过 0.4 s。

应在通过 GB/T 20716 的电气连接器(第 5 针或第 7 针)向挂车供电的情况下，对装有气压控制管路和电控传输装置的挂车进行检查。

b) 对装有电控线路的挂车，模拟装置从产生的信号超过 0.065 MPa 当量压力起、至挂车制动气室压力达到目标压力的 75%所经历的时间不应超过 0.4 s。

c) 对装有气压控制管路和电控线路的挂车，应按照本附录规定的规程分别测定各个控制管路的响应时间。

B.4 模拟装置实例

模拟装置实例见图 B.1。

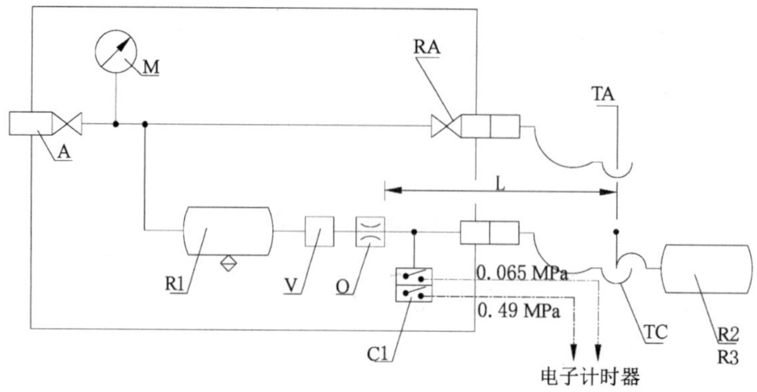

a） 模拟装置

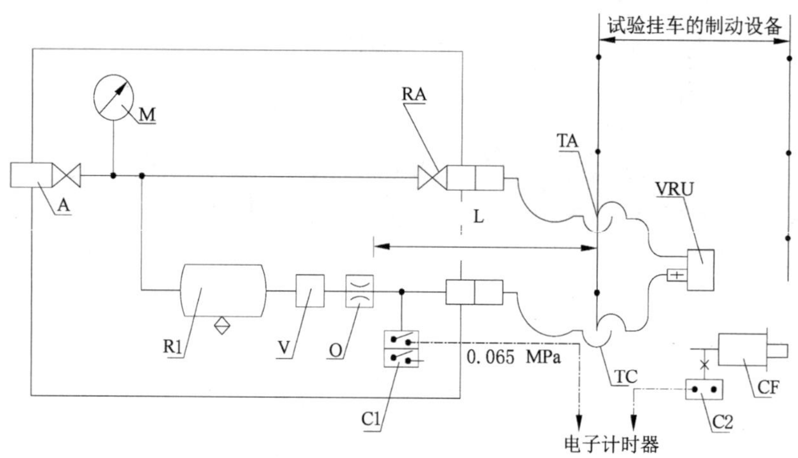

b） 挂车试验实例

图 B.1 模拟装置实例

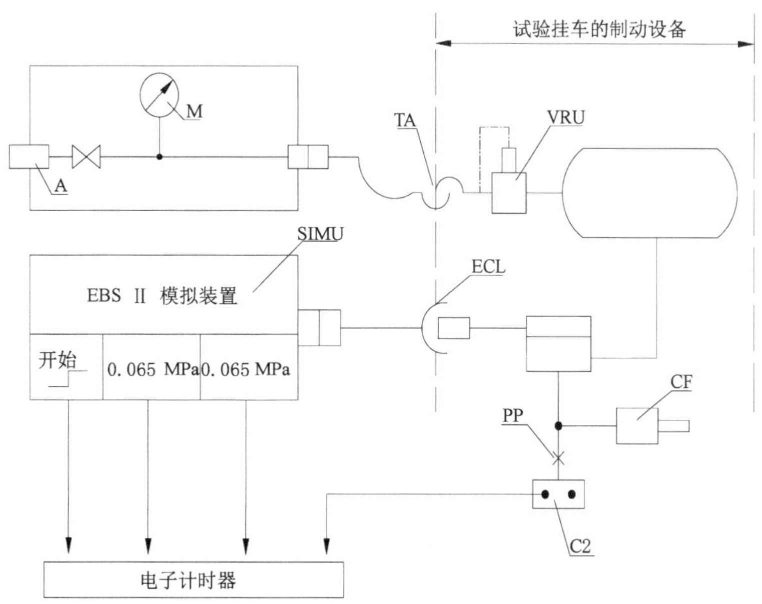

c) 电控线路模拟装置实例

说明：

A ——带切断阀的供气接头；

C1 ——模拟装置的压力开关，可设定为 0.065 MPa 和 0.49 MPa；

C2 ——与挂车制动气室连接的压力开关，在压力达到制动气室 CF 渐近压力的 75％时开始工作；

CF ——制动气室；

ECL ——符合 GB/T 20716 规定的电控线路；

L ——从阻尼孔 O 至接头 TC(含 TC)的管路，在 0.65 MPa 压力下的内部容积为(385±5) mL；

M ——压力表；

O ——直径不小于 4 mm、不大于 4.3 mm 的阻尼孔；

PP ——压力试验连接；

R1 ——容积为 30 L、带排水阀的的储气筒；

R2 ——容积为(385±5) mL 的标定储气筒(含 TC)；

R3 ——容积为(1 155±15) mL 的标定储气筒(含 TC)；

RA ——切断阀；

SIMU——符合 ISO 11992 规定的 EBS 11 字节 3、4 的模拟装置，能在开始、0.065 MPa 和 0.65 MPa 三个值输出信号；

TA ——供能管路接头；

TC ——控制管路接头；

V ——制动控制装置；

VRU ——紧急继动阀。

图 B.1（续）

附 录 C
(规范性附录)
关于供能和储能装置(储能器)的规定

C.1 气制动系统

C.1.1 储能装置(储气筒)

C.1.1.1 总则

C.1.1.1.1 制动系统需要使用压缩空气工作的车辆应安装容量符合 C.1.1.2 和 C.1.1.3 规定的储能装置(储气筒)。

C.1.1.1.2 如制动系统在没有任何能量存储的情况下,至少能够达到规定的应急制动性能,则不必要求储能装置具有规定的容量。

C.1.1.1.3 在检查是否符合 C.1.1.2 和 C.1.1.3 的要求时,应将制动器间隙尽可能调小。

C.1.1.2 机动车辆

C.1.1.2.1 机动车辆的储能装置(储气筒)应确保对行车制动系统控制装置进行八次全行程促动后,储能装置中剩余的压力不应低于达到规定的应急制动性能所需的压力。

C.1.1.2.2 应按下列要求进行试验:

a) 储能装置的初始能量水平应符合制造商规定,并能确保达到规定的行车制动性能。
b) 试验期间,不应给储能装置补充能量,且应断开辅助设备的储能装置。
c) 对允许挂接挂车并装有气压控制管路的机动车辆,应关闭供能管路并直接在控制管路上连接一个容量为 0.5 L 的储气筒。每次制动前,应将储气筒内的空气完全排掉,再按 C.1.1.2.1 进行试验后,气压控制管路中的能量不应低于首次制动时的一半。

C.1.1.3 挂车

C.1.1.3.1 挂车的储能装置应确保在牵引车行车制动系统经过八次全行程促动后,使用该能源的工作部件的能量水平不应低于首次制动时的一半,且不会导致挂车自动制动或驻车制动。

C.1.1.3.2 应按下列要求进行试验:

a) 储能装置在试验开始时的压力为 0.85 MPa;
b) 应关闭供能管路;且应断开辅助设备的储能装置;
c) 试验期间,不应给储能装置补充能量;
d) 每次制动时,气压控制管路的压力应为 0.75 MPa;
e) 每次制动时,电控线路的数字指令信号应相当于 0.75 MPa 的压力。

C.1.2 供能装置

C.1.2.1 符号说明

C.1.2.1.1 “p_1”是指与 C.1.2.1.2 中定义的 p_2 的 65%对应的压力。

C.1.2.1.2 “p_2”是指 C.1.1.2.2a)所述的、制造商规定的压力。

C.1.2.1.3 “t_1”是指相对压力从 0 上升到“p_1”所需的时间,“t_2”是指相对压力从 0 上升到“p_2”所需的时间。

C.1.2.2 测量方法及条件

C.1.2.2.1 所有情况下,空压机转速都应与发动机最大功率转速或限速器允许的转速相对应。
C.1.2.2.2 在确定时间 t_1 和 t_2 的试验中,应断开辅助设备的储能装置。
C.1.2.2.3 对允许挂接挂车的机动车辆,采用储能装置代表挂车;储能装置的最大相对压力 p(单位为千帕)应为牵引车供能回路可以提供的最大相对压力,容积 V(单位为升)用 $V=200\ R/p$ 计算(R 为挂车各车轴最大允许载质量之和,单位为千克)。

C.1.2.3 技术要求

C.1.2.3.1 在最不利的储能装置上记录的时间 t_1 不应超过如下要求:
a) 对不允许挂接挂车的车辆为 3 min;
b) 对允许挂接挂车的车辆为 6 min。
C.1.2.3.2 在最不利的储能装置上记录的时间 t_2 不应超过如下要求:
a) 对不允许挂接挂车的车辆为 6 min;
b) 对允许挂接挂车的车辆为 9 min。

C.1.2.4 附加试验

C.1.2.4.1 对装备一个或几个辅助装置用储能装置且其总容量超过制动储能装置总容量 20%的机动车辆,应在辅助装置用储能装置加注控制阀工作无异常情况的条件下进行附加试验。
C.1.2.4.2 上述试验中,最不利的制动储能装置的压力从 0 上升到 p_2 所需的时间 t_2 应小于如下要求:
a) 对不允许挂接挂车的车辆为 8 min;
b) 对允许挂接挂车的车辆为 11 min。
C.1.2.4.3 应在 C.1.2.2.1 和 C.1.2.2.3 规定的条件下进行试验。

C.1.2.5 牵引车

允许挂接挂车的机动车辆还应满足上述对不允许挂接挂车的车辆的要求。对此类情况,进行 C.1.2.3.1和 C.1.2.3.2(和 C.1.2.4.2)的试验时,不安装 C.1.2.2.3 所述的储能装置。

C.2 真空制动系统

C.2.1 储能装置(储能器)

C.2.1.1 总则

C.2.1.1.1 制动系统需要利用真空工作的车辆应安装容量满足 C.2.1.2 和 C.2.1.3 要求的储能装置。
C.2.1.1.2 如制动系统在没有任何能量存储的情况下,至少能够达到规定的应急制动性能,则不必要求储能装置具有规定的容量。
C.2.1.1.3 在检查是否符合 C.2.1.2 和 C.2.1.3 的要求时,应将制动器间隙尽可能调小。

C.2.1.2 机动车辆

C.2.1.2.1 在进行如下操作后,机动车辆的储能装置应确保达到规定的应急制动性能:
a) 以真空泵为能源时,对行车制动控制装置进行八次全行程促动;

b） 以发动机为能源时，对行车制动控制装置进行四次全行程促动。

C.2.1.2.2 应按下列要求进行试验：

a） 储能装置的初始能量水平应符合制造商规定，能够确保达到规定的行车制动性能，且不应超过能源提供的最大真空度的90%；

b） 试验期间，不应给储能装置补充能量，且应断开辅助设备的储能装置；

c） 对允许挂接挂车的机动车辆，应关闭供能管路并在控制管路上连接一个容量为0.5 L的储气筒。在按C.2.1.2.1进行试验后，控制管路的真空度不应低于首次制动时的一半。

C.2.1.3 挂车（仅 O_1 和 O_2 类）

C.2.1.3.1 挂车的储能装置应确保在挂车行车制动系统经过四次全行程促动后，各使用点的真空度不应低于首次制动时的一半。

C.2.1.3.2 应按下列要求进行试验：

a） 储能装置的初始能量水平应符合制造商规定，能够确保达到规定的行车制动性能。

b） 试验期间，不应给储能装置补充能量，且应断开辅助设备的储能装置。

C.2.2 供能装置

C.2.2.1 总则

真空源应能在3 min内使储能装置从环境气压达到C.1.1.2.2a）规定的初始真空度。对允许挂接挂车的机动车辆，在C.2.2.2规定的条件下达到该真空度所需时间不应超过6 min。

C.2.2.2 测量条件

C.2.2.2.1 真空源的转速应符合如下要求：

a） 以车辆发动机为真空源时，应为车辆静止、变速器空挡、发动机怠速运行时的转速；

b） 以真空泵为真空源时，应为发动机以最大功率转速的65%运行时的转速；

c） 以真空泵为真空源且发动机装有限速器时，应为发动机以限速器最大允许转速的65%运行时的转速。

C.2.2.2.2 对允许挂接挂车的机动车辆，如挂车行车制动系统为真空控制，应采用储能装置代表挂车；储能装置容积按式（C.1）进行换算。

$$V = 15R/1\,000 \qquad \cdots\cdots\cdots\cdots (C.1)$$

式中：

V ——储能装置容积，单位为升（L）；

R ——挂车各轴的最大允许质量之和，单位为千克（kg）。

C.3 储能式液压制动系统

C.3.1 储能装置

C.3.1.1 总则

C.3.1.1.1 制动系统需要利用液压储能工作的车辆应安装容量满足C.3.1.2要求的储能装置（储能器）。

C.3.1.1.2 如制动系统在没有任何能量存储的情况下，至少能够达到规定的应急制动性能，则不必要求储能装置具有规定的容量。

C.3.1.1.3 在检查制动系统是否符合C.3.1.2.1、C.3.1.2.2和C.3.2.1规定的要求时，应将制动器间隙尽可能调小。进行C.3.1.2.1的检查时，全行程促动的频率应保证各次促动之间有60 s的时间间隔。

C.3.1.2 机动车辆

C.3.1.2.1 装有储能式液压制动系统的机动车辆应满足下列要求：

a) 对行车制动控制装置进行八次全行程制动后，在进行第九次促动时仍能达到应急制动性能。

b) 应按下列要求进行试验：

——从符合制造商规定但不超过开启压力的压力开始试验。

——不应给储能装置补充能量；且应断开辅助设备的储能装置。

C.3.1.2.2 装有储能式液压制动系统的机动车辆，如不满足 4.2.1.5 的要求但满足下列要求，可视其满足 4.2.1.5 的要求：

a) 发生一处传输失效后，对行车制动控制装置进行八次全行程促动后，在进行第九次制动时至少能达到规定的应急制动性能；当应急制动需要使用的储能采用单独的控制装置时，在经过八次全行程促动后，进行第九次制动时仍能达到 4.2.1.4 规定的剩余制动性能。

b) 应按下列要求进行试验：

——能源静止或以与发动机怠速对应的速度运行，使传输装置失效。失效发生前，储能装置处于制造商规定的压力，但不应超过开启压力。

——如有辅助设备及其储能装置，应将其断开。

C.3.2 液压供能装置

C.3.2.1 符号说明

C.3.2.1.1 P_1 表示制造商规定的储能装置的最大系统工作压力(关闭压力)；

C.3.2.1.2 P_2 表示不给储能装置补充能量的情况下，从 P_1 开始对行车制动进行四次全行程促动后储能装置的压力。

C.3.2.1.3 "t"表示未操纵行车制动控制装置的情况下，储能装置的压力从 P_2 上升至 P_1 所需的时间。

C.3.2.2 测量条件

C.3.2.2.1 在测定时间 t 的试验中，能源的供能速度应与发动机最大功率转速或限速器允许的转速对应。

C.3.2.2.2 在测定时间 t 的试验中，不应断开辅助设备的储能装置，自动断开除外。

C.3.2.3 要求

C.3.2.3.1 对 M_3、N_2 和 N_3 类车辆，时间 t 不应超过 30 s。

C.3.2.3.2 对 M_3、N_2 和 N_3 类以外的其他所有车辆，时间 t 不应超过 20 s。

C.3.3 报警装置的特性

将发动机停机，从符合制造商规定但不超过开启压力的压力开始，对行车制动系统进行二次全行程促动后，报警装置不应报警。

附 录 D
（规范性附录）
有关弹簧制动系统特殊条件的规定

D.1 概述

D.1.1 弹簧制动系统是指制动所需能量由一个或几个起储能作用(储能器)的弹簧提供的制动系统。压缩弹簧以解除制动所需的能量由驾驶员操纵的控制装置来提供和控制(见D.2.4)。

D.1.2 弹簧压缩腔是指产生导致弹簧压缩的压力腔室。

D.2 总则

D.2.1 弹簧制动系统不应用做行车制动系统。假如驾驶员能够调节弹簧制动系统的制动作用,则允许在行车制动系统传输装置发生部分失效时利用弹簧制动系统达到4.2.1.4规定的剩余制动效能。除满足4.2.1.4要求的半挂牵引车以外的机动车辆,弹簧制动系统不能作为唯一的剩余制动源。真空弹簧制动系统不应用于挂车。

D.2.2 弹簧压缩腔供能回路压力限值的微小变化,不应引起制动力的明显变化。

D.2.3 弹簧压缩腔的供能回路应装备专用的储能装置,或由至少两个独立的储能装置供能。挂车制动供能管路可以从上述供能回路分出支管,但应保证挂车供气管路的压力下降不会导致弹簧制动系统发生作用。假如在能源损坏的情况下,也不会导致弹簧制动缸储存的能量下降至弹簧制动缸弹簧释放的能量水平以下,则允许辅助设备只从弹簧制动缸的供能管路中获取能量。任何情况下,在制动系统从零压力开始补充能量、直至行车制动系统的压力足以保证操纵行车制动控制装置至少能达到满载车辆的应急制动效能为止期间,不应解除弹簧制动系统。同样,除非行车制动系统中的压力足以保证操纵行车制动控制装置至少能达到满载车辆的剩余制动效能,否则,弹簧制动作用后将无法解除。本条不适用于挂车。

D.2.4 对机动车辆,在弹簧压缩腔的初始压力等于最大设计压力的情况下,弹簧制动系统的设计应保证至少能够进行三次"制动-解除制动"操作。对挂车,在脱挂前供能管路压力为0.75 MPa的条件下,脱挂后至少能够释放三次。在检查之前,应解除紧急制动。在各制动器的间隙调到尽可能小时应满足这些条件。此外,当挂车与牵引车挂接时,应能够按4.2.2.10的规定施加和解除驻车制动。

D.2.5 对机动车辆,在制动器间隙调整到尽可能小的情况下,弹簧开始促动制动器时弹簧压缩腔中的压力不应高于最低正常工作压力的80%。

D.2.6 对挂车,弹簧开始促动制动器时,弹簧压缩腔中的压力不应高于C.1.1.3规定对行车制动系统进行四次全行程促动后的压力。初始压力为0.7 MPa。

D.2.7 当弹簧压缩腔供能管路(液压辅助解除装置的管路除外)内的压力下降至制动器零部件开始移动时,应起动光学或声学报警装置。若满足该要求,可将4.2.1.28a)规定的红色报警信号作为报警装置。本条不适用于挂车。

D.2.8 如允许挂接装有连续或半连续制动系统挂车的机动车辆装备了弹簧制动系统,则弹簧制动系统的自动制动应能引起挂车的制动作用。

D.2.9 若通过真空装置压缩弹簧,本附录各条中的压力是指负压。

D.3 辅助解除系统

D.3.1 弹簧制动系统的设计应保证在系统失效的情况下仍能解除制动。可利用辅助解除装置(气压、机械式等)来实现。

利用储能解除制动的辅助装置应由与弹簧制动系统正常使用的储能装置独立的储能装置供能。如辅助解除装置采用单独的管路,该装置的气压或液压介质可以作用在弹簧制动系统正常使用的弹簧压缩腔内的同一活塞表面。如该管路与连接控制装置和弹簧制动气室正常管路之间的接头不是弹簧制动气室整体的一部分,该管路在各个弹簧制动气室的位置应在弹簧压缩腔前方紧靠接口处。该接头应具有防止管路间相互影响的装置。4.2.1.6 的要求也适用于该装置。

如制动系统传输装置的部件由金属或与金属特性相近的材料制成,在正常制动条件下不会发生明显变形,可按 4.2.1.2h)的规定视为不易断裂,则在上述的要求中不考虑其失效。

D.3.2 若 D.3.1 所述的辅助装置需要使用工具或扳手,应随车辆配备。

D.3.3 利用储能解除弹簧制动气室的辅助解除系统还应满足下列附加要求:

a) 如弹簧制动气室的辅助解除系统采用与应急/驻车制动系统同一控制装置,D.2.3 规定的要求在所有情况下都适用。

b) 如弹簧制动气室的辅助解除系统采用与应急/驻车制动系统不同的控制装置,D.2.3 规定的要求适用于两种控制系统。但 D.2.3 的要求不适用于弹簧制动气室的辅助解除系统。此外,辅助解除控制装置的位置应使驾驶员在驾驶座椅上无法进行操纵。

D.3.4 如为气压辅助解除系统,则应采用单独的控制装置起动,不应与弹簧制动气室控制装置相连。

附 录 E
（规范性附录）
车轴间的制动力分配及牵引车与挂车协调性要求

E.1 一般要求

E.1.1 未装备(符合 GB 13594—2003 要求的)防抱系统的 M_2、M_3、N、O_2、O_3 和 O_4 类车辆应满足本附录的所有要求。对允许挂接挂车的牵引车和气制动挂车，在满载时应符合本附录的要求。若采用专门装置，该装置应能够自动工作。

装有防抱系统的车辆，如其另外装备了控制车轴间制动力分配的专用自动装置，则也应满足 E.7 和 E.8 的要求。在控制失效的情况下，应能按 E.6 的规定使车辆停止。

装有缓速制动系统的车辆，在测定本附录规定的车辆性能时，不考虑缓速制动系统产生的减速作用。

E.1.2 E.3.1.5、E.3.1.6、E.4.1、E.5.1 和 E.5.2 规定的有关图表要求，对装有 4.1.3.1a)规定的气压控制管路和装有 4.1.3.1c)规定的电控线路的机动车辆均有效。在两种情况下，基准值(图的横坐标)均为控制管路的传输压力值；对按 4.1.3.1a)装备的车辆，即为控制管路的实际气压 p_m；对按 4.1.3.1c)装备的车辆，即为与电控线路传输的数字指令信号对应的压力(按 ISO 11992)。对按 4.1.3.1b)装备(气压和电控线路)的车辆应满足两种控制管路的有关图表要求。但不要求两种控制管路具有相同的特性曲线。

E.2 符号

下列符号适用于本附录。

E：轴距。

E_R：主销与半挂车车轴中心的距离。

f_i：车轴 i 利用的附着系数，$f_i = T_i/N_i$[1]。

i：车轴序号(1 为前轴，2 为第二轴，依次类推)。

g：重力加速度，取 10 m/s^2。

h：由制造商规定并经试验技术部门认可的车辆质心高度。

h_0：牵引车的质心高度。

h_R：由制造商确定并经试验技术部门认可的半挂车质心高度。

h_S：半挂车鞍座的高度。

J：车辆减速度。

k：轮胎与路面间的理论附着系数。

K_C：半挂车满载修正因数。

K_V：半挂车空载修正因数。

N_i：制动时路面对车轴 i 的法向反力。

P：车辆质量。

P_0：牵引车单车的空载质量。

P_i：路面对车轴 i 的静态法向反力。

p_m：控制管路接头处的压力。

P_M：路面对牵引车所有车轮的静态法向反力之和，参见 5.1.4.4.3。

P_R：路面对挂车所有车轮的静态法向反力之和，参见 5.1.4.4.2。

1) 车辆的“附着系数利用曲线”是指在规定的装载条件下、各轴利用的附着系数与车辆制动强度之间的关系曲线。

P_{Rmax}：挂车处于最大质量状态时的 P_R 值。

P_{SO}：牵引车最大满载质量与空载质量之差。

T_i：在道路上正常制动时，制动器作用于车轴 i 的制动力。

T_M：牵引车所有车轮周缘上的制动力之和。

T_R：挂车所有车轮周缘的制动力之和。

z：车辆制动强度，$z=J/g$，对半挂车，z 为制动力除以半挂车静态轴荷。

E.3 对机动车辆的要求

E.3.1 两轴车辆

E.3.1.1 所有车辆在 k 值处于 0.2 与 0.8 之间时的制动强度应满足式(1)要求。

$$z \geqslant 0.1 + 0.85(k - 0.2) \qquad \cdots\cdots (E.1)$$

本条的规定并不影响对制动性能的要求。如果按本条规定进行试验达到的制动性能高于第 5 章的规定，则附着系数利用曲线的有关规定只在图 E.1a)、图 E.1b)和图 E.1c)中直线 $k=0.8$ 和直线 $z=0.8$ 以内的区域适用。

E.3.1.2 在车辆所有载荷状态下，后轴的附着系数利用曲线不应位于前轴之上。不同类型的车辆分别按以下方式处理：

a) 制动强度处于 0.15～0.50 之间的 N_1 类车辆：

1) 对于满/空载条件下后轴轴荷之比不超过 1.5 或最大设计总质量小于 2 000 kg 的 N_1 类车辆，当制动强度 z 处于 0.3～0.45 之间时，如后轴的附着系数利用曲线不超过公式 $k=z$ [见图 E.1a)]所确定的直线以上 0.05，则允许后轴的附着系数利用曲线位于前轴的曲线之上。

2) 当制动强度处于 0.15～0.30 之间时，如各车轴的附着系数利用曲线位于图 E.1b)所示、由方程 $k=z\pm0.08$ 所确定的两条平行的理想附着系数利用曲线之间时，可认为其满足该条件。其中，后轴附着系数利用曲线可以与直线 $k=z-0.08$ 相交；制动强度处于 0.30～0.50之间时，制动强度 z 不应小于 $k-0.08$；制动强度处于 0.50～0.61 之间时，制动强度 z 不应小于 $0.5k+0.21$。

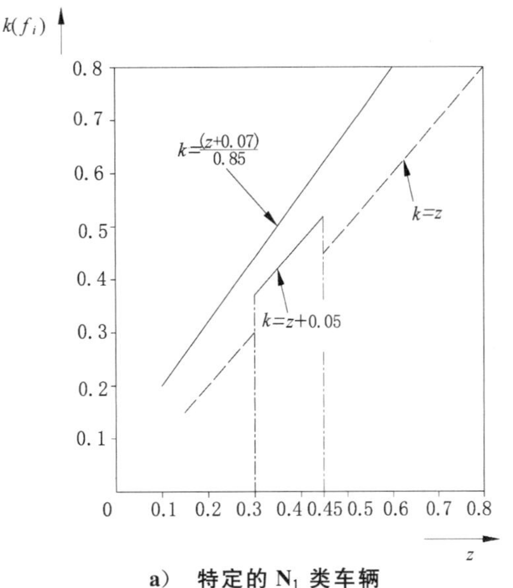

a) 特定的 N_1 类车辆

图 E.1 附着系数与制动强度

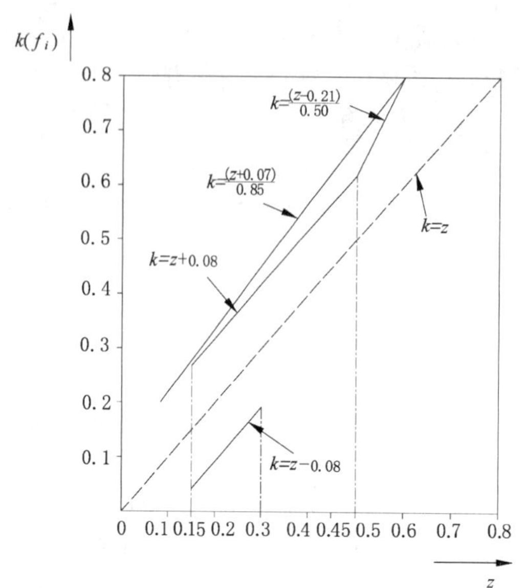

注 1：最小限值方程式 $k=z-0.08$ 不适用于后轴利用的附着系数。

注 2：特定车辆除外。

b) N_1 类车辆

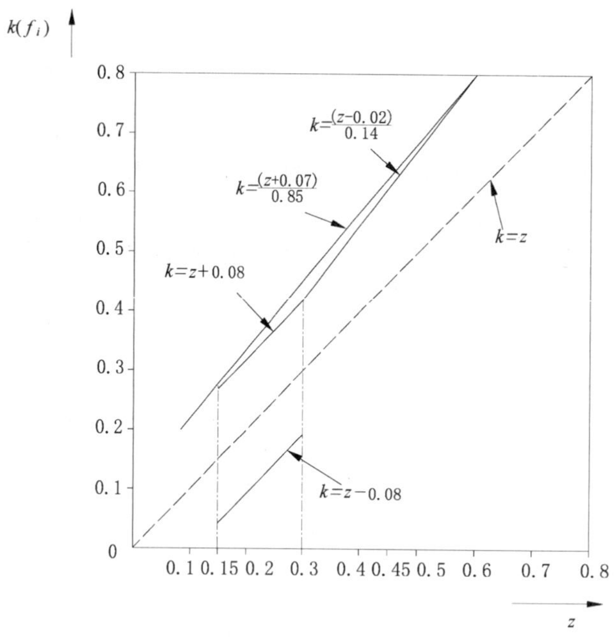

注：最小限值方程式 $k=z-0.08$ 不适用于后轴利用的附着系数。

c) 除 N_1 类外的机动车辆和全挂车

图 E.1（续）

b) 制动强度 z 处于 0.15～0.30 之间与 z 不小于 0.3 的其他各类车辆：

当制动强度 z 处于 0.15～0.30 之间时，如各车轴的附着系数利用曲线位于图 E.1c）所示、由方程 $k=z\pm0.08$ 所确定的两条平行的理想附着系数利用曲线之间，且后轴附着系数利用曲线在制动强度 z 不小于 0.3 时满足 $z\geqslant0.3+0.74(k-0.38)$ 关系，可认为其满足该条件。

E.3.1.3 对允许挂接装有气制动系统的 O_3 或 O_4 类挂车的机动车辆，应按以下方法处理：

a) 不论车辆载荷状态如何，在能源停止、供能管路堵塞、气压控制管路上接有一容积为 0.5 L 的储气筒的情况下，在系统处于开启压力和关闭压力两种条件下进行试验，供能管路和气压控制管路接头处的压力在制动控制装置全行程作用时应为 0.65 MPa～0.85 MPa。

b) 对装备电控线路的车辆，全行程操纵行车制动系统控制装置时应产生 0.65 MPa～0.85 MPa 压力对应的数字指令(见 ISO 11992)。

c) 当机动车辆与挂车脱挂时应提供 E.3.1.5、E.3.1.6、E.4.1、E.5.1 和 E.5.2 规定的图表中的协调性区域不应超过 0.75 MPa 或对应的数字指令值(见 ISO 11992)。

d) 当系统处于开启压力时，应确保供能管路接头处至少具有 0.7 MPa 的压力。应在不进行行车制动的情况下验证该压力。

E.3.1.4 按如下方法验证 E.3.1.1 和 E.3.1.2 的要求。

a) 为验证 E.3.1.1 和 E.3.1.2 的要求，制造商应提供按式(E.2)和式(E.3)计算得出的前轴和后轴的附着系数利用曲线。

$$f_1=\frac{T_1}{N_1}=\frac{T_1}{P_1+z\times\frac{h}{E}\times P\times g} \qquad \text{(E.2)}$$

$$f_2=\frac{T_2}{N_2}=\frac{T_2}{P_2-z\times\frac{h}{E}\times P\times g} \qquad \text{(E.3)}$$

该曲线应按下面的加载条件绘制：

——空载(包括车辆行驶所必备的物质和驾驶员)。如车辆只是带有驾驶室的底盘，应加装附加载荷来模拟车身质量，但不应超过制造商规定的最小质量。

——满载。如有几种不同的载荷分配方式，应考虑前轴荷最重的情况。

b) 对(全时)全驱车辆，如无法按照 E.3.1.4a)进行数学验证，制造商可通过车轮抱死顺序试验确认在制动强度处于 0.15～0.8 之间时前轮与后轮同时抱死或前轮比后轮先抱死。其验证规程如下：

——车轮抱死顺序试验应以本条规定的初始车速、在附着系数不超过 0.3 和约为 0.8(干路面)的路面上进行。

——试验车速为 60 km/h 和 80 km/h，但对在低附着系数路面上进行的减速试验则不应超过 $0.8v_{max}$，对在高附着系数路面上进行的减速试验则不应超过 v_{max}。

——踏板力可超过 5.2.1.1 允许的促动力。

——施加并增大踏板力使车辆的第二个发生抱死的车轮在开始制动后 0.5 s～1 s 内发生抱死，直至某一根车轴(桥)的两个车轮发生抱死(试验中其他车轮也可抱死，即同时抱死)。

c) 应按 E.3.1.4b)规定在每种路面上各进行两次试验，如其中一次试验结果不合格，应进行决定性的第三次试验。

d) 对装备 B 型电力再生式制动系统的电动车辆，如电力再生制动能力受荷电状态影响，绘制曲线时应考虑电力再生式制动系统部件提供的制动力最小和最大的状态。对装有防抱系统且与电力再生式制动系统连接的车轮由防抱系统控制的车辆，不适用该要求。

E.3.1.5 除半挂牵引车外的牵引车，对允许挂接装有气制动系统的 O_3 或 O_4 类挂车的机动车辆，当压力处于 0.02 MPa～0.75 MPa 之间时，制动强度 $z(T_M/P_M)$与压力 p_m 之间的关系曲线应在图 E.2 所示的区域内。

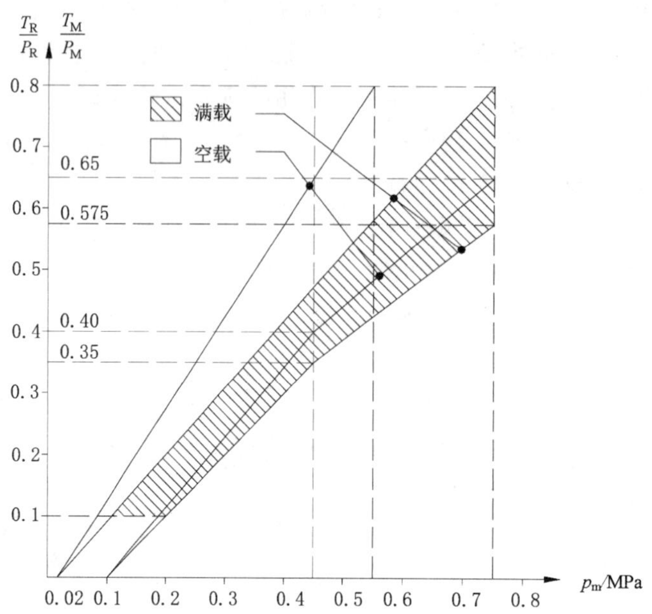

注：本图要求的关系适用于满载和空载之间的各种中间载荷状态，并应自动实现。

图 E.2 牵引车和挂车(半挂牵引车及半挂车除外)

E.3.1.6 半挂牵引车应按以下方法处理：

a) 空载列车。空载列车是指空载半挂车与牵引车的挂接组合(含行驶必备的物质和驾驶员)。用一个作用在鞍座上、大小等于15%最大挂接质量的静质量 P_S 代表半挂车对牵引车的动载荷。制动力应能连续调至与“牵引车加空载半挂车”和“牵引车单车”之间的任何状态；还应对“牵引车单车”状态下的制动力进行确认。

b) 满载列车。满载列车是指满载半挂车与牵引车的挂接组合(含行驶必备的物质和驾驶员)。半挂车对牵引车的动载荷由一个作用在鞍座上的静质量 P_S 来代替，静质量按式(E.4)进行换算。

$$P_S = P_{SO}(1 + 0.45z) \quad \cdots\cdots\cdots\cdots(E.4)$$

列车质心高度 h 值按式(E.5)计算。

$$h = \frac{h_0 \times P_0 + h_S \times P_S}{P} \quad \cdots\cdots\cdots\cdots(E.5)$$

列车质量 P 按式(E.6)计算。

$$P = P_0 + P_S = \frac{P_1 + P_2}{g} \quad \cdots\cdots\cdots\cdots(E.6)$$

c) 对装备气制动系统的车辆，当压力处于0.02 MPa～0.75 MPa之间时，制动强度 z 与压力 p_m 之间的关系曲线应在图E.3所示区域内。

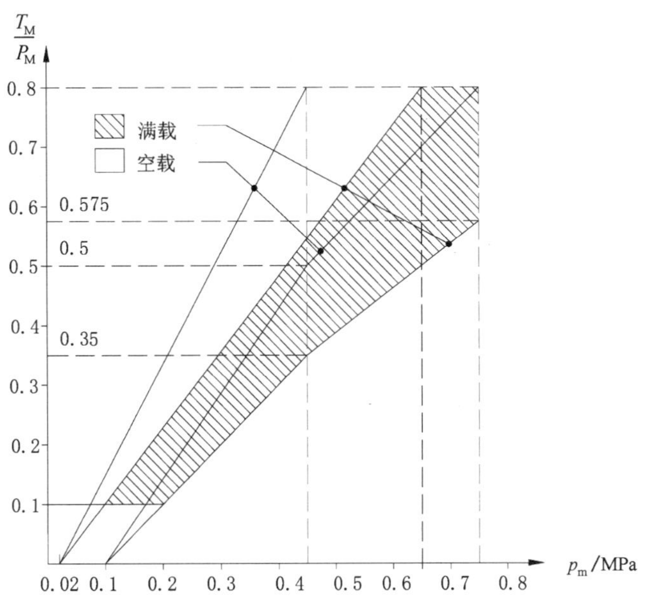

注：本图要求的关系适用于满载和空载之间的各种中间载荷状态，并应自动实现。

图 E.3 半挂牵引车

E.3.2 两轴以上的车辆

E.3.1 的要求适用于两轴以上的车辆。当制动强度处于 0.15～0.30 之间时，如至少一根前轴利用的附着系数大于至少一根后轴利用的附着系数，则认为满足了 E.3.1.2 有关车轮抱死顺序的要求。

E.4 对半挂车的要求

E.4.1 装有气制动系统的半挂车

E.4.1.1 在满载和空载两种状态下，当压力处于 0.02 MPa～0.75 MPa 之间时，制动强度 z 与压力 p_m 之间的关系曲线应位于根据图 E.4a)和图 E.4b)推导出的两个区域内。在半挂车允许的所有载荷状态下都应满足该要求。

E.4.1.2 对 K_C 小于 0.8 的半挂车，若不能满足 E.4.1.1 的要求和 5.3.1.2.1 的要求，则该半挂车应满足 5.3.1.2.1 规定的最低制动性能要求，并应安装防抱系统。

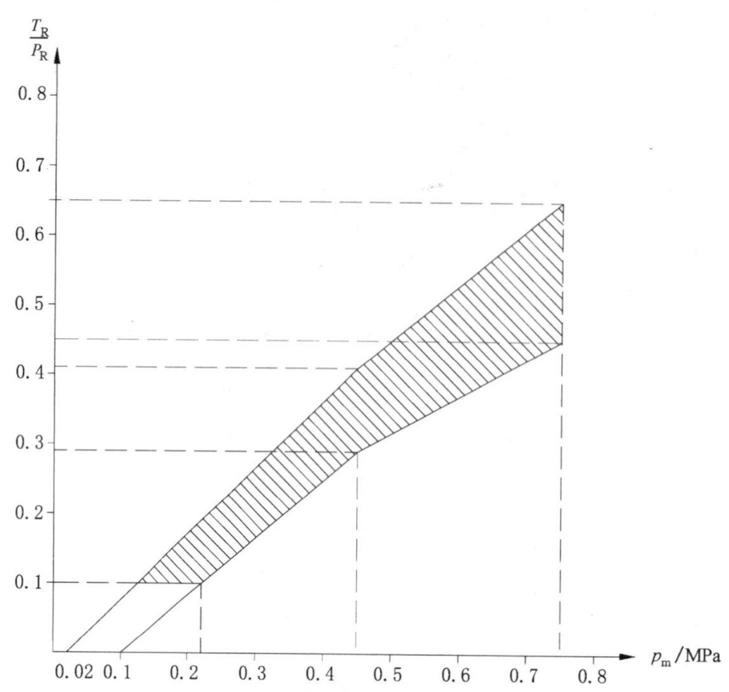

注：在空载与满载状态下，制动强度 z 和控制管路的压力之间的关系按下述方法确定：校正因数 K_C（满载）和 K_V（空载）参照图 E.4b）求得。为确定满载与空载状态对应的区域，将图 E.4a）中阴影部分的上、下限的纵坐标分别乘以相应的因数 K_C 和 K_V。

a） 制动强度与管路压力

图 E.4 半挂车制动强度与管路压力的关系

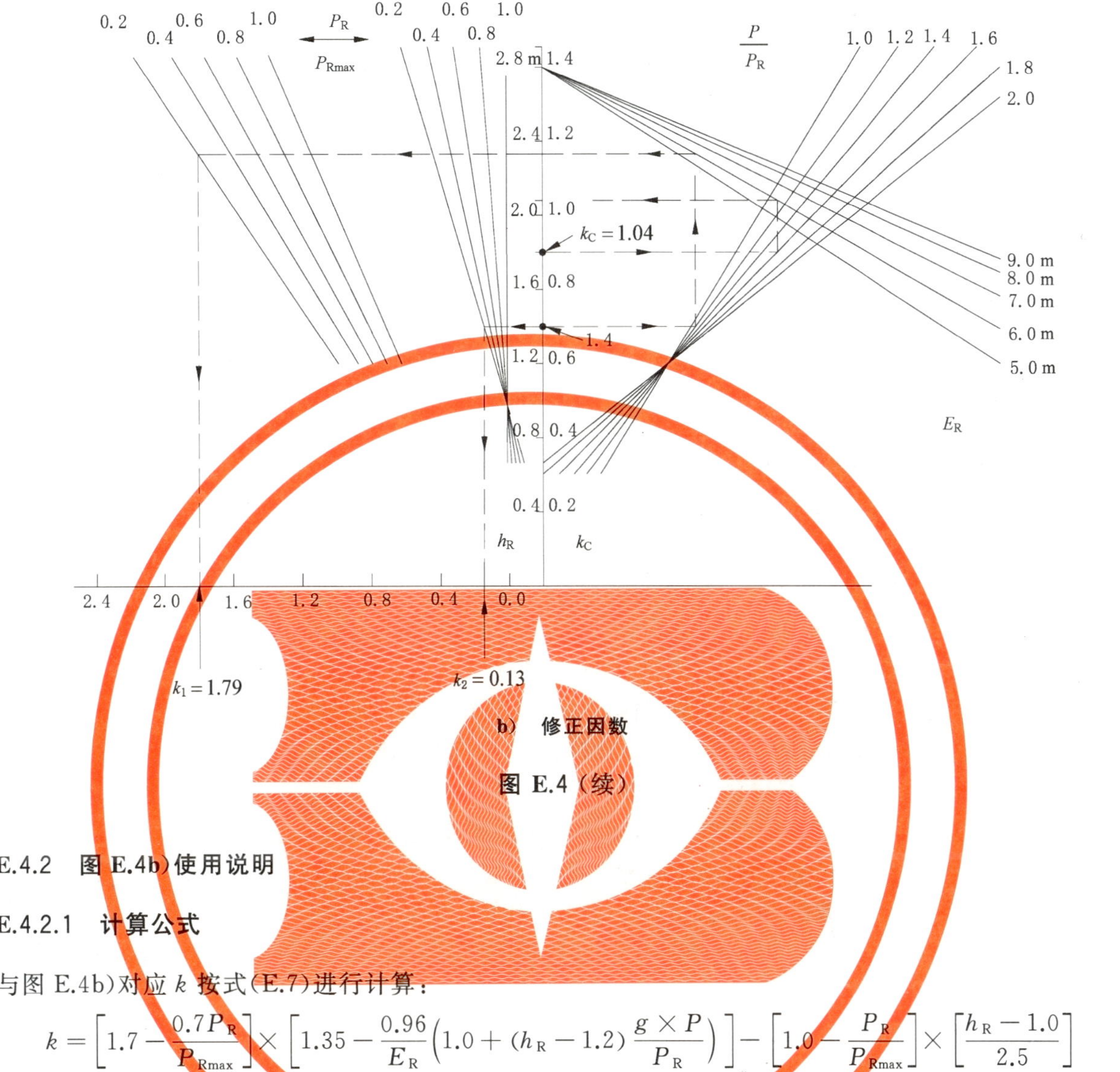

b） 修正因数

图 E.4（续）

E.4.2 图 E.4b)使用说明

E.4.2.1 计算公式

与图 E.4b)对应 k 按式(E.7)进行计算：

$$k = \left[1.7 - \frac{0.7P_R}{P_{Rmax}}\right] \times \left[1.35 - \frac{0.96}{E_R}\left(1.0 + (h_R - 1.2)\frac{g \times P}{P_R}\right)\right] - \left[1.0 - \frac{P_R}{P_{Rmax}}\right] \times \left[\frac{h_R - 1.0}{2.5}\right] \quad \cdots\cdots\cdots\cdots(E.7)$$

E.4.2.2 计算实例

E.4.2.2.1 实例车辆在不同载荷状态下的数据见表 E.1。

表 E.1 空载和满载对应的取值

车辆参数	满载	空载
P	240 kN	42 kN
P_R	150 kN	30 kN
P_{Rmax}	150 kN	150 kN
h_R	1.8 m	1.4 m
E_R	6.0 m	6.0 m

E.4.2.2.2 确定不同载荷状态修正因数所需的下列特定比值：

a) 满载状态下的 P/P_R 比值，即 240/150=1.6；

b) 空载状态下的 P/P_R 比值，即 42/30=1.4；

c) 空载状态下的 P_R/P_{Rmax} 比值，即 30/150=0.2。

E.4.2.2.3 按如下步骤确定满载修正因数 K_C：

a) 从相应的 h_R 值(h_R=1.8 m)开始；

b) 引水平线至满载状态下的 P/P_R 线(P/P_R=1.6)；

c) 从上一步骤确定的交点开始，引垂线至相应的 E_R 线(E_R=6.0 m)；

d) 从上一步骤确定的交点开始，向 K_C 坐标轴引水平线，所得交点的坐标值 K_C，即所求的满载修正因数(K_C=1.04)。

E.4.2.2.4 按如下步骤确定空载修正因数 K_V：

a) 按如下步骤确定因数 K_2；

——从相应的 h_R 值(h_R=1.4 m)开始；

——向空载状态下，靠近垂直坐标轴的直线组中对应 P_R/P_{Rmax}=0.2 的直线引水平线；

——从上一步骤确定的交点开始，向水平坐标轴引垂线，所得交点的坐标值即 K_2 值(K_2=0.13 m)。

b) 按如下步骤确定系数 K_1；

——从相应的 h_R 值(h_R-1.4 m)开始；

——引水平线至空载状态下的 P/P_R 线(P/P_R=1.4)；

——从上一步骤确定的交点开始，向相应的 E_R 线(E_R=6.0 m)引垂线；

——从上一步骤确定的交点开始，向空载状态下，远离垂直坐标轴的直线组中对应 P_R/P_{Rmax}=0.2 的直线引水平线；

——从上一步骤确定的交点开始，向水平坐标轴引垂线，所得交点的坐标值即 K_1 值(K_1=1.79)。

c) 按式(E.8)计算空载修正因数 K_V。

$$K_V = K_1 - K_2 = 1.79 - 0.13 = 1.66 \qquad \cdots\cdots (E.8)$$

E.5 对全挂车和中置轴挂车的要求

E.5.1 装备气制动系统的全挂车

E.5.1.1 下列要求适用于双轴全挂车(轴距小于 2 m 的除外)：

a) 当 k 值处于 0.2～0.8 之间时，制动强度 z 应符合下式要求。

$$z \geqslant 0.1 + 0.85(k - 0.2)$$

b) 在车辆所有载荷状态下，当制动强度 z 处于 0.15～0.30 之间时，后轴的附着系数利用曲线不应位于前轴之上。如各车轴的附着系数利用曲线位于图 E.1b)所示、由方程 $k=z+0.08$ 和 $k=z-0.08$所确定的理想附着系数利用曲线平行的两条直线之间，且在制动强度 z 不小于 0.3 时满足 $z \geqslant 0.3+0.74(k-0.38)$关系，则认为其满足该条件。

c) 确认 E.5.1.1a)和 E.5.1.1b)要求的程序与 E.3.1.4 规定相同。

E.5.1.2 E.5.1.1 的要求也适用于两轴以上的全挂车。当制动强度处于 0.15～0.30 之间时，如至少一根前轴利用的附着系数大于至少一根后轴利用的附着系数，则认为满足了 E.5.1.1 有关车轮抱死顺序的要求。

E.5.1.3 在满载和空载状态下，当压力处于 0.02 MPa～0.75 MPa 之间时，制动强度 z 与压力 p_m 之间的关系曲线应位于图 E.2 指定的区域内。

E.5.2 装备气制动系统的中置轴挂车

E.5.2.1 制动强度 z 与压力 p_m 之间的关系曲线应位于图 E.2 的纵坐标乘以 0.95 推导出的区域内。在满载和空载状态下，当压力处于 0.02 MPa～0.75 MPa 之间时都应满足该要求。

E.5.2.2 因附着力不足而不能满足 5.3.1.2.1 的要求时，应安装符合 GB/T 13594—2003 规定的防抱系统。

E.6 制动力分配系统失效时须满足的要求

通过专门装置(如由车辆悬架机械控制)满足本附录要求的，当该装置控制系统失效时，机动车辆应能在规定的应急制动系统条件下将车辆停住。对允许挂接装有气制动系统的挂车的机动车辆，控制管路接头处的压力应在 E.3.1.3 规定的范围内。如该装置安装在挂车上，当其控制系统失效时，至少应能达到规定的行车制动性能的 30%。

E.7 标志

E.7.1 通过车辆悬架机械控制的装置来满足本附录要求的车辆，应在该车辆上分别标出对应车辆空载和满载时的有效行程，以及检查该装置安装状况的说明信息。

若通过车辆悬架利用其他方法控制制动感载装置时，应在车辆上标明检查该装置安装状况的说明信息。

E.7.2 通过调节制动传输装置气压的装置来满足本附录要求的车辆，应在该车辆上标明制造商声明的、车辆处于下列载荷状态时各轴的轴荷、该装置的额定输出压力和输入压力(输入压力不应小于最大设计输入压力的 80%)：

a) 控制该装置的车轴的最大允许轴荷；
b) 车辆空载质量状态(包括车辆行驶所必备的物质)对应的轴荷；
c) 接近空载时(包括车辆行驶所必备的物质和推荐车身)的轴荷，其中，E.7.2b)所述轴荷是指车辆底盘加驾驶室时的轴荷；
d) 制造商规定的轴荷[如该轴荷与 E.7.2a)～ E.7.2c)中规定的轴荷不同]，可用于在使用中对该装置安装情况进行检查。

E.7.3 E.7.1 和 E.7.2 所述标志应以不易擦除的方式固定在便于观察的位置。表 E. 2 为装有气制动系统的车辆的机械控制装置的标志示例。

表 E.2 制动感载装置标志示例

控制参数	车辆载荷	第 2 轴地面轴荷 N	输入压力 MPa	额定输出压力 MPa
满载 F L F=100 mm L=150 mm 空载	满载	100 000	0.6	0.6
	空载	15 000	0.6	0.24

E.7.4 不能满足 E.7.1、E.7.2 和 E.7.3 要求的电控制动力分配系统应具有一套能对影响制动力分配的

功能进行自检的程序。

E.8 车辆试验

试验时,技术部门应验证是否满足本附录的要求,必要时可在最后进行一些附加试验。附加试验的结果应予记录并附在试验报告中。

附 录 F
（规范性附录）
评价装有电控线路的车辆功能协调的试验规程

F.1 总则

F.1.1 本规程规定了一套用于根据4.1.3.6a)规定的功能和性能要求、对装有电控线路的牵引车和被牵引车进行检查的规程。
F.1.2 本附录对GB/T 20716的引用中，24 V为GB/T 20716.1，12 V为GB/T 20716.2。

F.2 信息文件

车辆制造商/系统供应商向技术部门提供的文件资料应至少包含以下内容：
a) 车辆制动系统的示意图；
b) 接口即物理层、数据连接层和应用层及支持的信息和参数各自位置应符合ISO 11992的规定；
c) 支持的信息和参数列表；
d) 关于车辆气控和/或电控控制回路的编号说明。

F.3 牵引车

F.3.1 ISO 11992规定的挂车模拟装置

F.3.1.1 具有连接试验车辆的、符合GB/T 20716的(7芯)电气连接器，采用连接器第6针和第7针传输和接受符合ISO 11992的信息。
F.3.1.2 能够接受进行试验的机动车辆传输的所有信息，能够传输ISO 11992-2规定的所有挂车信息。
F.3.1.3 提供一个直接或间接的信息读出装置，使数据域的参数按正确的时间顺序显示。
F.3.1.4 具有一个能够按B.2.6规定测量联接头响应时间的设备。

F.3.2 检查程序

F.3.2.1 确认制造商/供应商的信息文件表明物理层、数据连接层和应用层符合ISO 11992的规定。
F.3.2.2 在模拟装置通过GB/T 20716接口与机动车辆连接并传输挂车所有与接口相关信息的情况下，进行下列检查：
a) 控制管路信号。对照车辆技术规定，对ISO 11992-2中EBS 12字节3定义的参数按表F.1进行检查。

表 F.1 控制管路信号检查参数

控制管路信号	EBS 12 字节 3	
	1-2 位	5-6 位
一条电路产生的行车制动指令	00b	—
两条电路产生的行车制动指令	01b	—
未装备气压控制管路的车辆	—	00b
装备气压控制管路的车辆	—	01b

b) 行车和应急制动指令。对 ISO 11992-2 中 EBS 11 定义的参数按表 F.2 进行检查。

表 F.2 行车和应急制动指令检查参数

试验条件	字节号	电控线路信号值
行车制动踏板和应急制动控制装置释放	3-4	0
全力制动行车制动踏板	3-4	33280d-43520d (0.65 MPa-0.85 MPa)
全力制动应急制动系统	3-4	33280d-43520d (0.65 MPa-0.85 MPa)

c) 失效报警信号：
——在通往 GB/T 20716 的连接器第 6 针的通信线路中模拟一个永久失效并检查 4.2.1.28b)规定的黄色报警信号是否点亮。
——在通往 GB/T 20716 的连接器第 7 针的通信线路中模拟一个永久失效并检查 4.2.1.28b)规定的黄色报警信号是否点亮。
——模拟 EBS 22 字节 2 第 3-4 位设为 01b 的信息并检查 4.2.1.28a)规定的红色报警信号是否点亮。

d) 供能管路制动指令(对只通过电控线路与挂车连接即可工作的机动车辆)：
——应只连接电控线路。
——模拟 EBS 22 字节 4 第 3-4 位设为 01b 的信息，检查在行车制动器、应急制动器或驻车制动器完全作用后 2 s 内供能管路内的压力下降至 0.15 MPa。
——模拟数据通信的持续缺失，检查在行车制动器、应急制动器或驻车制动器完全作用后 2 s 内供能管路内的压力下降至 0.15 MPa。

e) 响应时间。在没有错误出现的情况下，检查 B.2.6 定义的控制管路响应的要求是否满足。

F.3.2.3 在不同状态的接口或接口关闭的条件下重复上述规程对非制动功能进行检查，由技术部门自行决定。

F.4 挂车

F.4.1 ISO 11992 规定的牵引车模拟装置

F.4.1.1 具有连接试验车辆的、符合 GB/T 20716 的(7 芯)电气连接器，应采用连接器第 6 针和第 7 针传输和接受符合 ISO 11992 的信息。

F.4.1.2 应具有失效报警显示装置和挂车供电装置。

F.4.1.3 应能接受进行试验的挂车传输的所有信息，传输 ISO 11992-2 规定的所有机动车辆信息。

F.4.1.4 应提供一个直接或间接的信息读出装置，使数据域的参数按正确的时间顺序显示。

F.4.1.5 应有一个能按 B.3.5b)规定测量联接头响应时间的设备。

F.4.2 检查规程

F.4.2.1 确认制造商/供应商的信息文件表明物理层、数据连接层和应用层符合 ISO 11992 的规定。

F.4.2.2 在模拟装置通过 GB/T 20716 接口与挂车连接并传输牵引车所有与接口相关信息的情况下，进行下列检查：

a) 行车制动系统的功能

1) 按如下要求检查挂车对 ISO 11992 EBS 11 定义的参数的响应。每次检验开始时，供能管路的压力不应低于 0.7 MPa，车辆满载(未进行检查，可模拟加载条件)。
——对装备气压和电控线路的挂车，应按下列条件检查表 F.3 规定的参数：

● 同时连接两套控制管路；
● 两套控制管路同时发信号；
● 模拟装置应传输 EBS 12 字节 3 第 5-6 位设为 01b 的消息，向挂车表明应连接气压控制管路。

表 F.3 检查参数

模拟装置传输的消息		制动腔的压力
字节号	数字指令信号	
3-4	0	0 MPa
3-4	33280d (0.65 MPa)	按车辆制造商制动器计算的规定

——装备气压和电控线路或只装备电控线路的挂车，应按下列条件检查表 F.4 规定的参数：
● 只连接电控线路；
● 模拟装置应传输 EBS 12 字节 3 第 5-6 位设为 00b 的消息，向挂车表明没有气压控制管路可用；
● 模拟装置应传输 EBS 12 字节 3 第 1-2 位设为 01b 的消息，向挂车表明电控线路的信号由两条电路产生。

表 F.4 检查参数

模拟装置传输的消息		制动腔的压力
字节号	状态	
3-4	0	0 MPa
3-4	33280d (0.65 MPa)	按车辆制造商制动器计算的规定

2) 按如下要求检查只装备电控线路的挂车对 ISO 11992-2 EBS 12 定义的信息响应(每次检查开始时，供能管路的压力不应低于 0.7 MPa)和表 F.5 规定的参数：
——电控线路应与模拟装置连接。
——模拟装置应传输 EBS 12 字节 3 第 5-6 位设为 01b 的消息，向挂车表明气压控制管路可用；
——模拟装置应传输 EBS 11 字节 3-4 字节设为 0(无行车制动指令)的消息。

表 F.5 检查参数

EBS12 字节 3 第 1-2 位状态	制动腔的压力或挂车的回位力
01b	0 MPa(行车制动解除)
00b	挂车自动制动，表明列车不兼容。应通过 GB/T 20716 规定的连接器第 5 针传输信号(黄色报警信号)

3) 按下列规程检查只与电控线路连接的挂车对导致制动性能下降至规定值 30%的挂车电控线路失效的响应(每次试验开始时供能管路的压力不应低于 0.7 MPa)，并检查表 F.6 规定的参数：

——电控线路应与模拟装置连接。

——模拟装置应传输 EBS 12 字节 3 第 5-6 位设为 00b 的消息，向挂车表明气压控制管路可用。

——模拟装置应传输 EBS 12 字节 3 第 1-2 位设为 01b 的消息，向挂车表明电控线路的信号由两条电路产生。

表 F.6　检查参数

试验条件	制动系统响应
挂车制动系统不存在故障	检查制动系统与模拟装置处于通信状态且 EBS 22 字节 4 第 3-4 位设定为 00b
模拟挂车制动系统电控传输装置失效，使无法保持规定制动性能的 30%	检查 EBS 22 字节 4 第 3-4 位设定为 01b； 或向模拟装置的数据通信被中断

b) 失效报警信号

在下列条件下检查相应的报警信息或信号的传输：

1) 模拟挂车电控传输装置的永久失效，使行车制动性能无法满足，检查挂车传输的 EBS 22 字节 4 第 3-4 位设定为 01b。信号也是通过 GB/T 20716 规定的连接器第 5 针传输（黄色报警信号）。

2) 将 GB/T 20716 规定的电气连接器第 1 针和第 2 针的电压降至制造商规定值以下，检查挂车传输的 EBS 22 字节 2 第 3-4 位设定为 01b。信号也是通过GB/T 20716规定的连接器第 5 针传输（黄色报警信号）。

3) 通过断开供能管路，检查是否满足 4.2.2.16 的规定。将挂车压力存储系统的压力降至制造商规定值以下。检查挂车传输的 EBS 22 字节 2 第 3-4 位设定为 01b、EBS23 字节 1 第 7-8 位设定为 00b。信号也是通过 GB/T 20716 规定的连接器第 5 针传输（黄色报警信号）。

4) 在挂车制动装备电动部分第一次通电时检查挂车传输的 EBS 22 字节 2 第 3-4 位设定为 01b。

c) 响应时间检查

在没有错误出现的情况下，检查 B.3.5b）定义的控制管路响应的要求是否满足。

F.4.2.3 附加检查应包括如下内容：

a) 在不同状态的接口或接口关闭的条件下重复上述规程对非制动功能进行检查，由技术部门自行决定。

b) 重复测量制动系统的响应时间时，由于车辆气压的反作用，记录值可能发生变化。在所有情况下都应满足规定的响应时间要求。

附　录　G
（规范性附录）
制动衬片的惯性测功机试验方法

G.1　总则

满足本标准的车辆选装其他制动衬片时，应在惯性测功机上进行对比试验，判断选装制动衬片在性能上的一致性。必要时，也可进行道路试验。

G.2　试验设备

试验应使用具有下列特征的测功机：

a)　能够产生 G.3.1 要求的惯量，能够满足 5.1.5、5.1.6 和 5.1.7 有关Ⅰ型、Ⅱ型和Ⅲ型试验的要求。

b)　所安装的制动器应与原车型相同。

c)　如采用风冷，应符合 G.3.4 要求。

d)　试验仪器至少能够提供下列数据：

——连续记录制动盘或制动鼓的转速；

——一次制动过程中所转过的转数，其分辨率不应低于 1/8 转；

——制动时间；

——连续记录衬片几何中心位置的温度；

——连续记录制动控制管路压力或控制力；

——连续记录制动器输出力矩。

G.3　试验条件

G.3.1　测功机的转动惯量应尽量接近车辆总惯量中由相应车轮制动所引起的那一部分惯量，允许误差为±5%。转动惯量由式(G.1)计算：

$$I = MR^2 \tag{G.1}$$

式中：

I ——转动惯量，单位为千克二次方米($kg \cdot m^2$)；

R ——轮胎滚动半径，单位为米(m)；

M ——车辆最大质量状态下，相应车轮分配的质量。如果使用单工位的测功机，对 M 类和 N 类车辆，该质量可由设计的制动力分配来计算，此时，制动减速度为 5.2.1 规定的相应值，对 O 类挂车，该质量则等于车辆静止且装载到最大设计总质量时被制动车轮的承载质量，即与该车轮接触的地面所承受的质量。

G.3.2　惯性测功机的初始转速应与第 5 章规定的车辆线速度相对应，根据轮胎滚动半径确定。

G.3.3　制动衬片磨合时，应至少有 80%的接触面积，磨合温度不应超过 180 ℃，也可应制造商要求，按其意见进行磨合。

G.3.4　允许采用空气冷却，冷却气流应沿垂直于制动器旋转轴线的方向流过制动器，流过制动器的气流速度为 0.33v，其中 v 为制动开始时的试验车速。

冷却空气的温度为环境温度。

G.4 试验方法

G.4.1 试样数量

应提交5付制动衬片样品进行对比试验。这5付样品应与相应车型首次试验时资料文件中注明的原始部件相同的5付衬片进行对比试验。

G.4.2 试验结果比较

应根据本附录规定的试验规程并按照下列要求所取得的结果进行对比来确定制动衬片的等效性。

G.4.3 O型冷态性能试验

G.4.3.1 在初始温度低于100 ℃时进行三次制动。温度应按G.2d)规定测量。

G.4.3.2 对用于M类和N类车辆的制动衬片,应在相当于5.2.1规定车速的初始转速下进行制动,制动器应产生相当于5.2.1规定减速度的平均制动力矩。此外,试验还应在最低相当于30%最高设计车速、最高相当于80%最高设计车速之间几种不同的转速下进行。

G.4.3.3 对用于O类车辆的制动衬片,应在相当于60 km/h初始车速的转速下进行制动,制动器应产生相当于5.3.1规定的平均制动力矩。为与5.3.1.2.2所述的Ⅰ型试验结果进行对比,还应以40 km/h对应的转速进行附加冷态性能试验。

G.4.3.4 在制动输入相同条件下,进行对比试验的制动衬片在上述冷态性能试验期间所记录的平均制动力矩同与试验申请中所注明部件相同的制动衬片上记录的平均制动力矩相比,其偏差不应超过±15%。

G.4.4 Ⅰ型试验(衰退试验)

G.4.4.1 重复制动

M和N类车辆的制动衬片应按5.1.5.1规定的方法进行试验。

G.4.4.2 连续制动

挂车(O类)的制动衬片应按5.1.5.2规定的方法进行试验。

G.4.4.3 热态性能

G.4.4.3.1 在完成G.4.4.1和G.4.4.2所要求的试验后,应立即按5.1.5.3规定的方法进行热态制动性能试验。

G.4.4.3.2 同G.4.3.4。

G.4.5 Ⅱ型试验(下长坡性能试验)

G.4.5.1 只有当被试车辆进行Ⅱ型试验时使用摩擦式制动器的,才需要进行该项试验。

G.4.5.2 M_3(需要按5.1.6.4规定进行ⅡA型试验的车辆除外)和N_3机动车辆和O_4类挂车应按5.1.6.1规定的方法进行试验。

G.4.5.3 按如下要求进行热态性能试验:

a) 在完成G.4.5.1要求的试验后,应立即按5.1.6.3规定的方法进行热态性能试验。

b) 同G.4.3.4。

G.4.6 衰退试验(Ⅲ型试验)

G.4.6.1 重复制动试验

O_4 类挂车的制动衬片应按 5.1.7.1 和 5.1.7.2 规定的方法进行试验。

G.4.6.2 热态性能试验

G.4.6.2.1 在完成 G.4.6.1 要求的试验后,应立即按 5.1.7.4 规定的方法进行热态制动性能试验。

G.4.6.2.2 同 G.4.3.4。

G.5 制动衬片的检查

完成上述各项试验后,应立即对制动衬片进行目视检查,以核实这些制动衬片能否继续正常使用。

附 录 H
（规范性附录）
对复合电子车辆控制系统安全方面的特殊要求

H.1 总则

本附录规定了本标准涉及的复合电子车辆控制系统在安全方面的文件、故障策略及确认的特殊要求。

电子控制系统与安全相关的功能也可通过本标准的特殊条款以采用本附录。

本附录未规定“系统”的性能，而是规定设计过程中应遵循的方法和试验时须向技术部门公开的信息。

该信息应证明系统在正常和错误状态下均能满足本标准其他条款规定的所有适用的性能要求。

H.2 文件

H.2.1 要求

制造商应提供一系列文件，说明系统的基本设计、与车辆其他系统的连接方式或如何直接控制输出变量。文件应满足以下要求：

a） 应说明制造商对系统功能和安全概念的规定。

b） 文件应简明扼要，并证明设计开发利用了相关系统领域的专业技术。

c） 为进行定期检查，文件应说明如何对系统当前的工作状态进行检查。

d） 文件分为如下两部分：

   1） 正式文件，包括 H.2 所列、在提交试验申请时须向技术部门提供的材料（H.2.4.4 所列文件除外）。这些文件将作为 H.3 规定的确认程序的主要参考依据。

   2） 附加材料和 H.2.4.5 的分析数据，由制造商保管但在试验时应予公开、备查。

H.2.2 系统功能说明书

H.2.2.1 应提供所有输入和感应变量表，并限定其工作范围。

H.2.2.2 应提供系统控制的所有输出变量表，并说明其在每种情况下是由系统直接控制还是通过车辆其他系统控制。规定对每种变量实施控制的范围。

H.2.2.3 针对相应的系统性能，说明有效工作范围的界限。

H.2.3 系统布置及示意图

H.2.3.1 零部件明细

明细表应按序号列出所有的系统单元及实现相应控制功能所需的其他车辆系统。

应提供简要的示意图来说明组合中各单元，并标明装备的分布及相互连接关系。

H.2.3.2 单元的功能

简要说明系统各单元的功能及其与其他单元或车辆其他系统连接的信号。可通过带标注的模块图或其他示意图提供，也可借助图表说明。

H.2.3.3　相互连接

分别用电路图、光纤图、管路图和布置简图简要说明电控传输装置、气压或液压传输装置和机械连接装置在系统内部的相互连接。

H.2.3.4　信号流和优先顺序

传输装置和在单元之间传输的信号应有明确的对应关系。

如优先顺序可能成为影响本标准所述性能或安全的问题，应确定多元数据通道内的信号优先顺序。

H.2.3.5　单元的识别

应能清晰明确地识别每个单元（例如，对硬件的标志、对软件内容的标志或软件输出），并提供相应的硬件和文件帮助。

如一个单元或计算机集成了多种功能，则只使用一个单独的硬件识别标志，但为清晰和便于解释，在模块图中可用多个模块表示。

制造商应利用识别标志确认所提供的装置与相应的文件一致。

识别标志应明确硬件和软件的版本，如软件版本变化引起本标准所述单元的功能改变，应对识别标志作相应地改变。

H.2.4　制造商的安全概念

H.2.4.1　制造商应说明在无故障条件下，实现系统目标所选择的策略不会损害本标准所述系统的安全运行。

H.2.4.2　系统使用的软件，应解释其概要结构并注明所使用的设计方法和工具。制造商应准备在需要时说明设计开发过程中通过何种方法确定系统逻辑的实现途径。

H.2.4.3　制造商应向技术主管部门解释为确保系统在故障状态下安全运行而在设计时采取的预防措施。系统失效时可采取如下预防措施：

a)　利用部分系统以维持工作；

b)　切换到独立的备用系统；

c)　关闭上层功能。

H.2.4.4　系统发生失效时，应通过报警信号或讯息显示等警告驾驶员。若系统不是由驾驶员通过关掉切断开关或通过专用开关切断特殊功能来使系统停止工作，只要失效仍然存在就应继续报警，并采取以下方式处理：

a)　如在发生特定失效时选择维持部分性能的运行模式，应说明条件并界定其效果。

b)　如选择第二种（备用系统）方式来实现车辆控制系统的目标，应对切换机制的原理、冗余度逻辑及水平和备份系统检查特征进行说明并界定后备系统的效果。

c)　如选择关闭上层功能，应禁止与该功能有关的所有相应的输出控制信号，以此来限制过渡性干扰。

H.2.4.5　通过分析从总体上说明当影响车辆控制性能或安全的特定失效发生时系统如何应对，以此来支持上述文件。

可采用潜在失效模式及后果分析（FMEA）、失效树分析（FTA）或适合系统安全分析的其他类似方法。

采用的分析方法由制造商确定和保管，并应在试验时对技术部门公开备查。

文件应详细说明监测参数，并规定每种失效状态下向驾驶员和/或服务/技术检查人员发出的报警信号。

H.3 确认和试验

应按 H.2 中文件所规定的要求进行下列试验对系统功能进行确认：

a) 系统功能确认

作为确定正常工作水平的方法，除需要根据本标准或其他标准规定的试验程序进行专门的性能试验外，应对照制造商的基本基准确定车辆系统在非故障状态下的性能。

b) 确认 H.2.4 的安全概念

为模拟单元内部故障的影响，应通过对电单元或机械元件发出相应的输出信号，来检查系统在受单个单元失效影响时的反应。

确认结果应与失效分析的结论一致，总体效果应确保有充分的安全概念和良好的执行效果。

附 录 I
（规范性附录）
装有电力制动系统的挂车试验

I.1 总则

I.1.1 本附录规定的电力制动系统是指由一个控制装置、一个电动机械传输装置和若干摩擦式制动器组成的行车制动系统。调节挂车电压的电控装置应安装在挂车上。

I.1.2 电力制动系统所需电能由牵引车供给。

I.1.3 应通过操纵牵引车的行车制动系统来启动电力制动系统。

I.1.4 额定电压为 12 V。

I.1.5 最大工作电流消耗不应超过 15 A。

I.1.6 电力制动系统与牵引车的电气连接应采用相应的专用插头和插座，此专用插头不应与车辆灯光设备的插座兼容。插头及电缆应安装在挂车上。

I.2 挂车的要求

I.2.1 若挂车蓄电池由牵引车供电单元供电，则挂车供电线路应与挂车行车制动系统供电线路分开。

I.2.2 对空载质量小于最大设计总质量75%的挂车，其制动力应能根据挂车的装载情况自动调整。

I.2.3 电力制动系统应保证即使在连接线路的电压下降至 7 V 时，也能保持最大静态轴荷（总和）20%的制动作用。

I.2.4 如挂车具有不止一个车轴且具有能够垂直调节的牵引装置，调整与车辆运动趋势相反的制动力的控制装置（单摆、弹簧质量系统、液压惯性系统）应安装在车架上。对单轴挂车或轴距小于 1 米的双轴挂车，控制装置应安装一个能显示其水平位置的机构（如水平仪），并可以通过手动调节使调整机构处于平行于车辆运动方向的水平面内。

I.2.5 与控制管路相连并按 4.2.1.19b）的规定控制制动电流的继电器应安装在挂车上。

I.2.6 应安装一个与插头相配的插座。

I.2.7 在控制装置上安装一个信号灯，在制动时点亮，表明挂车电力制动系统处于正常工作状态。

I.3 性能要求

I.3.1 电力制动系统应在牵引车/挂车列车的减速度不大于 0.4 m/s^2 时予以响应。

I.3.2 从初始制动力开始产生制动作用；初始制动力应既不大于最大（总）静态轴荷的 10%，也不大于空载挂车（总）静态轴荷的 13%。

I.3.3 制动力可以逐级增加。制动力达到高于 I.3.2 规定值以后的各级制动力不应大于挂车最大静态轴荷的 6%，也不应大于挂车空载（总）静态轴荷的 8%。但对最大质量不超过 1 500 kg 的单轴挂车，第一级制动力不应超过挂车最大（总）静态轴荷的 7%，以后各级制动力允许以此增加 1%（例如：第一级为 7%，第二级为 8%，第三级为 9%，但以后各级不应超过 10%）。应用这些条款时，轴距小于 1 m 的双轴挂车应视为单轴挂车。

I.3.4 对牵引车与单轴挂车组成的列车，在充分发出的平均减速度不超过 5.9 m/s^2（对牵引车与多轴挂车组成的列车为 5.6 m/s^2）时，挂车在最大设计总质量状态下至少能达到等于挂车最大总轴荷的 50%

的规定制动力。轴距小于 1 m 的双联轴挂车也应视为本规定内的单轴挂车。此外，还应遵守本附录所规定的限值。若制动力是逐级调整的，则各级制动力应在本附录规定的范围内。

I.3.5 试验应在 60 km/h 的初始车速下进行。

I.3.6 挂车应提供 4.2.2.9 规定的自动制动能力。若自动制动需要电能，为满足上述条件，制动力至少应达到挂车最大总轴荷的 25%，并至少保持 15 min。

I.4 挂车制动强度和牵引车/挂车列车充分发出的平均减速度之间的协调性（挂车满载和空载时）

图 I.1 中所注限值针对满载和空载挂车。当挂车空载质量超过满载质量的 75%时，限值只用于满载状态。

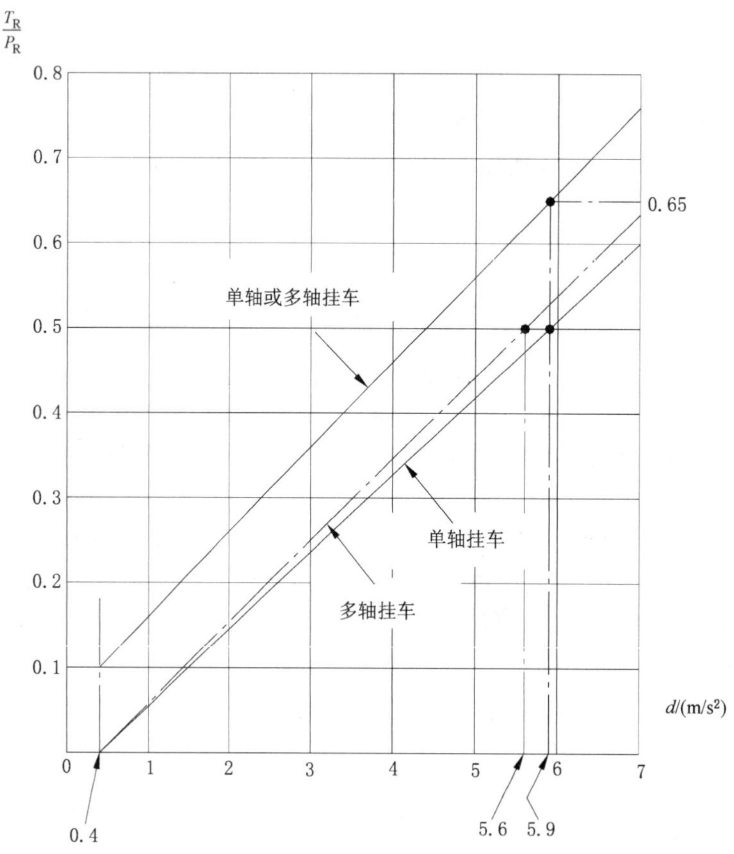

说明：

T_R ——挂车所有车轮的轮缘制动力之和；

P_R ——道路对挂车车轮的静态反力之和；

d ——牵引车/挂车列车充分发出的平均减速度。

图 I.1 挂车制动强度和牵引车/挂车列车充分发出的平均减速度之间的协调性

图 I.1 中所注限值不影响本附录要求的有关最低制动性能的规定。但如试验中获得的制动性能大于所要求的制动性能（按 I.3.4 的规定），则该制动性能不应超过图 I.1 的限值。

附 录 J
(规范性附录)
不必进行Ⅰ型和/或Ⅱ型(ⅡA型)或Ⅲ型试验的条件

J.1 机动车辆或挂车的轮胎型号、各车轴吸收的制动能量、轮胎安装方式和制动器总成满足下列条件:

a) 与已经通过Ⅰ型和/或Ⅱ型(ⅡA型)或Ⅲ型试验的机动车辆或挂车相同;

b) 各轴轴荷不低于已通过试验车辆的相应车轴轴荷且制动能量吸收与已通过试验的车辆相同。

J.2 如机动车辆或挂车的各车轴所吸收的制动能量不超过在单根车轴上进行基准试验时所吸收的制动能量,且机动车辆或挂车的车轴在轮胎型号、各车轴吸收的制动能量、轮胎安装方式和制动器总成方面,与各轴轴荷不低于该车辆的相应车轴轴荷且已通过Ⅰ型和/或Ⅱ型(ⅡA型)或Ⅲ型试验的车辆相同。

J.3 车辆装备的缓速器(发动机缓速制动方式除外)与已按下列条件试验的缓速器相同:

a) 在至少6%(Ⅱ型试验)或7%(ⅡA型试验)的坡道上进行下坡试验时,仅靠缓速器自身即可使车辆稳速行驶,且试验时的最大质量不小于提交试验车辆的最大质量。

b) 当提交的试验车辆车速达到30 km/h时,缓速器转动部件的转速能确保缓速扭矩不小于J.3a)所述试验的相应扭矩。

J.4 提交试验的车辆是装备气制动的S凸轮式或盘式制动器的挂车,通过与基准车轴试验的特性参数对比,确认其满足附录K有关特性控制的验证要求。

J.5 J.1、J.2和J.3使用的术语"相同"是指这些条款所述车辆的零部件的几何、机械特性和材料相同。

附 录 K
（规范性附录）
挂车制动器Ⅰ型和Ⅲ型试验的替代规程

K.1 总则

K.1.1 如制动系统部件满足本附录的要求且预期制动性能满足本标准对相应车型的要求，可免做Ⅰ型和Ⅲ型的试验。

K.1.2 按本附录所述方法进行的试验应视为满足 K.1.1 要求。

K.1.3 按 K.3.6 进行试验，可认为是符合 4.2.2.8a)的一种方式。

K.1.4 在Ⅲ型试验之前，应按下列规程调整制动器。

a） 装有气压制动器的挂车，制动器调节应确保制动磨损自动调整装置正常工作，为此，应调整气室行程，使其满足式(K.1)要求。

$$S_0 \geqslant 1.1 \times S_{\text{re-adjust}}\text{（其上限不应超过制造商推荐值）} \quad \cdots\cdots\cdots\cdots\cdots \text{(K.1)}$$

式中：

$S_{\text{re-adjust}}$——根据制动磨损自动调整装置制造商的规定重新调整的行程，即在气室压力为 0.1 MPa的条件下开始重新调整制动器工作间隙的行程。

如无法测量气室行程，则初始设置应经试验技术部门的同意。

从上述条件开始，在气室压力为 0.2 MPa 的条件下，连续制动 50 次，然后再以不小于 0.65 MPa的气室压力制动一次。

b） 对装备液压盘式制动器的车辆没有调整要求。

c） 对装备液压鼓式制动器的挂车，按制造商规定对制动器进行调整。

K.1.5 对装备制动磨损自动调整装置的挂车，在进行Ⅰ型试验之前，应按 K.1.4 调整制动器。

K.2 符号

下列符号适用本附录，基准制动器的符号后应带下标“e”。

C：凸轮轴输入扭矩。

C_{max}：技术上允许的凸轮轴最大输入扭矩。

C_0：凸轮轴的临界输入扭矩，即产生可测量的制动力矩所需的凸轮轴最小输入扭矩。

l：制动臂长度。

M：制动力矩（$M=T \cdot R$）。

p：制动气室压力。

P：路面对车轴的静态法向反力。

r：制动鼓半径。

R：轮胎滚动半径（动态半径）。

S_0：制动气室行程（工作行程加上自由行程）。

S_{max}：制动气室总行程。

S_P：制动气室有效行程（输出推力为平均推力 Th_A 的 90%时的行程）。

T:轮胎/道路接触面的制动力。

Th_A:平均推力,即总行程(S_{max})的 1/3 和 2/3 之间的推力的几何平均值,见图 K.1。

z:制动强度[$z=T/R$ 或 $M/(R \cdot P)$]。

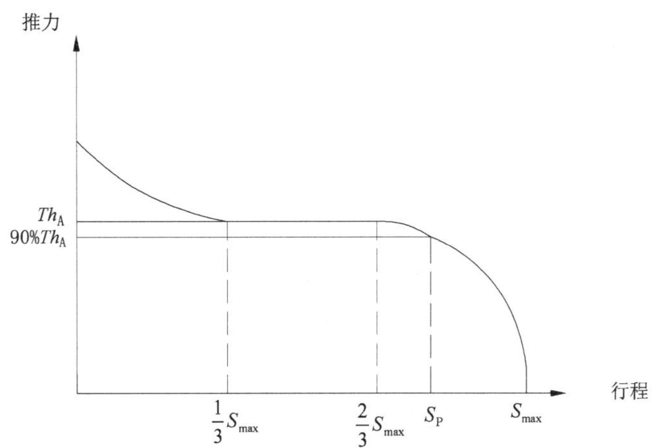

图 K.1 推力与行程的关系

K.3 试验方法

K.3.1 道路试验

K.3.1.1 宜只在一根车轴进行制动器性能试验。

K.3.1.2 如各车轴在牵引试验和热态制动试验中产生的制动能量输入相等,根据 K.1.1 的规定,可采用这组车轴的试验结果。

如各车轴的制动器几何参数、制动衬片、车轮安装、轮胎以及制动气室的促动和压力分配都相同,则认为可以满足该条件。

一组车轴的试验结果将是车轴数的平均值,其用法同单根车轴。

K.3.1.3 宜将各车轴加载至最大静载荷。

K.3.1.4 应考虑到采用列车进行试验时滚动阻力增加所产生的影响。

K.3.1.5 应采用规定的试验初始车速,试验终止车速按式(K.2)计算:

$$v_2=v_1\sqrt{\frac{P_0+P_1}{P_0+P_1+P_2}} \qquad \text{(K.2)}$$

式中:

v_1 ——试验初始车速,单位为千米每小时(km/h);

v_2 ——试验终止车速,单位为千米每小时(km/h);

P_0——试验条件下牵引车的质量,单位为千克(kg);

P_1——非制动车轴承担的挂车质量,单位为千克(kg);

P_2——制动车轴承担的挂车质量,单位为千克(kg)。

K.3.2 惯性测功机试验

K.3.2.1 测功机应能通过转动惯量来模拟车辆质量作用在某车轮上的线性惯量部分,这是冷态制动和热态制动试验所需的;为进行 K.3.5.2 和 K.3.5.3 规定的试验,试验机应能够以恒定转速运转。

K.3.2.2 同实车安装一样，将一个完整的车轮(包括轮胎)安装在制动器的运动部件上进行试验，惯性质量可以直接与制动器连接，也可以通过轮胎和车轮连接。

K.3.2.3 为模拟车辆实际状态，加热过程中可采用一定流速和方向的冷却空气，气流速度为 $0.33v$ (v 为制动开始时的试验车速)。冷却空气的温度应为环境温度。

K.3.2.4 若试验中车轮的滚动阻力不能自动补偿，应通过将作用在制动器上的力矩减去相当于滚动阻力系数为 0.01 的力矩来修正。

K.3.3 转鼓式测功机试验

K.3.3.1 宜将各车轴加载至最大静载荷。

K.3.3.2 为模拟车辆实际状态，加热过程中可采用一定流速和方向的冷却空气，气流速度为 $0.33v$ (v 为制动开始时试验车速)。冷却空气的温度应为环境温度。

K.3.3.3 在最大 0.6 s 的压力增长时间后，制动时间至少应为 1 s。

K.4 试验要求

试验应记录下列参数：

a) 连续记录制动力矩或车轮周缘制动力；

b) 连续记录制动气室的气压；

c) 试验车速；

d) 制动鼓或制动盘摩擦面的初始温度；

e) O 型和Ⅰ型或Ⅲ型试验时的制动气室行程。

K.5 试验规程

K.5.1 附加冷态性能试验

K.5.1.1 为评价Ⅰ型或Ⅲ型试验结束时的热态制动性能，对Ⅰ型试验应在 40 km/h 车速下、对Ⅲ型试验应在 60 km/h 车速下进行该试验。

K.5.1.2 在相同的制动压力、相当于 40 km/h(对Ⅰ型试验)或 60 km/h(对Ⅲ型试验)的制动车速和大致相同的制动器初始温度(在制动鼓/制动盘摩擦表面测得的温度不应高于 100 ℃)下进行 3 次制动。制动时制动气室压力应至少能产生相当于 0.5 的制动强度所对应的制动力矩或制动力。制动气室压力不应超过 0.65 MPa，凸轮轴输入扭矩(C)不应超过凸轮轴技术文件允许的最大输入扭矩(C_{max})。三次试验结果的平均值作为冷态性能指标。

K.5.2 衰退试验(Ⅰ型试验)

K.5.2.1 该试验应以相当于 40 km/h 的车速、在制动鼓或制动盘摩擦表面测得的初始温度不超过 100 ℃的情况下进行。

K.5.2.2 制动强度应保持在 0.07，其中包括滚动阻力(见 K.3.2.4)。

K.5.2.3 试验应在 40 km/h 的车速下持续 153 s 或行驶 1.7 km。如不能达到该试验车速，可根据 5.1.5.2.2的规定相应地延长试验持续时间。

K.5.2.4 在Ⅰ型试验结束后不超过 60 s 的时间内，按 5.1.5.3 的规定，以相当于 40 km/h 的车速进行热态制动性能试验。制动气室压力应为 O 型试验所用压力。

K.5.3 衰退试验(Ⅲ型试验)

K.5.3.1 重复制动

K.5.3.1.1 道路试验

见5.1.7.1。

K.5.3.1.2 惯性测功机试验

试验条件同5.1.7.1。试验应采用规定的试验初始车速,试验终止车速为试验初始车速的二分之一。

K.5.3.1.3 转鼓式测功机试验

试验条件如下:

a) 制动次数为20次;
b) 制动循环周期为60 s(制动25 s,解除制动35 s);
c) 制动车速为30 km/h;
d) 制动强度为0.06;
e) 滚动阻力系数为0.01。

K.5.3.2 Ⅲ型试验结束后的附加试验

在Ⅲ型试验结束后不超过60 s的时间内,按5.1.7.2的规定,以相当于40 km/h的初速度进行热态制动性能试验。制动气室压力应为O型试验所用压力。

K.6 制动磨损自动调整装置的性能

K.6.1 完成K.5.2.4(Ⅰ型试验)或K.5.3.2(Ⅲ型试验)的试验后,应验证是否满足K.6.3的要求。

K.6.2 当选装非整体式制动磨损调整装置时,应满足下列要求。

a) 按K.5.2(Ⅰ型试验)或K.5.3(Ⅲ型试验)规定的相应规程对制动器进行加热后,应满足下列要求之一。
——行车制动系统的性能应大于O型试验规定性能的80%;
——以与O型试验相同制动气室压力制动,测量该压力下的制动气室行程,其值不应大于$0.9S_P$。
b) 完成K.6.2a)规定的试验后,应验证是否满足K.6.3的要求。

K.6.3 完成K.6.1或K.6.2规定的试验后,将制动器冷却至冷态制动器温度(即不高于100 ℃)情况下,车辆应能满足下列条件之一:

a) 车轮能够自由转动(可用手转动);
b) 在解除制动的情况下,车辆以60 km/h的恒定速度行驶,制动鼓/制动盘的渐进温升不超过80 ℃。

附 录 L
（规范性附录）
装备惯性(超越)制动系统的车辆的试验

L.1 总体要求

L.1.1 挂车的惯性(超越)制动系统由控制装置、传输装置和车轮制动器(以下简称制动器)组成。

控制装置是指与牵引装置(联接头)构成整体的零部件组合。

传输装置是指处于联接头最后一个零件和制动器第一个零件之间的一组零件组合。

制动器的第一个部件可以是驱动制动凸轮的制动调整臂或类似部件(机械传输的惯性制动系统)，也可以是制动轮缸(液压传输的惯性制动系统)。

L.1.2 通过牵引车将存储的能量(电能、气压或液压能量)传输到挂车并且能量仅受联接头推力控制的制动系统不属于本标准定义的惯性制动系统。

L.1.3 试验前应进行如下检查：

L.1.3.1 制动器的基本部件。

L.1.3.2 控制装置的基本部件，并检查控制装置是否符合本标准的规定。

L.1.3.3 对车辆进行下列检查：

a) 控制装置与制动器的协调性；

b) 传输装置。

L.2 符号与单位

L.2.1 单位

本附录中未注单位名称和单位符号的物理量如下：

质量：千克(kg)。

力：牛顿(N)。

重力加速度：g(10 m/s^2)。

力矩和扭矩：牛顿米(Nm)。

面积：平方厘米(cm^2)。

压力：兆帕(MPa)。

行程：毫米(mm)。

L.2.2 符号

下列符号适用于本附录。

L.2.2.1 制动器(见图 L.1)

B：考虑滚动阻力的情况下所需的制动力。

B^*：制动力。

D：联接头上的推力。

D_1：在传输装置脱开的情况下，联接头以每秒完成一个控制行程的速度(误差不超过 10%)推压到底时,作用在联接头上的最大力。

D_2:在传输装置脱开的条件下,联接头以每秒完成一个控制行程的速度(误差不超过10%)从最大压缩位置向外拉伸时,作用在联接头上的最大力。

D^*:联接头上允许的推力。

F_{Rz}:鼓式制动器轮缸活塞顶部表面积或制动盘一侧的制动钳活塞顶部表面积之和。

G_A:制造商技术文件规定的允许的挂车最大质量。

G_A':制造商规定的、控制装置能够制动的挂车最大允许质量。

G_B:挂车所有制动器共同工作时所能制动的挂车最大允许质量,$G_B = n \cdot G_{B0}$。

G_{B0}:制造商规定的、由一个制动器制动的部分挂车最大允许质量。

K:控制装置的附加力,该力在控制装置处于中间行程位置处测量,应为 P'-D 关系曲线的延长线与横坐标的交点对应的力(见图 L.2 和图 L.3)。

K_A:控制装置临界压力,即在不给控制装置输出端施加任何压力的情况下,短时间内作用的联接头上的最大推力。习惯上用符号 K_A 来表示在控制装置传输脱开的情况下,联接头开始以 10 mm/s~15 mm/s的速度推压到底时所测得的力。

M_r:当挂车向后运动时最大允许行程 s_r 或最大允许液体体积 V_r 产生的最大制动力矩(包括 $0.01\ g \cdot G_{B0}$ 的滚动阻力)。

M_T:未安装过载保护装置时的试验制动力矩(按 L.6.2.1)。

M^*:制造商规定的制动力矩,应至少能产生规定的制动力 B^*。

N:制动器数目。

P':控制装置输出的力。

r:制动鼓半径,单位为毫米(mm),见图 L.4。

r_A:制动盘的外缘半径,单位为毫米(mm)。

R:动态轮胎滚动半径,单位为米(m)。

S:控制行程。

S_0:行程损失,即传输装置静止的情况下,驱动联接头从水平面上 300 mm 移动到水平面下300 mm 时联接头的行程。

S':L.8.5 确定的控制装置的有效行程。

S'':在联接头处测量的制动主缸的储备行程。

S_{Hz}:图 L.8 规定的主缸行程。

S''_{Hz}:图 L.8 规定的、活塞在主缸内的行程。

$2S_B$:在与施力装置平行的直径上测量的制动蹄升程(制动蹄工作行程),试验期间不得调整制动器。

$2S_B^*$:鼓式制动器的制动蹄最小升程(制动蹄最小工作行程)。

s_r:挂车向后运动时制动器控制杠杆的最大允许行程。

V_{60}:制动力为 $1.2 \cdot B^* = 0.6 \cdot G_{B0}$ 和最大轮胎半径对应的压力下,一只车轮制动器吸收的液体体积。

V_r:当挂车向后运动时一个制动车轮吸收的最大允许液体体积,单位为立方厘米(cm^3);

η_{H0}:惯性控制装置的效率。

η_{H1}:传输装置的效率。

η_H:控制装置和传输装置的总效率 $\eta_H = \eta_{H0} \cdot \eta_{H1}$。

L.2.2.2 机械传输制动系统(见图 L.5)

i_g:制动调整臂行程与制动蹄中心处的升程(工作行程)之间的比(见图 L.4)。

i_H:挂接接头行程与制动调整臂行程之间的比 $i_H=i_{H0}\cdot i_{H1}$。

i_{H0}:联接头行程与控制装置输出端推杆行程的比。

i_{H1}:控制装置输出端推杆行程与制动调整臂行程之间的比。

P:作用到制动控制装置杠杆上的力(见图 L.4)。

P_0:挂车向前运动时的制动回位力:位于 $M=f(\rho)$ 曲线延长线与横坐标的交点处(见图 L.6)。

P_{0r}:挂车向后运动时的制动回位力(见图 L.6)。

P^*:产生制动力 B^* 时作用在制动控制装置杠杆上的力。

P_T:L.6.2.1 的试验压力。

ρ:挂车向前移动时的制动特性系数,由$\rho= M / (P - P_o)$得出。

ρ_r:挂车向后移动时的制动特性系数,由$\rho_r = M_r/ (P_r - P_{or})$得出。

L.2.2.3 液压传输制动系统(见图 L.8)

i_g':制动轮缸行程与制动蹄中心升程(工作行程)之间的比。

i_h:联接头行程与主缸活塞行程之间的比。

F_{Rz}:鼓式制动器轮缸活塞顶部表面积或制动盘一侧的制动钳活塞顶部表面积之和。

F_{Hz}:制动主缸活塞顶部的表面积。

P:制动轮缸内的液压。

p_0:挂车向前运动时制动轮缸内的回位压力,即 $M=f(p)$ 曲线延长线与横坐标交点的压力(见图 L.7)。

p_{or}:挂车向后运动时制动轮缸内的回位压力(见图 L.7)。

p^*:产生制动力 B^* 所需的轮缸液压。

p_T:L.6.2.1 的试验压力。

ρ':挂车向前运动时的制动器特性参数,$\rho'= M / (p - p_o)$。

ρ_r':挂车向后运动时的制动器特性参数,$\rho_r' = M_r/(p_r - p_{or})$。

L.2.2.4 过载保护装置

D_{op}:过载保护装置起动时控制装置输入端的作用力。

M_{op}:过载保护装置起动时的制动力矩。

M_{Top}:安装有过载保护装置时的最低试验制动力矩(按照 L.6.2.2.2)。

P_{op_min}:过载保护装置起动时作用在制动器活塞上的力(按照 L.6.2.2.1)。

P_{op_max}:(当联接头推压到底时)过载保护装置作用在制动器活塞上的最大力(按照 L.6.2.2.3)。

p_{op_min}:过载保护装置起动时作用在制动器活塞上的压力(按照 L.6.2.2.1)。

p_{op_max}:(当联接头推压到底时)过载保护装置作用在制动器活塞上的最大压力(按照 L.6.2.2.3)。

P_{Top}:安装有过载保护装置的最小试验制动力。

p_{Top}:安装有过载保护装置的最小试验制动压力。

L.3 一般要求

L.3.1 应借助杆连接件或液体将力从联接头传输至挂车制动器。其中部分传输也可采用铠装电缆(鲍顿拉索),但应尽可能短。

L.3.2 所有连接螺栓应有充分的保护,可以自润滑或易于润滑。

L.3.3 惯性制动系统的布置应保证当联接头达到极限位置时,不会有任何零件卡住、发生永久变形或断裂。这应在传输装置末端从制动操纵杆脱开后进行检查。

L.3.4 惯性制动系统应保证挂车能够同牵引车一起倒车，且拖滞阻力不应超过 $0.08g \cdot G_A$。所用装置应能自动起作用并在挂车向前移动时自动脱开。

L.3.5 为满足 L.3.4 的要求而采用的任何专用装置都应确保不对上坡时的驻车制动性能产生不利影响。

L.3.6 惯性制动系统可具有过载保护装置。当力小于 $D_{op}=1.2D^*$（安装在控制装置上时）或小于 $P_{op}=1.2 \cdot P^*$ 或压力小于 $p_{op}=1.2 \cdot p^*$（安装在车轮制动器上时）时不应起动，力 P^* 和 p^* 对应的制动力 $B^*=0.5g \cdot G_{B0}$。

L.4 对控制装置的要求

L.4.1 控制装置的滑动件应具有足够的长度以确保即使挂接挂车仍能全行程工作。

L.4.2 滑动件应使用防尘罩或类似装置加以保护，应能进行润滑或用自我润滑材料制成。摩擦接触表面应由不产生电化学力矩的材料制成且不应存在任何导致滑动件卡住的机械缺陷。

L.4.3 控制装置的临界压力不应小于 $0.02g \cdot G'_A$，也不应大于 $0.04g \cdot G'_A$。

L.4.4 对采用刚性挂钩的挂车，最大剪切力 D_1 不应超过 $0.10g \cdot G'_A$，对采用轴式挂钩的多轴挂车不应超过 $0.067g \cdot G'_A$。

L.4.5 最大拉力不应小于 $0.1g \cdot G'_A$，也不应大于 $0.5g \cdot G'_A$。

L.5 控制装置的试验和测量

L.5.1 应确认提交给试验技术部门的控制装置符合 L.3 和 L.4 的要求。

L.5.2 各类制动器都应测量下列参数：

a) 行程 S 和有效行程 S'；

b) 附加力 K；

c) 初始力 K_A；

d) 剪切力 D_1；

e) 拉力 D_2。

L.5.3 对机械传输的惯性制动系统应测定下列参数：

a) 在控制装置中间行程测定 i_{H0}；

b) 控制装置的输出力 P' 与挂钩上推力 D 为函数关系[见式(L.1)]。附加力 K 和效率根据测量获得的曲线推出(见图 L.2)。

$$\eta_{H0}=\frac{1}{i_{H0}} \times \frac{P'}{D-K} \qquad \text{(L.1)}$$

L.5.4 对液压传输的制动系统应测定下列参数：

a) 在控制装置中间行程测定 i_H；

b) 制造商规定的主缸输出压力 P 是作用在挂钩上的推力 D 和主缸活塞顶部表面积 F_{Hz} 的函数[见式(L.2)]。附加力 K 和效率根据测量获得的曲线推出(见图 L.3)；

$$\eta_{H0}=\frac{1}{i_H} \times \frac{P \times F_{Hz}}{D-K} \qquad \text{(L.2)}$$

c) L.2.2 所述的主缸储备行程 S''。

L.5.5 对惯性制动系统采用轴式挂钩的多轴挂车，应按 L.8.5a)测量行程损失。

L.6 制动器的要求及试验条件

L.6.1 制造商应提供的技术文件与参数

除待检查的制动器外，制造商还应向进行试验的技术部门提供标有制动器尺寸、类型、关键零部件材料及衬片结构和类型的制动器产品图样。液压制动器的产品图样应标明制动器轮缸的顶部表面积 F_{Rz}。制造商还应规定制动力矩最大值 M_{max} 以及质量 G_{B0}。

L.6.2 试验条件

L.6.2.1 对未安装或无计划安装过载保护装置的惯性(超越)制动系统，应在下列相应试验力或试验压力下对车轮制动器进行试验：

$P_T = 1.8P^*$

或 $p_T = 1.8p^*$ 且 $M_T = 1.8M^*$

L.6.2.2 对安装或计划安装过载保护装置的惯性(超越)制动系统，应在下列相应试验力或试验压力下对车轮制动器进行试验：

a) 过载保护装置的最小设计值由制造商规定，且不应小于 $P_{op} = 1.2\ P^*$ 或 $p_{op} = 1.2\ p^*$。

b) 最小试验力 P_{Top} 或最小试验压力 p_{Top} 和最小试验力矩 M_{Top} 的范围如下：

——P_{Top} 不小于 1.1 P^* 且不大于 $1.2P^*$。

——p_{Top} 不小于 1.1 p^* 且不大于 1.2 p^*，同时 M_{Top} 不小于 1.1 M^* 且不大于 1.2 M^*。

c) 过载保护装置的最大值(P_{op_max} 或 p_{op_max})应由制造商规定且不应超过 P_T 或 p_T。

L.7 在制动器上进行的试验和测量

L.7.1 提交给技术部门进行试验的制动器和零部件应满足 L.6 的要求。

L.7.2 应确定制动器以下参数：

a) 制动蹄最小升程(制动蹄最小工作行程)$2S_B^*$。

1) 鼓式制动器按式(L.3)计算：

$$2S_B^* = 2.4 + 0.004 \times 2r \qquad \cdots\cdots(L.3)$$

2) 液压传输盘式制动器按式(L.4)计算：

$$2S_B^* = 1.1 + \frac{10 \times V_{60}}{F_{Rz}} + \frac{1}{1\ 000} \times 2r_A \qquad \cdots\cdots(L.4)$$

b) 制动蹄升程(制动蹄工作行程)$2S_B$(应大于 $2S_B{}^*$)。

L.7.3 对机械式制动器，应确定下列参数：

a) i_g(见图 L.4)。

b) 制动力矩为 M^* 时的制动力 p^*。

c) 对机械传输系统，制动力矩 M^* 为作用在控制推杆的力 P^* 的函数。当挂车向前运动时，制动器摩擦面的转速相当于 60 km/h 的车速；当挂车向后运动时，该车速为 6 km/h。根据测量得到的曲线推出下列参数(见图 L.6)：

——挂车向前运动时的制动回位力 P_0 和特性参数值 ρ；

——挂车向后运动时的制动回位力 P_{0r} 和特性参数值 ρ_r；

——挂车向后运动时处于最大允许行程 s_r 时的最大制动力矩 M_r(见图 L.6)；

——挂车向后运动时制动控制装置杠杆的最大允许行程(见图 L.6)。

L.7.4 对液压制动器，应确定下列参数：

a) i'_g(见图 L.8)。

b) 制动力矩为 M^* 时的制动力 p^*。

c) 对液压传输系统，制动力矩 M^* 为作用在制动主缸上的压力 p^* 的函数。当挂车向前运动时，制动器摩擦面的转速相当于 60 km/h 的车速；当挂车向后运动时，该车速为 6 km/h。根据测量得到的曲线推出下列参数(见图 L.7)：

——挂车向前运动时的制动回位力 p_0 和特性参数值 ρ'；

——挂车向后运动时的制动回位力 P_{0r} 和特性参数值 ρ'_r；

——挂车向后运动时处于最大允许液体体积 V_r 时的最大制动力矩 M_r(见图 L.7)；

——挂车向后运动时一个制动车轮系数的最大允许液体体积 V_r(见图 L.7)。

d) 制动缸活塞的顶部表面积 F_{Rz}。

L.7.5 Ⅰ型试验的替代规程如下：

a) 当制动系统部件在惯性试验台上进行试验时满足 5.1.5.2 和 5.1.5.3 的要求，则不必按 5.1.5 对提交试验的车辆进行Ⅰ型试验。

b) Ⅰ型试验替代规程应按 K.3.5.2 的规定进行(盘式制动器同样适用)。

L.8 车辆控制装置和制动器间的协调性

L.8.1 应对车辆进行检查，确认控制装置的特征参数、制动器特性参数、挂车特性参数以及挂车制动系统是否满足制造商的规定。

L.8.2 各类制动器应进行如下检查并满足相应要求：

a) 未与控制装置和制动器同时检查的传输装置部件应实车进行检查。

b) 质量检查应符合如下要求：

——挂车最大质量 G_A 不应超过控制装置所允许挂接的最大质量 G'_A；

——挂车最大质量 G_A 不应超过挂车所有制动器共同作用所能制动的最大质量 G_B。

c) 力检查应符合如下要求：

——临界压力 K_A 不应低于 $0.02gG_A$，也不应高于 $0.04gG_A$；

——对采用刚性挂钩的挂车，最大剪切力 D_1 不应超过 $0.10g \cdot G_A$，对采用轴式挂钩的多轴挂车不应超过 $0.067g \cdot G_A$；

——最大拉力 D_2 应处于 $0.1gG_A$ 和 $0.5gG_A$ 之间。

L.8.3 作用于挂车车轮周缘上的制动力总和不应小于 $0.50gG_A$。考虑到 $0.01gG_A$ 的滚动阻力，对应的制动力 B 即为 $0.49gG_A$。在这种情况下，作用在挂接装置上的最大允许推力应满足如下要求：

a) 对带轴式挂钩的多轴挂车，$D^*=0.067gG_A$；

b) 对带刚性挂钩的挂车，$D^*=0.100gG_A$。

L.8.4 制动器的效率 η_H 应满足如下关系式：

a) 对机械传输的惯性制动系统。

$$\left[\frac{B \times R}{\rho} + nP_0\right]\frac{1}{(D^* - K) \times \eta_H} \leqslant i_H$$

b) 对液压传输的惯性制动系统。

$$\left[\frac{B \times R}{n \times \rho'} + p_0\right]\frac{1}{(D^* - K) \times \eta_H} \leqslant \frac{i_h}{F_{Hz}}$$

L.8.5 控制装置的控制行程应满足如下要求：

a) 对带有轴式挂钩的多轴挂车，如制动杆连接装置取决于牵引装置位置，控制装置的控制行程应大于控制装置有效行程 S'，两者之差值应大于行程损失 S_0。行程损失 S_0 不应超过有效行程 S' 的 10%。

b) 单轴和多轴挂车的有效(有用)行程 S'按下面的方法确定。

——若制动杆系受牵引装置角度位置的影响,则 $S'=S-S_0$;

——如没有行程损失,则 $S'=S$;

——对液压制动系统,则 $S'=S-S''$。

c) 用下列不等式检查控制装置是否合适。

——对机械传输的惯性制动系统:

$$i_H \leqslant \frac{S'}{S_{B*} \times i_g}$$

——对液压传输的惯性制动系统:

$$\frac{i_h}{F_{Hz}} \leqslant \frac{S'}{2S_{B*} \times nF_{Rz} \times i'_g}$$

L.8.6 附加检查主要包括如下内容:

a) 对机械传输的惯性制动系统进行检查,确认从控制装置向制动系统传力的连杆系安装正确。

b) 对液压传输的惯性制动系统,应确认主缸行程不应小于 S/i_h。

c) 车辆制动时的总体状况检查是道路试验的主要内容,应在不同车速下以不同的制动力和制动强度进行检查。不允许出现自激励的无衰减振动。

L.9 总体说明

上述规定适用于机械传输或液压传输的惯性制动系统的常规装置,特别是挂车的所有车轮都装备相同制动器和轮胎的情况。

L.10 试验报告

对装备惯性制动系统的挂车的试验申请应附有有关控制装置和制动器的试验报告以及挂车惯性式控制装置、传输装置和制动器间协调性的报告。

L.11 图例

图 L.1～图 L.8 仅用于对本附录相关条款的一般性说明。实际应用时,应按被测试车辆的具体结构和特性参数进行处理。

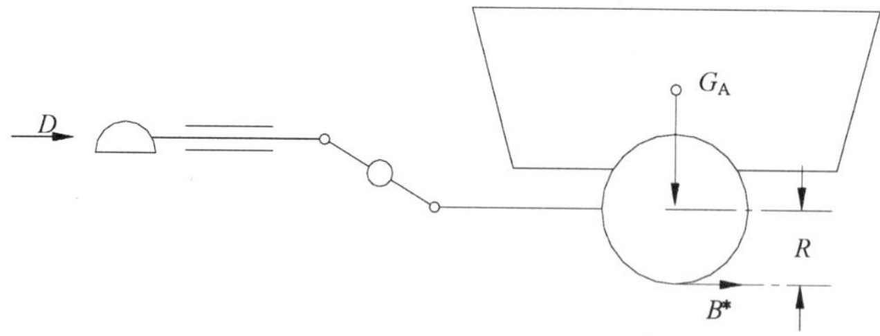

图 L.1 适用于各类制动器的符号

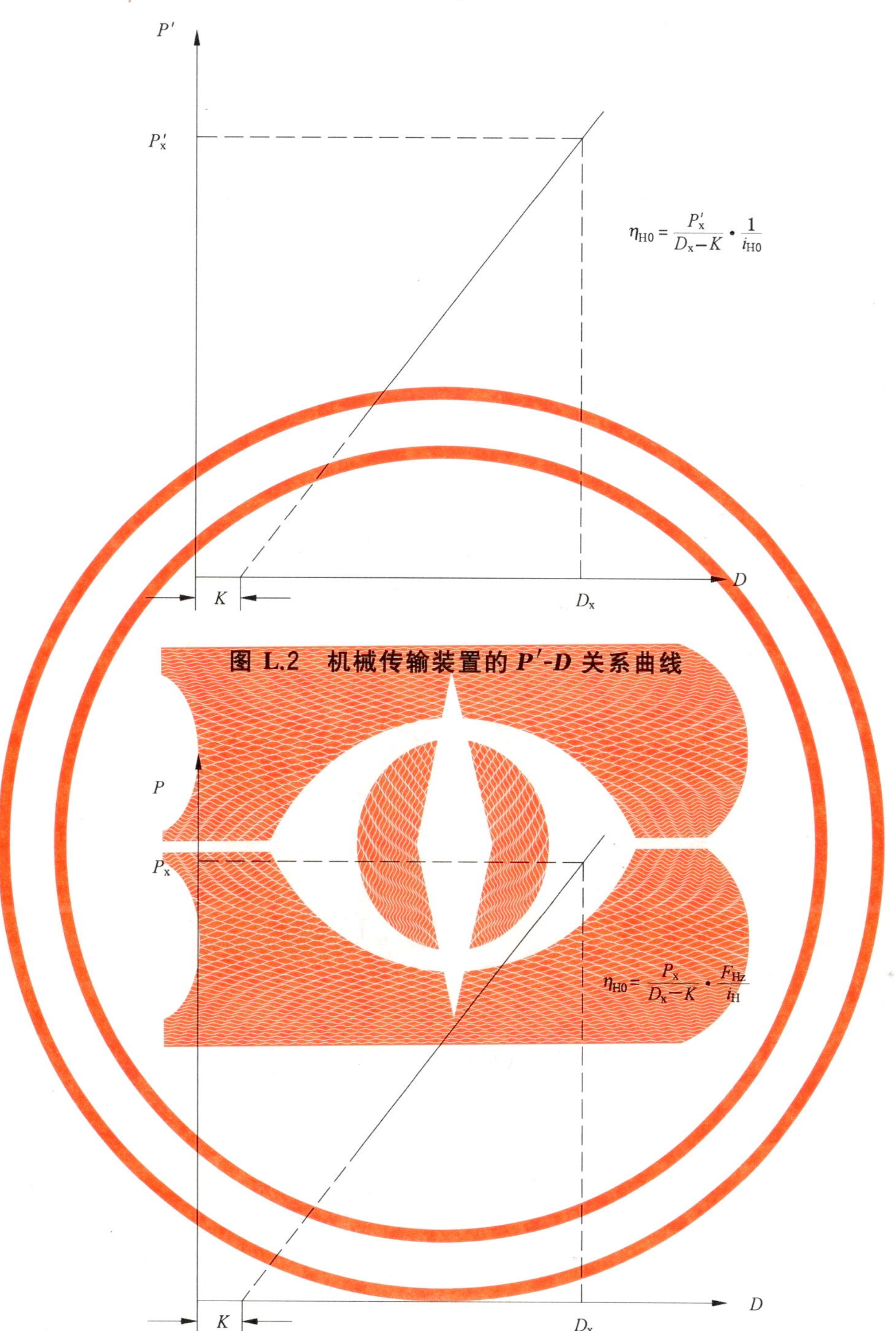

图 L.2 机械传输装置的 P'-D 关系曲线

图 L.3 液压传输装置的 P-D 关系曲线

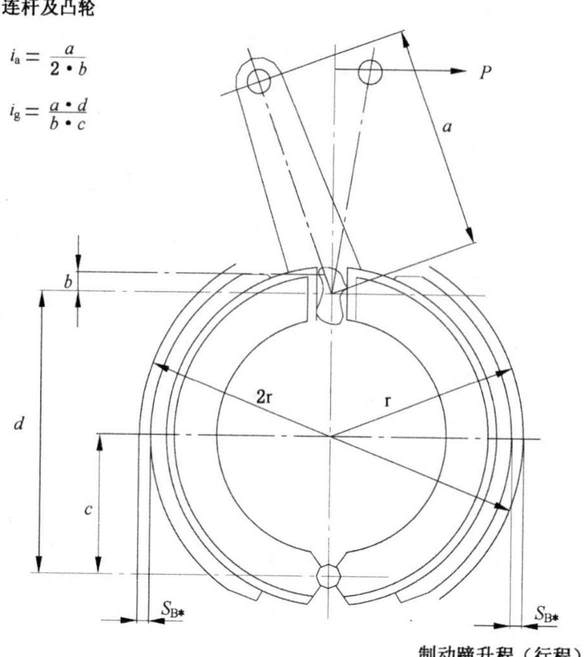

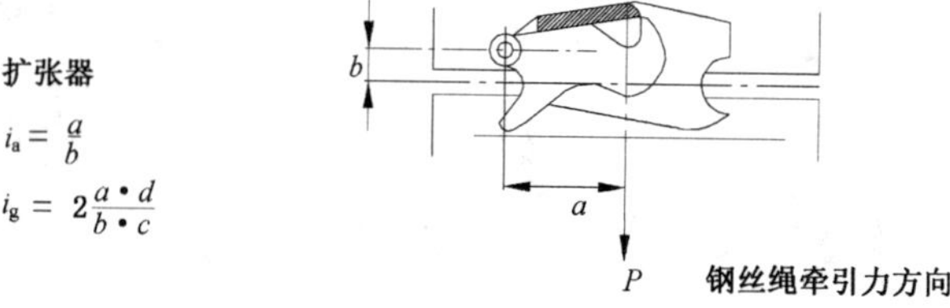

图 L.4　制动器检查示意图

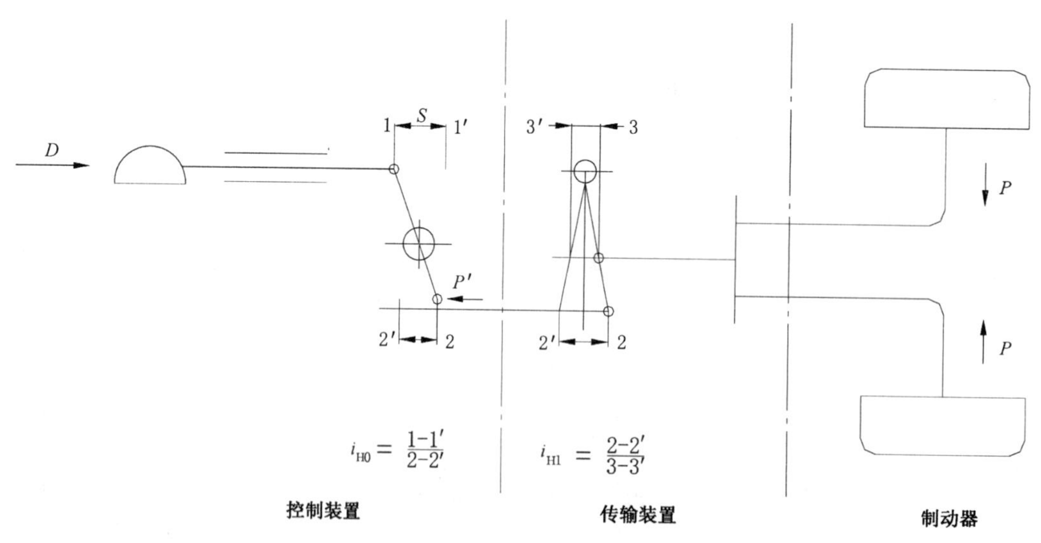

图 L.5　机械传输式制动系统组成示意图

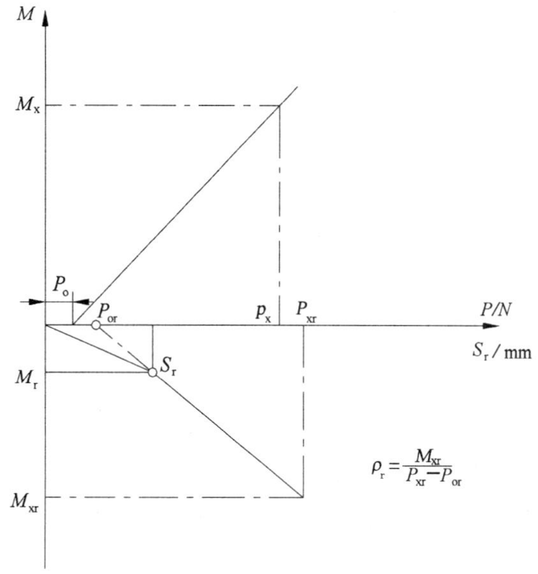

图 L.6 机械制动器 M-P/M-S_r 关系曲线

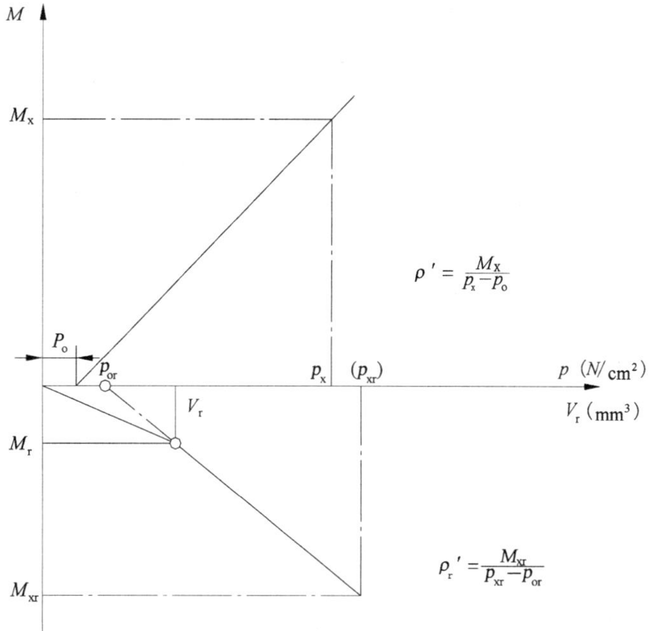

图 L.7 液压制动器 M-P/M-V_r 关系曲线

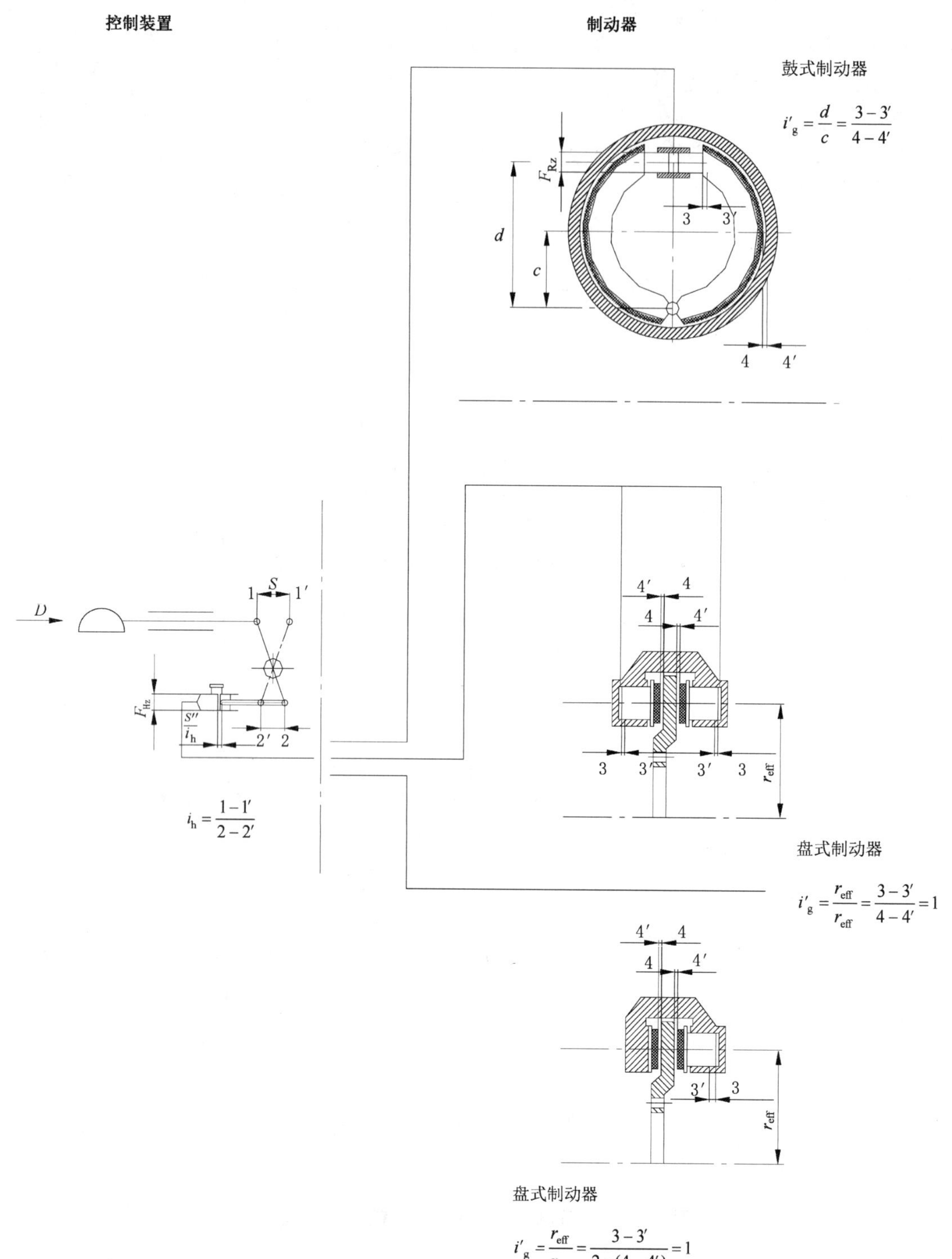

图 L.8 液压传输制动系统组成示意图

ICS 43.080.20
T 42

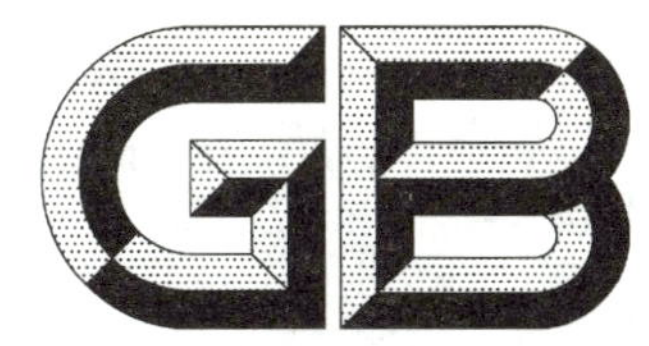

中华人民共和国国家标准

GB/T 13053—2008
代替 GB/T 13053～13056—1991

客车车内尺寸

Bus inner dimensions

2008-02-03 发布 2008-08-01 实施

中华人民共和国国家质量监督检验检疫总局
中国国家标准化管理委员会 发布

前　言

本标准代替 GB/T 13053—1991《客车驾驶区尺寸》、GB/T 13054—1991《客车驾驶区尺寸术语》、GB/T 13055—1991《客车乘客区尺寸》、GB/T 13056—1991《客车乘客区尺寸术语》。

本标准与被代替标准相比主要变化如下：

a) GB/T 13054—1991 和 GB/T 13056—1991 的“术语”及 GB/T 13053—1991 和 GB/T 13055—1991 的“项目”，在本标准中统称为“术语”。

b) 修订前后术语相同，术语的说明或尺寸发生变化的有：

——本标准 3.4.9、3.4.10(躯干线，大腿中心线)对应 GB/T 13054—1991 的 4.40、4.41；

——本标准 3.4.11～3.4.14(H 点，R 点，R′点，G 点)对应 GB/T 13054—1991 的 3.9～3.12；

——本标准 3.4.15(眼点)对应 GB/T 13054—1991 的 4.29；

——本标准 3.4.16(驾驶区)对应 GB/T 13054—1991 的 4.1；

——本标准 3.4.18(铰支式踏板)对应 GB/T 13054—1991 的 4.42；

本标准 3.4.20(加速踏板中心)对应 GB/T 13054—1991 的 4.36；

——本标准 3.4.22(离合器踏板中心)对应 GB/T 13054—1991 的 4.34；

——本标准 3.4.31(转向盘中心)对应 GB/T 13054—1991 的 4.23；

——本标准 3.4.33(转向盘直径)对应 GB/T 13054—1991 的 4.19 及 GB/T 13053—1991 的 4.8；

——本标准 3.4.40“转向盘下缘最低点”，对应 GB/T 13054—1991 的 4.22；

——本标准 3.4.44(仪表板下缘至地板表面距离)对应 GB/T 13053—1991 的 4.7；

——本标准 3.4.45(踏板最大行程)对应 GB/T 13054—1991 的 4.37；

——本标准 3.4.53(加速踏板中心至最近障碍物距离)对应 GB/T 13053—1991 的 4.25；

——本标准 3.4.56～3.4.58(风窗上缘，风窗下缘，风窗倾角)对应 GB/T 13054—1991 的 4.24～4.26；

——本标准 3.4.60、3.4.61(上视角，下视角)对应 GB/T 13054—1991 的 4.30、4.31 及 GB/T 13053—1991的 4.28、4.29；

——本标准 3.4.62(风窗下缘至地板表面距离)对应 GB/T 13053—1991 的 4.32；

——本标准 3.4.63(风窗下缘至驾驶区挡板距离)对应 GB/T 13053—1991 的 4.31；

——本标准 3.4.64(驻车制动手柄)对应 GB/T 13054—1991 的 4.38；

——本标准 3.4.65(变速杆手柄)对应 GB/T 13054—1991 的 4.39；

——本标准 3.4.71(乘客区长)对应 GB/T 13056—1991 的 4.16；

——本标准 3.4.90(乘客门净宽)对应 GB/T 13056—1991 的 4.33；

——本标准 3.4.91(乘客门高)对应 GB/T 13056—1991 的 4.34；

——本标准 3.4.92(一级踏步高)对应 GB/T 13056—1991 的 4.35。

c) 修订前后术语发生变化的有：

——本标准 3.4.19(踵点)对应 GB/T 13054—1991 的 4.32〔B 点(踵点)〕；

——本标准 3.4.21(行车制动踏板中心)对应 GB/T 13054—1991 的 4.35(常用制动踏板中心)；

——本标准 3.4.23(R 点高)对应 GB/T 13053—1991 的 4.2 和 GB/T 13054—1991 的 4.8(R′点高)；

——本标准 3.4.24(R 点至加速踏板中心距离)对应 GB/T 13053—1991 的 4.4(G 点至加速踏板中心距离)；

——本标准 3.4.25(R 点至离合器、行车制动踏板中心距离)对应 GB/T 13053—1991 的 4.3(G 点至常用制动踏板、离合器踏板中心距离)；

——本标准 3.4.26(R 点至前围护板距离)对应 GB/T 13053—1991 的 4.5(G 点至前围护板距离);

——本标准 3.4.27(R 点至仪表板距离)对应 GB/T 13053—1991 的 4.6(G 点至仪表板距离);

——本标准 3.4.28(R′点至上部障碍物距离)对应 GB/T 13054—1991 的 4.16 和 GB/T 13053—1991 的 4.1(座垫至顶盖高)及 GB/T 13056—1991 的 4.11 和 GB/T 13055—1991 的 4.7(座垫至行李架高);

——本标准 3.4.29(驾驶员座椅中心平面至侧围距离)对应 GB/T 13053—1991 的 4.12 和 GB/T 13054的 4.17;

——本标准 3.4.30(转向盘)对应 GB/T 13054—1991 的 4.18;

——本标准 3.4.34(转向盘倾角)对应 GB/T 13054—1991 的 4.20 及 GB/T 13053—1991 的 4.9(转向盘角);

——本标准 3.4.42(转向盘下缘最低点至离合器、行车制动踏板中心距离)对应 GB/T 13053—1991 的 4.17;

——本标准 3.4.46(离合器、行车制动踏板最大行程)对应 GB/T 13053—1991 的 4.18(离合器、常用制动踏板最大行程);

——本标准 3.4.47(离合器踏板中心至侧围距离)对应 GB/T 13053—1991 的 4.21(离合器踏板中心至近侧围护板距离);

——本标准 3.4.48(离合器、行车制动踏板中心至两侧障碍物距离)对应 GB/T 13053—1991 的 4.19(离合器、常用制动踏板、加速踏板中心至两侧障碍物距离);

——本标准 3.4.50(行车制动踏板中心至转向盘中心距离)对应 GB/T 13053—1991 的 4.23(常用制动踏板中心至转向盘中心距离);

——本标准 3.4.51(离合器、行车制动、加速踏板中心至前面障碍物距离)对应 GB/T 13053—1991 的 4.20(离合器、常用制动踏板、加速踏板中心至两侧障碍物距离);

——本标准 3.4.52(加速踏板中心至行车制动踏板中心距离)对应 GB/T 13053—1991 的 4.24(常用制动踏板中心至加速踏板中心距离);

——本标准 3.4.59(R 点至风窗下缘距离)对应 GB/T 13053—1991 的 4.30(G 点至风窗下缘距离);

——本标准 3.4.66(机械式变速杆手柄在 R 点所在 Z 平面上的投影距 R 点的距离)对应 GB/T 13053—1991的 4.33(变速杆手柄在任意位置时,均有位于转向盘下面和驾驶员座椅右边。在 R′点之前,不低于座椅表面。在投影面上距 R′点的距离);

——本标准 3.4.67(机械式变速杆手柄和驻车制动手柄在任意位置时,距离驾驶区内其他零件或操纵杆的距离)对应 GB/T 13053—1991 的 4.34(变速杆手柄和驻车制动手柄在任意位置时,距离驾驶区内其他零件或操纵杆的距离);

——本标准 3.4.77(乘客座椅中心平面至侧围距离)对应 GB/T 13055—1991 的4.6,GB/T 13056—1991的 4.12(座垫至侧围距离);

——本标准 3.4.102～3.4.105(应急门净宽,应急门高,应急门开关高,应急门开启角)对应 GB/T 13056—1991的 4.42～4.45(安全门净宽,安全门高,安全门开关高,安全门开启角),及 GB/T 13055—1991 的 4.26(安全门高)、4.27(安全门净宽)、4.28(安全门开启角)。

d) 修订后删除了术语及相应尺寸规定的有:

"座椅高"(见 GB/T 13054—1991 中 4.3,GB/T 13056—1991 中 4.1)、"座椅深"(见 GB/T 13054—1991 中 4.4,GB/T 13056—1991 中 4.2)、"座垫宽"(见 GB/T 13054—1991 中 4.5,GB/T 13056—1991 中 4.3)、"座垫角"(见 GB/T 13054—1991 中 4.6,GB/T 13056—1991 中 4.4)、"靠背高"(见 GB/T 13054—1991中 4.9,GB/T 13056—1991 中 4.6)、"靠背宽"(见 GB/T 13054—1991 中 4.10)、"靠背与座垫夹角"(见 GB/T 13054—1991 中 4.12,GB/T 13056—1991 中 4.8)、"靠背角调整范围"(见 GB/T 13054—1991 中 4.13,GB/T 13056—1991 中 4.9)、"座椅上下调整范围"(见 GB/T 13054—1991

中 4.14)、“座椅前后调整范围”(见 GB/T 13054—1991 中 4.15)、“肘靠高”(见 GB/T 13056—1991 中 4.10)、“靠背角”(见 GB/T 13054—1991 中 4.11,GB/T 13056—1991 中 4.7)、“座垫静变形量”(见 GB/T 13054—1991中 4.7,GB/T 13056—1991 中 4.5)、“同方向座椅座间距”(见 GB/T 13055—1991 的 4.1)、“面对面座椅座间距”(见 GB/T 13055—1991 的 4.2)、“座垫前缘至障碍物距离”(见 GB/T 13055—1991的 4.4)。

e) 修订后保留术语,删除尺寸规定的有:

“座垫至前靠背距离”(本标准 3.4.75,GB/T 13055—1991 的 4.3)、“车内高”(本标准 3.4.73,GB/T 13055—1991的 4.8)、“侧窗下缘高”(本标准 3.4.84,GB/T 13055—1991 的 4.9)、“侧窗扶手高”(本标准 3.4.86,GB/T 13055—1991 的 4.11)、“顶盖扶手高”(本标准 3.4.87,GB/T 13055—1991 的 4.12)、“通道宽”(本标准 3.4.96,GB/T 13055—1991 的 4.17,GB/T 13056—1991 的 4.28)、“通道地板坡度”(本标准 3.4.97,GB/T 13055—1991 的 4.18,GB/T 13056—1991 的 4.32)、“乘客门高”(本标准 3.4.91,GB/T 13055—1991 的 4.20)、“一级踏步高”(本标准 3.4.92,GB/T 13055—1991 的 4.22,GB/T 13056—1991的 4.35)、“一级踏步深”(本标准 3.4.93,GB/T 13055—1991 的 4.23)、“踏步高”(本标准 3.4.94,GB/T 13055—1991 的 4.24,GB/T 13056—1991 的 4.37)、“踏步深”(本标准 3.4.95,GB/T 13055—1991 的 4.25,GB/T 13056—1991 的 4.36)。

f) 增加了 3 个术语:

3.4.54“R 点至踵点水平距离”、3.4.55“R 点至踵点垂直距离”、3.4.70“乘客区”。

本标准由国家发展和改革委员会提出。

本标准由全国汽车标准化技术委员会归口。

本标准由郑州宇通客车股份有限公司负责起草。

南京依维柯汽车有限公司、亚星-奔驰有限公司、牡丹汽车股份有限公司、厦门金龙联合汽车工业有限公司参加起草。

本标准主要起草人:马春新、周慧慈、王东萍、黄爱军、邓佩云、高春、陈钊。

本标准所代替标准的历次版本发布情况为:

——GB/T 13053—1991;

——GB/T 13054—1991;

——GB/T 13055—1991;

——GB/T 13056—1991。

客 车 车 内 尺 寸

1 范围

本标准规定了客车三维坐标系、驾驶区与乘客区的尺寸、术语和代号。

本标准术语适用于各类客车。

本标准不包括驾驶区内电器、灯具、仪表、指示器和信号装置等术语及尺寸要求。

2 规范性引用文件

下列文件中的条款通过本标准的引用而成为本标准的条款。凡是注日期的引用文件，其随后所有的修改单(不包括勘误的内容)或修订版均不适用于本标准，然而，鼓励根据本标准达成协议的各方研究是否可使用这些文件的最新版本。凡是不注日期的引用文件，其最新版本适用于本标准。

GB/T 15089 机动车辆及挂车分类

GB/T 15759 人体模板设计和使用要求

3 术语、代号及尺寸

3.1 GB/T 15089 规定的术语及 GB/T 15759 对 3 级模型的规定适用于本标准。

3.2 本标准中每个术语和尺寸都定义了代号。术语代号由英文名称的代表字母组成，尺寸代号由字母和数字组成，字母表示尺寸种类，数字表示该尺寸的编号。尺寸种类与字母的对应关系如下：

L——长度，垂直于基准 *X* 平面；

W——宽度，垂直于基准 *Y* 平面；

H——高度，垂直于基准 *Z* 平面；

D——直径；

α——角度；

A——其他尺寸。

3.3 本标准定义的尺寸为设计尺寸，其中：

——当转向盘采用角度可调或者转向柱长度可调结构时，转向盘应处于厂商规定的设计中间位置；驾驶员座椅应位于设计基准位置，靠背应在设计靠背角位置，乘客座椅应位于基准位置。

3.4 术语及代号见表 1。

表 1

条款号	术语	英文对应词	术语说明	代号	参考数值	图示
3.4.1	基准 *Y* 平面	zero *Y* plane	车辆纵向对称平面	OYP		图 1
3.4.2	基准 *Z* 平面	zero *Z* plane	通过客车底架上平面并垂直于基准 *Y* 平面的平面	OZP		图 1
3.4.3	基准 *X* 平面	zero *X* plane	通过前轮中心并垂直于基准 *Y* 平面和基准 *Z* 平面的平面	OXP		图 1
3.4.4	*Y* 平面	*Y* plane	平行于基准 *Y* 平面的任一平面	YP		
3.4.5	*Z* 平面	*Z* plane	平行于基准 *Z* 平面的任一平面	ZP		

表 1（续）

条款号	术语	英文对应词	术语说明	代号	参考数值	图示
3.4.6	X 平面	X plane	平行于基准 X 平面的任一平面	XP		
3.4.7	垂面	vertical plane	垂直于基准 Z 平面的任一平面	VP		
3.4.8	座椅中心平面	seat central plane	通过 R′点处的 Y 平面	SCP		图 2 图 4
3.4.9	躯干线	trunk line	二维人体设计样板躯干的中心线	TL		图 2 图 4
3.4.10	大腿中心线	thigh central line	二维人体设计样板大腿的中心线	TCL		图 2 图 4
3.4.11	H 点	H point	人体模型的躯干线与大腿中心线的铰接交点	H		图 2 图 4
3.4.12	R 点	R point	座椅布置和设计的基准点，其在座椅上的位置用三维 H 点装置测得	R		图 2 图 4
3.4.13	R′点	R′point	R 点在座垫上表面的垂直投影点	R′		图 2 图 4
3.4.14	G 点	G point	在座椅中心平面上，同靠背表面相切的垂线与座垫上表面的交点；对于半靠背座椅，G 点为靠背表面的延长线与座垫上表面的交点	G		图 2 图 4
3.4.15	眼点	eye point	二维人体设计样板定位后，瞳孔中心的位置	EP		图 2
3.4.16	驾驶区	driver's compartment	除紧急情况外由驾驶员专用的空间，包括驾驶员座椅、方向盘、控制器、仪表及其他驾驶或操纵车辆必须的装置所占用的空间	DC		图 2
3.4.17	驾驶区挡板	driver's compartment partition	车厢内用于隔离出驾驶区的构件	DCP		图 2
3.4.18	铰支式踏板	hinged pedal	下端与驾驶区地板用铰链连接的踏板	HP		
3.4.19	踵点	accelerator heel point	指加速踏板踵点。二维人体设计样板根据自由状态下的铰支式加速踏板和 H 点定位后，其鞋跟与地板表面（考虑地毯的压塌量）的接触点	AHP		图 2
3.4.20	加速踏板中心	accelerator pedal center	加速踏板表面对称中心。当采用铰支式踏板时，指足尖关节在踏板表面中心线上的施力点	APC		图 2

表 1（续）

条款号	术语	英文对应词	术语说明	代号	参考数值	图示
3.4.21	行车制动踏板中心	brake pedal center	行车制动踏板表面对称中心。当采用铰支式踏板时，指足尖关节在踏板表面中心线上的施力点	BPC		图 2
3.4.22	离合器踏板中心	clutch pedal center	离合器踏板表面对称中心。当采用铰支式踏板时，指足尖关节在踏板表面中心线上的施力点	CPC		图 2
3.4.23	R 点高	R point height	R 点到地板的距离	H_1	405 mm～508 mm	图 3
3.4.24	R 点至加速踏板中心距离	distance from R point to accelerator pedal center	从驾驶员座椅 R 点沿大腿中心线向踏板中心方向延伸到膝关节，再由膝关节至加速踏板中心两者距离之和	A_1	950 mm～1050 mm	图 3
3.4.25	R 点至离合器、行车制动踏板中心距离	distance from R point to center of clutch or brake pedal	从驾驶员座椅 R 点沿大腿中心线向踏板中心方向延伸到膝关节，再由膝关节至离合器、行车制动踏板中心两者距离之和	A_2	850 mm～950 mm 采用铰支式踏板时，此尺寸的增加不大于 100 mm	图 3
3.4.26	R 点至前围护板距离	distance from R point to front dash panel	驾驶员座椅中心平面上，R 点至前围护板的水平距离	L_1	≥1000 mm	图 3
3.4.27	R 点至仪表板距离	distance from R point to instrument panel	驾驶员座椅中心平面上，R 点至仪表板的水平距离	L_2	600 mm～700 mm	图 3
3.4.28	R′点至上部障碍物距离	vertical diatance from R′point to upper barrier	R′点至上部障碍物的垂直距离	H_2	≥1000 mm	图 3
3.4.29	驾驶员座椅中心平面至侧围距离	distance between bus driver seat central plane and side wall	驾驶员座椅中心平面至侧围护板的垂直距离	W_1	360 mm～550 mm，转向盘下缘最低点所在 Z 平面内的适宜值 400 mm～500 mm	图 3
3.4.30	转向盘	steering wheel	用来控制汽车行驶方向的操纵盘	SW		图 2
3.4.31	转向盘中心	steering wheel center	转向盘轮圈上平面中心	SWC		图 2
3.4.32	转向盘中心至座椅中心平面距离	distance from steering wheel center to seat center plane	通过转向盘中心的 Y 平面到驾驶员座椅中心平面的距离	W_2	≤40 mm	图 3
3.4.33	转向盘直径	steering wheel diameter	转向盘外缘直径	D_1	400 mm～550 mm	图 3
3.4.34	转向盘倾角	steering wheel inclination angle	转向盘上平面与 X 平面之间夹角	α_1	55°～75°	图 3
3.4.35	转向盘上平面与 Y 平面夹角	angle between steering wheel plane to Y plane	转向盘上平面与 Y 平面之间夹角	α_2	90°±5°	图 3

表 1(续)

条款号	术语	英文对应词	术语说明	代号	参考数值	图示
3.4.36	转向盘外缘	steering wheel rim outside edge	转向盘外径的边缘	SWOE		图 2
3.4.37	转向盘外缘至靠背表面距离	longitudinal distance from steering wheel rim outside edge to backrest	转向盘外缘至靠背表面的最小水平距离	L_3	350 mm～380 mm	图 3
3.4.38	转向盘外缘至侧围护板距离	distance from steering wheel rim outside edge to side panel	转向盘轮缘至侧围护板的最小距离	W_3	≥100 mm	图 3
3.4.39	转向盘外缘至仪表板最小距离	minimum distance from steering wheel rim outside edge to instrument panel	—	A_3	≥80 mm 在转向盘调节范围内	图 3
3.4.40	转向盘下缘最低点	steering wheel rim lowest point	转向盘轮圈下边缘与 Z 平面相切的点	SWLP		图 2
3.4.41	转向盘下缘最低点至座垫上表面距离	distance from steering wheel rim lower edge to cushion	转向盘轮缘最低点至座垫上表面最高点的垂直距离	H_3	180 mm～240 mm，适宜值：200 mm～220 mm	图 3
3.4.42	转向盘下缘最低点至离合器、行车制动踏板中心距离	distance from steering wheel rim lower edge to center of clutch or brake pedal	—	A_4	≥600 mm	图 3
3.4.43	仪表板下缘	instrument panel lower edge	仪表板下边缘	IPLE		图 2
3.4.44	仪表板下缘至地板表面距离	vertical distance from instrument panel lower edge to floor	仪表板下边缘到地板的垂直距离	H_4	≥350 mm	图 3
3.4.45	踏板最大行程	maximum pedal travel	踏板从自由状态到踩到极限位置时，踏板中心的位移量	MPT		
3.4.46	离合器、行车制动踏板最大行程	maximum clutch or brake pedal travel	—	A_5	≤200 mm	图 3
3.4.47	离合器踏板中心至侧围距离	distance from clutch pedal center to side obstacle	—	W_4	≥80 mm	图 3
3.4.48	离合器、行车制动踏板中心至两侧障碍物距离	distance from center of clutch, brake pedal to side obstacle	—	A_6	≥80 mm 在踏板行程范围内	图 3
3.4.49	离合器踏板中心至转向盘中心距离	distance from clutch pedal center to steering wheel center	通过离合器踏板中心和转向盘中心的两个 Y 平面之间距离	W_5	80 mm～200 mm	图 3
3.4.50	行车制动踏板中心至转向盘中心距离	distance from brake pedal center to steering wheel center	通过行车制动踏板中心和转向盘中心的两个 Y 平面之间距离	W_6	70 mm～180 mm	图 3

表 1（续）

条款号	术语	英文对应词	术语说明	代号	参考数值	图示
3.4.51	离合器、行车制动、加速踏板中心至前面障碍物距离	distance from center of clutch, brake or accelerator pedal to front obstacle	—	A_7	≥120 mm，在踏板行程范围内	图 3
3.4.52	加速踏板中心至行车制动踏板中心距离	distance between accelerator pedal center and brake pedal center	通过加速踏板中心和行车制动踏板中心的两个 Y 平面之间距离	W_7	110 mm～160 mm，适宜值为 110 mm～130 mm	图 3
3.4.53	加速踏板中心至最近障碍物距离	distance from accelerator pedal center to nearest obstacle		W_8	≥80 mm，≥60 mm（右侧）	图 3
3.4.54	R 点至踵点水平距离	horizontal distance from R point to accelerator heel point	定义了腿部空间。在驾驶员座椅中心平面上量取	L_4	525 mm～785 mm	图 3
3.4.55	R 点至踵点垂直距离	vertical distance from R point to accelerator heel point	定义了与舒适度相关的有效乘坐高度。在驾驶员座椅中心平面上量取	H_5	405 mm～508 mm	图 3
3.4.56	风窗上缘	windshield upper edge	风窗玻璃上部透光边缘	WUE		图 2
3.4.57	风窗下缘	windshield lower edge	风窗玻璃下部透光边缘	WLE		图 2
3.4.58	风窗倾角	windshield inclination angle	基准 Y 平面与风窗玻璃上下边缘交点连线与 X 平面之间的夹角	α_3		图 3
3.4.59	R 点至风窗下缘距离	distance from R point to windshield lower edge	在驾驶员座椅中心平面上，R 点到风窗下缘的水平距离	L_5	≥1 000 mm	图 3
3.4.60	上视角	upwards angle of visibility	通过驾驶员眼点的 Z 平面与眼点至风窗上缘连线的夹角	α_4	$\geqslant \arctan\frac{5-M}{12+N}$ M：眼点离地高，m； N：在基准 Y 平面上眼点的投影点到前保险杠前端的水平距离，m	图 3
3.4.61	下视角	downwards angle of visibility	通过驾驶员眼点的 Z 平面与眼点至风窗下缘连线的夹角	α_5	$\geqslant \arctan\frac{M}{3+N}$ M：眼点离地高，m； N：在基准 Y 平面上眼点的投影点到前保险杠前端的水平距离，m	图 3
3.4.62	风窗下缘至地板表面距离	distance from windshield lower edge to floor	在驾驶员座椅中心平面上，风窗下缘至驾驶区地板表面的垂直距离	H_6	≤650 mm	图 3

表 1（续）

条款号	术语	英文对应词	术语说明	代号	参考数值	图示
3.4.63	风窗下缘至驾驶区挡板距离	distance from windshield lower edge to driver's compartment partition	在驾驶员座椅中心平面上，风窗下缘至驾驶区后挡板的水平距离	L_6	≥1 300 mm	图 3
3.4.64	驻车制动手柄	parking brake handgrip	驻车制动操纵握把	PBH		图 2
3.4.65	变速杆手柄	stick shift handgrip	变速杆操纵球头	SSH		图 2
3.4.66	机械式变速杆手柄在 R 点所在 Z 平面上的投影距 R 点的距离	distance between projections of stick shift handgrip and R point on Z plane	机械式变速杆手柄任意位置在 Z 平面上的投影到驾驶员座椅 R 点在该 Z 平面上投影点的距离	A_8	≤600 mm 机械式变速杆手柄在任意位置时，均应位于以下区域：不高于转向盘、不低于驾驶员座垫上表面，位于驾驶员座椅右侧、R 点之前	图 3
3.4.67	机械式变速杆手柄和驻车制动手柄在任意位置时，距离驾驶区内其他零件或操纵杆的距离	distance from arbitrary stick shift handgrip or parking brake handgrip to nearby parts	—	A_9	≥50 mm	图 3
3.4.68	驾驶员门打开时上部通道宽	upper gangway width with driver door opening	驾驶员门最大开度时，座垫以上部位通道宽度	A_{10}	≥650 mm	图 3
3.4.69	驾驶员门打开时下部通道宽	lower gangway width with driver door opening	驾驶员门最大开度时，座垫以下部位通道宽度	A_{11}	≥250 mm	图 3
3.4.70	乘客区	passenger compartment	供乘客使用的区域	PC		
3.4.71	乘客区长	passenger compartment length	在基准 Y 平面上，乘客区最前与最后的水平距离	PCL		
3.4.72	车内宽	body inner width	在乘客区中部，两边侧围护板之间的距离，沿座垫上表面测量	BIW		
3.4.73	车内高	body inner height	在基准 Y 平面上，通道地板至顶盖护板之间的距离，在通道地板中部测量。 注：不包括内部突凹物，如顶灯、顶窗等	H_7		图 6
3.4.74	座间距	distance between seats	在座椅中心平面上，G 点至前排座椅靠背背面的距离，沿与座垫上表面相切的 Z 平面测量。对于面对面布置的座椅，测量两座椅 G 点的距离	L_7 L_8		图 5

表 1（续）

条款号	术语	英文对应词	术语说明	代号	参考数值	图示
3.4.75	座垫至前靠背距离	distance between seat cushion and front backrest	在座椅中心平面上，与座垫前缘相切的垂面至前排座椅靠背背面的距离，沿座垫上表面测量	L_9		图 5
3.4.76	座垫间距	distance between seat cushion	在座椅中心平面上，面对面座椅座垫前缘间的距离	L_{10}	≥450 mm	图 5
3.4.77	乘客座椅中心平面至侧围距离	distance between seat cushion and side wall	在过靠侧围乘客座椅 R 点的 Z 平面内，R 点至侧围护板的距离	W_9	≥230 mm	图 6
3.4.78	侧窗距	distance between side windows	在侧窗高的 1/2 处，相邻两侧窗窗柱中心之间的距离	DBSW		
3.4.79	轮罩高	wheel guard height	与轮罩相切的 Z 平面至最近地板的垂直距离	WGH		
3.4.80	地板高	floor height	通道地板上平面至地面之间的垂直距离，分别在前轴和后轴处测量	FH		
3.4.81	顶窗长	skylight window length	顶窗开启时，两边窗框之间在 Y 平面上的距离	SWL		
3.4.82	顶窗宽	skylight window width	顶窗开启时，两边窗框之间在 X 平面上的距离	SWW		
3.4.83	顶窗间距	distance between skylight windows	在基准 Y 平面上，两顶窗窗框之间的最小距离	DBSLW		
3.4.84	侧窗下缘高	height of side window lower edge	抵靠窗框下缘的 Z 平面至最近地板之间的距离	H_8		图 6
3.4.85	侧窗上缘高	height of side window upper edge	抵靠窗框上缘的 Z 平面至最近地板之间的距离	H_9	≥1650 mm，Ⅰ、A 级车	图 6
3.4.86	侧窗扶手高	side window handrail height	扶手中心至最近地板之间的距离	H_{10}		图 6
3.4.87	顶盖扶手高	roof handrail height	扶手中心至地板之间的距离	H_{11}		图 6
3.4.88	扶手空间	handrail space	扶手中心至最近障碍物的距离	A_{12}	≥70 mm	图 6
3.4.89	后窗下缘高	height of rear window lower edge	抵靠后窗下缘的 Z 平面至最近地板之间的距离	HRWLE		
3.4.90	乘客门净宽	service door clear width	车门在最大开启位置时车门两侧（包括车门扶手）之间的最小距离。 注：下面为下部通道宽	L_{11}	在离地 800 mm～1000 mm 范围内测量	

表 1（续）

条款号	术语	英文对应词	术语说明	代号	参考数值	图示
3.4.91	乘客门高	service door height	第一级踏步板上平面至抵靠上门框的 Z 平面之间的距离	H_{12}		图 6
3.4.92	一级踏步高	first step height	第一级踏步板上平面至地平面的距离。 注：踏步板上表面边缘有压条时则测至压条上表面。空载时测量	H_{13}		图 6
3.4.93	一级踏步深	first step depth	在 X 平面上，与第一级踏步板边缘相切的垂面至踏步板上平面根部的距离	W_{10}		图 6
3.4.94	踏步高	step height	两踏步板上平面之间的距离	H_{14}		图 6
3.4.95	踏步深	step depth	在 X 平面上，与踏步板边缘相切的垂面至踏步板上平面根部的距离。 注：不规则踏步板在有效部位测量	W_{11}		图 6
3.4.96	通道宽	gangway width	平行于基准 Y 平面并分别抵靠通道两侧座椅或肘靠的两 Y 平面之间的最小距离	W_{12}		图 6
3.4.97	通道地板坡度	gangway floor gradient	通道地板上平面与水平地面之间夹角的正切值	α_6	以百分数表示	
3.4.98	高地板高	high floor height	通道两旁高地板上平面至通道地板上平面之间的距离	H_{15}	≤250 mm	图 6
3.4.99	行李架宽	562 rack width	与行李架外缘相切的 Y 平面至行李架内护板之间的距离	W_{13}	≥300 mm	图 6
3.4.100	行李架入口高	rack entrance height	行李架入口处至顶盖护板之间的距离	H_{16}	≥200 mm 备有大行李仓的客车≥150 mm	图 6
3.4.101	行李架倾角	rack ation angle	行李架内底面与 Z 平面之间的夹角	α_7	≥5°行李架若为水平，入口处需加挡护装置	图 6
3.4.102	应急门净宽	emergency door clear windth	应急门在最大开启位置时，门两侧之间的最小距离	L_{12}	在高度的 1/2 处测量	
3.4.103	应急门高	emergency door height	抵靠上门框的 Z 平面至出口处地板之间的距离	H_{17}		
3.4.104	应急门应急开关高	emergency switch height of emergency door	应急门内侧，应急开关把手上缘至最近地板之间的距离	H_{18}		
3.4.105	应急门开启角	opening angle emergency door	应急门在开启位置时，应急内侧下边缘之间在 Z 平面上的夹角	α_8		

4 附图如下

OYP
OXP
Z
X
Y
支承面
OZP

图 1

WUE
EP
SW
SWC
SSH
TL
WLE
R(H)
DCP
G
IPLE
AHP
PBH
SWLP
TCL
R′
SCP
APC
BPC
SWC
CPC
SWOE
DC
R(H)
G
R′

图 2

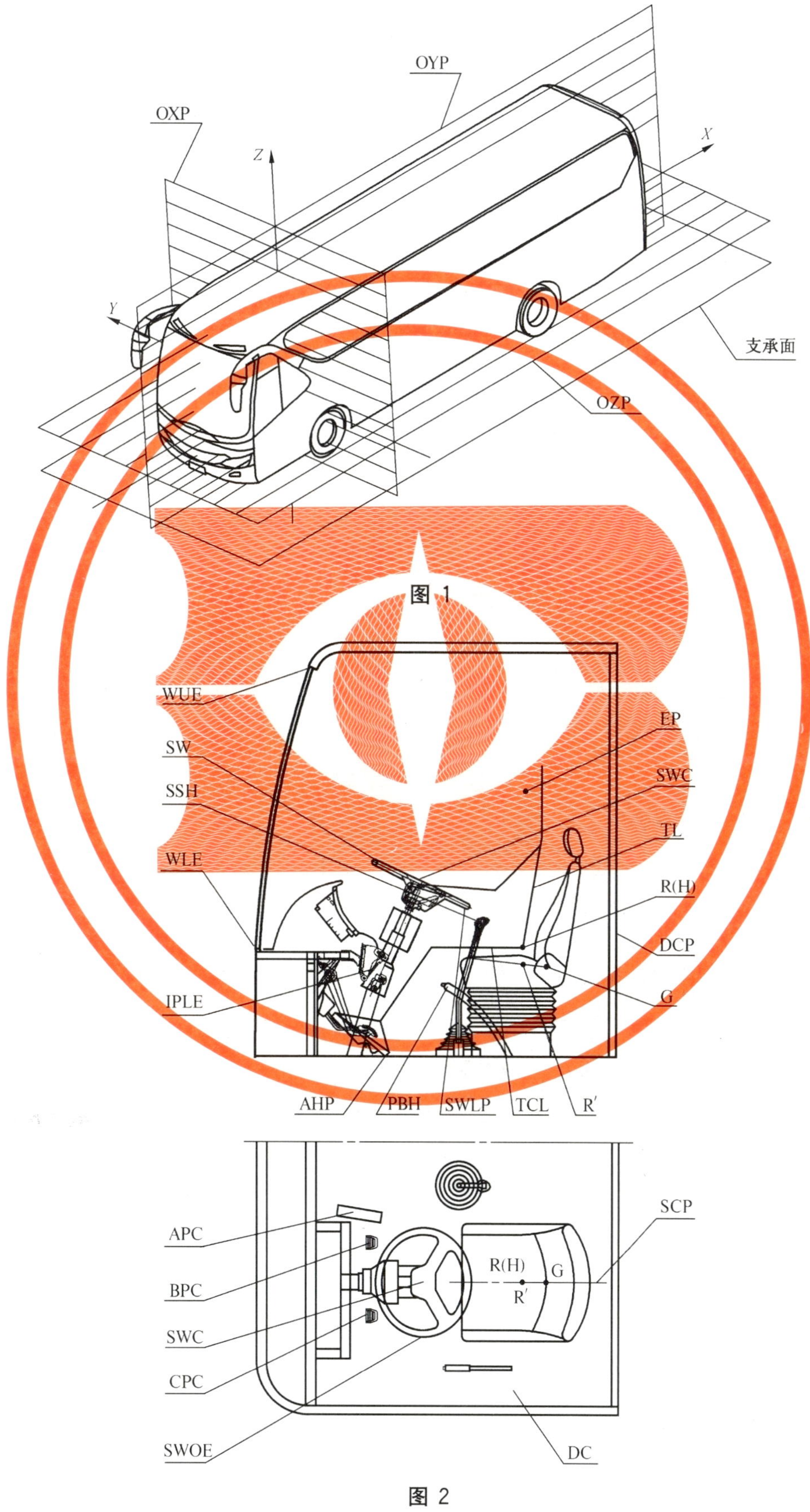

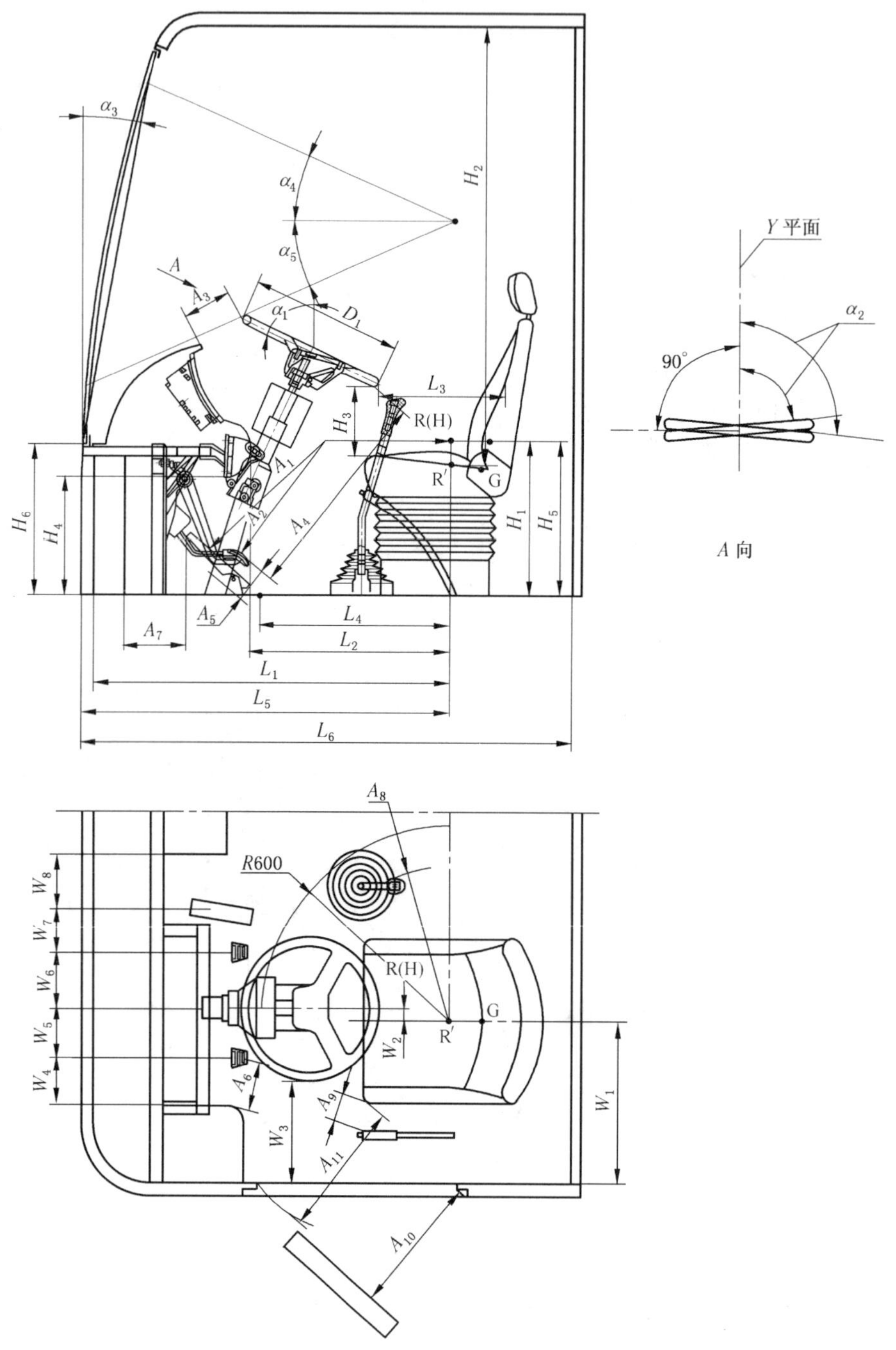

图 3

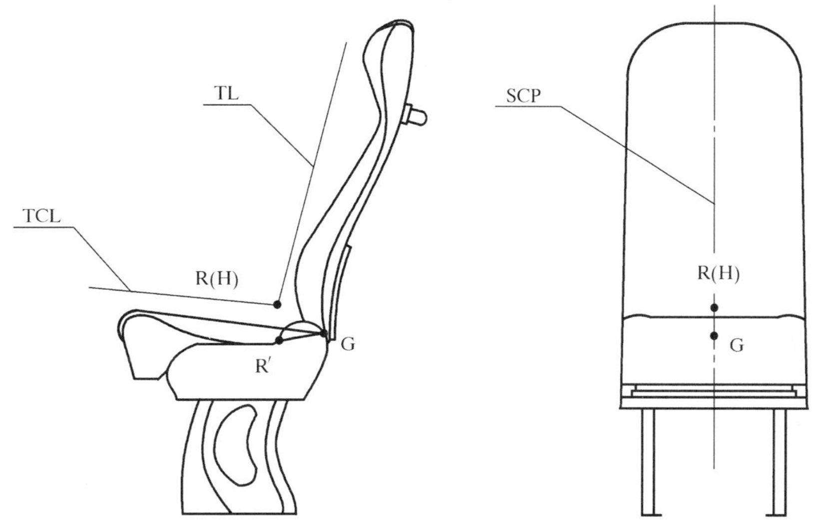

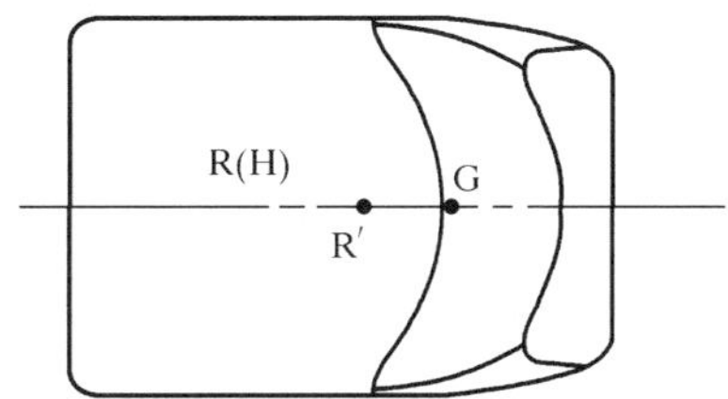

图 4

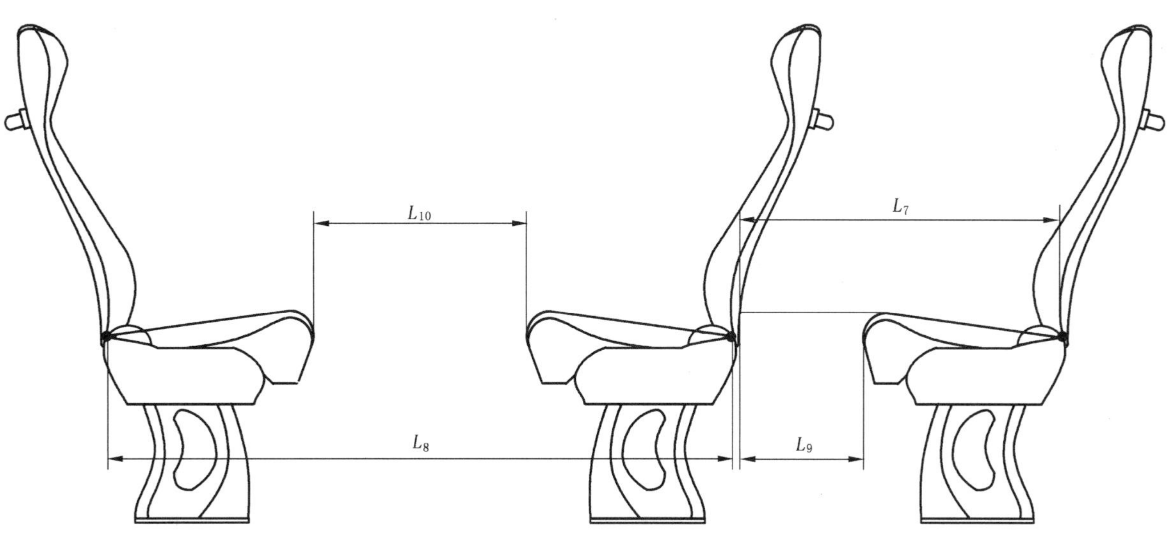

图 5

W_{13}
H_{16}
A_{12}
α_7
H_{11}
H_7
H_9
H_{10}
W_9
W_{12}
H_{12}
H_8
H_{15}
W_{11}
H_{14}
H_{13}
W_{10}

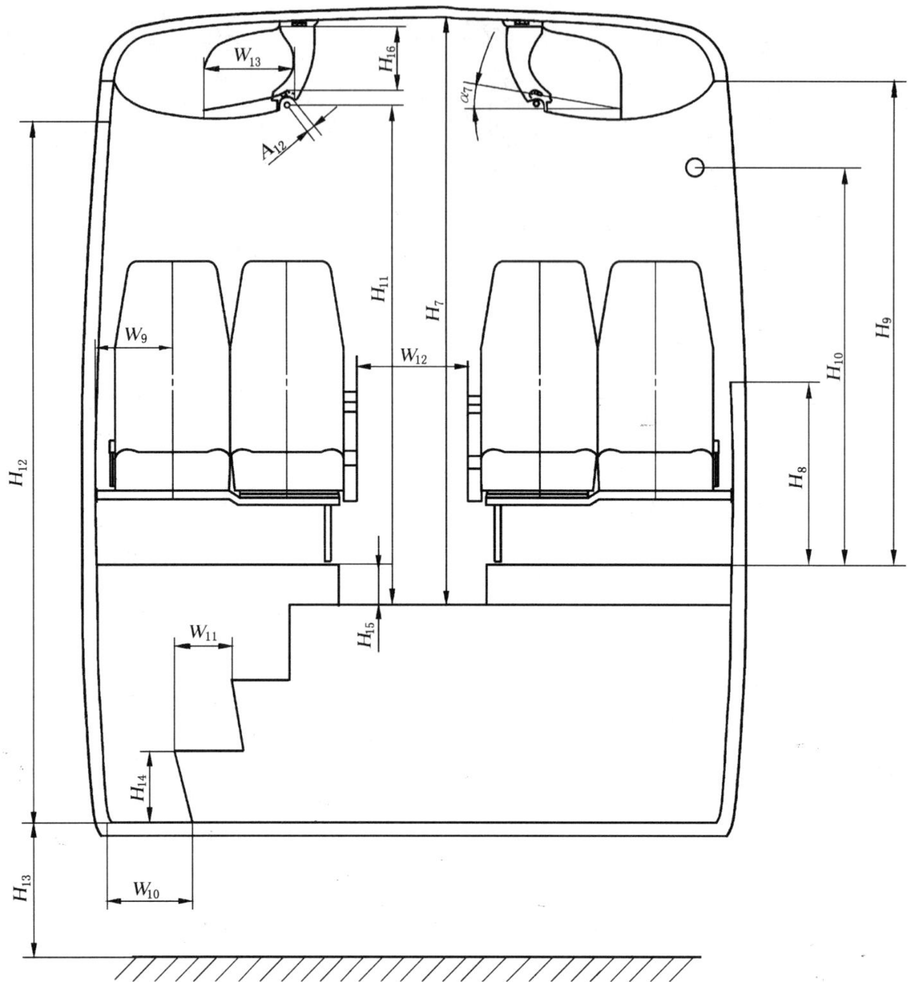

图 6

ICS 43.080.20
T 42

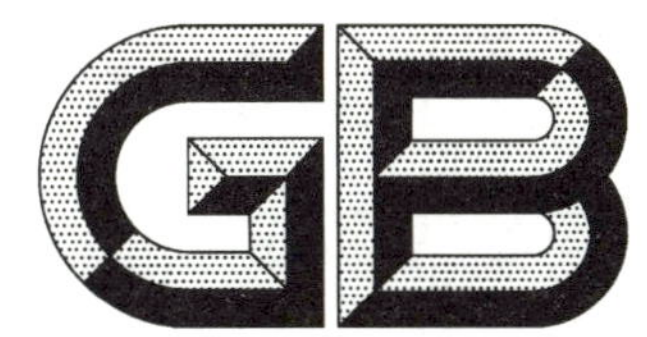

中华人民共和国国家标准

GB 13057—2014
代替 GB 13057—2003

客车座椅及其车辆固定件的强度

Strength of the seats and their anchorages of passenger vehicles

2014-10-10 发布　　　　2015-07-01 实施

中华人民共和国国家质量监督检验检疫总局
中国国家标准化管理委员会　发布

前　言

本标准的第 4 章、第 5 章为强制性，其余为推荐性。

本标准按照 GB/T 1.1—2009 给出的规则起草。

本标准代替 GB 13057—2003《客车座椅及其车辆固定件的强度》。

本标准与 GB 13057—2003 相比，除编辑性修改外主要技术差异如下：

——变更了标准的适用范围(由“座椅”改变为“乘客座椅”，增加了“也适用于此类客车上安装于座椅前方的约束隔板及其车辆固定件。”)(见第 1 章)；

——更新了部分规范性引用文件(见第 2 章)；

——增加了“前向座椅”、“固定件”、“约束隔板”的术语和定义(见 3.2、3.6、3.14)；

——删除了“静态试验要求”(见 2003 版的 4.1.2)和“座椅静态试验”(见 2003 版的 5.1)。

本标准使用重新起草法修改采用 ECE R80《大型客车座椅认证及座椅强度和固定件强度有关的车辆认证的统一规定》(修订本 1)英文版。

本标准与 ECE R80(修订本 1)相比在结构上有所调整，附录 C 中列出了本标准与 ECE R80(修订本 1)的章条编号对照一览表。

本标准与 ECE R80(修订本 1)相比存在的主要技术性差异是，规定每种型式的座椅都必须满足动态试验要求，这些技术性差异涉及的条款已通过在其外侧页边空白位置的垂直单线进行了标示，附录 D 中给出了相应技术性差异及其原因的一览表。

本标准由中华人民共和国工业和信息化部提出。

本标准由全国汽车标准化技术委员会 (SAC/TC 114) 归口。

本标准起草单位：中国公路车辆机械有限公司、国家客车质量监督检验中心、丹阳市车船装饰件有限公司、江苏省公路学会、国家汽车质量监督检验中心(襄樊)、江苏大学汽车与交通工程学院、江苏先昌电能部件有限公司、东风商用车技术中心、郑州宇通客车股份有限公司、南京依维柯汽车有限公司、金华青年汽车制造有限公司、厦门金龙联合汽车工业有限公司、厦门金龙旅行车有限公司、河南少林汽车股份有限公司、扬州恒新座椅有限公司、四川一汽丰田汽车有限公司、北汽福田汽车股份有限公司北京欧辉客车分公司、成都客车股份有限公司。

本标准主要起草人：金明新、李弢、刁薇、李德兴、赵卫丽、覃祯员、裴志浩、侯洪娟、白红、李德云、田晋跃、柳立志、李冬梅、张海涛、纪碧端、徐茂林、冯朝昀、唐云霞、洪伟、孟树兴、方明树。

本标准于 2003 年 3 月首次发布，本次为第一次修订。

客车座椅及其车辆固定件的强度

1 范围

本标准规定了客车座椅及其车辆固定件的强度要求与试验方法。

本标准适用于 M_2 和 M_3 类的Ⅱ级、Ⅲ级及B级客车中前向安装的乘客座椅，以及此类客车所有乘客座椅的车辆固定件及其座椅安装。也适用于此类客车上安装于座椅前方的约束隔板及其车辆固定件。

本标准不适用于后向座椅、侧向座椅和可折叠座椅，也不适用于驾驶员座椅。

2 规范性引用文件

下列文件对于本文件的应用是必不可少的。凡是注日期的引用文件，仅注日期的版本适用于本文件。凡是不注日期的引用文件，其最新版本(包括所有的修改单)适用于本文件。

GB 11552—2009 乘用车内部凸出物

GB 14166 机动车乘员用安全带、约束系统、儿童约束系统和 ISOFIX 儿童约束系统

GB 14167 汽车安全带安装固定点、ISOFIX 固定点系统及上拉带固定点

GB 24406—2012 专用校车学生座椅系统及其车辆固定件的强度

ISO 6487 道路车辆 碰撞试验测量技术 检测仪器

3 术语和定义

GB 24406—2012 界定的以及下列术语和定义适用于本文件。

3.1

座椅型式 seat type

在下列可能影响其强度和伤害性方面无实质区别的某类座椅：

a) 承载件的结构、形状、尺寸和材料；

b) 座椅靠背调整和锁止系统的型式与尺寸；

c) 附件和支撑件(即椅腿)的尺寸、结构和材料。

3.2

前向座椅 forward-facing seat

面向前方安装，且座椅的对称垂直平面与车辆前进方向所形成的夹角在$-10°$～$+10°$之间。

3.3

调整装置 adjustment system

一种可将座椅或其部件调节到适于乘客乘坐的装置。

3.4

位移装置 displacement system

在没有固定的中间位置情况下，一种可使座椅或某个部件横向或纵向移动，以方便乘客进出的装置。

3.5

锁止装置 locking system

一种保证座椅或其部件保持在其使用位置的装置。

3.6

固定件 anchorage

用于固定座椅的车辆地板或车身的一部分。

3.7

连接件 attachment fittings

用来将座椅安装到车辆固定件上的螺栓等零件。

3.8

台车 trolley

用于动态再现包括正面碰撞在内的道路交通事故的试验设备。

3.9

辅助座椅 auxiliary seat

台车上试验座椅后面安装假人的座椅,代表着车辆上使用的位于试验座椅后面的座椅。

3.10

基准平面 reference plane

通过 3-DH 装置两脚跟与地板接触点的水平面。

3.11

基准高度 reference height

座椅顶部至基准平面的距离。

3.12

假人 manikin

符合 HYBRIDⅡ型或Ⅲ型要求的 50 百分位男性人体模型或 TNO 10 型人体模型。

3.13

座椅间距 seat spacing

后方座椅靠背前部凸起部分至前方座椅靠背(或约束隔板)后部凸起部分之间的距离,在基准平面上方 620 mm 高度处水平测量。

3.14

约束隔板 restraining barrier

安装在车身结构上,用于在前方碰撞事故或紧急制动过程中约束位于其后方乘员的装置。

[GB 24406—2012,定义 3.11]

4 要求

4.1 座椅要求

4.1.1 总体要求

每种型式的座椅都应满足 4.1.2 规定的动态试验要求。每个调整装置和位移装置都应配备自动锁止装置,试验后座椅的调整和锁止装置应能保持锁止状态。

4.1.2 动态试验要求

4.1.2.1 乘坐的乘客能被其前方座椅(或约束隔板)和(或)安全带恰当地限制住。

按照5.1规定的试验方法进行试验后，假人躯干和头部的任何部分向前位移应不超过位于辅助座椅R点前1.6 m的横向垂面。

4.1.2.2 乘坐的乘客未受严重伤害。

装备测试仪器的假人应满足附录B确定的允许伤害指标。其允许伤害指标为：

a) 头部允许指标(HIC)：小于500；

b) 胸部允许指标(ThAC)：小于30g(持续作用时间小于3 ms的峰值除外)(g=9.81 m/s^2)；

c) 腿部允许指标(FAC)：小于10 kN；当持续作用时间大于20 ms时，应小于8 kN。

4.1.2.3 座椅及其安装足够牢固。

符合下列条件，可认为满足要求：

a) 试验期间，座椅安装件、附件或零件无完全分离；

b) 试验期间，即使一个或多个固定件部分地分离，座椅仍能牢牢地固定住，且所有锁止装置保持锁定；

c) 试验后，座椅或其附件的结构件无任何可能导致人体伤害的断裂或尖角、锐边。

4.1.3 安装件和附件要求

所有构成座椅背面的安装件或附件，在碰撞过程中不应对乘客身体造成任何伤害。安装件及附件要求如下：

a) 采用直径165 mm的球体接触座椅背面的任意部分，其曲率半径均应在5 mm以上。如位于刚性背面上的安装件和附件的任何部位均由硬度邵尔A小于50的材料制成，则本条款的要求仅适用于该刚性背面。

b) 位于基准平面上方400 mm水平面以下的座椅背面调整装置和附件，可不满足本条款的要求。

4.2 车辆固定件要求

4.2.1 座椅的车辆固定件应能承受5.1(若试验座椅安装在代表车身结构的试验平台上)所规定的试验。

4.2.2 在规定的时间内承受规定的试验力持续作用后，允许固定件或其周边区域产生永久变形，包括部分断裂。

4.2.3 当一种车型上有多于一种型式的固定件时，每种不同型式的固定件都应进行试验。

4.2.4 当一种型式座椅和一种型式固定件的组合能够满足4.1的要求，则该型式座椅和其他型式固定件组合后，可仅对不同型式的固定件按5.2的要求进行试验。

4.2.5 如果相应座椅位置的安全带固定点直接固定在座椅上，而且这些安全带固定点完全符合GB 14167的规定，应认为座椅固定件强度符合4.2.1和4.2.2的要求。

4.3 座椅安装要求

4.3.1 所有前向座椅应满足4.1的要求，并符合下述条件：

a) 座椅应有至少1 m的基准高度；

b) 紧邻其后的座椅的H点应与试验座椅H点的高度差不大于72 mm，如果大于72 mm，应在该实际安装高度进行试验。

4.3.2 按5.1.2、5.1.3的要求进行试验1和试验2，但下列情况除外：

a) 当座椅后部不会被未受约束的乘客所撞击时(即在试验座椅后面无前向座椅)，试验1可不做。

b) 符合下列情况之一，试验2可不做：

——座椅背面不会被受约束的乘客撞击；

——后排座椅上安装有三点式安全带和固定点，且完全符合GB 14167的规定；

——座椅靠背后部的吸能特性满足 GB 11552—2009 中附录 G 的要求。

5 试验方法

5.1 座椅及其车辆固定件动态试验

5.1.1 试验座椅或约束隔板的准备

5.1.1.1 试验座椅或约束隔板应安装在代表车身结构的试验平台(进行座椅及其车辆固定件动态试验时)或刚性试验平台(进行座椅动态试验时)上。

5.1.1.2 试验平台为试验座椅或约束隔板提供的固定件应与安装该座椅的车辆固定件相同。

5.1.1.3 试验座椅或约束隔板的装饰件和附件应齐全,如座椅配有小桌,应处于收起位置。

5.1.1.4 如座椅可横向调节,应调节到横向最宽位置。

5.1.1.5 如座椅靠背可调整,应调整到使假人(用来确定在车内乘坐位置 H 点和实际躯干角)躯干的倾角尽可能接近制造厂推荐的正常使用值,如无制造厂特定的推荐值时,应尽可能靠近垂线后方 25°处。

5.1.1.6 如座椅靠背装有高度可调的头枕,头枕应调节到最低位置。

5.1.1.7 安装在辅助座椅和试验座椅上的安全带应符合 GB 14166 的规定,并装配在符合 GB 14167 规定的固定点上。

5.1.2 试验 1

5.1.2.1 将试验平台固定在台车上。

5.1.2.2 辅助座椅

辅助座椅型式可以与试验座椅相同,并平行地直接放置在试验座椅(或约束隔板)后方,两座椅高度相同,调整状态一致,辅助座椅与试验座椅(或约束隔板)间距为 750 mm。

5.1.2.3 假人

5.1.2.3.1 将假人无约束地放置在辅助座椅上,使其对称平面与试验乘坐位置的对称平面相一致。

5.1.2.3.2 假人的手放在大腿上,肘部与座椅靠背接触,两腿应尽量伸开,如可能应平行,脚跟接触地板。

5.1.2.3.3 每个试验假人应按下列程序安放在座椅上:

a) 将假人放置在座椅上,尽可能接近所要求的位置。
b) 将一块 76 mm×76 mm 的刚性平面尽可能低地放置在假人躯干的前面。
c) 以 250 N～350 N 的水平力将此平面压向假人躯干;拉动假人肩部,将躯干向前拉到垂直位置,然后以背部靠着座椅靠背放回,该操作进行两次;假人躯干不移动时,头部位置应能使头颅内支承测量仪器的平台为水平,并保持头部中心平面与车辆对称平面平行。
d) 将该刚性平面小心地移去。
e) 将座椅上的假人向前移动,重复上述放置步骤。
f) 如果需要,下部肢体的位置应调整。
g) 碰撞过程中,安装的测量仪器不得对假人的运动有任何影响。
h) 试验前,测量仪器系统的温度应稳定,并尽可能保持在 19 ℃～26 ℃范围内。

5.1.2.4 碰撞模拟:

a) 台车模拟的碰撞速度应在 30 km/h～32 km/h 之间。
b) 碰撞模拟过程中,台车的减速度/加速度应与图 1 规定一致;持续作用时间小于 3 ms 的峰值除外,台车减速度/加速度的时间函数曲线应保持在图 1 所示的限定区间内。
c) 平均减速度/加速度应在 $6.5g$～$8.5g$ 之间。

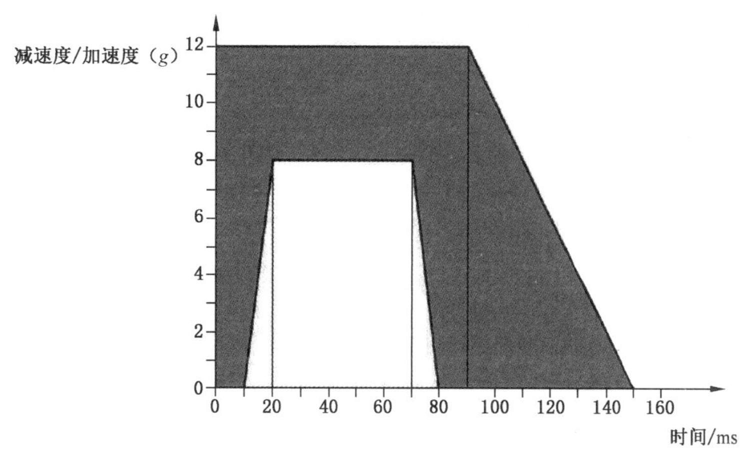

图 1 减速度/加速度的时间历程

5.1.2.5 试验中不测量假人的伤害值。

5.1.3 试验 2

5.1.3.1 用坐在辅助座椅上的 HYBRIDⅡ型或Ⅲ型假人重复进行 5.1.2 规定的试验 1 步骤，假人应被安全带约束住，并按制造厂的说明安装和调整。

5.1.3.2 试验中测量假人的伤害值。

5.1.3.3 在用三点式安全带约束假人进行 5.1.3.1 规定的试验 2，且不超过允许伤害指标的情况下，此辅助座椅应认为已符合 GB 14167 中对安全带静态加载和上固定点位移的要求。

5.1.4 对台车及假人应做的测量

应符合附录 A 的规定，假人允许伤害指标应按附录 B 的规定来确定。

5.2 车辆固定件试验

5.2.1 试验设备

5.2.1.1 将一个能够代表车辆上座椅的刚性结构件，采用制造厂提供的连接件(螺栓等)安装在进行试验的固定件上。

5.2.1.2 如果几种类型座椅前后椅脚端部之间的距离不等，且都能安装在相同的固定件上，试验应用前后椅脚端距最短的座椅进行。

5.2.2 试验程序

5.2.2.1 F 力施加：

a) 在基准平面以上 750 mm 处，力 F 通过 5.2.1.1 规定的刚性结构件作用在以不同固定点为顶点(或者合适时，将座椅末端的固定件包括在内)组成的多边形的几何中心垂线上；

b) F 力为水平方向，指向车辆前方；

c) 施力持续时间应不少于 0.2 s。

5.2.2.2 F 力由式(1)确定。

$$F = (5\ 000 \pm 50) \times i \quad \cdots\cdots(1)$$

式中：

F ——作用力，单位为牛顿(N)；

i ——对固定件进行试验的座椅座位数。

如果制造厂要求，可按照5.1中规定的动态试验测得的典型载荷进行试验。

6 标准实施过渡期要求

已获得许可或通过认证的产品自本标准实施之日起第13个月开始执行。

附 录 A
（规范性附录）
对台车及假人应做的测量

A.1 对所有应做的检测，其测量系统应符合 ISO 6487 的规定。

A.2 动态试验

A.2.1 在台车上做的测量

台车的减速度/加速度特性应以台车上刚性结构部位的纵向加速度传感器的读数为基础确定，测量系统采用 CFC60 的数据通道。

A.2.2 在假人上做的测量

不同的参数测量应通过下列 CFC（通道的频率等级）的独立数据通道来记录。

A.2.2.1 假人头部的测量

头部重心合成加速度（γ_{γ}）应用 CFC600 测量。

A.2.2.2 假人胸部的测量

胸部重心合成加速度应用 CFC180 测量。

A.2.2.3 假人腿部的测量

轴向压缩力应用 CFC600 测量。

附 录 B
（规范性附录）
允许伤害指标的确定

B.1 头部允许指标（HIC）

此指标应按附录A中A.2.2.1测量的三维合成加速度来计算，见式（B.1）：

$$\mathrm{HIC}=(t_2-t_1)\left[\frac{1}{t_2-t_1}\int_{t_1}^{t_2}\gamma_{\gamma}\,\mathrm{d}t\right]^{2.5} \qquad \cdots\cdots(\mathrm{B.1})$$

$$\gamma_{\gamma}{}^2=\gamma_{l}{}^2+\gamma_{v}{}^2+\gamma_{t}{}^2$$

式中：

t_1，t_2——试验期间时间的任意值，单位为秒（s）；

γ_{γ} ——头部重心位置的合成加速度（$g=9.81\ \mathrm{m/s^2}$）；

γ_{l} ——纵向瞬时加速度；

γ_{v} ——垂直瞬时加速度；

γ_{t} ——横向瞬时加速度。

B.2 胸部允许指标（ThAC）

此指标由合成加速度（g）的绝对值和加速度持续时间（ms）确定，合成加速度按附录A中A.2.2.2的规定测量。

B.3 腿部允许指标（FAC）

此指标由人体模型每条腿轴向传递的压缩力（按附录A中A.2.2.3的规定测量，单位为kN）和压缩力持续时间（ms）确定。

附　录　C
（资料性附录）
本标准与 ECE R80(修订本 1)相比的结构变化情况

本标准与 ECE R80(修订本 1)相比在结构上有较多调整，具体章条编号对照情况见表 C.1。

表 C.1　本标准与 ECE R80(修订本 1)具体章条编号对照情况

本标准章条编号	对应 ECE R80(修订本 1)章条编号
1	1.1
2	—
3.1	2.3
3.2	2.5.1
3.3	2.11
3.4～3.7	2.12～2.15
3.8～3.12	2.16～2.20
3.13	2.23
3.14	—
4.1.1	5.1、5.3、5.4
4.1.2	附录 1，1.1
4.1.3	附录 1，1.2
4.2	6
4.3	7
5.1.1	附录 1，2
5.1.2	附录 1，3.1～3.4
5.1.3	附录 1，3.5
5.2	附录 2
附录 A	附录 3
附录 B	附录 4
附录 C	—
附录 D	—

附　录　D
（资料性附录）
本标准与 ECE R80（修订本 1）的技术性差异及其原因

表 D.1 给出了本标准与 ECE R80（修订本 1）的技术性差异及其原因。

表 D.1　本标准与 ECE R80（修订本 1）的技术性差异及其原因

本标准章条编号	技术性差异	原　　因
1	增加了“也适用于此类客车上安装于座椅前方的约束隔板。”	当前向座椅前方为约束隔板时，同样应保证该位置座椅乘客的乘坐安全性
3.14	增加了“约束隔板”的术语和定义	与范围中增加的内容相适应
4.1.2.1	增加了“约束隔板”的内容	与范围中增加的内容相适应
4.2.4	增加了“当一种型式座椅和一种型式固定件的组合能够满足 4.1 的要求，则该型式座椅和其他型式固定件组合后，可仅对不同型式的固定件按 5.2 的要求进行试验。”	明确一种型式座椅和不同型式固定件组合进行试验的判别原则
5.1.1	增加了“约束隔板”的内容	与范围中增加的内容相适应
5.1.2.2	增加了“约束隔板”的内容	与范围中增加的内容相适应
5.1.2.5	增加了“5.1.2.5　试验中不测量假人的伤害值。”	在理解 ECE R80（修订本 1）有关条款的基础上，明确“5.1.2　试验 1”的检测内容
5.1.3.2	增加了“5.1.3.2　试验中测量假人的伤害值。”	在理解 ECE R80（修订本 1）有关条款的基础上，明确“5.1.3　试验 2”的检测内容
	删除了 ECE R80 中第 3 章“申请认证”	不同标准体系和法规体系的差异所致
	删除了 ECE R80 中第 4 章“认证”	不同标准体系和法规体系的差异所致
	删除了 ECE R80 的 5.1 中有关静态试验的要求	将动态试验作为唯一试验方法，以提高客车座椅的设计、制造和使用安全性
	删除了 ECE R80 中第 8 章“生产一致性”	不同标准体系和法规体系的差异所致
	删除了 ECE R80 中第 9 章“生产不一致性的处罚”	不同标准体系和法规体系的差异所致
	删除了 ECE R80 中第 10 章“座椅类型和/或车辆类型批准的修改和扩展”	不同标准体系和法规体系的差异所致
	删除了 ECE R80 中第 11 章“正式停产”	不同标准体系和法规体系的差异所致
	删除了 ECE R80 中第 12 章“过渡性条款”	不同标准体系和法规体系的差异所致

表 D.1（续）

本标准章条编号	技术性差异	原　因
	删除了 ECE R80 中第 13 章“负责批准检测的技术部门和类型审批的主管部门的名称及地址”	不同标准体系和法规体系的差异所致
	删除了 ECE R80 附录 5“静态试验的要求和程序”	将动态试验作为唯一试验方法，以提高客车座椅的设计、制造和使用安全性
	删除了 ECE R80 附录 6“座椅靠背后部的吸能特性”	将动态试验作为唯一试验方法，以提高客车座椅的设计、制造和使用安全性

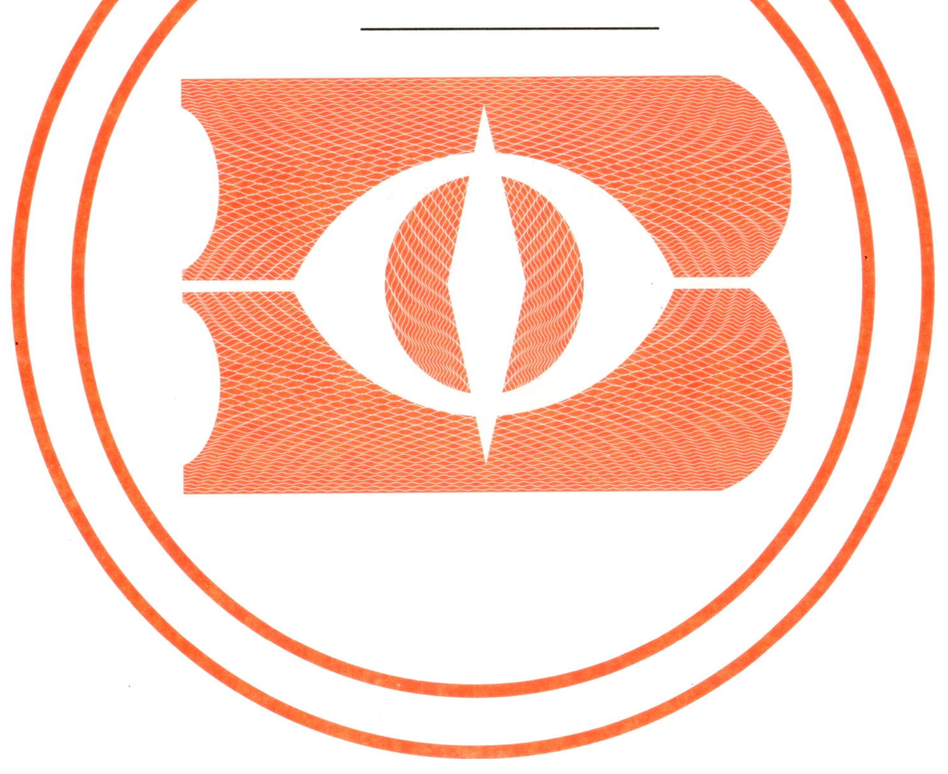

ICS 43.020
T 09

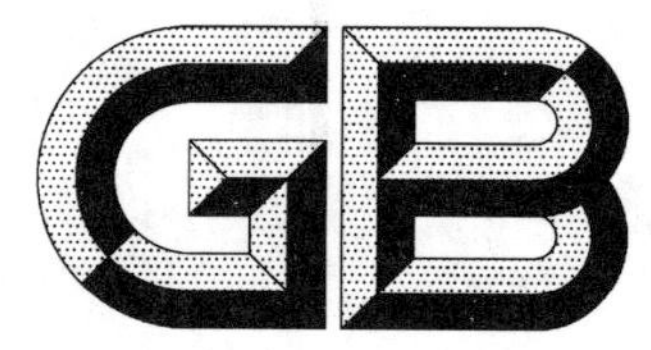

中华人民共和国国家标准

GB 13094—2007
代替 GB 13094—1997

客车结构安全要求

The safety requirements for bus construction

2007-07-19 发布　　2008-02-01 实施

中华人民共和国国家质量监督检验检疫总局
中国国家标准化管理委员会　发布

前　言

本标准全部技术内容为强制性。

本标准与欧洲议会和欧盟理事会2001年11月20日颁布的2001/85/EC指令《对除驾驶员座位外座位数超过8个的载客车辆的特殊规定》(英文版)一致性程度为非等效。

本标准代替GB 13094—1997《客车结构安全要求》。

本标准与GB 13094—1997相比,主要变化如下:

a) 标准的范围按乘员数重新界定,与GB 18986—2003《轻型客车结构安全要求》的范围相衔接,并明确规定不含卧铺客车(1997年版第1章;本版第1章)。

b) 对下列术语和定义进行了修改:

——通道(1997版3.5;本版3.1);

——引道(1997版3.6;本版3.2);

——出口(1997版3.4;本版3.6);

——应急出口(1997版3.3;本版3.7);

——应急窗(1997版3.1;本版3.9);

——撤离舱口(1997版3.2;本版3.11)。

c) 增加了下列术语和定义:

——驾驶区(见3.3);

——分隔舱(见3.4);

——双引道门(见3.5);

——应急门(见3.8);

——双窗或多窗(见3.10);

——动力控制乘客门(见3.12);

——自动控制乘客门(见3.13);

——起步阻止装置(见3.14);

——车组人员(见3.15);

——行动不便乘客(见3.16);

——轮椅使用者(见3.17);

——优先座位(见3.18);

——可拆式座椅(见3.19);

——辅助上车装置(见3.20);

——车身降低系统(见3.21);

——举升装置(见3.22);

——导板(见3.23);

——可携式导板(见3.24);

——整车运行状态质量(见3.25);

——为了便于对标准条款中多次出现的"前"、"后"、"向前"、"最前"、"向后"、"最后"的正确理解,特别加以明确规定(见3.26)。

d) 增加了为行动不便乘客提供方便设施的技术要求(见4.1.3、4.5.5.4、附录A)。

e) 修改了对客车上部结构强度的要求及验证方法(见1997版4.2;本版4.2)。

f) 增加了车辆侧倾稳定性的要求及验证方法(见 4.3 及附录 B)。

g) 增加了对导线阻燃性的要求(见 4.4.4.1)。

h) 修改了出口最少数量的划分方式及要求(见 1997 版 4.4.1.2;本版 4.5.1.1)。

i) 修改了对乘客门最少数量的要求(见 1997 版 4.4.1.1;本版 4.5.1.2)。

j) 修改了乘客门开设位置的规定(见 1997 版 4.4.2.1;本版 4.5.1.3 和 4.5.1.4)。

k) 增加了双引道门、双窗或多窗分别计为两个车门、两个应急窗的规定(见 4.5.1.5)。

l) 增加了对前围、后围的应急出口或设置撤离舱口的规定(见 4.5.1.7)。

m) 将对安全顶窗最少数量的规定修改为对撤离舱口(即安全顶窗和/或地板出口)最少数量的规定(见 1997 版 4.4.1.3;本版 4.5.1.8)。

n) 增加了对驾驶区出口、驾驶员旁附加座椅的相关规定(见 4.5.1.11~4.5.1.13)。

o) 修改了出口的最小尺寸、双引道门的最小宽度及应急窗、撤离舱口的洞口净面积(见 1997 版 4.4.3.1;本版 4.5.2)。

p) 增加了对城市客车的乘客门在紧急情况下也能从车外打开的规定(见 1997 版 4.4.4.3;本版 4.5.3.1)。

q) 修改/补充了动力控制乘客门防夹的具体要求,增加了关闭力的测量方法(见 1997 版 4.4.5.3;本版 4.5.4.6 及附录 C)。

r) 增加了对自动控制乘客门的附加技术要求 (见 4.5.5)。

s) 对应急门、应急窗、撤离舱口和伸缩式踏步的要求更加全面(见 1997 版 4.4.6、4.4.7、4.4.8、4.4.9;本版 4.5.6、4.5.7、4.5.8、4.5.9)。

t) 增加了车辆侧窗的下边缘距其下方地板的高度要求(4.5.7.5) 。

u) 修改了对车内布置和扶手的规定(见 1997 版 4.5、4.7;本版 4.6、4.10)。

v) 增加了对铰接客车的铰接段及方向的保持、车厢内采暖装置、活动盖板、视觉娱乐方面的规定(见 4.8、4.9、4.12.2、4.13、4.14)。

w) 增加了行李质量标识的规定(见 4.15)。

x) 删除了对轴载质量、装载质量和车辆通过性的要求(见 1997 版 4.1、4.6)。

y) 删除对车厢内人均清洁空气的定量要求(见 1997 版 4.5.4.3;本版 4.16)。

本标准实施的过渡期要求:

a) 对于新定型的客车产品,下列条款自本标准实施之日起 36 个月后实施:

——第 4.2 条对Ⅱ级和Ⅲ级客车应符合 GB/T 17578 的规定;

——第 4.3 条对侧倾稳定性的规定。

b) 对于已定型的客车产品,自本标准实施之日起 36 个月后实施。

c) 4.5.9.4 对伸缩式踏步的规定,自标准实施之日起 12 个月后执行。

本标准的附录 A、附录 B、附录 C 为规范性附录。

本标准由国家发展和改革委员会提出。

本标准由全国汽车标准化技术委员会(SAC/TC 114)归口。

本标准负责起草单位:建设部科学技术委员会城市车辆技术专家委员会、中国公路车辆机械总公司。

本标准参加起草单位:郑州宇通客车股份有限公司、国家汽车质量监督检验中心(襄樊)、西安西沃客车有限公司、丹东黄海汽车有限责任公司、厦门金龙联合汽车工业有限公司、东风汽车有限公司商用车研发中心、金龙联合汽车工业(苏州)有限公司、上海申沃客车有限公司、中通客车控股股份有限公司、一汽客车有限公司、东风杭州汽车有限公司、扬州亚星客车股份有限公司、安徽安凯汽车股份有限公司、成都客车股份有限公司、桂林大宇客车有限公司、牡丹汽车股份有限公司、厦门金龙旅行车有限公司、北京北方华德尼奥普兰客车股份有限公司、浙江青年尼奥普兰汽车集团有限公司、四川一汽丰田汽车有限公司、亚星-奔驰有限公司、重庆交通科研设计院。

本标准主要起草人：李世豪、王云耀、孙鹰、周慧慈、闫仕军、张炳荣、颜祥、王咏炜、房连琨、高春、刘学琼、严则进、曹琶震、王晓鲁、周建国、陈鹰、沈之雄、洪洋、杨敏、许伦斌、邓佩云、车兆华、文雄、李冬梅、谭文江、马汉平、王欣。

本标准所代替标准的历次版本发布情况为：

——GB/T 13094—1991、GB 13094—1997。

客车结构安全要求

1 范围

本标准规定了客车结构的安全要求。

本标准适用于 M_2 类和 M_3 类中的Ⅰ级、Ⅱ级和Ⅲ级单层客车。

本标准不适用于卧铺客车、学童客车和专用客车。

2 规范性引用文件

下列文件中的条款通过本标准的引用而成为本标准的条款。凡是注日期的引用文件，其随后所有的修改单(不包括勘误的内容)或修订版均不适用于本标准，然而，鼓励根据本标准达成协议的各方研究是否可使用这些文件的最新版本。凡是不注日期的引用文件，其最新版本适用于本标准。

GB/T 3730.2—1996 道路车辆 质量 词汇和代码(idt ISO 1176:1990)

GB/T 4780—2000 汽车车身术语

GB 8410 汽车内饰材料的燃烧特性

GB/T 10001.1 标志用公共信息图形符号 第1部分:通用符号(GB/T 10001.1—2006,ISO 7001:1990,Public information symbols,NEQ)

GB/T 12428 客车装载质量计算方法

GB/T 15089 机动车辆及挂车分类

GB/T 17578 客车上部结构强度的规定

GB 18986 轻型客车结构安全要求

GB/T 19260—2003 低地板及低入口城市客车结构要求

QC/T 730—2005 汽车用薄壁绝缘低压电线

3 术语和定义

GB/T 3730.2—1996、GB/T 15089、GB 18986 中确立的以及下列术语和定义适用于本标准。

3.1

通道 gangway

乘客从某个(排)座椅到其他(排)座椅、乘客门引道以及乘客站立区域的行走空间。它不包括:

a) 座椅前方 300 mm 的空间，对位于轮罩上方的侧向座椅，该尺寸可减小到 225 mm;

b) 踏步上方的空间;

c) 仅供进入某个(排)座椅或者相向布置的横排座椅的行走空间。

注:有别于 GB/T 4780—2000 中 3.56。

3.2

引道 access passage

从乘客门向车内直到最上一级踏步的外边缘(通道的边缘)的延伸空间。当车门处无踏步时，引道为从乘客门向内 300 mm 的空间(按 4.6.1.1～4.6.1.3)。

3.3

驾驶区 driver's compartment

除紧急情况外由驾驶员专用的空间，包括驾驶员座椅、方向盘、控制器、仪表及其他驾驶或操纵车辆必须的装置所占用的空间。

注:有别于 GB/T 4780—2000 中 3.21。

3.4

分隔舱　separate compartment

在车辆行驶时可由乘客或车组人员使用的车内某一空间，该空间与相邻的乘员区相互隔离，但允许有门相通。

3.5

双引道门　double door

可提供两个或相当于两个引道的车门。

3.6

出口　exit

指乘客门或应急出口。

3.7

应急出口　emergency exit

指应急门、应急窗或撤离舱口。

3.8

应急门　emergency door

仅在异常、紧急情况下作为乘客出口的车门。

3.9

应急窗　emergency window

仅在紧急情况下作为乘员出口的车窗，该车窗可以不装玻璃。

3.10

双窗或多窗　double or multiple window

能被设想的垂线（或垂面）分为两个或多个部分，而每一部分均符合一个应急窗的尺寸和通过性要求的应急窗。

3.11

撤离舱口　escape hatch

仅在紧急情况下供乘客作为应急出口的车顶或地板上的开口，即安全顶窗和地板出口。

3.12

动力控制乘客门　power-operated service door

用人力以外的能量驱动的乘客门，如果其开启和关闭不是自动的，则由驾驶员或车组人员远距离控制。

3.13

自动控制乘客门　automatically operated service door

驾驶员启动控制件后，由乘客开启并再自动关闭的动力控制乘客门。

3.14

起步阻止装置　starting prevention device

能自动防止处于静止状态的车辆被开动的装置。

3.15

车组人员　member of the crew

除驾驶员外的辅助人员（如副驾驶员、乘务员、导游）。

3.16

行动不便乘客　passenger with reduced mobility

乘坐交通工具有困难的人，如残疾人（包括视觉障碍、智力障碍、肢体损伤）、病人、轮椅使用者、身材矮小者、老人、孕妇和抱婴幼儿者等乘客。

3.17

轮椅使用者 wheelchair user

受身体条件限制而使用轮椅活动的人。

3.18

优先座位 priority seat

为行动不便乘客提供特殊乘坐空间并有相应标记的座位。

3.19

可拆式座椅 demountable seat

能容易地从车上拆下的座椅。

3.20

辅助上车装置 boarding device

便于轮椅使用者上车的装置，如举升装置、导板等。

3.21

车身降低系统 kneeling system

能使车身降低和恢复正常运行位置高度的系统。

3.22

举升装置 lift

带有可升降的平台以供乘客和轮椅在地面(或路沿/肩)和乘客区地板之间无障碍进出的装置或系统。

3.23

导板 ramp

在乘客区地板和地面(或路沿/肩)之间搭桥的装置。

3.24

可携式导板 portable ramp

可以从车辆结构上分开，并能被驾驶员或车组人员拆走的导板。

3.25

整车运行状态质量 mass of the vehicle in running order

车辆在可运行状态下未载运乘客和/或装载货物时的质量，包括整车整备质量、驾驶员和车组人员(如设有车组人员座位)的质量。

3.26

“前”和“后” ‘front’and ‘rear’

按正常行驶方向的车辆的前或后，“向前”、“最前”、“向后”、“最后”等应作相应解释。

4 要求

4.1 一般要求

4.1.1 如果车辆同时属于Ⅰ级、Ⅱ级和Ⅲ级中一种以上的类别，则该车应根据其所属的每一类别而分别符合本标准中相应的条款。

4.1.2 除非另作规定，本标准中的测量应在车辆处于整车运行状态质量(车组人员就座或有相应配重)、停止在平整的水平地面上进行。如装有车身降低系统，应设置于车辆行驶时的正常高度。

当本标准要求在整车运行状态质量时车内某一表面应水平或处于一定角度，对于采用机械悬架的车辆，只要车辆在制造厂声明的装载条件下能够满足要求，则允许车辆在整车运行状态质量时该表面倾斜或超过所规定的角度。如果车辆装有车身降低系统，则该系统不应处于工作状态。

4.1.3 如客车设有协助行动不便乘客和/或轮椅使用者的装置，应符合附录 A 的规定。

4.2 上部结构强度

客车的上部结构应具有足够的强度和刚度，Ⅱ级和Ⅲ级客车应符合 GB/T 17578 的规定。

4.3 侧倾稳定性

4.3.1 车辆的侧倾稳定性是指车辆水平停放在试验平台上，向左右两边倾斜 28°，而不会翻转。

4.3.2 进行车辆侧倾稳定性试验时，车辆应处于整车运行状态质量，并且有：

4.3.2.1 每个乘客座椅上载荷 Q；如果车辆预定有站立乘客和一名站立的车组人员，对应的载荷应均布在相应的站立区，质心高度位于地板上方 875 mm；如车辆装有车顶行李架，应按照制造厂规定的质量装载，其值不小于 RV_x；车内行李架及行李舱内应无任何行李。

其中，Q、R、V_x 的数值按 GB/T 12428 核定。

4.3.2.2 如果车辆有可变的座椅数量、站立乘员数和设计运载一个或多个轮椅，涉及发生变化的乘客区，4.3.2.1 中的载荷应是以下规定中的较大者：

a) 这个区域内乘客数的质量，包括任何可拆式座椅的质量；

b) 这个区域内站立乘客数的质量；

c) 这个区域内轮椅和其使用者质量，总质量 250 kg，质心高度在每个轮椅空间中心地板上 500 mm；

d) 座位乘客、站立乘客和轮椅使用者的质量及在这些可能情况下的组合质量。

4.3.3 用来防止车辆滑动的挡块，其高度应不大于侧翻前轮胎平面（车辆在 4.3.2 规定的载荷下）和轮辋之间距离的 2/3。

4.3.4 车辆侧倾试验时，正常使用情况下不接触的车辆零件不应接触，也不应损坏或移位。

4.3.5 可用计算的方法进行验证（计算方法见附录 B ），在 4.3.1 和 4.3.2 的条件下，车辆应不发生翻转，进行计算时应考虑下列参数：

a) 质量和尺寸；

b) 质心高度；

c) 弹簧刚度；

d) 轮胎垂直刚度和横向刚度；

e) 空气弹簧中空气压力的控制特性；

f) 力矩中心的位置；

g) 车身的抗扭强度。

4.4 防火措施

4.4.1 发动机舱

4.4.1.1 发动机舱应使用符合 GB 8410 规定的隔音、隔热材料，不应使用易浸吸燃料、润滑油或其他易燃物而又无防渗透覆盖层的材料。

4.4.1.2 应合理布置发动机舱并采取设置泄油孔等预防措施，尽可能避免燃料、润滑油或其他易燃物积聚在发动机舱内。

4.4.1.3 发动机舱或其他热源（如缓速器或车内采暖装置，但不包括热水循环装置）与车辆其他部分之间应安装隔热材料。用于联接隔热材料的固定夹、垫圈等也应防火。

4.4.2 燃油箱

4.4.2.1 燃油箱应固定牢靠，其安装位置应使其在车辆遭到前、后碰撞的事故中受到车身结构的保护，同时，燃油箱的任何部位距车辆前端应不小于 600 mm，距车辆后端应不小于 300 mm。

4.4.2.2 燃油箱的任何部位均不应凸出于车身总宽。

4.4.2.3 燃油加注口应只能从车外使用，并且与乘客门或应急门的距离，应不小于 500 mm（对汽油箱）或 250 mm（对柴油箱）；其位置不应设在加油时燃油可能滴溅到发动机或排气系统的位置。

4.4.2.4 如果燃油加注口位于车辆侧面，加注口盖关闭时，不应凸出于邻近的车身表面。

4.4.2.5 加注口盖应不能意外开启。

4.4.3 燃油供给系统

4.4.3.1 燃油供给系统不应设置在驾驶区或乘客区内。

4.4.3.2 燃油供给系统的油管和其他部件应布置合理，并可靠保护。

4.4.3.3 车身结构或动力总成的扭转、弯曲及振动，不应使供油管路处于非正常受力状态。

4.4.3.4 燃油供给系统的刚性零件与柔性管路组合时，应保证在车辆的各种使用工况下均不泄漏。

4.4.3.5 燃油供给系统的任何部位一旦有燃油泄漏，应能顺利地流向地面，不应滴落到排气系统或高压电器设备上。

4.4.4 电气设备与导线

4.4.4.1 导线应满足负荷要求，具有良好的绝缘性能，并符合 QC/T 730—2005 中对导线的抗延燃性的要求。电气设备及导线应能耐受其环境温度和湿度，尤其能耐受发动机舱内的温度和各种污染物可能带来的损害。

4.4.4.2 除起动机、点火线圈(强制点火)、电热塞、发动机停机装置、充电线路和蓄电池地线外，每个电气设备的供电线路都应有保险丝或断路器。但对于低耗电设备的供电线路，如额定电流总和不超过16A，可设置公共保险丝或公共断路器来保护。

4.4.4.3 导线应妥善防护，安全地固定在不会被划伤、磨损、腐蚀的位置，除非提供专门的绝缘和保护(例如对控制排气阀的电磁线圈)，否则不应与油管、排气系统接触或承受过高温度。

4.4.4.4 当车内有电压超过 100 V(均方根值)的线路时，应在该线路的火线上装设能将该线路与主电源断开的手动断路开关，以便能将这些线路从主电源上断开，但不能断开车外强制照明的供电线路。该开关应位于车内驾驶员容易接近的位置。本规定不适用于高压点火线路或车上设备单元的内部电路。

4.4.5 蓄电池

4.4.5.1 所有蓄电池应安装牢固且易于接近。

4.4.5.2 蓄电池箱应与乘客区、驾驶区隔开，并与外界通风。

4.4.5.3 蓄电池接线柱应无短路危险。

4.4.6 灭火器

4.4.6.1 应提供安装一个或多个灭火器的、不小于 1.5×10^{7} mm^{3} 的空间，其中一个靠近驾驶员座椅。

4.4.6.2 灭火器的安装位置应清晰易见或清楚标识，在紧急情况易于取用。

4.4.7 材料

4.4.7.1 在排气系统或其他明显的热源周围 100 mm 内不允许有可燃材料，除非将其有效屏蔽。

4.4.7.2 车身内饰材料应符合 GB 8410 的规定。

4.5 出口

4.5.1 出口数量及位置

4.5.1.1 出口的最少数量

为满足紧急情况下的乘员撤离和车外救助，每个分隔舱(不含卫生间或烹调间)的出口最少数量均应符合表 1 的规定。

表 1 每个分隔舱出口的最少数量

每个分隔舱内的乘员数量	出口的最少数量
1～8	2
9～16	3
17～30	4

表 1（续）

每个分隔舱内的乘员数量	出口的最少数量
31～45	5
46～60	6
61～75	7
76～90	8
91～110	9
111～130	10
>130	11
不论撤离舱口数量有多少，只能计为一个应急出口。	

4.5.1.2　乘客门的最少数量见表 2。

表 2　乘客门的最少数量

客车类型	Ⅰ级			Ⅱ级、Ⅲ级	
车长 L/m	$L \leqslant 10$	$10 < L \leqslant 13.7$	$L > 13.7$	$L \leqslant 12$	$L > 12$
乘客门最少数量	1	2	3	1	2

4.5.1.3　表 2 中所要求的乘客门为两个时，应分开设置，通过其面积中心的横向垂直面之间的距离应不小于乘客区总长的 40%。若两车门之一是双引道门，则此距离应在相距最远的两个车门之间测量。

4.5.1.4　乘客门应位于车辆右侧，其中至少应有一个乘客门在车辆的前半部。但对在道路中央设置的公共汽车专用道上运营使用的公共汽车，由于公交站台位置的原因需在车身左侧上下乘客时，允许在车身左侧开设乘客门，而车身右侧则不允许再设乘客门。允许在客车的后围设置一个车门（非乘客门），但允许轮椅乘客使用。

4.5.1.5　双引道门应计为两个车门，每个双窗或多窗应计为两个应急窗。

4.5.1.6　客车左右两侧的出口数量应基本相同，同一侧面的出口之间应沿车辆长度方向留有适当的空间。

4.5.1.7　至少应有一个应急出口位于客车的前围或后围，也可通过设置撤离舱口来满足此要求。

4.5.1.8　Ⅱ级和Ⅲ级客车应设撤离舱口，其最少数量见表 3。

表 3　Ⅱ级和Ⅲ级客车撤离舱口的最少数量

乘客数量	撤离舱口数量
≤50	1
>50	2

4.5.1.9　若在车顶或地板上设有一个撤离舱口，应位于车辆中部范围内（该范围的长度等于车长的 1/2）；若设有两个撤离舱口，二者相邻两边之间距离（平行于车辆纵轴线测量）至少 2 m。

4.5.1.10　铰接客车的每个刚性段按单车来确定其出口的最少数量和位置（4.5.1.7 的规定除外）。

4.5.1.11　若驾驶区没有符合 4.6.5.2 所述条件之一的通道进入乘客区，则视为一个分隔舱，并应符合：

4.5.1.11.1　驾驶区应有不在同一侧围上的两个出口。当出口之一是车窗时，应符合 4.5.2 和 4.5.7 对应急窗的规定。

4.5.1.11.2　如果上述两个出口均为车门，则允许驾驶员近旁有 1～2 个附加的乘员座椅。若驾驶员座椅、方向盘、发动机罩、变速杆和手制动控制件等不构成太大的障碍，则驾驶员门应视为这些座位上乘员的应急门，为这些附加乘员提供的车门应视为驾驶员的应急门。如果驾驶区与乘客区之间设有符合

4.5.2中应急门尺寸的门或过道，则允许最多5个附加座椅安装在与驾驶员临近的区域内。上述附加座椅及其座椅空间应符合本标准的所有要求。

4.5.1.11.3　在4.5.1.11.2中所述的车门不应计入4.5.1.2要求的乘客门数量，也不必满足4.5.2～4.5.6、4.6.1、4.6.2和4.6.7的要求。

4.5.1.12　若驾驶员座椅及其邻近的任何座椅可以通过符合4.6.5.2所述条件之一的通道与主乘客区相通，则不要求驾驶区有外部出口。如果驾驶区设有驾驶员门或其他出口（无论几个），则可以计为主乘客区的一个出口，但需满足：

——使用这种出口时不需要从方向盘和驾驶员座椅之间挤过去；

——满足4.5.2对应急出口的尺寸要求。

4.5.1.13　在4.5.1.12情况下，允许在驾驶员座椅和乘客区之间有一道门或隔离设施（该设施在紧急情况下能被驾驶员迅速排除），但此驾驶员门不应计为乘客的出口。

4.5.2　出口最小尺寸

各种出口的最小尺寸应符合表4的规定。

表4　出口的最小尺寸

车辆类别		Ⅰ级	Ⅱ、Ⅲ级	备　注
乘客门	净高/mm	1 800	1 650	
	净宽/mm	单引道门：650 双引道门：1 100		在距地面800 mm～1 100 mm范围内测量； 该尺寸在扶手处可减少100 mm
应急门	净高/mm	1 250		
	净宽/mm	550		在应急门高度的1/2处测量
应急窗	面积/mm^2	4.0×10^5		在此面积可内接一个500 mm×700 mm长方形； 对于车辆后围上应急窗，也可以内接一个高350 mm、宽1 550 mm、四角曲率半径不超过250 mm的长方形
撤离舱口	舱口净面积/mm^2	4.0×10^5		在此面积内可内接一个500 mm×700 mm、四角曲率半径为200 mm的长方形
注：上述尺寸在测量时，允许包括密封条可压缩变形的部分。				

4.5.3　乘客门技术要求

4.5.3.1　当客车静止时，乘客门应易于从车内开启。紧急情况时乘客门还应能从车外开启，即使车外将门锁住时，仍能从车内开启车门。车外开门装置离地高度不大于1 800 mm。

4.5.3.2　采用铰链或转轴的单扇手控乘客门，当车辆向前移动，打开的车门碰到静止物体时应趋于关闭。

4.5.3.3　若手控乘客门装用的是弹簧锁，则应是双级型的。

4.5.3.4　在乘客门内侧不应有任何机构在车门关闭时遮盖内踏步，此要求并不排除车门操纵机构和安装在车门内侧的其他装置在车门关闭时侵入踏步凹入部分，但侵入部分不应形成乘客可能站立的附加地板，并且该机构和设备对乘客不应产生危险。

4.5.3.5　驾驶员在座位上应能观察到每扇非自动操纵乘客门内外附近的乘客情况，如果不能直接观察到，则应安装光学或其他形式的辅助装置。

4.5.3.6　在正常使用情况下，乘客门向车内开启时，其结构应保证开启运动不致伤害乘客。必要时，应装有适当的保护装置。

4.5.3.7　若乘客门与卫生间或其他内舱门相邻，此乘客门应能防止误操作。此要求不适用于车速超过

5 km/h 时能自动锁住的乘客门。

4.5.4 动力控制乘客门的附加技术要求

4.5.4.1 在紧急情况下，当车辆静止时，每扇动力控制乘客门无论是否有动力供应，都应能通过车门应急控制器从车内打开；当车门未锁住时，也能从车外打开。要求车门应急控制器：

a) 在操纵时优先于启闭车门的其他所有控制；

b) 车内控制件应安装在车门上或距车门不大于 300 mm、从第一级踏步向上不小于 1 600 mm 的高度处；

c) 临近车门的乘客容易看见并清楚识别；如果控制件附加于正常的车门开启装置，则应清楚标示为紧急情况下使用；

d) 能由位于车门前的人操纵；

e) 直接打开车门，或者用手能很容易地打开；

f) 可由易于被移开或打破（以便操纵应急控制器）的装置来保护。操纵应急控制器或移开应急控制器上的保护盖，都应通过声响和视觉信号提醒驾驶员；

g) 当驾驶员操纵的车门不符合 4.5.4.6.2 要求时，应满足：操纵控制器打开车门后使车门处于正常开启位置，在驾驶员未操纵关门控制件前，车门不再关闭。

4.5.4.2 可提供一种装置，驾驶员在其座位上操纵，使外部应急控制器不起作用，以便从外部锁住乘客门。在发动机启动或车速达到 20 km/h 前，外部应急控制器应自动再起作用。同时，其作用的解除不应自动发生，除非驾驶员再次操作。

4.5.4.3 每扇驾驶员操纵的乘客门，驾驶员应能在其座位上用控制件操纵，控制件（不包括用脚操纵的控制件）应标识清晰并明显区别于其他标识。

4.5.4.4 每扇动力控制乘客门应能启动一个视觉警示装置，驾驶员在正常驾驶位置及任何照明环境下，均应能明显看到此装置，以提醒驾驶员车门没有完全关闭。此警示装置应在车门的刚性结构完全打开位置和距完全关闭位置 30 mm 处之间给出信号。多个车门可以共用一个警示装置。但不符合 4.5.4.6.1要求的前乘客门可以不装这种警示装置。

4.5.4.5 供驾驶员启闭动力控制乘客门的控制件，应能使驾驶员在关门或开门过程的任何时候使车门反向运动。

4.5.4.6 每扇动力控制乘客门的结构和控制系统应使乘客在关门时，不被车门伤害或夹住。

4.5.4.6.1 除前乘客门外，若达到下列两项要求，则满足本规定：

4.5.4.6.1.1 在附录 C 所述任一测量点，车门关闭时的夹持力不得超过 150 N，否则车门应自动再完全打开（自动控制乘客门除外），并保持打开位置直至操纵关门控制。测试方法见附录 C，峰值力可短时间高于 150 N，但不得超过 300 N。重新开启系统可用断面高 60 mm、宽 30 mm、圆角半径 5 mm 的试棒检查。

4.5.4.6.1.2 当车门夹住乘客的手腕或手指时：

a) 车门应自动重新开启至完全打开（自动控制乘客门除外）并保持打开直到操纵关门控制，或者

b) 乘客手腕和手指能容易地抽出而无伤害。此要求可用手或试棒（见 4.5.4.6.1.1）检查，将试棒的厚度在 300 mm 长度上由 30 mm 逐渐减小到 5 mm，且不应抛光处理或加润滑油，如果门夹住试棒，应能轻易地抽出，或者

c) 车门保持在允许试棒在高 60 mm、宽 20 mm、圆角半径 5 mm 的截面处自由通过的位置，此位置与车门完全关闭位置相差不大于 30 mm。

4.5.4.6.2 对前乘客门，若达到下列要求之一，也满足本规定：

a) 满足 4.5.4.6.1 的要求；或

b) 装用软密封条，但不应太软，以确保当车门关在 4.5.4.6.1.1 所述的试棒上时，车门的刚性结构不能达到完全关闭位置。

4.5.4.7 当动力控制乘客门只依靠动力的持续供应保持关闭时，应有视觉警示装置通知驾驶员车门动力供应的任何故障。

4.5.4.8 若装有起步阻止装置，车门打开时车辆应不能起步。

4.5.4.9 如车辆未装起步阻止装置，当任何动力控制乘客门未完全关闭时车辆起步，应启动对驾驶员的声响警示；对符合 4.5.4.6.1.2 c)要求的乘客门，该声响警示装置应在车速超过 5 km/h 时起作用。

4.5.5 自动控制乘客门的附加技术要求

4.5.5.1 开门控制件的启用

a) 除 4.5.4.1 所规定的车门应急控制器外，每扇自动控制乘客门的开门控制件应只能由驾驶员在其座位上启用和解除。

b) 开门控制件的启用和解除可用一个开关直接控制，也可以间接控制，例如打开和关闭前乘客门。

c) 驾驶员对开门控制件的启用应有车内显示，从车外打开车门时，也应有车外显示，显示器(如光显按钮、光显信号)应在相应的车门上或车门附近。

d) 当用开关直接启用时，系统的功能状况应通过开关的位置、显示器灯或光显开关等清晰地显示给驾驶员。开关应予特别标志，并不得与其他控制件混淆布置。

4.5.5.2 自动控制乘客门的开启

4.5.5.2.1 驾驶员启用开门控制件以后，乘客可按以下方式打开车门：

a) 从车内操作，例如，按下按钮或通过一个光栅；

b) 从车外操作(标明只用作出口的车门除外)，例如，可按光显按钮、光显信号下面的按钮或者标有相应说明的类似装置。

4.5.5.2.2 按下在 4.5.5.2.1 a)提及的按钮，可以发出一个贮存信号，并在驾驶员启用开门控制件之后打开车门。

4.5.5.3 自动控制乘客门的关闭

a) 自动控制乘客门开启后，经过一个时间间隔应再自动关闭，若乘客在此时间间隔中进出车门，安全装置(即踏步接触器、光栅或单向阀等)应确保有足够的关门顺延时间。

b) 车门正在关闭时如有乘客进出，则关闭过程应自动中止，车门应返回开启位置，返回动作是由 4.5.5.3 a) 所述的安全装置之一或其他装置启动的。

c) 已经依照 4.5.5.3 a)自动关闭的乘客门，除非驾驶员解除了开门控制件的启用，否则应能再被乘客按 4.5.5.2 打开。

d) 自动控制乘客门开门控制件的启用被驾驶员解除后，开启的车门应按 4.5.5.3 a)和 4.5.5.3 b)关闭。

4.5.5.4 标明特殊用途的乘客门(如：为行动不便乘客专用等)自动关闭过程的延迟

a) 驾驶员和乘客应能各自操纵特定按钮实现自动关门过程的延迟。

b) 自动关闭过程的延迟应显示(例如，通过可见指示器)给驾驶员。

c) 驾驶员应能随时恢复自动关门过程。

d) 随后车门的关闭应符合 4.5.5.3 的要求。

4.5.6 应急门技术要求

4.5.6.1 当车辆停止时，应急门应能从车内和车外方便地打开。允许从车外将门锁住，但必须保证始终能用正常的开启装置从车内将其打开。

4.5.6.2 应急门在使用时不应是动力控制的型式，除非启动 4.5.4.1 所述的应急控制器后车门打开并保持在正常开启位置，直到驾驶员再次操纵关门控制；应急门也不应是滑动式。

4.5.6.3 应急门的车外开启装置距地高度应在 1 000 mm～1 800 mm，且距该门不大于 500 mm；车内开启装置应距其下方地板(或踏步)的上表面 1 000 mm～1 500 mm，且距该门不大于 500 mm。开启装置的控制件位于驾驶区内时，不适用于本规定。

4.5.6.4　车辆侧面的铰接式应急门应铰接于前端并向外开启。应急门打开后应保证满足以下两条中的任一条：

——保持至少100°的开启角度（允许采用限位带、链条或其他约束装置）；

——引道的测试量具能自由通过该门至车外。

4.5.6.5　若应急门位于卫生间或其他内舱门的附近，应能防止误操作。此要求对车速超过5 km/h时能自动锁住的应急门不适用。

4.5.6.6　所有应急门都应提供声响装置，在应急门未完全关闭时提醒驾驶员。该警示装置应由门的锁止装置（例如，门闩或把手）的运动、而不是门本身的运动来启动。

4.5.7　应急窗技术要求

4.5.7.1　铰接式或弹射式应急窗应向外开启。弹射的型式不应是操作时整个从车辆上分离。弹射式应急窗应有效地防止误操作。

4.5.7.2　应急窗应易于从车内和车外迅速打开；或者采用易击碎的安全玻璃（而不是夹层玻璃或塑料），并在每扇应急窗的邻近处提供一个方便用来击碎应急窗的工具。

4.5.7.3　能从车外锁住的应急窗，应在结构上保证总能从车内打开。

4.5.7.4　水平铰接于上端的应急窗，应有一个适当的机构保持其充分开启。铰接式应急窗的开启应保证车内外进出的畅通。

4.5.7.5　车辆侧窗的下边缘距其下方地板平面（不算任何局部改变，如车轮或传动装置等引起的局部变形）的高度应不大于1 200 mm，不小于650 mm。若侧窗洞口距地板650 mm高度处有防护装置以防乘客坠落车外，则允许其底边距地板最小高度为500 mm，但对于应急窗，其防护装置上方的洞口面积应不小于对应急窗规定的最小尺寸。

4.5.7.6　对驾驶员不能从其座位处清楚看见的铰接式应急窗，应安装声响报警装置，该警示装置应由窗锁（并非窗子本身）的运动来启动，当应急窗未完全关闭时提醒驾驶员。

4.5.8　撤离舱口技术要求

4.5.8.1　撤离舱口的开启应保证车内外进出的畅通。

4.5.8.2　安全顶窗应是弹射式、铰接式或采用易击碎的安全玻璃；地板出口应是铰接式或弹射式，并装有声响报警装置，当其未完全关闭时提醒驾驶员。该警示装置应由地板出口的锁止装置（而不是地板出口本身）的运动来启动。地板出口应防止无意操作，此要求对车速超过5 km/h时能自动锁住的地板出口不适用。

4.5.8.3　撤离舱口的弹射型式不允许操作时整个从车辆上分离，并不应对车外人员构成危险。弹射式撤离舱口应有效地防止误操作。弹射式地板出口应只能弹向乘客舱。

4.5.8.4　铰接式撤离舱口应铰接于朝向车辆前或后的一端，并应开启至少100°。铰接式地板出口应折向乘客舱。

4.5.8.5　撤离舱口应易于从车内、车外打开或移开。允许锁住撤离舱口，但必须保证始终能用正常的开启或移开机构将其从车内打开或移开。对易于击碎的安全顶窗，应在邻近处提供一个方便用来击碎安全顶窗的工具。

4.5.9　伸缩式踏步的技术要求

如装有伸缩式踏步，应符合下列要求：

4.5.9.1　伸缩式踏步应与相应的乘客门或应急门同时工作。

4.5.9.2　当车门关闭时，伸缩式踏步不应凸出邻近车身表面10 mm。

4.5.9.3　当车门开启时，伸缩式踏步应处于伸出位置，其面积应符合4.6.7的要求。

4.5.9.4 伸缩式踏步处于伸出位置时，车辆应不能靠自身动力起步。

4.5.9.5 动力操纵伸缩式踏步在车辆行驶时应不能伸出。若操纵装置失效，踏步应缩回并保持在收起位置。操纵装置失效或踏步损坏时，不应妨碍相应车门工作。

4.5.9.6 当一名乘客站在动力操纵的伸缩式踏步上，相应的车门应不能关闭，可用 15kg 的重块放在踏步中心来检查。此要求不适用于在驾驶员直接视野内的任何车门。

4.5.9.7 伸缩式踏步的运动不应对车内外人员的身体造成伤害，伸缩式踏步表面应有黄黑相间的警示。

4.5.9.8 伸缩式踏步的外角应采用半径不小于 5 mm 的圆角过渡，其上下边缘应采用半径不小于 2.5 mm的圆角过渡。

4.5.9.9 乘客门打开时，伸缩式踏步应可靠地保持在伸出位置。用 136 kg 的重块放在单引道门的伸缩式踏步中心或 272 kg 的重块放在双引道门的伸缩式踏步中心时，踏步任何点的变形量不应超过 10 mm。

4.5.10 标志

4.5.10.1 每个应急出口处应在车内标示“应急出口”或国际通用符号。

4.5.10.2 乘客门和所有应急出口的应急控制器应在车内用符号或清晰字样标示。

4.5.10.3 在出口的每个应急控制器处或附近，应有关于操作方法的清晰说明。

4.6 车内布置

4.6.1 乘客门引道

4.6.1.1 从乘客门向车内的延伸空间应允许垂直平板 1[见图 1 a)和表 5]自由通过。垂直平板 1 在起始位置时，靠近车辆内侧的板面应切于车门开口的最外边缘，移动时应保持与乘客的出入方向垂直。

4.6.1.2 可以用垂直平板 2[见图 1 b)]替代垂直平板 1。

单位为毫米

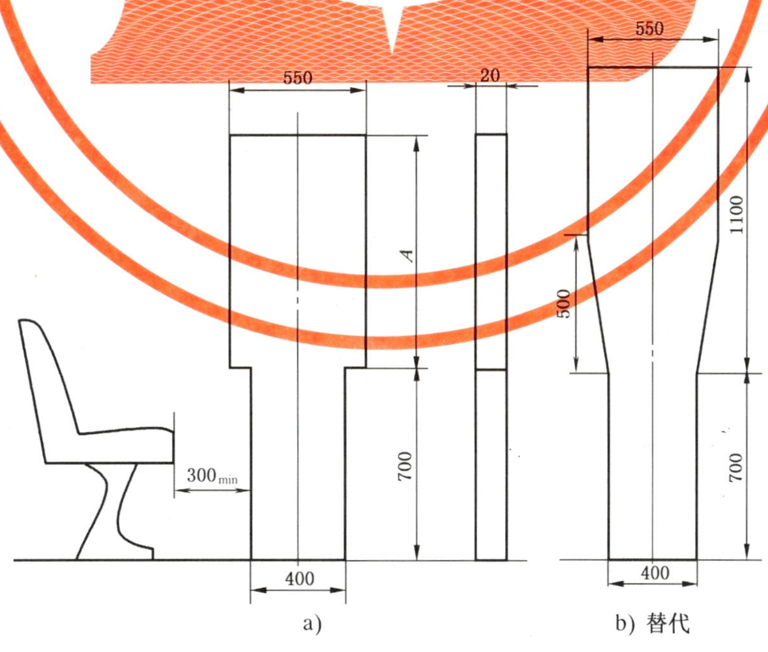

注：顶部宽度可由 550 mm 减为 400 mm，其过渡斜面与水平面夹角不应超过 30°。

图 1 乘客门引道图示 1

表 5　垂直平板 1 的上板高度 *A*　　单位为毫米

车辆类别	Ⅰ级	Ⅱ级	Ⅲ级
A 值	1 100	950	850

4.6.1.3　当垂直平板 1（或 2）的中心线从起始位置移过 300 mm，将平板底部接触踏步表面并保持在此位置。

4.6.1.4　用来检查通道空间的圆柱体（见图 4 和表 6）从通道开始沿乘客离开车辆的运动方向移动，直到其中心线达到最上一级踏步外边缘所在的垂直平面或上圆柱接触垂直平板 1（或 2）（以先出现为准），并保持在此位置（见图 2）。

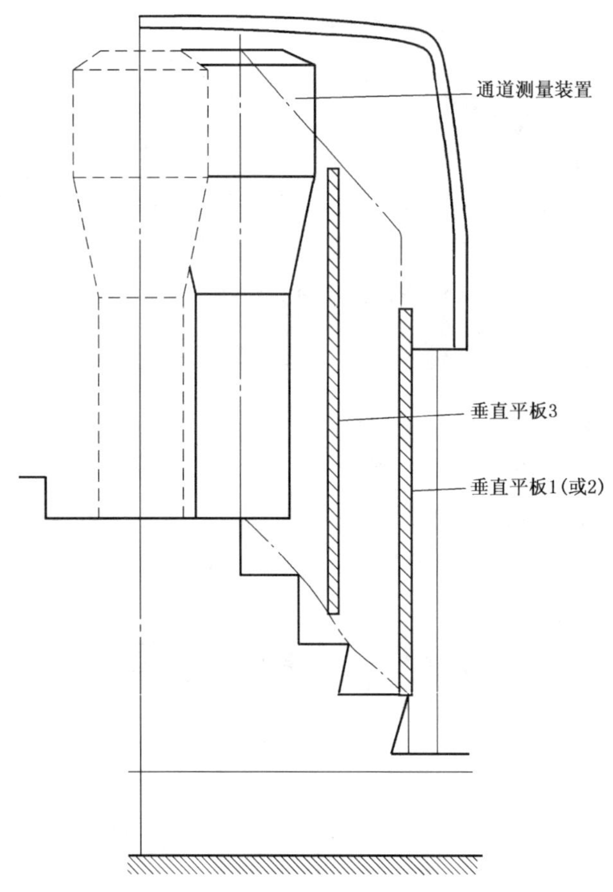

图 2　乘客门引道图示 2

4.6.1.5　在上述位置的圆柱体同 4.6.1.3 所述位置的垂直平板 1（或 2）之间应允许垂直平板 3 自由通过（见图 2）。垂直平板 3 的形状和尺寸与 4.6.5.1 所述的圆柱体的中心截面相同，其厚度不大于 20 mm。垂直平板 3 从与圆柱体相切的位置移动到其外侧板面与垂直平板 1（或 2）接触，其底部触及由踏步外边缘形成的平面，移动方向与乘客出入乘客门的方向一致。

4.6.1.6　上述测量装置自由通过的净空间，不应包括前向或后向座椅未压缩座垫前 300 mm、或安装在轮罩上的座椅前 225 mm 范围内，高度从地板至座垫最高点的空间。

4.6.1.7　对折叠座椅，应在座椅打开位置时测量。

4.6.1.8　对车组人员专用的折叠座椅，若符合下列要求，则允许在其折叠位置测量：

a）在车上清楚地标示，此座椅仅供车组人员使用；

b）座椅不使用时应能自动折叠，以便满足 4.6.1.1 ～ 4.6.1.5 的要求；

c）无论该座椅处于使用位置或折叠状态，其任何部位均不得位于驾驶员座椅（处于最后位置时）

座垫上表面中心与车外右后视镜中心连线所在的垂直平面的前方。

4.6.1.9 当车辆处于整车运行状态质量且车身降低系统不工作时，引道处地板的坡度不应超过5%。

4.6.2 应急门引道

4.6.2.1 在通道和应急门之间的自由空间应允许叠加圆柱（见图3）自由通过。

单位为毫米

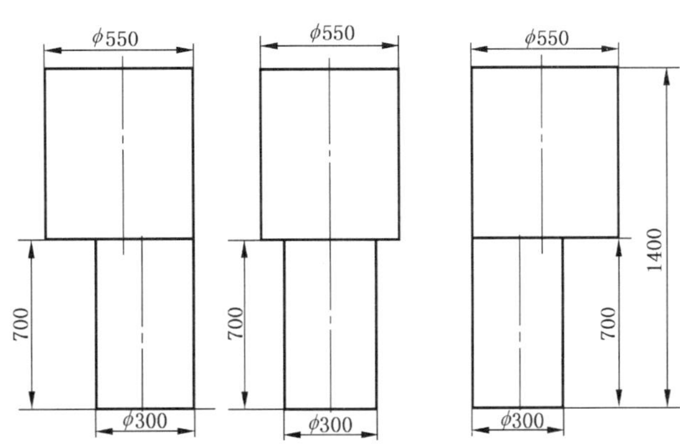

注：上圆柱直径可在顶部减为400 mm，其过渡斜面与水平面夹角不超过30°。

图3 应急门引道测量装置

4.6.2.2 下圆柱体的底部应在上圆柱体的投影内，二者可以相对位移。

4.6.2.3 沿引道侧面设有折叠座椅时，叠加圆柱通过的自由空间应在该座椅打开位置时测量。如该座椅在不使用时能自动折叠，则允许在其折叠位置测量。

4.6.2.4 可用4.6.5.1规定的圆柱体（见图4）替代叠加圆柱。

4.6.3 应急窗的通过性

4.6.3.1 每个应急窗应能满足相应的测试量具从通道经应急窗移到车外。

4.6.3.2 测试量具的运动方向应与乘客从车辆撤出的方向一致，其正面（最大端面）应与运动方向保持垂直。

4.6.3.3 测试量具是尺寸为600 mm×400 mm、圆角半径200 mm的薄板，但若应急窗在车辆后围，其尺寸可改为1 400 mm×350 mm、圆角半径175 mm。

4.6.4 撤离舱口的通过性

4.6.4.1 安全顶窗

除Ⅰ级客车外，至少一个安全顶窗应满足如下可接近性：用侧面与垂面成20°角、高1 600 mm（边长不限定）的正四棱台测量：保持棱台轴线垂直，当其上底面位于安全顶窗的开口区域内、并且不低于车顶外表面高度处时，其下底面应能接触到座椅或相应的支撑件上。支撑件可以折叠或移动，但应能锁止在其所需使用的位置。

4.6.4.2 地板出口

4.6.4.2.1 地板出口上方应有相当于通道高度（见图4）的净空间，并应满足测试量具（600 mm×400 mm、圆角半径200 mm的薄板）从地板上方1 m的高度处畅通无阻地直接到达地面，通过时板面保持水平。

4.6.4.2.2 任何热源或运动部件距地板出口应不小于500 mm。

4.6.5 通道

4.6.5.1 通道应允许测量装置（见图4及表6）自由通过。通过时若同站立乘客用的拉手或其他柔性物（如座椅安全带）接触，可将其移开。

单位为毫米

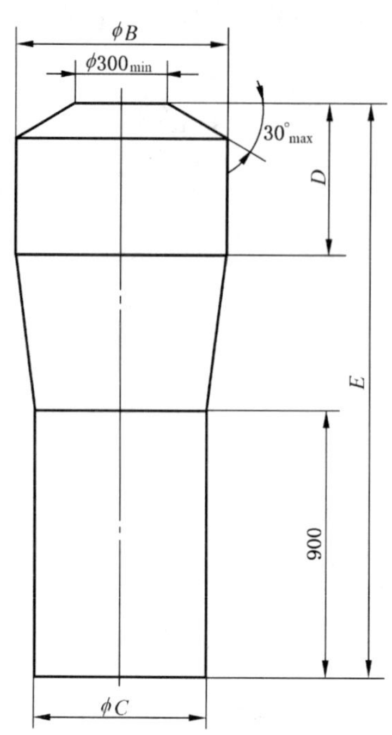

图 4 通道测量装置

表 6 通道测量装置尺寸

单位为毫米

车辆类别	Ⅰ级	Ⅱ级	Ⅲ级
下圆柱直径 C	450	350	300
上圆柱直径 B	550	550	450
上圆柱高度 D	500[a]		
总高度 E	1 900[a]	1 800[a]	

[a] 在下述位置后面的通道，上圆柱体的高度 D 可减少（测量装置总高度 E 也随之减少）100 mm。
——后轴（多于一个后轴时，为最前面的后轴）中心线前 1.5 m 的横向垂直平面；
——乘客门（多于一个乘客门时，为最后一个乘客门）的后边缘处的横向垂直平面。

4.6.5.2 如果座椅前面没有出口：

a) 若是前向座椅，4.6.5.1 规定的通道测量装置至少应前移至与最前排座椅靠背最前点的横向垂直平面相切并保持在此位置。垂直平板 4 从与通道测量装置接触位置开始，板面向前，前移 660 mm[见图 5 a)]。

b) 若是侧向座椅，通道测量装置至少应前移至与最前面座椅中心的垂直平面相切[见图 5 b)]。

c) 若是后向座椅，通道测量装置至少应前移至与前排座椅的座垫前端的横向垂直平面相切[见图 5 c)]。

d) 对小于 7.5 m 的前置发动机的Ⅱ级和Ⅲ级客车，4.6.5.1 规定的通道测量装置至少应前移至发动机罩后 300 mm，余下的测量由垂直平板 4 完成，测量过程中保持板面向前。

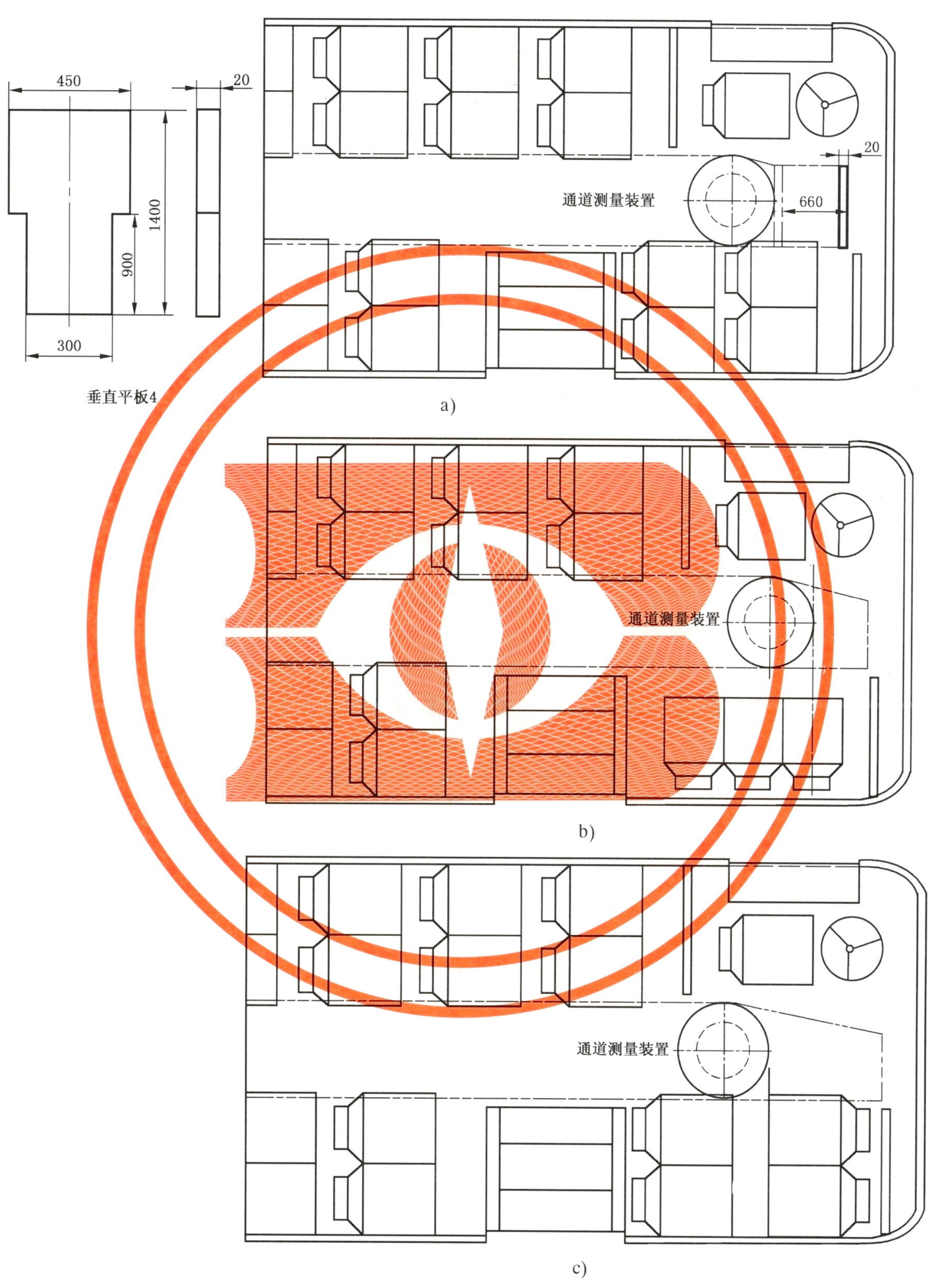

图 5　通道的前界限

4.6.5.3 对Ⅰ级客车，在下述位置后面的通道，通道测量装置的下圆柱体直径可由 450 mm 减小到 400 mm：

——后轴中心线前 1.5 m 处的横向垂直平面(多于一个后轴时，为最前面的后轴)；

——最后面的乘客门后边缘处的横向垂直平面。

4.6.5.4 对Ⅲ级客车，若通道一侧或两侧的座椅可横向移动，且站在通道上的人易于接近并操纵每个座椅的控制件使座椅(甚至在坐人时)返回(如可能，应自动回位)到通道最小宽度为 300 mm 的位置，则通道测量装置的下圆柱体直径可减少到 220 mm。

4.6.5.5 在铰接客车上，4.6.5.1 规定的通道测量装置应能无阻碍地通过铰接段。铰接段的软盖蓬(包括折叠蓬)不允许突入通道。

4.6.5.6 通道内允许有台阶，台阶的宽度应不小于其顶部的通道宽度。

4.6.5.7 通道中不允许设置乘客使用的折叠座椅。

4.6.5.8 横向移动座椅不得侵占通道空间，满足 4.6.5.4 规定的Ⅲ级客车除外。

4.6.5.9 通道和引道表面应防滑。

4.6.6 通道坡度

当车辆处于整车运行状态质量且车身降低系统不工作时，通道坡度不应超过：

4.6.6.1 纵向坡度：

——Ⅰ级、Ⅱ级客车：8%；

——Ⅰ级、Ⅱ级低地板客车，在第二轴和第三轴(如果有第三轴)的中心线旁总长度 2 m 的通道：12.5%；

——Ⅲ级客车：12.5%。

4.6.6.2 横向坡度(垂直于车辆纵向轴线的平面上)：5%。

4.6.7 踏步

4.6.7.1 乘客门及车内乘客踏步的最大高度、最小高度(车身降低系统不工作)及最小深度见表 7 及图 6。

表 7 踏步的最大高度、最小高度和最小深度

单位为毫米

客车类型		Ⅰ级	Ⅱ级、Ⅲ级
第一级踏步	距地面最大高度 D_{max}	360[a]	380[b,c]
	最小深度 A_{min}	300	
其他踏步	最大高度 E_{max}	250[d]	350
	最小高度 E_{min}	120	
	最小深度 A_{min}	200	

a 如采用机械悬架：D_{max} 为 380。

b 至少一个乘客门的 D_{max} 为 380，其他乘客门的 D_{max} 为 400。

c 如采用机械悬架：D_{max} 为 430。

d 对最后轴之后的乘客门，其 E_{max} 为 300。

4.6.7.2 下凹的通道与座位区之间的过渡不应作为踏步，但通道表面与座位区地板之间的垂直距离不应超过 350 mm。

4.6.7.3 踏步高度应在其宽度中央测量。制造商应特别考虑行动不便乘客的进入，尤其应考虑踏步高度的最小化。

4.6.7.4 第一级踏步距地面的高度应在车辆处于整车运行状态质量停在水平地面上时测量，测量时轮胎配置和气压应符合制造厂对最大设计装载质量时的规定。

4.6.7.5 其他踏步处，每级踏步可以延伸到相邻踏步的垂直投影区最多 100 mm，且下级踏步的投影应至少保留 200 mm 深度的自由表面(见表 7 和图 6)。所有踏步外边缘的设计应最大程度降低乘客绊倒的风险且有明显的颜色标记。

单位为毫米

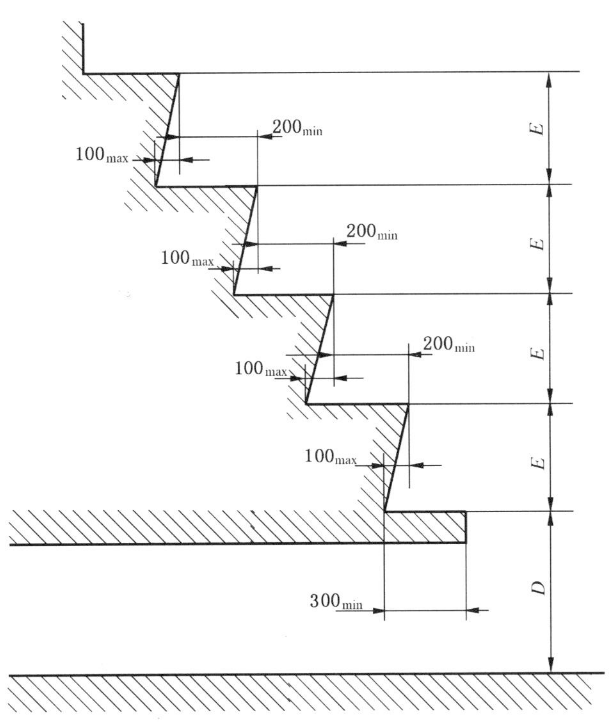

图 6 乘客用踏步

4.6.7.6 踏步的尺寸应满足：在每级踏步上放置表 8 给出的对应矩形时，矩形超出踏步部分的面积不得大于 5%。双引道门处的踏步，其每一半应分别满足此要求。

表 8 测量踏步的矩形尺寸

单位为毫米

踏　　步		矩形尺寸
面积	第一级踏步	400×300
	其他踏步	350×200

4.6.7.7 踏步表面应能防滑。

4.6.7.8 车辆处于整车运行状态质量停在平整的水平面上，在其正常行驶条件(车身降低装置应未工作)下，踏步的最大坡度在任何方向均不应超过 5%。

4.6.8 乘客座椅及乘坐空间

4.6.8.1 座垫高度

未压缩座垫距地板的高度 I(从地板到座垫上表面的水平切面之间的距离)应不小于 400 mm，不大于 500 mm，但在轮罩和发动舱处，此高度可减至不小于 350 mm(见图 7)。

4.6.8.2 座间距

4.6.8.2.1 同向座椅：在座垫上表面最高点所处平面与地板上方 620 mm 高度范围内水平测量，座椅靠背的前面与前排座椅靠背后面之间的距离 H，应不小于表 9 规定的数值。

单位为毫米

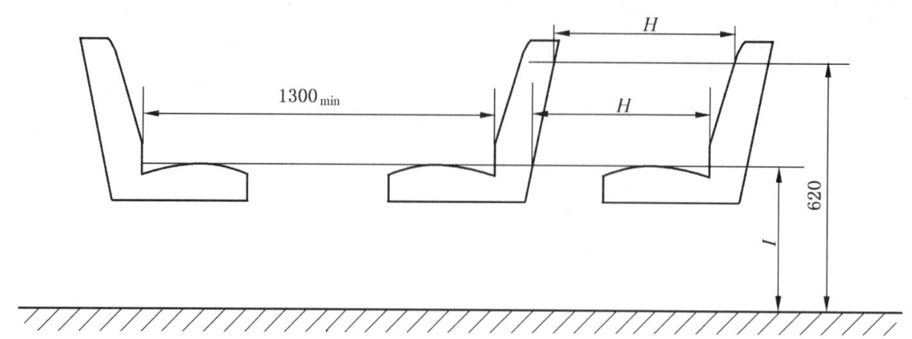

图 7　座间距

表 9　同向座椅的座间距 *H*

单位为毫米

车辆类别	*H* 值
Ⅰ级	650
Ⅱ级、Ⅲ级	680

4.6.8.2.2　相向布置的横排座椅，通过座垫最高点所处平面测量，两相对座椅靠背的前表面之间的最小距离应不小于 1 300 mm。

4.6.8.2.3　所有数据均在通过(单人)座椅中心线的垂直平面内测量，且座垫和靠背都未被压陷。

4.6.8.2.4　测量时，靠背角度可调式座椅和可调驾驶座椅的靠背角度及座椅其他调整量应处于制造厂规定的正常使用位置。

4.6.8.2.5　测量时，安装在座椅背部的折叠桌应处于折叠位置。

4.6.8.3　**就座乘客的空间**

4.6.8.3.1　位于隔离物或其他非座椅的刚性结构后面的乘客座椅应满足图 8 所示的座椅前最小净空间的要求，前方外形近似于倾斜靠背的隔板可以侵入此空间，若为乘客保留适当的脚部空间，则允许椅脚的局部侵入。

单位为毫米

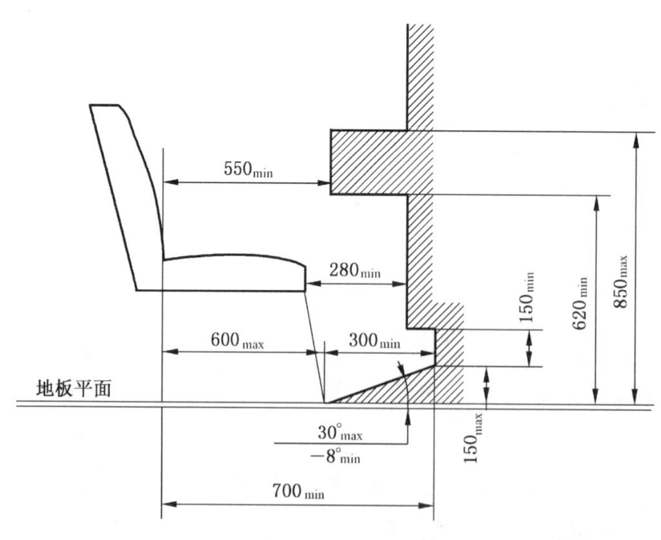

图 8　就坐乘客的空间

4.6.8.3.2　如设有3.18所定义的优先座位，应符合附录A中A.1.2的规定，其最小净空间应不小于图8所示最小净空间的110%。

4.6.8.4　**座位上方的自由空间**

4.6.8.4.1　每个座位均应有一垂直净空间，它是从未压陷座垫的最高点所处平面向上不小于900 mm，以及从就座乘客搁脚的地板处向上不小于1 350 mm（见图9），对于轮罩处和后排座椅处，可减小为1 250 mm。

4.6.8.4.2　这个净空间应包括下述的全部水平区域：

a）　横向区域：座位中心垂直平面两侧各200 mm处的纵向垂直平面之间。

b）　纵向区域：通过座椅靠背上部最后点的横向垂直平面和通过未压缩座垫前端向前280 mm的横向垂直平面之间。测量在座位中心垂直平面进行。

4.6.8.4.3　该净空间可以不包括下列区域：

a）　外侧座椅上方邻靠侧围的横截面为150 mm高、100 mm宽的矩形区域（见图10）。

b）　外侧座椅上方邻靠侧围的横截面为一个倒置直角三角形的区域，三角形顶点位于地板上方650 mm，底边宽100 mm（见图9）。

c）　外侧座椅的椅脚靠近侧围处，横截面积不超过2×10^4 mm²（Ⅰ级低地板客车3×10^4 mm²）、最大宽度不超过100 mm（Ⅰ级低地板客车150 mm）的区域（见图10）。

4.6.8.4.4　该净空间应允许另一座椅靠背及其支撑件和附属装置（例如折叠桌）的侵入。

4.6.9　**驾驶员与车组人员舱的联络**

对设有与驾驶区或乘客区之间没有通路的车组人员舱的客车，应提供驾驶区和车组人员舱之间的通讯联络手段。

单位为毫米

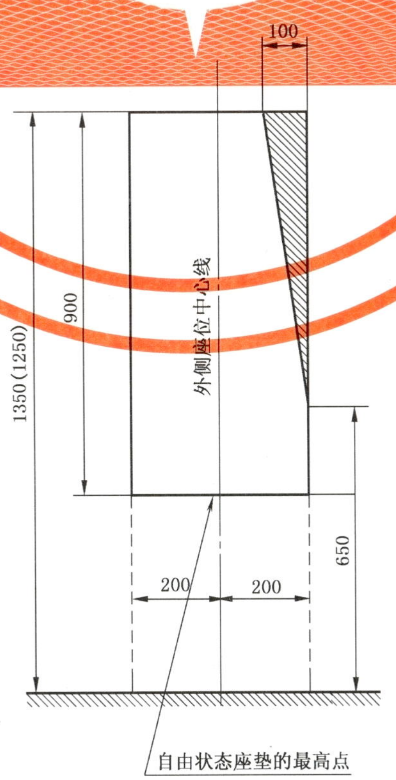

图9　座位上方的自由空间

单位为毫米

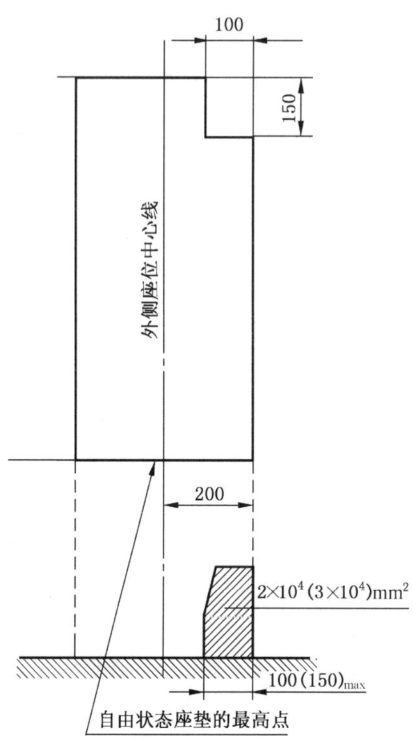

图 10 外侧座椅空间的允许侵入

4.6.10 **冷热饮机和烹调设备**

4.6.10.1 冷热饮机和烹调设备应有防护设施，防止在紧急制动或转向时，高温食物或饮料洒到乘客身上。

4.6.10.2 在装有热饮机或烹调设备的客车上，全部乘客座椅都应有在车辆行驶中供乘客放置热食或热饮的适当装置。

4.6.11 **内舱门**

每扇通卫生间或其他内舱的门应符合下列要求：

4.6.11.1 内舱门如果在打开时会阻碍乘客在紧急情况下的撤离，则应能自动关闭，且不应安装任何保持其开启状态的装置。

4.6.11.2 内舱门打开时不应遮掩任何乘客门、应急出口、灭火器或急救箱的开启手柄、控制件或必要的标志。

4.6.11.3 应提供能在紧急情况下将门从舱外打开的方法。

4.6.11.4 应保证总能从里面打开，否则不能从外面锁住。

4.7 **车内照明**

4.7.1 车内照明应覆盖如下区域：

——全部乘客区、车组人员舱、卫生间和铰接客车的铰接段；

——所有踏步；

——所有出口的引道和靠近乘客门的区域；

——所有出口的内部标志和内部控制件；

——所有存在障碍物之处。

4.7.2 至少应有两条内部照明线路，当一条线路出故障时不应影响另一条线路的照明。一条只用于进出口处常规照明的线路可作为其中之一。

4.7.3 应采取措施，保护驾驶员免受车内照明和反射光的影响。

4.8 铰接客车的铰接段

4.8.1 连接车辆各刚性段的铰接段在结构上应至少绕一个水平轴线和一个垂直轴线旋转。

4.8.2 铰接式客车以整车运行状态质量静止在水平面上时，刚性段地板与转动部位地板（或其代替部件）之间未遮盖的缝隙宽度不应超过：

——10 mm（当车辆所有车轮在同一平面时）；

——20 mm（当邻近铰接段的车轴的车轮停放面比其他车轴的车轮停放面高 150 mm 时）。

4.8.3 刚性段地板与转动部位地板之间的水平高度差（在铰接点测量），不应超过：

——20 mm（当车辆所有车轮在同一平面时）；

——30 mm（当邻近铰接段的车轴的车轮停放面比其他车轴的车轮停放面高 150 mm 时）。

4.8.4 在铰接客车上应提供设施，避免乘客接触铰接段的以下部位：

——不符合 4.8.2 要求的未遮盖地板缝隙处；

——不能承载乘客质量的地板处；

——围栏/板的运动对乘客构成危险之处。

4.9 铰接客车的方向保持

铰接客车直线运动时，各刚性部分的纵向中心平面应相同并组成一个无任何倾斜的连续平面。

4.10 扶手和把手

4.10.1 一般要求

4.10.1.1 扶手和把手应有足够的强度。

4.10.1.2 扶手和把手不应有伤害乘客的危险。

4.10.1.3 扶手和把手的截面应使乘客易于抓紧，每个扶手应有至少 100 mm 的长度以容纳手部，且截面最小边长尺寸不小于 20 mm，不大于 45 mm。车门和座椅上的扶手及Ⅱ级、Ⅲ级客车引道内的扶手，允许其截面最小尺寸为 15 mm，同时另一方向尺寸至少应 25 mm。扶手弯曲处应过渡圆滑，不应有急剧弯折。

4.10.1.4 扶手或把手与车身相邻部件或侧围的间隙不应小于 40 mm。但车门和座椅上的扶手及Ⅱ级、Ⅲ级客车引道内的扶手，该最小间隙可以是 35 mm。

4.10.1.5 每个扶手、把手或立柱的表面应有醒目的颜色并防滑。

4.10.2 站立乘客的扶手和把手

4.10.2.1 对应于乘客站立区域的每个位置，应有足够数量的扶手或把手。如采用吊带或吊环，可视为把手，但要用适当方法保持在其位置。将图 11 所示测量装置（其活动臂可以自由地绕其铰接轴线转动）放置在乘客站立区域的每个位置，如果活动臂至少可以碰到两个扶手或把手，则满足此项要求。

4.10.2.2 在 4.10.2.1 中所要求的两个扶手或把手距地板高度应不小于 800 mm，不大于 1 900 mm，且二者中至少有一个距地板高度应不大于 1 500 mm。对于邻近车门的区域，如果车门或车门机构在打开位置时会妨碍扶手或把手的使用，则此处不要求 1 500 mm 的最大高度。

4.10.2.3 在与客车侧围或后围之间无座椅相隔的乘客站立区域，应设置平行于侧围或后围的水平扶手，其高度在地板上方 800 mm 至 1 500 mm。

单位为毫米

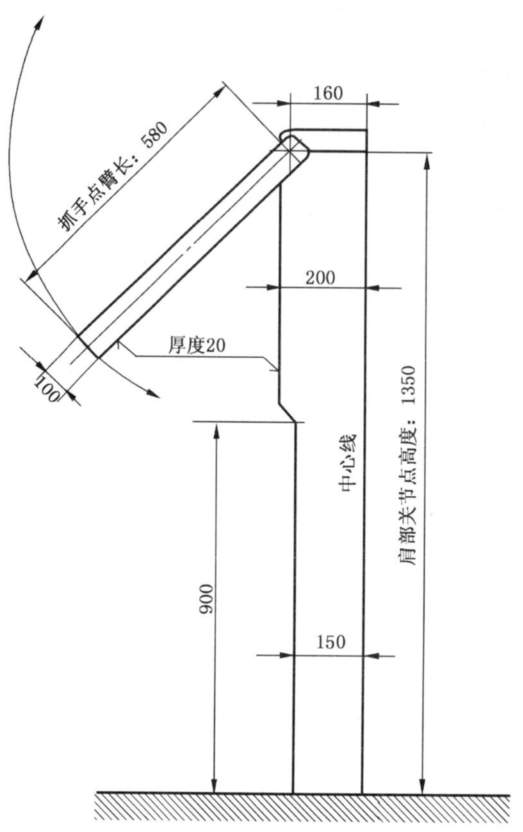

图 11　模拟站立乘客的测量装置

4.10.3　乘客门扶手和把手

4.10.3.1　车门开口的每侧都应安装扶手和/或把手，双引道门可安装中央立柱或扶手。

4.10.3.2　乘客门的扶手应为相邻地面上或每级踏步上的站立乘客提供抓握点，这些抓握点应处于地面或每级踏步上表面上方垂直高度 700 mm～1 200 mm 之间。在水平方向上：

——为方便站在地面上的乘客，从第一级踏步的外边缘向内不超过 400 mm；

——为方便踏步上的乘客，抓握点的位置向外不应超过该级踏步的外边缘，向内不应超过其外边缘 600 mm。

4.10.4　优先座椅的扶手

在 4.6.8.3.2 所述的优先座位与乘客门之间位于地板平面上方 800 mm～900 mm 的高度处，应设置一个方便上下车的扶手。允许扶手出现间断以提供进入轮椅区、轮罩上座椅、引道或通道的过道，但其间断不应超过 1 050 mm，而在间断处至少一侧应设垂直扶手。

4.11　踏步区的防护

为防止就座乘客可能因紧急刹车而摔向踏步区域，应设置防护装置或安全带。防护装置的最小高度为从乘客搁脚的地板向上 800 mm，并应从车身侧围向车内延伸至超出该座椅的纵向中心线至少 100 mm，或者延伸至最里面一级踏步的竖板(取两者之中的较小尺寸)。

4.12　乘员保护

4.12.1　如果设有车内行李架或行李舱，应合理设计并采取防护措施，以避免在转向力或制动力(尤其在紧急刹车时)作用下，行李坠落伤害乘员。

4.12.2　如散热表面由隔热材料包覆，不产生有毒气体，且热表面不能被乘客直接接触，则乘客区内可以装设非热水循环的采暖装置。

4.12.3　Ⅱ级、Ⅲ级客车应提供安装一个或多个急救箱的、不小于 7×10^{6} mm^{3} 的空间，其长、宽、高中的最小尺寸应不小于 80 mm，安装位置应清晰易见或清楚标识，易于取用。

4.13 活动盖板

车辆地板上如果设置活动盖板（不是作为撤离舱口的地板出口），应安装紧固，需借助工具或钥匙方能移动或开启，提升或关闭装置凸出于地板平面以上不得超过 8 mm（若处于乘客不使用的位置，可不满足此项要求），突出的边缘应圆角过渡。

4.14 视觉娱乐装置

乘客视觉娱乐装置应放在驾驶员正常驾驶位置时的视野以外。

4.15 行李质量的标识

应在清楚可见的位置标志出：当车辆载有最大数量的乘客和车组人员，并不超过最大设计装载质量或允许轴荷时，可运载的行李质量。行李质量应包括：

——行李舱内的行李质量 B；

——车顶行李架的行李质量 B_x（如设有车顶行李架）。

4.16 车厢内通风

如果车厢内不能进行自然通风，应装设强制通风装置。

附 录 A
（规范性附录）
为行动不便乘客提供方便设施车辆的附加技术要求

A.1 要求

A.1.1 踏步

踏步高度应符合表 A.1 的要求。

表 A.1 踏步高度

踏步位置	客车类型	踏步高度/mm
至少一个乘客门从地面起的一级踏步[a]	Ⅰ级	≤250[b]
	Ⅱ级、Ⅲ级	≤320
乘客门其他踏步、引道和通道内踏步[c]	Ⅰ级、Ⅱ级、Ⅲ级	≤250

a 可以结合使用一种车身降低系统和/或伸缩踏步达到此要求。

b 双引道门（一个进口和一个出口）的Ⅰ级车，从地面起的一级踏步高度≤270 mm。

c 从通道到乘坐区的过渡台阶不计为踏步。

A.1.2 优先座位及其相邻装置

A.1.2.1 为行动不便乘客提供的优先座位应设计为前向或后向，并靠近乘客门处。Ⅰ级车的优先座位数应不少于 4 个，Ⅱ级和Ⅲ级车的优先座位数应不少于 2 个。

A.1.2.2 邻近优先座处应安装扶手或把手，并方便乘客抓握。

A.1.3 通讯装置

A.1.3.1 任何优先座位的邻近处和轮椅区内应设有通讯装置，其中心高度应在距地板 700 mm～1 200 mm范围内。

A.1.3.2 安装在无座椅的低地板区域的通讯装置，其中心高度应在距地板 800 mm～1 500 mm 范围内。

A.1.3.3 所有车内部通讯装置的控制应能用手掌操作，并通过两种有对比的颜色（或多种颜色）和音调显示。

A.1.3.4 如车辆装有导板或举升机构，则在车外邻近车门处，应装设一个与驾驶员联络的通讯装置，其离地面高度不超过 1 300 mm。

A.1.4 标志

A.1.4.1 设有轮椅区和优先座位的车辆，除在车辆右侧前部和邻近乘客门处设有从车外可见的标志，还应在车内邻近轮椅区和优先座位处设有标志。

A.1.4.2 轮椅使用者的标志应符合 GB/T 10001.1 的规定。优先座位使用者的标志应符合图 A.1 的要求。

图 A.1 优先座位车标志

A.1.5 坡度

优先座位(或轮椅区)到至少一个进口和一个出口(或一个组合的进出口)之间的通道及优先座位区(或轮椅区)地板,纵向坡度应不超过8%。这些坡度区的地板表面应防滑。

A.1.6 轮椅适应性

A.1.6.1 应为每位轮椅使用者在乘客舱内提供一个至少宽750 mm、长1 300 mm的特殊空间,其长边应是前后方向,地板表面应防滑。为前向轮椅使用者设计的轮椅空间,前面座椅靠背的顶部可突入轮椅区空间,但突入后剩余的轮椅使用空间应满足图A.2的要求。

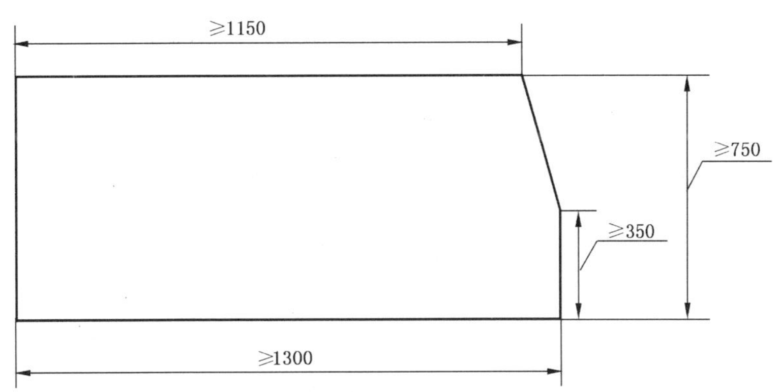

图 A.2 为前向轮椅使用者设计的轮椅空间

A.1.6.2 应至少有一个门能让轮椅使用者通过。Ⅰ级车至少应有一个乘客门可供轮椅进出,轮椅进出门应与符合本附件要求的车身降低系统、举升器或导板组合使用。

A.1.6.3 非乘客门的轮椅进出门最小高度为1 400 mm;所有供轮椅进出的门最小宽度为900 mm,在扶手处测量时,宽度可减少100 mm。

A.1.6.4 轮椅的基本尺寸见图A.3。

A.1.7 轮椅空间的座椅

A.1.7.1 装设在轮椅区的折叠座椅,不使用时不应侵入轮椅区。

A.1.7.2 轮椅区可安装驾驶员或车组乘员易于拆卸的可拆式座椅。

A.1.7.3 如果座椅的伸脚空间侵入轮椅区或折叠座椅部件在使用时侵入轮椅区,则应在邻近处易见部位设置“请将此处让给轮椅使用者”的标识,标识应清晰,字高不小于50 mm。

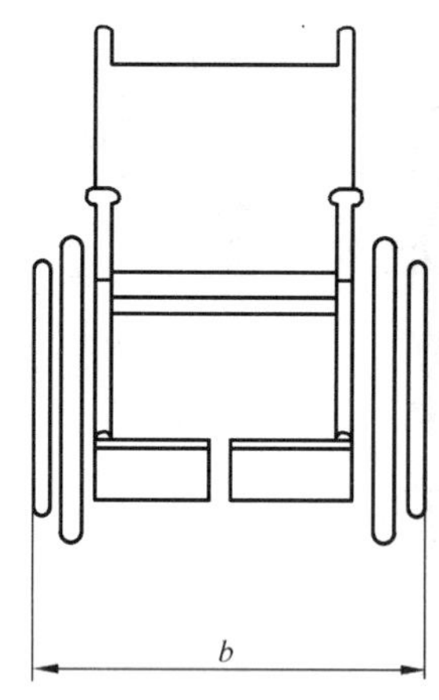

l=1 200 mm；

b=700 mm；

h=1 090 mm。

注：轮椅使用者坐在轮椅上时，总长 l 增加 50 mm，从地板算起高度 h 为 1 350 mm。

图 A.3 轮椅基本尺寸

A.1.8 轮椅及其使用者的约束系统

A.1.8.1 约束系统的结构

A.1.8.1.1 对乘客座椅不要求有成员约束系统的车辆，轮椅的约束系统应符合 a)或者 b)的规定：

a) 轮椅区应装备约束系统，以保证轮椅的稳定性。

b) 轮椅区的设计应满足：有一个支撑件或靠背供后向轮椅依靠，轮椅使用者的活动不受约束。具体要求如下：

——轮椅区应位于车辆一边或侧壁；

——垂直于车辆纵轴线的支撑件或靠背应位于轮椅区的前端；

——支撑件或靠背的用途应是停靠轮椅的车轮或靠背，以避免轮椅翻倒；

——支撑件或前排座椅的靠背应能承受每个轮椅 2 500 N±200 N 的力，该力应水平向前施加在支撑件或靠背中部，并保持不少于 1.5 s；

——在轮椅区的纵向边或内壁上，应安装轮椅使用者易于把握的扶手或把手；

——在轮椅区的后横向边上，应安装轮椅使用者易于抓握的可伸缩的扶手或相当的装置，以避免轮椅翻倒；

——在邻近轮椅区处应固定一个标志，标志的内容为“此区域供轮椅专用，轮椅必须向后停靠在支撑件或靠背上并制动”。

A.1.8.1.2 当乘客座椅要求有约束系统时，每个轮椅区应提供能约束轮椅及其乘员的约束系统。此约束系统及其固定件应设计成能承受相当于乘客座椅及其乘员约束系统要求的力。可采用轮椅与轮椅使用者分开的约束系统形式，也可采用轮椅与轮椅使用者组合的约束系统形式。

A.1.8.1.3 轮椅空间的任何约束系统在紧急情况下均应易于解开。

A.1.8.2 约束系统性能要求

A.1.8.2.1 符合 A.1.8.1.1a)规定的约束系统，应能完成 A.2.1 的试验，并符合 A.1.8.2.3 的要求。

A.1.8.2.2 符合 A.1.8.1.2 规定的约束系统，应能完成 A.2.2 中对应结构的前向和后向加力试验，并符合 A.1.8.2.3 的要求。

A.1.8.2.3 在试验过程中，约束系统应能在规定的时间内承受维持要求的力；试验后，允许约束系统产生永久变形、部分开裂或损坏。如果采用锁止机构，当力撤销后，应保证用手操作即可使轮椅离开车辆。

A.1.9　门控制件

邻近轮椅进出车门的任何开启控制件，无论在车内或车外，从地板或地面测量其中心高度均应不大于 1 300 mm。

A.1.10　照明

应在车内和车外邻近处提供适当的照明设备，使行动不便乘客安全上下车。任何可能影响驾驶员视觉的照明设备应只能在停车时起作用。

A.1.11　辅助上车装置

A.1.11.1　总则

A.1.11.1.1　启动辅助上车装置的控制件应有清晰标记，辅助上车装置的伸出和下降应用警示灯指示给驾驶员。

A.1.11.1.2　若安全装置发生故障，则举升器、导板和车身降低系统应不工作，除非它们可用手安全操作。应急操作机构的型式和位置应清晰标记。如果动力有故障，举升器和导板必须能用手操作。

A.1.11.1.3　当乘客门或应急门之一的引道被上车协助装置挡住时，从车内和车外应满足以下两个条件：

——辅助上车装置不阻碍开启车门的手柄或其他装置；

——在紧急情况下，辅助上车装置应能迅速从车门入口处移开。

A.1.11.2　车身降低系统

A.1.11.2.1　车身降低系统应有专用开关，并能清晰识别，且在驾驶员的直接控制下。

A.1.11.2.2　车身升降系统的动作应在驾驶员的直接控制下完成，且清楚显示升降状态。

A.1.11.2.3　下降或上升过程应能停止且迅速返回。开关应位于驾驶员在其座位上伸手可及的范围内，且靠近操纵车身下降系统的其他操纵件。

A.1.11.2.4　当车辆低于正常高度时，车速不应超过 5 km/h；当乘客门的运动受阻时，车身升降系统不应工作。

A.1.11.3　举升装置

A.1.11.3.1　总则

A.1.11.3.1.1　举升装置仅能在车辆静止时操作。在平台上升和下降之前，防止轮椅滚落的装置应能自动工作。

A.1.11.3.1.2　举升平台宽度应不小于 800 mm，长度不小于 1 200 mm，负载能力应不小于 300 kg。

A.1.11.3.2　动力举升装置的附加要求

A.1.11.3.2.1　在动力举升装置控制过程中，松开操作控制件，运动应立即停止，而且能再次向任一方向位移。

A.1.11.3.2.2　应设有安全机构(如反向机构)，当举升装置的运动受到限制或碰撞物体时，安全机构应起作用。

A.1.11.3.2.3　任一安全机构开始工作时，举升装置应立即停止工作并立即开始向反方向运动。

A.1.11.3.3　动力举升装置的操作

A.1.11.3.3.1　当举升装置设在驾驶员直接视野内的乘客门处时，举升装置可由驾驶员在其座位上进行操作。

A.1.11.3.3.2　在其他情况下，控制件应邻近举升装置，且只能由驾驶员启闭。

A.1.11.3.4　手动举升装置

手动举升装置的控制件应邻近于举升装置，且操作轻便。

A.1.11.4　导板

A.1.11.4.1　总则

A.1.11.4.1.1　导板应只能在车辆静止时使用。乘客门关闭时，导板不应工作。导板未收回时，乘客门或轮椅进出门不应关闭。

A.1.11.4.1.2 导板周边圆角半径不小于2.5 mm，拐角处的圆角半径不小于5 mm。

A.1.11.4.1.3 导板宽度应不小于800 mm。当导板搁在高度150 mm的路肩上时，其坡度应不大于12%，可借助车身升降装置达到该坡度。

A.1.11.4.1.4 当导板使用长度超过1 200 mm时，应设有防止轮椅从边缘滚出的装置。

A.1.11.4.1.5 导板负载能力应不小于300 kg。

A.1.11.4.1.6 导板的伸缩可用手动或动力操纵。

A.1.11.4.2 动力操纵导板的附加技术要求

A.1.11.4.2.1 导板的伸缩应用闪光黄灯和声响信号指示，导板外边缘应标有清晰的红白相间的警示标志。

A.1.11.4.2.2 应设有安全装置保护导板水平伸展运动。

A.1.11.4.2.3 安全装置起作用时，导板的运动应能立即停止。

A.1.11.4.2.4 在承载不小于15 kg质量时，导板的水平运动应中止。

A.1.11.4.2.5 导板伸出时，遇到150 N的阻力应能自动收回。

A.1.11.4.2.6 若导板位于驾驶员直接视野内的乘客门处，宜由驾驶员在其座位上操纵；其他情况下，控制件应邻近于导板，且仅能由驾驶员启闭。

A.1.11.4.3 手动导板的操作

手动导板应操作轻便。

A.2 约束系统试验方法

A.2.1 对乘客座椅不要求有乘员约束系统的车辆，轮椅区约束系统的静态试验按下列要求进行：

a) 按每轮椅2 500 N±200 N的力施加在约束系统上；

b) 若约束系统未与地板相连，则此力水平向前施加。若与地板相连，则力与水平面成45°±10°向前施加；

c) 试验力保持时间应不少于1.5 s。

A.2.2 乘客座椅要求有约束系统时，每个轮椅区约束系统的静态试验按下列要求进行：

a) 试验力分别分别向前和向后施加在约束系统上；

b) 试验力保持时间应不少于0.2 s。

A.2.2.1 轮椅与轮椅使用者约束系统分开的情况下，向前施加力：

a) M_2 类车：

——腰带：11 100 N±200 N试验力加在轮椅使用者约束系统上，若约束系统未与地板相连，试验力在车辆水平面内向前施加，若约束系统与地板相连，试验力与车辆水平面成45°±10°向前；

——三点式安全带：腰部6 750 N±200 N试验力在车辆水平面内向前。躯干部6 750 N±200 N试验力在车辆水平面内向前；

——轮椅约束系统：17 150 N±200 N试验力向前施加在与车辆水平面成45°±10°向前；

——诸力应同时施加。

b) M_3 类车：

——腰带：7 400 N±200 N试验力加在轮椅使用者约束系统上，若约束系统未与地板相连，试验力在车辆水平面内向前施加，若约束系统与地板相连，试验力与车辆水平面成45°±10°向前；

——三点式安全带：腰部4 500 N±200 N试验力在车辆水平面内向前，躯干部4 500 N±200 N试验力在车辆水平面内向前；

——轮椅约束系统：11 300 N±200 N 试验力与车辆水平面成 45°±10°向前施加；

——诸力应同时施加。

A.2.2.2 对轮椅和轮椅使用者组合的约束系统，向前施加力：

a) M_2 类车：

——腰带：11 100 N±200 N 试验力加在轮椅使用者约束系统上，与车辆水平面成 45°±10°向前施加；

——三点式安全带：腰部 6 750 N±200 N 试验力与车辆水平面成 45°±10°向前施加，躯干部 6 750 N±200 N 试验力在车辆水平面内向前施加；

——轮椅约束系统：17 150 N±200 N 试验力与车辆水平面成 45°±10°向前施加；

——诸力应同时施加。

b) M_3 类车：

——腰带：7 400 N±200 N 试验力加在轮椅使用者约束系统上，与车辆水平面成 45°±10°向前施加；

——三点式安全带：腰部 4 500 N±200 N 试验力与车辆水平面成 45°±10°向前施加，躯干部 4 500 N±200 N 试验力在车辆水平面内向前施加；

——轮椅约束系统：11 300 N±200 N 试验力与车辆水平面成 45°±10°向前施加；

——诸力应同时施加。

A.2.2.3 向后施加力：8 100 N±200 N 试验力与车辆水平面成 45°±10°，向车后加在轮椅使用者约束系统上。

附　录　B
（规范性附录）
静态侧倾极限计算的验证

B.1　可以采用经过验证的计算方法来证明车辆符合本标准 4.3 的要求。

B.2　检测机构可以在车辆的某些部件上进行试验，来验证计算过程中的某些假设。

B.3　计算的准备

B.3.1　车辆应由一空间系统来代表。

B.3.2　由于车身重心位置和车辆悬架、轮胎刚度的不同，在侧向加速度作用下，车辆一侧的车轴不会同时升起。所以，车身在单根车轴上的侧倾应假设其他车轴的车轮仍保持在地面上来确定。

B.3.3　为了简化问题，应假设非悬挂质量的重心位于车辆纵向中心平面内。由于车轴偏转，车辆翻转中心位置的较小移动可以忽略。空气悬架的调节不予考虑。

B.3.4　至少下列参数应在计算中予以考虑：

车辆参数如轴距、轮距和悬挂/非悬挂质量；车辆重心位置；车辆悬架弹簧刚度、挠度和回弹，且考虑非线性的影响；轮胎的水平和垂直刚度；上部结构的扭转；车轴翻转中心的位置。

B.4　计算方法的正确性

B.4.1　计算方法的正确性应得到检测机构认同，如根据相似车辆的同等试验为基础。

附　录　C
（规范性附录）
动力操纵门夹持力测量

C.1　适用范围

本附录适用于动力操纵门。

C.2　定义

C.2.1　动力操纵门关闭是一个动态过程。当门关闭过程中碰到障碍时，便产生动态反作用力，这个过程（相对时间）取决于若干因素（即门的质量、加速度、尺寸等）。夹持力 $F(t)$ 是一个时间函数，在门的关闭边缘测量（见 C.3.2）。

C.2.2　峰值力 F_S 是夹持力的最大值。

C.2.3　有效力 F_E 是夹持力相对脉冲期间的平均值

$$F_E = \frac{1}{T}\int_{t_1}^{t_2} F(t)\mathrm{d}t \qquad \text{(C.1)}$$

C.2.4　脉冲时间 T 是 t_1 到 t_2 之间的时间：

$$T = t_2 - t_1 \qquad \text{(C.2)}$$

式中：

t_1——感应开始处，夹持力超过 50 N 这一刻的时间；

t_2——消失终点处，夹持力小于 50 N 这一刻的时间。

C.2.5　上述参数脉冲的关系示于图 C.1。

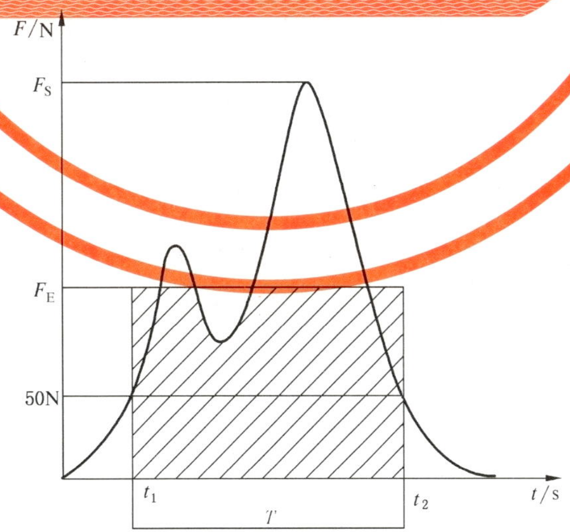

图 C.1　夹持力 $F(t)$ 与时间的函数关系

C.2.6　夹持力 F_c 为有效技术平均值，在相同测量点重复多次测量：

$$F_c = \frac{\sum_{i=1}^{n} F_{(E)i}}{n} \qquad \text{(C.3)}$$

C.3 测量

C.3.1 测量条件

C.3.1.1 测量温度为10℃～30℃。

C.3.1.2 车辆应停在水平面上。

C.3.2 测量点

C.3.2.1 车门的主要关闭边:其中一点在车门中部;另外一点在车门底边以上150 mm。

C.3.2.2 车门装有开启过程中防夹持装置,在车门的从属关系边,此点是最危险的夹持处。

C.3.3 在每个测量点至少测量3次,按C.2.6确定夹持力。

C.3.4 读数与额定值的偏差为±3%。

C.4 测量装置

C.4.1 夹持力测量可采用数字测力仪。

ICS 13.300
R 10

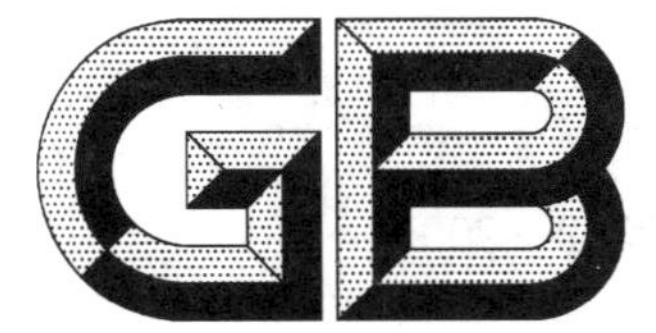

中华人民共和国国家标准

GB 13392—2005
代替 GB 13392—1992

道路运输危险货物车辆标志

The vehicle mark for road transportation dangerous goods

2005-04-22 发布　　2005-08-01 实施

中华人民共和国国家质量监督检验检疫总局
中国国家标准化管理委员会　发布

前　言

本标准除第5章外，其余技术内容为强制性。

本标准代替GB 13392—1992《道路运输危险货物车辆标志》。本标准与GB 13392—1992相比主要变化如下：

——修改了标志灯底色和标志文字，增加了编号；

——取消了标志灯电光源；

——修改了标志牌形状、图案；

——增加了标志的安装悬挂、维护要求；

——增加了规范性附录：附录A“标志牌图形”；

——增加了资料性附录：附录B“标志灯安装位置”和附录C“标志牌悬挂位置”。

本标准的附录A是规范性附录；附录B和附录C是资料性附录。

本标准由中华人民共和国交通部提出。

本标准由交通部公路司归口。

本标准起草单位：中国道路运输协会。

本标准参加单位：交通部科学研究院、长安大学、河北省道路运输管理局、北京永华龙交通科技发展有限公司。

本标准主要起草人：高丰、王丽梅、胡焕秀、陈荫三、李风明、周志永。

本标准所代替标准的历次版本发布情况为：GB 13392—1992。

道路运输危险货物车辆标志

1 范围

本标准规定了道路运输危险货物车辆标志的分类、规格尺寸、技术要求、试验方法、检验规则、包装、标志、装卸、运输和储存,以及安装悬挂和维护要求。

本标准适用于道路运输危险货物车辆标志的生产、使用和管理。

2 规范性引用文件

下列文件中的条款通过本标准的引用而成为本标准的条款。凡是注日期的引用文件,其随后所有的修改单(不包括勘误的内容)或修订版均不适用于本标准,然而鼓励根据本标准达成协议的各方研究是否可使用这些文件的最新版本。凡是不注日期的引用文件,其最新版本适用于本标准。

GB 190—1990 危险货物包装标志

GB/T 191 包装储运图示标志 (GB/T 191—2000,EQV ISO 780:1997)

GB/T 2423.1 电工电子产品环境试验 第2部分:试验方法 试验A:低温(GB/T 2423.1—2001,idt IEC 60068-2-1:1990)

GB/T 2423.2 电工电子产品环境试验 第2部分:试验方法 试验B:高温(GB/T 2423.2—2001,idt IEC 60068-2-2:1974)

GB/T 2423.5 电工电子产品环境试验 第二部分:试验方法 试验Ea和导则:冲击(GB/T 2423.5—1995,idt IEC 68-2-27:1987)

GB/T 2423.10 电工电子产品环境试验 第二部分:试验方法 试验Fc和导则:振动(正弦)(GB/T 2423.10—1995,idt IEC 68-2-6:1982)

GB 2893 安全色(GB 2893—2001,neq ISO 3864:1984)

GB/T 6543 瓦楞纸箱

GB 6944 危险货物分类和品名编号

GB 11806 放射性物质安全运输规程

GB/T 18833 公路交通标志反光膜

3 产品分类与规格尺寸

3.1 分类

道路运输危险货物车辆标志分为标志灯和标志牌。

3.2 结构与类型

3.2.1 标志灯

3.2.1.1 结构

标志灯包括灯体和安装件。

标志灯灯体正面为等腰三角形状,由灯罩、安装底板或永磁体(A型标志灯)、橡胶衬垫及紧固件构成。

标志灯正、反面中间印有“危险”字样,侧面印有“!”,灯罩正面下沿中间嵌有标志灯编号牌。

3.2.1.2 类型

按车辆载质量、安装方式分型,见表1。

表 1　标志灯类型

类型	安装方式	代号	适用车辆
A 型	磁吸式	A	载质量 1 t(含)以下,用于城市配送车辆
B 型	顶檐支撑式	BⅠ	载质量 2 t(含)以下
		BⅡ	载质量 2 t～15 t(含)
		BⅢ	载质量 15 t 以上
C 型	金属托架式	CⅠ[a]	带导流罩,载质量 2 t(含)以下
		CⅡ[a]	带导流罩,载质量 2 t～15 t(含)
		CⅢ[a]	带导流罩,载质量 15 t 以上

[a] 金属托架为可选件,金属托架按底平面与标志灯基准面的夹角 γ(见图 3)分为 3 种,γ 分别为 30°,45°,60°。

3.2.2　**标志牌**

3.2.2.1　标志牌的材质为金属板材,形状为菱形。

3.2.2.2　标志牌图形应符合 GB 190—1990 的规定,种类、名称和颜色见附录 A。

3.2.2.3　标志牌按 GB 6944 规定的危险货物的类、项和车辆载质量分型。

3.3　**规格和尺寸**

3.3.1　**标志灯**

3.3.1.1　A 型标志灯见图 1 和表 2。

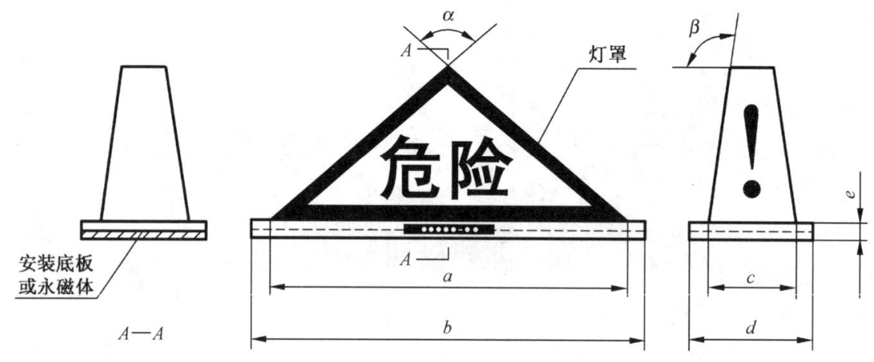

图 1　**A 型标志灯**

表 2　**A 型标志灯尺寸**

类　型	尺　寸						
	a/mm	b/mm	c/mm	d/mm	e/mm	α/(°)	β/(°)
A	400	440	100	140	22	100	100

3.3.1.2　B 型标志灯见图 2 和表 3。标志灯灯体与金属杆用螺栓连接,以弹簧垫圈方式锁紧。

注:尺寸标注见 A 型标志灯。

图 2　**B 型标志灯**

表 3 B型标志灯尺寸

类 型	尺 寸						
	a/mm	b/mm	c/mm	d/mm	e/mm	α/(°)	β/(°)
BⅠ	400	440	100	140	22	100	100
BⅡ	460	500	120	160	22	100	100
BⅢ	520	560	140	180	22	100	100

3.3.1.3 C型标志灯见图3。C型标志灯灯体尺寸与B型相同。标志灯灯体与金属托架、金属托架与汽车导流罩用螺栓连接,以弹簧垫圈方式锁紧。

图 3 C型标志灯

3.3.2 标志牌

菱形标志牌的4个内角均为直角,边长、厚度按车辆载质量分型方式确定,见表4。

表 4 标志牌类型和尺寸

单位为毫米

类型	代号	边长	厚度	适用车辆
PⅠ	PⅠ-n[a]	250	≥1	载质量2 t(含)以下
PⅡ	PⅡ-n[a]	300	≥1.25	载质量2 t～15 t(含)
PⅢ	PⅢ-n[a]	350	≥1.5	载质量15 t以上
a 代号中的"n"为数字1～18,与附录A中"编号"栏相一致,图形与附录A中"标志牌图形"栏相对应。				

3.4 标志灯编号牌

3.4.1 每个标志灯应有一个确定编号。

3.4.2 编号规则见图4。

□□□□□□□□-□□

年号:公元年号的后两位,用阿拉伯数字表示

序号:阿拉伯数字,8位

图 4 标志灯编号规则

3.4.3 编号牌为长100 mm宽20 mm铝质金属牌,编号字体为黑体,用腐蚀工艺制作使边框与编号适量凸出,凹陷部分涂黑色,见图5。

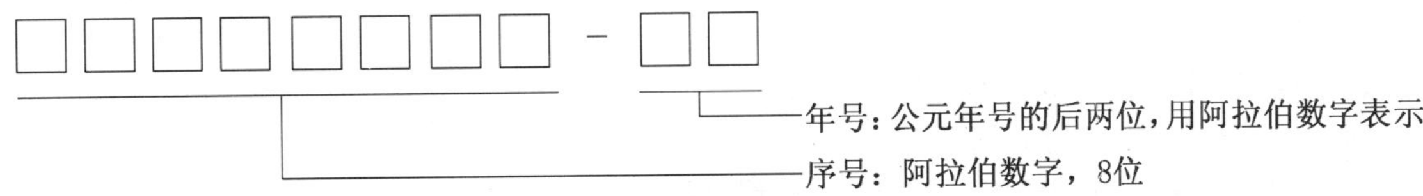

图 5 标志灯编号牌

3.4.4 编号牌用螺栓或粘贴方式固定于标志灯正面下方、中部,编号牌下沿距灯罩底沿1 mm。

4 技术要求

4.1 标志灯

4.1.1 标志灯的光源为荧光物质。按照 GB 2893 中安全色与对比色的规定，灯罩为荧光黄色，正反面边框线条为黑色，字体为黑色黑体；侧面“!”为黑色黑体，线条、字体和符号使用反光材料附着或印刷。

4.1.2 灯罩材质为 ABS 树脂，应一次注塑成型，表面光洁无气泡，有较好的耐低温、耐高温、抗振动、抗冲击性。

4.1.3 荧光黄色在正常使用条件下应至少保持两年不褪色，黑色边框线条、字体及符号至少两年不褪色、不剥落。荧光物质的正常使用寿命不少于两年。

4.1.4 灯罩材料内加入荧光物质或表面附着荧光膜，夜间发光的可视距离不少于 150 m，在夜间车辆正常行驶时不少于每 10 min 会车一次情况下可持续达到发光要求。

4.1.5 安装底板的材质为工程塑料，厚度不低于 10 mm。

4.1.6 灯罩、橡胶衬垫、安装底板连接处应涂密封脂，防止腐蚀性气体或雨水侵入。

4.2 标志牌

4.2.1 基板材质为铝合金，工作表面贴覆符合 GB/T 18833 要求的定向反光膜。

4.2.2 采用冲压成形工艺，使图形凸出量不小于 0.5 mm；按附录 A 规定的颜色以反光材料印刷图形。

4.2.3 反光膜、印刷图形能有效地防止酸、碱液或腐蚀性烟雾的侵蚀，使用寿命不少于 2 年。

5 试验方法

5.1 外观质量

5.1.1 目视检测，标志灯灯罩、安装底板表面应平整、无气泡；线条、字体和符号着色应均匀，边缘应清晰、平滑。

5.1.2 目视检测，标志牌反光膜附着应平整、无气泡；冲压图形边缘清晰、反光膜无断裂；印刷图形着色应均匀，边缘应清晰、平滑。

5.2 发光质量

目视检测，标志灯发光应均匀；在全黑暗情况下进行对比试验，以普通小汽车远光灯距离 10 m 直射标志灯 10 s，观测其亮度变化，在 10 min 内应始终不低于内置 21 W 汽车灯泡的对比标志灯亮度。

5.3 低温试验

试验应符合 GB/T 2423.1 的规定。

试验参数：温度 −25℃，时间 72 h。

试验后立即检查试样的外观，应无变形或断裂现象。

5.4 高温试验

试验应符合 GB/T 2423.2 的规定。

试验参数：温度 40℃，时间 72 h。

试验后立即检查试样的外观，应无变形或断裂现象。

5.5 振动试验

试验应符合 GB/T 2423.10 的规定。

试验参数：频率范围 10 Hz～150 Hz，扫频速率为每分钟一个倍频程，加速度幅值 10 m/s^2，扫频循环数 20，在试样的竖直轴线上试验。

试验后立即检查试样的外观及紧固部位情况，试样应无机械损伤和紧固部位松动现象。

5.6 冲击试验

试验应符合 GB/T 2423.5 的规定。

试验参数：峰值加速度 150 m/s^2，持续时间 11 ms，脉冲波形为半正弦或后峰锯齿，在试样的 3 个相互垂直的轴线上各连续冲击 1 000 次。

试验后立即检查试样的外观及紧固部位情况，试样应无机械损伤和紧固部位松动现象。

6 检验规则

6.1 出厂检验

6.1.1 产品出厂需经质量检验合格，并签发合格证后方能出厂。

6.1.2 标志灯出厂检验项目包括：外观、发光。标志牌出厂检验项目为外观。

6.2 型式检验

6.2.1 有下列情况之一时，进行型式检验：

a) 投入批量生产前；

b) 正式生产后，如结构、材料、工艺有较大改变，可能影响产品性能时；

c) 出厂检验结果与上次型式检验有较大差异时；

d) 国家及部级质量监督机构提出进行型式检验要求时。

6.2.2 型式检验应按第 4 章和第 5 章进行。

7 产品的包装、标志、装卸、运输和储存

7.1 包装

7.1.1 标志灯外包装为瓦楞纸箱。内包装为硬纸盒，以定型吹塑泡沫衬垫保护。每个纸盒内附有产品说明书和产品检验合格证。

7.1.2 标志牌每块用塑料薄膜封装，外包装为瓦楞纸箱，每箱装不超过 50 块。

7.1.3 瓦楞纸箱应符合 GB/T 6543 的要求。

7.2 标志

7.2.1 产品标志

7.2.1.1 标志灯

标志灯应有清新、耐久的产品标志，至少包括下列内容：

a) 产品名称、代号和生产编号；

b) 制造厂名、生产日期、产品有效期及商标、防伪标志。

7.2.1.2 标志牌

标志牌的产品标志至少包括下列内容：

a) 产品名称、代号和生产编号；

b) 制造厂名、生产日期及商标、防伪标志。

7.2.2 包装标志

外包装件上应印有 GB/T 191 规定的“防雨”、“向上”、“易碎”(标志牌除外)图示标志，正反两面印有产品标志，两侧面印有包装件的外形尺寸、重量、内装数量。

7.3 装卸和运输

装卸时应轻装轻卸、堆码整齐；运输时应捆扎牢固，使用厢式车辆运载。

7.4 储存

库内存放，注意防潮。标志灯储存期不超过 2 年，标志牌储存期不超过 4 年。

8 安装悬挂要求

8.1 标志灯

8.1.1 标志灯安装于驾驶室顶部外表面中前部(从车辆侧面看)中间(从车辆正面看)位置，以磁吸或顶檐支撑、金属托架方式安装固定。安装位置参见附录 B。

8.1.2　对于带导流罩车辆，可视导流罩表面流线形和选择的金属托架角度确定安装位置，允许自制金属托架，允许在金属托架与导流罩间加衬垫，应保证标志灯安装正直。

8.2　标志牌

8.2.1　标志牌一般悬挂于车辆后厢板或罐体后面的几何中心部位附近，避开车辆放大号；对于低栏板车辆可视情选择适当悬挂位置。悬挂位置参见附录C。

8.2.2　运输爆炸、剧毒危险货物的车辆，应在车辆两侧面厢板几何中心部位附近的适当位置各增加一块悬挂标志牌。

8.2.3　运输放射性危险货物的车辆，标志牌的悬挂位置和数量应符合GB 11806的规定。

8.2.4　根据车辆结构或用途，选择螺栓固定、铆钉固定、粘合剂粘贴固定或插槽固定(可按使用需要随时更换)等方式安装固定标志牌。

8.2.5　对于罐式车辆，可选择按规定位置悬挂标志牌或以反光材料按3.2.2.2和3.2.2.3的规定在罐体上喷绘标志。

8.2.6　悬挂的标志牌应按GB 6944与所运载危险货物(一种危险货物具有多重危险性时与主要危险性，多种危险货物混装时与主要危险货物的主要危险性)的类、项相对应，与标志灯同时使用。

9　车辆标志的维护

9.1　车辆驾驶员应对使用中的车辆标志进行经常性检查和维护，保持车辆标志的清洁和完好。

9.2　车辆在装、卸载可能导致车辆标志腐蚀、失效的化学危险品后，应及时对车辆标志进行检查，必要时对车辆标志进行清洗和擦拭。

9.3　标志灯正常使用期限为2年，标志牌正常使用期限为4年。在使用期限内车辆标志发生破损、失效时，应及时更换。

附　录　A
（规范性附录）
标示牌图形

A.1　标志牌图形见表 A.1。

表 A.1　标志牌图形

编号	名称	标志牌图形	对应的危险货物类项号
1	爆炸品	爆炸品 1 （底色：橙红色，图案：黑色）	1.1 1.2 1.3
2	爆炸品	1.4 爆炸品 1 （底色：橙红色，图案：黑色）	1.4
3	爆炸品	1.5 爆炸品 1 （底色：橙红色，图案：黑色）	1.5

表 A.1（续）

编号	名称	标志牌图形	对应的危险货物类项号
4	易燃气体	易燃气体 2 （底色：红色，图案：黑色）	2.1
5	不燃气体	不燃气体 2 （底色：绿色，图案：黑色）	2.2
6	有毒气体	有毒气体 2 （底色：白色，图案：黑色）	2.3

表 A.1(续)

编号	名称	标志牌图形	对应的危险货物类项号
7	易燃液体	易燃液体 3 (底色:红色,图案:黑色)	3
8	易燃固体	易燃固体 4 (底色:白色红条,图案:黑色)	4.1
9	自燃物品	自燃物品 4 (底色:上白下红色,图案:黑色)	4.2

表 A.1（续）

编号	名称	标志牌图形	对应的危险货物类项号
10	遇湿易燃物品	遇湿易燃物品 4 （底色：蓝色，图案：黑色）	4.3
11	氧化剂	氧化剂 5.1 （底色：柠檬黄色，图案：黑色）	5.1
12	有机过氧化物	有机过氧化物 5.2 （底色：柠檬黄色，图案：黑色）	5.2

表 A.1(续)

编号	名称	标志牌图形	对应的危险货物类项号
13	剧毒品	剧毒品 6 (底色:白色,图案:黑色)	6.1
14	有毒品	有毒品 6 (底色:白色,图案:黑色)	6.1
15	有害品 (远离食品)	有害品 (远离食品) 6 (底色:白色,图案:黑色)	6.1

表 A.1(续)

编号	名称	标志牌图形	对应的危险货物类项号
16	感染性物品	 感染性物品 6 (底色:白色,图案:黑色)	6.2
17	腐蚀品	 腐蚀品 8 (底色:上白下黑色,图案:上黑下白色)	8
18	杂类	 杂类 9 (底色:白色,图案:黑色)	9

A.2 运输放射性危险货物车辆的标志牌图形应符合 GB 11806 的规定。

附 录 B
（资料性附录）
标示灯安装位置

B.1　A型标志灯安装位置见图B.1。

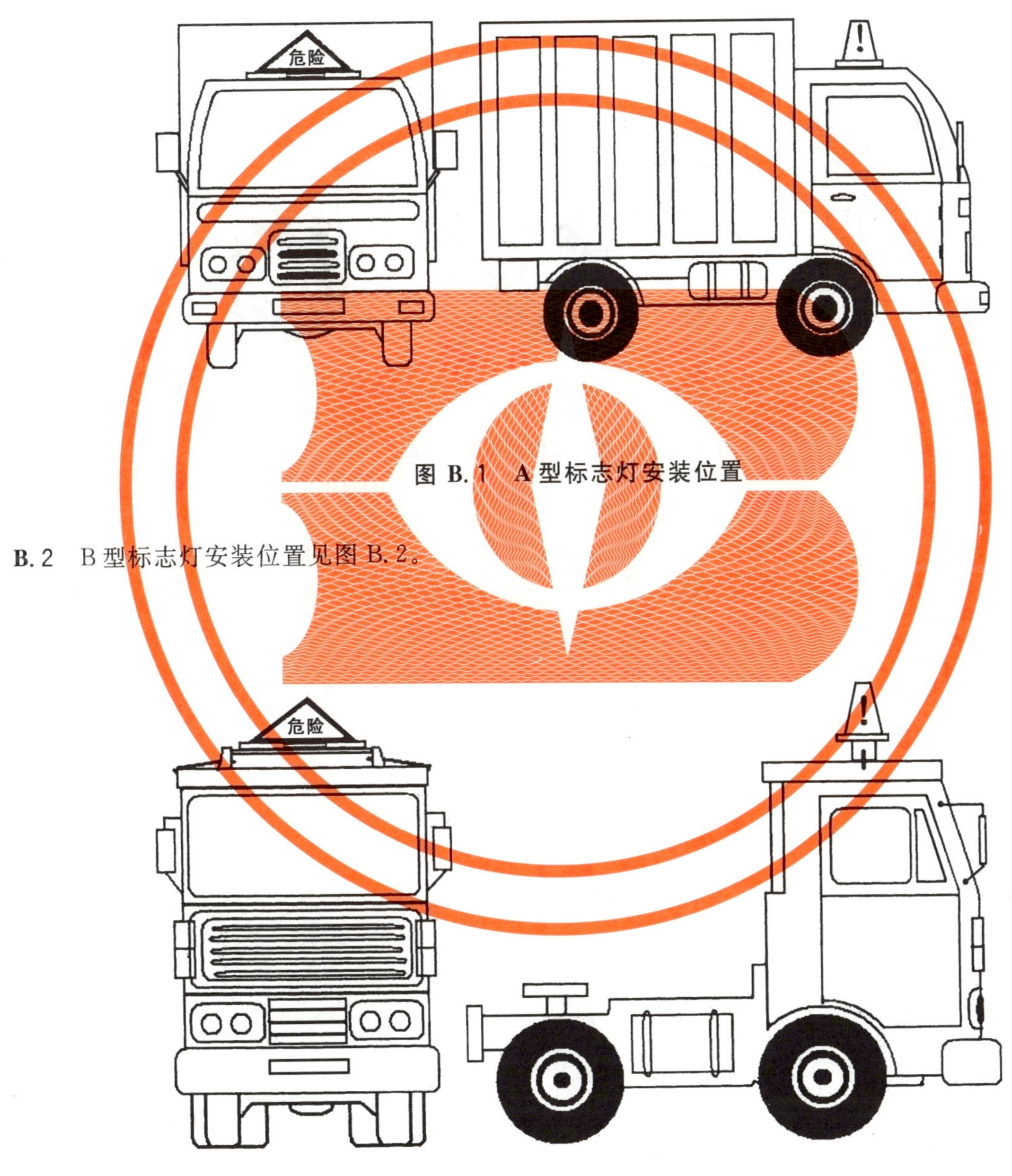

图 B.1　A型标志灯安装位置

B.2　B型标志灯安装位置见图B.2。

图 B.2　B型标志灯安装位置

B.3 C型标志灯安装位置见图B.3。

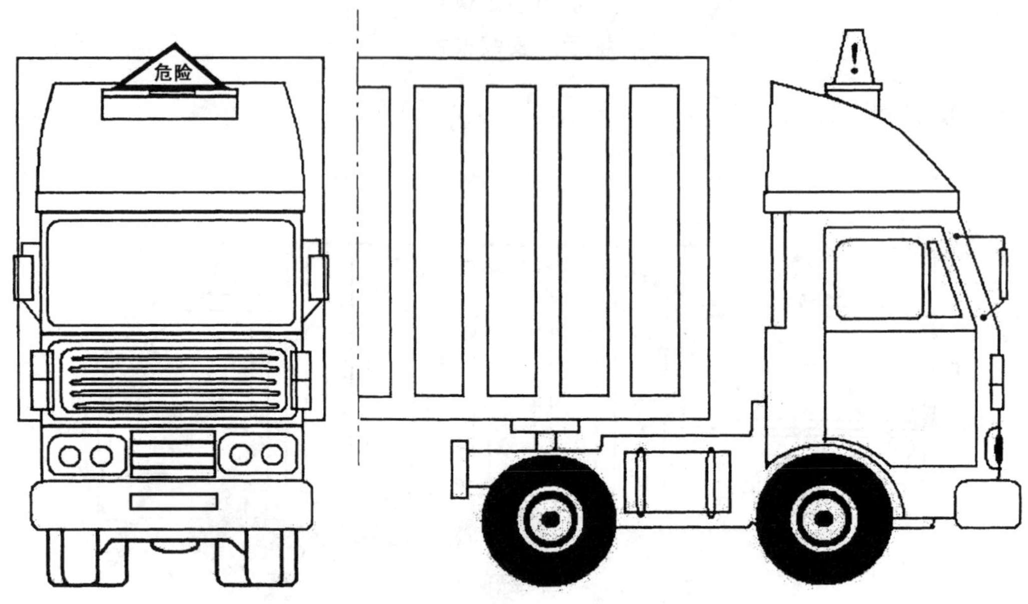

图 B.3 C型标志灯安装位置

附　录　C
（资料性附录）
标志牌悬挂位置

C.1　低栏板车辆标志牌悬挂位置，推荐悬挂于栏板上，必要时重新布置放大号。见图 C.1。

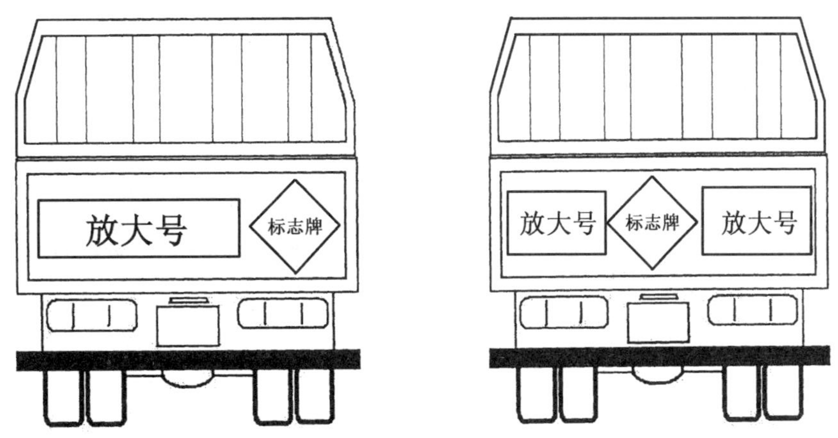

图 C.1　低栏板式车辆标志牌悬挂位置

C.2　厢式车辆标志牌悬挂位置一般在车辆放大号的下方或上方，推荐首选下方；左右尽量居中。集装箱车、集装罐车、高栏板车类同。见图 C.2。

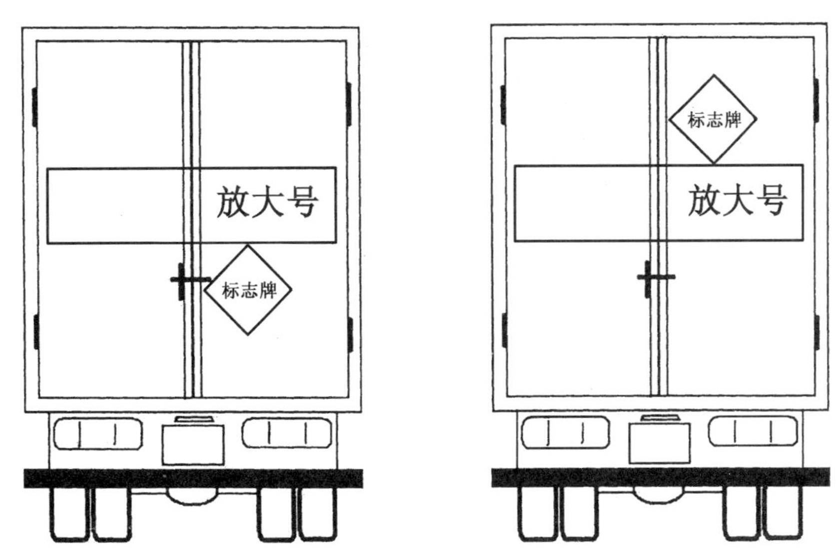

图 C.2　厢式车辆标志牌悬挂位置

C.3 罐式车辆标志牌悬挂位置一般在车辆放大号下方或上方，推荐首选下方；左右尽量居中。见图 C.3。

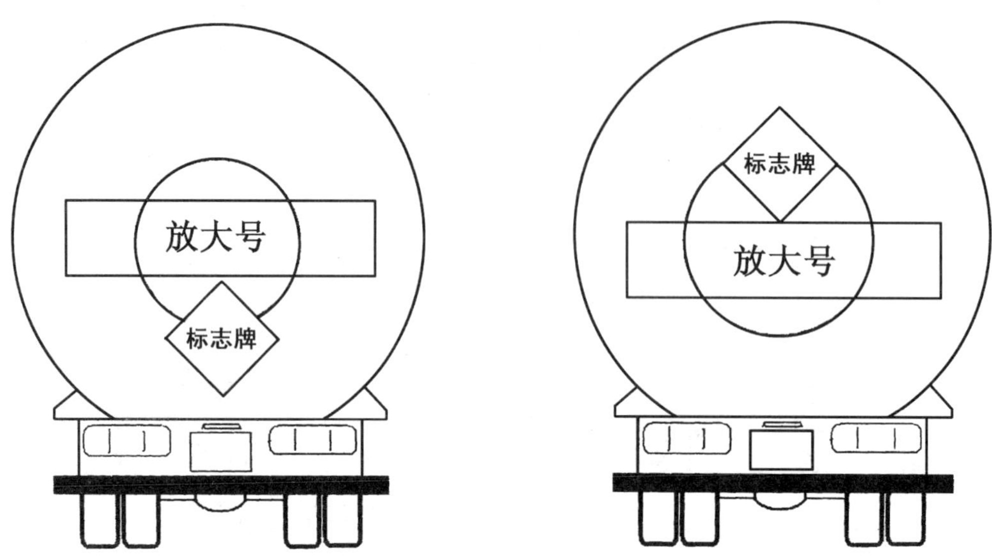

图 C.3　罐式车辆标志牌悬挂位置

C.4 运输爆炸、剧毒危险货物的车辆，在车辆两侧面厢板各增加悬挂一块标志牌，悬挂位置一般居中，见图 C.3。

图 C.4　标志牌侧面悬挂位置

ICS 43.040.60
T 26

中华人民共和国国家标准

GB 14166—2013
代替 GB 14166—2003

机动车乘员用安全带、约束系统、儿童约束系统和ISOFIX儿童约束系统

Safety-belts, restraint systems, child restraint systems and ISOFIX child restraint systems for occupants of power-driven vehicles

2013-05-07 发布 2014-01-01 实施

中华人民共和国国家质量监督检验检疫总局
中国国家标准化管理委员会 发布

前　言

本标准第 4 章，第 5 章，第 6 章，第 7 章为强制性的，其余为推荐性的。

本标准按照 GB/T 1.1—2009 给出的规则起草。

本标准代替 GB 14166—2003《机动车成年乘员用安全带和约束系统》。

本标准与 GB 14166—2003 的主要差异有：

a) 修改了标准名称

将标准名称改为：机动车乘员安全带、约束系统、儿童约束系统和 ISOFIX 儿童约束系统（原名为：机动车成年乘员用安全带和约束系统）。

b) 修改了标准适用范围

- 前向或后向座椅上安装了作为成年乘员独立装备单独使用的安全带和约束系统的 M、N 类车辆。
- M、N 类车辆前向或后向座椅上作为成年乘员独立装备单独使用的安全带和约束系统。
- 安装了儿童约束系统和 ISOFIX 儿童约束系统的 M_1 和 N_1 类车辆。
- 装有安全带提醒装置的 M_1 类车辆。

c) 卷收力

增加了带有减力装置的安全带卷收力的测量要求。测量卷收力时，当减力装置处于运行模式时，卷收力可减小至 0.5 N；如果卷收器总成带有减力装置，在进行的耐久性试验前后，织带卷收力应在减力装置起作用和不起作用的状态下测量（本版的 4.2.5.3.4）。

d) 动态性能

- 修改了带有预紧装置的安全带的动态性能要求。对于带有预紧装置的安全带，进行动态试验时预紧装置应起作用（本版的 4.4.1.2）。2003 年版要求进行两次动态试验时预紧装置分别在不起作用和起作用这两种工作状况进行试验（2003 年版的 4.4.1.2.4）。
- 增加了带有减力装置的安全带的动态性能要求。减力装置在运行模式时进行动态试验（本版的 4.4.1.2）。
- 修改了假人参考点位移量的限值范围。对于约束系统，当上固定点安装在座椅上时，根据 GB 14167—2013 中 4.5.4 的减免规定，位移量可以大于 4.4.1.3b）规定的值（本版的 4.4.1.5）；对于全背带型安全带 4.4.1.3b）中规定的最小位移量可以减少一半[2003 年版的 4.4.1.3b）]。2003 年版在动态试验中没有涉及安全带上固定点安装在座椅上的相关减免规定和全背带型安全带的相关规定。

e) 增加了可以选用加速滑车装置进行动态试验的试验方法（本版的 5.7.5）。2003 年版只有减速滑车装置的相关内容。

f) 增加了安全带和约束系统在车辆上安装的要求（本版的 6）。

g) 增加了附录 B 机动车前向座椅成人安全带和约束系统及 ISOFIX 儿童约束系统的安装要求。

h) 增加了附录 N 安全带与卷收器的最低要求。

i) 增加了附录 O 安全带提醒装置试验。

j) 增加了附录 Q 机动车乘坐位置 H 点和实际靠背角的确定程序，采用 ISO 6549：1999 所述H 点装置。

本标准与 ECE R16 法规《关于机动车乘员安全带，约束系统，儿童约束系统和 ISOFIX 儿童约束系统认证的统一规定》（英文版）的技术性差异及其原因如下：

a) ECE R16 中 2.10 术语定义由儿童约束改为儿童约束系统，直接采用 GB 27887—2011《机动车儿童乘员用约束系统》中的定义；

b) 增加了卷收力台架试验方法(本版的 5.6.4.3)，增加了标准的可操作性；

c) 删除了 ECE R16 中第 3 章“认证申请”、第 4 章“标志”、第 5 章“认证”、第 9 章“生产一致性”、第 10 章“生产不一致性的处罚”、第 11 章“车型或安全带及约束系统的认证更改和认证扩展”、第 12 章“正式停产”、第 14 章“认证试验部门及行政管理部门的名称和地址”、附录 1A“按照 ECE R16 关于安全带的认证批准、认证扩展、认证拒绝、认证撤销或正式停产的通知书”、附录 1B“按照 ECE R16 关于机动车辆安全带及成人乘员约束系统的认证批准、认证扩展、认证拒绝、认证撤销或正式停产的通知书”、附录 2“认证标志的布置示例”关于认证程序及认证标志的内容，其原因是标准体系和法规体系的形式差别所致。

在附录 A 中列出了本标准章条编号与 ECE R16 法规章条编号的对照一览表。

为便于使用，对于 ECE R16 法规部分还做了下列编辑性修改：

a) “本法规”改为“本标准”；

b) cm^2 改为 mm^2，daN 改为 N；

c) 增加资料性附录 A。

本标准由中华人民共和国国家发展和改革委员会提出。

本标准由全国汽车标准化技术委员会(SAC/TC 114)归口。

本标准起草单位：东风汽车公司、国家汽车质量监督检验中心(襄阳)、中国汽车技术研究中心、郑州日产汽车有限公司、中国质量认证中心。

本标准主要起草人：李三红、余博英、杨斌、王长江、张尚娇、王盛、李维菁、李强红、王冬成、曲艳萍。

本标准代替了 GB 14166—2003。

GB 14166—2003 的历次版本发布情况为：

——GB 14166—1993。

机动车乘员用安全带、约束系统、儿童约束系统和 ISOFIX 儿童约束系统

1 范围

本标准规定了汽车安全带、约束系统、儿童约束系统和 ISOFIX 儿童约束系统的定义、技术要求和试验方法。

本标准适用于：

a) 前向或后向座椅上安装了作为成年乘员独立装备单独使用的安全带和约束系统的 M、N 类车辆；

b) M、N 类车辆前向或后向座椅上作为成年乘员独立装备单独使用的安全带和约束系统；

c) 安装了儿童约束系统和 ISOFIX 儿童约束系统的 M_1 和 N_1 类车辆；

d) 装有安全带提醒装置的 M_1 类车辆。

2 规范性引用文件

下列文件对于本文件的应用是必不可少的。凡是注日期的引用文件，仅注日期的版本适用于本文件。凡是不注日期的引用文件，其最新版本(包括所有的修改单)适用于本文件。

GB 4094—1999 汽车操纵件、指示器及信号装置的标志

GB/T 8427—2008 纺织品 色牢度试验 耐人造光色牢度：氙弧

GB 11551—2003 乘用车正面碰撞的乘员保护

GB 11552—2009 乘用车内部凸出物

GB 11557—2011 防止汽车转向机构对驾驶员伤害的规定

GB 13057—2003 客车座椅及其车辆固定件的强度

GB 14167—2013 汽车安全带安装固定点、ISOFIX 固定点系统及上拉带固定点

GB/T 15089—2001 机动车辆及挂车分类

GB 27887—2011 机动车儿童乘员用约束系统

ISO 6487:2002 道路车辆 碰撞试验测量技术 仪器设备(Road vehicles—Measurement techniques in impact tests—Instrumentation)

ISO 17373:2005 道路车辆 后碰撞时评价头部和颈部与座椅和头枕相互作用的滑车试验程序(Road vehicles—Sled test procedure for evaluating occupant head and neck interactions with seat/head restraint designs in low-speed rear-end impact)

ASTM D 573 在热风炉中进行橡胶变质的标准试验方法(Standard Test Method for Rubber-Deterioration in an Air Oven)

ASTM D 735 汽车用弹性化合物规范(Specification for Elastomer Compounds for Automotive Applications)

ASTM D 736 橡胶和类似橡胶材料的低温脆性测试方法(Method of Test for Low-Temperature Brittleness of Rubber and Rubber-Like Materials)

3 术语和定义

下列术语和定义适用于本文件。

3.1

安全带 safety belt, belt

具有织带、带扣、调节件以及将其固定在机动车辆内部的连接件，用于在车辆骤然减速或碰撞时通过限制佩戴者身体的运动以减轻其伤害程度的总成，包括吸能或卷收织带的装置。

3.1.1

腰带 lap belt

横跨佩戴者骨盆部位前方的两点式安全带。

3.1.2

肩带 diagonal belt

从臀部斜跨前胸至另一侧肩部的安全带。

3.1.3

三点式安全带 three-point belt

由一条腰带和一条肩带组成的安全带。

3.1.4

S型安全带 S-type belt

除三点式安全带或腰带以外的安全带装置。

3.1.5

全背带式安全带 harness belt

由一条腰带和多条肩带组成的S型安全带总成。全背带式安全带可能提供一个附加的胯带总成。

3.2

安全带型式 belt type

在下列主要方面没有差异的安全带：

——刚性件(带扣、连接件、卷收器等)；

——织带的材料、编织方式、尺寸和颜色等；

——安全带总成的几何形状。

3.3

织带 strap

用于约束乘员身体并将所受到的力传到安全带固定点的柔性部件。

3.4

带扣 buckle

一种使佩戴者能够被安全带约束住，且能快速解脱的装置，带扣可设有调节装置，但全背带式安全带除外。

3.5

安全带调节装置 belt adjusting device

使安全带能按照座椅位置和佩戴者的要求而进行调整的装置。调节装置可以是带扣，或卷收器，或安全带的其他部件的一部分。

3.6

预紧装置 pre-loading device

发生碰撞时拉紧安全带织带，以减少安全带松弛量的附加或集成装置。

3.7

基准区 reference zone

关于H点对称,两个相距400 mm垂直平面之间的空间,由GB 11552—2009附录C描述的头型设备从垂直位置旋转到水平位置确定。

3.8

安全气囊总成 airbag assembly

用于机动车辆上辅助安全带和约束系统作用的装置,在发生严重碰撞时自动展开一个柔性结构,通过压缩包含其中的气体,限制车辆乘员身体的一个或多个部分与车内部件的接触力。

3.9

乘员安全气囊 passenger airbag

正面碰撞时用于保护驾驶员以外乘员的安全气囊总成。

3.10

儿童约束系统 child restraint system

CRS

带有保护带扣的织带或相应柔软的部位、调整装置、连接装置、以及辅助装置[例如手提式婴儿床(便携睡床)、婴儿携带装置、辅助座椅和/或碰撞防护装置],且能将其稳固放置在机动车上的装置。其设计是通过限制佩戴者身体的移动来减轻在车辆碰撞事故或突然减速情况下对佩戴人员的伤害。

3.11

后向 rearward-facing

车辆正常行驶方向相反的方向。

3.12

连接件 attachments

安全带总成中的部件,包括使其安装到安全带固定点上的必要的紧固部件。

3.13

吸能器 energy absorber

独立的或同织带结合起来吸收能量的装置,为安全带总成的组成部分。

3.14

卷收器 retractor

用于全部卷收或部分卷收安全带织带的装置。

3.14.1

无锁式卷收器(1型) non-locking retractor(type 1)

用很小的力即可将织带全部拉出,并且拉出量是不可调整的卷收器。

3.14.2

手调式卷收器(2型) manually unlocking retractor(type 2)

由使用者手动操作打开卷收器的锁止机构,以获得所需的织带拉出量,当停止操作时,可自动锁止的卷收器。

3.14.3

自锁式卷收器(3型) automatically locking retractor(type 3)

可按所需长度自由拉出织带,并在带扣扣紧时,可根据佩戴者的体形自动调整织带长度的卷收器,佩戴者如果不有意解锁,织带将不能进一步拉出。

3.14.4

紧急锁止式卷收器(4型) emergency locking retractor(type 4)

在正常行驶条件下,不限制安全带佩戴者活动自由的卷收器,这种卷收器有长度调节元件,可根据佩戴者的体形自动调整织带的长度，并有一锁止机构在紧急情况下因下列因素而起作用：

a) 车辆减速度(单敏感性)；

b) 车辆减速度，织带的运动或其他自动因素的组合(复合敏感性)。

3.14.5

高响应紧急锁止式卷收器(4N 型) emergency locking retractor with higher response threshold (type 4N)

用在 M_2、M_3、N_1、N_2、N_3 类(见 GB/T 15089—2001)车辆上且具有较高响应极限值的紧急锁止式卷收器。

3.14.6

安全带高度调节器 belt adjustment device for height

能够使安全带上导向件的高度位置按照佩戴者的需要和座椅的位置进行调整的装置，该装置可以视作安全带的组成部分或者视作安全带固定点组成部分。

3.15

安全带固定点 belt anchorages

用于固定安全带总成的车辆结构部件或座椅结构，或者车辆的其他部分。

3.16

安全带和约束系统的车辆类型 vehicle type as regards safety-belts and restraint systems

机动车辆的类型，它在车辆结构、座椅结构，或与安全带、约束系统相连接的车辆的任何部分的尺寸、外型、零件材料等方面无实质差异。

3.17

约束系统 restraint system

一种用于特定车辆类型或制造厂定义的并经检测机构认可的类型的系统，由一个座椅和通过适当方式固定到车辆上的安全带组成，另外还包括在车辆突然减速时，通过限制佩戴者身体的运动，减少佩戴者伤害的所有元件。

3.18

座椅 seat

供一个成年乘员乘坐且有完整装饰并与车辆结构为一体或分体的乘坐设施，它包括单独的座椅或长条座椅的一个座位。

3.19

座椅组 group of seats

可供一个或多个成年乘员乘坐的长条座椅或多个并排的单独座椅(即这些座椅中的一个前固定点与另一个座椅的后固定点的前部成一条直线或在另一个座椅的固定点之间)。

3.20

长条座椅 bench seat

供一个以上成年乘员乘坐且有完整装饰的乘坐设施。

3.21

座椅调节器 adjustment system of the seat

能将座椅或其部件的位置调整到适应乘员乘坐姿态的装置，该装置至少应有如下功能之一：

a) 纵向位移 longitudinal displacement；

b) 垂直位移 vertical displacement；

c) 角位移 angular displacement。

3.22

座椅固定点　seat anchorage

将座椅总成固定到车辆结构上的系统，包括车辆结构上的相关部件。

3.23

座椅型式　seat type

在以下主要方面没有差异的座椅：

——座椅结构件的形状、尺寸和材料；

——座椅调节和锁止机构的型式和尺寸；

——座椅上安全带固定点、座椅固定点和车辆结构上的相关部件的型式和尺寸。

3.24

座椅移位系统　displacement system of the seat

为便于乘员出入，可使座椅整体或其部件之一能转动或纵向移动并且无中间固定位置的装置。

3.25

座椅调节器锁止系统　locking system of the seat

使座椅及其部件保持在某个使用位置的装置。

3.26

封闭式带扣按钮　enclosed buckle-release button

用直径 40 mm 的球体不可能使带扣开锁的带扣按钮。

3.27

非封闭式带扣按钮　non-enclosed buckle-release button

用直径 40 mm 的球体能够使带扣开锁的带扣按钮。

3.28

减力装置　tension-reduce device

与卷收器组合在一起的装置，当安全带扣好时自动减少织带的张力，当安全带释放时，此装置自动关闭。

3.29

国际通用的儿童约束系统固定装置　ISOFIX

将儿童约束系统与车辆连接的装置。包括车辆上的两个刚性固定点，儿童约束系统上两个相对应的刚性连接装置，以及限制儿童约束系统翻转的装置。

3.30

ISOFIX 儿童约束系统　ISOFIX child restraint system

具有国际通用的儿童约束系统固定位置(ISOFIX)的儿童约束系统。它是满足 GB 27887 要求的儿童约束系统，且必须连接到满足 GB 14167 要求的 ISOFIX 固定点系统上。

3.31

ISOFIX 位置　ISOFIX position

允许安装下述儿童约束系统的位置：

a)　通用类 ISOFIX 前向儿童约束系统；

b)　半通用类 ISOFIX 前向儿童约束系统；

c)　半通用类 ISOFIX 后向儿童约束系统；

d)　半通用类 ISOFIX 侧向儿童约束系统；

e)　特殊类型车辆 ISOFIX 儿童约束系统。

3.32

ISOFIX 固定点系统　ISOFIX anchorages system

由两个规定的 ISOFIX 下固定点组成，与抗翻转装置配合使用，用于固定 ISOFIX 儿童约束系统的一套系统。

3.33

ISOFIX 下固定点　ISOFIX low anchorage

是一个直径 6 mm 的水平放置的刚性圆杆，从车辆结构或座椅结构中伸出，并与带有 ISOFIX 连接装置的 ISOFIX 儿童约束系统相配合使用。

3.34

抗翻转装置　anti-rotation device

用于防止儿童约束系统沿车辆行进方向发生转动的装置。用于以下不同类型的儿童约束系统其构成方式不同：

——用于通用类 ISOFIX 儿童约束系统的抗翻转装置由 ISOFIX 上拉带及其固定点构成；

——用于半通用类 ISOFIX 儿童约束系统的抗翻转装置由一个 ISOFIX 上拉带及其固定点、车辆仪表板或者在正面碰撞事故中用于限制约束系统翻转的支撑腿构成。

注：对于通用类和半通用类的 ISOFIX 儿童约束系统，车辆座椅本身不构成抗翻转装置。

3.35

ISOFIX 上拉带固定点　ISOFIX top tether anchorage

安装在规定区域，与 ISOFIX 上拉带连接件相联，并可以把约束力传递到车辆结构上的构件。

3.36

导向装置　guidance device

帮助人员安装 ISOFIX 儿童约束系统的装置，通过物理导向作用使 ISOFIX 儿童约束系统上的 ISOFIX 连接件正确地与 ISOFIX 下固定点对齐以使连接变得容易。

3.37

ISOFIX 标识　ISOFIX marking fixture

用于提示 ISOFIX CRS 使用者车辆上 ISOFIX 的位置以及每个 ISOFIX 相应的固定点位置的识别标志。

3.38

儿童约束固定模块　child restraint fixture

CRF

附录 B 中 B.3.4 规定的 7 种尺寸等级之一的装置。特指附录 B 中图 B.4～图 B.10 给出了尺寸的装置，用来检查儿童约束系统尺寸等级是否能够适用于车辆的 ISOFIX 位置。图 B.5 描述的称为 ISO/F2(B)的 CRF 在 GB 14167—2013 中用来检查 ISOFIX 固定点系统的位置和尺寸适应性。

3.39

安全带提醒装置　safety-belt reminder

当乘员不系安全带时警告驾驶员的系统，该系统由未系安全带的检测装置和两级驾驶员提醒(第一级提醒和第二级提醒)组成。

3.40

视觉提醒　visual warning

可视信号(灯光、闪烁、符号或信息的可视显示)提醒。

3.41

听觉提醒　audible warning

声音信号提醒。

3.42

第一级提醒 first level warning

当点火开关接通(发动机运转或不运转)驾驶员未系安全带时激活的视觉提醒。作为一种选择,可增加听觉提醒。

3.43

第二级提醒 second level warning

当驾驶员未系安全带驾驶车辆时激活的视觉提醒和听觉提醒。

3.44

未系安全带 safety-belt is not fastened

按照制造厂的选择,指驾驶员安全带锁扣未插入,或从卷收器中拉出的织带长度不超过 100 mm。

3.45

车辆处于正常运行状态 vehicle is in normal operation

车辆向前运动速度大于 10 km/h。

4 技术要求

4.1 总则

4.1.1 安全带或约束系统的设计和制造应满足:当正确安装和由乘员正常使用时,其功能正常,并在交通事故中降低对身体的伤害程度。

4.1.2 安全带的织带应不易出现危险形状。

4.1.3 由于聚酰胺 6 具有吸水变形的特性,所以所有机械部件不应使用具有聚酰胺 6 这种特性的材料,这种材料操作时很可能有不利影响。

4.1.4 安全带和约束系统生产一致性的控制可参考附录 C。

4.2 刚性件

4.2.1 概述

4.2.1.1 安全带的刚性件,如带扣、调节装置、连接件等,不得有导致易于磨损或割伤织带的锐边。

4.2.1.2 安全带总成中所有易腐蚀的部件,均应适当进行防锈处理。在经 5.2 的腐蚀试验后,不允许出现可能影响正常功能的损坏和由有经验的检验人员能用肉眼观察到的明显腐蚀。

4.2.1.3 用于吸收能量或承受、传递载荷的刚性件,不得使用脆性材料。

4.2.1.4 安全带上刚性件和塑料件所处的位置和安装方式应使车辆正常使用时,不致被夹到滑动座椅下面或被车门挤住。如果有一件零件不符合上述要求时,则该零件应进行 5.5.4 中规定的冷冲击试验。试验后,如果刚性件的塑料覆盖层或保护层出现肉眼可见的裂纹,则应去除塑料件后继续检验余下部分的安全性,如果余下部分仍然是安全的或无肉眼可见的裂纹,则应对比 4.2.2、4.2.3 和 4.4 规定的试验要求进一步地进行评估。

4.2.2 带扣

4.2.2.1 带扣应能排除任何误操作的可能性,尤其应使带扣不处于部分啮合的位置,开启带扣的方法应明确,可能与佩戴者身体接触的带扣部件,在距接触面不超过 2.5 mm 处的接触区面积不得小于 2 000 mm^2,宽度不得小于 46 mm。对于全背带式安全带带扣部分,如果带扣同佩戴者身体的接触区域在 2 000 mm^2～4 000 mm^2 之间,则认为满足要求。

4.2.2.2 无论车辆处于什么位置,即使带扣不受力,也应保持锁止状态。不能存在偶然或用小于 10 N

的力打开带扣的可能性。带扣应易于使用和锁止，当它不受力时或当在5.8.2中规定的受力条件下，它应能使佩戴者从某个方向用单手的简单动作来打开。此外，当安全带总成使用于前排外侧座椅位置时（全背带式除外），带扣也应能由佩戴者从某个方向用单手的简单动作来打开。带扣应通过按压按钮或某个类似的装置来开启。当按钮在实际打开位置上，并投影到垂直于按钮最初运动方向的平面时，开启力施加表面应满足以下尺寸要求：

a） 对于封闭式带扣： 面积不小于450 mm^2，宽度不小于15 mm；

b） 对于非封闭式带扣：面积不小于250 mm^2，宽度不小于10 mm；

c） 带扣按钮表面应为红色，带扣其他部分不得呈红色。但如果乘员扣上安全带后警示灯熄灭，当乘员坐上座椅时，允许在带扣的任何部位设置红色警示灯。

4.2.2.3 当按5.5.3进行试验后，带扣应能正常工作。

4.2.2.4 带扣应能承受反复操作，在进行5.7规定的动态试验前，带扣应在正常使用条件下经受5 000次开闭循环；对于全背带式安全带的带扣，该试验可以在不是全部锁舌插入的情况下进行试验。

4.2.2.5 在进行5.8规定的试验时，带扣开启力不大于60 N。

4.2.2.6 带扣应按5.5.1和5.5.5（适用时）的要求进行强度试验。承受规定的负载时，带扣不得断裂、严重变形或自行开启。

4.2.2.7 当两个带扣合并成一个部件供两个总成通用时，将属于一套总成的带扣部件插入属于另一套总成的配合部件（如果使用时带扣可以采用该方法装配的话），也要进行5.7和5.8中规定的强度和开启试验。

4.2.3 安全带调节装置

4.2.3.1 当佩戴者戴上安全带后，安全带应可自动调整以适应佩戴者，或者易于使佩戴者方便使用，也应允许单手拉紧安全带以适应佩戴者身体尺寸和车辆座椅的位置。

4.2.3.2 应按照5.3要求对每种安全带调节装置的两件样品进行试验。对于每个调节装置样品，织带的滑移不应超过25 mm，并且全部调节装置的总移动量不应超过40 mm。

4.2.3.3 全部调节装置应按5.5.1进行强度试验，在承受规定载荷时，不得出现断裂或脱开。

4.2.3.4 按5.5.6试验后，任何手动调节机构的操作力不得超过50 N。

4.2.4 连接件和高度调节器

连接件应按5.5.1和5.5.2的规定进行强度试验。安全带高度调节器如未按GB 14167—2013进行过试验，应按5.5.2的规定进行强度试验。在规定载荷作用下，不应破裂和脱开。

4.2.5 卷收器

4.2.5.1 手调式卷收器

4.2.5.1.1 装有手调式卷收器的安全带总成的织带在卷收器锁止位置之间的拉出量不应超过25 mm。

4.2.5.1.2 在织带正常拉出方向施加一个不小于14 N且不大于22 N的力时，从手调式卷收器拉出的织带长度应不大于6 mm。

4.2.5.1.3 按5.6.1规定的方法将织带拉出，并进行5 000次反复拉出回卷试验。然后，卷收器应进行5.2规定的腐蚀试验和5.6.3规定的粉尘试验，最后再进行5 000次拉出回卷试验。完成上述试验后，卷收器应能正常工作，且仍能满足上述4.2.5.1.1、4.2.5.1.2的要求。

4.2.5.2 自锁式卷收器

4.2.5.2.1 自锁式卷收器安全带总成的织带在卷收器锁止相邻位置之间的移动量不得超过30 mm。

在佩戴者向后运动后，安全带应保持其初始位置或在佩戴者随后的向前运动后，自动回到其初始位置。

4.2.5.2.2 如果卷收器是腰带的一部分，当按5.6.4.2在假人和卷收器之间的自由长度上测量时，织带的卷收力应不小于7 N；如果卷收器是肩带的一部分时，进行类似测量时，织带的卷收力应不小于2 N，且不大于7 N；如果织带穿过一导向装置或导向轮时，应在假人与导向装置或导向轮间的自由长度上测量卷收力；如果卷收器总成上设有手动或自动防止织带全部卷回的装置，则测量卷收力时，应使该装置失效。按5.6.4.3测量时，腰带的卷收力应大于2.6 N，肩带或连续带的卷收力应在1 N～7 N之间。

4.2.5.2.3 应按5.6.1规定的方法进行5 000次拉出回卷试验。然后，卷收器应进行5.2规定的腐蚀试验和5.6.3规定的粉尘试验，最后再进行5 000次拉出回卷试验。完成上述试验后，卷收器应能正常工作，并满足4.2.5.2.1和4.2.5.2.2的要求。

4.2.5.3 紧急锁止式卷收器

4.2.5.3.1 当按5.6.2试验时，紧急锁止式卷收器应满足下列要求[对于单敏感式卷收器，根据3.14.4a)，只有车辆减速度要求是有效的]：

a) 对于4型卷收器：当车辆减速度达到0.45g(g=9.81 m/s²)时，卷收器应锁止；对于4 N型卷收器，当车辆减速度达到0.85g时，卷收器应锁止；

b) 对于4型卷收器，在织带拉出方向上测量织带的加速度值小于0.8g时，卷收器不得锁止；对于4 N型卷收器，加速度值小于1.0g时，卷收器不得锁止；

c) 当敏感装置在其制造厂规定的安装位置向任意方向倾斜12°或以下时，卷收器不得锁止；

d) 对于4型卷收器，当敏感装置在其制造厂规定的安装位置向任意方向上倾斜大于27°时，卷收器应锁止；对于4 N型卷收器，当敏感装置在其制造厂规定的安装位置向任意方向上倾斜大于40°时，卷收器应锁止；

e) 当卷收器依靠外部信号或动力源控制时，其结构应使信号或动力源失效或中断时，卷收器可自动锁止。如果只有一个敏感性依靠外部信号或动力源控制，且信号或动力源的失效有声光信号通知驾驶员时，这种复合敏感式卷收器不需要满足此要求。

4.2.5.3.2 按5.6.2试验时，具有复合敏感性，包括带感的紧急锁止式卷收器应满足规定的要求，当在拉出方向测量的织带加速度不小于2.0g时，卷收器应锁止。

4.2.5.3.3 对于4.2.5.3.1和4.2.5.3.2提到的试验，在卷收器锁止之前所产生的织带拉出量，从5.6.2.1给出的初始长度开始，不应超过50 mm。对于4.2.5.3.1b)提到的试验，从5.6.2.1给出的初始长度开始，织带拉出50 mm长度过程中，不得锁止。

4.2.5.3.4 如果卷收器是腰带的一部分，当按照5.6.4在假人和卷收器之间自由长度上测量时，织带的卷收力不应小于7 N；

如果卷收器是肩带的一部分时，进行类似测量时，织带的卷收力应不小于1 N且不大于7 N；装有减力装置时除外。这种情况下，只有当减力装置处于运行模式时，卷收力可减小至0.5 N。如果织带通过导向装置或导向轮，应在假人与导向装置或导向轮之间的自由长度上测量卷收力；

如果卷收器总成带有手动或自动防止织带全部卷回的装置，则应在该装置未起作用时测量卷收力。

如果卷收器总成带有减力装置，在按4.2.5.3.5进行的耐久性试验前和耐久性试验后评价这些要求时，上面所述的织带卷收力应在减力装置起作用和不起作用的状态下测量。

4.2.5.3.5 按5.6.1规定的方法，进行40 000次拉出回卷试验。然后，卷收器应进行5.2规定的腐蚀试验和5.6.3规定的粉尘试验。最后再进行5 000次拉出回卷试验(共进行45 000次)。

如果卷收器总成带有减力装置，上面所述的试验应在减力装置起作用和不起作用的状态下进行。

在完成上述试验后，卷收器应能正常工作且满足4.2.5.3.1、4.2.5.3.3和4.2.5.3.4的要求。

4.2.5.4 附加要求

在按 4.2.5.3.5 完成耐久性试验和按 4.2.5.3.4 完成卷收力测量后，卷收器应满足下列两条要求：

a) 当卷收器(自动锁止卷收器除外)按 5.6.4.4 进行试验时，应可以消除人体躯干和安全带之间的松弛；
b) 当带扣脱钩释放锁舌时，卷收器应能单独收回所有织带。

4.2.5.5 卷收器强度试验

卷收器试验包括 5.5.1 和 5.5.2 规定的强度试验(不包括无锁式卷收器)。

4.2.6 预紧装置

4.2.6.1 在经受 5.2 规定的腐蚀试验后，预紧装置(包括由无电流通过的原接插件连到装置上的撞击传感器)应能正常工作。

4.2.6.2 应验证装置的误操作不会导致对佩戴者身体的伤害。

4.2.6.3 火药式预紧装置应满足下列要求：

a) 在按 5.9 规定进行环境试验后，预紧装置不能因温度原因而触发，装置应正常工作；
b) 应采取措施防止火药爆发时排出的热气体引燃附近的易燃材料。

4.3 织带

4.3.1 概述

4.3.1.1 织带的特性应使其作用在佩戴者身体上的压力，在其全宽上尽可能的均匀分布，而且在载荷作用下，不会发生扭曲，织带应有吸收能量和释放能量的能力，织带应锁边以防使用时松散。

4.3.1.2 在 9 800 N 载荷下，织带的宽度不得小于 46 mm。应在进行 5.4.2 规定的断裂强度试验过程中测量该尺寸。

4.3.2 标准温湿态处理后的抗拉载荷

按 5.4.1.1 进行处理过的两条织带样品，按 5.4.2 规定测量所得到的织带抗拉载荷值不得小于 14 700 N，两件样品拉断载荷值的差别不得超过所测得的抗拉载荷较大值的 10%。

4.3.3 特殊处理后的抗拉载荷

按 5.4.1(5.4.1.1 除外)规定之一进行处理的两条织带样品，织带的拉断载荷不得小于按 4.3.2 规定试验中测得的载荷平均值的 75%，且不得小于 14 700 N。根据所使用的材料或已经获得的资料，检测机构可以免除试验中的一项或多项。

4.4 安全带总成或约束系统

4.4.1 动态试验

4.4.1.1 按 5.7 规定，对安全带总成或约束系统应进行动态试验。

4.4.1.2 对事先未受载荷的两套安全带总成进行动态试验，其中安全带总成是约束系统的一个组成部分时除外，此时应对事先未受过载荷的一组座椅的约束系统进行动态试验，要试验的安全带总成带扣应满足 4.2.2.4 的要求。对于带有卷收器的安全带，卷收器应进行 5.6.3 给出的粉尘试验。另外，带有火药式预紧装置的安全带或约束系统，该装置还应按 5.9 的规定进行处理。

安全带按 5.2 进行腐蚀试验后，带扣还应在正常使用条件下进行 500 次附加的开启和锁止试验。

对已进行过 4.2.5.2 试验或 4.2.5.3 试验的带有卷收器的安全带，如果卷收器已进行过 4.4.1.2

腐蚀试验,则腐蚀试验不必重复。

对于带有3.14.6中定义的安全带高度调节器的安全带,应由检测机构选择最不利的调节位置进行试验。如果安全带高度调节器为安全带固定点的一部分,且已满足GB 14167—2013要求,检测机构可按5.7.1的规定执行。

对于带有预紧装置的安全带,4.4.1.3b)中规定的最小位移量可减少一半。进行本试验时预紧装置应起作用。

对于带有减力装置的安全带,动态试验前应按照4.2.5.3.5减力装置在运行模式下进行耐久性试验,然后减力装置在运行模式时进行动态试验。

4.4.1.3 试验时,应满足下列要求:

a) 影响乘员约束的安全带总成或约束系统的部件不得断裂,并且带扣或锁止系统或位移系统均不得释放或解锁。

b) 对于腰带,假人骨盆位置前移量应在80 mm~200 mm之间,对于其他型式安全带,骨盆位置前移量应在80 mm~200 mm之间,胸部位置前移量应在100 mm~300 mm之间。对于全背带型安全带上述最小位移量可以减少一半。这些位移量为附录D图D.6所示测量点处的位移。

c) 安全带安装在前排外侧乘坐位置并且在前面有安全气囊保护时,如果胸部参考点在通过上面4.4.1.3b)规定位移值的时刻的速度不超过24 km/h,胸部参考点的位移值可超过这个规定的值。

4.4.1.4 约束系统应满足下列要求:

a) 如果通过计算或进一步的试验表明:假人的头部或躯干与车辆前面坚硬部位不发生任何接触,则胸部参考点的移动量允许超过4.4.1.3b)的规定;动态试验中如胸部与转向机构总成接触,转向机构总成符合GB 11557—2011要求,且胸部与转向装置的撞击速度不大于24 km/h时,则胸部参考点的移动量允许超过4.4.1.3b)的规定,进行本项评价时,座椅应位于5.7.2d)规定的位置。

b) 车辆上的位移和锁止系统,应使所有座椅上的乘员在动态试验后,仍可用手动操作方式离开车辆。

4.4.1.5 作为上述条款的部分减免,对于约束系统,当上固定点安装在座椅上时,根据GB 14167—2013中4.5.4的减免规定,位移量可以大于4.4.1.3b)中规定的值。

4.4.2 磨损处理后的载荷

4.4.2.1 经按5.4.1.6规定处理后的两件样品,应按5.4.2和5.5的规定来评价其断裂强度,其强度值至少应等于织带未经磨损处理时平均断裂强度值的75%,且不得小于规定的试件最小载荷值。两件样品的断裂强度之间的差别不可超过所测强度最高值的20%。对于程序1和程序2,只对织带样品按5.4.2进行断裂强度试验,对于程序3应对金属元件结合在一起的织带按5.5进行断裂强度试验。

4.4.2.2 进行磨损处理程序的安全带总成部件见表1。“×”表示该部件适用的处理程序,每一程序均应采用新的试样。

表1 磨损程序

磨损处理的部件	程序1	程序2	程序3
连接件	—	—	×
导向件或导向轮	—	×	—
带扣环	—	×	×
调节装置	×	—	×
缝到织带上的部件	—	—	×

5 试验方法

5.1 安全带或约束系统试验的样品

5.1.1 两套安全带或约束系统进行带扣检查、带扣低温试验，5.5.4 规定的低温试验(如有必要)、带扣耐久性试验、安全带腐蚀试验、卷收器性能试验、动态试验及动态试验后带扣开启试验。这两件样品之一将用于安全带或约束系统检查。

5.1.2 需要一套安全带或约束系统进行带扣检查和带扣、连接件安装座、安全带调节装置以及卷收器(如有必要)的强度试验。

5.1.3 需要两套安全带或约束系统进行带扣检查、微滑移试验和磨损试验。这两套样品之一将进行安全带调节装置试验。

5.1.4 需要织带样品用于织带的断裂强度试验。

5.1.5 安全带或约束系统试验的样品见附录 E。

5.2 腐蚀试验

5.2.1 将一套完整的安全带总成置于附录 F 规定的试验箱内，对装有卷收器的总成，织带除留下 300 mm±3 mm 外应全部拉出，除应检查或补充盐溶液等短时间中断外，试验应持续进行 50 h。

5.2.2 腐蚀试验完成后，应将安全带总成轻柔地冲洗或浸在温度不高于 38 ℃的流动清水中除去盐迹，然后放在室温中干燥 24 h，再按 4.2.1.2 进行检查。

5.3 微滑移试验

5.3.1 样品应在温度为 20 ℃±5 ℃，相对湿度为 65%±5%的环境中至少保持 24 h，试验应在15 ℃～30 ℃的温度下进行。

5.3.2 应使调节装置自由部分按装车状态朝上或朝下置于在工作台上。

5.3.3 织带的下端应悬挂 50 N 载荷，另外一端应作行程 300 mm±20 mm 的前后往复运动(见图 G.3)。

5.3.4 如果织带有用于储备的自由端，则该端不应固定或夹在受力段。

5.3.5 应使织带在试验台上与在车上一样，其松弛情况下，从调节装置下垂呈凹形曲线。加到试验台上的 50 N 载荷应有垂直导向，以防止载荷摇摆和安全带扭转，应按装车状态将连接件固定在 50 N 的载荷上。

5.3.6 在试验正式开始前，应预先运转 20 个循环，以使自紧系统正确定位。

5.3.7 应以每秒 0.5 个循环的频率，300 mm±20 mm 的总行程，完成 1 000 次试验。50 N 载荷仅在半个周期内的 100 mm±20 mm 移动区间内起作用。

5.3.8 试验装置见附录 G。

5.4 织带的处理和断裂强度试验(静态)

5.4.1 对进行断裂强度试验的织带的处理

5.4.1.1 温湿态处理

织带应在温度为 20 ℃±5 ℃、相对湿度为 65%±5%的环境中至少保存 24 h，如果处理后不立即进行试验，试件应存放在密封容器内直至试验开始，断裂载荷应在织带从处理环境中或从容器中取出后 5 min 内测量。

5.4.1.2 光照处理

5.4.1.2.1 应采用GB/T 8427—2008推荐的设备。织带暴露在光照之下，其时间相对应于使蓝色羊毛标准7褪色到灰色样卡4级所用的时间。

5.4.1.2.2 光照处理后，织带应在温度为20 ℃±5 ℃、相对温度为65%±5%的环境中至少保存24 h，如果处理后不立即进行试验，试件应存放在密封容器内直至试验开始，断裂载荷应在织带从处理环境中或从容器中取出后5 min内测量。

5.4.1.3 低温处理

5.4.1.3.1 织带应在温度为20 ℃±5 ℃、相对湿度为65%±5%的环境中至少保存24 h。

5.4.1.3.2 然后，织带应在温度为−30 ℃±5 ℃的低温箱内的平面上至少存放1.5 h，然后，将织带对折，并在对折处压上预先冷却到−30 ℃±5 ℃的2 kg重块，在同一低温箱内放置30 min，除去重块，断裂载荷应在织带从低温箱中取出后5 min内测量。

5.4.1.4 高温处理

5.4.1.4.1 织带应在温度为60 ℃±5 ℃、相对湿度为65%±5%的加热箱中保存3 h。

5.4.1.4.2 断裂载荷应在织带从加热室中取出后5 min内测量。

5.4.1.5 浸水试验

5.4.1.5.1 织带应完全浸泡在温度为20 ℃±5 ℃且已加入少量湿润剂的蒸馏水中保存3 h，可采用任何适用于被试织带纤维的湿润剂。

5.4.1.5.2 断裂载荷应在织带从水中取出后10 min内测量。

5.4.1.6 磨损处理

5.4.1.6.1 所有同刚性件接触的织带均应进行磨损处理，对于在微滑移试验(5.3)，织带滑移值小于规定值的一半的所有调节装置，无需按5.4.1.6.4a)进行程序1规定的磨损处理。试验设备的设置应基本上保持织带和接触区域的相对位置。

5.4.1.6.2 样品应在温度为20 ℃±5 ℃、相对湿度为65%±5%的环境中至少保存24 h，在进行磨损程序时，试验室温度应在15 ℃～30 ℃之间。

5.4.1.6.3 表2列出每个磨损程序的一般条件。

表2 一般条件

程序	载荷/N	频率/Hz	循环次数	移动量[b]/mm
程序1	25	0.5	5 000	300±20
程序2	5	0.5	45 000	300±20
程序3[a]	0～50	0.5	45 000	—

[a] 见5.4.1.6.4c)。

[b] 移动量是指织带前后往复运动的行程。

5.4.1.6.4 特殊处理程序的适用要求：

a) 程序1适用于织带穿过调节装置滑动的情况。25 N的垂直稳定载荷应保持作用在织带一端，织带的另一端应系在使织带呈水平前后运动的装置上。调节装置应放在水平织带上以便使织带保持张紧状态(见附录G图G.1)。

b) 程序2适用于织带穿过某个刚性件改变方向的情况。本试验过程中,织带的角度应保持图G.2所示的数值。试验时,应保持5 N的稳定载荷,对于穿过某个刚性件且不止一次改变织带方向的情况可增加5 N载荷以得到穿过刚性件300 mm的织带运动情况(见附录G图G.2)。

c) 程序3适用于织带通过缝制或用相似方法固定于刚性件上的情况。向前和向后运动全程应为300 mm±20 mm,但是对每半个周期而言,仅在100 mm±20 mm的移动量中对织带施加50 N的载荷(见附录G图G.3)。

5.4.2 织带的断裂强度试验(静态试验)

5.4.2.1 每次应采用两条长度足够且按照5.4.1的规定处理过的新织带进行试验。

5.4.2.2 每条织带应夹在拉力试验机夹具之间,夹具的设计应避免织带在夹具附近或夹具上发生断裂,加载速度大约为100 mm/min,试验开始时,夹具间试样的自由长度应为200 mm±40 mm。

5.4.2.3 当载荷达到9 800 N时,应在不停机情况下测量织带宽度。

5.4.2.4 继续增加载荷值,直至织带拉断,记录断裂载荷值。

5.4.2.5 如果织带发生滑动或断裂发生在距夹具10 mm以内,试验视为无效,应重新对另一试样进行试验。

5.5 带有刚性件的安全带总成部件的试验

5.5.1 带扣和调节装置应由安全带总成上的部件连接到拉力试验机上,然后加载至9 800 N。

对于全背带式安全带,通过与带扣和锁舌或与相对于带扣几何中心近似对称位置上的两个锁舌相连接的织带将带扣同试验设备连接到一起,如果带扣或调节装置是连接件或三点式安全带共用部件的一部分时,带扣或调节装置应按5.5.2与连接件一起试验,卷收器有导向轮或在安全带上部固定点处有织带导向件的情况除外。当载荷达到9 800 N时,织带缠绕在卷轴上的长度应尽可能使锁止时的长度接近织带末端450 mm处。

5.5.2 连接件和安全带高度调节器应按5.5.1规定的方法进行试验,但载荷应为14 700 N,且应按5.7.1第二句中的规定,以安全带正确装于车内时所可能出现的最不利的条件施加载荷。对于卷收器,试验应在织带完全拉出状态下进行。

5.5.3 两套完整的安全带总成样品应置于温度为−10 ℃±1 ℃的低温箱内2 h,从低温箱内取出后,应立即将带扣互相配合的部分连接到一起。

5.5.4 两套完整的安全带总成样品应置于温度为−10 ℃±1 ℃的低温箱内2 h,试验时,依次将刚性件和塑料件放在一刚性金属平板上(该平板同样品一起存放在低温箱内),再将该平板放在一质量至少为100 kg的水平坚实水平硬块上,在取出低温箱30 s之内,用一质量为18 kg的钢质重块以自由落体方式从300 mm高处下落冲击试样,重块冲击面应为表面硬度至少为HRC45的凸曲面,重块中心线处的纵向半径为150 mm,横向半径为10 mm,一件试样曲面块的轴线应与织带方向一致进行试验,而另一件试样与织带成90°进行试验。

5.5.5 带扣与两套安全带有共用部件时,其加载方式应能模拟座椅处于中间调整位置时车辆内的使用条件,对每条织带同时施加14 700 N载荷,载荷施加方向应按5.7.1确定,附录H给出了一种适合进行本试验的装置。

5.5.6 当试验手动调节装置时,织带应稳定地从该调节装置中拉出。考虑到正常使用条件,速度大约为100 mm/s,且在织带开始拉出25 mm后测量最大力,精度为1 N。应在织带穿过装置的两个方向均进行试验。在测量前,织带应预先来回拉动10次。

5.6 带有卷收器的安全带的附加试验

5.6.1 卷收器机构的耐久性

5.6.1.1 织带应以每分钟不多于 30 次的速度进行规定次数的拉出回卷试验，对于紧急锁止式卷收器，每 5 次循环应使卷收器锁止一次，锁止次数在 5 种不同拉出长度上应相同，即拉出缠绕在卷收器上织带总长度的 90%、80%、75%、70%和 65%。但是，对于缠绕织带长度大于 900 mm 的情况，上述百分数应以织带可从卷收器中拉出的最后 900 mm 长度为准。

5.6.1.2 附录 I 给出了一种适合进行 5.6.1.1 规定的试验设备。

5.6.2 紧急锁止式卷收器的锁止

5.6.2.1 卷收器应在当绕在卷收器上的织带长度为 300 mm±3 mm 时进行一次锁止试验。

对织带敏感式卷收器，织带的拉出方向应是卷收器装在车上正常使用时的方向。

对车体敏感式卷收器进行试验时，如果卷收器按安全带制造厂的规定安装在车上，则应沿两水平正交轴线方向按上述拉出量对其进行试验。当该位置没有规定时，检验机构应与安全带制造厂协商。这两个轴之一的方向应由检验机构按最不利锁止机构触发的方向选定。

5.6.2.2 附录 J 描述了一种适用于进行 5.6.2.1 规定的试验设备。该试验设备应使织带拉出 5 mm 以前达到所规定的加速度值，而且应使织带拉出时的加速度平均增长率在 25 g/s～150 g/s 之间。

5.6.2.3 为检查是否满足 4.2.5.3.1c)和 4.2.5.3.1d)要求，卷收器应装在水平台面上，并使台面以不超过 2°/s 的速度倾斜直至发生锁止。试验应在其他方向上重复进行以满足要求。

5.6.3 粉尘试验

5.6.3.1 卷收器应安装在附录 K 描述的试验箱内，其安装方式类似于在车辆上的安装状态。试验箱应装有 5.6.3.2 规定的粉尘，除了在每次搅拌粉尘后 1 min～2 min 内进行 10 次安全带拉出回卷试验外，应保持织带处于从卷收器中拉出 500 mm 长度的状态。在 5 h 内，每隔 20 min，以表压为 $5.5\times10^5\pm0.5\times10^5$ Pa，且不含油的干燥压缩空气，由一直径为 1.5 mm±0.1 mm 的小孔吹搅粉尘 5 s。

5.6.3.2 上述 5.6.3.1 规定试验所用粉尘应含有 1 kg 干石英砂，其颗粒度分配如下：

a) 通过 150 μm 孔径，104 μm 线径：99%至 100%；

b) 通过 105 μm 孔径，64 μm 线径：76%至 86%；

c) 通过 75 μm 孔径，52 μm 线径：60%至 70%。

5.6.4 卷收力

5.6.4.1 按 5.6.4.2 或 5.6.4.3 测量卷收力。

5.6.4.2 将安全带总成安装到进行 5.7 规定的动态试验的假人上，当织带以约 10 mm/s 速率回卷时，在最接近与假人接触处测量织带卷收力。对于装有减力装置的安全带，应在减力装置运行模式和非运行模式下测量卷收力和织带张力。

5.6.4.3 将卷收器按在汽车上的安装状态固定住，把织带全部拉出，然后以约 500 mm/min 的速度将织带卷入卷收器内，当卷入的织带长度为织带有效长度的 25%±50 mm 时，测量卷收器的卷收力。对带有导向件的卷收器，则按实际安装尺寸，并让织带穿过导向件进行卷收力测量。

5.6.4.4 在进行 5.7 描述的动态试验前，应将穿着棉质衬衫的座姿假人向前倾斜，直到从卷收器中拉出 350 mm 织带，然后放回初始位置。

5.7 安全带总成或约束系统的动态试验

5.7.1 安全带总成应安装在装有按附录 L 规定的座椅和固定点的滑车上。如果安全带总成用于某一特定车辆或特殊类型的车辆上，假人和固定点之间的距离应由检验机构按照随安全带提供的安装说明或按照车辆制造厂提供的资料来确定。

如果安全带装有3.14.6定义的安全带高度调节器，则应按车辆设计要求给定的安装位置和固定方式来安装安全带高度调节器。

当已经进行了一种车型的动态试验，其他车型的每一个固定点与已试安全带相对应的固定点距离少于50 mm时，不需要重复试验。制造厂也可选择确定假定的固定点，以覆盖最大数目的真实固定点。

5.7.2 对于带有由不在该安全带总成中的零部件组成的预紧装置的安全带或约束系统，安全带总成应按5.7.2a)的规定与必要的附加零件一起安装在滑车上。

对于不能在试验滑车上进行试验的那些装置，制造商可以选择通过按照GB 11551—2003规定的标准速度50 km/h进行正面撞击试验，来验证该装置符合本标准的要求。

对于构成作为约束系统申请型式认证的总成一部分的安全带或约束系统，安全带应装在该约束系统通常安装的车辆结构上，该部分应按下列规定的方式刚性地连接到滑车上：

a) 试验时，安装车辆的方法不得对座椅或安全带的固定点起加强或减少其结构正常变形的作用。除脚部外，车辆前部不得有限制假人前移而减少约束系统试验时受力的部件。去掉的结构部件，只要不妨碍假人前移，可用具有同样强度的部件代替。

b) 如果车辆或结构在距所试约束系统的固定点前方不少于500 mm处加强或固定，并且固定装置不在结构整个宽度区域内对其产生影响，则认为该固定装置是符合要求的，对后部而言，结构件应在固定点后方足够距离上安装以满足上述5.7.2a)的要求。

c) 由检测机构选择对强度最不利条件将座椅安装于驾驶位置上，同时与车辆内的假人安装相匹配。座椅位置应在报告中说明。如果椅背可倾斜调整的话，应按制造商的规定锁止，当无任何规定时，对于M_1和N_1类车，应使实际座椅靠背角尽可能地接近25°，对于所有其他类型车辆，应使该角度尽可能接近15°。

d) 为了按4.4.1.4a)的要求进行评估，座椅应位于适合于假人尺寸的最前的驾驶或乘坐位置。

e) 同一座椅组的所有座椅应同时进行试验。

f) 全背带式安全带的动态试验应在无胯带(总成)的情况下进行。

5.7.3 应按下述方法将安全带总成佩戴在附录D中规定的假人身上：在假人后背和椅背之间放置一个25 mm厚垫板，安全带应调至紧贴假人，然后去除垫板使假人背部与座椅靠背接触，然后进行检查使带扣两部分的连接状态不至产生降低锁止可靠性的危险。

5.7.4 织带的自由端应伸至调节装置外足够长以允许滑移。

5.7.5 减速或加速装置可以选用下列两种装置之一进行试验：

a) 减速试验装置

滑车的驱动方式应使滑车碰撞瞬间具有50 km±1 km/h的自由运行速度，并且使假人保持稳定，滑车的停车距离应为400 mm±50 mm。滑车减速过程中应保持水平，滑车减速度应通过使用附录L中描述的设备或任何能得出相同结果的其他装置来获得。本设备性能应符合附录M规定的要求。

进行安全带试验时，包括惯性块的滑车总质量为455 kg±20 kg。进行约束系统试验时，滑车和车辆结构的名义质量为800 kg，包括惯性块的滑车总质量为910 kg±40 kg。滑车减速度曲线应在附录M图中阴影区域内。必要时，滑车及所连接车辆结构的名义质量以200 kg增量递增，此时每增加200 kg的增量应增加28 kg的惯性块。滑车和车辆结构及惯性块的总质量与标定试验的名义值之间的差异任何时候都不得超过±40 kg，在停车装置标定时，滑车速度应为50 km±1 km/h，停车距离为400 mm±20 mm。

b) 加速试验装置

滑车的驱动方式应使滑车总的速度变化Δv为51^{+2}_{0} km/h。滑车在加速过程中应保持水平。滑车的加速度应通过满足下面规定的仪器获得：

滑车(包括惯性块)的加速度曲线,应在附录 M 图中阴影区域内,并且在规定的线段[(10g,5 ms),(20g,10 ms)]的上面。根据 ISO 17373:2005 的 0.5g 加速度水平,定义碰撞开始时刻(T_0)。滑车和车辆结构及惯性块的总质量与标定试验的名义值之间的差异任何时候都不得超过±40 kg。在加速试验装置标定时,滑车总的速度变化 Δv 为 51^{+2}_{0} km/h。

除满足上述的要求外,检测机构应使用附录 L 中 L.1 规定的滑车,其质量超过 380 kg。

5.7.6 应测量碰撞前瞬间的滑车速度(对于减速试验台车需要计算停车距离),滑车的减速度或加速度,假人向前的前移量和假人胸部前移 300 mm 处胸部的速度。

通过对记录的滑车减速度或加速度进行积分,得到滑车的速度变化。

最初达到 50^{+1}_{0} km/h 时的滑车速度变化的距离,可以通过对记录的滑车减速度进行双重积分获得。

5.7.7 碰撞后,在不打开带扣的情况下,目视检查安全带总成或约束系统及刚性件,以确定是否有失效或断裂现象。对于约束系统试验后还应检查连接在滑车上的车辆结构部件是否有可见的永久性变形。如有变形,则应将其计入按照 4.4.1.4a)规定进行的计算中。

5.7.8 然而,如果滑车的速度高于规定值和/或加速度曲线超过阴影区域的上限,安全带满足要求,应认为该试验符合要求。

5.8 带扣开启试验

5.8.1 在本试验中,应使用已经过 5.7 规定的动态试验安全带总成或约束系统。

5.8.2 在不打开带扣情况下,从试验滑车上取下安全带总成,通过直接牵引连接于其上的织带将载荷作用到带扣上以使所有织带承受 600 N/n 的力(n 表示带扣在锁止位置时,其上所连接的织带数),对于与刚性件连接的带扣,施力时带扣与刚性件形成的角度与动态试验时相同。开启力应沿平行于按钮运动初始方向以每分钟 400 mm±20 mm 的速度施加到带扣开启按钮的几何中心,对带扣施加开启力时,带扣应由一刚性件固定住,所施加的载荷不应超过 4.2.2.5 规定的限值。试验装置接触点应是半径为 2.5 mm±0.1 mm 的球面,该球面系金属抛光面。

5.8.3 测量带扣开启力并记录带扣失效情况。

5.8.4 在带扣开启试验后,应对经过 5.7 规定试验的安全带总成或约束装置的部件进行检查,并且应将动态试验时安全带总成或约束系统所遭受的破坏程度记录在试验报告中。

5.9 有预紧装置的安全带的附加试验——温度调节处理

可以将预紧装置从要试验的安全带上拆下来进行试验。将其置于在温度为 60 ℃±5 ℃下保持 24 h,然后将温度升至 100 ℃±5 ℃保持 2 h,接着在−30 ℃±5 ℃温度下保持 24 h。温度调节处理后,装置应升温至环境温度,如果装置是从安全带上拆下来的,应再装回到安全带上。

5.10 试验报告

试验报告应包括以下内容:

a) 第 5 章全部试验的结果;

b) 使用的试验装置的类型(加速或减速装置);

c) 总的速度变化;

d) 碰撞前瞬间的滑车速度(减速滑车);

e) 滑车速度变化过程中的加速度或减速度曲线;

f) 假人的最大前移量;

g) 试验时带扣所占位置(如果是可变化的);

h) 带扣开启力;

i) 各种失效或断裂现象。

如果根据5.7.1没有按附录L规定的固定点安装,试验报告应描述安全带总成或约束系统是如何安装的,且应说明重要的角度和尺寸。

报告也应提供试验时发生的带扣变形或断裂情况。对于约束系统,试验报告还应详细说明车辆结构与滑车的连接方式、座椅的位置、座椅靠背倾斜角度。如果假人前移量超过上述4.4.1.3b)的规定值,报告应说明是否符合4.4.1.4a)的要求。

6 在车辆上安装的要求

6.1 安全带和约束系统装备

6.1.1 除了折叠座椅(按GB 14167—2013中的定义)和只在车辆静止时使用的座椅,M和N类车辆(GB/T 15089—2001定义的Ⅰ级、Ⅱ级和A级的M_2和M_3类车辆除外)应当装备满足本标准要求的安全带或约束系统。

6.1.2 需要安装的每个乘坐位置的安全带或约束系统的类型应符合附录N的规定[不能使用无锁式卷收器(3.14.1)和手调式卷收器(3.14.2)]。除了使用时正常扣上安全带扣后卷收程度显著降低舒适性的情况,对于附录N中规定使用B型腰带的所有乘坐位置容许使用Br3型腰带。

然而,对于附录N表N.1中带有角注a的N_1类车辆的外侧非前排乘坐位置,当座椅与最近的车侧壁之间有一个允许乘员到达车辆其他部位的通道时,允许安装Br4m或Br4Nm类型的腰带。把所有车门关上,如果侧壁与通过座椅中心线的垂直纵向平面的距离(在R点位置测量并垂直于车辆纵向中心平面)大于500 mm,座椅和车辆侧壁之间的空间认为是一个通道。

6.1.3 不要求安装任何安全带的车辆,制造厂也可以选择按本标准设计生产的任何类型的安全带或约束系统。可以用附录N中允许的A型安全带来替代附录N规定的安装腰带的乘坐位置的腰带。

6.1.4 装有多个卷收器的三点式安全带,应至少有一个卷收器用于肩带。

6.1.5 除了M_1类车,负责试验的检测机构认为安装4型卷收器不适用的地方而且使用4N型符合要求,可以用4N型紧急锁止式卷收器(3.14.5)来代替4型紧急锁止式卷收器。

6.1.6 对于附录N表N.1中带有角注b的前排外侧座椅和前排中间位置座椅,当风窗玻璃位于GB 11552—2009附录C规定的基准区域以外时,使用附录N所规定的腰带就足够。

关于安全带,依据GB 11552—2009附录C规定的方法,如果风窗玻璃与试验设备可以静态接触,则认为风挡玻璃是基准区域的一部分。

6.1.7 对于附录N表N.1中带有角注c的所有乘坐位置,应提供附录N规定的三点式安全带。除非满足下列任意一个条件,才能使用附录N中规定的两点式安全带。

——前方有一个满足GB 13057—2003中5.3.3规定的座椅或其他车辆部件;

——车辆的任何部件都不在基准区域内,或当车辆运动时,没有车辆的部件能进入基准区域内;

——在基准区域内的车辆部件应符合GB 13057—2003中5.2规定的吸能要求。

6.1.8 除了6.1.9包括的情况,需要给每个安装安全气囊的乘员乘坐位置配备警告标识,以防止在此乘坐位置使用后向儿童约束系统。警告标识是包括解释性文字的象形图,应当持久地固定在明显的位置上,让安装后向儿童约束系统人员容易发现。图1是象形图的一个例子。永久性提示应当任何时候均可见,防止关门时不可见。

注：颜色：

a) 象形图为红色；

b) 座椅、儿童座椅及安全气囊轮廓线为黑色；

c) 安全气囊(AIRBAG)文字与安全气囊为白色。

图1 警告标识象形图

6.1.9 只有装备有自动识别是否存在向后儿童约束系统的装置，并确保在装上这样的儿童约束系统后安全气囊不再展开，才允许不执行6.1.8的要求。

6.1.10 对于设计用于车辆静止时使用，能够翻转或移动到不同方位的座椅，依据6.1.1的要求只适用于车辆在路面上正常使用的座椅方向的情况。

6.2 一般要求

6.2.1 安全带、约束系统和附录B表B.3中的ISOFIX儿童约束系统按照GB 14167—2013的规定应能够固定在固定装置上，并能够满足设计和尺寸特性，固定点的数量及强度要求。

6.2.2 安装制造商推荐的附录B中表B.2和表B.3中的安全带、约束系统、儿童约束系统和ISOFIX儿童约束系统，确保发生事故时它们能够正常工作，减少对乘员身体的伤害。应满足以下要求：

a) 不能要求织带承担有危险的配置。

b) 把由于前倾运动使正确安装的安全带从佩戴者胸部往下滑移的危险性降到最小。

c) 把与车辆、座椅结构、儿童约束系统或按制造商推荐的附录B中表B.2和表B.3中的ISOFIX儿童约束系统的尖锐部件接触而使织带受损的危险降到最小。

d) 对于每个座椅位置提供的每个安全带的设计与安装应便于使用。此外，对于能够折叠以方便进入车辆的后部、货箱或行李厢的整体座椅或座垫或靠背，在折叠并恢复座椅到乘坐位置后，依据车辆的用户使用说明书，无需培训或练习，单人就能方便的使用这些座椅配套的安全带，或很容易从座椅下面或后面方便地进行恢复。

e) 检测机构应将锁舌插入带扣，以验证安全带可能的松弛不会影响对制造厂推荐的儿童约束系统进行正确安装，并且对于三点式安全带，当放置好下列假人或装置时，对安全带的肩带从外部施加拉力可对安全带的腰带产生至少50 N的张紧力：

1) GB 27887—2011附录G关于"9个月、3岁、6岁和10岁的假人的描述"中规定的10岁假人，并根据附录B中B.5进行调整；

2) 或附录B图B.1所确定的装置，该装置安装在能够安装通用儿童约束系统的座椅上。

6.3 对集成到安全带或约束系统的刚性部件的特殊要求

6.3.1 刚性部件，如带扣、调节装置和连接件在事故中不应对佩戴者或其他乘员增加身体伤害的危险。

6.3.2 解开带扣的装置应清晰可见并易于触及,设计上应能避免被无意或偶然打开。带扣需位于救援者易于触及的地方,以便在紧急时解救佩戴者。

带扣无论是否承担佩戴者的重量,其安装应使佩戴者用简单的动作在一个方向上单手就能打开。

除了全背带式安全带,对于前座外侧的乘坐位置的安全带或约束系统,带扣应能用同样的方式锁止。

如果带扣与佩戴者接触,应进行检查,确认接触面的宽度不应少于 46 mm。

如果带扣与佩戴者接触,应进行检查。接触面应满足 6.2.2a)的要求。

6.3.3 系上安全带时,安全带应能自动调节以适应佩戴者,或当佩戴者坐下时易于触及手动调节装置,使用简单方便,也可以单手收紧安全带,以适应佩戴者的坐姿和车辆座椅位置。

6.3.4 集成到卷收器的安全带或约束系统的安装应使卷收器能正常工作并有效地卷收织带。

6.3.5 为了告知车辆用户对载运儿童乘员而制定的条款,M_1 和 N_1 类车辆需按附录 B 提供相关资料。根据 GB 14167—2013 的相关规定,所有 M_1 类车辆均需具备 ISOFIX 位置。第一个 ISOFIX 位置应能至少安装附录 B 中 B.3 定义的三个前向装置中的一个;第二个 ISOFIX 位置应能至少安装附录 B 中 B.3 定义的三个后向装置中的一个。对于第二个 ISOFIX 位置,如果因为设计因素车辆第二排座椅不能安装后向装置,则在车辆的任何位置允许安装六个装置中的一个。

6.4 安全带提醒装置

6.4.1 M_1 类车辆驾驶员位置应配置一个满足本标准要求的安全带提醒装置。如果车辆制造厂提供另一种类型车辆上的提醒装置安装到驾驶员位置时,该安全带提醒装置也可以按本标准要求进行批准。如果满足 6.4.7 的要求,安全带提醒装置允许关闭。

6.4.2 安全带提醒装置的一般要求:

a) 视觉提醒信号应被放置到驾驶员在日光下易于看见和识别的地方,并且能够与其他的提醒信号相区别。如果这个视觉提醒信号使用红颜色,应使用一个与 GB 4094—1999 中 5.2.9 规定一致的符号,参见图 2。

图 2 视觉提醒信号示意图

b) 视觉提醒信号应是持续的或间歇式的信号。

c) 听觉提醒信号应是持续或间歇式的声音信号或语言信息。如果使用语言信息,制造厂应确保该语言提醒使用车辆销售市场的语言。这个听觉提醒信号可以由一个以上的节拍组成。

d) 视觉提醒信号应使驾驶员易于识别。

6.4.3 当驾驶员未系安全带并且点火开关打开,第一级提醒信号应至少有一个持续 4 s 或更长时间的视觉提醒信号。

6.4.4 第一级提醒信号的激活应按附录 O 中 O.1 定义的试验程序进行试验。

6.4.5 第二级提醒信号在未系安全带、车辆处于正常运转状态且至少符合以下的一个条件(或这些条件的组合)时,除 3 s 以上的提醒停止时间外,应启动 30 s 以上的视觉和听觉信号。以下的条件为:

——驾驶距离超过限值距离。限值不应超过 500 m。不包括车辆不在正常运行状态的距离。

——速度超过速度限值。限值不应超过 25 km/h。

——持续时间(发动机运转)超过持续时间限值。限值不应超过 60 s。不包括第一级提醒信号持续时间和车辆不在正常运行状态的持续时间。

6.4.6 第二级提醒信号的激活应按附录O中O.2定义的试验程序进行试验。

6.4.7 安全带提醒装置可以设计成允许关闭：

a) 当具有短期关闭功能时，关闭安全带提醒装置应比扣上和解开安全带更难。当点火开关关闭超过30 min然后再打开，短期关闭的安全带提醒装置应能重新激活。

b) 当具有长期关闭功能时，要求进行一系列只在制造厂技术手册有详细描述关闭操作程序和/或使用车辆没有提供的工具(机械、电子或数字等)才能关闭。

7 使用说明

如果安全带对于车辆来说是单独提供的，它的包装和安装说明书应清楚写明它所对应的车型。

8 标准实施过渡期

新定型车型自2014年1月1日起开始实施，在生产车型自2017年1月1日起开始实施。

附 录 A
（资料性附录）
本标准章条编号与 ECE R16 章条编号对照

表 A.1 给出了本标准章条编号与 ECE R16 章条编号对照一览表。

表 A.1 本标准章条编号与 ECE R16 章条编号对照

本标准章条编号	对应的国际标准章条编号
1	1
2	—
3	2
3.1	2.1
3.1.1	2.1.1
3.1.2	2.1.2
3.1.3	2.1.3
3.1.4	2.1.4
3.1.5	2.1.5
3.2	2.2
3.3	2.3
3.4	2.4
3.5	2.5
3.6	2.6
3.7	2.7
3.8	2.8
3.9	2.9
3.10	—
3.11	2.11
3.12	2.12
3.13	2.13
3.14	2.14
3.14.1	2.14.1
3.14.2	2.14.2
3.14.3	2.14.3
3.14.4	2.14.4

表 A.1（续）

本标准章条编号	对应的国际标准章条编号
3.14.5	2.14.5
3.14.6	2.14.6
3.15	2.15
3.16	2.16
3.17	2.17
3.18	2.18
3.19	2.19
3.20	2.20
3.21	2.21
3.21 a)	2.21.1
3.21 b)	2.21.2
3.21 c)	2.21.3
3.22	2.22
3.23	2.23
3.24	2.24
3.25	2.25
3.26	2.26
3.27	2.27
3.28	2.28
3.29	2.29
3.30	2.30
3.31	2.31
3.32	2.32
3.33	2.33
3.34	2.34
3.35	2.35
3.36	2.36
3.37	2.37
3.38	2.38
3.39	2.39
3.40	2.40

表 A.1（续）

本标准章条编号	对应的国际标准章条编号
3.41	2.41
3.42	2.42
3.43	2.43
3.44	2.44
3.45	2.45
—	3
—	4
—	5
4	6
4.1	6.1
4.1.1	6.1.1
4.1.2	6.1.2
4.1.3	6.1.3
4.1.4	6.1.4
4.2	6.2
4.2.1	6.2.1
4.2.2	6.2.2
4.2.3	6.2.3
4.2.4	6.2.4
4.2.5	6.2.5
4.2.6	6.2.6
4.3	6.3
4.3.1	6.3.1
4.3.2	6.3.2
4.3.3	6.3.3
4.4	6.4
4.4.1	6.4.1
4.4.2	6.4.2
5	7
5.1	7.1
5.2	7.2

表 A.1（续）

本标准章条编号	对应的国际标准章条编号
5.3	7.3
5.4	7.4
5.5	7.5
5.6	7.6
5.6.1	7.6.1
5.6.2	7.6.2
5.6.3	7.6.3
5.6.4	7.6.4
5.7	7.7
5.8	7.8
5.9	7.9
5.10	7.10
6	8
6.1	8.1
6.2	8.2
6.3	8.3
6.4	8.4
—	9
—	10
—	11
—	12
7	13
8	—
—	14
—	15
—	附录 1
—	附录 2
附录 A	—
附录 B	附录 17
附录 C	附录 14
附录 D	附录 7

表 A.1（续）

本标准章条编号	对应的国际标准章条编号
附录 E	附录 13
附录 F	附录 12
附录 G	附录 11
附录 H	附录 10
附录 I	附录 3
附录 J	附录 4
附录 K	附录 5
附录 L	附录 6
附录 M	附录 8
附录 N	附录 16
附录 O	附录 18
附录 P	附录 9
附录 Q	附录 15

附 录 B
（规范性附录）
机动车前向座椅成人安全带和约束系统及ISOFIX儿童约束系统的安装要求

B.1 儿童约束系统的适应性

B.1.1 车辆制造厂应在车辆用户手册中说明每个乘客座椅位置对乘载12岁以下儿童（身高1.5 m以下）以及安装儿童约束系统的适应性。该信息应使用简体中文表述。

针对各前向乘员座椅位置以及各ISOFIX位置，车辆制造厂应提供下列信息之一：

a) 说明该座椅位置是否适合通用型儿童约束系统（见B.1.2）；
b) 说明该ISOFIX位置是否适用于通用型ISOFIX儿童约束系统（见B.1.2）；
c) 提供一份适用于该车辆的“半通用类”、“受限制类”以及“特殊车辆类”儿童约束系统的清单，并且说明各儿童约束系统的目标质量组；
d) 提供一份适用于该车辆ISOFIX位置的“半通用类”、“受限制类”以及“特殊车辆类”ISOFIX儿童约束系统的清单，并且说明各ISOFIX儿童约束系统的目标质量组和ISOFIX尺寸类别；
e) 提供一份一体式儿童约束系统的目标质量组及相关结构；
f) 提供一份说明包括a)～e)任意组合；
g) 说明该座椅位置不能乘载的儿童质量组。

如果某个座椅位置只适用于前向儿童约束系统，则应特别说明。

用于说明以上信息的表格格式见B.4。

B.1.2 通用类儿童约束系统和通用类ISOFIX儿童约束系统是指满足GB 27887—2011要求的通用类儿童约束系统。由汽车制造厂说明，用以安装儿童约束系统或ISOFIX儿童约束系统的座椅位置或ISOFIX位置应符合B.2和B.3的规定。任何限制条件下，在ISOFIX儿童约束系统位置附近和/或ISOFIX位置之间以及成人乘坐位置能同时使用的位置，应在表B.3中予以描述。

B.2 利用车辆安全带固定的通用型儿童约束系统的安装规定

B.2.1 通则

B.2.1.1 B.2包含的试验程序和性能要求用以确定座椅位置对安装通用类儿童约束系统的适应性。

B.2.1.2 本试验可以在车辆或车辆的具有代表性的部件上进行。

B.2.2 试验程序

B.2.2.1 调整座椅使之位于最后和最低的位置。

B.2.2.2 调整座椅靠背角度使之位于制造厂的设计位置。若没有规定，应调整靠背角度至25°或距25°最近的位置。

B.2.2.3 使肩部固定件处于最低的位置。

B.2.2.4 将棉质织物放于靠背和座垫上。

B.2.2.5 将固定模块（如图B.1所述）置于车辆座椅上。

B.2.2.6 如果乘坐位置适用于前向或后向通用类儿童约束系统，依次按照B.2.2.6a)、B.2.2.7～

B.2.2.10 所述步骤进行试验。如果乘坐位置仅适用于前向通用类儿童约束系统，则依次按照 B.2.2.6b)、B.2.2.7～B.2.2.10 所述进行试验。安全带缠绕固定模块的方式按如下要求：

a) 按照图 B.2 或图 B.3 所示的正确位置，使用安全带缠绕固定模块，然后锁止带扣。

b) 按照图 B.3 所示的正确位置，使用安全带的腰带缠绕固定模块的下部，其半径为 150 mm，然后锁止带扣。

B.2.2.7 使固定模块的中心线位于乘座位置的中心线±25 mm 范围内，并与车辆的纵向中心线平行。

B.2.2.8 使织带处于非松弛状态。使用合适的力以消除织带的松弛，同时也不要使织带过于张紧。

B.2.2.9 在固定模块的前面中心位置施加一个力把固定模块往后推，力的大小为 100 N±10 N，方向平行于固定模块下表面，然后去除该力。

B.2.2.10 在固定模块的顶部中心位置施加一个力把固定模块垂直往下按，力的大小为 100 N±10 N，然后去除该力。

B.2.3 要求

B.2.3.1 固定模块的基座应与座垫表面的前部和后部都接触。如果由于安全带进入槽的原因而不能达到所要求的接触，则可以将该槽覆盖使其与试验固定模块的底面平齐。

B.2.3.2 安全带的腰带应在腰带路线的末端与固定模块两侧均接触(见图 B.3)。

B.2.3.3 如果按照 B.2.2.1、B.2.2.2 和 B.2.2.3 说明的调整不能满足上述要求。此时可按制造厂提供的正常使用的位置重新调节座椅、座椅靠背和安全带固定点至一设计替代位置，然后重复上述安装程序并且再验证是否符合要求。此替代位置应作为一个信息在表 B.2 中给出。

单位为毫米

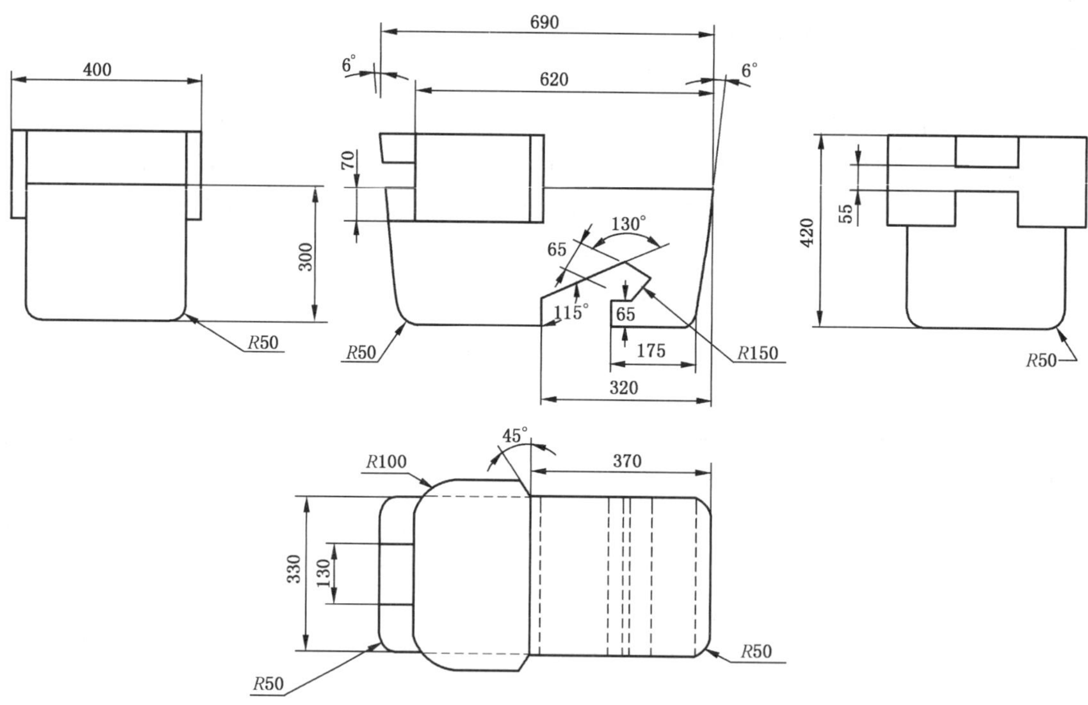

注：重 23 kg，均匀分布。

图 B.1 固定模块的规格

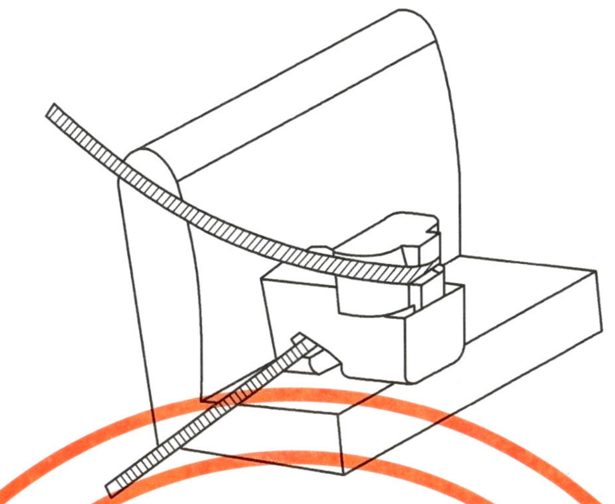

图 B.2　固定模块在车辆座椅上的安装[见 B.2.2.6a)]

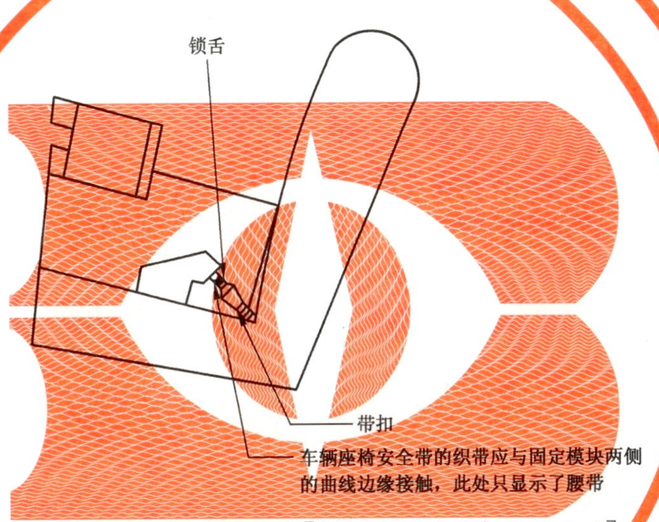

图 B.3　适应性检查[见 B.2.2.6a)和 B.2.3.2]

B.3　利用 ISOFIX 位置安装通用类和半通用类的前向和后向 ISOFIX 儿童约束系统的安装规定

B.3.1　通则

B.3.1.1　B.3 包含的试验程序和性能要求用以确定 ISOFIX 位置对安装通用类和半通用类 ISOFIX 儿童约束系统的适应性。

B.3.1.2　本试验可以在车辆或车辆的具有代表性的部件中进行。

B.3.2　试验程序

B.3.2.1　儿童约束固定模块(CRF)的适用范围

根据车辆制造厂在表 B.3 中的说明，对于车辆上每个 ISOFIX 位置，都应检查其是否能够容纳相对应的儿童约束固定模块(CRF)。

B.3.2.2　要求

B.3.2.2.1　当在一个座椅上检查 CRF 时，将该座椅调至纵向最后位置和最低位置。

B.3.2.2.2　调整座椅靠背角度使之位于制造商设计位置，头枕调至最后位置和最低位置，若没有规定，应调整靠背角度至 25°或距 25°最近的位置。当在某个后排座椅上检查 CRF 时，该后排座椅的前排座椅可以向前纵向调节，但不要超过该座椅最前和最后位置的中间位置。靠背角度也可以调节，但其角度不要小于相应的大小为15°的躯干角度。

B.3.2.2.3 将棉质织物放于靠背和座垫上。

B.3.2.2.4 将CRF放于ISOFIX位置。

B.3.2.2.5 在ISOFIX固定点的中心施加一个力，把固定模块推向ISOFIX固定系统，力的大小为100 N±10 N，方向平行于固定模块下表面，然后去除该力。

B.3.2.2.6 将CRF连接到ISOFIX固定点系统上。

B.3.2.2.7 在固定模块的顶部中心施加一个力，把固定模块垂直往下按，力的大小为100 N±10 N，然后去除该力。

B.3.3 要求

B.3.3.1 容纳CRF不允许与车辆内的部件发生干涉。CRF基座应有一个通过ISOFIX固定点系统与水平面向上成15°±10°的俯仰角度。

B.3.3.2 如果具有ISOFIX上固定点，应保持可用。

B.3.3.3 当按照B.3.2说明的调整不能满足上述要求时，应按制造商提供的正常使用的位置重新调节座椅、座椅靠背和头枕至一设计替代位置，然后重复上述安装程序并且再验证是否符合要求。此替代位置应在表B.3中给出。

B.3.3.4 如果车辆内部具有某些可以被拆卸的部件而不能满足上述要求，则可拆除此类部件，然后应重新按B.3.3的要求检验并且应能够达到要求。在此种情况，相关信息应在表B.3中给出。

B.3.3.5 以上试验条件仅适用于CRF被容纳于ISOFIX位置的情况。在这些试验条件下不要求CRF能够进出ISOFIX位置。

B.3.4 ISOFIX儿童约束系统尺寸分类和固定模块

以下的装置结构的质量应在5 kg～15 kg之间：

——A-ISO/F3：全高度的前向初学走路儿童用CRS；

——B-ISO/F2：降低高度的前向初学走路儿童用CRS；

——B1-ISO/F2X：降低高度的前向初学走路儿童用CRS；

——C-ISO/R3：全尺寸的后向初学走路儿童用CRS；

——D-ISO/R2：缩小尺寸的后向初学走路儿童用CRS；

——E-ISO/R1：后向婴儿用CRS；

——F-ISO/L1：左侧向CRS(便携床)；

——G-ISO/L2：右侧向CRS(便携床)。

表B.1 质量组与ISOFIX尺寸类别、CRF对应表

质量组	ISOFIX尺寸类别	固定模块(CRF)
0组：0～10 kg	F	ISO/L1
	G	ISO/L2
	E	ISO/R1
0+组：0～13 kg	C	ISO/R3
	D	ISO/R2
	E	ISO/R1
I组：9～18 kg	A	ISO/F3
	B	ISO/F2
	B1	ISO/F2X

表 B.1（续）

质量组	ISOFIX 尺寸类别	固定模块(CRF)
I 组:9～18 kg	C	ISO/R3
	D	ISO/R2

B.3.4.1 全高度的前向初学走路儿童用 CRS 外廓图

单位为毫米

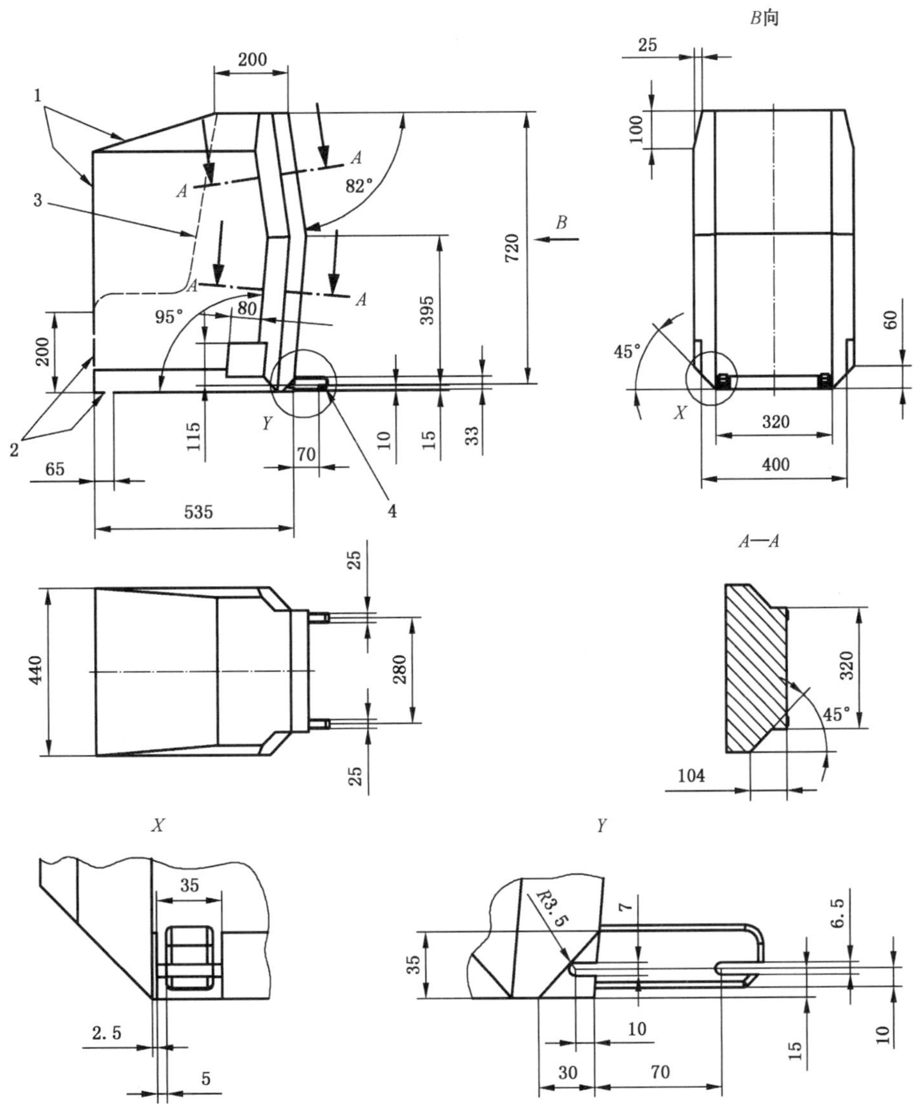

说明：

1——向前方向和向上方向的限制；

2——虚线标识区域允许有支撑腿或类似部件突出；

3——N/A；

4——连接件区域的详细规定见 GB 27887—2011。

图 B.4 适用于全高度前向初学走路儿童用 CRS(高度 720 mm) ISO/F3——ISOFIX 尺寸类别 A

B.3.4.2 降低高度的前向初学走路儿童用 CRS 外廓图

单位为毫米

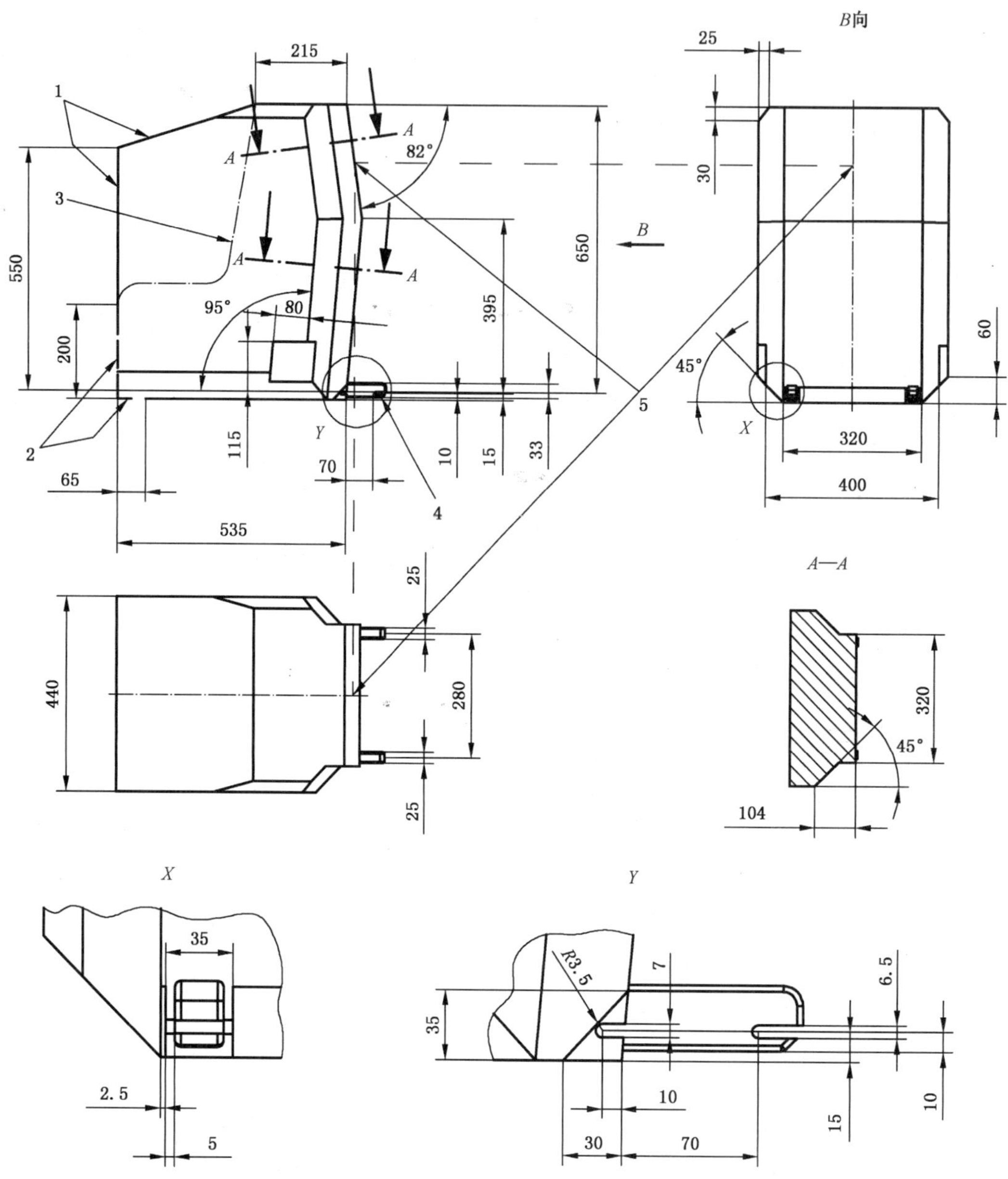

说明：

1——向前方向和向上方向的限制；

2——虚线标识区域允许有支撑腿或类似部件突出；

3——N/A；

4——连接件区域的详细规定见 GB 27887—2011；

5——上拉带连接点。

图 B.5 适用于降低高度的前向初学走路儿童用 CRS(高度 650 mm) ISO/F2——ISOFIX 尺寸类别 B

B.3.4.3 降低高度的第二种背部形状的前向初学走路儿童用 CRS 外廓图

单位为毫米

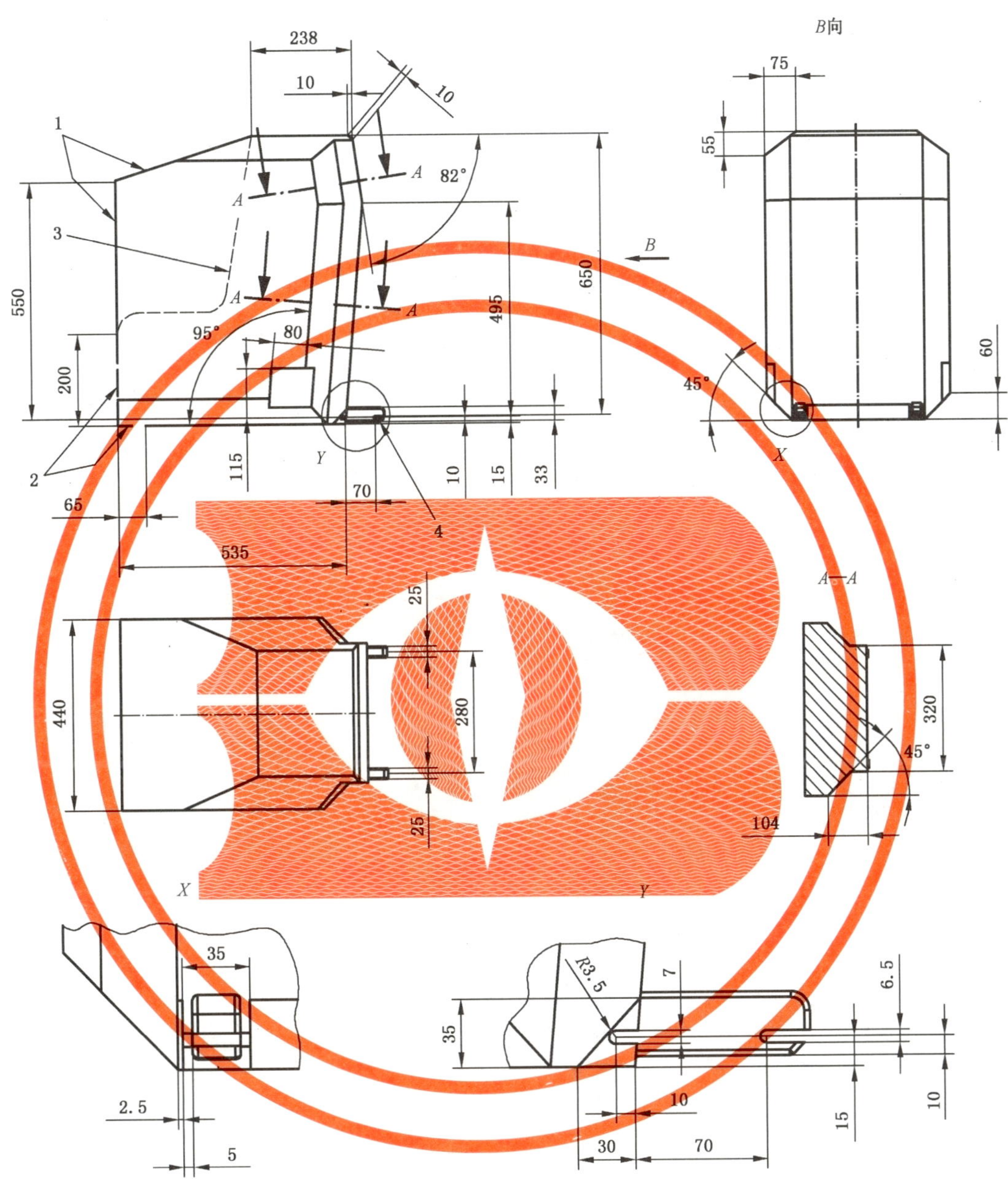

说明：

1——向前方向和向上方向的限制；

2——虚线标识区域允许有支撑腿或类似部件突出；

3——N/A；

4——连接件区域的详细规定见 GB 27887—2011。

图 B.6 适用于降低高度的第二种背部形状的前向初学走路儿童用 CRS(高度 650 mm) ISO/F2X——ISOFIX 尺寸类别 B1

B.3.4.4 全尺寸的后向初学走路儿童用 CRS 外廓图

单位为毫米

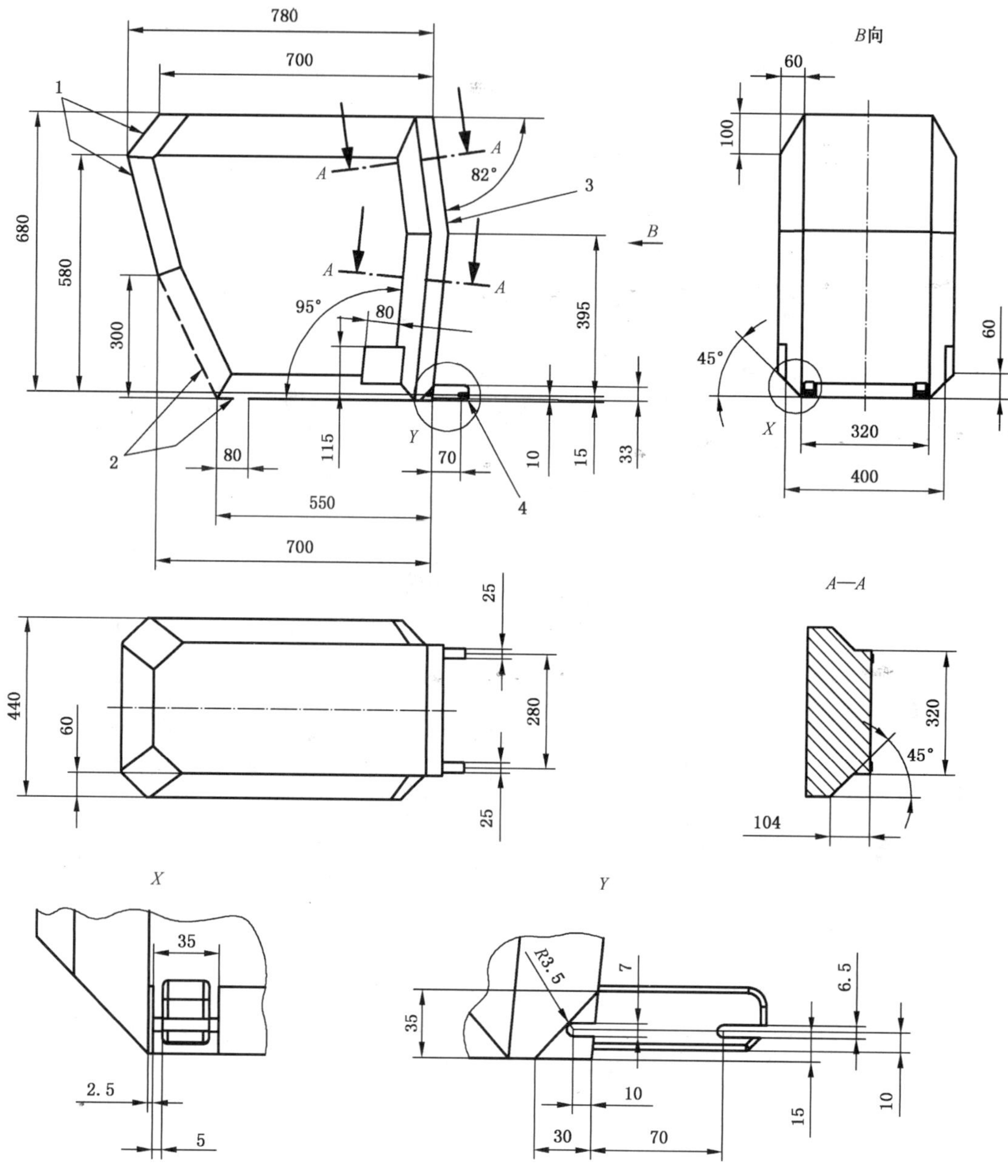

说明：

1——向后方向和向上方向的限制；

2——虚线标识区域允许有支撑腿或类似部件突出；

3——向后的限制(本图向右)由图 B.5 中的前向外廓图给出；

4——连接件区域的详细规定见 GB 27887—2011。

图 B.7 适用于全尺寸的后向初学走路儿童用 CRS ISO/R3——ISOFIX 尺寸类别 C

B.3.4.5　缩小尺寸的后向初学走路儿童用 CRS 外廓图

单位为毫米

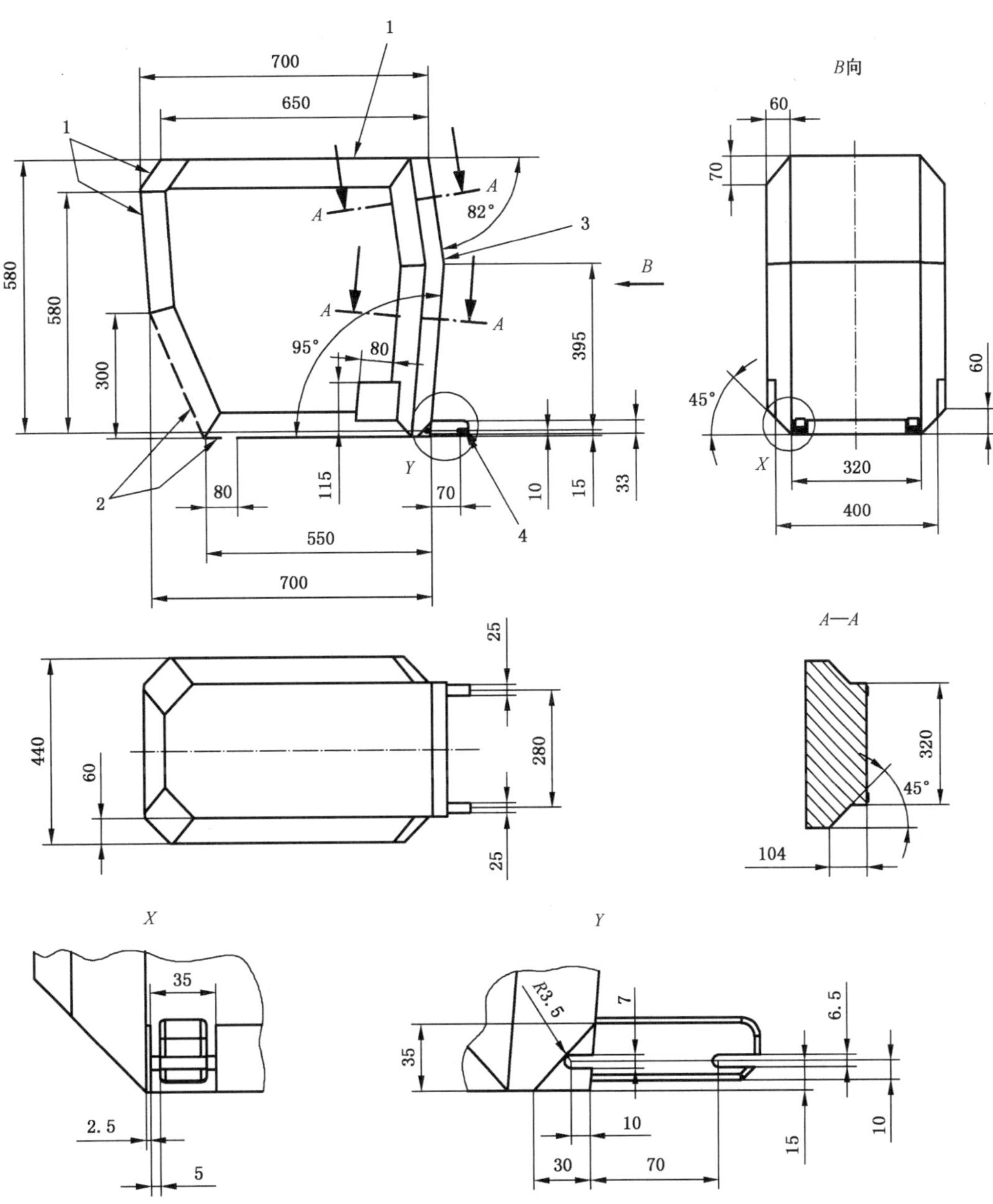

说明：

1——向后方向和向上方向的限制；

2——虚线标识区域允许有支撑腿或类似部件突出；

3——向后的限制(本图向右)由图 B.5 中的前向外廓图给出；

4——连接件区域的详细规定见 GB 27887—2011。

图 B.8　适用于缩小尺寸的后向初学走路儿童用 CRS ISO/R2——ISOFIX 尺寸类别 D

B.3.4.6 后向婴儿用 CRS 外廓图

单位为毫米

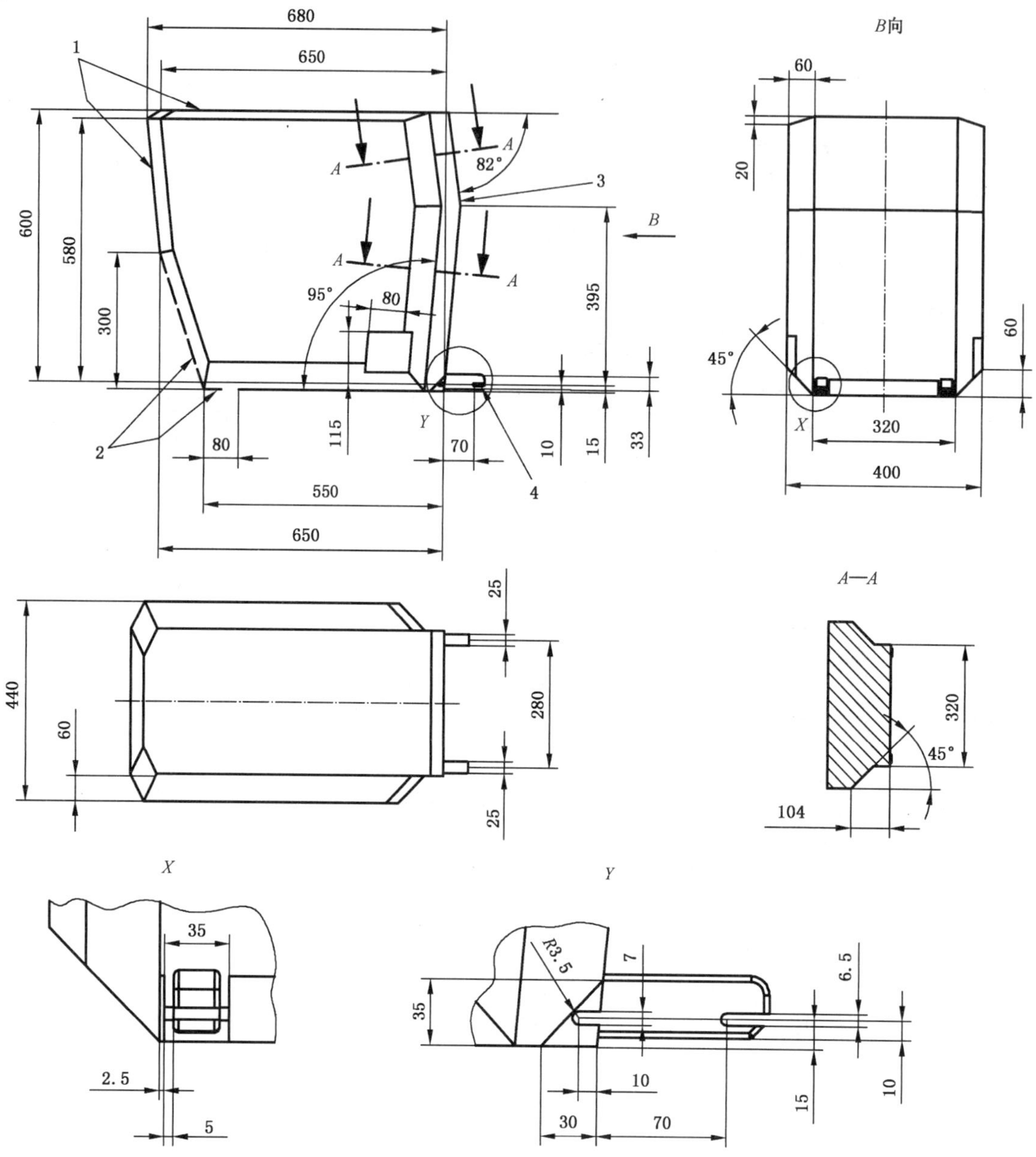

说明：

1——向后方向和向上方向的限制；

2——虚线标识区域允许有支撑腿或类似部件突出；

3——向后的限制(本图向右)由图 B.5 中的前向外廓图给出；

4——连接件区域的详细规定见 GB 27887—2011。

图 B.9 适用于后向婴儿用 CRS ISO/R1——ISOFIX 尺寸类别 E

B.3.4.7 侧向 CRS 外廓图

单位为毫米

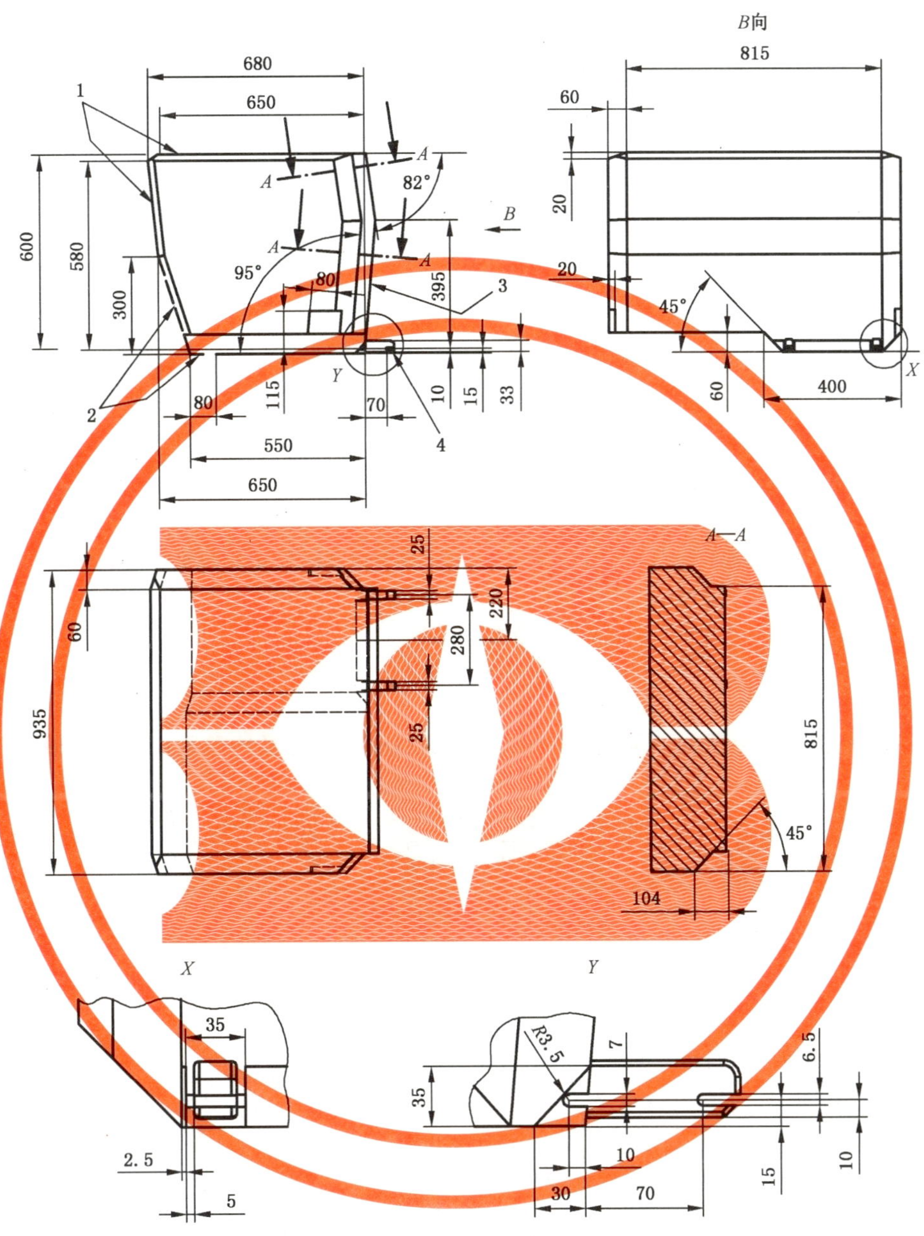

说明：

1——向后方向和向上方向的限制；

2——虚线标识区域允许有支撑腿或类似部件突出；

3——向后的限制(本图向右)由图 B.5 中的前向外廓图给出；

4——连接件区域的详细规定见 ISO 13216-1、图 B.5 和图 B.6。

图 B.10 适用于侧向 CRS ISO/L1——ISOFIX 尺寸类别 F 或其反向对称 ISO/L2——ISOFIX 尺寸类别 G 的外廓图

B.4 关于不同乘坐位置的儿童约束系统的车辆用户手册信息表

表 B.2 车辆用户手册——关于不同乘坐位置对儿童约束系统的适用性信息

质量组	乘坐位置(或其他位置)				
	前排乘员	后排外侧	后排中间	中排外侧	中排中间
0 组:<10 kg					
0+组:<13 kg					
Ⅰ组:9 kg～18 kg					
Ⅱ组:15 kg～25 kg					
Ⅲ组:22 kg～36 kg					

注:填入表中的字母含义为:
U ——适用于获得本质量组批准的通用类儿童约束系统。
UF ——适用于获得本质量组批准的前向通用类儿童约束系统。
L ——适用于清单上的特殊类儿童约束系统。这些约束系统可能是特殊车辆类、受限制类或半通用类。
B ——适用于获得本质量组批准的内置式儿童约束系统。
X ——本座椅位置不适用于本质量组的儿童约束系统。

表 B.3 车辆用户手册——不同 ISOFIX 位置对 ISOFIX 儿童约束系统的适应性信息

质量组	尺码类别	固定模块	车辆上 ISOFIX 位置					
			前排乘员	后排外侧	后排中间	中排外侧	中排中间	其他位置
便携床	F	ISO/L1						
	G	ISO/L2						
		(1)						
0 组:<10 kg	E	ISO/R1						
		(1)						
0+组:<13 kg	E	ISO/R1						
	D	ISO/R2						
	C	ISO/R3						
		(1)						
Ⅰ组:9 kg～18 kg	D	ISO/R2						
	C	ISO/R3						
	B	ISO/F2						
	B1	ISO/F2X						
	A	ISO/F3						
		(1)						

表 B.3（续）

质量组	尺码类别	固定模块	车辆上 ISOFIX 位置					
			前排乘员	后排外侧	后排中间	中排外侧	中排中间	其他位置
Ⅱ组:15 kg～25 kg		(1)						
Ⅲ组:22 kg～36 kg		(1)						

注 1：对于不按 ISO/××尺寸类别标识(A～G)的儿童约束系统，对其适用的质量组，车辆制造厂应说明每个乘坐位置推荐的车辆专用 ISOFIX 儿童约束系统。

注 2：填入表中的字母含义为：

IUF——适用于获得本质量组批准的前向通用类 ISOFIX 儿童约束系统。

IL ——适用于清单上的特殊类 ISOFIX 儿童约束系统。这些约束系统可能是特殊车辆类、受限制类或半通用类。

X ——ISOFIX 的位置不适用于本质量组和/或本尺寸类别的 ISOFIX 儿童约束系统。

B.5 10 岁假人的安装

10 岁假人的安装过程如下：

a) 调整座椅到最后位置。

b) 根据生产厂的规定调整座椅的高度。如果没有规定，将座椅调整到最低位置。

c) 调整座椅靠背角度至制造厂的设计位置。如果没有规定，调整靠背角度至 25°或距 25°最近的位置。

d) 将肩部固定点调整至最低位置。

e) 调整座椅上的假人，使假人骨盆与座椅靠背接触。

f) 调整假人，使通过假人中心线的纵向平面与座椅的中心线一致。

附 录 C
（资料性附录）
生产一致性的控制

C.1 验证安全带的试验要求

C.1.1 紧急锁止式卷收器的耐久性和锁止性能的验证

按4.2.5.3.5的要求，在进行5.6.1、5.2和5.6.3规定的耐久性试验后，以最不利的方向按5.6.2的要求进行验证。

C.1.2 自锁式卷收器耐久性的验证

按4.2.5.2.3的要求，在进行5.6.1试验外的基础上，增补5.2和5.6.3试验。

C.1.3 标态处理后织带的载荷试验

在按5.4.1.1～5.4.1.5的要求处理后，按5.4.2的程序进行。磨损处理后织带的抗拉强度在按5.4.1.6的程序处理后，按5.4.2的程序进行。

C.1.4 微滑移试验

按5.3规定的程序进行。

C.1.5 刚性件的试验

按5.5规定的程序进行。

C.1.6 动态试验时安全带总成和约束系统性能要求的验证

C.1.6.1 与标态处理有关的试验

C.1.6.1.1 装有紧急锁止式卷收器的安全带和约束系统按5.7和5.8的要求进行。该安全带和约束系统已按5.6.1的要求进行了45 000次卷收器耐久性试验，并按4.2.2.4、5.2、5.6.2的要求进行了试验。

C.1.6.1.2 装有自锁式卷收器的安全带和约束系统按5.7和5.8的要求进行。该安全带和约束系统已按5.6.1的要求进行了10 000次卷收器耐久性试验，并按4.2.2.4、5.2、5.6.2的要求进行了试验。

C.1.6.1.3 固定式安全带按5.7和5.8的要求进行。该安全带已按4.2.2.4、5.2的要求进行了试验。

C.1.6.2 无标态处理的试验

按5.7和5.8的要求进行。

C.2 试验频次和结果

C.2.1 静态试验

C.1.1～C.1.5试验频次要求将以常规质量保证程序之中的统计控制和随机性为基础。对紧急锁止式卷收器的全部总成应按下列要求检查：

a) 按 5.6.2.1 或 5.6.2.2 之一所规定的要求进行。以 5.6.2.1 中最不利的方向为准。试验结果应符合 4.2.5.3.1 和 4.2.5.3.3 的要求。
b) 或按 5.6.2.3 的要求进行。在最不利的方向,在不影响试验结果的情况下,倾斜速度可以大于规定速度。试验结果应符合 4.2.5.3.1d)的要求。

C.2.2 动态试验

C.2.2.1 对符合 C.1.6 规定的动态试验的结果,应在最小频次内进行。

C.2.2.2 与标态处理有关的试验:

a) 对装有紧急锁止式卷收器的安全带,且日产量大于 1 000 套安全带总成的厂家:
   1) 100 000 套安全带总成取 1 套样品,最低频次为每两周一次;
   2) 10 000 套安全带总成取 1 套样品,最低频次为每年对每种锁止机构[1]一次;
   3) 应进行 C.1.6.1.1 规定的试验。
b) 对装有自锁式卷收器的安全带和固定式安全带:
   1) 日产量大于 1 000 套安全带总成:每生产 100 000 套抽取一套样品,最小频次为每年一次;
   2) 日产量小于或等于 1 000 套安全带总成:每生产 10 000 套抽取一套样品,最低频次为每年一次;
   3) 应分别按 C.1.6.1.2 或 C.1.6.1.3 的规定进行试验。

C.2.2.3 无标态处理的试验:

a) 对装有紧急锁止式卷收器的安全带,应抽取以下数量的样品按 C.1.6.2 的规定进行试验:
   1) 对日产量不少于 5 000 套安全带总成的厂家,最小频次为每生产 25 000 套安全带抽取两套,每天对每种锁止机构进行一次;
   2) 对日产量少于 5 000 套安全带总成的厂家,每生产 5 000 套安全带抽取一套,对锁止机构的最小频次为每年对每种锁止机构进行一次。
b) 对装有紧急锁止式卷收器的安全带和固定式安全带,应抽取以下数量的样品按 C.1.6.2 的规定进行试验:
   1) 对日产量不少于 5 000 套安全带总成的厂家,每生产 25 000 套安全带抽取两套,最小频次为每天每种一次;
   2) 对日产量少于 5 000 套安全带总成的厂家,每生产 5 000 套安全带抽取一套,最小频次为每年每种一次。

C.2.2.4 试验结果应符合 4.4.1.3a)的要求。按 C.1.6.1 进行与标态处理有关的试验时,可按 4.4.1.3b)(或 4.4.1.4 中适用内容)的规定控制假人向前的移动量。

C.2.3 试验失败的处理

如果一件样品在进行的某个试验中失败,则应对至少三件其他样品进行同样要求的进一步试验。如果是在动态试验中失败,则生产厂家(或指定代理人)应向有关管理机构提交重新达到合格产品所要采取的措施。

---

1) 在本附录中"锁止机构的种类"指只是机构的敏感装置的角度相对车辆参考轴系统不同的所有紧急锁止式卷收器。

附　录　D
（规范性附录）
假　　人

D.1　假人的技术规范

D.1.1　概述

在下列图表中给出了假人的主要特征：

a）　头、颈和躯干的侧视图，见图 D.1；

b）　头、颈和躯干的前视图，见图 D.2；

c）　臀、大腿和小腿的侧视图，见图 D.3；

d）　臀、大腿和小腿的前视图，见图 D.4；

e）　主要尺寸，见图 D.5；

f）　坐姿假人给出了：重心位置、位移测量点的位置以及肩高，见图 D.6；

g）　假人部件的索引号、名称、材料和主要尺寸，见表 D.1；

h）　头、颈、躯干、大腿和小腿的质量，见表 D.2。

D.1.2　假人

D.1.2.1　小腿的结构

小腿结构由三个元件构成：脚底板（30）、薄壁管（29）、膝关节套（26）。膝关节套有两个限位块，以限制小腿相对于大腿的运动。小腿从直线位置能向后转动 120°（见图 D.3 和图 D.4）。

D.1.2.2　大腿的结构

大腿结构由三个部件组成：膝关节套（22）、大腿杆（21）、臀轴套管（20），膝部的运动由两个位于小腿限位块相连的膝关节套内的切槽来加以限制（见图 D.3 和图 D.4）。

D.1.2.3　躯干的结构

躯干结构由下列部件构成：臀轴套管（2）、滚子链（4）、肋（6）和（7）、胸骨（8）以及链式连接件（3）、（7）和（8）的一部分（见图 D.1 和图 D.2）。

D.1.2.4　颈部

颈部由 7 个聚氨酯套环（9）组成。颈部的刚度由传动链张紧器调整（见图 D.1 和图 D.2）。

D.1.2.5　头部

头部（5）本体是空心的，聚氨酯外廓由钢带加强，调整颈部刚度的传动链张紧器由聚氨酯块（10）、管状隔套（11）和张紧元件（12）、（13）组成。头可在第一颈椎处转动，该处由调整器总成（14）和（18）、隔套（16）以及聚氨酯垫块（10）组成（见图 D.1 和图 D.2）。

D.1.2.6　膝关节

小腿和大腿由套管（27）和张紧器（28）连接（见图 D.4）。

D.1.2.7 臀关节

大腿和躯干由套管(23)、摩擦片(24)和张紧器总成(25)连接(见图D.4)。

D.1.2.8 聚氨酯

型式:PU123CH聚合物。
硬度:邵尔A硬度为50～60。

D.1.2.9 外套

假人由特殊外套覆盖(见表D.1)。

D.2 校正装置

为了校准假人,在臀连接处使用6块质量各为1 kg的校准钢制重块来调整假人的总质量及质量分布,6块质量各为1 kg的聚氨酯重块可固定在躯干背部。

D.3 软垫

假人胸部和外套之间应放置软垫。软垫用聚乙烯泡沫制成,并符合以下规定:

a) 硬度:邵尔A硬度为7～10;
b) 厚度:25 mm±5 mm;
c) 软垫应能更换。

D.4 关节的调整

D.4.1 概述

为实现结果的重复性,应控制各关节的摩擦力。

D.4.2 膝关节

拧紧膝关节,使大腿和小腿垂直,转动小腿30°,逐渐松开张紧器(28),直至小腿借其自重下落,在此位置锁止张紧器。

D.4.3 臀关节

拧紧臀关节,使大腿处于水平位置、并使躯干处于垂直位置,向前转动躯干和大腿成60°角。逐步放松张紧器直到躯干开始因其自重而下落。在此位置锁止张紧器。

D.4.4 第一颈椎关节

调节第一颈椎关节,以使其不能因自重而前后转动。

D.4.5 颈部

用链条张紧器(13)调节颈部,当调节颈部时,张紧器上端在承受100 N水平载荷时,位移应在40 mm～60 mm之间。

表 D.1 假人部件参数

序号	名称	材料	尺寸/mm
1	躯体材料	聚氨酯	—
2	臀管	钢	76×70×100
3	链条连接件	钢	25×10×70
4	滚子链	钢	3/4
5	肩板	聚氨酯	—
6	转动部分	钢	30×30×3×250
7	肋骨	穿孔钢板	400×85×1.5
8	胸骨	穿孔钢板	250×90×1.5
9	盘(6个)	聚氨酯	ϕ90×20 ϕ80×20 ϕ75×20 ϕ70×20 ϕ65×20 ϕ60×20
10	垫块	聚酰氨	60×60×25
11	管状隔套	钢	40×40×2×50
12	张紧螺栓	钢	M16×90
13	张紧螺母	钢	M16
14	第一颈椎关节张紧器	钢	ϕ12×130
15	头部	聚氨酯	—
16	管状隔套	钢	ϕ18×13×17
17	加强板	钢	30×3×500
18	张紧螺母	钢	M12
19	大腿	聚氨酯	—
20	臀管套	钢	76×70×80
21	大腿杆	钢	30×30×440
22	膝管套	钢	52×46×40
23	臀连接管	钢	70×64×250
24	摩擦片(4个)	钢	160×75×1
25	张紧器总成	钢	M12×320
26	膝管套	钢	52×46×160
27	膝连接管	钢	44×39×190
28	张紧器板	钢	ϕ70×4
29	薄壁管	钢	50×50×2×460
30	底板	钢	100×170×3
31	躯干校准重块(6个)	聚氨酯	每块质量1 kg
32	软垫	聚苯乙烯泡沫	350×250×25
33	外套	棉和聚酰氨带	—
34	臀部校准重块(6个)	钢	每块质量1 kg

表 D.2 假人质量参数

假人部件	质量/kg
头部和颈部	4.6±0.3
躯干和双臂	40.3±1.0
大腿	16.2±0.5
小腿和脚	9.0±0.5
包括校正重量的总质量	75.5±1.0

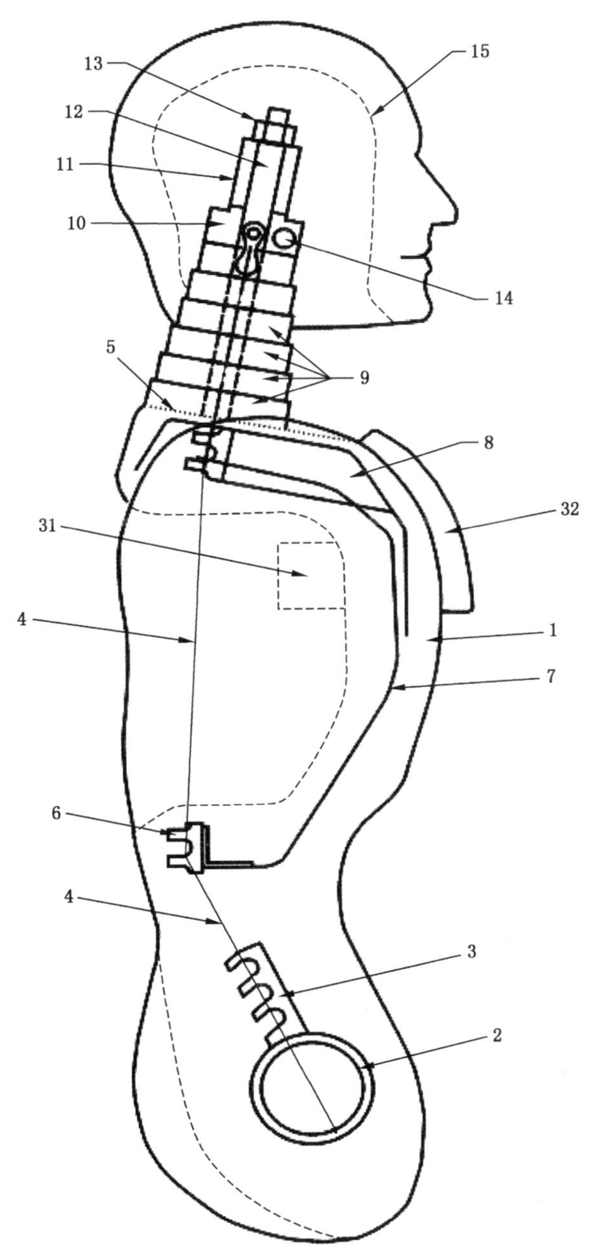

图 D.1 头、颈和躯干的侧视图

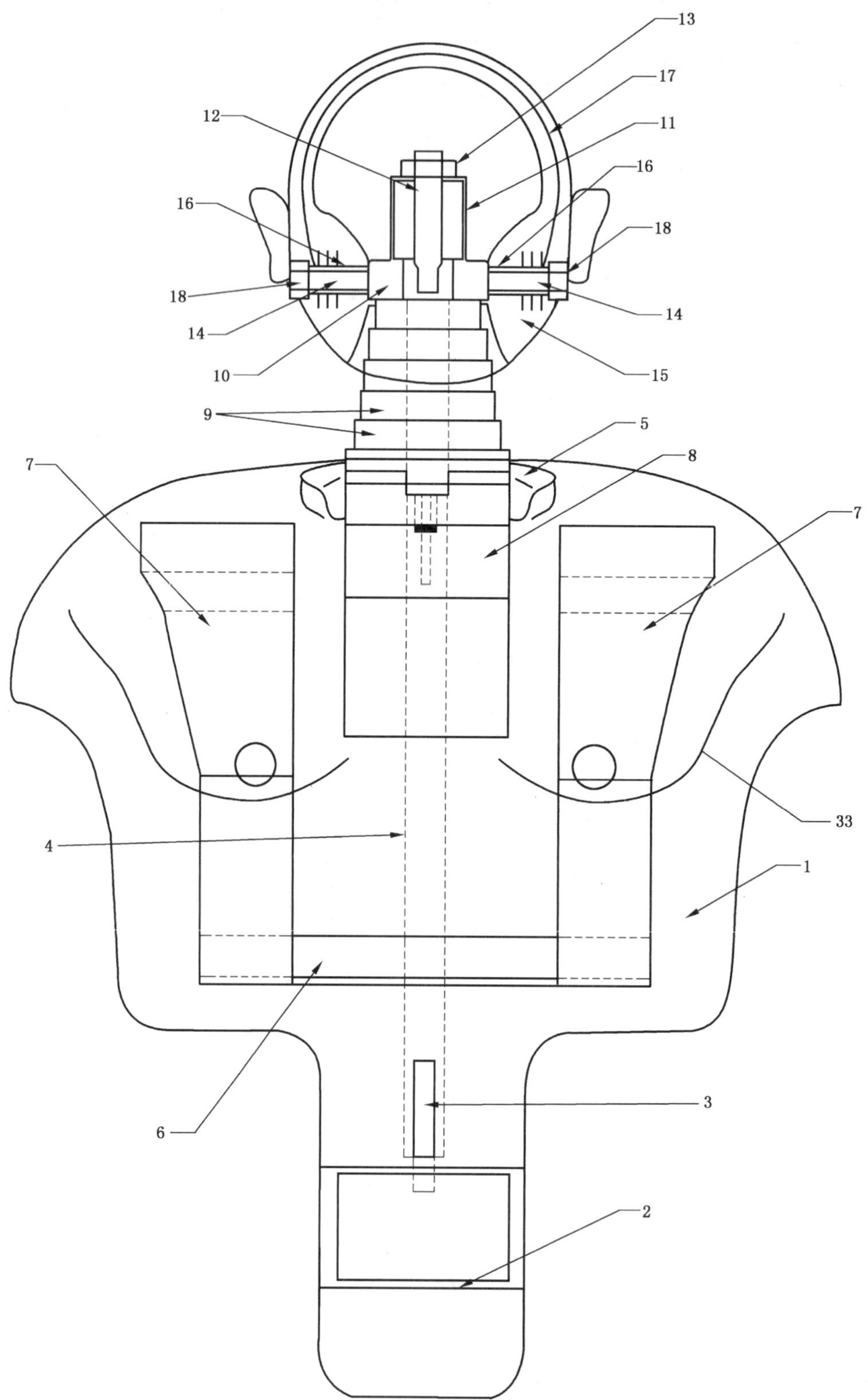

图 D.2 头、颈和躯干的前视图

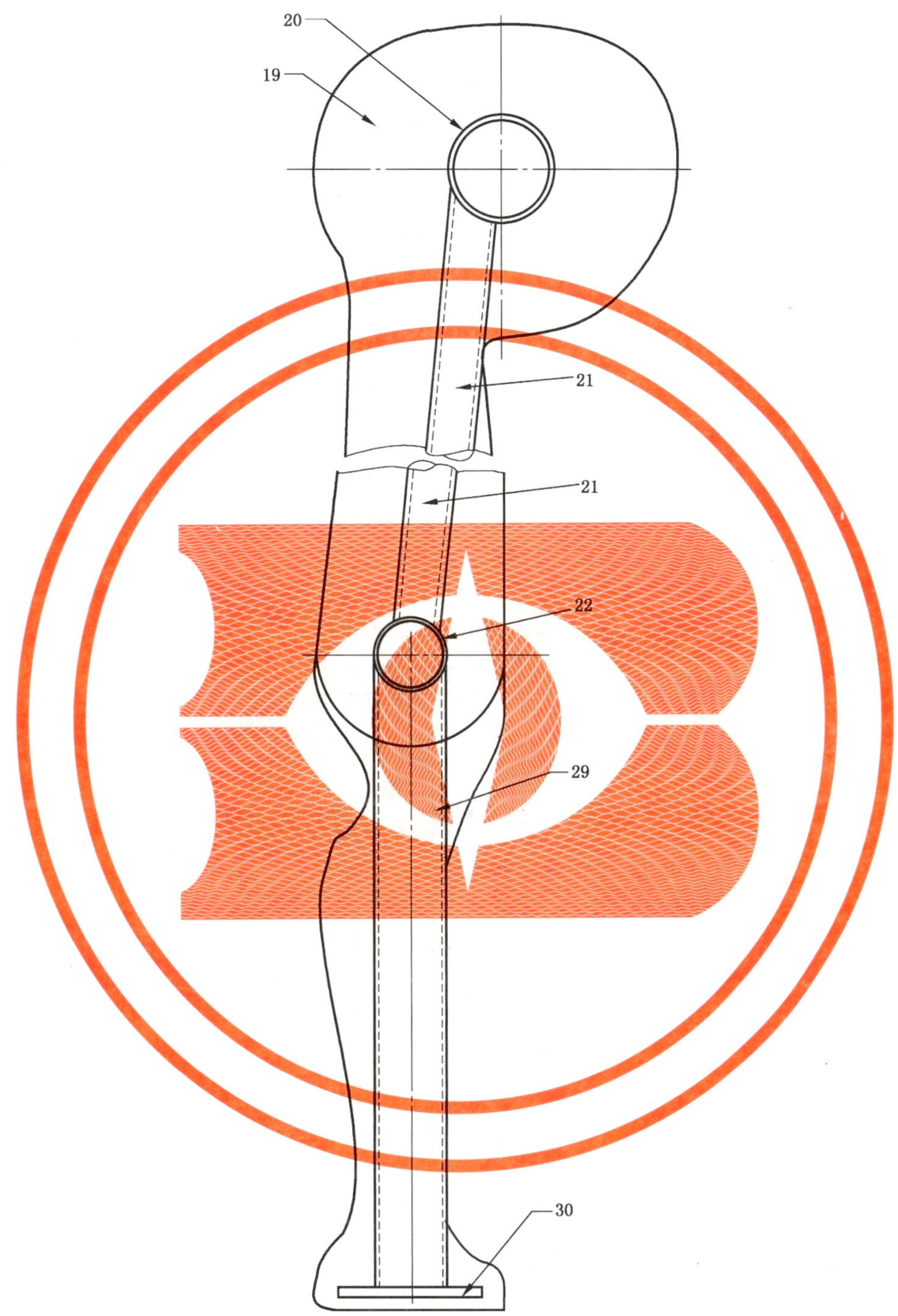

图 D.3　臂、大腿和小腿的侧视图

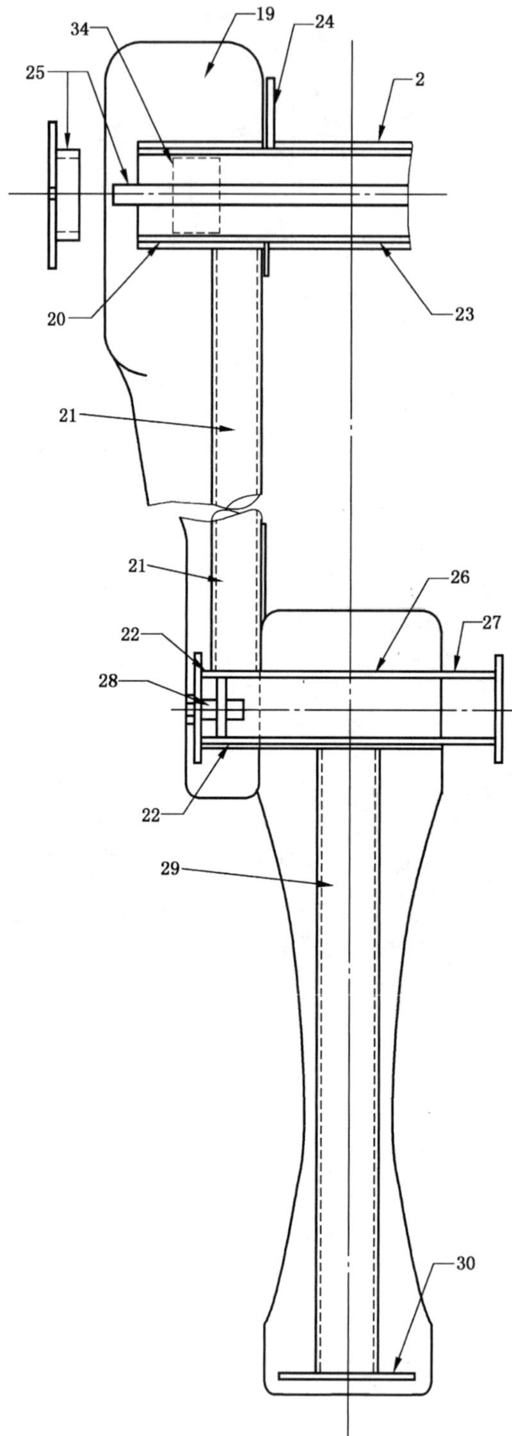

图 D.4 臀、大腿和小腿的前视图

单位为毫米

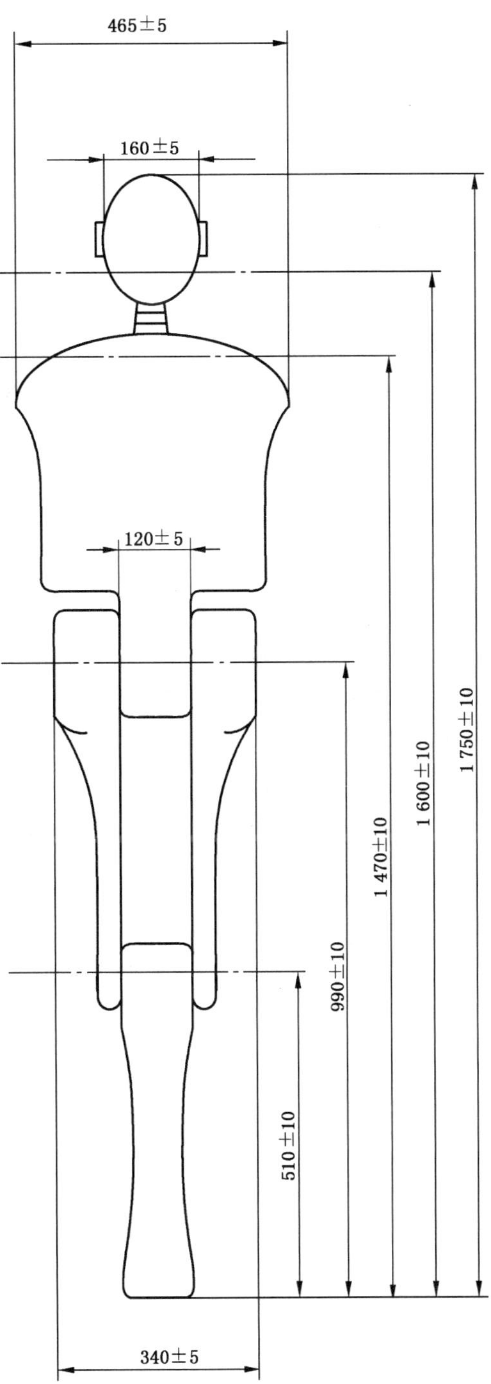

图 D.5　主要尺寸

单位为毫米

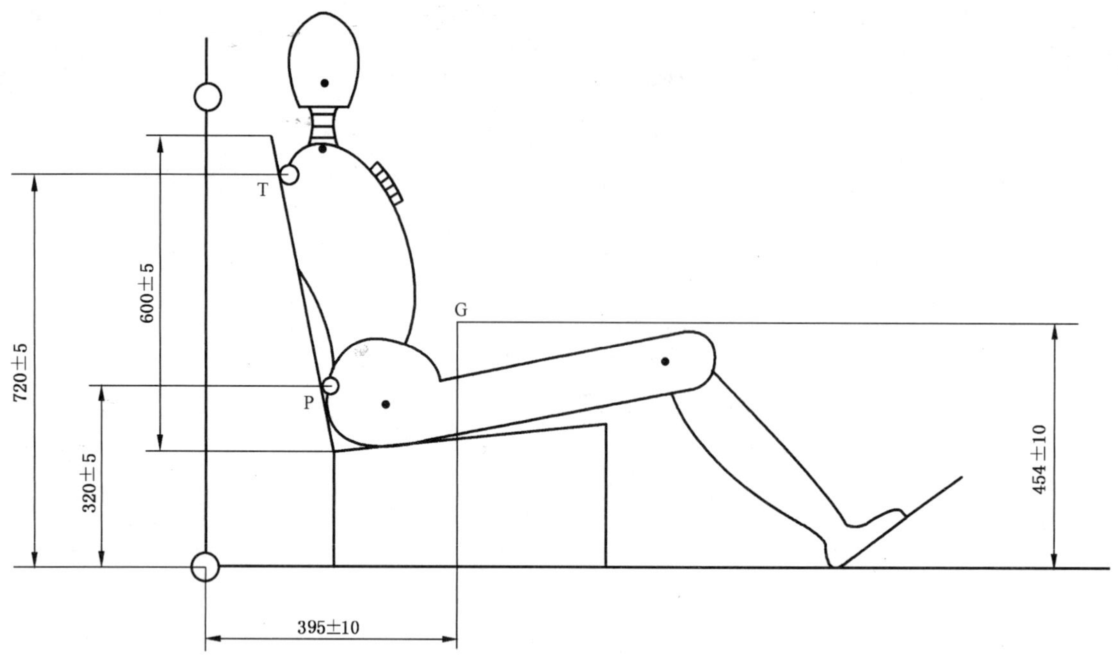

说明：

G——重心；

T——躯干参考点(位于人体模型中心线的后方)；

P——骨盆参考点(位于人体模型中心线的后方)。

注：P点位移的测量不包括绕臀部轴和垂直轴的旋转部分。

图 D.6 重心位置、位移测量点的位置以及肩高

附　录　E
（规范性附录）
试验顺序

表 E.1　试验顺序

章　　节	试　　验	试　　样															
		安全带或乘员约束系统序号					织带序号										
		1	2	3	4	5	1	2	3	4	5	6	7	8	9	10	11
4.1.1、4.1.2、4.2.1.1、4.2.2、4.2.3.1、4.3.1.1	织带或约束系统检验	×															
4.2.2.2、3.26、3.27	带扣检验	×	×	×	×	×											
4.2.2.6、4.2.2.7、5.5.1、5.5.5	带扣强度试验			×													
4.2.3.3、5.5.1	调节件（和卷收器调节件）强度试验			×													
4.2.4、5.5.2	连接件（和卷收器连接件）强度试验			×													
4.2.2.3、5.5.3	带扣低温试验	×	×														
4.2.1.4、5.5.4	刚性件的低温冲击试验	×	×														
4.2.3.2、4.2.3.4、5.5.6	调节方便性				×												
	动态试验前安全带或约束系统的处理和试验																
4.2.2.4	带扣耐久性	×	×														
4.2.1.2、5.2	刚性件的腐蚀性	×	×														
	卷收器的处理																
4.2.5.2.1、4.2.5.3.1、4.2.5.3.3、5.6.2	锁止极限值	×	×														
4.2.5.2.2、4.2.5.3.4、5.6.4	卷收力	×	×														
4.2.5.2.3、4.2.5.3.5、5.6.1	耐久性	×	×														
4.2.5.2.3、4.2.5.3.5、5.2	腐蚀	×	×														
4.2.5.2.3、4.2.5.3.5、5.6.3	粉尘	×	×														

表 E.1（续）

章　　节	试　　验	试　　样															
		安全带或乘员约束系统序号					织带序号										
		1	2	3	4	5	1	2	3	4	5	6	7	8	9	10	11
4.3.1.2、5.4.2.3	织带宽度试验						×	×									
	进行下列试验条件后的织带强度试验：																
4.3.2、5.4.1.1、5.4.2	室内处理						×	×									
4.3.3、5.4.1.2、5.4.2	光照处理								×	×							
4.3.3、5.4.1.3、5.4.2	低温处理										×	×					
4.3.3、5.4.1.4、5.4.2	高温处理												×	×			
4.3.3、5.4.1.5、5.4.2	浸水处理														×	×	
4.2.3.2、5.3	微滑移试验				×	×											
4.4.2、5.4.1.6	磨损试验				×	×											
4.4.1、5.7	动态试验	×	×														
4.2.2.5、4.2.2.7、5.8	带扣开启试验	×	×														
5.1.4	织带样品保留																×

注：表中“×”表示采用处理样品序号。

附 录 F
（规范性附录）
腐 蚀 试 验

F.1 试验设备

F.1.1 试验设备包括:雾室、盐溶液槽,经适当处理的压缩空气源,一个或多个喷嘴,样品支承架,加热雾室的装置,以及必要的控制装置。只要能符合试验所需条件,所用设备的结构尺寸和细节可不予规定。

F.1.2 应使雾室顶或盖上所积聚的溶液不滴落在试件上。

F.1.3 从试件上滴落下的液滴不应回到溶液槽而再次被重新喷雾。

F.1.4 制造该设备的材料不应影响盐雾的腐蚀性。

F.2 雾室中试件的放置

F.2.1 除卷收器外,试件应支撑或悬挂在与垂线方向成 15°～30°之间,并且平行于雾流的水平方向,这取决于被试的主表面。

F.2.2 卷收器应支撑或悬挂在其卷簧轴与雾流呈正交的位置上,卷收器上的织带出口也应对着主雾流方向。

F.2.3 各样件的放置应允许所有样件自由积聚雾滴。

F.2.4 各试件的放置应防止盐溶液从一件试样滴到其他试件上。

F.3 盐溶液

F.3.1 盐溶液应按质量 5 份±1 份盐溶于质量 95 份蒸馏水中配制,所用盐应为氯化钠,不得含镍和铜,干燥状态时含碘化钠不得超过 0.1%,杂质总含量不得超过 0.3%。

F.3.2 应使 35 ℃雾化时所收集的溶液 pH 值在 6.5～7.2 之间。

F.4 空气源

供喷嘴雾化盐溶液的压缩空气,应不含油和杂质,其压力应保持在 70 kN/m^2～170 kN/m^2 之间。

F.5 雾室内条件

F.5.1 雾室内暴露区应保持在 35 ℃±5 ℃的温度,在暴露区内,至少应放置两个干净的收集器,以防试件上或其他聚集处形成液滴,在试件附近放置收集器,一个应尽量靠近喷嘴,另一个应尽量远离所有喷嘴,喷雾量应使每 8 000 mm^2 的水平收集面积上,每个收集器每小时平均收集 1.0 mL～2.0 mL 溶液,至少应测量 16 h 的积集量求出平均值。

F.5.2 喷嘴应予以引导或遮挡,以便喷雾不直接喷向试件。

附　录　G
（规范性附录）
磨损和微滑移试验

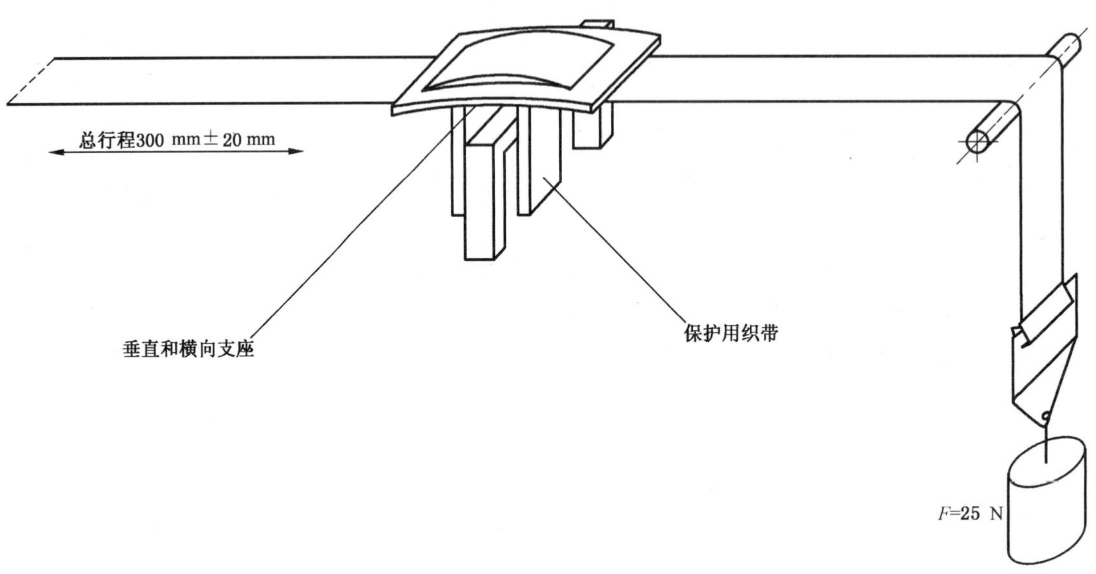

例 a)

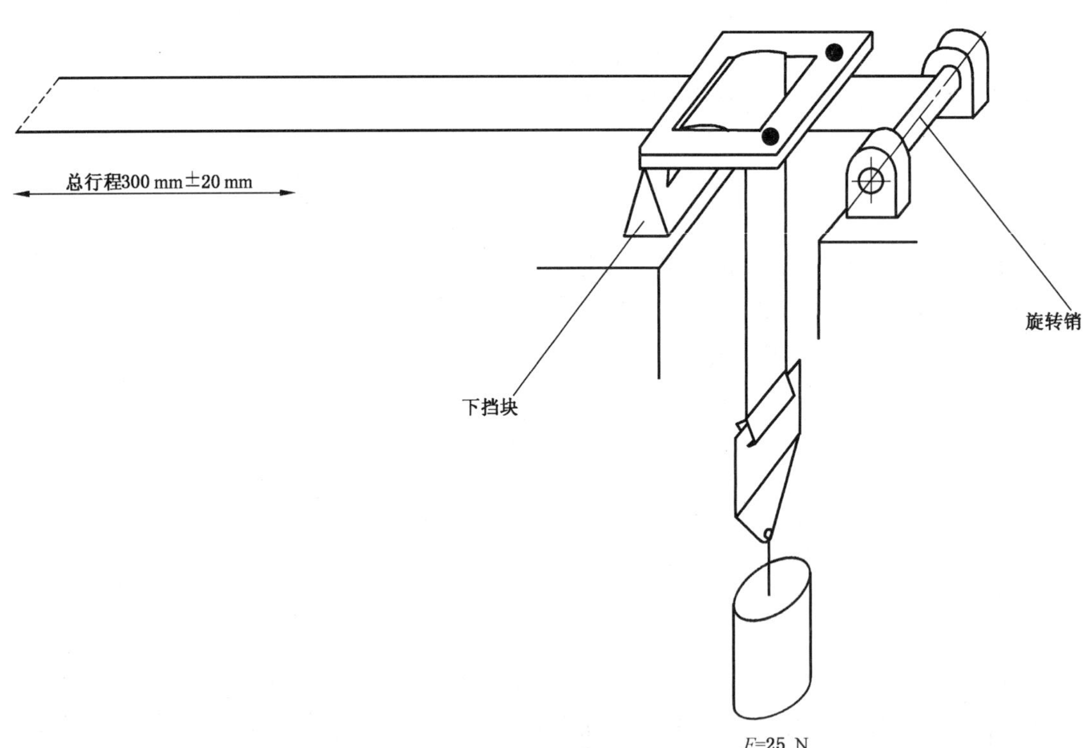

例 b)

注：例 a)和例 b)是根据调节装置的类型确定试验方法的事例。

图 G.1　磨损和微滑移试验(程序 1)

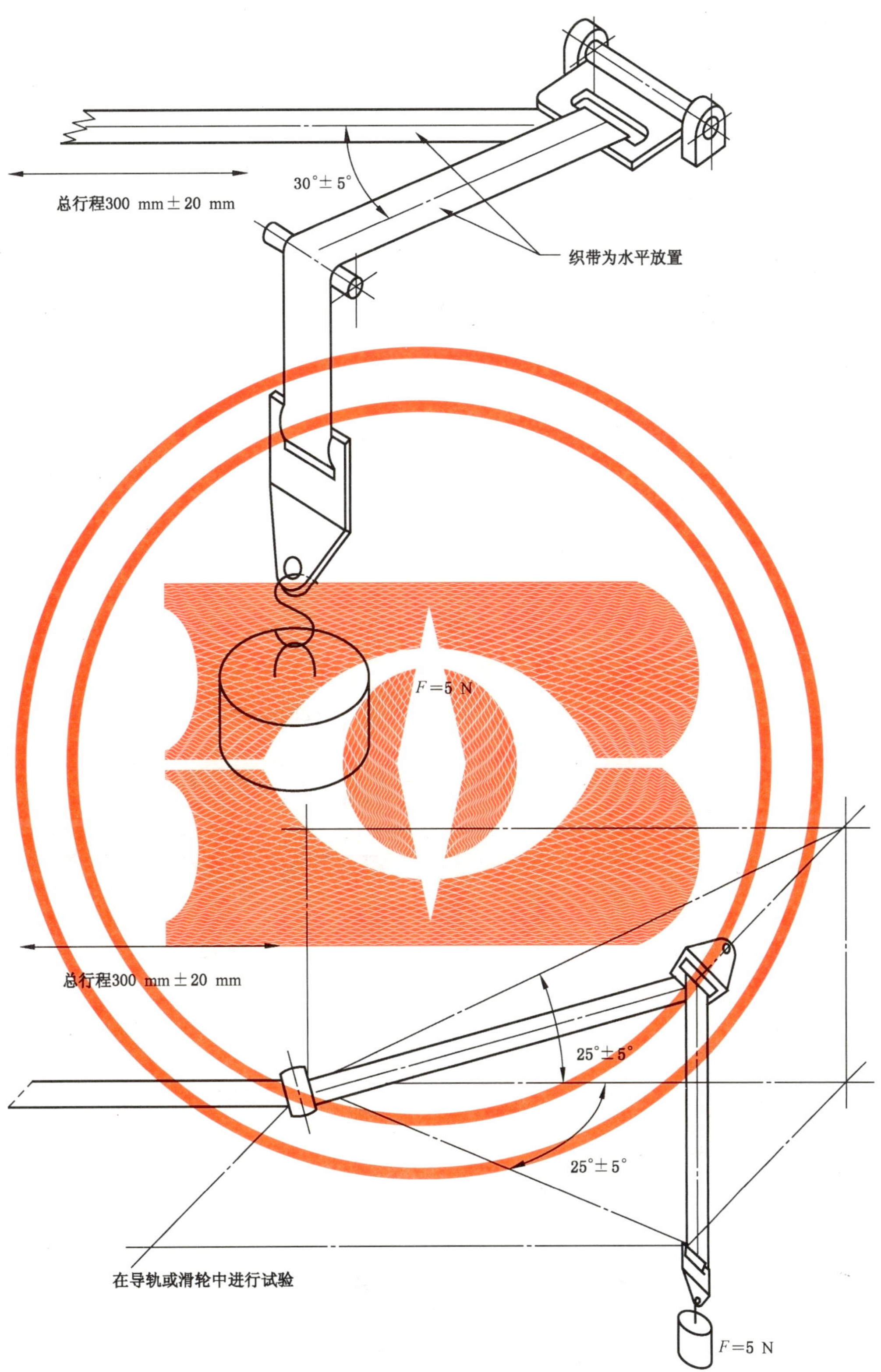

图 G.2 磨损和微滑移试验(程序 2)

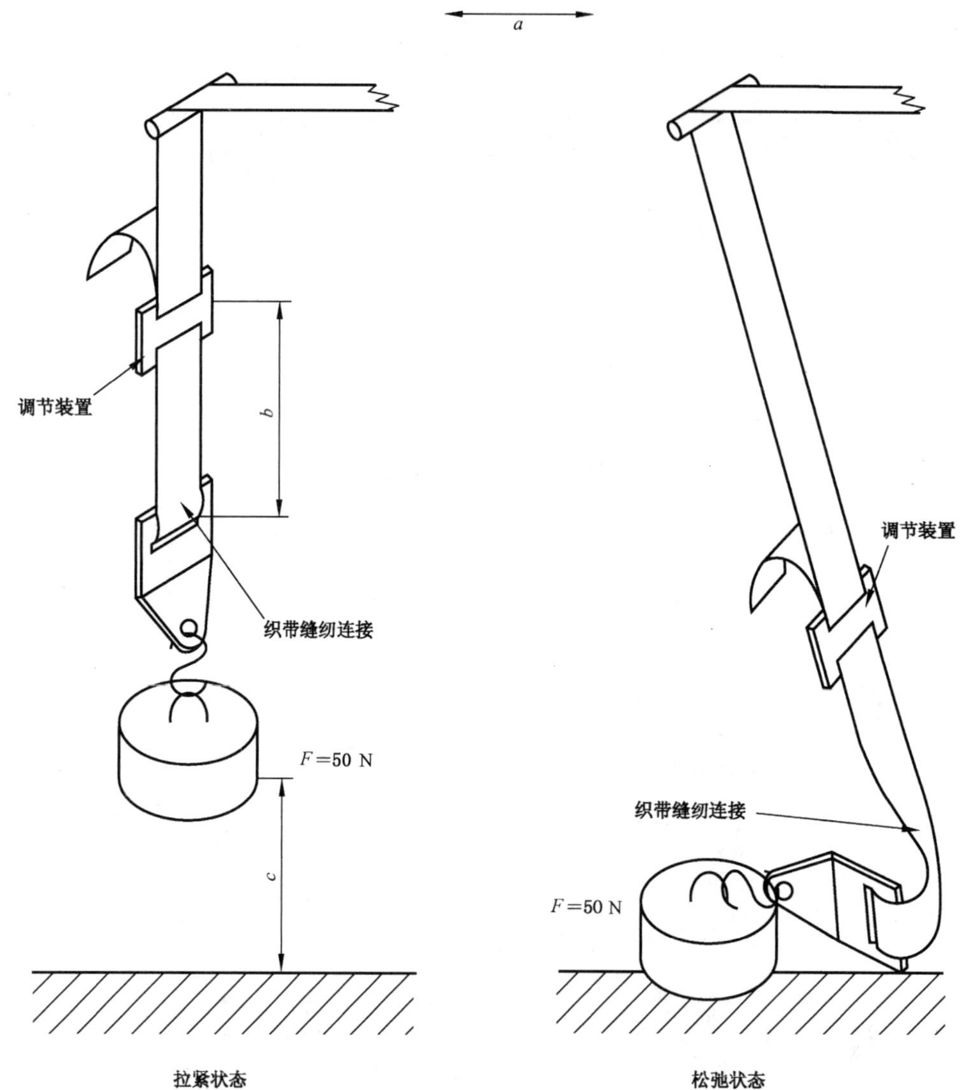

说明：

尺寸名称	尺寸/mm	公差/mm
总行程(a)	300	±20
调节装置(b)	200	—
离地间隙(c)	100	±20

注 1：试验装置中的 50 N 载荷应采用垂直导向方式，避免载荷摆动和织带扭动。

注 2：连接装置应按车上一样的方式施加 50 N 的载荷。

图 G.3 磨损和微滑移试验(程序 3)

附　录　H
（规范性附录）
双带扣试验

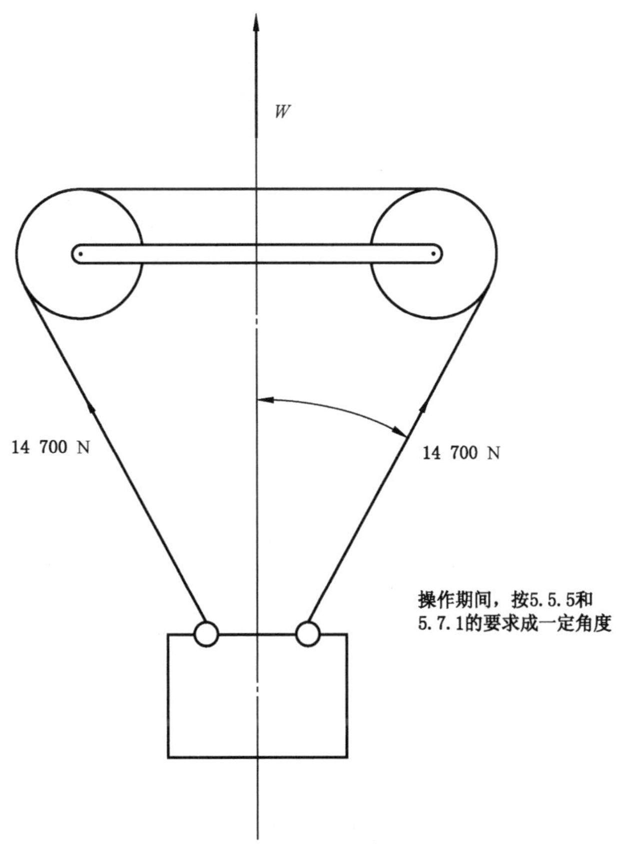

说明：
W——施加的载荷。

图 H.1　双带扣试验

附 录 I
（规范性附录）
卷收器耐久性试验设备示意图

卷收器耐久性试验设备示意图见图 I.1。

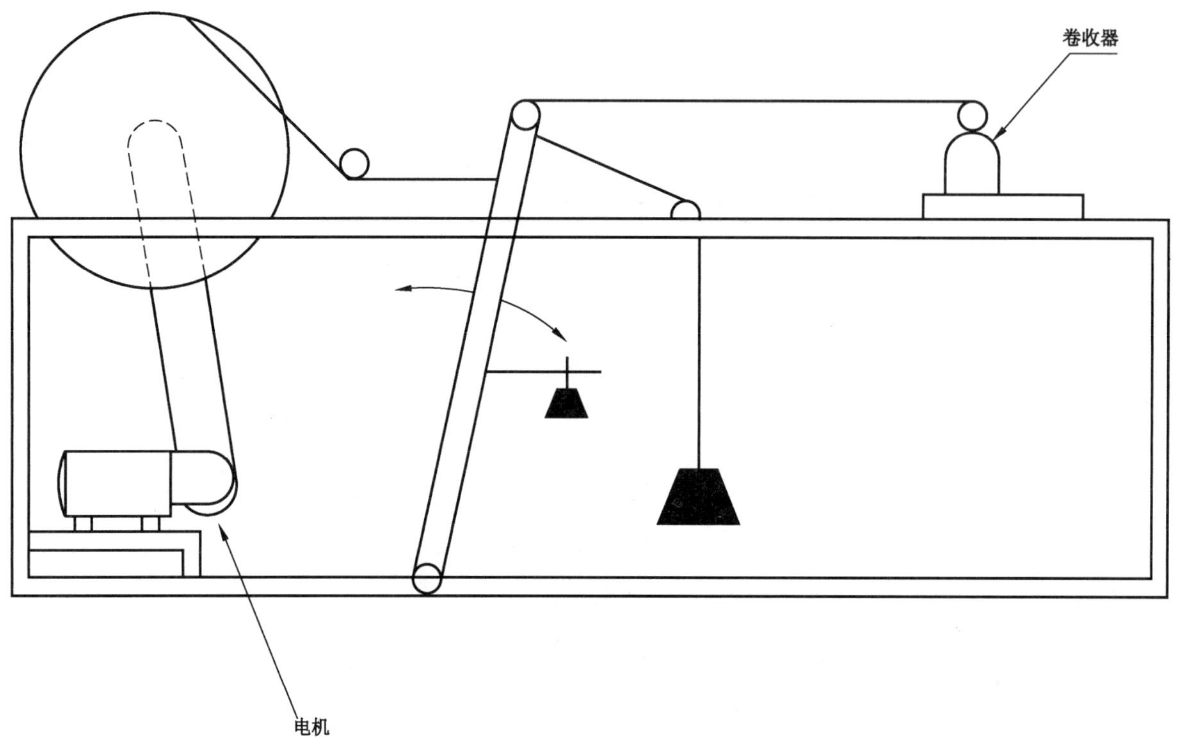

图 I.1 卷收器耐久性试验设备示意图

附 录 J
（规范性附录）
卷收器紧急锁止试验设备示意图

卷收器紧急锁止试验设备示意图见图 J.1。

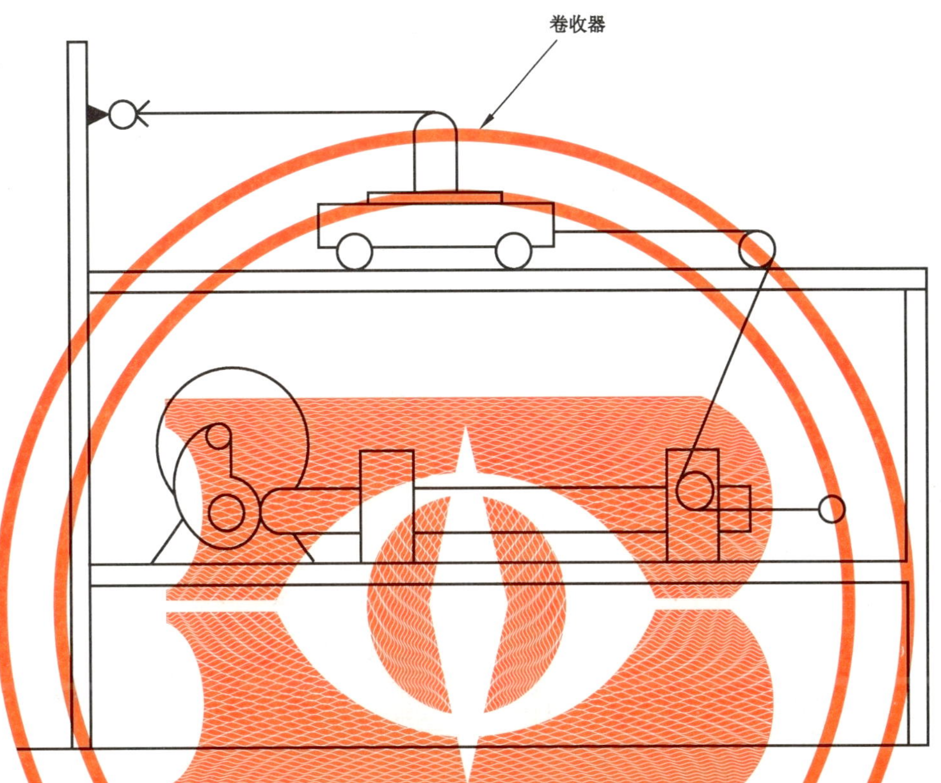

图 J.1 卷收器紧急锁止试验设备示意图

图 J.1 中所示为一套试验装置，其包括电机驱动的凸轮，其随动机构用钢索与装在导轨上的滑车相连接。凸轮设计和电机转速的组合可获得按 5.6.2.2 规定的速度增长率下的加速度，并且行程应调整至超过锁止前织带允许的最大移动量。

滑车上装有可转动的支架，以便使安装在上面的卷收器相对滑车运动方向的位置发生变化。

试验对织带拉出敏感的卷收器时，卷收器应装在合适的固定支架上，并且将织带同滑车连接。

当进行上述试验时，由生产厂家（或指定代理人）提供的任何支架可在试验时使用，以尽可能模拟在车辆上的实际安装情况。

为模拟车辆实际安装所需的任何辅助支架，应由生产厂家（或指定代理人）提供。

附　录　K
（规范性附录）
粉尘试验设备示意图

粉尘试验设备示意图见图 K.1。

单位为毫米

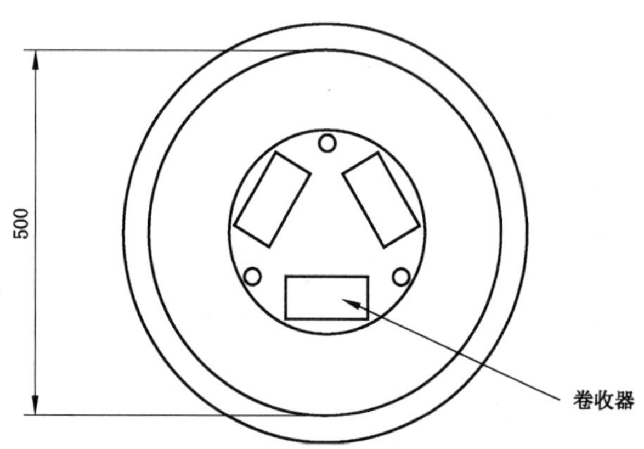

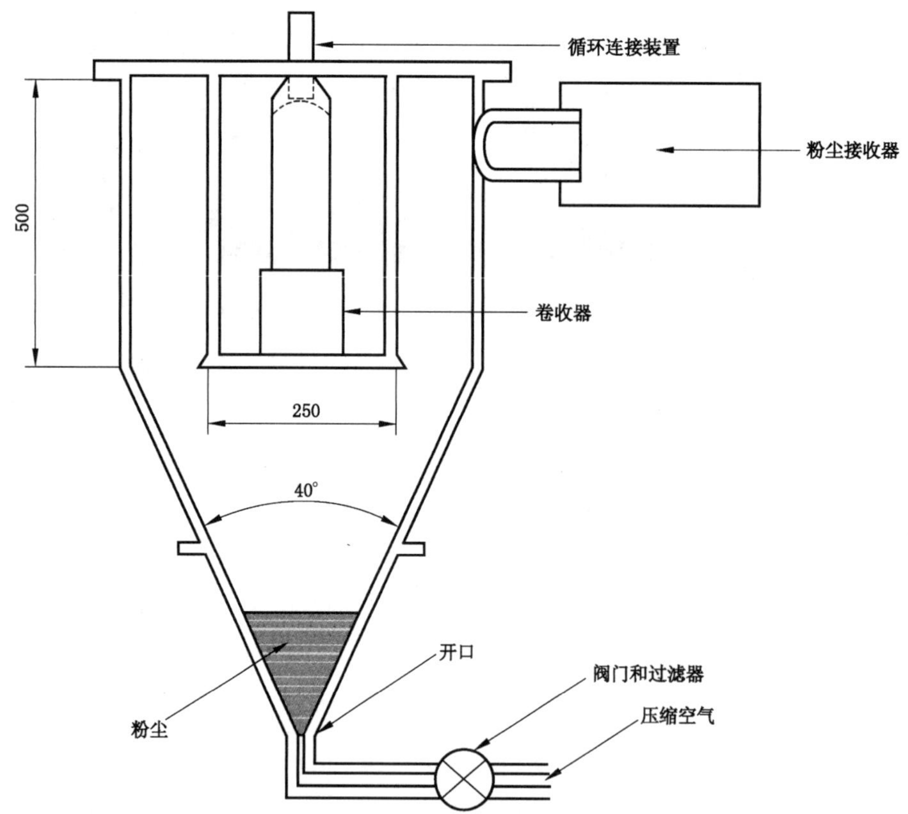

图 K.1　粉尘试验设备示意图

附 录 L
（规范性附录）
滑车、座椅、固定件和停车机构

L.1 滑车

对安全带进行试验时，装有座椅的滑车的质量为 400 kg±20 kg。试验约束系统时，滑车同所连接车辆结构的质量应为 800 kg。如必要的话，滑车和车辆结构总质量以 200 kg 的增量递增，实际质量与规定质量的差值不得超过±40 kg。

L.2 座椅

除约束系统试验外，座椅应是刚性结构，并具有光滑表面，应满足图 L.1 给出各项细节的要求，注意金属件不得与安全带相接触。

L.3 固定件

L.3.1 对于带有 3.14.6 定义的安全带高度调节器的安全带应将该装置固定在刚性框架上，或其通常安装的车辆部件或框架上，且应牢固。

L.3.2 固定点如图 L.1 所示，固定点的标志表示安全带末端在该点处与滑车或力传感器相连接，视具体情况而定。当带扣锁上端与其下固定点位置的距离不大于 250 mm 时，固定点位置为 A、B 和 K，否则为 A_1、B_1 和 K。定点位置的允差规定为：各固定点相应于参考点 A、B 和 K 或 A_1、B_1 和 K（视具体情况）的最大距离为 50 mm。

L.3.3 安装固定点处的构件应牢固，当沿纵向施加 980 N 载荷到上固定点时，其纵向位移不得大于 0.2 mm，滑车结构应使试验中装有固定件的部件不会产生永久变形。

L.3.4 如果需要第 4 个固定件连接卷收器，该固定件：

a) 应固定在过 K 点的垂直纵向平面上；

b) 应能使卷收器按制造商规定的角度安装；

c) 如果上导向件和卷收器织带出口间长度不小于 540 mm，应固定在半径 KB_1＝790 mm 的圆弧上，在其他情况下，固定在以 K 为圆心，半径为 350 mm 的圆弧上。

L.4 停车机构

L.4.1 该装置由两个平行安装的吸能器构成，对约束系统进行试验时，该装置名义质量为 800 kg，使用 4 个吸能器。必要时，名义质量每增加 200 kg 应附加一个吸能器，每个吸能器由以下元件组成：

a) 装在滑车上的钢管；

b) 聚氨酯吸能管；

c) 用于插入吸能管的钢制抛光橄榄头；

d) 轴和碰撞盘。

L.4.2 吸能器各部分尺寸见图 L.2、图 L.3、图 L.4。

L.4.3 吸能管材料特性见 L.5。在每次试验前，吸能管应在 15 ℃～25 ℃之间的温度下至少保持

12 h。在安全带或约束系统动态试验时,停车装置应处于与标定试验同样的温度下,允许误差为±2 ℃。停车机构应符合附录M的要求,也可使用相同结果的其他装置。

L.5 吸能材料特性

吸能材料特性参数见表L.1。

表L.1 吸能材料特性参数

项目		参数值
邵尔A硬度		温度为20 ℃±5 ℃时,95±2
断裂强度		R_0>3 430 N/cm^2
最小延伸率		A_0>400%
模量		100%延伸率时:>1 080 N/cm^2
		300%延伸率时:>2 350 N/cm^2
低温脆性(ASTM D736方法)		−55 ℃,5 h
压缩系数(B方法)		<45%(70 ℃、22 h)
密度(25 ℃时)		1.05~1.10
空气老化(ASTM D573方法)100 ℃、70 h	邵尔A硬度	最大变化±3
	断裂强度	降低量<R_0的10%
	延伸率	降低量<A_0的10%
	质量	降低量<1%
浸油老化(ASTM D573方法中的1号油)100 ℃、70 h	邵尔A硬度	最大变化±4
	断裂强度	降低量<R_0的15%
	延伸率	降低量<A_0的10%
	体积	膨胀量<5%
浸油老化(ASTM D573方法中的3号油)100 ℃、70 h	断裂强度	降低量<R_0的15%
	延伸率	降低量<A_0的15%
	体积	膨胀量<20%
浸蒸馏水老化70 ℃、7天	断裂强度	降低量<R_0的35%
	延伸率	增加量<A_0的20%
注:除另有规定外,均按ASTM D735的方法。		

单位为毫米

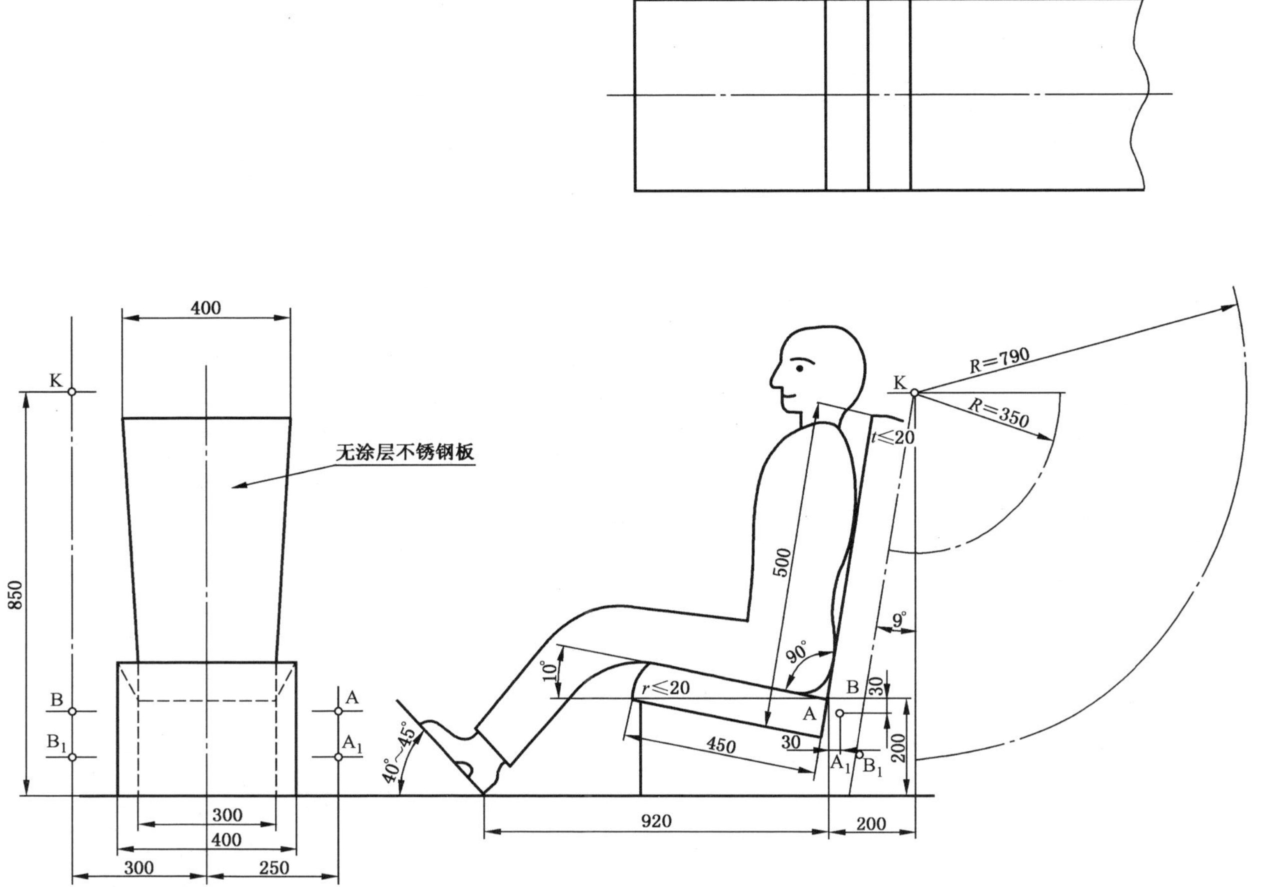

注：公差±5 mm。

图 L.1 滑车、座椅、固定点

单位为毫米

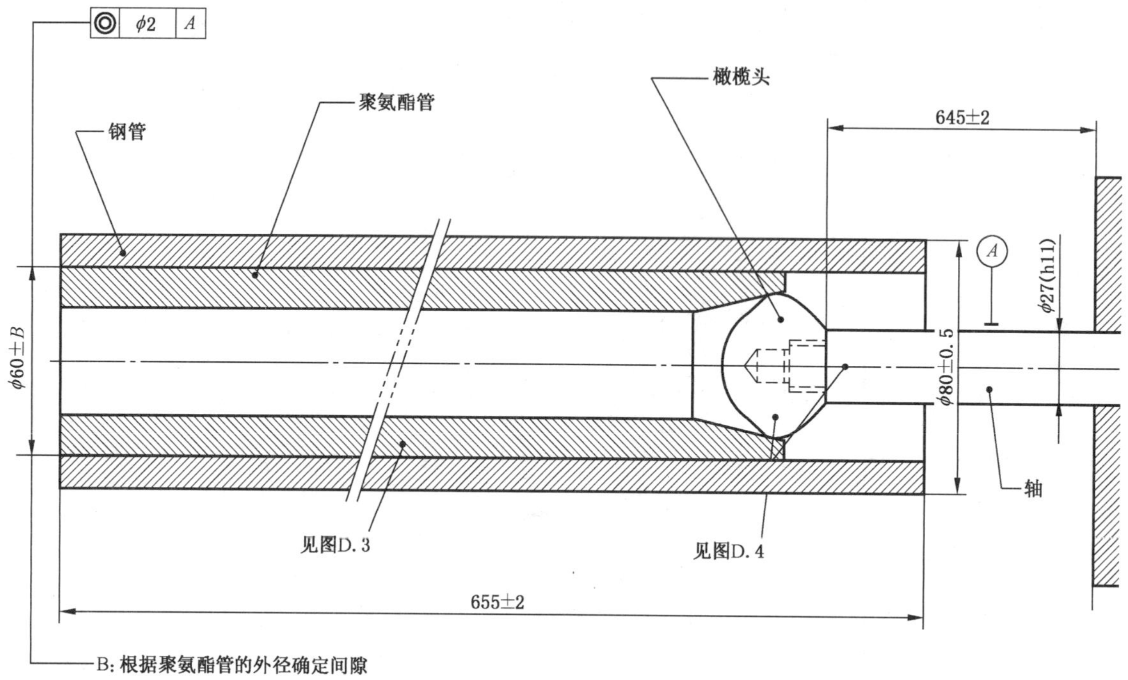

图 L.2 停车位置(已安装)

单位为毫米

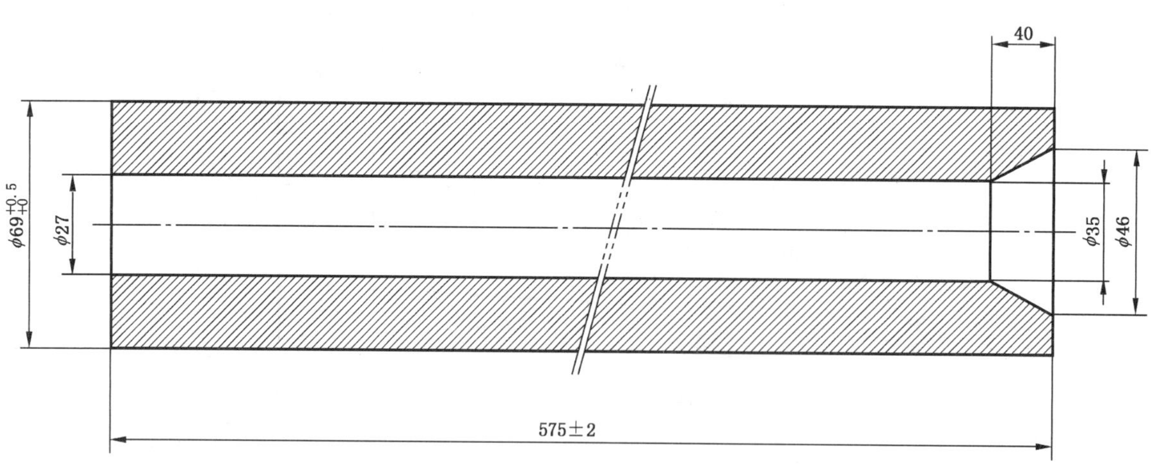

图 L.3 吸能管(聚氨酯管)

单位为毫米

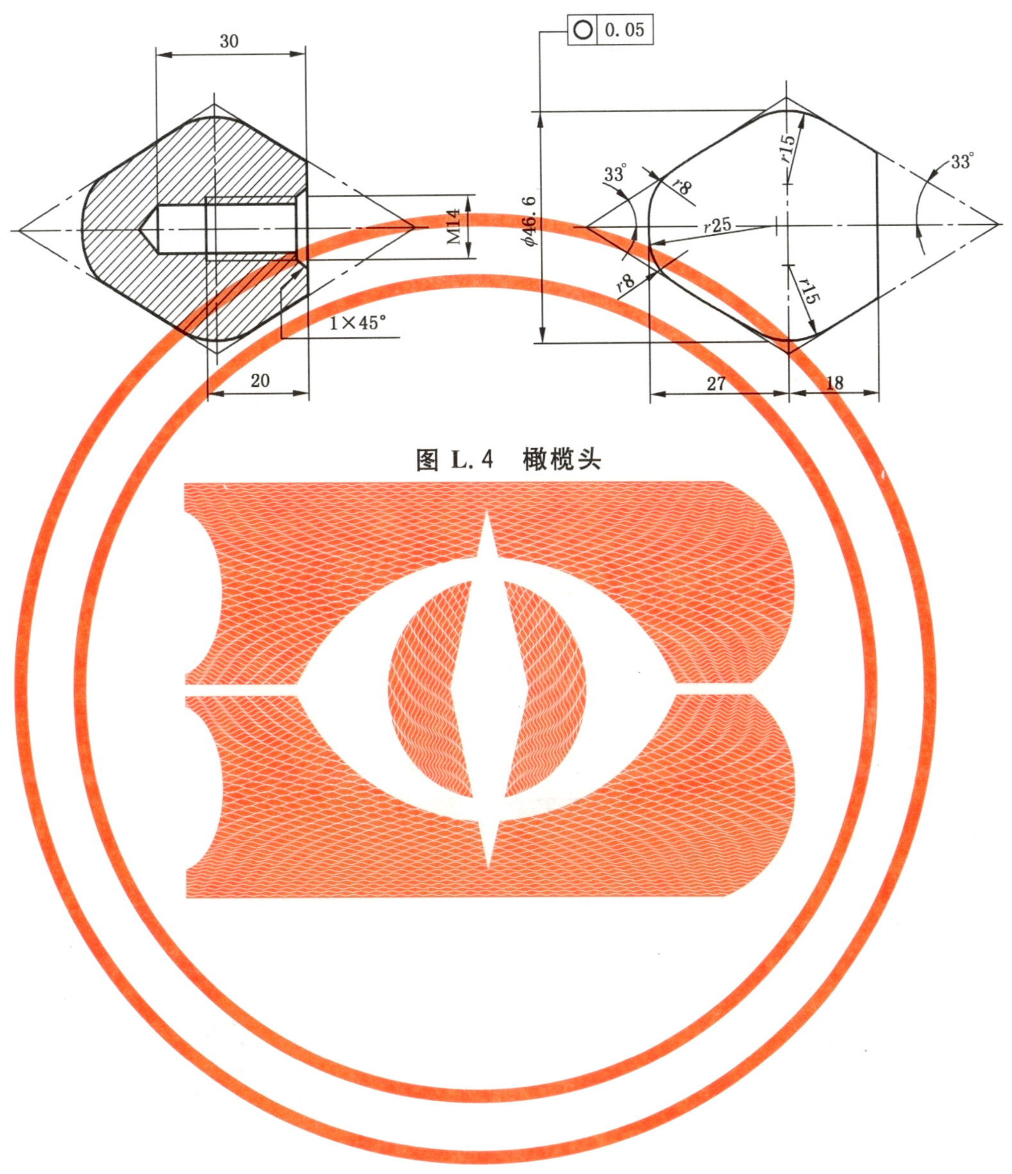

图 L.4 橄榄头

附 录 M
（规范性附录）
滑车减速度或加速度-时间曲线描述

标定和测量程序均应符合 ISO 6487:2002，测量设备应满足对其数据测量通道的要求，测量系统满足通道频率等级为(CFC)60 级的规定。

时间/ms	加速度低限值 g	加速度高限值 g
0	—	20
10	0	—
10	15	—
15	20	—
18	—	32
25	26	—
45	26	—
55	20	—
60	0	32
80	—	0

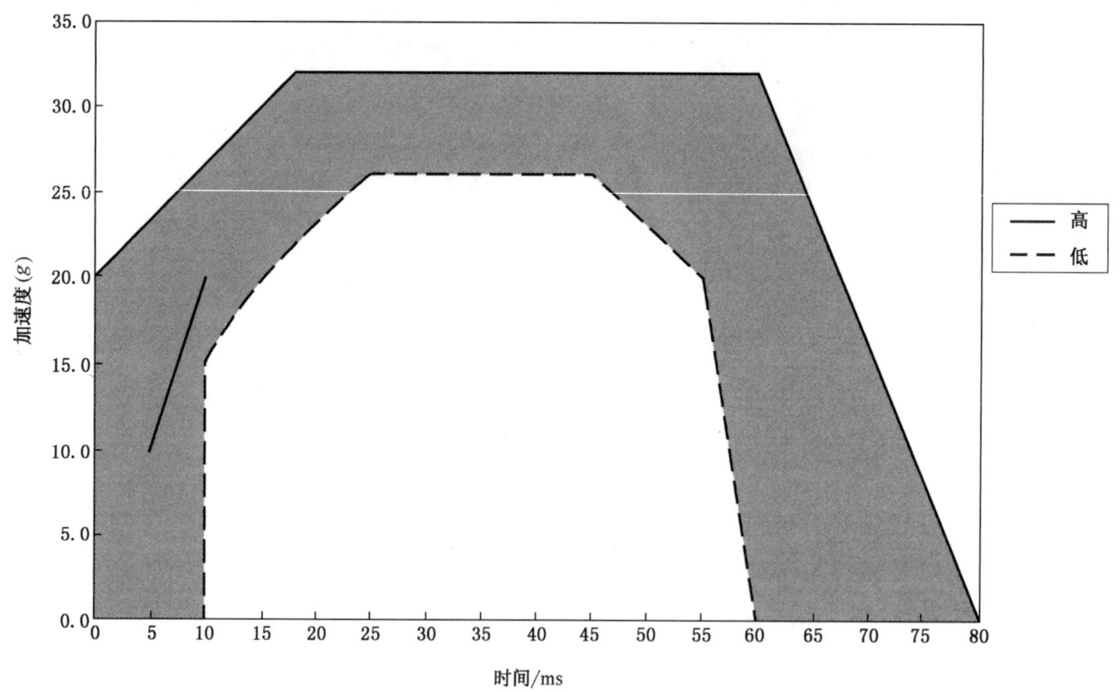

注：附加线段[见 5.7.5b)]仅应用于加速台车。

图 M.1 滑车减速度或加速度-时间曲线

附　录　N
（规范性附录）
安全带与卷收器的最低要求

表 N.1　安全带与卷收器的最低要求

车辆类型	前向乘坐位置				后向乘坐位置
	外侧乘坐位置		中间乘坐位置		
	前排	非前排	前排	非前排	
M_1	Ar4m	Ar4m	Ar4m	Ar4m	B、Br3、Br4m
$M_2 \leqslant 3.5$ t	Ar4m、Ar4Nm	Ar4m、Ar4Nm	Ar4m、Ar4Nm	Ar4m、Ar4Nm	Br3、Br4m、Br4Nm
$M_2 > 3.5$ t M_3	Br3、Br4m、Br4Nm 或 Ar4m、Ar4Nm[c]	Br3、Br4m、Br4Nm 或 Ar4m、Ar4Nm[c]	Br3、Br4m、Br4Nm 或 Ar4m、Ar4Nm[c]	Br3、Br4m、Br4Nm 或 Ar4m、Ar4Nm[c]	Br3、Br4m、Br4Nm
	允许使用腰带的条件见 6.1.7	允许使用腰带的条件见 6.1.7	允许使用腰带的条件见 6.1.7	允许使用腰带的条件见 6.1.7	
N_1	Ar4m、Ar4Nm	Ar4m、Ar4Nm、Br4m、Br4Nm[a]	B、Br3、Br4m、Br4Nm 或 A、Ar4m、Ar4Nm[b]	B、Br3、Br4m、Br4Nm	B、Br3、Br4m、Br4Nm
		如果座椅在通道内侧，允许使用腰带的条件见 6.1.2	如果风窗玻璃在基准区以外，允许使用腰带的条件见 6.1.6		
N_2 N_3	Br3、Br4m、Br4Nm 或 Ar4m、Ar4Nm[b]	B、Br3、Br4m、Br4Nm	B、Br3、Br4m、Br4Nm 或 A、Ar4m、Ar4Nm[b]	B、Br3、Br4m、Br4Nm	B、Br3、Br4m、Br4Nm
	如果风窗玻璃在基准区以外，对于驾驶员座椅允许使用腰带的条件见 6.1.6		如果风窗玻璃在基准区以外，允许使用腰带的条件见 6.1.6		

注 1：A：三点式安全带（腰带和肩带）；B：两点式安全带（腰带）；r：卷收器；m：复合敏感紧急锁止式卷收器（参见 3.14.3 和 3.14.5）；3：自动锁止式卷收器；4：紧急锁止卷收器；N：较高响应阈值。

注 2：如果安装固定点满足 GB 14167，可用 S 型安全带替换 A 型或 B 型安全带。当使用腰带织带，肩带织带和一个或多个卷收器，一个或两个附加的胯带总成，包括制造商/申请人提供的固定点附件的全背带式安全带作为 S 型安全带满足本标准要求后，这些附加固定点不必满足 GB 14167 的要求。

[a] 参考 6.1.2。
[b] 参考 6.1.6。
[c] 参考 6.1.7。

附 录 O
（规范性附录）
安全带提醒装置试验

O.1 第一级提醒信号

第一级提醒信号要根据以下条件进行试验：

a） 未系安全带；

b） 发动机停止或怠速，车辆没有前后运动；

c） 变速器在空挡位置；

d） 点火开关打开。

O.2 第二级提醒信号

第二级提醒信号要根据以下条件进行试验：

a） 未系安全带；

b） 试验车辆行驶，并且按制造厂的选择，采用以下描述的一条或任意试验条件的组合：

  1） 试验车辆从停止状态加速到 25^{+10}_{0} km/h，并继续按同样的速度行驶；

  2） 试验车辆从停止位置向前行驶至少 500 m；

  3） 车辆在正常运行状态至少 60 s 后，对车辆进行试验。

O.3 第二级提醒信号的试验要求

经过一段时间，第一级提醒信号停止后，应根据 O.2 的规定，在第一级提醒信号停止后对第二级提醒信号进行试验。经过一段时间后第一级提醒信号不能停止，应根据 O.2 的规定，在第一级提醒信号处于激活状态时对第二级提醒信号进行试验。

附　录　P
（资料性附录）
使用说明书

P.1　所有安全带应附带包括 P.2～P.5 内容的使用说明，说明书应使用汉语。

P.2　安装说明书应列举安全带总成适用车型以及将其正确安装于车辆上的方法，包括避免织带磨蚀的警告（若由车辆制造厂安装，则不需要）。

P.3　用户指导书（如果车辆制造商安装了安全带，车辆用户手册中应包含此内容），确保用户从安全带的使用上得到最大益处。此说明书中应涉及：

a)　任何情况下佩戴安全带的重要性。

b)　安全带正确佩戴方法，尤其是：

1)　带扣的指定位置；

2)　佩戴安全带的松紧要求；

3)　织带的正确位置以及避免织带的扭曲；

4)　每个安全带只用于一名乘员的重要性，尤其不要抱着小孩共用一条安全带。

c)　带扣的操作方法。

d)　调节装置的操作方法。

e)　操作可能集成在总成中的卷收器的方法以及检查其是否锁止的方法。

f)　推荐的清洗安全带的方法以及清洗后重新组装的方法。

g)　如果安全带在严重事故中使用过，或表现出了严重磨损的迹象，或被割伤、或可视超载指示仪显示安全带已经不可用，或安全带安装有预紧装置并起作用后，则需要更换。

h)　任何有可能使安全带失效的更换和改动都不允许，尤其是设计上允许拆卸的部件，一定要有重新正确组装的说明。

i)　安全带供成人尺寸的乘员使用的说明。

j)　安全带不使用时的保存方法。

P.4　如果安全带装有 4 N 的卷收器，在安装说明和包装上应指出此安全带不适用于安装在包括驾驶员在内不超过 9 个座位的机动车上。

P.5　对使用跨带总成的所有车辆，制造商/申请人应当为消费者提供安装要求。全背带式安全带的制造商应规定跨带总成固定点的加强单元在车辆上的固定与安装方法。

附 录 Q
（规范性附录）
机动车乘坐位置H点和实际靠背角的确定程序

Q.1 目的

本附录所述程序用于确定汽车中一个或几个乘坐位置的H点和实际靠背角，以及检验测量数据与车辆制造厂给定的设计技术要求之间的关系[2)]。

Q.2 定义

Q.2.1

基准数据 reference data

某一乘坐位置的下列一个或几个特征：

a) H点和R点以及它们的关系；

b) 实际靠背角和设计靠背角以及它们的关系。

Q.2.2

三维H点装置 three-dimensional H point machine

3-DH装置

用于确定H点和实际靠背角的装置(如图Q.1)。对该装置的描述见Q.5。

Q.2.3

H点 H point

按Q.4规定的安放在车辆座椅中的3-DH装置的躯干与大腿的铰接中心。H点位于该装置两侧H点标记钮中心线的中点。在理论上H点与R点一致(允差见Q.3.2.2)。如果按Q.4规定的程序确定，即认为H点相对座椅垫结构是固定的，且随座椅的调节而移动。

Q.2.4

R点或乘坐基准点 R point or seating reference point

由车辆制造厂为每一乘坐位置规定的设计点，相对于三维坐标系来确定。

Q.2.5

躯干线 torso-line

3-DH装置的探测杆处于最后位置时探测杆的中心线。

Q.2.6

实际靠背角 actual torso angle

过H点的铅垂线与躯干线之间的夹角，用3-DH装置的背部角量角器测量。理论上实际靠背角与设计靠背角相一致(允差见下面Q.3.2.2)。

Q.2.7

设计靠背角 design torso angle

过R点的铅垂线与车辆制造厂规定的座椅靠背设计位置所对应的躯干线之间的夹角。

---

2) 在任一非前排座椅的乘坐位置，若H点不能用三维H点装置或程序确定，只要检测机构认可，可采用制造厂标明的R点作为基准。

Q.2.8

乘员中心面　center plane of occupant

C/LO

放置在每一指定乘坐位置上的3-DH装置的中心面，用H点在“Y”轴上的坐标表示。对于单人座椅，座椅中心面即为乘员中心面；对于其他座椅，乘员中心面由制造厂规定。

Q.2.9

三维坐标系　three-dimensional reference system

Q.6描述的系统。

Q.2.10

基准标记　fiducial marks

由制造厂在车身上确定的点(孔、面、标记或压痕)。

Q.2.11

车辆测量位置　vehicle measuring attitude

由基准标记在三维坐标系中的坐标所确定的车辆位置。

Q.3　要求

Q.3.1　数据的提供

为表明符合本标准规定，对要求提供基准数据的每一乘坐位置，应按Q.7规定的格式提供下述全部或适当选择的数据：

a)　R点在三维坐标系中的坐标；

b)　设计靠背角；

c)　将座椅调节到(如果可调)Q.4.2规定的测量位置而需要的全部数据。

Q.3.2　测量数据与设计要求之间的关系

Q.3.2.1　通过Q.4规定的程序所获得的H点坐标和实际靠背角值应分别同制造厂给出的R点坐标和设计靠背角值进行比较。

Q.3.2.2　如果由坐标确定的H点位于水平与铅垂方向边长均为50 mm且对角线交于R点的正方形内，并且实际靠背角偏离设计靠背角小于5°，对于上述乘坐位置，应认为R点与H点相对位置以及设计靠背角与实际靠背角相对关系满足要求。

Q.3.2.3　若符合上述条件，则应采用该R点和设计靠背角来证明符合本标准的规定。

Q.3.2.4　如果H点或实际靠背角不符合Q.3.2.2的要求，则再重新确定两次(共三次)。如果这两次的结果符合要求，则Q.3.2.3规定的条件适用。

Q.3.2.5　如果Q.3.2.4所描述的三次操作中至少有两次的结果不符合Q.3.2.3的要求，或由于车辆制造厂未提供有关R点位置或设计靠背角的数据，而使检验无法进行时，则应取三次测量点的形心或三次测量角的平均值用于本标准涉及R点或设计靠背角的所有场合。

Q.4　H点和实际靠背角确定程序

Q.4.1　按照制造厂的规定准备车辆，并放置在20 ℃±10 ℃的环境中，确保座椅材料达到室温。如果被检验座椅从未有人坐过，则应让70 kg～80 kg的人或装置在座椅上试坐，使座垫和靠背产生变形。

如果制造厂要求，在安放 HPM 前，所有座椅总成应至少保持 30 min 的空载状态。

Q.4.2 按制造厂的要求相对于基准点(见 ISO 4130)安放好车辆，测量出相对于车辆三维参考系的尺寸。座椅位于乘坐基准点，座椅所有各项调节都按制造厂的规定调好。对于有独立垂直方向调节装置或悬挂的座椅，其垂直方向应刚性地固定在制造厂规定的位置。

Q.4.3 将一块平纹细布铺在被检座椅上，这块布应是普通的棉布、针织或非织造布，每平方厘米18.9支纱，重 0.228 kg/m^2。布的尺寸应足够大，防止 HPM 直接接触座椅。如果试验在试验台上进行，HPM 脚下应铺上适当大小的地板覆盖层或其他等效的材料。

Q.4.4 安放 HPM 座板和背板总成，使乘员中心面(C/LO)与 HPM 的中心面重合。应制造厂要求，如果 HPM 安放后过于靠外，以致达到座椅边缘，使 HPM 无法保持水平时，可将 HPM 的中心面相对于 C/LO 向内移动。当 H 点向内移动了必要的距离以使装置保持水平时，则应在测量记录中注明车辆中心面到 HPM 中心面的距离。

Q.4.5 按图 Q.2 所示将腿部部件调整到一个合适的长度。

Q.4.6 将脚和小腿总成装到底板总成上，可单独安装，也可利用 T 形杆和小腿总成安装。通过两个 H 点标记钮的直线应平行于地面，且垂直于座椅的纵向中心面。

Q.4.7 HPM 的脚和小腿应按以下规定安放：

a) 驾驶员座椅位置

1) 腿部采用 50 百分位长度时，脚和腿部总成向前移动使双脚处于自然位置，如果装置的右脚底没有踏到加速踏板，双脚可采取自然状态置于地板上。如有必要，双腿伸至操纵踏板之间。在这种情况下，驾驶员踵点应由制造厂规定。如有必要，可重新调整座板或向后调整腿部和脚部总成，使装置校验横向方位的水平仪处于水平。调整方法如下：

——左脚置于地板或脚趾支承上，使左右脚至 HPM 中心面的距离大致相等。通过两个 H 点标记钮的直线与地面保持水平，与座椅的纵向中心面垂直。

——如果左腿不能与右腿保持平行且左脚不能被结构支承，调整左小腿长度和/或左脚角度，移动左脚直至它能被支承为止。保持两个标记钮的调准状态，然后重新拧紧腿部杆的调整装置。

——当脚部角在最小值 87°，装置的右踵点只能置于脚趾支承上，而不能放到地板上时，则应移动脚部，直到脚踵触及脚趾支承和地板覆盖层的相交处为止，然后再转动脚部直到它与加速踏板接触。

2) 腿部采用 95 百分位长度时，右脚和小腿总成置于加速踏板上，脚踵支承在地板上。按制造厂的规定尽可能向前。将 HPM 的限位销插入脚部总成，使脚部角不小于 87°，装置的脚底与加速踏板接触。如果制造厂有规定，允许将加速踏板压下一段行程。调整方法如下：

——左脚置于地板或脚趾支承上，使左右脚至 HPM 中心面的距离大致相等。通过两个 H 点标记钮的直线与地面保持水平，与座椅的纵向中心面垂直。

——如果左腿不能与右腿保持平行且左脚不能被结构支承，调整左小腿长度和/或左脚角度，移动左脚直至它能被支承为止。保持两个标记钮的调准状态，然后重新拧紧腿部杆的调整装置。

——当脚部角在最小值 87°时，装置的右踵点只能置于脚趾支承上，而不能放到地板上，则应移动脚部，直到脚踵触及脚趾支承和地板覆盖层的相交处为止，然后在转动脚部直到它与加速踏板接触。

b) 乘员座椅位置

1） 除非制造厂另有规定，在所有乘员座椅位置上，两脚中心距设为254 mm，且与HPM的中心面等距。

2） 对于前排外侧座椅，腿部采用50百分位或95百分位长度时，参见Q.4.7a)1)中的程序。

3） 对于后排外侧座椅，如果双脚所踏的地板不等高时，可将其中先接触到前排座椅的那只脚作为基准，安排另一只脚的位置，使装置上的横向水平仪指示水平。

4） 对于前排中间座椅，在确定中间座椅的H点位置时，如果汽车地板上有通道，则双脚应分别放在通道的两边。

Q.4.8 加载小腿及大腿重块，并调平HPM。

Q.4.9 将背板前倾到前向限位处，用T形杆将HPM拉离座椅靠背，然后采用下列方法之一，重新将HPM放到座椅上：

a） 如果HPM有向后滑动的趋势，让HPM向后滑动直到T形杆上不再需要向前的水平约束载荷，即直到座板接触到座椅靠背，如有必要，重新调整小腿位置；

b） 如果HPM没有向后滑动的趋势，在T形杆上施加一个水平后向载荷，使HPM向后滑动，直到座板接触到座椅靠背为止。(见图Q.1)。

Q.4.10 在臀部量角器和T形杆外壳相交处，对HPM施加100 N±10 N的载荷。载荷的作用方向沿着通过上述交点到大腿杆上表面的某一点的直线。然后将背板放回座椅靠背上，并应防止HPM在随后的测量过程中向前滑动。

Q.4.11 装上左右臀部重块，再交替加上八块躯干重块，使HPM保持水平。

Q.4.12 将背板前倾，以释放对座椅靠背的压力。如果制造厂要求，则在10°(即在垂直中心面每侧各5°)的范围内左右摇动HPM各三次，以释放HPM与座椅之间积累的摩擦力。摇动时，HPM的T形杆可能偏离规定的水平和垂直的基准位置。因此摇动时应对T形杆施加适当的侧向载荷，约束T形杆的运动。在扶持T形杆摇动HPM时，应避免在垂直或前后方向加上外部载荷。

在此步骤中，HPM的双脚不应有任何约束。如果双脚位置变动，暂且不必调整。

小心地将背板放回座椅靠背上，检查装置是否水平。由于在摇动操作时引起双脚移动，双脚按如下方法重新放置：

将左右两脚轮流抬离地板到最小的必要高度，直至两脚不再产生附加的移动。抬脚时，两脚应能自由转动，不施加任何前后或侧向载荷，每只脚放回到放下位置时，脚踵应与地板接触。

上述步骤完成后，如座板不能保持水平，在背板顶端施加一个足够大的侧向载荷，使座椅上的座板达到水平。

Q.4.13 握住T形杆，防止HPM在座椅上向前滑动，按如下方法进行：

a） 将背板放回到座椅靠背上；

b） 在头部空间探测杆的躯干重心的高度处，交替地施加和撤去一个大于25 N的后向水平载荷，直到载荷撤去后臀部量角器指示达到稳定位置为止，确保没有向下或侧向外部载荷施加在HPM上。如果HPM需要再次调整，将背板前倾，重复进行Q.4.12所述的步骤。

Q.4.14 记录所有测量数据和每一指定座椅位置所采用的腿长。

相对于三维参考系，测量实际H点的坐标。实际H点通过HPM两侧的H点标记钮测得，H点位于两标记钮连线的中点。

如果想要测量实际躯干角，将头部空间探测杆旋转到最后位置，调节躯干角水平仪，实际躯干角可由臀部量角器读出。

Q.4.15 如想重新安放HPM，则在重新安放前，座椅总成应保持至少30 min的空载。HPM在座椅上的加载时间不应超过完成试验所需要的时间。

Q.4.16 如果认为同一排座椅是一样的(如长条座椅、相同座椅等),每排只需确定一个H点和一个实际靠背角。将本附录所描述的3-DH装置安放在该排有代表性的位置上,该位置应是:

a) 对于第一排:驾驶员座椅;

b) 对于其他排:某一外侧座椅。

Q.5 三维H点装置描述[3)](3-DH装置)

Q.5.1 背板和座板

背板和座板用增强塑料和金属制成;它们模拟人体的躯干和大腿,两者机械地铰接于H点处。一个量角器固定在铰接于H点的探测杆上,用于测量实际靠背角。固定在座板上的可调节大腿杆确定大腿中心线,并作为臀部量角器的基准线。

Q.5.2 躯干和小腿部件

小腿杆件在连接膝部的T形杆处与座板总成相连,该T形杆是可调大腿杆的横向延伸。在小腿杆上装有量角器,以便测量膝部角。鞋和脚总成上刻有度数,用来测量脚部角。两个水平仪确定装置的空间位置,躯干各重块放在对应部位重心处,用以提供76 kg男子对座椅相同的压力。应检查3-DH装置的所有关节是否活动自如无明显的摩擦阻力。

---

3) 有关3-DH装置结构的详细资料可向美国汽车工程师学会(SAE)索取。400Commonwealth Drive,Warrendale,Pennsylvania 15096,U.S.A。该装置与ISO 6549:1980叙述的相符合。

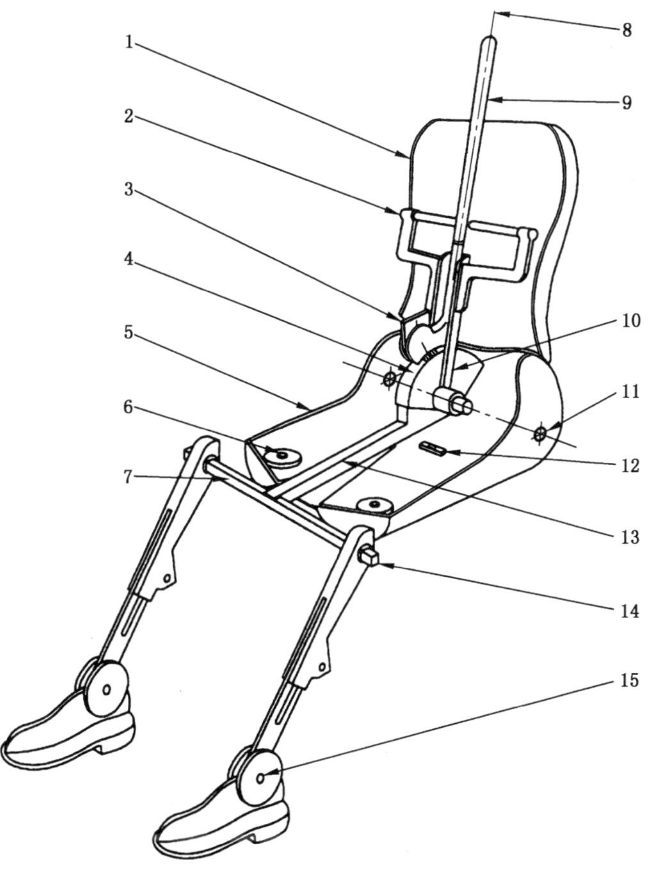

说明：

1 ——背板；
2 ——躯干重块悬挂架；
3 ——躯干水平仪；
4 ——臀部量角器；
5 ——座板；
6 ——大腿重块垫；
7 ——连接膝盖的T形杆；
8 ——躯干线；
9 ——头部空间探测杆；
10——躯干角量角器；
11——H点标记钮；
12——侧向水平仪；
13——大腿杆；
14——膝部量角器；
15——脚部量角器。

图 Q.1　3-DH 构件名称

Q.6 三维坐标系

Q.6.1 三维坐标系用车辆制造厂设立的三个正交平面来定义(见图Q.3)[4)]。

Q.6.2 车辆测量姿态由车辆在支撑面上的放置位置确定,放置车辆时应使基准标记的坐标与制造厂给定的值一致。

Q.6.3 确定R点和H点相对于车辆制造厂给定的基准标记坐标。

Q.7 有关乘坐位置的基准数据

Q.7.1 基准数据代码

按顺序列出每一乘坐位置的基准数据。乘坐位置用两位代码表示。第一位是指明从前向后计数座椅排数的阿拉伯数字。第二位是指明该乘坐位置在某一排内位置的大写字母。当沿车辆向前行驶方向观察时,用下列字母表示:

L——左侧;

C——中间;

R——右侧。

Q.7.2 车辆测量姿态的描述

各基准标记的坐标:

X……

Y……

Z……

4) 本基准系符合ISO 4130:1978规定。

单位为毫米

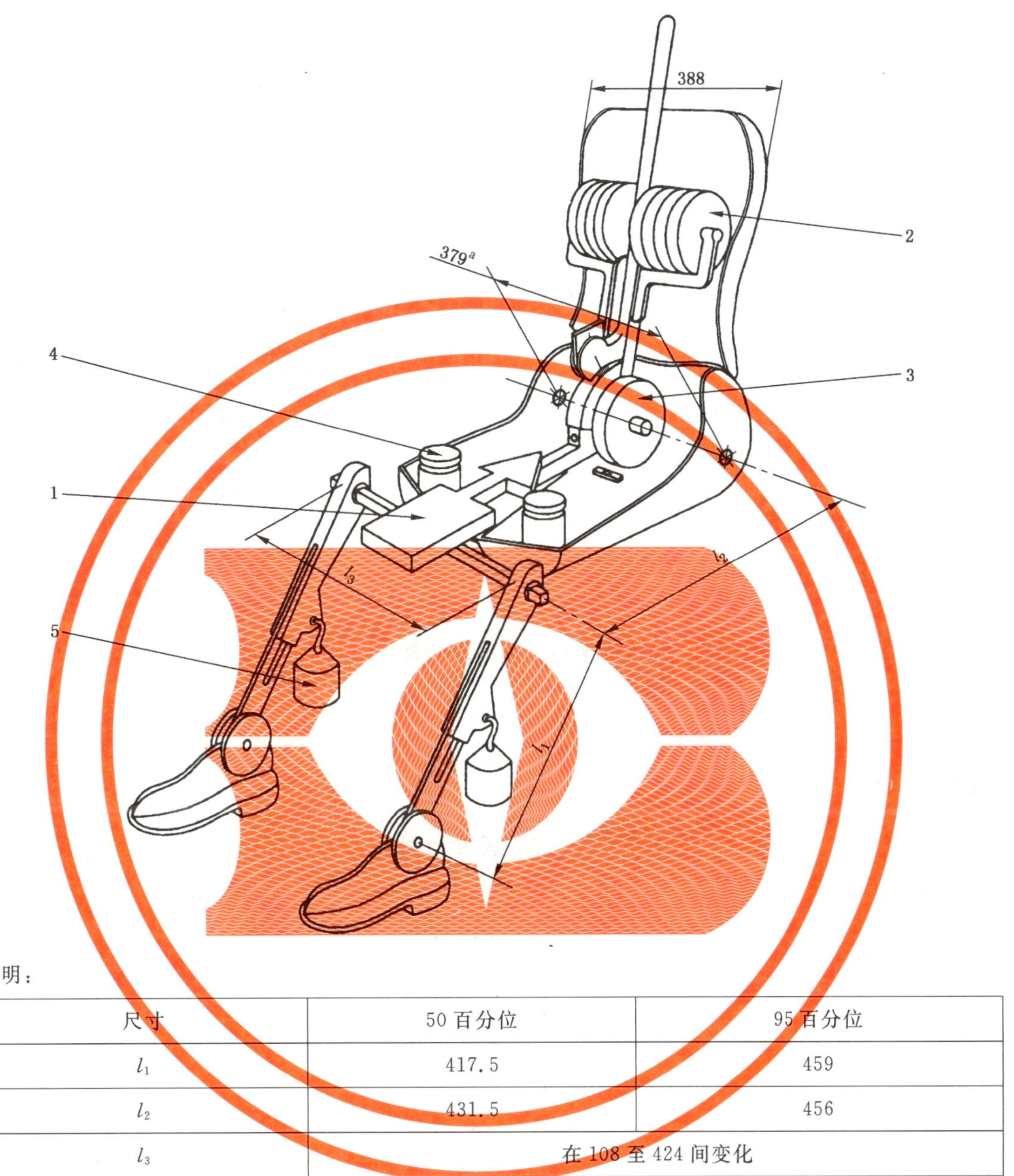

说明：

尺寸	50 百分位	95 百分位
l_1	417.5	459
l_2	431.5	456
l_3	在 108 至 424 间变化	

1——加载的方向和位置；

2——躯干重块；

3——臀部重块；

4——大腿重块；

5——小腿重块。

[a] 不包括 H 点标记钮。

图 Q.2　3-DH 构件的尺寸和载荷分布

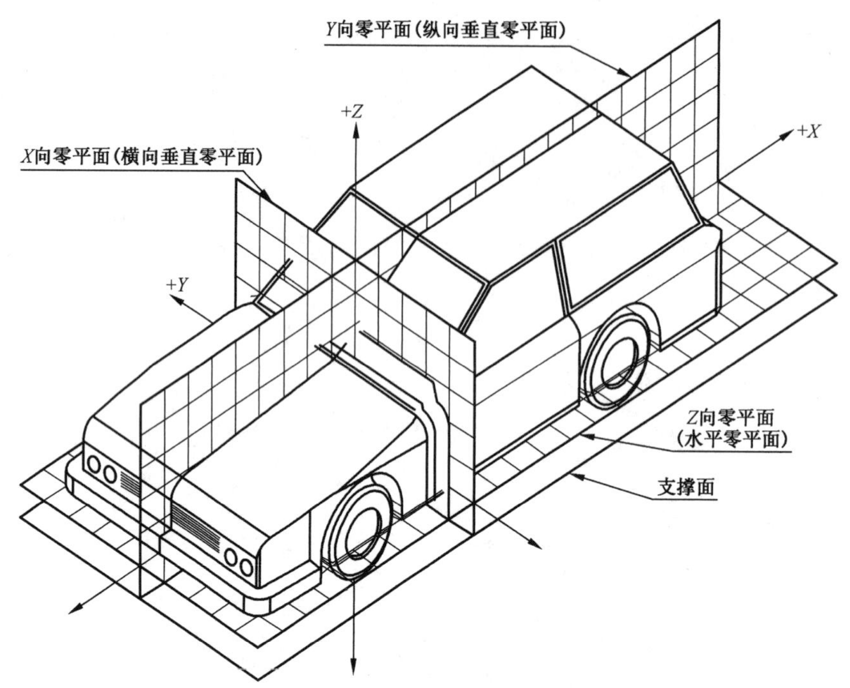

图 Q.3 三维坐标系

Q.7.3 基准数据表

基准数据表见表 Q.1。

表 Q.1 基准数据表

乘坐位置	R点坐标			设计靠背角	座椅调节技术要求[a]			
	X	Y	Z		水平	铅垂	角度	靠背角
⋮	⋮	⋮	⋮	⋮	⋮	⋮	⋮	⋮
注：其他乘坐位置依次往下填写。								
[a] 划去不适用部分。								

广告明细

特别鸣谢

浙江江兴汽车检测设备有限公司　董事长 周申生　总经理 徐林南

淄博海润电子科技有限公司　总经理 张玉国

佛山市南华仪器股份有限公司　销售中心经理 罗彩芹　助理 吴海尧

重庆厚全科技发展有限公司　董事长 卢加权　总经理 徐向东

成都成保发展股份有限公司　营销总监 阎冀军　技术总监 宋新民

深圳市安车检测股份有限公司　董事长 贺宪宁　副总经理 沈继春

淄博凯迪汽车保修设备有限公司　销售总监 于义刚

山东派瑞公共安全设备有限公司　董事长 樊庆贺　总经理 王传博

山东科大微机应用研究所有限公司　董事长 曲明

浙江浙大鸣泉科技有限公司

洛阳耐欧电气有限公司

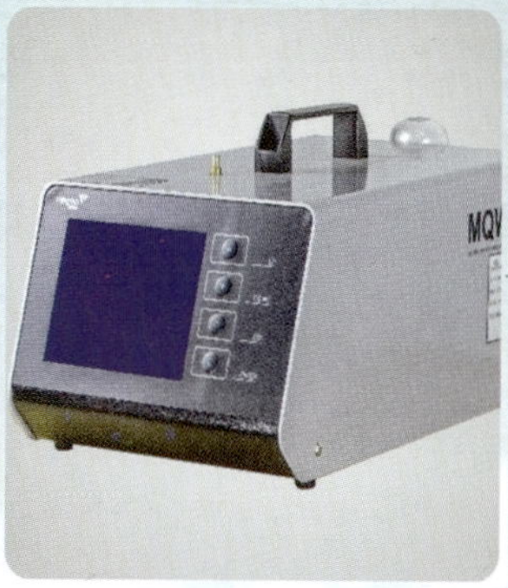